피터 럭크만의 주석서

고린도전서

피터 럭크만 지음

편 집 부 옮김

말씀보존학회

The Bible Believer's Commentary Series

THE BOOK OF 1 CORINTHIANS

By

Peter S. Ruckman, Ph.D.

1999 / Korean by Word of God Preservation Society

Seoul, Korea

피터 럭크만의 주석서

고린도전서

이 책을 내면서

피터 럭크만 박사의 고린도전서는 책으로 나오지 않아, 그분의 강의 테이프를 번역하여 책으로 옮긴 것이다.

고린도전서는 그리스도인이 초신자일 때 알아야만 하는 심오한 진리가 있는데도 잘못 소화시킬까봐 권유를 망설이게 된다. 그 이유는 성경을 제대로 알지 못한 사람들이 아무 성경 구절이나 붙들고 교리로 삼으려는 위험한 경향이 있기 때문이다. 성경은 하나님의 말씀이요 진리이다. 그러나 모두 다 교회 시대의 거듭난 성도들을 위하여 기록된 것이 아니다. 성경은 유대인, 이방인, 하나님의 교회, 이 세 대상을 위하여 기록되었다(고전 10:32). 그러므로 성경을 공부할 때는 그 글이 누구에게 기록되었는가를 아는 것이 중요하다. 『**네가 진리의 말씀을 올바로 나누어 자신이 하나님 앞에 부끄럽지 않은 일꾼으로 인정받도록 공부하라**』(딤후 2:15). 여기에서 "나눈다"는 것은 세대적 진리뿐 아니라, 어느 구절이 누구에게 말하고 있는가도 포함된다. 성경 구절 하나하나에다 교리를 정립시킨다면, 얼마나 혼란스러울가를 상상해 보라.

고린도 교회는 육신적인 교회의 유형이었다. 자연인은 거듭나지 않은 사람이지만 육신적인 그리스도인은 거듭나기는 했어도, 헌신하여 말씀의 토대 위에서 성령의 인도함을 받고 사는 영적 그리스도인과 대조되는 사람을 말한다.

거듭난 성도는 말씀을 먹고 자라야 하는데 육신적 그리스도인은 자라지 못하고 침체에 침체를 거듭하고 있어, 생활은 거의 자연인에 가깝다. 교회가 이런 사람들로 회중을 이루고 있을 때, 무엇을 어떻게 가르쳐야 하는가는 어려운 과제가 될 것이다. 주옥같은 진리를 제시해도 잘 알아듣지도 못하고, 깨우치지도 못하고, 실행할 수 없다면 어떻게 되겠는가? 사도 바울은 이런 고린도 교회 성도들에게 깨닫는 데에는 어린아이가 되지 말고 어른이 되라고 권면하고 있다(고전 14:20).

신약 교회의 교리를 정립시킨 다른 바울 서신들로 신앙의 틀을 세워, 본서를 대조해서 본다면 놀라운 조명과 명철을 얻으리라고 확신한다. 또한 이 책으로 여러분의 성경적 오류를 바로 잡는데도 큰 도움이 되길 기원한다.

1999년 8월

이 송 오 목사

들어가는 말

사도 바울이 고린도 교회에 이 서신서를 써 보낼 당시는 그의 선교 활동이 절정에 달해 있을 때였다. 이 당시 고린도 교회와 관련한 바울의 활동을 기록하고 있는 사도행전 18장에 보면, 제2차 선교 여행 중에 실라와 디모데가 합류한 가운데(고후 11:8,9, 빌 4:15) 바울이 그들과 함께 혼신을 다하여 강력한 선교 활동을 전개하고 있었음을 알 수 있다. 바울은 이 선교 여행 중에 고린도 교회를 세웠다(고전 3:6,10). 그는 이 편지에서 고린도 교회의 형제들에게 『**그리스도 예수 안에서 복음을 통하여 내가 너희를 낳았음이라.**』(고전 4:15)고 언급하고 있다. 그 후 제3차 선교 여행 중에 있던 바울의 귀에는 영적 성숙도가 아직 미숙한 상태에 있던 고린도 교회 내의 혼란에 대한 갖가지 소문이 들려 오고 있었고(고전 1:11), 더구나 몇 가지 심각한 의견 차이로 회원들 사이에 다툼이 일고 있음을 알리는 편지까지 받은 터였다(고전 7:1). 이러한 좋지 않은 소식을 듣고 바울은 끓어오르는 강렬한 연민과 애정, 그리고 격심한 아픔을 느끼는 가운데 그들에게 『**주 예수 그리스도의 이름으로... 권고**』(고전 1:10)하기 위하여 이 편지를 써 보냈다. 따라서 고린도전서는 최소한 죄, 율법, 행위의 문제라든지, 구속, 믿음, 의롭게 됨, 양자 됨, 성결케 됨, 그리고 성령과 부활 등등, 중요하고도 기본적인 신약 교리들을 다루고 있으면서도 그보다는 아직 걸음마 단계에 있던 이 지역 교회 회원들의 올바른 신앙 생활과 여러 가지 현실적인 문제들에 역점을 두어 언급하고 있다는 것이 바울의 다른 서신서들과는 다른 점이다.

고린도 교회는 한 마디로 육신적인 교회였다. 이 교회는 사도행전 16,17,18장에서 언급하고 있는 바로 그 교회이다. 회원들은 거의 대부분 이방인 회심자들로 구성되어 있었는지라 회심하기 전 과거에 물들어 있었던 이교적인 종교와 관습에서 완전히 벗어나기가 어려운 상태에 놓여 있던 사람들이었다. 어떤 사람은 인구가 40만이 넘었었다고도 말하고, 또 어떤 사람은 무려 70만 이상이었다고도 말하는 고린도는 그 당시 유럽 내에서 가장 중요한 상업 중심지였기에 그곳 시민들의 생활은 부유하였지만, 도처에 우상들의 산당과 신전들이 널려 있었고, 향락과 비행과 타락이 난무하고 있던 도시였는데, 그런 점에서 오히려 그리스와 그 주변 지역에 대한 선교 활동의 중심이 되어야 할 만한 중요한 전략적 요충지이기도 했다. 고린도 교회가 육신적인 교회였던 만큼 다른 지역에 있던 어떤 신약 교회들보다도 많은 문제를 안고 있었고, 따라서 바울의 다른 서신서들에 비하여 유달리 고쳐야 할 점들이 많이 지적되고 있다는 점이 고린도전서의 특징이기도 하다.

바울은 이 편지에서 고린도 교회 회원들의 육신적인 행태와 분파 행위들에 대해 준엄하게 질책하는 한편, 그들이 미숙한 만큼 그에 맞는 우유를 먹이고 있는 반면에(고전 3:1,2), 또 그러면서도 견고한 교리에 해당하는 단단한 음식도 먹이고 있음을 볼 수 있는데, 예컨대, 15장에서 다루고 있는 몸의 부활에 관한 그의 설교는 성경 전체를 통틀어 이 주제에 관한 가장 완벽한 교리적 가르침에 해당한다.

고린도전서는 또한 이 교회에 부여된 다양한 은사들을 폭넓게 다루고 있다는 점이 특징인데, 가령, 예언의 은사라든지, 이적의 은사라든지, 영들의 분별력과 다양한 방언들, 그리고 방언의 통역 등에 대해서 언급하고 있다. 그 당시 다른 교회들에서는 이러한 은사들이 이 육신적이고도 영적으로 미숙한 상태에 있던 고린도 교회에서 만큼 발견되고 있는 예는 없었다. 이러한 은사적 특징들이야말로 이 삿난아기 교회에서 엿보이던 두드러진 현상이었고, 『**깨닫는 데에는 어린아이**』(고전 14:20)였던 그들만의 이상 현상이었던 것이다. 바울의 다른 서신서들 가운데에서는 방언의 은사에 대한 언급이 발견되지 않는 가운데, 유독 고린도전서에서만 집중적으로 거론되고 있는 것을 보면, 방언이야말로 고린도 교회가 미숙한 영적 어린아이였음을 단적으로 말해 주는 증거라고 말할 수 있다. 고린도 교회 회원들이 갖고 있던 그릇된 생각과 관행들을 어떻게 고쳐야 할 것인가를 가르치는 데 있어서 바울은 방언 문제에 대해 한 장 전체를 할애하고 있고, 주의 만찬에 대해서는 반 장을 쓰고 있으며, 심지어 머리를 어떻게 깎아야 할 것인가에 대해서도 반 장에 걸쳐 언급하고 있는가 하면, 그들 사이에 있던 분쟁에 대해서도 반 장을 할애하였고, 그들의 부도덕성에 관해서는 한 장 전체에 걸쳐 질책하고 있다. 이처럼 고린도 교회는 신약 교회로서 갓 태어난 어린 교회였고 영적 갓난아기에 해당하는 교회였던 것이다. 그런데도 오늘날 오순절파 은사주의자들이 자신들의 교리적 근거로 고린도전서, 그것도 특히 14장에 주로 매달리고 있는 것을 보면, 그들이 얼마나 유치하고 빈약한 교리적 토대 위에 서 있는가를 알 수 있다. 14장이야말로 바울이 그들을 향하여 "어린아이"라고 질책하고 있는 부분이다. 은사주의자들이 신약 교회 중에서도 하필이면 최악의 상태에 있던 고린도 교회를 흉내내고 있다는 것은 아무리 생각해도 참 우스운 일이다. 그들의 타락한 도덕상을 보면, 회중 가운데에는 심지어 아버지의 아내를 취하는 음행을 저지른 자도 있을 정도로 타락해 있었다(고전 5:1).

이 서신서에서 지적하고 있는 문제들이나 그에 대한 바울의 실천적 교훈들을 살펴보면, 지금까지 여러 시대를 두고 교회들이 사실상 간과해 오고 있던 오늘의 문제들임을 알 수 있거니와, 그런 점에서 우리는 이 책에서 발견되는 그러한 가르침들을 재음미하고 마음에 깊이 새김으로써 잘못된 교회들이 다시 올바른 진리의 토대 위에 설 수 있는 계기로 삼아야 할 것이다.

영어 〈킹제임스성경〉에서 고린도전서는 모두 16장 437절로 이루어져 있고, 종

9,489단어로 되어 있다. "고린도"는 "장식물"이라는 의미를 갖는 단어로 가령, 크리스마스 트리를 치장하는 장식물 같은 것들을 말한다. 그 기록 연대에 대해서는 많은 논란이 없지 않으나, 대략 A.D. 57년 정도로 보는 것이 타당한데, 스코필드는 A.D. 59년으로 기록 연대를 잡는다. 앞에서 언급한 바와 같이 실제적인 문제들에 비하여 교리적인 부분들은 그 범위가 최소한의 수준에 머물고 있다고는 하지만, 어쨌든 교리적으로는 로마서 뒤에 바로 연결되는 책으로서 로마서가 구원에 관한 교리서라면, 고린도전서는 구원받은 후의 그리스도인들이 어떤 삶을 살아가야 하는가에 대한 실천적 교리들을 다루고 있다고 하겠다.

이 책의 내용으로 보아 고린도전서가 기록된 목적을 대별해 보면 대체로 다음과 같이 분류할 수 있다.

1. 분파 행위에 대한 질책(1-4장)

2. 전반적인 부도덕성에 대한 훈계와 명령(5장)

3. 지역 교회 성도들 사이의 분쟁을 이교도들의 법정으로 끌고 가는 데 대한 책망(6장)

4. 결혼과 이혼 문제에 대한 언급(7장)

5. 우상에게 바친 제물을 먹는 문제를 놓고 야기된 분쟁 해결(8-10장)

6. 주의 만찬과 관련하여 잘못된 점들과 무질서하게 처신하는 여자들을 바로잡음(11장)

7. 영적 은사들, 특히 방언에 대한 언급(12-14장)

8. 죽은 자의 부활에 대한 부정적인 생각을 논박(15장)

9. 가난한 성도들을 위한 모금에 동참할 것을 권면함(16:1-4)

10. 동역자들에 관한 소식과 권면(16:5-24)

차 례

이 책에 인용된 성경 구절은 〈한글킹제임스성경〉입니다.

고린도전서 1장

1:1 **하나님의 뜻에 의해** 예수 그리스도의 **사도로 부르심을 받은 바울과 우리의**
형제 소스데네는
2 **고린도에 있는** 하나님의 **교회,** 곧 그리스도 예수 **안에서 거룩하여지고 성도들**
로 부르심을 받은 자들과 각처에서 우리 주, 즉 그들과 우리의 주이신 예수
그리스도의 **이름을 부르는 모든 자에게** *편지하노니*
3 하나님 **우리** 아버지와 주 예수 그리스도로**부터 은혜와 평강이 너희에게 있기를**
원하노라.

『**사도로 부르심을 받은 바울과 우리의 형제 소스데네는**』(1절). 소스데네는 사도행전 18:17에 보면 고린도의 회당장이었음을 알 수 있다. 바울에게 반대하던 유대인들이 그를 아카야의 총독 갈리오 앞으로 끌고 가서 재판에 회부하였으나 갈리오가 재판을 거부하고 돌려보내자 이번에는 헬라인들이 소스데네를 붙들어다 재판석 앞에서 그를 구타하는 사건이 일어났었다. 바울이 그를 "우리의 형제"라고 부르고 있는 것으로 보아 소스데네는 바울의 동역자들 중 한 사람이었음을

능히 알 수 있다.

『**고린도에 있는** 하나님의 **교회,** 곧 그리스도 예수 **안에서 거룩하여지고 성도들로 부르심을 받은 자들과 각처에서 우리 주, 즉 그들과 우리의 주이신** 예수 그리스도 **의 이름을 부르는 모든 자에게** *편지하노니*』(2절). "그리스도의 교회"가 아니라 『하나님의 교회』라고 부르고 있다. 이것이 바로 "그리스도의 몸"에 대한 성경적인 명칭이다. 따라서 "그리스도의 교회"는 성경적인 명칭이 아니다. 로마서 16:16에 보면 『**그리스도의 교회들**』이라는 표현도 눈에 띄지만, 이것은 그리스도의 몸에 대한 명칭이 아니라 여러 개의 지역 교회들을 지칭하고 있는 것으로서 분명히 복수형으로 표기하고 있다. 따라서 "하나의 교회" 즉, 한 성령으로 침례받고 그리스도의 몸 안으로 들어온 모든 그리스도인들은 캠벨주의자들의 「그리스도의 교회」와는 아무런 상관도 없는 사람들로서 『**하나님의 교회**』라는 명칭으로 불려지는 사람들이다. 2절에서 말하고 있는 『**고린도에 있는** 하나님의 **교회**』란 『**그리스도 예수 안에서 거룩하여지고 성도들로 부르심을 받은 자들**』인 "고린도에 있는 이방인 성도들"을 말한다. 이처럼 『**하나님의 교회**』는 "그리스도의 몸"을 지칭하는 이름이다.

이 『**하나님의 교회**』는 바울이 회심하기 이전부터 있었다. 갈라디아서 1:13을 보라. 거기에 보면, 바울이 구원받기 전 "하나님의 교회"인 그리스도인들을 박해하였음을 분명히 알 수 있다. 『**너희는 내가 유대교에 있었을 때의 내 행실을 들었거니와 나는** 하나님의 **교회를 몹시 박해하였으며 황폐시켰고**』라고 언급하고 있다. 하나님의 교회는 그리스도 안으로 들어온 한 몸으로서, 바울이 회심하기 전에 이미 존재하고 있었다. 따라서 바울이 "하나님의 교회"라고 말하는 것은 결코 유대교의 교회가 아니다. 다시 말하거니와, 그가 여기서 말하고 있는 "하나님의 교회"란 한 성령에 의하여 그리스도 안으로 들어와 한 몸을 이룬 고린도의 이방인 성도들을 말한다. 이 교회는 눈에 보이는 지역 교회가 아니라 눈에 보이지 않는 영적 교회인 그리스도의 몸을 말한다. 이 몸은 여러 곳에 걸쳐 분산되어 있지만 여전히 한 몸을 이룬다. 그리고 이 한 몸을 이루는 교회들이 모여서 눈에 보이는 한 지역 교회를 형성하고 이 지역 교회들 역시 여러 곳에 흩어져 있다. 바울은 이 여러 곳의 교회들 중에서 지금 고린도에 있는 지역 교회 내의 『**하나님의 교회**』(성도들)에게 말하고 있는 것이다. 지역 교회는 그리스도의 몸인 성도들이 모여서 회중을 이룬 눈에 보이는 조직체이고, 그리스도의 몸으로서의 눈에 보이지 않는 영적 교회는 하나의 유기체이다.

『**성도들로 부르심을 받은 자들과**』(2절). 거듭난 그리스도인들은 모두가 "성도들"이다. 하나님께서는 죽었던 자들이 그리스도를 통하여 생명을 얻고 모두가 "성도들"로 살게 하신 것이다. "성 베드로," "성 버나벳," "성 클레멘타인," "성 토마스," "성 유다"라고 불리는 사람들만 성도들이 아니다. 당신이 구원받았다면 당신은 성도인 것이다. 그런데도 카톨릭 교회는 소위 "시성화 제도"란 것을 만들어 놓고 교회에 많은 돈을 기부하고 죽은 사람들이나, 무슨 "기적" 같은 것을 행한 사람들, 또는 순교한 사람들 등등 특별한 몇몇 사람들에게만 "성인" 칭호를 준다. 어떤 나라가 카톨릭 교황청의 말에 고분고분 하지 않아서 그 나라를 마음대로 주무르기가 힘들 경우에는 그 나라 출신의 어떤 "위대했던" 과거의 신자 한 사람을 골라 그에게 "성 아무개"라는 칭호를 추서하고 그 나라에 아첨하며 접근하는 데에 이 시성화 제도를 정치적으로 이용한다. 한 예로 "성 패트릭"이란 사람은 죽은 지 500년 뒤에 이런 식으로 "성도"가 된 사람이었다. 이런 제도가 전혀 성경적인 근거가 없다는 것은 두말할 필요도 없다. 거듭난 사람들은 모두가 성도들이다. 비록 그리스도인으로서 성도답게 살지 못하더라도 여전히 성도는 성도다.

"성도"란 거룩하게 된 사람들이라는 뜻이다. 구원받은 사람은 그리스도 안에서 거룩하게 된 사람이다. "거룩하게 됨"(sanctification)이라는 단어의 의미는 "어떤 목적으로 따로 떼어 놓다."란 뜻이다. 당신이 구원받았다면, 그것은 주님께서 "어떤 목적"으로 당신을 세상에서 따로 떼어 놓으셨다는 뜻이고, 그 목적은 당신을 예수 그리스도 안으로 넣기 위함이셨다. 고린도전서 6:11을 보라. 『**너희 가운데도 이런 일을 행하였던 자들이 더러 있었으나 너희가 주 예수의 이름과 우리 하나님의**

영으로 씻음을 받았고, 거룩하게 되었으며 의롭게 되었느니라.』고 말씀하고 있다. 당신은 하나님의 영으로 "씻음을 받았고, 거룩하게 되었으며 의롭게" 되었다. 누군가가 당신을 구원으로 초청하기 위하여 당신에게 다가와 "당신은 구원받으셨습니까?" 하고 물을 때, 당신은 "네, 그렇습니다. 나는 거룩하게 되었답니다."라고 대답할 수 있다. 그렇다. 당신이 정말 구원받았다면 당신은 거룩하게 된 것이다. 그래서 당신은 성도인 것이다. 비록 당신이 불행히도 거룩한 그리스도인답게 살고 있지는 못한다 하더라도, 하나님께서는 구원받은 당신을 거룩하다고 여기신다.

『**고린도에 있는 하나님의 교회, 곧 그리스도 예수 안에서 거룩하여지고 성도들로 부르심을 받은 자들과 각처에서 우리 주, 즉 그들과 우리의 주이신 예수 그리스도의 이름을 부르는 모든 자에게** ***편지하노니***』(2절). 바울의 편지는 비록 고린도에 있는 "하나님의 교회"에 보내진 것이었지만, 사실상 『**그리스도 예수 안에서 거룩하여지고 성도들로 부르심을 받은 자들과 각처에서 우리 주, 즉 그들과 우리의 주이신 예수 그리스도의 이름을 부르는 모든 자에게**』 지금 메시지를 전하고 있다. 모든 곳에 있는 모든 성도들, 즉 우리 주님, 그리고 그들의 주님이신 예수 그리스도의 이름을 부르는 모든 성도들에게 바울은 지금 말하고 있는 것이다.

『**하나님 우리 아버지와 주 예수 그리스도로부터 은혜와 평강이 너희에게 있기를 원하노라**』(3절). 바울은 어느 곳에서나 "주 예수 그리스도"를 빼놓지 않고 말한다. 『**예수 그리스도**』(1절), 『**그리스도 예수**』(2절), 『**주 예수 그리스도**』(3절), 『**예수 그리스도**』(4절), 『**그리스도**』(6절), 『**주 예수 그리스도**』(7절), 『**주 예수 그리스도**』(8절), 『**그의 아들 예수 그리스도 우리 주**』(9절) 『**주 예수 그리스도**』(10절)... 어디서나 그는 그분을 부르고 있다. 이것은 무엇을 말하는가? 이것만으로도 우리는 바울이 얼마나 성령충만했던 사람이었던가를 알 수 있다. 성령충만한 사람이라면 언제나 "주 예수 그리스도"에 대해 입을 여는 법이다. 정말로 성령충만한 사람이라면 "성령"에 대해서만 말하지 않는다는 얘기다. 『**그러나 진리의 영이신 그분이 오시면 너희**

를 모든 진리로 인도하시리라. 그분은 스스로를 말씀하지 아니하시며, 무엇이나 들은 것을 말씀하실 것이요, 또 너희에게 다가올 일들을 알려 주시리라. 그분이 나를 영화롭게 하시리니, 이는 그분이 내 것을 받아서 너희에게 알려 주실 것임이 라』(요 16:13,14). 성령님께서 오신 것은 자기 자신을 내세우기 위함이 아니라 예수 그리스도를 증거하시기 위함이요, 그분을 영화롭게 하시기 위함이었다. 그래서 입만 열면 성령을 들먹이는 사람들은 알고 보면 성령충만한 사람들이 아닌 것을 알 수 있다. 정말 성령충만한 사람은 성령님의 인도하심을 받아 항상 주 예수 그리스도에 대해서 말하고 증거하기 마련이다.

『**주 예수 그리스도**』, 이것이 그분에 대한 완전한 이름이다. 그리스도인들 가운데 어떤 사람들은 그분을 부를 때, "그리스도, 그리스도, 그리스도"라고만 부르기를 좋아하고, "그리스도를 영접하기로 결단을 내리세요."라든지, "그리스도를 만나지 않으시겠습니까?" "그리스도를 사랑하십시오." "그리스도께서 당신 마음속에 들어오시도록 하세요."라든가, 심지어 "그리스도의 교회"라느니 하면서 그저 그리스도, 그리스도, 그리스도만을 남발한다. "그리스도"란 "기름부음 받은 메시야"를 지칭하는 이름이다. 그러나 마귀도 이 이름으로 불리기도 한다. 누가복음 3장에서 보듯이 마귀는 "우리 주 예수 그리스도"가 결코 아니지만, 에스겔 28:14을 보면 마귀도 기름부음을 받은, 그 역시 "그리스도"이다.

또 어떤 사람들은 입만 열면 "예수, 예수, 예수!" 하고 외쳐댄다. "예수를 사랑해요." "오, 사랑하는 예수님!" "아, 복된 예수여!" "예수여, 내 손을 잡으소서." 하면서, 그저 예수만 뇌까린다. "주"라는 이름이나 "그리스도"라는 이름은 떼어버리고 그분의 "인간적인" 측면만을 강조하여 이처럼 "예수"라는 이름만 불러대는 "예수주의자들"은 "나를 사랑해요." "제게 입맞추세요." "저를 안아 주세요." "나를 만져 주세요." 따위를 주절대는 육신적인 "사랑주의 종교"를 내세우는 자들이다. 어린아이들 같으면 또 모른다. 그러나 당신이 "사랑하는 예수님"의 형제들 가운데 한 사람이 되었다면, 그 "사랑하는 예수님"이 주 하나님의 영광으로 당신에게 다가오셔야만 한다. 당신이 주 예수 그리스도의 지체가 되었다면, "사랑하는 예수님"은 이 세상 기초가 놓이기 전 영원부터 영원까지 계시는 전능하신 하나님으로 대해야 한다는 말이다. 당신이 갖는 주님과의 개인적인 교제는 당신이 그분을 어떻게 대하는가에 따라 크게 달라진다는 것을 잊지 말라. 당신이 그분을 주 하나님으로 대한다면, 그에 합당한 이름으로 그분을 부르는 것이 마땅하다. 당신이 하나님과 온전한 관계를 유지하고 그분께 온전히 헌신된 삶을 살면서 당신이 그분과 아주 가까운 사이에 있다는 생각에서 개인적으로 기도할 때, 그분을 "오, 사랑하는 예수님!" 하고 부른다면, 그거야 얼마든지 이해가 된다. 그러나 그렇지도 못하면서 그분을 "예수"라고만 부르는 것은 주의할 필요가 있다. 그런 짓은 그분을 주 하나님으로 대하지 않고 즐겁게 함께 노는 산타크로스 쯤으로 생각하는 오순절파 은사주의자들이나 하는 짓이다. 그분은 주 예수 그리스도이심을 잊지 말라. 나는 밥 존스 시니어가 기도하면서 그분을 부를 때 "주 하나님"이라고 부르지 않는 경우를 한 번도 들어 보지 못했다. 나는 그가 기도하면서 한두 번쯤 "주 예수"라고 부르는 것도 들어 보기는 했지만, 대개의 경우 그는 예수 그리스도를 "주 하나님!"이라고 부르기를 잊지 않았다. 어느 경우에나 예수 그리스도가 "주님"이심을 그는 고백했던 것이다. 예수님께서는 주님이시고 주 하나님께서 육신을 입고 오신 분이시다. 그래서 그분은 "주 예수 그리스도"이신 것이다.

1:4 내가 예수 그리스도로 인하여 너희에게 주신 하나님의 은혜로 항상 너희를 위하여 나의 하나님께 감사하노니

5 이는 너희가 그로 인해 모든 일, 곧 모든 말과 모든 지식에 부요해져서

6 그리스도의 증거가 너희 안에서 확고하게 되어

7 너희가 아무 은사에도 부족함이 없이 우리 주 예수 그리스도의 오심을 기다림이라.

8 또한 그분께서 너희를 끝까지 확고하게 지키시어 우리 주 예수 그리스도의 날에 책망할 것이 없게 하시리라.

9 **너희를 그의** 아들 **예수** 그리스도 **우리 주의 교제 안으로 부르신** 하나님**께서는 신실하시도다.**

『**내가** 예수 그리스도**로 인하여 너희에게 주신** 하나님**의 은혜로 항상 너희를 위하여 나의** 하나님**께 감사하노니**』(4절). 은혜는 예수 그리스도를 통해서 온다. 당신에게 주어진 모든 복들이 예수 그리스도를 통해서만 온 것이다. 당신이 복을 받기 위해 예수 그리스도를 제쳐놓고 "하나님 아버지"한테 직접 매달릴 생각은 아예 하지도 말라. 『**예수께서 그에게 말씀하시기를 "나는 길이요 진리요 생명이라. 나로 말미암지 않고는** 아버지**께로 올 사람이 아무도 없느니라**』(요 14:6). 『**빌립이 주께 말씀드리기를 "주여,** 아버지**를 우리에게 보여 주소서. 그러면 만족하겠나이다."라고 하니라.** 예수께서 **그에게 말씀하시기를 "빌립아, 내가 너희와 그처럼 오랜 시간을 있었는데 네가 나를 모르느냐? 나를 본 자는** 아버지**를 보았느니라. 그런데 어찌하여 '**아버지**를 보여 주소서.'라고 말하느냐?**』(요 14:8,9).

『**이는 너희가 그로 인해 모든 일, 곧 모든 말과 모든 지식에 부요해져서**』(5절). 교회는 예수 그리스도에 대해 알고 그에 대한 지식을 소유한다. 성경을 부지런히 읽고 말씀을 묵상하면 할수록 그 지식은 더욱더 풍성해진다. 당신이 제아무리 하나님의 일을 위하여 헌신적으로 일한다고 해도 성경을 읽는 데 많은 시간을 보내지 않으면, 당신은 그분에 대한 지식을 얻지 못하고 그분에 대해 알지 못한다. 당신은 하나님께서 어떤 분이신지 정말로 알기 원하는가? 그렇다면 성경을 읽으라.

『**그리스도의 증거가 너희 안에서 확고하게 되어**』(6절). 교회는 말씀을 통하여 그리스도 예수님에 대한 지식을 얻어야만 그분에 대한 증거가 굳건히 서게 된다. 그분에 대한 증거도 확보하지 못한 채 섣불리 복음을 전파하고 예수 그리스도를 증거하겠다고 나서지 말라. 그분에 대한 증거를 당신 안에 먼저 확고하게 자리잡게 하려면 성경을 읽으라.

『**너희가 아무 은사에도 부족함이 없이 우리 주 예수 그리스도의 오심을 기다림이라**』(7절). 고린도 교회에는 특히 은사들이 넘치고 있었다. 그래서 바울은 성령의 은사들에 대하여 무려 세 장에 걸쳐 언급하고 있다. 그는 고린도 교회 회원들이 은사들을 받을 수 없다거나 받은 은사들이 잘못된 것이라고 말하고 있는 것이 아니다. 바울은 받은 은사들을 그들이 그릇되게 오용하거나 은사에 대해서 잘못 오해하고 있는 것에 대해 지적하며 바로잡고 있는 것이다. 예수 그리스도에 대한 증거가 당신 안에 확고하게 자리잡고 하나님께서 성령님을 통해 주신 은사들을 활용하며 그분의 재림을 기다리는 삶, 이것이 우리 그리스도인들의 삶이다. 『**주 예수 그리스도의 오심**』, 이것은 참으로 위대한 약속이다.

『**또한 그분께서 너희를 끝까지 확고하게 지키시어 우리 주 예수 그리스도의 날에 책망할 것이 없게 하시리라**』(8절). 마태복음 24:13에 보면 『**그러나 끝까지 견디는 자는 구원을 받으리라.**』고 말씀한다. 어떤 그리스도인들은 이 말씀 때문에 전전긍긍하기도 한다. 그러나 나는 "끝까지" 조금도 걱정하지 않는다. 나는 이미 구원받았을 뿐만 아니라 『**그분께서... 끝까지 확고하게 지키시어**』라는 말씀으로 보장을 받고 있기 때문이다. 마태복음 24:13의 말씀은 우리들 그리스도인들에게 해당되는 말씀이 아니라 환란 시대 사람들에게 해당되는 말씀이다. 그리스도인들은 환란 시대를 걱정할 필요가 없는 사람들이다. 그 시대에 그들은 이미 이 땅에 없기 때문이다. 성경 말씀을 올바로 나누지 못하는 무지한 사람들이나 마태복음 24:13의 말씀을 교회에 적용시키고 불안해 하는 어리석음을 범한다. 이 시대의 교회는 고린도전서 1:8의 말씀이 적용되는 사람들이다. 예수 그리스도께서 끝까지 지켜 주시는 그리스도인들은 주 예수 그리스도의 날에 책망받을 만한 흠이 없도록 살아가기만 하면 된다. 그렇게 하면, 그분께서 지켜 주시기 때문에 나머지는 걱정할 필요가 없다. 그리스도인이 흠이 없어 책망받을 것이 없게 된다는 것은 쉬운 일은 아니지만, 설사 책망받을 만한 것이 없다고 해도 그리스도의 심판석 앞에 나아가는 것은 마찬가지이다. 『**이는 우리 모두가 반드시 그리스도의 심판석**

앞에 나아가서 선이든지 악이든지 각자 자기가 행한 것에 따라, 자기 몸으로 행한 것들을 받을 것이기 때문이라.』(고후 5:10)고 성경은 말씀한다. 여기 8절에서 『**책망할 것이 없게**』 한다는 것은 주의 날에 대해 염려할 필요가 없게 하신다는 말이다. 다시 말해서, 주의 날이 닥쳐 오더라도 구원받은 사람들은 결코 구원받은 자격을 상실하는 일이 없다는 것을 말한다. 그런데도 어떤 사람들은 구원받았으면서도 그날이 가까이 다가오고 있다는 데에 불안을 느끼고 두려워한다. 이에 대해 성경은 이렇게 말씀한다. 『**영으로나 말로나 또는 우리에게서 받았다고 하는 편지로나 그리스도의 날이 가까웠다고 마음이 쉽게 흔들리거나 두려워해서는 안 될 것이라**』(살후 2:2). 이 구절에서 말하는 "그리스도의 날"을 어떤 사람들은 주의 날로 고쳐 놓기도 했는데, 그렇게 해서 정확히 대환란을 지칭하는 것으로 의미가 더 선명해지게 하려는 시도였는지는 모르지만, 사실 그렇게 고칠 필요가 전혀 없다. 데살로니가후서 2:2에서 말하는 "그리스도의 날"은 그리스도의 심판석 및 지상 재림이 모두 포함된 말이기 때문이다. 이 날 동안에 위에서는 그리스도의 심판석이 열리고, 땅에서는 대환란이 있게 된다. 또 이 날 끝에 예수 그리스도의 재림이 이루어지는데, 재림은 또 주의 날이다. 이렇게 사건들이 중첩되어 일어나는 기간을 두고 데살로니가후서 2:2에서는 "그리스도의 날"이라고 부르고 있는 것이다.

『**너희를 그의 아들 예수 그리스도 우리 주의 교제 안으로 부르신 하나님께서는 신실하시도다**』(9절). 하나님께서는 신실하시다. 사람은 결코 신실하지 않지만 하나님께서는 인간과는 다르시다. 그래서 그분께서는 당신을 하늘나라로 데려가시겠다고 하신 약속을 반드시 지키실 것이다. 주의 날(대환란)이 닥치기 전에 그분이 오셔서 당신을 데려가실 것이다.

1:10 형제들아, 이제 내가 우리 주 예수 그리스도의 이름으로 너희에게 권고하노니, 너희 모두는 같은 것을 말하고 또 너희 가운데 분열이 없게 하여 같은

생각과 같은 의견으로 온전히 함께 연합하라.

11 **나의 형제들아, 클로에 집안의 사람들이 너희에 관하여 내게 전해 준 바로는 너희 가운데 다툼이 있다는 것이라.**

12 **이제 내가 이것을 말함은 너희 각자가 말하기를 "나는 바울에게, 나는 아폴로에게, 나는 게바에게, 나는 그리스도께 속한다."라고 함이라.**

13 **그리스도께서 나뉘시느냐? 바울이 너희를 위하여 십자가에 처형되었더냐? 아니면 너희가 바울의 이름으로 침례를 받았더냐?**

『**형제들아, 이제 내가 우리 주 예수 그리스도의 이름으로 너희에게 권고하노니, 너희 모두는 같은 것을 말하고 또 너희 가운데 분열이 없게 하여 같은 생각과 같은 의견으로 온전히 함께 연합하라**』(10절). 그런데 어떤가? 교회가 같은 것을 말해 왔던가? 교회사를 되돌아 볼 때, 모든 교회들이 과연 같은 것을 말해 왔던가? 그래서 교회들 가운데 분열이 없었던가?

『**나의 형제들아, 클로에 집안의 사람들이 너희에 관하여 내게 전해 준 바로는 너희 가운데 다툼이 있다는 것이라. 이제 내가 이것을 말함은 너희 각자가 말하기를 "나는 바울에게, 나는 아폴로에게, 나는 게바에게, 나는 그리스도께 속한다."라고 함이라**』(11,12절). 다툼이 없고 분열이 없는 교회라면 정말 대단한 교회가 아닐 수 없으리라. 그러나 성도들은 틈만 나면 분열한다. 하물며 젖먹이였던 고린도 교회야 말해서 무엇하랴? 그들 중 어떤 자들은 "나는 바울에게" 속한다고 말한다. 스탬(Stam), 베이커(Baker), 오해어(O'Hare), 벌링거(Bullinger) 같은 극단적 세대주의자들이 바로 그런 자들이다. 어떤 자들은 "나는 아폴로에게" 속한다고 말한다. 정통주의 유대교인들이 바로 그런 사람들이다. 또 어떤 사람들은 "나는 게바에게" 속한다고 말한다. 시몬 베드로를 추종하는 로마카톨릭이 바로 그들이다. 그리고 캠벨주의자들은 "나는 그리스도께 속한다"고 말한다. 정말 가관들이다. 그들은 이처럼 갈기갈기 분열되어 있는 것이다. 나한테 성경을 공부한 사람들을 빈정대는 사람들은 "럭크만파"라고 손가락질 한다. 그러나 우리들을 꼭 구별해서 부르고 싶다면 "성경대로 믿는 사람들"이라고 불러라. 우리 학생들이 "성경대로 믿는 사람들"이라고 말하면, 다른 사람들은 "아, 럭크만이 당신을 가르쳤군요."라고 말한다. 당신이 그 사람더러 "성경을 믿으시나요?" 하고 물으면, 그들은 "그럼요." 하고 대답한다. 당신이 그들에게 "어떤 성경을 믿으시는지요?" 하고 다시 물으면, 그들은 "킹제임스성경 말고는 다 믿지요." 하고 대답한다. 그럴 때, 그들에게 "누가 당신에게 그렇게 가르쳤습니까?" 하고 한 번 물어 보라. 그들은 아무 대답도 하지 못할 것이다. 그들에게 그렇게 가르친 자가 마귀라는 사실이 뻔하기 때문이다. 그들은 자신들이 "마귀에게 속한 자들"이라는 사실을 깨닫지 못하거나 그 사실을 숨기려고 애를 쓴다. 내 말에 귀를 기울인 사람들은 〈킹제임스성경〉을 다 믿지만, 내 말에 귀를 기울이지 않는 자들은 그 성경을 도무지 믿지 않는다. 아무튼 교회들은 이처럼 분열하고, 분열하고, 또 분열하고, 도무지 분열하기를 멈출 줄 모른다. 그들은 이렇게 분열하는 것이 무슨 선교 활동이 확산되기라도 하는 것처럼 생각하는 모양이다. 그 "선교 활동"이 어찌나 활발한지 카톨릭 교회가 발 디딜 틈도 없을 정도이다. "나는 바울에게," "나는 게바에게" 따위는 사실 아무것도 아니다. 심지어는 "나는 그리스도에게다."라고 들고 나오는 맹랑한 자들도 있으니 말이다. 이 도시에만도 여섯 번이나 찢겨진 교회가 있는가 하면, 브렌트 침례교회 같은 곳은 열 두 번이나 찢어져 열 두 개나 되는 교회로 분열되기도 했다. 교회의 회원 수가 한 600명 쯤만 되면 그 교회는 어느날 폭발하고 만다. 회원 수가 400명 쯤만 되어도 벌써 좌익이 생기고 우익이 생기고 중간파가 생겨서 폭발을 일으킨다. 인구가 8만 명밖에 안되는 이 소도시에 서른다섯 개의 남침례 교회가 있고, 열다섯 개의 독립 침례 교회가 있으며, 거기에 또 침례 교리를 가르치는 열 개의 교단 무소속 교회들이 있다. 그러니까 이 조그만 동네에 침례 교리를 가르치는 교회만도 60개나 되는 셈이다. 참으로 대단한 "선교 활동"의 결과다. 그러나 성경은 『**형제들아, 내가 너희에게 권고하노니 너희가 배운 교리에 역행하여 분열을 일으키고 공박하는 자들을 주의하고 그들에게서 떠나라.**』(롬 16:17)고 훈계하고 있다. 어찌 보면, 바울 자신도 분열을 조장하고 있는 셈이다. 그는 교리에 역행하고 교리를 공박하는 자들을 『**주의하고 그들에게서 떠나라.**』고 말하고 있으니 말이다. 성경은 이어서 『**그러한 자들은 우리 주 예수 그리스도를 섬기는 것이 아니라 자기들의 배를 섬기는 것이니 정중한 말과 그럴 듯한 언변으로 순진한 사람들의 마음을 미혹하느니라.**』(롬 16:18)고 통렬히 힐난하고 있다. 당신이 만약 그런 교회에 속해 있다고 생각한다면, 당신은 그런 자들에게서 당장 떠나야 한다. 그 분열의 책임은 당신에게 있는 것이 아니라 그들에게 있는 것이다. 그래서 바울은 그런 자들을 두고 『**교리에 역행하여 분열을 일으키고**』라고 말하고 있는 것이다. 이것은 사실상 지역 교회의 분열도 아니다. 주 예수 그리스도를 섬기지 않고 자기들의 배를 섬기는 집단이라면, 그것은 처음부터 교회가 아니기 때문이다.

교회가 분열을 일으키는 데에는 어떤 문제를 놓고 확신이 서지 않는 사람들과 확신의 토대 위에 굳건히 서서 타협하지 않는 사람들, 즉 하나님의 일을 하는 사람들과 노선을 같이 하는 사람들 사이에 미세한 틈이 먼저 벌어지는 법이다. 어떤 문제를 놓고 의견을 달리 할 때, 상대방과 교제를 끊어야 할 기회를 찾는 사람들과 그들을 좋아하지 않기 때문에 당장 그들과 교제를 끊는 사람들 사이에도 미세한 틈이 벌어지게 된다. 하나님을 섬기는 사람들 사이에 야기되는 대부분의 문제는 다른 형제가 자기에게 무엇인가 잘못된 점을 지적하고 바로잡도록 권고하는 것을 딱 질색하기 때문에 생기는 것이 보통이다. 이 말은, 그리스도인들 사이에 흔히 야기되는 분쟁이 어떤 "문제"를 놓고 야기되는 것이 아니라 사실은 각자의 "육신적인 마음가짐"에서 비롯된다는 것을 의미한다. 어떤 사람들은 자신이 어떤 일을 해놓고 자신이 바라던 만큼 다른 사람들로부터 인정받지 못한다고 느끼고 서운해 하면서 불평을 하기도 하고, 어떤 자들은 사람들이 자신에게 당연히 표해야 할 감사를 제대로 표하지 않는다고 불평한다. 나는 지난 12년 간 목회를 해왔기 때문에(1976년 당시 - 편집자 주) 그리스도인들의 심성을 훤히 꿰뚫어 알고 있다. 인정받기를 좋아하는 사람들이 제대로 인정받지 못한다고 느낄 때, 그들은 뜻을 같이하는 두세 가정끼리 한 데 뭉쳐서 목사에게 먼저 대항해 온다. 나 자신이 그런 쓰디쓴 경험을 한 사람이다. 언젠가 몇몇 집사들이 불만을 품고 나를 법정으로 끌고간 적도 있었는가 하면, 심지어는 집사회의 몇몇 집사들이 다른 집사들을 고소하고 소송을 제기한 사례도 겪어 보았다. 그 결과 열일곱 가정이 한꺼번에 교회를 떠나 버렸다. 그들이 교회를 떠난 이유는 자신들이 교회 돈을 마음대로 할 수 없다는 것이었는데, 그들이 아무도 모르게 교회 돈 수천 달러가 들어 있는 은행 계좌를 갖고 있는 것을 누군가가 발견하고 그것을 문제삼자 그들이 오히려 나더러 교회를 떠나라고 요구하는 것이었다. 그러나 내가 응하지 않고 완강히 버티자 그들이 떠났고, 그 결과 교회가 분열되었던 것이다. 어떤 교회는 8년 동안에 다섯 명의 목사를 갈아치운 경우도 있었다. 그러는 와중에서 그 교회는 한두 번 분열된 것이 아니었다. 나는 그런 자들을 완강하게 물리쳤다.

교회에 문제가 발생할 때 보면, 교회 회중들이 세 부류의 사람들로 나뉘는 것이 보통이다. 회중의 3분의 1은 문제 여하를 막론하고 목사가 옳다고 믿는다. 그들은 설사 목사에게 과실이 있다고 해도 사람이기에 실수할 수도 있고, 무엇보다도 하나님의 부르심을 받은 사람으로 하나님을 섬기는 사람이기에 하나님께서 알아서 처리하실 것으로 믿고 목사를 지지한다. 반면에, 다른 3분의 1은 문제 여하를 막론하고 무조건 목사가 잘못이라고 생각한다. 그리고 나머지 3분의 1은 나이가 많거나 반대로 너무 어려서 잘했건 못했건 그런 것에 신경 쓰지 않는 사람들이다.

그런가 하면 또, 교회가 분열할 때에는 언제나 세 가지 방식으로 갈라진다. 그 중 한 가지는 목사가 교회를 떠나는 경우인데, 이 때에 회중의 3분의 1이 그를 따라 나가고 3분의 1은 그대로 남는 반면에 나머지 3분의 1은 뿔뿔이 흩어져 버린다. 목사가 떠나지 않고 버티면, 회중의 3분의 1은 그와 함께 교회를 지키고, 3분의 1은 교회를 떠나 다른 교회를 만들거나, 아니면, 다른 교회로 가버리든지 하고, 나머지 3분의 1은 이러지도 저러지도 못하다가 제각기 슬슬 빠져 나간다. 회중들은 믿음의 수준이 제각기 다른 사람들이 모여 있기 때문에 그 가운데에는 성숙한 사람이 있어 교회가 어려운 때일수록 교회를 위해 헌신적으로 일하는 사람들이 있는가 하면, 부끄러운 일이지만, 그와는 반대로 나른 형제들을 험담하고 분열만 조장하고 다니는 사람도 있다. 이곳 펜사콜라 시만 해도 그런 식으로 분열되어 새로 생겨난 교회들이 한 둘이 아니다. 어떤 데에서는 「친교 침례교회」라는 곳이 분열되더니 불과 네 블록밖에 떨어지지 않은 곳에 「새 친교 침례교회」라는 것이 세워지기도 했는가 하면, 「프로비던스 침례교회」에서 몇 마일 떨어지지 않은 곳에 「신 프로비던스 침례교회」가 들어서는 것도 보았다. 교회의 분열은 언제나 이런 식으로 진행되는 법이다. 그런 교회에 하나님의 "프로비던스"(섭리) 따위가 있을 리 있겠는가? 분열을 일으키고 떨어져 나간 자들이 젊은 목사 한 사람을 모셔다 놓고 새로운 교회를 세운 뒤, "오, 하나님, 이 형제에게 복을 내려 주옵소서. 우리에게 이 젊은 사역자를 보내 주셔서 감사하나이다. 무거운 짐진 그에게 비젼을 주셔서 길을 잃고 방황하는 우리 회중에게 빛을 비추게 하소서." 어쩌구 하면서 기도하는 꼴을 상상만 해도 고소를 금할 수가 없다. 자신들이 길잃고 방황하는 무리인 줄을 알기는 아는 모양이다.

『**너희 가운데 분열이 없게 하여... 함께 연합하라.**』(10절)고 성경은 말씀한다. 나는 한 때 누군가에게 이런 이야기를 한 적이 있다. "존 라이스, 밥 존스 시니어, 찰리 풀러, M.R. 디한, 엡스, 메이즈 잭슨, 해리 싸이거, 빌리 그래함, 그리고 로버트슨 같은 훌륭한 분들을 한 방에 모셔 놓은 후, 문을 꼭 잠가 놓고 조금만 기다려 보게나. 15분도 채 안되어 방 안에 유혈이 낭자해지고 문틈 밑으로 피가 흥건히 흘러나올 걸세." 내 말을 듣던 친구가 "아무러면 그렇기야 하겠는가? 그분들이야 말로 훌륭한 그리스도인들이 아닌가?" 하고 내 말에 쉽게 수긍하려 들지 않았다. 나는 그에게 이렇게 말했다. "자네는 그리스도인들에 대해 나만큼 잘 알지 못하네, 그려." 하나님의 사람들은 어찌나 신념들이 강하고 자기주장들이 센지 다른 사람들과 사이좋게 지내기가 여간 어려운 게 아니다.

『**그리스도께서 나뉘시느냐?**』(13절). 아니다. 『**바울이 너희를 위하여 십자가에 처형되었더냐?**』 물론 아니다. 『**아니면 너희가 바울의 이름으로 침례를 받았더냐?**』(13절) 천만의 말씀이다!

1:14 내가 하나님께 감사하는 것은 내가 크리스포와 가이오 외에는 너희 가운데 아무에게도 침례를 주지 아니하였음이라.

15 이는 아무도 내가 내 이름으로 침례를 주었다고 말하지 못하게 함이라.

16 또 내가 스테파나의 가족에게도 침례를 주었으나 그 외에는 어느 누구에게도 침례를 주었는지 알지 못하노라.

17 그리스도께서 침례를 주게 하려고 나를 보내신 것이 아니라 복음을 전하게 하려고 보내셨노라. 말의 지혜로 아니함은 그리스도의 십자가가 헛되지 않게 하려 함이라.

『**내가 크리스포와 가이오 외에는 너희 가운데 아무에게도 침례를 주지 아니하였음이라**』(14절). 고린도 교회 회원들 가운데 두 사람 외에는 바울이 침례를 주지 않았다는 것이다. 왜 그랬을까? 세대주의 때문이었을까? 아니다. 오직 한 침례밖에 없기 때문이었을까? 아니다. 한 성령에 의한 한 침례밖에 없는 것을 알고도 몇몇 사람들에게나마 바울이 침례를 주었었다는 사실을 후회하고 있는 것일까? 아니다. 그렇다면, 겨우 몇몇 사람들에게 밖에는 자기가 침례를 준 일이 없다는 것을 어째서 바울은 하나님께 감사하고 있는 것일까? 15절에서 그 이유를 밝히고 있다.

『**이는 아무도 내가 내 이름으로 침례를 주었다고 말하지 못하게 함이라**』(15절). 침례를 주는 것이 교리적으로 잘못된 것이기 때문도 아니요, 침례의 사명을 가진 사람이 따로 있기 때문도 아니었다. 다만, "나는 바울 사도한테 직접 침례를 받았다."고 자랑하는 자가 없게 하기 위함이었다. 바울은 침례를 주었다. 분명히 바울은 거듭난 사람들에게 침례를 주었다. 주님은 바울에게 침례를 주지 말라고 말씀하신 적이 없다. 이곳 문맥을 보아도 바울이 침례를 주는 것이 잘못이라고 생각했다는 낌새는 전혀 없다. 그는 다만 『**그리스도께서 침례를 주게 하려고 나를 보내신 것이 아니라 복음을 전하게 하려고 보내셨노라.**』(17절)고 말하고 있다. 다시 말해서, 사신에게 위임된 사명의 우선 순위로 볼 때, 침례를 주는 일보다는 복음을 전파하는 일이 더 중요했다는 것이다. 벌링거, 스템 같은 "드라이 크리너들"(극단적 세대주의자들)은 17절을 들먹이면서 하나님께서는 바울에게 침례를 주게 하려고 보내신 것이 아니라고 주장한다. 그런 사람들이 바로 앞에 있는 16절 말씀은 어떻게 처리할 것인지가 궁금하다. 바울은 『**또 내가 스테파나의 가족에게도 침례를 주었으나**』라고 말하고 있으니 말이다. 하나님께서 침례를 주지 말라고 말씀하신 적은 성경 어디를 보아도 없다. 침례에 관련된 14-17절에서 바울이 말하고 싶은 진의가 무엇인가? 육신적이고 젖먹이였던 고린도 교회 회원들이 분파로 나뉘어 『**나는 바울에게, 나는 아폴로에게, 나는 게바에게, 나는 그리스도께 속한다.**』(12절)라고 주장하면서 분열되어 있던 것과 관련하여 생각해 보면, 바울의 진의가 무엇인지 분명해진다. 바울이 침례를 준 사람들의 수가 몇 사람밖에 안되었으니 망정이지, 만약 그 수가 많았더라면, "나는 바울에게 속한다."고 으시대는 사람들의 수가 가장 많았을 것이고, 따라서 교회 분열을 일으키는 가장 세력이 큰 핵심 분파를 형성하였을 것이다. 그러나 지나고 보니 그렇지 않았다는 것이 바울에게는 여간 다행스러운 일이 아니었고, 그것을 하나님께 감사하고 있는 것이다. 교회의 분열은 주 예수 그리스도를 제쳐두고 사람을 앞세울 때 항상 생기는 법이다.

『**그리스도께서 침례를 주게 하려고 나를 보내신 것이 아니라 복음을 전하게 하려고 보내셨노라**』(17절). "드라이 크리너"(극단적 세대주의자들)은 이 구절을 이런 식으로 읽는다. "그리스도께서는 마태복음 28장의 명령을 수행하라고 나를 보내신 것이 아니라 고린도후서 5장의 명령을 수행하라고 보내셨노라." 그러나 이 구절 어디를 보아도 그런 의미는 담겨 있지 않다. 이 구절은 "침례를 주지 말고 복음만 전하라고 나를 보내셨다."는 뜻도 물론 아니다. 그리스도께서 침례를 주지 말라는 말씀을 바울에게 하신 적은 없다. 그리스도께서는 다만, 복음을 전하는 사명을 최우선적으로 수행하라고 바울을 보내셨던 것이다. 바울은 필요하다면 어느 때나 거듭난 사람들에게 침례를 줄 수 있었다. 그러나 그것이 그의 주임무가 아니었다. 그보다 훨씬 더 중요한 사명이 그에게 있었고, 그것은 복음을 전파하는 일이었다. 바로 이것을 위해서 그리스도께서는 바울을 보내셨다. 그리스도께서 침례나 주라고 바울을 보내셨겠는가? 그렇다고 거듭난 사람들에게 침례를 주는 일마저 못하게 금하셨겠는가? 주님께서 당신에게 어떤 사명을 맡겨 보내셨다면, 당신이 다른 일은 전혀 하지 못하게 하신 것은 아니다. 바울이 복음을 전파하는 일을 위해 보내심을 받았고 그 외의 다른 일은 하지 못하도록 하셨다는 발상이 도대체 어디서 나왔단 말인가? 바울이 과연 복음을 전파하는 일에만 매달려 있었던가? 갈라디아서, 에베소서, 빌립보서, 골로새서 등을 읽어 보지도 못했단 말인가? 바울이 복음만을 전하기 위하여 이런 서신서들을 기록했던 것은 결코 아니잖는가? 바울은 복음보다는 오히려 이미 구원받은 그리스도인들의 행실에 대해서 이러한 서신서들을 기록했다. 주님께서 바울에게 복음 전파의 사명을 주셨다고 해서 그의 활동을 거기에만 국한하셨던 것은 결코 아니었던 것이다. 바울은 복음 전파의 사명도 수행하였을 뿐만 아니라 다른 사명들도 훌륭하게 수행해 나갔다.

극단적 세대주의자들은 바울이 받은 사명은 하나님과의 화해를 촉구하는 일과 그리스도의 몸의 신비에 대한 계시를 알리는 일의 두 가지로 제한되어 있었다고 생각한다. 그들은 하나님께서 바울에게 이 두 가지 외에는 계시하지 않았고, 따라서 바울의 사역은 단지 이 두 가지에만 국한되어 있었다고 주장한다. 그들의 주장대로 바울의 사역을 이 두 가지에만 국한할 경우, 우리가 어떤 것들을 간과하게 되는지 아는가? 만약 그들의 주장이 옳다면, 대환란, 휴거, 그리스도의 재림, 예언, 그리고 무엇보다도 죄의 문제에 대해서 우리가 다른 누구로부터 그만큼 생생한 말씀을 들을 수 있었을 것 같은가? 바울은 이처럼 매우 중요한 여러 가지 부분에 대해서도 실로 엄청난 사역들을 멋들어지게 수행했던 것이다. 만약 바울이 그리스도의 몸의 신비와 하나님과의 화해에 관련된 영역에서만 사역을 감당했다고 가정한다면, 침례를 주지 말라든지, 죄의 문제 따위는 걱정하지 말고 하나님과 화해만 하면 그만이라든지 하는, 별의별 이상한 주장들이 판치게 되었을 것이다. 그야말로 "세탁소에 들어와서 드라이 크리닝 냄새나 맡아보고 옷이 살 걸려 있는지나

잘 살펴 본 후 그냥 나가라." 하는 식이 되고 말 것이다.

바울의 사역 내용들이 과연 어떤 것들이었는지 아는가? 다음을 보면 그의 사역 내용들이 얼마나 광범했던가를 알 수 있다. 『**너희에게 유익한 것은 무엇이나 숨겨 두지 않고 보여 주었으며 또 집집마다 다니며 너희에게 드러나게 가르쳤으니 유대인과 또한 헬라인에게도 하나님께 대한 회개와 우리 주 예수 그리스도에 대한 믿음을 증거하였노라**』(행 20:20,21). 그는 『**유익한 것은 무엇이나**』 가르쳤고 『**하나님께 대한 회개**』도 전파했다. 그는 침례인 요한의 사역까지 감당했던 것이다. 지금의 경륜기가 침례인 요한의 시대로부터 시작된 것은 아니지만, 그가 전파한 메시지는 지금도 유효하게 전파되고 있는 것이다. 다음을 또 보라. 『**먼저 다마스커스의 사람들과 예루살렘과 유대 온 지방에 그 다음에는 이방인들에게 회개하고 하나님께로 돌이켜 회개에 합당한 일을 행하라고 전하였더니**』(행 26:20). 바울은 여기서 『**회개에 합당한 일을 행하라고**』 전하였다고 말한다. 귀에 익은 구절 아닌가? 이것은 그리스도께서 십자가에 처형되시기 전 마태복음 3장에서 침례인 요한이 외쳤던 것과 정확하게 일치하는 메시지다. 바울은 또 하나님의 나라에 대해 알린 선포자였다. 『**이제 보라, 내가 너희 가운데 왕래하며 하나님의 나라를 선포하였으나 너희 모두가 더 이상 나의 얼굴을 보지 못하게 될 줄을 내가 아노라**』(행 20:25). 바울은 하나님의 나라를 선포하기도 했다. 그뿐만이 아니다. 『**이는 내가 하나님의 모든 계획을 조금도 주저함이 없이 너희에게 전해 주었음이라**』(행 20:27). 그는 『**하나님의 모든 계획을**』 전해 주었다고 말하고 있다. 로마서에서 빌레몬서에 이르기까지 그의 서신서들 전체를 통해 볼 때, 그는 결코 하나님과의 화해와 그리스도의 몸의 신비를 전파하는 일, 그리고 복음 전파에만 자신의 사역을 국한한 게 아니었음을 알 수 있다. 그는 하나님의 "모든" 계획을 선포하였다. 하나님께서 그에게 보여주신 모든 것을 설교했던 것이다. 이처럼 설교자는 성경을 근거로 설교하되, 성경 전체를 다루고 때와 장소에 따라 상황과 환경에 맞는 말씀들을 달라고 주님께 기도하면서 말씀을 찾고 주제에 합당한 계기가 오면 무슨 주제이건 설교할 수 있는 사람이 훌륭한 설교자인 것이다. 바울이 하나님과의 화해와 그리스도의 몸의 신비에만 매달려서 그 부분에만 국한해서 설교했다고 여기는 것은 무엇인가에 미혹된 이단들이나 그렇게 생각할 뿐이다. 수많은 사람들이 바울의 추종자들이라고 자처하면서도 사실은 전혀 바울대로 하지 않는다. 이른바 "바울파"라고 하는 자들마저도 전혀 바울처럼 사역하지 않는다. 바울은 거리 설교자였다. 그러나 바울의 추종자로 자처하는 자들이 거리 설교에 나서는 사람들은 별로 보지 못했다. 그들은 잘해야 방송국에만 매달려 있을 뿐이다.

『**말의 지혜로 아니함은 그리스도의 십자가가 헛되지 않게 하려 함이라**』(17절). 어려운 신학 용어들이나 나열하면서 설교하는 것은 『**말의 지혜**』로 하는 설교다. 그런 설교는 그리스도의 십자가를 헛되게 할 뿐이다. 그러니까, 그리스도의 십자가를 헛되게 하려면 "말의 지혜"로 설교하면 된다. 한편에, 하나님의 말씀을 헛되게 하는 방법은 마가복음 7:13에 나와 있다. 『**너희는 너희가 전수한 너희의 전통으로 하나님의 말씀을 폐기하느니라. 또 이와 같은 많은 일을 자행하고 있도다**』(막 7:13). 설교자로 부름받은 사람이라면 이점을 진지하게 생각하지 않으면 안 된다. 말씀을 선포하고 복음을 전파한답시고 그리스도의 십자가를 헛되게 만들고 하나님의 말씀을 폐기한다면 그것은 결코 설교가 아니다. 학자들이 수립해 놓은 학문적 전통을 따르다 보면 하나님의 말씀이 헛되게 되고 따라서 회중들에게 말씀으로 영적 영향을 끼칠 수가 없게 된다. 말의 지혜로 설교하면 회중들은 설교자가 십자가에 처형된 삶을 사는 것이 아니라 세상과 벗하며 살고 있다는 것을 금방 알게 되기 때문에 그리스도의 십자가는 헛된 것이 되고 만다. 반짝반짝 닦아 놓은 사과처럼 말이나 매끄럽게 구사하고 무슨 역학적 개념이 어쩌구 저쩌구, 논리학적으로 따져 볼 때 이러쿵 저러쿵, 대인관계에서 상호 대화의 중요성이 어쩌구 저쩌구나 해보라. 회중들은 당신이 자신을 십자가에 못박아 버리지 못했다는 것을 단박에 눈치 챌 것이다. 자신을 십자가에 못박아 버린 사람이라면 세상에서 완전히 벗어나 있는 사람이기에 이런 따위 구질구질한 언변이나 말장난은 할 줄을 모른다.

1:18 **십자가를 전파하는 것이 멸망하는 자들에게는 어리석은 것이지만 구원을**
받은 우리에게는 하나님의 능력이라.
19 **기록되기를 "내가 지혜 있는 자들의 지혜를 멸하고 총명한 자들의 명철을**
없애리라." 하였느니라.
20 **지혜 있는 자가 어디 있느냐? 학자가 어디 있느냐? 이 세상의 변론자가 어**
디 있느냐? 하나님께서 이 세상의 지혜를 어리석게 만드신 것이 아니냐?
21 **하나님의 지혜에 있어서는 세상이 그 지혜로 하나님을 알지 못하였기에 하나님**
께서 복음 전파의 어리석음으로 믿는 자들을 구원하시기를 기뻐하셨느니라.

『**십자가를 전파하는 것이 멸망하는 자들에게는 어리석은 것이지만 구원을 받은 우리에게는 하나님의 능력이라**』(18절). 이 구절은 꼭 외워 두어야 할 참으로 위대한 구절이다. 『**하나님의 능력**』은 반드시 성령님에게만 있는 것이 아니다. 하나님의 능력은 십자가를 전파하는 데에도 있다. 당신이 십자가에 처형되신 그리스도를 전파하는 자리에 서 있고, 당신 자신을 십자가에 못박아 버린 삶을 살고 있다면, 그것은 하나님의 능력이다. 『**내가 그리스도의 복음을 부끄러워하지 아니하노니 이는 이 복음이 믿는 모든 사람을 구원에 이르게 하는 하나님의 능력이 됨이라.**』(롬 1:16)고 바울은 말한다.

『**기록되기를 "내가 지혜 있는 자들의 지혜를 멸하고 총명한 자들의 명철을 없애리라." 하였느니라**』(19절). 이사야서에 기록된 말씀을 인용한 것이다. 『**그러므로 보라, 내가 이 백성 가운데서 놀라운 일을 추진하리니 놀라운 일과 이적이라. 그들의 현자들의 지혜가 없어지고, 그들의 총명한 자들의 명철이 숨겨지리라**』(사 29:14). 예수 그리스도께서도 이렇게 말씀하셨다. 『**오 하늘과 땅의 주이신 아버지여, 이런 일들을 지혜롭고 슬기로운 자들에게는 숨기시고 어린 아기들에게 나타내심을 감사하나이다**』(마 11:25).

『**지혜 있는 자가 어디 있느냐?**』(20절). 바울은 도전하고 있다. 『**학자가 어디 있느냐?**』 성경을 왜곡하는 현대의 신학자들과 성경을 고쳐 쓰는 성경 변개자들은 여기에 대답해야 한다. 『**이 세상의 변론자가 어디 있느냐?**』 이것이 당시의 그리스 철학자들만을 지칭하는 말로 들리는가? 바울은 지금 헛된 논쟁을 일삼는 현대의 논쟁자들과 철학자들에게 도전하고 있는 것이다.

『**하나님께서 이 세상의 지혜를 어리석게 만드신 것이 아니냐?**』(20절). 예수 그리스도의 십자가는 세상의 모든 것을 엉망으로 만들어 놓았다. 이 세상에서 자신들이 머리가 좋고 똑똑하다고 생각하는 모든 사람들은 그리스도의 십자가 앞에서 맥을 못 추고 고개를 떨구어야만 한다. 『**하나님께서 이 세상의 지혜를 어리석게 만드신 것이 아니냐?**』 하나님께서 이렇게 만들어 놓으신 까닭이 무엇일까? 아닌 게 아니라 이 세상은 어리석은 자들로 가득 차 있다. 지난 주말에 나는 고대 문명과 UFO에 관한 책을 읽어 보았는데, 책 한 권 전체에 걸쳐 모든 것이 지금 바다 밑에서 꿈틀거리고 있다는 주장으로 일관하고 있는 얘기였지만 흥미진진했다. 그 책에 의하면 UFO도 바다 밑에서 출현한다는 것이다. 나는 또 최근에 "고대의 지혜"라는 두툼한 책도 읽어 보았다. 이 책은 온통 고대인들이 무얼 어째서 그렇게 했고, 현대인도 모르는 것을 어떻게 알았으며, 그 비밀이 어디에 있고 등등을 다루고 있었는데, 성경대로 믿는 그리스도인이 400페이지나 되는 그 책을 읽고 나서 던지는 질문은 "그래서 어쨌단 말인가?"이다. 있는 지혜, 없는 지혜, 다 짜내서 책을 썼지만, 그래봤자 모두 죽어버린 시대의 죽어버린 것들, 모두가 땅 속에 묻혀버린 것들뿐이기 때문이다. 나는 그런 책을 쓴 저자들이 무슨 대단한 사실을 알고 있고 그들의 지식이 얼마나 훌륭한가 하는 따위에는 관심이 없다. 땅 속에 묻혀버린 죽은 것들을 들춰내서 무얼 어쩌겠다는 것인가? 도무지 생명과는 아무런 관계도 없는 죽은 이야기들을 듣고 있을 만큼 현대인들은 그렇게 한가하단 말인가? 『**진실로 사람마다 헛된 그림자같이 걸어다니며 진실로 그들이 헛되이 분주하니 재물을 쌓으나 누가 그것을 가질지 알지 못하나이다.**』(시 39:6)라고 성경은 말씀하고 있다. 『**현명한 사람이 어찌 헛된 지식을 발설하겠으며... 어찌 무익한**

이야기와 선을 행할 수 없는 말로 따져 보겠느냐?』(욥 15:2,3)고 성경은 힐난하기도 한다. 하나님께서 이 세상의 지혜를 어리석게 만드신 까닭은 그분 앞에서 이 세상의 지혜가 어리석기 때문이다. 『**그분 앞에 모든 민족들은 아무것도 아닌 것 같고, 그 민족들이 그에게는 없는 것보다 못하게 여겨지며, 헛것으로 여겨지느니라.**』(사 40:17)고 성경은 말씀한다.

『**하나님의 지혜에 있어서는 세상이 그 지혜로 하나님을 알지 못하였기에 하나님께서 복음 전파의 어리석음으로 믿는 자들을 구원하시기를 기뻐하셨느니라**』(21절). 이 구절에 밑줄을 그어 두라. 꼭 기억해 두어야 할 위대한 구절이다. 세상 사람들이 하나님을 무슨 방법으로 알려고 하는지 아는가? 교육을 통해서이다. 세상의 지혜로 하나님을 알려고 하는 것이다. 그들은 자신들의 지혜로 하나님을 알려고 하지만 언제나 그 곁을 비껴가고 만다. 세상의 지혜로는 하나님을 알지 못한다고 성경은 말씀한다. 그리스 철학자들은 진리를 연구한답시고 진리를 피해 갈 수 있는 길만 닦아 놓았다. 철학자들의 공로는 바로 이뿐이었다. 하나님을 알려면 하나님의 말씀을 통하는 길밖에 다른 길이 없다. 하나님을 알려면 말씀을 공부해야만 된다.

『**하나님께서 복음 전파의 어리석음으로 믿는 자들을 구원하시기를 기뻐하셨느니라.**』 하나님께서 "복음 전파의 어리석음"으로 기뻐하셨다고 말씀한다. 복음을 전파한다는 것은 하나님의 말씀을 전하는 것을 말한다. 『**어리석은 자의 음성도 말이 많음으로 알려지느니라.**』(전 5:3)고 성경은 말씀한다. 복음은 "말이 많음"으로 알려지게 된다. 입을 다물고 있으면 복음은 전파되지 못한다. 그래서 그리스도인들은 말이 많은 사람들이다. 그들의 입에서는 복음의 소리가 떠나지 않는다.

바울은 복음을 전하는 사람들이 『**그리스도를 위하여 어리석은 자들**』(고전 4:10)이라고 말한다. 길모퉁이에 서서 지나가는 사람들을 향하여 복음을 전하는 사람들만큼 바보처럼 보이는 사람들도 없을 것이다. 그러나 하나님을 기쁘시게 하려면 이런 식으로 하는 것 외에는 다른 방법이 없다. 당신이 거리 설교를 통하여 몇 사람이나 구원으로 인도하느냐에 나는 관심이 없다. 당신이 아무리 바보처럼 보이더라도 나는 그런 것을 상관하지 않는다. 나는 그것이 하나님을 기쁘시게 한다는 데에 크게 주목한다. 나는 바보처럼 보이는 그 사람들에게 하나님께서 내려 주시는 그 큰 복에 대해 대단한 관심을 갖는다.

『**하나님께서 복음 전파의 어리석음으로 믿는 자들을 구원하시기를 기뻐하셨느니라.**』 이것은 복음 전파가 비록 어리석게 보이기는 하지만, 그래도 그것을 통해 믿고 구원받는 자들이 생기면 하나님께서는 그것을 기뻐하신다는 뜻이 결코 아니다. 이 말은, 믿고 구원받게 하는 데에 다름 아닌 복음 전파의 어리석음을 사용하는 것, 그 자체를 하나님께서 기뻐하신다는 뜻이다. 당신이 복음을 전파하면서 완전한 사람으로 보이고, 당당해 보이고, 마치 수퍼맨처럼 초인적인 존재로 보이고 싶은가? 만일 그렇다면, 당신은 차라리 죽어버린 유대인들을 신뢰하고 따라가는 편이 나을 것이다. 이거야말로 진짜 바보 짓 아닌가?

『**하나님께서 복음 전파의 어리석음으로 믿는 자들을 구원하시기를 기뻐하셨느니라.**』 이 말씀이야말로 성경 전체를 통틀어 하나님께서 바울의 입을 통하여 말씀하신 가장 위대한 "유머"이다. 한 번 생각해 보라. 바울만큼 현명한 사람이 또 어디 있는가? IQ가 170이나 되었다는 아인슈타인인들 바울만큼 현명했겠는가? 아인슈타인에 대한 다음과 같은 이야기를 듣는다면 당신은 그의 IQ를 반으로 뚝 잘라 85정도밖에 안되는 사람이란 걸 알게 될 것이다. 어느 루터 교회 목사가 아인슈타인에게 성경 말씀을 증거한 적이 있었다. 목사가 성경을 펴자 아인슈타인은 대뜸 "당신은 성경을 믿는 만큼 수학도 진리란 걸 믿습니까?" 하고 물었다. "나는 수학도 믿지요." 하고 목사가 대답했다. 그러자 아인슈타인은 "맞아요. 수학공식의 신뢰성은 하나님의 신뢰성과 맞먹지요." 하는 것이었다. 그의 말에 절대로 동의할 수 없었던 목사는 "수학공식이 어떻게 하나님과 맞먹는단 말입니까? 수학공식은 하나님이 세워 놓으신 법칙의 일부에 지나지 않는다고 나는 생각합니다. 당신 말대로라면 내가 주일 예배 때 하나님의 말씀 대신에 수학공식에 대해서 설교할 수도 있겠는데, 그러는 날에는 나는 맞아 죽고 말 것입니다." 하고 말했다. 그리고 나서 목사는 아인슈타인에게 "박사님, 나는 당신이 하고 있는 일을 존중합니다만, 수학공식에 대한 당신의 견해에는 결코 동의할 수가 없습니다. 나는 당신이 이 문제를 두 번이고, 세 번이고 깊이 깊이 생각해 볼 수 있기를 바랍니다. 단언컨대, 당신은 자신의 생각이 틀렸다는 것을 깨닫게 될 것입니다." 그리고 목사는 아인슈타인에게 "제가 주 예수 그리스도에 관한 성경 말씀을 읽어 드릴테니 한 번 들어 보십시오." 하고 성경을 펴고 읽으려 하자, 아인슈타인은 또, "나는 하나님보다는 수학공식을 더 믿소." 하고 퉁명스럽게 대답했다. 아인슈타인은 세상을 떠났다. 그리고 결국 그는 지금 지옥에 가 있다. 그의 두뇌력이 다른 사람 세 사람을 합친 것만큼 대단했다고들 말하지만, 그는 바보였던 것이다. 그는 육신적인 사람이었고 마귀에 사로잡힌 천치였다. 마귀는 머리가 좋다고 생각하는 자들을 그런 식으로 미혹하여 지옥으로 보낸다. 마귀는 사람들에게서 지옥에 보낼 수 있는 온갖 근거를 얼마든지 찾아내는 재주를 갖고 있는 것이다.

1:22 유대인들은 표적을 구하고 헬라인들은 지혜를 찾지만
23 우리는 십자가에 못박히신 그리스도를 전파하노니 이것이 유대인들에게는 거치는 것이 되고 헬라인들에게는 어리석은 것이 되지만
24 부르심을 받은 사람들에게는, 유대인들에게나 헬라인들에게나, 그리스도는 하나님의 **능력이요,** 또 하나님의 **지혜니라.**
25 이는 하나님의 **어리석음이 사람들보다 더 지혜롭고** 하나님의 **연약함이 사람들보다 더 강하기 때문이니라.**

『**유대인들은 표적을 구하고 헬라인들은 지혜를 찾지만**』(22절). 유대인들은 표적을 구할 수밖에 없는 사람들이다. 그들은 표적으로 시작된 민족이기 때문이다. 『**만일 그들이 너를 믿지 아니하고 처음 표적의 소리에 경청하지 아니하면, 그들이 나중 표적의 소리를 믿으리라**』(출 4:8). 모세가 손에 들고 있던 막대기가 뱀으로 변했다가 다시 막대기로 원상 복귀되었다. 이것이 처음 표적이었다. 그 다음에는 그의 손을 품에 넣었다가 꺼내보니 문둥병에 걸렸지만, 다시 품에 넣었다 꺼내보니 깨끗이 나왔다. 이것이 나중 표적이었다. 이러한 표적들을 보고 이스라엘 백성이 모세를 믿었다. 이처럼 유대 민족은 표적으로 시작되었던 것이다. 그러므로 유대인은 언제나 표적을 구한다. 반면에 헬라인들은 지혜를 찾는다. 헬라인들은 교육을 받은 사람들이었다. 그래서 지금 이 시대에도 영리하다고 생각하는 사람들은 헬라인들을 찾아간다. 성경에는 두 가지 종류의 지혜가 있다. 헬라인들에게는 모든 지식이 곧 지혜로 통했고 모든 지혜가 곧 지식으로 통했다. 말할 것도 없이 이것은 잘못이다. 성경이 말씀하는 참다운 지혜는 그게 아니다. 『**보라, 주를 두려워함이 곧 지혜요, 악에서 떠나는 것이 명철이니라.**』(욥 28:28)고 성경은 정의를 내리고 있다. 그런가 하면 또, 구원받은 사람들에게는 그리스도가 곧 하나님의 지혜라고 성경은 말씀한다. 『**부르심을 받은 사람들에게는, 유대인들에게나 헬라인들에게나, 그리스도는 하나님의 능력이요, 또 하나님의 지혜니라**』(고전 1:24). 헬라인들은 이것을 알지 못했다. 이 시대의 머리 좋다는 사람들도 이것을 알지 못한다.

『**우리는 십자가에 못박히신 그리스도를 전파하노니 이것이 유대인들에게는 거치는 것이 되고 헬라인들에게는 어리석은 것이 되지만**』(23절). 유대인들은 표적을 구하고 헬라인들은 지혜를 찾지만, 그러나 『**우리는 십자가에 못박히신 그리스도를 전파**』한다. 이것이 유대인들에게는 장애물로 여겨졌고, 헬라인들이 보기에는 어리석은 짓으로 보였다. 바울은 이방인들(헬라인들)에게 십자가에 못박히신 그리스도를 전파했고 당대의 지성인들이었던 아테네의 철학자들에게 그리스도의 부활을 전파했다. 이때 그들의 반응이 어떠했는지 그 예를 살펴보자. 『**그 사람들이 죽은 자의 부활을 들을 때 어떤 사람들은 비웃고...**』(행 17:32). 헬라 철학자들의 눈에는 어리석게만 보였으니 비웃었던 것이다. 십자가에 못박히신 그리스도를 전파하는 것이 유대인들에게 거치는 것이 되었던 까닭은 또 무엇일까? 바울은 그 이유를 다음과 같이 설명하고 있다. 『**어찌하여 그렇게 되었느냐? 이는 그들이 믿**

음으로 의를 구하지 아니하고 율법의 행위로 되는 것처럼 구하였기 때문이라. 그들이 그 걸려 넘어지게 하는 돌에 넘어진 것이라』(롬 9:32). 율법은 죄인을 의롭게 만들어 주지 못한다. 율법은 그 누구도 인간은 의롭지 않다는 것만을 확인해 줄 뿐이다. 아무리 애를 써도 율법은 유대인들이 뛰어 넘을 수 없는 걸림돌이었다. 바울은 유대인들에게 이 사실을 역설했고, 의롭지 못한 죄인을 의로워질 수 있도록 할 수 있는 유일한 길은 주 예수 그리스도를 믿는 길밖에 없다는 사실을 깨우쳐 주었다. 그런데도 어리석은 유대인들은 이 가르침을 오히려 장애물로 여겼다.

『**부르심을 받은 사람들에게는, 유대인들에게나 헬라인들에게나, 그리스도는 하나님의 능력이요, 또 하나님의 지혜니라**』(24절). 이 구절 또한 위대한 구절이다. 당신은 그리스도를 영접하였는가? 그렇다면 당신은 하나님의 양자로 부르심을 받았고, 거룩하게 되도록 부르심을 받았으며, 예수 그리스도의 형상과 일치되도록 부르심을 받은 것이다. 이것은 유대인들이건 이방인들이건 구원받은 사람이면 누구나 차별이 없다.

『**그리스도는 하나님의 능력이요, 또 하나님의 지혜니라.**』 그리스도는 하나님의 능력이시다. 성경도 하나님의 능력이다. 복음 전파도 하나님의 능력이다. 복음 자체도 하나님의 능력이요, 또 성령께서도 하나님의 능력이시다. 『**그리스도는 하나님의 능력이요, 또 하나님의 지혜니라.**』 어째서 그런가? 다음 절을 보라.

『**이는 하나님의 어리석음이 사람들보다 더 지혜롭고 하나님의 연약함이 사람들보다 더 강하기 때문이니라**』(25절). 그리스도께서는 설사 갓난아이라 해도 장성한 청년보다 더 강력한 능력을 가지신 분이시다. 그리스도께서는 십자가에 달리시고도 예루살렘의 그 누구보다도 강한 분이셨다. 이처럼 하나님의 연약하심이 사람들보다 더 강하다. 십자가는 하나님의 지혜였다. 그러나 지혜 있다고 생각하는 사람들은 하나님의 그 지혜를 깨닫지 못했다. 십자가에 달리신 그리스도께서는 하나님의 연약하심이었다. 그러나 그분은 이 세상 그 누구보다도 강하신 분이셨다. 이 세상 그 누가 죽음으로써 다른 사람의 죄를 깨끗이 씻고 의롭게 하여 영생을 얻게 할 수 있단 말인가? 이것은 실로 하나님만이 하실 수 있는 일이다.

1:26 형제들아, 너희는 너희의 부르심을 보라. 부르심을 받은 자들은 육신을 따라 지혜로운 자가 많지 않고 권력 있는 자도 많지 않으며 좋은 가문에서 태어난 자도 많지 아니하니라.

27 그러나 하나님께서 세상의 어리석은 것들을 선택하심은 지혜로운 자들로 부끄럽게 하시려는 것이요, 하나님께서 세상의 약한 것들을 선택하심은 강한 것들을 부끄럽게 하시려는 것이라.

『**형제들아, 너희는 너희의 부르심을 보라**』(26절). 바울은 지금 구원받은 사람들을 향해 말하고 있다. 당신이 구원받았다면, 당신은 무엇인가 하도록 부르심을 받은 형제들이다. 『**부르심을 받은 자들은 육신을 따라 지혜로운 자가 많지 않고 권력 있는 자도 많지 않으며 좋은 가문에서 태어난 자도 많지 아니하니라**』(26절). 아닌 게 아니라 당신 주변에 있는 형제들이나 당신이 다니는 교회의 형제들을 둘러 보라. 아무리 살펴 보아도 『**육신을 따라 지혜로운 자**』는 별로 없을 것이다. 박사학위를 가진 사람도 별로 많지 않을 것이다. 또 『**권력 있는 자**』나 『**좋은 가문에서 태어난 자**』도 별로 없을 것이다. 가령, 폴 앤더슨 같은 사람도 섞여 있겠지만 몇 사람 안 될 것이다. 정치인도 많지 않을 것이고 귀족 출신도 없을 것이며 왕들도 없을 것이고 대통령도 없을 것이다. 주지사나 왕자들도 있어 봤자 한두 사람에 불과할 것이다. 나는 그래서 오히려 이것을 하나님께 감사한다. 하나님께서는 어리석은 사람들을 주로 택하신다. 왜 그러실까? 다음 구절을 보라.

『**그러나 하나님께서 세상의 어리석은 것들을 선택하심은 지혜로운 자들로 부끄럽게 하시려는 것이요, 하나님께서 세상의 약한 것들을 선택하심은 강한 것들**

을 부끄럽게 하시려는 것이라』(27절). 하나님께서는 어리석은 사람들을 앞세워 이 세상의 지혜 있는 자들을 부끄럽게 하시려는 것이다. 당신은 어리석은 사람인가? 그렇다면, 하나님께서는 당신더러 지혜 있는 자들을 부끄럽게 하라고 부르신 것이다. 당신은 연약한 사람인가? 그렇다면, 당신은 권력있는 자들을 부끄럽게 하도록 부르심을 받은 것이다. 하나님께서는 세상의 미천한 것들을 택하신다. 그 바람에 나도 기회를 얻은 사람이었다. 하나님께서 미천한 것들을 택하시는 바람에 나는 새로 태어날 수가 있었다. 하나님께서는 멸시받는 사람들을 부르신다. 나도 그렇게 부름받았다. 이렇게 부름받은 내 임무가 무엇인지 아는가? 내 임무는 헝클어진 매듭을 풀어 놓는 일이다. 솔직히 말해서, 나는 목회사역에 대해서는 그렇게 큰 관심이 없다. 하나님께서 나를 목회만을 위해서 부르신 것은 아니라고 나는 생각한다. 나도 마음만 먹었다면 빌리 그래함이나 잭 베니, 하다 못해 그 가련한 알 로버츠처럼 부흥사가 되어 대도시를 누비고 다니면서 수천 명 군중들을 모아 놓고 설교하고 구령하는 일에 종사할 수도 있었을 것이다. 그렇지만 나는 그리스도인들을 가르치는 교육에 매달리게 되었고, 성경을 고치는 변개자들에게 주먹을 날리며, 하나님의 말씀을 제대로 이해하지 못하는 멍청이들을 쫓아 다니면서 "이 얼간이야! 이 속알머리 없는 멍텅구리야!" 하면서 소리 소리 질러대는 일에 종사하게 되었다. 내가 이런 일을 좋아서 하는 줄 아는가? 하나님께서 나에게 이런 일을 하도록 부르셨기 때문에 하는 일이다. 지난날을 되돌아 볼 때, 하나님께서는 이런 일을 수행할 수 있도록 나를 오랫동안 준비시켜 주셨음을 나는 알고 있다. 언젠가 한 친구가 이런 농담을 한 적이 있다. "하나님께서는 복음 전파 사역을 위해 빌리 선데이를 한 번 농담 삼아 불러내셨다면, 피터 럭크만은 그리스도인 교육 사역을 위해 한 번 장난삼아 불러내셨던 모양일세." 친구의 농담이었지만 나는 그 말을 심사숙고한다. 사실, 그리스도인 교육이야말로 내가 할 수 있는 일이고, 하나님께서는 이 일을 위해 나를 부르셨으며, 나는 반드시 하나님의 요구대로 하고야 말 것이다. 기필코 말이다. 당신도 당신이 할 수 있는 일을 해야 되고 하나님께서 당신에게 원하시는 바를 해야 된다. 나는 내게서 배운 사람들이 모두 나의 예를 따르기를 바라지 않는다. 나의 배경을 살펴보면, 그 모두가 하나님께서 의도적으로 나에게 이 사명을 감당하도록 하나하나 준비시켜 주셨음을 알 수 있다. 나는 다른 사람들의 질문에 대해 응답해 주는 일을 4년 동안 했고, 하나님께서 나에게 히브리어와 헬라어를 배우도록 원하시는 바람에 대학에서 10년 동안 공부하지 않으면 안 되었다. 그 외에도 내가 겪었던 모든 일들 하나하나 가운데에 하나님의 의도가 담겨 있었다. 내가 비록 원치 않을지라도 하나님께서는 나를 이리 저리 끌고 다니셨던 것이다. 당신도 마찬가지다. 당신의 삶을 한 번 주의 깊게 살펴보라. 당신의 오늘이 있기까지에는 반드시 하나님께서 당신에게 의도하신 그 무엇인가가 있었음을 알게 될 것이다. 당신이 어떤 경험을 했고, 어떤 훈련을 받았으며, 어떤 준비를 해왔건, 어느 것 하나 헛되이 낭비하지 말라. 사람은 인생을 헛되이 낭비할 수도 있겠지만 하나님께서는 절대로 낭비하지 않으신다는 것을 알라.

1:28 하나님께서 세상의 천한 것들과 멸시받는 것들을 선택하신 것은 없는 것들로 있는 것들을 쓸모없게 만들려 하심이라.
29 그리하여 아무 육체라도 그분의 면전에서 자랑하지 못하게 되리라.
30 그러나 너희는 그분께로부터 나서 그리스도 예수 안에 있고 주께서는 하나님께로부터 나셔서 우리에게 지혜와 의와 거룩함과 구속이 되셨으니
31 기록된 바와 같이 자랑하는 자는 주를 자랑할지니라.

『**하나님께서 세상의 천한 것들과 멸시받는 것들을 선택하신 것은 없는 것들로 있는 것들을 쓸모없게 만들려 하심이라**』(28절). 하나님께서는 어째서 "있는 것들을 쓸모없게" 만들려고 하시는가? 하나님의 영광스러운 면전 앞에 설 수 있는 육체는 결코 없기 때문이다. 그래서 『**아무 육체라도 그분의 면전에서 자랑하지 못하게**』 된다(29절). 아무도 자기가 헤비급 챔피언이라고 자랑할 수가 없고, 아무도 자기가 전쟁에서 승리를 거두고 4성장군이 되었다고 으스댈 수가 없다. 아무도 자기가 무슨 일류 대학을 나왔고, 박사학위를 땄으며, 다른 사람들보다 재산이 많다고 목에 힘줄 수가 없다. 하나님의 영광스런 면전 앞에서는 이런 것들이 모두 쓸모없는 것들이다. 아무도 하나님께서 고개를 들라고 말씀하시지 않으면 고개를 들 수가 없다. 오순절파 은사주의자들이 성령집회를 한답시고 사람들을 끌어 모아 놓고, 돈벌이나 하는 자들이 거금을 들여 호화주택이나 구입하는 꼴을 보면 여간 한심한 일이 아니다. 그런 자들이 주님께 아무리 기도를 드려 보았자, 주님께서는 그들의 기도에 응답하실 리가 없다. 그런 자들은 하나님의 구원 사역을 가로막고 있는 자들이다. 이것은 정말이지 충격적인 일이 아닐 수 없다. 어느날 밤 나는 병상에서 죽어가고 있는 한 소녀로부터 전화를 받았다. 그녀는 힘이 완전히 다 빠져나가 겨우 들릴까 말까 한 모기 소리만한 목소리로 간신히 떠듬떠듬 말하고 있었다. "목사님, 저는 지금 주, 죽, 죽어가고 있어요. 의사는 가, 가, 가망이 없대요. 나는 지금 아, 아, 아무것도 먹지 못해요. 모, 목사님, 저, 저는 죽기가 싫어요. 기, 기, 기도하고 싶어요. 하지만, 전 어떻게 기도하는지도 몰라요. 목사님, 저를 도, 도와 주세요." 그런데 이 소녀가 전화를 건 동네가 어딘지 아는가? 그 도시에는 "작년 한 해 동안 우리 교회 주일학교에서는 2천 명을 가르쳤고, 1,200명을 구령했다!"고 큰소리를 탕탕 치는 교회가 버젓이 자리잡고 있는 바로 그곳이었다. 이렇게 떠벌이는 자들은 모두 하나님의 영광스런 면전 앞에 얼씬도 못할 자들인 것이다. 제발 입이나 다물고 있었으면 좋겠다.

『그러나 너희는 그분께로부터 나서 그리스도 예수 안에 있고 주께서는 하나님께로부터 나셔서 우리에게 지혜와 의와 거룩함과 구속이 되셨으니』(30절). 하나님의 부르심이라는 과정을 좀 기술적으로 분석해 보자. 주 예수 그리스도의 복음은 누구에게나 전해지고 있다. 주님께서는 당신을 부르신다. 그 부르심에 응하여 당신이 그분을 영접하면, 당신은 그분의 부르심을 받은 것이다. 그분을 영접하지 않고는 그분의 부르심을 손에 넣을 수가 없다. 그러나 당신이 그분을 영접하면, 당신의 죄가 씻겨지고 성령님께서 들어오셔서 하나님의 심판을 모면할 수 있는 자격을 보장해 주신다. 당신이 그분을 영접하면, 구약에서는 일어나지 않았던 어떤 일이 당신에게 일어나게 된다. 당신이 그리스도를 영접하면, 당신은 하나님의 자녀로 입양되도록 부르심을 받고, 그리스도의 형상과 일치되도록 부르심을 받으며, 하나님의 아들로 부르심을 받고, 하나님의 가족의 한 구성원으로 부르심을 받게 된다. 그런데 이 부르심은 당신의 행위와는 하나도 상관이 없다. 그것은 다만 하나님의 거룩하신 부르심인 것이다. 당신이 그리스도를 영접하는 순간 이 모든 일들이 일어난다. 당신은 『**그분께로부터 나서 그리스도 예수 안에**』있게 되는 것이다.

그런 위치에 서게 된 당신에 대해서 주님께서는 『**지혜와 의와 거룩함과 구속**』, 이 네 가지가 되어 주신다. 이것이 무슨 뜻인지 아는가? 이것은 당신이 어리석은 자가 되어야 한다는 뜻이다. 그래야 그분의 지혜가 필요하게 된다. 이것은 당신이 악한 죄인이어야만 한다는 뜻이다. 그래야 그분의 의가 필요하게 된다. 이것은 당신이 더러워야 한다는 뜻이다. 그래야 그분의 거룩함이 필요하게 된다. 그리고 이것은 당신이 잃어버린 자가 되어야 한다는 뜻이다. 그래서 그분의 구속을 필요로 하는 사람이 되어야 한다는 것이다. 다시 말해서, 그리스도인으로 거듭난 우리들은 어리석고, 악하고, 더럽고, 버려진 자들이라서 우리 힘으로는 그 어느 것도 도저히 어쩔 수 없는 처지가 되었던 사람들이었다. 그러나 예수 그리스도께서 우리를 위해 이 모든 것들이 되어 주신 것이다. 당신도 구원받고 그리스도인이 되었는가? 그렇다면, 이제부터 주 예수 그리스도, 바로 그분이 당신 지혜가 되어 주시고 의가 되어 주시며, 그리고 당신의 거룩함과 당신의 구속이 되어 주신 것이다. 그러나 어느 것 하나도 당신의 행위 때문에 그렇게 된 것은 없다.

의롭게 하심에 대하여 성경은 이렇게 말씀한다. 『**예수께서는 우리의 범죄함을 인하여 드려지셨고 우리의 의롭게 하심을 위하여 다시 일으켜지셨느니라**』(롬 4:25). 『**하나님께서 죄를 알지도 못하는 그를 우리를 위하여 죄로 삼으신 것은 우리로 하여금 그 안에서** 하나님의 **의가 되게 하려 하심이라**』(고후 5:21).

주님께서는 또한 우리를 거룩하게 하심에 대하여 이렇게 말씀하신다. 『**또 그들**

을 위하여 나는 나 자신을 거룩하게 하오니 이는 그들도 진리를 통해 거룩하게 되기 위함이니이다』(요 17:19).

우리는 또한 주님을 통하여 구속을 받았다. 『**그 사랑하시는 이 안에서 우리가 그의 은혜의 풍성함을 따라 그의 보혈을 통하여 구속, 곧 죄들의 용서함을 받았느니라**』(엡 1:7). "죄들의 용서함," 이것이 곧 "구속"이요, 그 구속은 우리의 행위에 의해서가 아니라 "그의 보혈을 통하여"라고 말씀하고 있다.

『**기록된 바와 같이 자랑하는 자는 주를 자랑할지니라**』(31절). 우리가 자랑할 수 있는 것은 오직 예수 그리스도 그분뿐이다. 그분은 우리를 위해 지혜와 의와 거룩함과 구속이 되셨고, 그분을 통해 우리가 그것들을 얻었다. 그래서 우리가 외칠 수 있는 것은 다만 주 예수 그리스도뿐이다. 『**주가 이같이 말하노니 현명한 자는 자기 지혜를 자랑하지 말며 용사는 자기 힘을 자랑하지 말고 부자는 자기의 부를 자랑하지 말라. 그러나 자랑하는 자는 이것을 자랑할지니 그가 깨달아 나를 알아서 내가 이 땅에서 자애와 공의와 의를 행사하는 주임을 아는 것이라. 이는 내가 이 일들을 기뻐함이라. 주가 말하노라**』(렘 9:23,24). 바울이 지금 『**기록된 바와 같이**』라고 말하고 있는 것은 바로 이 예레미야 9:23,24의 말씀을 인용하고 있는 것이다.

고린도전서 2장

2:1 **형제들아, 내가 너희에게 와서 하나님의 증거를 전할 때에 말과 지혜의 탁월**
함으로 하지 아니하였노라.
2 **이는 내가 예수 그리스도와 그의 십자가에 못박히심 외에는 너희 가운데서**
아무것도 알지 아니하기로 작정하였음이라.
3 **내가 너희와 함께 있을 때에 연약함과 두려움과 심한 떨림 가운데 있었노라.**
4 **또 내 말과 내 설교를 설득력 있는 인간의 지혜의 말로 하지 않고 성령과**
능력을 나타냄으로 하였으니
5 **이는 너희의 믿음이 인간의 지혜에 있게 하지 아니하고 하나님의 능력에 있**
게 하려 함이라.

『**형제들아, 내가 너희에게 와서 하나님의 증거를 전할 때에 말과 지혜의 탁월함으로 하지 아니하였노라**』(1절). 이 구절을 잘 음미해 보라. 이 주석서를 읽고 있는 당신은 럭크만의 생각이 무엇인지에 대해서는 조금도 신경을 쓸 필요가 없다. 당신은 성경이 무엇이라고 말씀하는지 거기에만 관심을 갖고 있으면 된다. 그렇다면, 성경은 지금 무엇이라고 말씀하고 있는가? 그것을 당신이 하나하나 짚고 넘어가야 한다. 사람이 아무리 그럴듯한 말을 하더라도 그 사람 뒤를 졸졸 따라 다닐 필요가 없다. 성경이 당신에게 말씀하고 있는 바를 당신 스스로가 손에 넣도록 사람의 그림자에서 벗어나야 한다.

『**하나님의 증거를 전할 때에 말과 지혜의 탁월함으로 하지 아니하였노라.**』 성경은 바울의 『**언변도 하찮다**』고 말한다(고후 10:10). 바울 자신도 『**비록 언변에 있어서는 서툴지만 지식에 있어서는 그렇지 아니하노라.**』(고후 11:6)고 스스로 말하고 있다. 『**형제들아, 내가 너희에게 와서 하나님의 증거를 전할 때에 말과 지혜의 탁월함으로 하지 아니하였노라.**』 이 구절은 4절에 견주어 읽어야 그 참뜻이 더욱 선명해진다. 『**또 내 말과 내 설교를 설득력 있는 인간의 지혜의 말로 하지 않고 성령과 능력을 나타냄으로 하였으니**』(4절). 인간의 말과 인간의 지혜로 하는 것은 정치인들을 설득하고 국민들을 설득해서 자신의 생각이나 자신이 미는 사람을 지지해 달라고 꾀일 때나 써먹는 수단이다. 하나님의 증거를 전할 때에 이런 수단을 써먹는 사람들은 하나님과 성경 대신에 자신들에게 사람들의 관심이 쏠리도록 하는 자들이다. 이런 자들은 어느 시대에나 있어 왔다. 언젠가 누가 오랄 로버츠가 만든 전도지를 갖다 주길래 읽어본 적이 있다. 그 전도지를 끝까지 읽어보면 두 가지 생각이 머리에 떠오르게 되는데, 하나는 마귀가 사람에게 절대로 손대지 못한다는 것이고, 사람은 누구나 다 구원을 받았고 모두가 하나님께 속해 있다는 것이다. 도무지 말도 되지 않는 내용이다. 하지만 어찌나 그럴듯한 말로 지껄이고 있는지, 한 번 읽어보면 다 속아 넘어갈 정도였다. 그야말로 "말과 지혜의 탁월함"이 철철 넘쳐 흘렀다. 그러나 성경은 『**건전한 말을 하여 정죄받지 않도록 하라.**』고 경고하고 있다(딛 2:8). 그런가 하면 또, 『**정중한 말과 그럴듯한 언변으로 순진한 사람들의 마음을 미혹**』하는 자들을 경계하라고 성경은 말씀한다(롬 16:18). 그런 자들은 모두 『**우리 주 예수 그리스도를 섬기는 것이 아니라 자기들의 배를 섬기는**』 자들(롬 16:18)이기 때문이다. 한 번은 어느 침례교인이 내게 와서 하는 말이 자기가 아내와 함께 어떤 "역동적 성경 심층 연구 강좌"에 참여하여 공부를 하고 왔는데, 3,4천 명의 수강생들로 가득찬 그 강좌에, 수백 명의 밥 존스 대학생들도 거기에 끼어 강의에 귀를 기울이고 열심히 내용을 메모하면서 그 훌륭한 강의에 매료되어 있더라는 것이었다. 자기도 평생에 그런 훌륭한 강의는 처음 들어 보았고 처음 배우는 내용들이 한두 가지가 아니었다는 것이었다. 이야기를 더 자세히 들어 보니까 강사는 잘 정리된 노트를 들여다보면서 모두 열일곱 과제로 나누어진 주제들을 놓고 강의를 진행해 나간 것까지는 좋았는데, 거기 모인 수강생들 가운데 누가 구원받았고 누가 아직도 구원받지 못했는지 알아보는 순서는 단 한 번도 없었다는 것이었다. 게다가 수강료는 일인당 75달러씩이었다고 한다. 그 강사는 일 년에 10만 달러도 훨씬 넘는 돈을 족히 벌어들였을 것이다. 그러나 수강생들은 정말로 멋진 강좌였다고 생각한다. 부드럽고 달콤한 말로 귀를 즐겁게 하면서 강의를 듣는 사람들에게 "형제여, 다른 말에 결코 흔들리지 마십시오. 여러분은 모두가 하나님의 백성들입니다."라고 말한다. 그리고 구원받지 못한 죄인들은 그 누구도 자신의 구원을 위해 도전받는 일이 없다. 그저 그럴듯한 분위기만 조성해 놓고 그 분위기에 젖어 제가 알아서 저절로 구원받는지 말든지 내버려 두는 것이다. 존 라이스의 사역과 얼마나 대조적인가? 죄인들을 구원에 이르게 하는 일에는 전혀 흥미가 없고 자신의 배를 채우는 데에만 관심이 있는 자들이 바로 이런 자들이다. 성경 강좌랍시고 "심층 연구" 운운하는 표제를 걸어 놓는 것이 요즈음 풍조지만, 성경의 "심층" 구조가 어쩌구 저쩌구 하는 말 자체가 모두 철학적 발상이나 심리학적 접근 내지 물리학적 발상에서 나온 것이다. 온통 우스꽝스러운 세상 지식을 가지고 성경을 난도질하는 것이다. 성경을 대상으로 하면서 그들이 동원하는 온갖 현대 용어들을 보면 대학교 철학교수들이나 케이프 캐나베럴 기지의 우주과학들, 또는 심리학자들로부터 빌려다 쓰는 용어들이다. 그리고 그런 용어들을 써야만 현대인들은 "아, 이 얼마나 똑똑한가!" 하면서 고개를 끄덕여 준다. 이 모두가 대학교 강의실에 난무하는 알아들을 수 없는 현학적인 용어들 앞에서 사족을 못 쓰는 젖먹이들인 것이다. 언젠가 나는 장차 대학교 교과서들을 몽땅 내 손으로 다시 써줄 작정이다. 지리학이건, 철학이건 심리학이건 가릴 것 없이 모든 교과목의 교과서들을 다시 써낼 것이다. 무엇보다도 잘난 체 하는 자들이 주절대는 현학적인 용어들을 몽땅 쉬운 말로 고쳐줄 작정이다. 전도여행 중 언젠가 툴사 시를 지나치다가 "완전한 여성 실현 세미나 – 당신의 정신적 길항작용에 대하여"라고 쓰여진 포스터가 붙어 있는 것을 보았다. 아, 정말이지 머리 속이 텅빈 멍청이들이다! 거창한 무엇이라도 되는 것 같지만, 알고 보면 이런 따위 용어들은 난잡한 섹스잡지에나 나오는 이야기를 심리학 책처럼 옮겨 놓은 것에 지나지 않는다. "역동적" 어쩌구 저쩌구, "행동 수정" 어쩌구 저쩌구, "심층 분석" 어쩌구 저쩌구 하는 따위의 말을 주절대는 자들은 진실을 감추고 사람들을 바보로 만들어 놓은 다음 캄캄한 밤이 갑자기 닥쳐올 때 사람들로 하여금 전혀 준비되지 않은 상태로 내팽개치기 위해 발명해 놓은 속임수 언어들에 지나지 않는다. 나는 그런 언어들을 모두 쓰레기통에 쳐넣을 작정이다.

『**이는 내가 예수 그리스도와 그의 십자가에 못박히심 외에는 너희 가운데서 아무것도 알지 아니하기로 작정하였음이라**』(2절). 예수 그리스도, 그리고 그분의 십자가에 못박히심, 이 두 가지만을 알기로 작정하였다고 말한다. 고린도 교회 사람들이 별의별 것들에 대해서 많이 알고는 있었지만, 정작 그들이 핵심적으로 알고 있어야 할 두 가지 사실, 즉 예수 그리스도와 그분의 십자가에 대해서는 제대로 알고 있지 않았음을 바울은 지금 개탄하고 있는 것이다. 이것을 제대로 안다는 것은 과연 무엇을 말하는가? 예수 그리스도께서 십자가에 못박히셨다는 사실을 진정으로 체득한 사람이라면 자기 자신도 그분과 함께 십자가에 못박아 버린 사람이어야 한다는 것을 말한다. 그래야 면류관을 얻을 수 있기 때문이다. 예수 그리스도께서도 십자가를 지심으로써 면류관을 얻으셨다. 그분이 전파하신 복음에 대해서 아무리 잘 알고 있다 하더라도 자신을 십자가에 매달고, 자신을 땅에 묻어 버린 사람이 아니라면, 그 사람은 여전히 아무 것도 알지 못한 사람이나 진배 없다. 주 예수 그리스도를 따라 자신도 죽어야만 그분을 따라 다시 사는 것이다. 갈라디아서는 이에 대해서 다음과 같이 강력하게 천명하고 있다. 『**그러나 나에게는**

우리 주 예수 그리스도의 십자가 외에는 자랑할 것이 없나니 그로 인하여 세상이 나에게 십자가에 못박히고 나도 세상에 그러하니라.』(갈 6:14)고 바울은 말한다. 그러면서 또 『**내가 그리스도와 함께 십자가에 못박혀 있으나 그럼에도 나는 살아 있노라. 그러나 내가 사는 것이 아니요, 그리스도께서 내 안에 사시는 것이라. 내가 이제 육신 안에서 사는 삶은 나를 사랑하시어 나를 위해 자신을 주신 하나님의 아들을 믿는 믿음으로 사는 것이라.**』(갈 2:20)고 말한다. 내가 그리스도와 함께 죽지 않으면 그분이 내 안에 사시지 않는다. 그분이 내 안에 사시지 않으면 나는 죽은 것이다. 이처럼 예수 그리스도와 그분의 십자가에 못박히심을 "안다"는 것은 나 자신도 그분과 함께 십자가에 못박아 버린 것을 의미하며, 이렇게 하는 목적은 내 안에 사시는 그분을 얻기 위함이다. 바울은 오직 이것만을 위해서 다른 것들은 모두 배설물로 여겼다고 말한다. 『**실로 모든 것을 손실로 여김은 그리스도 예수 나의 주를 아는 지식이 가장 고상하기 때문이며 내가 그를 위하여 모든 것을 잃어버리고 그것들을 오히려 배설물로 여김은 그리스도를 얻기 위함이요**』(빌 3:8).

『**내가 너희와 함께 있을 때에 연약함과 두려움과 심한 떨림 가운데 있었노라**』(3절). 바울은 아닌 게 아니라 신체적으로는 연약한 처지에 있었다. 그러나 그럼에도 불구하고 그는 겁많은 병아리가 결코 아니었다. 하지만, 그는 자신의 복음 전파가 만족스러운 성과를 거두지 못하고 헛되게 될까봐 두려워했고, 자신이 전파하는 복음을 듣고도 사람들이 복음을 거부하고 구원에 이르지 못할까봐 걱정했고, 무엇보다도 하나님께서 자신을 사용하시지 않을까봐 노심초사 했다. 그가 가졌던 두려움은 이런 종류의 두려움이었다. 바울은 결코 겁쟁이가 아니었다. 그는 죽음 앞에서도 굴하지 않고 자신의 길을 전진했다. 실제로 그가 죽음의 위협 앞에 내던져졌던 사례가 두 번 있었다. 한 번은 돌에 맞아 죽을 뻔 했는데, 그러고도 그는 성읍으로 다시 들어갔다가 또 돌세례를 받았다. 또 한 번은 성령님께서 그가 투옥될 위험이 있으니 예루살렘에 가지 말라고 타이르셨는데도 예루살렘 행을 감행했다가 아닌 게 아니라 감옥에 갇히게 된 적도 있었다. 3절에서 바울이 말하고 있는 "두려움"이란 사람들이 흔히 말하는 여느 두려움과는 종류가 달랐다. 사도행전 20:19을 읽어 보라. 『**나에게 가해진 유대인들의 계략으로 인하여 온갖 마음의 겸손과 많은 눈물과 시련으로 주를 섬겼노라.**』고 그는 간증하고 있다. 그는 하나님께서 자신을 혹시나 쓰시지 않을까봐 두려워했고, 자신의 사역이 성과를 거두지 못할까봐 그것이 두려웠던 것이다. 그래서 그는 『**떨림 가운데 있었노라.**』고 고백한다. 그 외에 다른 것은 전혀 두렵지 않았다. 『**그러나 나의 달려갈 길을 기쁨으로 끝마치고 내가 주 예수로부터 받은 사역, 곧 하나님의 은혜의 복음을 증거하기 위해서라면 이런 일을 전혀 개의치 아니할 뿐 아니라 나의 생명을 조금도 아끼지 아니하노라**』(행 20:24). 그는 이렇게 자신의 결의를 다짐하고 있다.

『**또 내 말과 내 설교를 설득력 있는 인간의 지혜의 말로 하지 않고 성령과 능력을 나타냄으로 하였으니**』(4절). 왜 그랬을까? 바울은 인간의 지혜에서 나온 말을 신뢰할 수가 없었고, 신뢰할 수 없는 말을 사용한다는 것이 견딜 수가 없었던 것이다. 당신이 구원받았다면, 그것은 곧 성경에 담겨 있는 그 모든 강력한 어휘들이 당신에게 적용될 뿐만 아니라 그런 어휘들만을 사용할 수 있는 사람으로 바뀌었다는 뜻이다. 당신은 세상 지혜에서 나온 세상 사람들의 어휘들 대신에 "구원받았다."든가, "의롭게 되었다."든가, "지옥"이라든가, "하늘나라," "거듭남," "예수 그리스도," "양자로 입양됨," "거룩하게 됨," "죄," "멸망," "저주," "심판" 등등과 같은 어휘들만을 사용하게 되었다는 것이다. 이러한 어휘들은 현대 교회의 강단에서 사라져 가고 있다. 요즈음 교회의 강단에서는 "절대 위임" 운운하는 따위와 같은 성경에도 없는 어휘들이 난무한다. "그리스도가 당신의 삶 가운데 들어오도록 하세요."라든가, "그분을 안아 드려요. 그분이 어루만져 주신답니다." 따위의 헛소리들만 지껄여대는 것이다. 실로 대단한 사탕발림이다. 이런 말들은 산타클로스 같은 것이나 영접하면서 "우리 서로 입맞춰요. 우리 손에 손잡아요. 주님과 손잡아요." 나부랭이를 목청 높여 부르는 자들이 즐겨 지껄이는 말들이다. 성경 그 어디에서도 도무지 찾아볼 수 없는 허섭스레기들이다. 이런 소리들은 지미 스와

거트나 오랄 로버츠처럼 복음 전파를 내팽개친 은사주의자들이나 내뱉는 말들이다. 그런 자들은 성경 말씀은 내던져 버리고 라디오나 TV에 내보낼 크리스찬 유행가 가사들이나 쓰는 자들이다. "하나님이 당신에게 무엇을 할 수 있는지, 그것은 비밀이 아니에요. 하나님은 다른 사람처럼 당신도 도와주시리. 두 팔을 벌려 보세요. 그분이 당신에게 안기실 거예요." 같은 유치하기 짝없는 유행가 가사 말이다. 이런 따위 유행가 레코드나 만들어 내는 자들이 수천 만 명의 구원받지 못한 불쌍한 죄인들을 도대체 어떻게 할 작정이란 말인가? 두 팔을 활짝 벌려 보라. 과연 하나님이 당신 품에 안기시는가? 이런 말은 성경 어디에도 없는 엉터리 거짓말이다. "하늘을 우러러 보라. 그분이 강림하고 계시도다." 과연 그런지 하늘을 우러러 보라. 그분은 재림하실 때까지는 그 어디에도 내려오고 계시지 않는다. 아무리 기독교 유행가 가사들일망정 이런 말들을 내가 문제 삼는 것은 그것이 모두 거짓말들이기 때문이다. "모두 와서 우리와 체험을 나누어요." 그자들은 "체험"이란 말을 입에 달고 다닌다. 도대체 무슨 체험 말인가? 미친 사람들이 한 자리에 모여 마귀에게 이끌려서 육신적인 분위기를 연출하는 그 광란극 말인가? 아닌 게 아니라 그자들이 한판 벌리는 집회에 한 번 가보라. 당신은 거기서 마귀의 광란극을 "체험"하게 될 것이다.

『**이는 너희의 믿음이 인간의 지혜에 있게 하지 아니하고 하나님의 능력에 있게 하려 함이라**』(5절). 사람의 머리에서 짜낸 말을 믿는 것은 믿음이 아니다. 하나님의 능력의 말씀을 믿는 것이 믿음이다. 복음의 능력은 하나님의 말씀 가운데에만 있고, 하나님의 말씀을 통해서만 하나님의 능력이 당신에게 임하게 된다. 『**그러나 우리가 이 보물을 질그릇에 가졌으니 이는 그 능력의 탁월하심이 하나님께 있는 것이지 우리에게 있는 것이 아님이라.**』(고후 4:7)고 성경은 말씀한다.

2:6 그러나 우리가 온전한 자들 가운데서 지혜를 말하노니 이는 이 세상의 지혜

도 아니요, 무로 돌아갈 이 세상 통치자들의 지혜도 아니니라.
7 **다만 우리가 신비 속에 있는 하나님의 지혜를 말하노니 이는 하나님께서 세상**
전에 우리의 영광을 위하여 미리 정하신 감추어진 지혜니라.
8 **이 지혜는 이 세상의 통치자들 가운데서는 아무도 몰랐노라. 만일 그들이**
알았더라면 영광의 주를 십자가에 처형하지는 아니하였으리라.
9 **그러나 기록된 바와 같이 "하나님께서 자기를 사랑하는 자들을 위하여 예비**
하신 것들은 눈으로 보지도 못하였고 귀로 듣지도 못하였으며 인간의 마음
속에 들어온 적도 없었느니라." 한 것이라.
10 **그러나 하나님께서 이것들을 우리에게 그의 영으로 나타냈으니 이는 성령께**
서는 모든 것, 십지어 하나님의 깊은 것들까지도 통찰하시기 때문이라.

『**그러나 우리가 온전한 자들 가운데서 지혜를 말하노니 이는 이 세상의 지혜도 아니요, 무로 돌아갈 이 세상 통치자들의 지혜도 아니니라**』(6절). 『**온전한 자들**』이란 결코 "죄가 없는 자들"이라는 의미가 아니다. 빌립보서 3장에 보면 바울이 말하는 "온전한 자들"이 어떤 사람들을 말하는지 잘 알 수 있다. 『**많은 사람이 그리스도의 십자가의 원수들로 행하고**』(빌 3:18) 있으며, 『**그들의 종말은 파멸이며 그들의 하나님은 자기들의 배요, 그들의 영광은 자기들의 수치 속에 들어 있고 그들은 땅의 것들을 생각**』(빌 3:19)한다. 그러나 온전한 자들은 그리스도의 십자가의 원수들로 행하지 않는다. 그래서 죄가 있으되, 그들이 따르는 그리스도의 십자가 덕분에 파멸하지 않게 된 사람들이다. 온전한 사람들은 자기들의 배를 섬기지 않으며, 수치스러운 일을 영광으로 여기지 않고, 땅의 것들을 생각하지 않는다. 이런 사람들이 곧 온전한 사람들이다. 그들의 시민권은 하늘에 있다. 바울은 이렇게 고백하고 있다. 『**내가 이미 이르렀다 함도 아니요, 이미 온전해졌다 함도 아니라. 다만 그리스도 예수에 의하여 붙잡힌 그것을 나도 붙잡으려고 좇아갈 뿐이라**』(빌 3:12). 결국 바울은 온전한 사람이었다. 그래서 그는 『**너희는 모두 나를 따르는 자가 되라.**』(빌 3:17)고 권면하고 있는 것이다.

『**다만 우리가 신비 속에 있는 하나님의 지혜를 말하노니 이는 하나님께서 세상 전에 우리의 영광을 위하여 미리 정하신 감추어진 지혜니라**』(7절). 자, 당신은 이제 성경을 알고 그리스도를 알며 참 지혜에 이르는 길에 접어들게 되었다. 고대의 "성현"들이나 중세의 "제왕"들이나 현대의 "박사"들은 결코 알지 못했고 갖지도 못했던 것을 당신은 알고 있고 또 소유하고 있는 것이다. 당신은 실로 대단한 사람이 된 것이다. 당신이 주를 알고 하나님의 말씀을 알게 되었다면, 당신은 필요한 모든 정보를 손에 넣을 수 있는 자리에 있게 된 것이다. 소크라테스나 플라톤 같은 철학자들이 꿈에도 생각지 못했고, 고대 이집트나 사마리아나 바빌론의 현자들이 도저히 접근할 수 없었던 지혜들을 당신은 소유하게 되었다는 말이다. 시편 119편을 보라. 『**내가 나의 모든 스승들보다 더 명철하오니 이는 주의 증거들이 나의 묵상이 됨이니이다. 내가 노인들보다도 더 깨달았으니 이는 내가 주의 법규들을 지킴이니이다. 내가 나의 발을 모든 악한 길에서 삼갔으니 이는 내가 주의 말씀을 지키기 위함이니이다. 내가 주의 명령들로부터 떠나지 아니하였으니 이는 주께서 나를 가르치셨음이니이다. 주의 말씀들이 내 입맛에 어찌 그리 단지요! 정녕, 내 입에 꿀보다 더 다니이다**』(시 119:99-103). 하나님께서는 우리들에게 모든 것을 가르쳐 주시는 스승이시다. 그래서 우리는 다른 그 어떤 인간 스승들을 찾아갈 필요가 없다. 인간 스승들은 실수 투성이에다 거짓말 투성이일 뿐이다. 우리에게는 그 누구보다도 위대하신 스승이 계시며, 그분은 성경을 통하여 우리에게 모든 지혜를 공급해 주신다.

그런데, 여기서 우리가 한 가지 아주 경계해야 될 것이 있다. 그것은 성경을 통하여 하나님께서 가르쳐 주시는 모든 지혜와 지식에 접근할 수 있는 그리스도인들이 정작 하나님께서는 말씀하시지도 않은 것들을 마치 성경에 있는 것처럼 말한다는 사실이다. 뿐만 아니라 하나님의 말씀을 슬쩍 바꿔치기 해서 말하거나 왜곡해서 말하는가 하면, 말씀의 단어들과 어구들을 자신들의 마음에 드는 것들로 바꾸고 자신들의 생각에 맞추어서 변개하는 자들이 이 세상에는 한 둘이 아니라는 사실이다. 영국 메이플라워의 로빈슨 목사는 "루터와 칼빈은 등대를 찬란하게 비추었던 가장 귀중한 빛이었다."고 말한 바 있다. 그러나 내가 확신컨대, 당대의 가장 귀중한 빛은 하나님의 말씀이었지 결코 그들이 아니었다. 루터나 칼빈은 결코 하나님의 말씀의 빛보다 더 밝은 빛을 비추었던 사람들이 될 수 없다. 그러나 루터주의자들이나 칼빈주의자들은 루터나 칼빈이 성경보다 더 밝은 빛을 비추었다고 믿는다. 그 결과 그들은 지금까지 300년이 넘도록 하나님의 말씀에서 멀찍이 벗어나 있었던 것이다. 이런 점에서 본다면 로빈슨 목사의 말이 맞는다. 하나님께서 성경을 통하여 그토록 많은 지혜를 주셨음에도 불구하고 칼빈은 거기에 "덧붙여" 열다섯 권이나 되는 책을 더 써냈으니 말이다. 그러고도 모자라서 그를 추종하는 칼빈주의자들은 하나님께서 결코 말씀하시지도 않은 것들을 계속해서 자신들의 머리로 생각해내고 계속해서 책을 써내기를 멈출 줄 모른다.

『**이 지혜는 이 세상의 통치자들 가운데서는 아무도 몰랐노라. 만일 그들이 알았더라면 영광의 주를 십자가에 처형하지는 아니하였으리라**』(8절). 주님을 십자가에 처형한 것은 무지의 결과였다고 사도행전 3:17에 기록하고 있다. 『**너희가 너희 관원들이 그리한 것과 마찬가지로 무지하여 그렇게 행한 줄을 내가 아노라.**』 그들이 예수 그리스도를 십자가에 처형할 때, 그들은 예수님께서 선한 분이란 것을 잘 알고 있었다. 백부장도 예수님께서 의로운 분이란 것을 알고 있었다. 그런데도 그들은 그분을 십자가에 매달았다. 그들은 예수님께서 선하고 의로운 분이란 것을 알고는 있었지만, 그분의 "영광"에 대해서는 무지했던 것이다. 베드로는 사도행전 3:17에서 이 점을 설교했고, 이 설교를 들었던 유대인들은 자신들의 생각을 바꿀 수 있는 두 번째 기회를 얻게 된 것이었다. 이것은 자신들이 예수 그리스도의 "영광"에 대해 무지했었음을 깨닫고 회개할 수 있는 절호의 기회였다. 예수 그리스도께서는 갈보리의 십자가에 못박히신 채로 이렇게 기도하셨다. 『**아버지시여, 저들을 용서해 주옵소서. 그들은 자기들이 하는 것을 알지 못하나이다**』(눅 23:34). 이 세상의 통치자들 가운데에는 주님께서 왜 죽으셔야만 했는지, 그 하나님의 지혜에 대해서 아는 자는 하나도 없었다. 사도행전 2-7장에서 두 번째 기회를 그들에게 주신 까닭이 여기에 있었다. 주님께서는 그들이 무지하였기에 그들을 용서해 주셨던 것이다.

『**그러나 기록된 바와 같이 "하나님께서 자기를 사랑하는 자들을 위하여 예비하신 것들은 눈으로 보지도 못하였고, 귀로 듣지도 못하였으며 인간의 마음속에 들어온 적도 없었느니라." 한 것이라**』(9절). 이것은 이사야 64장의 인용이다. 『**이는 오 하나님이여, 주 외에는 주께서 주를 기다리는 자를 위하여 예비하신 것을 세상이 시작된 이래로 사람들이 들은 적도 없고, 귀로 깨닫지도 못하였으며, 눈으로 보지도 못하였음이니이다**』(사 64:4). 모어 신부가 대부분 집필을 맡았던 빌리 그래함의 "나의 응답"이라는 칼럼에 "우리는 하늘나라에 대해서 무엇을 알고 있는가?"에 대해서 누군가가 글을 실은 것을 읽어 보았다. 그는 이 글에서 우리가 하늘나라에 대해서 그렇게 많이 알 수가 없다고 주장하면서 그 이유로 고린도전서 2:9을 근거로 내세우고 있었다. 그는 이 구절의 말씀 앞에서 혀가 굳어지고 말이 꽉 막혀 버리고 말았던 것이다. 그러나 우리는 결코 그럴 필요가 없다. 다음 구절을 보라.

『**그러나 하나님께서 이것들을 우리에게 그의 영으로 나타냈으니 이는 성령께서는 모든 것, 심지어 하나님의 깊은 것들까지도 통찰하시기 때문이라**』(10절). 앞 절에서도 말씀하듯, 『**하나님께서 자기를 사랑하는 자들을 위하여 예비하신 것들은 눈으로 보지도 못하였고 귀로 듣지도 못하였으며 인간의 마음속에 들어온 적도**』 없는 것은 틀림없는 사실이다. 그러나 하나님께서는 이것들을 우리에게 나타내셨다고 성경은 또 말씀한다. 하나님께서 우리에게 나타내셨으니, 우리는 알게 되었다. 그러나 우리가 알게 된 것은 "눈으로" 보고, "귀로" 듣고, 또 "인간의 마음속에" 들어왔기 때문에 알게 된 것이 아니다. 하나님께서는 이것들을 우리에게 『**그의 영으로 나타내셨으니**』라고 말씀한다. 우리는 우리의 눈이나 귀나 마음으로 아는 것이 아니라 하나님의 영으로 아는 것이다. 우리는 하나님의 영을 통하여 『하

나님께서 자기를 사랑하는 자들을 위하여 예비하신 것들』이 무엇인지를 발견할 수 있다. 당신은 하나님을 사랑하는가? 그렇다면, 하나님께서는 당신을 위하여 하늘나라에 1,200평방 마일이나 되는 "황금의 도성"을 예비해 놓으셨다. 그곳에는 투명한 황금 아파트가 예비되어 있어 오순절 이후로 구원받은 40억 명의 사람들을 맞이할 준비를 갖추고 있으며, 수학적으로 계산해 볼 때, 열 개의 방이 딸려 있는 초호화 아파트가 각 사람에게 할당된다는 것을 알 수 있다. 그뿐인가, 그곳에 살게 된 사람들이 입게 될 그리스도의 형상과 일치하는 몸, 털끝만치도 죄가 없는 거룩한 몸이 예비되어 있고, 죄도, 고통도, 아픔도, 눈물도, 죽음도 없는 도성이 예비되어 있으며, 그분의 임재하심 가운데서 기쁨만이 넘치는 영원한 집이 마련되어 있고, 세상의 기초가 놓이기 이전부터 예수 그리스도께 주어졌던 영광을 볼 수 있게 되는 것이다. 이 모든 것들이 주님께서 행하시겠다고 말씀하고 계신 것들이다. 그분께서 우리를 위해 예비해 놓으신 것들이 무엇인지 우리는 이처럼 훤히 알고 있다. 우리의 눈과 귀와 마음이 아니라 하나님의 영을 통해서 말이다.

『**이는 성령께서는 모든 것, 심지어 하나님의 깊은 것들까지도 통찰하시기 때문이라**』(10절). 당신은 "깊은 것들까지도" 알고 싶은가? 그렇다면 성령님께 의지하라. 성령님께서 당신에게 깊은 것들까지도 알게 해 주실 것이다. 성령님이 아니고는 그 누구도 당신에게 성경에 담긴 깊은 것들을 설명해 주지 못한다. 이에 대해 예수 그리스도께서는 이렇게 말씀하셨다. 『**이를 너에게 나타낸 것은 혈과 육이 아니라 하늘에 계신 나의 아버지시니라**』(마 16:17). 그리스도께서는 또 이렇게 말씀하셨다. 『**그러나 위로자이신 성령을 아버지께서 내 이름으로 보내시리니, 그가 너희에게 모든 것들을 가르치시며 또 내가 너희에게 말한 모든 것들을 생각나게 하시리라**』(요 14:26). 헬라어 사전을 아무리 뒤적여 보아도 성령님의 인도하심을 받지 않고는 당신은 하나님의 말씀에 담긴 진리를 알 수가 없다.

2:11 사람의 일을 그 사람 안에 있는 사람의 영이 아니면 누가 알리요? 이와 같이 하나님의 일도 하나님의 영이 아니면 아무도 모르느니라.

12 우리가 세상의 영을 받지 아니하고 오직 하나님께로부터 온 영을 받았으니 이는 우리로 하나님께서 우리에게 값없이 주신 것들을 알게 하려 하심이라.

13 또한 우리가 그것들을 말하되 인간의 지혜가 가르치는 말로 하지 아니하고 성령께서 가르치시는 말로 하나니 영적인 일들은 영적으로 비교하여 말하느니라.

14 그러나 자연인은 하나님의 영의 일들을 받아들이지 아니하나니 이는 그 일들이 그 사람에게는 어리석게 여겨지기 때문이요, 또 알 수도 없나니 이는 그 일들이 영적으로만이 분별되기 때문이니라.

15 영적인 사람은 모든 것을 판단하나 자신은 아무에게도 판단을 받지 아니하느니라.

16 누가 주의 생각을 알았다고 주를 가르치겠느냐? 그러나 우리는 그리스도의 생각을 가졌느니라.

『**사람의 일을 그 사람 안에 있는 사람의 영이 아니면 누가 알리요? 이와 같이 하나님의 일도 하나님의 영이 아니면 아무도 모르느니라**』(11절). 영에는 세 가지가 있다. 그 하나는 하나님의 영, 즉 성령이고, 다른 하나는 사람의 영이며, 세 번째는 더러운 영, 즉 사탄의 영이다. 성경은 또 짐승에게도 영이 있다고 말씀한다. 『**사람의 영은 위로 올라가고 짐승의 영은 땅 아래로 내려가는 것을 누가 알리요?**』(전 3:21). 이렇게 보면, 이 우주에는 네 가지 유형의 영이 있는 셈이다. 그러나 인간은 영적인 존재이지만, 짐승은 영적인 존재가 아니다. 인간은 육체적인 필요를 충족하고 자신의 몸이 편안하기만 하면 나머지는 운명에 맡긴 채 행복할 수 있느냐 하면, 절대로 그렇지가 않다. 그것은 인간이 영적인 존재이기 때문이다. 짐승은 육신적인 욕구만 충족하면 그것으로 충분히 행복하다. 인간도 육신을 갖고 태어났지만, 그것이 타고난 모든 요소의 핵심이 될 수 없다. 육신이 인간이 타고난 모든 요소의 핵심이 될 수 없다는 것은 그것이 죽어 썩으면 벌레들의 밥이 된다는 것을 알기에, 육신만이 아닌 다른 무엇인가를 위해서도 살려고 한다는 것을 보면 자명하다. 인간은 영적인 존재이기에 그 중심에 영이 자리잡고 있다. 따라서 인간은 육신의 필요를 충족하는 것만으로는 결코 만족할 수가 없으며, 인간은 그 중심에 자리잡고 있는 영적인 필요를 충족해야만 비로소 행복을 느낀다. 인간은 육신을 위하여 밥만 먹으면 되는 존재가 아니다. 그러나 짐승은 밥만 먹으면 한없이 행복하다. 인간은 육신을 위해 밥을 먹지만, 영에게도 무엇인가를 먹여야만 비로소 행복을 느낀다. 짐승도 인간처럼 의사소통을 한다. 그렇지만 개에게 소득세를 내라고 말해보라. 그게 무슨 뜻인지 개가 알 턱이 없다. 집에서 기르는 개에게 "일어서! 앉아! 뛰어! 서!" 하고 말하면 곧잘 알아듣고 명령에 따른다. 요즈음에는 원숭이를 훈련시켜서 컴퓨터 키보드를 두드리고 기계에서 커피를 꺼내오는 일을 시키기도 한다. 이런 것을 보고 우리는 짐승도 어느 정도 생각이 있다는 것을 알 수 있다. 짐승은 또 어느 정도 말도 한다. 새들은 타고난 가수들이다. 누가 가르쳐 주지도 않았는데도 새들은 갖가지 아주 아름다운 노래를 부른다. 그러나 그렇다고 해서 인간과 짐승들 사이에 완전한 의사소통이 이루어지느냐 하면, 결코 그게 아니다. 아무리 훈련을 잘 시키고 아무리 집에서 함께 산다고 해도 인간과 짐승들 사이에는 어딘가 건널 수 없는 간격이 있기 마련이다. 이 틈은 인간이 영적인 존재인데 반하여 짐승들은 그렇지가 않기 때문에 필연적으로 생기는 간격이며, 이 간격은 도저히 뛰어 넘을 수 없는 틈이다. 그래서 짐승은 사람의 일을 결코 알 수가 없다. 사람의 일은 사람의 영이 아니면 결코 알 수가 없는 것이다. 짐승이 사람의 일을 알려면 사람의 영을 소유해야만 한다. 그것이 만일 가능하다면 말이다. 이와 마찬가지로 하나님의 일도 하나님의 영이 아니면 인간은 도저히 알 수가 없다. 인간이 하나님의 일을 알려면 하나님의 영을 소유해야만 하는 것이다. 그런데 다행히도 하나님께서는 인간으로 하여금 하나님의 영을 소유할 수 있도록 해놓으셨다. 우리가 주 예수 그리스도를 영접하고 새 생명을 얻으면 하나님께서는 우리 안에 하나님의 영을 넣어 주시는 것이다. 구원받은 우리는 세상의 영을 버리고 하나님의 영을 받았다. 구원받은 우리들에게 이처럼 하나님의 영을 넣어 주시는 까닭이 무엇인가? 이에 대한 대답이 다음 절에 나온다.

『**우리가 세상의 영을 받지 아니하고 오직 하나님께로부터 온 영을 받았으니 이는 우리로 하나님께서 우리에게 값없이 주신 것들을 알게 하려 하심이라**』(12절). 하나님께서 우리에게 하나님께로부터 온 영을 받도록 하신 것은 『**하나님께서 우리에게 값없이 주신 것들을 알게 하려 하심이라.**』고 말씀하고 있다. 이 말은, 우리가 새롭게 태어나면, 전에는 알지 못했던 무엇인가를 알게 된다는 뜻이다. 우리가 거듭나지 못했을 때는 하나님이 계시다는 사실조차도 알지 못했고, 하나님께서 우주만물을 창조하셨다는 사실도 몰랐으며, 하나님께서 성경을 통하여 나에게 진리를 말씀하고 계시다는 것도 몰랐고, 그분께서 거룩하신 분이며, 진실하시며, 신실하시다는 사실들, 그 어느 것도 알지 못했다. 그리고 무엇보다도 거듭나지 않고는 하나님과 교제할 수 없다는 사실도 알지 못했었다. 도무지 하나님을 이해할 수 있는 명철이 터럭만큼도 없었으며, 하나님께서 내 인생에 어떻게 개입하시는가에 대해서 눈꼽만치도 알지 못했던 것이다. 거듭나지 못한 사람은 하나님은 말할 것도 없으려니와, 마귀에 대해서도 알지 못한다. 거듭나지 못한 사람은 마귀가 얼마나 막강한 힘을 갖고 있는지도 알 길이 없다. 그러나 거듭나고 구원받은 우리는 이제 이러한 모든 것들에 대해서 잘 알게 되었다. 어떻게? 하나님께로부터 온 영을 받았기 때문이다.

하나님께로부터 온 이 영은 삼위일체의 한 분이신 인격적인 성령, 그분을 지칭하기도 하지만, 때로는 "그분"이 아니라 "그것"(it)으로 표현되는 "영" 그 자체를 의미하기도 한다는 것을 알아 둘 필요가 있다. 『**성령이 친히 우리의 영과 함께 우리가 하나님의 자녀임을 증거하시거니와**』라고 말씀하고 있는 로마서 8:16에서 성령을 대문자 "Spirit"로 표기하여 인격적인 분으로서의 그분을 나타내고는 있지만, "성령이 친히"에서 "Spirit himself"가 아니라 "Spirit itself"로 표기하고 있다. 다시 말해서, "성령 그분 자신이"라고 말한 것이 아니라 "성령 그것 자체가"라고 말하고 있는 것이다. 이 경우에는 성령님을 인격적인 분으로서의 성령님을 지칭하는 것이 아니라 성령님의 역사하심, 또는 성령님의 영향력을 의미하는 것이다. 이처럼 "그것"으로 표현되는 하나님의 영을 소문자로 표기한 곳도 성경에는 나온다. 출애굽기 31:3,4이나 출애굽기 35:31,32에 보면 『**하나님의 영으로 그를 충만케 하시어 지혜와 명철과 지식과 온갖 솜씨로 정교한 기술을 고안하여 금과 은과 놋으로 일하게 하시며**』에서 하나님의 "영"을 소문자 "spirit"로 표기하고 있다. 이처럼 소문자로 표기한 "영"은 하나님의 영의 영향력, 또는 그분이 행하시는 사역 자체를 의미한다. 고린도전서 2:12에서도 하나님께로부터 온 "영"을 소문자로 표기하고 있거니와, 이것은 성령님의 역사하심을 지칭하기 때문이다. 하나님께서는 이처럼 거듭난 사람들에게 인격체이신 성령님으로 오셔서 인도하시기도 하지만, 능력의 "영"을 주셔서 그 영향력으로 지혜를 깨닫도록 하시기도 한다. 캠벨주의자들은 인격적인 분으로서의 성령님을 인정하지 않고 어느 경우에나 성령은 하나의 "영향력"에 지나지 않는다고 말한다. 이것은 하나님께서 한 인격체이신 것을 부정하고 하나의 에너지적 존재로 간주하는 배교자들의 발상이다. 성령님은 인격체이시며, 또 사역을 행하는 영향력이시다.

『**또한 우리가 그것들을 말하되 인간의 지혜가 가르치는 말로 하지 아니하고 성령께서 가르치시는 말로 하나니 영적인 일들을 영적으로 비교하여 말하느니라**』(13절). 『**성령께서 가르치는 말**』이란 곧 성경 말씀을 의미한다. 나블레 고블레 알아들을 수 없는 방언이나 지껄이는 은사주의자들이 환각 속에서 들었다고 곧잘 주절대는 그런 말이 아니라 성령님께서는 성경에 기록된 말씀을 통하여 우리에게 모든 것을 가르쳐 주신다. 그래서 그리스도인들은 방언이 아니라 성경이 말씀하고 있는 분명한 말로 말을 한다.

『**영적인 일들을 영적으로 비교하여 말하느니라.**』 이 구절은 꼭 배워두어야 할 말씀이다. 영적인 일들이란 영적인 성경 말씀들을 의미한다. 이것은 바로 앞에서 『**또한 우리가 그것들을 말하되 인간의 지혜가 가르치는 말로 하지 아니하고 성령**

께서 가르치시는 말로 하나니』에서 "성령께서 가르치시는 말"이 곧 성경을 의미한다는 데서 자명하다. 이처럼 영적인 일들에 관해서 말씀하는 성경은 영적으로 말씀하는 성경으로 비교해 보아야 이해할 수가 있다. 다시 말해서, 말씀은 말씀으로 비교될 때 그 말씀의 온전한 뜻이 이해될 수 있는 것이다. 하나님의 말씀들을 육신적이거나 인간의 지혜에서 나온 세상적인 지식에 비추어서 이해하려고 하면, 아무리 해도 이해될 수가 없는 것이다.

『**그러나 자연인은 하나님의 영의 일들을 받아들이지 아니하나니 이는 그 일들이 그 사람에게는 어리석게 여겨지기 때문이요, 또 알 수도 없나니 이는 그 일들이 영적으로만이 분별되기 때문이니라**』(14절). 구원받지 못한 사람은 자연인 그대로 내팽개쳐진 사람이다. 따라서 구원받지 못한 사람은 하나님의 일들을 알 수도 없다. 구원받지 못한 사람은 하나님의 말씀에 대해서 무지하기 때문에 그것을 받아들이지 못하는 것이다. 그들에게는 하나님의 말씀들이 모두 어리석게만 보인다. 그래서 그들은 하나님의 영의 일들을 받아들이지 못한다. 그들은 사람의 일을 이해하지 못하는 짐승들이나 마찬가지다. 한편, 거듭났다고 해서 그리스도인들이 모두 하나님의 영의 일들을 받아들이느냐 하면, 결코 그렇지가 않다. 그리스도인이라 할지라도 육신적인 사람은 자연인이나 마찬가지로 성령의 일들을 받아들이지 않는다. 그리스도인들이 하나님의 말씀에 순종하지 않고 성령을 따르지 않으면 그 사람은 성령의 일들을 받아들이지 않는 사람이다. 다시 말해서, 하나님의 말씀에 순종하지 않는 그리스도인은 하나님의 말씀을 받아들이지 않는 사람이라는 말이다. 이런 사람들은 여전히 육신을 따라 사는 사람들이다. 『**육신을 따르는 사람들은 육신의 일들을 생각하나 성령을 따르는 사람들은 성령의 일들을 생각하느니라**』(롬 8:5). 육신적인 그리스도인은 구원받지 못한 "자연인"과 구별되어야 하지만, 성령을 따르지 않는다는 점에서는 자연인이나 마찬가지다.

『**영적인 사람은 모든 것을 판단하나 자신은 아무에게도 판단을 받지 아니하느**

니라』(15절). 꼭 기억해 두어야 할 위대한 구절이다. "영적인 사람"이란 하나님의 영을 받은 사람을 말한다. 하나님의 영을 받은 사람은 모든 것을 판단할 수 있는 지혜를 소유한다. 『**자신은 아무에게도 판단을 받지 아니하느니라.**』 하나님의 영을 받고 하나님의 영으로 모든 것을 판단하는 사람은 세상 사람들이 자신에게 무어라고 지껄여도 거기에 귀를 기울이지 않는다. 그는 오직 하나님의 말씀으로 모든 것을 판단하기 때문이다. 신실한 그리스도인은 세상의 지혜나 인간의 생각으로 무엇을 판단하지 않고 오직 하나님의 말씀으로 올바르게 판단하는 사람이며, 따라서 하나님의 말씀이 아닌 인간의 생각으로 자신에게 이러쿵 저러쿵 판단하려는 사람들에게 관심이 없는 사람이다. 반면에 그리스도인은 다른 그리스도인들을 판단해서도 안 된다. 그리스도인의 모든 가치 기준은 오직 성경 말씀에 있기 때문에 사람의 생각으로 함부로 형제를 판단하지 않도록 주의해야 한다. 『**판단하지 말라. 그리하면 너희도 판단받지 않을 것이라**』(마 7:1). 『**그런즉 우리가 더 이상 서로를 판단하지 말고 도리어 형제들 앞에 거치는 것이나 방해물을 놓지 아니하였는지 판단해야 하리라**』(롬 14:13).

『**누가 주의 생각을 알았다고 주를 가르치겠느냐? 그러나 우리는 그리스도의 생각을 가졌느니라**』(16절). 당신이 구원받고 성령님께서 당신 안에 들어오시면, 당신이 그리스도와 동일한 생각을 하도록 그분께서 인도해 주신다. 당신이 성령님의 인도하심을 받을 때, 당신은 주님께서 생각하시는 것과 똑같은 생각을 하게 된다는 말이다. 『**너희 안에 이 생각을 품으라. 곧 그리스도 예수 안에도 있는 생각이라.**』(빌 2:5)고 성경은 말씀한다. 거듭난 사람에게 성령님께서 들어오시면, 그 사람은 그리스도와 똑같은 생각과 마음을 가져야 하고, 주님께서 보시는 대로 보아야 하며, 지난날의 생각과 안목은 모두 버려야 한다. 『**너희 마음을 새롭게 함으로써 변화를 받아**』야 하는 것이다(롬 12:2). 그런데, 그리스도의 생각을 갖고는 있으면서도 그리스도의 생각을 사용하여 그리스도의 생각대로 행하지 않는다는 데에 문제가 있다. 로마서 12:2를 보라. 『**너희는 이 세상과 일치하지 말고 너희**

마음을 새롭게 함으로써 변화를 받아 하나님의 선하시고 기뻐하시고 온전하신 뜻이 무엇인지 입증하도록 하라.』고 성경은 명령하고 있다. 그리스도인은 그리스도의 생각을 가졌다. 그러나 그 생각을 행동으로 나타내어 입증할 수 있지 않으면 아무 소용이 없다. 이런 사람은 "마음을 새롭게 함으로써 변화를 받은" 사람이 아니라 단지 그리스도의 생각을 머리 속으로 상상만 하고 있는 사람에 지나지 않는다. 모든 그리스도인들은 그리스도의 생각을 갖고 그 생각대로 행할 수 있게 해 달라고 기도하지 않으면 안 된다. 머리 속으로 생각만 해서는 안 된다. 그리스도인은 구원받고 생각할 수 있는 두뇌를 되돌려 받은 것이 아니라 마음이 새롭게 회복된 사람들이다. 새롭게 된 마음으로 변화되어 그리스도의 생각과 똑같은 생각대로 살아가는 데에 대해서 겁먹을 필요는 하나도 없다. 『**하나님께서 우리에게 주신 것은 두려워하는 영이 아니라 능력과 사랑과 건전한 생각의 영이라.**』(딤후 1:7)고 말씀하고 있지 않은가!

고린도전서 3장

3:1 **형제들아, 내가 너희에게 영적인 사람을 대하는 것처럼 말할 수 없어서 육신적인 사람, 즉 그리스도 안에서 어린 아기들을 대함과 같이 하노라.**
2 **내가 너희를 젖으로 먹이고 고기로 먹이지 아니하였으니 이는 너희가 지금까지 소화시킬 수 없었음이요, 아직도 그러하니라.**
3 **너희는 여전히 육신적인 사람이라. 너희 가운데 시기와 다툼과 분열이 있으니 어찌 너희가 육신적이 아니며 사람을 따라 행하는 자가 아니리요?**
4 **어떤 사람은 말하기를 "나는 바울에게 속한다." 하고 또 다른 사람은 "나는 아폴로에게 속한다." 하니 너희가 육신적이 아니냐?**

『형제들아, 내가 너희에게 영적인 사람을 대하는 것처럼 말할 수 없어서 육신적인 사람, 즉 그리스도 안에서 어린 아기들을 대함과 같이 하노라』(1절). 영어 〈킹제임스성경〉에서 어린 아기들을 뜻하는 영어 단어로 "babes"를 사용하고 있는데, 이것은 "babies"라는 현대 영어의 고어체로서 단지 철자 "i"가 있는냐 없느냐의 차이에 불과하다. 밥 존스 3세가 〈킹제임스성경〉의 단어들 7천 군데를 고쳐서 새로 인쇄하기 시작하였다는 소식을 듣고 나는 그 새 성경이 3천 부도 미쳐 다 인쇄되기 전 잉크도 채 마르지 않은 것을 한 권 입수했다. 그것이 1960년이었는데, 나는 그 성경 값으로 300달러를 지불했다. 요새로 치면 그 값이 얼마나 되는 것인지 계산은 안해 보았지만, 아무튼 매우 비싼 값이었다. 나는 새로 인쇄되어 나온 그 성경을 받자마자 그것을 일일이 뒤져서 단어들 7천 군데가 어떻게 고쳐졌는지를 조사해 보았지만, 그것들은 단지 단어 철자들을 고쳐 놓은 것으로 한 개의 "s"자 대신 두 개의 "ss"자로 고쳐 놓았다든가, 한 개의 "t"자 대신 두 개의 "tt"자로 고쳐놓은 것들, 또는 여기서처럼 "babes"라는 고어체 단어에 "i"자를 삽입하여 현대 영어 철자법에 따라 "babies"로 고쳐 놓은 것 등에 불과했다. 이런 것들은 헬라어 자체를 뜯어 고쳐 놓은 "변개"에 비하면 아무 것도 아니었다. 그러나 그 성경은 바로 별 것 아닌 "개정"이라는 점에서 역시 "변개된 성경"이나 마찬가지로 속임수가 개입된 성경이었다. 별 것도 아닌 것 가지고 대단한 것처럼 떠들어대고는 한 권에 300달러나 받아 먹었으니 말이다. 성경을 새로 낸다는 사람들이 하는 짓이란 언제나 이런 식이다.

『**내가 너희에게 영적인 사람을 대하는 것처럼 말할 수 없어서 육신적인 사람, 즉 그리스도 안에서 어린 아기들을 대함과 같이 하노라**』(1절). 육신적인 그리스도인은 젖먹이 그리스도인이다. 사람은 누구나 새로 태어나면 그때부터 성장하기 시작해야 한다. 따라서 거듭난 사람이 그 순간부터 어른이 되는 것은 아니다. 그러나 시간이 지남에 따라 거기에 비례하여 그리스도인은 점점 영적으로 성숙해 가지 않으면 안 된다. 그런데 문제는 대부분의 사람들이 그렇지 못하다는 데에 있다. 내가 처음 거듭났을 때 만났던 사람들을 돌이켜 보고 그들의 현재 모습과 비교해 보면, 정말이지 충격을 금할 길 없다. 내가 구원받던 날, 많은 형제들이 내게 악수를 청해 왔고, 그들은 솔직하고도 순수한 그리스도의 사랑으로 내게 접근해 왔으며, 앞으로 그리스도인으로서의 교제를 나누자고 격려해 왔다. 그 당시 그 사람들은 모두가 내 눈에 참으로 경건한 그리스도인들처럼 비쳐졌고, 그런 사람들과 그리스도 안에서 한 형제가 되었다는 데에 나는 한없이 기뻤다. 그러나 그 사람들의 현재를 보면 나는 적지 않게 실망하지 않을 수밖에 없다. 내가 처음 구원받고 그리스도인이 되었을 때, 밥 존스 시니어가 내게 해 준 말이 있었다. 그는 내게 이렇게 말했었다. "자네는 이제 하나님과 가까워질 수 있는 길에 들어섰네. 그러나 마귀와도 아주 가까워질 수 있는 길에 들어섰다는 걸 잊지 말게나." 그게 무슨 뜻인지 그 당시만 해도 잘 이해할 수 없었지만, 지금에 와서야 이해하게 되었다. 그는 나에게 "그리스도인으로서 하나님을 섬기면서 가장 큰 방해를 하는 자들은 바로 다른 그리스도인들이라네."라고 조언해 주었을 때, 나는 그 뜻을 이해하지 못했지만, 지금은 이해하게 되었다. 내가 구원받던 당시 내게 악수를 청해 왔던 사람들 가운데에는 이미 구원받은 지 30년이 넘은 사람들도 있었다. 그들은 허연 수염을 길게 기르고, 말하는 음성이 마치 선지자들 같았으며, 성경을 들고 다니는 모습만 보아도 성령충만한 하나님의 사람들 같았다. 그야말로 그들은 진짜 성자들 같았다. 그런 사람들을 지금 만나 보면 어떤가? 특히 어떤 침례교회의 집사라는 사람들을 한 번 보라. 가령, 윌리 설리반 같은 사람은 30년 전만 해도 정말 성자처럼 비쳐졌던 사람이다. 그랬던 그의 현재 모습은 어떤가? 나는 이런 사람들을 볼 때마다 "그리스도인들의 인생이 어쩌면 이렇게 처량할 수가 있단 말인가?" 하고 가슴을 칠 때가 한두 번이 아니다. 구원받은 지 20년이나 되었는데도 여전히 젖먹이로 남아 있는 사람들이 내 주변에서 얼마든지 눈에 띈다. 그들은 지금도 자신의 성깔을 절제하지 못하고 틈만 나면 화를 벌컥 내면서 그리스도인들의 회중을 발칵 뒤집어 놓는가 하면, 교회 내에서 누구 누구와 의견이 엇갈려 대판 싸우고 나서는 훌쩍 교회를 떠나 버리기도 한다. 어떤 사람은 30년 동안 교회에 다니지 않은 사람도 있을 정도이다. 이런 사람들은 모두가 젖먹이 갓난아기들인 것이다. 이런 그리스도인들이야말로 하나님을 신실하게 섬기려고 애쓰는 다른 그리스도인들에게 장애물 노릇만 하는 자들이다. 그런가 하면 또, 구원받은 지 10년 밖에 안 되었지만 30년이 넘은 사람들보다 훨씬 더 영적으로 성숙해 있는 사람들도 얼마든지 볼 수 있다. 이런 사람들은 구원받은 후 갓난아기로서 열심히 젖을 먹고 무럭무럭 자라난 사람들이고 이제는 성숙한 어른이 되어서 단단한 음식도 잘 먹게 된 사람들이다. 이 사람들은 하나님의 말씀으로 무럭무럭 자라났던 것이다. 그들은 『**갓난아기들로서 순수한 말씀의 젖을 사모하라. 이는 너희가 그것으로 인하여 자라게 하려 함이니라.**』(벧전 2:2)는 말씀에 열심히 따랐던 사람들이다. 그리스도인은 말씀에 의탁하지 않으면 성장하지 못한다. 그래서 성경은 또 이렇게 말씀한다. 『**이제 형제들아, 내가 너희를 하나님과 그분의 은혜의 말씀에 의탁하노니, 그 말씀이 능히 너희를 굳게 세워 줄 것이며 또 거룩하게 된 모든 사람 가운데서 너희에게 유업을 줄 것이라**』(행 20:32). 『**그러나 주께서 대답하여 말씀하시기를 "기록되었으되 '사람이 빵으로만 사는 것이 아니요 하나님의 입에서 나오는 모든 말씀으로 사느니라.'고 하였느니라." 하시더라.**』(마 4:4)는 말씀이 바로 이것을 가르치고 있다. 그리스도인으로 성장하는 것은 그가 하나님의 말씀에 얼마나 많은 시간과 노력을 쏟아 부었느냐에 달려 있는 것이다. 말씀을 받아 먹지 않고 성장하지 못하여 갓난아기로 뒤처져 있는 사람들이 바로 육신적인 사람들이다.

『**내가 너희를 젖으로 먹이고 고기로 먹이지 아니하였으니 이는 너희가 지금까지 소화시킬 수 없었음이요, 아직도 그러하니라**』(2절). 고린도 교회 사람들이 구원받고 그리스도인이 되었던 처음에는 갓난아기였으므로 그들이 소화시킬 수 있는 젖을 먹었던 것은 당연한 일이었다. 그들은 아직 빵이나 고기를 먹을 수가 없다. 이제 자라 가면서 빵도 먹고, 사과도 먹고, 고기도 먹을 수 있게 되어야 한다. 그러나 지금은 아직 우유를 먹어야 한다. 그렇지만 세월이 흘러 어른이 되었는데도 여전히 우유밖에 먹지 못하는 갓난아기로 남아 있다면, 그것은 수치스러운 일이다. 그리스도인의 영적 성장 속도는 나이를 먹어갈수록 가속도가 붙는다. 구원받고 나서 스무 살 때 성장하는 속도에 비하여 그가 서른 살이나 마흔 살이 되어 성장을 계속하는 속도가 훨씬 빠른 것이다. 그 까닭은 시간이 흐름에 따라 그가 하나님의 말씀을 읽고 공부하고 배우고 깨우친 분량이 그만큼 누적되어 있기 때문이다. 그리스도인의 영적 성장에는 노쇠현상이란 있을 수 없다. 그리스도인은 이 땅에서 사는 동안 계속해서 성장을 멈추지 않는다. 말씀을 먹으면 먹을수록 그만큼 계속 성장해 가기 때문이다. 거듭난 이후 성경을 가르치는 올바른 교회에서 클라렌스 라킨의 〈세대적 진리〉라든가, 스코필드의 주석 성경이라든가, 벌링거의 책들을 읽고 배운 사람들은 그렇지 못한 사람들에 비하여 성경 말씀을 이해하는 깊이가 훨씬 더 깊게 된다. 그리스도인으로서의 이런 사람들의 삶은 그렇지 못한 사람들과는 질적으로 다르다. 당신은 지금 이 책을 읽기 시작하고 나서 새로운 사실들을 적어도 세 가지 이상은 배웠다고 생각하는가? 만일 그렇다면, 당신은 벌써 놀라우리만큼 성장한 것이다. 오늘날 은사주자들의 교회에서는 도무지 성경을 제대로 가르치지 않는다. 그들은 사람들을 언제까지나 영적 갓난아기로 붙잡아 두려고 하기 때문이다. 밥 존스 시니어가 내게 해준 조언대로 그리스도인의 성장을 방해하는 최대의 장애물은 다름아닌 그리스도인들인 것이다. 당신은 성장하기를 원하는가? 그렇다면 하나님의 말씀을 공부하는 데에 당신의 시간을 투자하라. 그리고 하나님의 말씀을 열심히 받아 먹으며 하나님의 말씀에 의탁하라. 당신이 삼 년만 그렇게 해도 당신은 구원받은 지 15년 이상 된 사람보다 더 빠르게 성장해 있는 자신을 발견하게 될 것이다.

『**너희는 여전히 육신적인 사람이라. 너희 가운데 시기와 다툼과 분열이 있으니 어찌 너희가 육신적이 아니며 사람을 따라 행하는 자가 아니리요?**』(3절). 육신적인 그리스도인들의 특징이 여기에 나온다. 하나님의 말씀에 의하면, 육신적인 그리스도인의 특징이란 담배를 피는 것도, 술을 마시는 것도, 영화관에 들락거리는 것도 아니다. 이러한 그리스도인들은 육신적인 그리스도인이 아니라 세상적으로 타락한 그리스도인들이다. 이처럼 타락한 그리스도인들이 다시 회복할 수 있는 방법이 무엇인지 당신은 아는가? 지금까지 당신을 의기소침하게 만들고 절망에 빠뜨리던 모든 세상 일들로부터 손을 끊고 지금 당장 하나님께로 발길을 돌리면 된다. 그렇게 하기만 하면, 당신은 타락한 세상으로부터 당신 자신을 건져낼 수 있고, 이 세상에서 누리던 모든 즐거움들이 죽어버린 강아지만큼이나 쓸모없는 것이었음을 알게 될 것이다. 자신을 회복하고 나서 당신이 빠져있던 세상을 한 번 뒤돌아 보라. 당신은 그곳에 어느 것 하나 올바른 것이 없고 온통 비참하게 흘리는 피와 땀뿐이며, 병들어 신음하다가 초라하게 죽어가는 죽음만이 가득차 있다는 것을 알게 될 것이다. 그렇다면, 육신적인 그리스도인이란 어떤 사람들인가? 『**너희는 여전히 육신적인 사람이라. 너희 가운데 시기와 다툼과 분열이 있으니 어찌 너희가 육신적이 아니며 사람을 따라 행하는 자가 아니리요?**』(3절). 육신적인 그리스도인들의 특징 중 첫째는 시기한다는 점이다. 육신적인 그리스도인은 자기보다 성경을 더 많이 아는 그리스도인들을 시기한다. 성경뿐만 아니라 그 어느 것이나 다른 사람이 자기보다 낫다고 생각되면 그들은 시기한다. 그들 가운데에는 언제나 다툼이 있다는 것이 그 둘째 특징이다. 그들은 하나님의 말씀을 놓고 서로 다툰다. 그리고 그들은 분열한다. 그들은 건전한 교리를 견디지 못하고 엉터리 교리를 들고 나와 분열을 일으킨다. 가령, "물침례"는 그 대표적인 예이다. 이것이 육신적인 그리스도인들이 나타내는 특징이다. 『**이는 시기와 다툼이 있는 곳에는 혼란과 온갖 악한 일이 있기 때문이라.**』(약 3:16)고 성경이 말씀하는 것은 바로 이런 것을 두고 한 말씀이다.

『**어떤 사람은 말하기를 "나는 바울에게 속한다." 하고 또 다른 사람은 "나는 아폴로에게 속한다." 하니 너희가 육신적이 아니냐?**』(4절) 누가 바울에게 속했는가? 누가 밥 존스에게 속했고, 누가 리 로버슨에게 속했는가? 이런 사람들을 두고 바울은 『**너희가 육신적이 아니냐?**』고 힐난하고 있다. 그런데도 사람들은 여전히 "나는 디한 박사에게 속한다." "나는 밥 그레이에게 속한다." "나는 해리 하니건에 속한다." "아, 당신은 피터 럭크만파로군." 하고 말한다.

3:5 그리먼 바울은 누구이며 또 아폴로는 누구냐? 주께서 모든 사람에게 주신

대로 그들에 의하여 너희가 믿게 된 일꾼들이 아니냐?
6 **나는 심었고 아폴로는 물을 주었으나 하나님께서는 자라게 하셨느니라.**
7 **그러므로 심는 자나 물 주는 자는 아무것도 아니지만 오직 자라게 하시는 분은 하나님뿐이시니라.**
8 **이제 심는 자와 물 주는 자는 하나니라. 그러나 각 사람은 자기의 수고에 따라 자기의 상을 받을 것이니라.**

『**그러면 바울은 누구이며 또 아폴로는 누구냐?**』(5절). 바울이 되었건, 아폴로가 되었건, 밥 존스가 되었건, 리 로버슨이 되었건, 그리고 밥 그레이가 되었건, 피터 럭크만이 되었건, 이들이 다 누구란 말인가? 이들은 모두 『**주께서 모든 사람에게 주신 대로 그들에 의하여 너희가 믿게 된 일꾼들이 아니냐?**』(5절). 그렇다. 이들이 다 일꾼들이다. 그런 일꾼들을 갈라놓고 무얼 어쩌겠다는 것인가? 이런 자들은 하나님을 두려워하지 않기 때문에 이처럼 분열을 일으키는 것이다. 이런 일꾼들이 훌륭한 사람들이지만, 이들을 하나님보다 우위에 올려놓기 때문에 분열이 생긴다. 그리스도인들이 하나님을 두려워하고 그분을 최우선의 자리에 모셔놓고 있다면 분열이 일어날 수가 없다. 이에 대해서 바울은 6절에서 다음과 같이 말한다.

『**나는 심었고 아폴로는 물을 주었으나 하나님께서는 자라게 하셨느니라**』(6절). 일꾼들 가운데 어떤 사람은 밭을 갈고 어떤 사람은 씨를 뿌린다. 그런가 하면, 또 어떤 일꾼들은 수확을 한다. 당신이 복음을 전파하다가도 때로는 밭을 갈 때도 있게 된다. 밭 가는 일이 그리 재미있는 일은 아니다. 나는 기본적으로 밭을 가는 사람이기에 그것을 잘 안다. 나는 밭 가는 사람이다. 가장 밑바닥에서 일하는 일꾼인 것이다. 물론 나도 약간은 수확을 하기도 한다. 지난 번 뉴욕 주 로체스터 시로부터 전화요청을 받고 그곳에 갔다가 나는 사흘 동안에 120명의 사람들을 그리스도께로 인도했다. 그들 중 반 수는 나이가 30세 이상이었고 나이가 마흔 살이 넘은 사람들이 전체의 1/4이나 되었다. 그중 어떤 사람들은 폴랜드계 카톨릭, 또는 이태리계 카톨릭 신자였던 사람들도 있었다. 그 집회는 정말 폭발적인 성과를 거둔 모임이었다. 그러나 나는 기본적으로 밭을 가는 사람이다. 밭을 갈기에 앞서 밭을 일구는 사람이다. 밭을 일구려면 다이너마이트로 바위를 깨고 돌뿌리와 나무 그루터기를 캐내는 일을 해야 한다. 하지만, 내가 아무리 밭을 일구어 갈고 다른 일꾼이 아무리 씨를 뿌리며 물을 준다 한들 곡식을 자라게 하시는 분은 오직 하나님이시다. 하나님께서 자라게 하시지 않는다면, 아무리 밭을 갈고 씨를 뿌리고 물을 준들 무슨 소용이 있겠는가? 하나님께서 자라게 하시지 않으면 뿌려진 씨가 싹도 트지 않는다. 나는 금년에만도 세 군데 교회에서 이런 일을 겪었다. 내가 돕고 있는 이들 교회의 기도 모임에 목사가 나타나지 않았고, 집사들이 나타나지 않았으며, 몇몇 회원들을 빼고는 대부분이 그 기도모임에 발을 끊어버린 것이었다. 목사나 집사들이 혹시 침례탕이 있는 침례실에 들어가 거기서 은밀하게 기도하고 있나 싶어 뒷방을 뒤져 보았지만 거기에도 그들의 모습은 없었다. 이처럼 우리가 아무리 애를 쓴다 해도 하나님께서 자라게 하시지 않으면 모든 것이 헛탕이다. 주님께 예배를 드리면서 죄인을 그리스도께로 인도하는 구원의 초청시간에 아무도 응하는 자가 없고 하나님께 헌신하고자 앞에 나와 기도하는 자가 한 사람도 없다면, 그 예배가 얼마나 쓸쓸한가? 그래서 바울은 『**그러므로 심는 자나 물 주는 자는 아무것도 아니지만 오직 자라게 하시는 분은 하나님뿐이시니라.**』(7절)고 결론을 내리고 있는 것이다. 하나님께서 자라게 하실 때, 밭을 가는 자나 씨를 뿌리고 물을 주는 자나 수확을 거두는 자가 비로소 기쁨으로 일한 보람이 있게 되는 것이다. 『**너희가 아직도 넉 달이 있어야 추수할 때가 된다고 말하지 아니하느냐? 보라, 내가 너희에게 말하노니 눈을 들어 밭을 보라. 이는 곡식이 추수하도록 이미 하얗게 되었음이라. 또 거두는 사람은 삯을 받고 영원한 생명에 이르는 열매를 모으느니라. 이는 뿌리는 사람과 거두는 사람이 다함께 즐거워하려 함이라. 이렇듯 한 사람은 심고 한 사람은 거둔다는 그 말이 옳도다.**』(요 4:35–37)라고 주님은 말씀하신다. 씨를 뿌린 사람이 반드시 거두어야만 즐거운 것도 아니요, 거두는 자가 반드시 씨를 뿌려야만 만족스러운 것이 아니다. 씨 뿌리는 자가 따로 있고, 거두는 자가 따로 있다 할지라도 그들은 다함께 즐거운 것이다. 이처럼 그리스도의 일꾼들은 각자 자기가 할 일을 따로 갖고 있으며, 이 모든 것을 자라게 하여 결실을 맺게 하시는 분은 오직 하나님이시다.

그렇기 때문에 『**심는 자나 물 주는 자는 아무것도 아니지만**』(7절)이라고 성경은 말씀한다. 알겠는가? 심는 자나 물 주는 자는 아무것도 아니다. 당신이 "나는 그리스도인이다."라고 말할 때, 당신은 "나는 아무것도 아니다."라고 말하고 있는 것이다. 오직 그리스도만이 전부일 뿐이다. 그리스도인을 나타내는 영어 단어는 "CHRISTIAN"이다. 이 단어의 처음 여섯 글자 "CHRIST"는 그리스도를 나타낸다. 그리고 마지막 세 글자 "IAN"은 "I Am Nothing."의 첫글자를 따다 붙인 말이다. "I Am Nothing."이 무슨 뜻인가? "나는 아무것도 아니다."란 뜻이다. 그래서 "CHRISTIAN"이란 "그리스도만이 전부이시고 나는 아무것도 아니다."라고 고백하는 사람들이다. 그리스도인들이 모이는 어느 지역 교회 앞에 커다란 간판이 하나 붙어 있는 것을 보니까 거기에 "이 교회는 모든 사람들이 모이는 곳, 그러나 그리스도밖에는 아무도 없는 곳"이라는 글귀가 씌여 있는 것을 보았다. 유머 같은 표현이지만 틀림없는 말이었다. 요즈음 수많은 교회들이 자기 교회에는 "누구누구 같은 유명 인사들"이 다닌다고 자랑하기를 좋아한다. 또 어떤 교회들은 "우리 교인들은 모두 대단한 사람들이랍니다." 하고 치켜 세우기를 좋아한다. "누구누구 같은 유명 인사들"이나 모두 "대단한" 사람들이 우글거리는 교회일수록 정작 그 안에서 예수 그리스도를 찾기 힘들다는 것을 알라. 반면에 "나는 아무 것도 아닙니다." 하고 고백하는 그리스도인들이 모인 교회는 하나님께서 자라게 해주신다는 것을 알라.

『**이제 심는 자와 물 주는 자는 하나니라**』(8절). 심는 자와 물 주는 자가 하나인 것은 그리스도의 몸이 하나이기 때문이다. 그래서 심는 자나 물 주는 자가 다같이 한 몸 안에서 하나님의 말씀으로 성장해 갈 뿐만 아니라 말씀에 따라 각자가 맡은 고유의 기능과 임무를 수행해 나가게 된다. 예수 그리스도께서는 십자가에 달리시기 직전 아버지 하나님께 이렇게 기도하셨다. 『**이는 그들 모두가 하나 되게 함**

이오니, 아버지시여, 아버지께서 내 안에 계시고 내가 아버지 안에 있는 것같이 그들도 우리 안에서 하나가 되게 하여서 세상으로 하여금 아버지께서 나를 보내신 것을 믿게 하여 주옵소서』(요 17:21). 우리들은 모두 "함께" 일하는 일꾼들인 것이다. 이 일꾼들 각자는 개성이 서로 다르고 능력이 다르며, 각자 서로 다른 환경과 여건에 놓여 있지만, 모두가 한 가지 복음과 동일한 예수 그리스도를 전파한다. 중요한 것은 이 일꾼들이 어떤 말씀을 전파하고 증거하느냐이지, 말씀을 증거하고 전파하는 그 일꾼들이 누구냐가 아니다. 그리스도인이 완전히 하나님께 점령당하고 하나님께 온전히 붙잡힌 바 되어 쓰임받는 순간부터 모든 그리스도인은 하나님의 일꾼 된 도구로 변해 버리기 때문에, 그 사람이 이전에 어떤 사람이었느냐 하는 것은 전혀 중요치 않으며, 하나님께서 그 도구들을 사용하셔서 과연 어떤 일들을 하고 계신가가 중요한 것이다. 이 사실을 깨닫기만 한다면, 일꾼들 사이에 분열과 분파가 있을 수 없다.

『**그러나 각 사람은 자기의 수고에 따라 자기의 상을 받을 것이니라**』(8절). 이 구절은 밑줄을 쳐놓고 기회 있을 때마다 암송해야 될 구절이다. 이 구절을 적어서 안방에도 붙이고 거실과 부엌은 물론 침실과 화장실에도 붙여 놓아야 할 모든 그리스도인들의 좌우명이다. 구원은 하나님의 은혜로 값없이 받는다. 그러니까 구원은 누구나 주 예수 그리스도를 믿고 그분을 개인의 구주로 영접하면 누구나 받는 공통된 신물이다. 그러나 그리스도인들은 이 구원이라는 선물만 받고 끝나는 것이 아니다. 이 선물 외에도 그리스도인들 각자는 자신이 행한 일에 따라 각기 다른 상을 받도록 되어 있다. 이 상은 그리스도인들 각자가 이 땅에서 어떤 삶을 살았는가에 대한 하나님의 평가에 따라 내려지는 상이다. 모든 그리스도인들은 하늘에서 그리스도의 심판석 앞에 서게 되며(롬 14:10), 거기 서서 각자는 자신들에 대해 하나님께 직접 설명을 드려야 한다. 『**그러므로 우리 각 사람이 하나님께 자신들에 관해 직접 설명하리라**』(롬 14:12). 그리스도의 심판석은 벌을 주기 위한 심판석이 아니라 그리스도인들이 상을 받느냐 놓치느냐를 가름하는 심판석이다.

3:9 우리는 하나님과 함께 일하는 동역자들이라. 너희는 하나님의 경작지요, 하나님의 건축물이라.

10 내게 주신 하나님의 은혜에 따라 내가 현명한 건축가와 같이 기초를 닦았더니 다른 사람이 그 위에 지으니라. 그러나 각 사람은 그 위에다 어떻게 지을지 주의해야 할 것이라.

『**우리는 하나님과 함께 일하는 동역자들이라. 너희는 하나님의 경작지요, 하나님의 건축물이라**』(9절). 당신이 구원받고 그리스도의 몸 안으로 들어오는 순간 당신은 사역하는 일꾼들 속에 편입된다. 당신이 일꾼들 속에 편입되는 즉시 하나님께서는 당신을 밖으로 끌고 나가 밭에서 당신과 함께 일을 시작하신다. 성경대로 믿는 교회를 맡고 있는 목사들 가운데 그 누구도 정말이지 "개처럼" 일하지 않는 사람이 없다. 한 편에서는 감정에 사로잡힌 육신적인 사람들이 이러한 목사들을 두고 이러쿵 저러쿵 말도 많지만, 잘 보면 이러한 목사들일수록 눈코 뜰 새 없이 땀흘려 일하고 있다는 것을 알 수 있다. 이런 일꾼들은 일 년에 단 하루만이라도 낚시질 따위를 하러 갈 짬이 없다. 이처럼 열심히 일하는 목사들 중에는 건강까지 해치게 된 사람들이 한 둘이 아니다. 해리 해니건 목사는 심장마비를 일으켜 수 차례 심장 수술을 받아야 했고, 댈러스 스프링 목사 역시 설교 중에 심장마비를 일으켜 병원으로 실려 가야 했던 적이 서너 차례나 되었으며, 빌 로렌 목사는 건강 때문에 끝내 목회를 그만 두어야 할 형편까지 이르렀는가 하면, 밥 그레이 목사 역시 얼마 전까지만 해도 병을 앓는 바람에 치료비로 큰돈을 날려야만 했다. 그들은 조용히 앉아서 설교문이나 쓰면서 시간을 보내는 사람들이 결코 아니다. 수백 명, 수천 명 회원들 한 사람, 한 사람의 일들을 일일이 챙겨야 하고, 산더미 같은 교회 문서들에 서명 날인해야 하며, 교회의 부속 기관에서 발간하는 도서들을 감수하고, 교회에서 일하는 모든 사역자들을 지도감독하며, 하다못해 교회의 고장 난 차량들의 수리문제들까지도 챙기지 않으면 안 된다. 이들이야말로 하나님의 동역자들인 것이다. 그러나 목사들이나 교회의 사역자들만이 하나님의 동역자들인 것은 결코 아니다. 모든 그리스도인들이 다 하나님의 동역자들이다.

이 구절에서 말하는 『**하나님과 함께 일하는 동역자들**』과 『**하나님의 경작지**』, 그리고 『**하나님의 건축물**』은 하는 일의 내용이 각기 다르다. "동역자"들이란 6,7절에서처럼 심고 물 주고 구원받지 못한 혼들을 그리스도께로 인도하여 수확을 하는 일들을 하는 사람들을 말하고, "경작"이란 기본적으로 밭을 갈고 포도원을 가꾸는 사람들뿐만 아니라 소나 양떼 같은 가축을 돌보는 일을 말한다. 고린도전서 3장의 문맥으로 보아 "경작"하는 사람은 오히려 가축을 보살피는 목자로 보는 것이 타당하다. 2절에서 우리는 바울이 『**내가 너희를 젖으로 먹이고**』라고 말한 것으로 보아 바울은 고린도 교회 사람들에 대하여 목자로서의 사역을 감당했음을 암시하고 있다. 그런가 하면 또, 하나님의 일을 하는 사역자들은 집을 짓는 목수일도 해야 한다. 이 목수일을 맡아 하는 사람들은 "건축물"을 세우는 일을 한다. 이처럼, 하나님의 일꾼들은 곡식을 가꾸고 거두는 농부들, 양떼를 보살피는 목자들, 그리고 집을 짓는 건축가들의 세 부류로 크게 나뉜다.

『**내게 주신 하나님의 은혜에 따라 내가 현명한 건축가와 같이 기초를 닦았더니 다른 사람이 그 위에 지으니라. 그러나 각 사람은 그 위에다 어떻게 지을지 주의해야 할 것이라**』(10절). 집을 짓는 데에는 여러 사람으로 구성된 일단의 목수들이 필요하다. 그들 중에는 기둥이나 대들보를 깎고 다듬는 대목이 있고, 문짝을 짜는 소목이 있는가 하면, 이 모든 일을 감독하는 목상이 또 있다. 이 구절에서 "현명한 건축가"란 바로 이 목장을 말하는 것으로 그는 집을 지을 때 가장 중요한 기초를 놓는 일에 직접 나서서 일한다. "현명한 건축가"가 기초를 놓으면 다른 일꾼들이 그 기초 위에 집을 지어 올라간다. 목장이 닦아 놓은 기초 위에 다른 사람들이 집을 지어 올라갈 때, 하나하나 세심한 주의를 기울여 정성껏 지어야 한다는 것은 두말할 필요도 없이 중요하다.

3:11 이 닦아 놓은 기초 외에 아무도 다른 기초를 놓을 수 없나니 이 기초는
예수 그리스도시라.
12 이제 누구든지 이 기초 위에 금이나 은이나 보석이나 나무나 짚이나 그루터
기로 지으면
13 각 사람의 일한 것이 나타나게 되리니 그 날이 그것을 밝힐 것이라. 이는
그것이 불로써 드러나고 또 그 불은 각 사람의 일한 것이 어떤 종류인지를
시험할 것이기 때문이라.
14 만일 어떤 사람의 일한 것이 세운 그대로 있으면 그는 상을 받을 것이요,
15 만일 어떤 사람의 일한 것이 불타 버리면 그는 손해를 당하리라. 그러나
그 자신은 구원을 받게 되지만 불에 의해서인 것처럼 그렇게 되리라.

『**이 닦아 놓은 기초 외에 아무도 다른 기초를 놓을 수 없나니 이 기초는 예수 그리스도시라**』(11절). 기초를 닦아 놓는 작업은 건축가가 하는 일이지만, 그 기초 자체는 오직 예수 그리스도시다. 집을 짓는 자가 아무리 "현명한 건축가"라 할지라도 기초를 닦을 때, 예수 그리스도 이외의 다른 어떤 기초도 놓을 수가 없는 것이다. 사도행전 4:11,12에서 사도 베드로는 그 이유를 명쾌하게 설명하고 있다. 『**이분은 너희 건축자들이 쓸데없다고 제쳐 놓은 돌이었지만 모퉁이의 머릿돌이 되었느니라. 그러므로 다른 이에게는 구원이 없나니 이는 하늘 아래서 우리가 구원을 받을 수 있는 다른 이름을 인간에게 주신 적이 없음이라."고 하더라.**』 그 어느 건축가라도 기초를 놓을 수는 있지만, 그 기초가 되는 머릿돌은 반드시 예수 그리스도, 바로 그분이어야만 한다. 따라서 모든 사역은 예수 그리스도, 바로 그분으로부터 시작된다. 예수 그리스도라는 기초 위에 서지 않고는 아무일도 할 수가 없는 것이다. 예수 그리스도께서 기초가 되어 있지 않은 가정은 온전한 가정이 될 수도 없고, 예수 그리스도의 기초 위에 서있지 않은 민족이나 국가는 온전한 나라가 될 수 없다. 하나님께서는 모든 것, 모든 일의 기초가 오직 예수 그리스도만으로 놓여지도록 정해 놓으신 것이다. 이것은 과거에도 미래에도 결코 변경될 수 없도록 하나님께서 확정해 놓으신 사항이다. 『**그러므로 주 하나님이 이같이 말하노라. 보라, 내가 시온에 한 돌을 기초로 두었나니 시험받은 돌이요 귀한 모퉁잇돌이며 단단한 기초라. 믿는 자는 다급하게 되지 아니하리라**』(사 28:16). 바울은 이 모퉁잇돌에 대해서 이렇게 말한다. 『**너희는 사도들과 선지자들의 기초 위에 세워졌으며 예수 그리스도께서 친히 귀중한 모퉁잇돌이 되셨고 그분 안에서 건물 전체가 함께 알맞게 맞추어져 주 안에서 거룩한 성전으로 자라 가며**』(엡 2:20,21). 이 구절에서 "사도들"과 "선지자들"이라고 복수형으로 되어 있다는 점에 주목하라. 교회는 베드로나 바울 같은 사도들 자신이 기초가 되어 세워진 것이 아니다. 그들은 기초를 놓은 건축가들이었을 뿐, 그 기초는 오직 예수 그리스도시다. 로마 카톨릭 교회는 예수 그리스도 대신에 베드로나 바울 같은 사도들의 기초 위에 세운 교회임을 스스로 자인하고 있다.

자, 하나님과 함께 일하는 동역자들이요, 경작지며, 건축가들이 되어 사역을 하는 우리들 모든 그리스도인들은 이제 예수 그리스도의 기초 위에 집을 지어 올라간다. 그런데 성경은 『**그러나 각 사람은 그 위에다 어떻게 지을지 주의해야 할 것이라.**』(10절)고 우리의 주의를 환기시켜 주고 있다. 무엇을 주의해야 할 것인가? 그것은 바로 우리가 모두 그리스도의 심판석 앞에 서게 된다는 사실이다. 성경의 교리들 가운데서 그리스도인들을 위한 가장 위대한 교리가 바로 이 그리스도의 심판석에 관한 교리임을 잊지 말라. 성경에는 예수 그리스도에 관한 언급이 그리스도의 심판석에 관한 것보다 더 많이 나오고는 있지만, 예수 그리스도의 재림이 그리스도인들에게 갖는 실질적인 중대성은 사실상 그리스도의 심판석에 있다는 것을 명심해야 한다. 예수 그리스도께서 재림하실 때 일어나게 될 첫 번째 국면에서 모든 그리스도인들은 하늘로 끌려 올라가 이 지상에는 한 사람도 남아 있지 않기 때문에 그리스도의 재림 후 이 땅에서 일어나게 될 그 어떤 일들도 그리스도인들과는 상관없는 일들이다. 재림 때 그리스도인들에게 직접적으로 관계있는 사건은 우선 휴거된 우리들이 무엇보다도 먼저 하늘에서 그리스도의 심판석 앞에 서서 우리들 자신에 대하여 그분께 직접 설명을 드려야 한다는 사실이다. 이것은 그리스도인들이 항상 마음속에 새겨두고 있어야 할 아주 중대한 사실이다. 따라서 그리스도인들은 밤이나 낮이나, 잠잘 때나 일할 때나 무슨 일을 할 때라도 언제나 "나는 그리스도의 심판석 앞에 설 것이다. 나는 그리스도의 심판석 앞에 서서 그분께 나 자신을 설명드려야 한다."는 사실을 단 한 순간도 잊지 말아야 한다. 그리스도인들의 일상적인 삶 가운데서 항상 머리 속에 담고 있으면서 항상 입으로 되뇌고 있어야 하는 것이 한 가지 있다면, 그것은 "그리스도의 심판석, 그리스도의 심판석, 그리스도의 심판석," 이 한 가지뿐이다. 당신은 그리스도인인가? 그렇다면 당신 앞에는 "그리스도의 심판석"이 기다리고 있다는 사실을 한시도 잊지 말라. 당신이 이것을 열 번 생각하면, 당신이 그리스도의 심판석 앞에서 당하게 될 열 가지 부끄러움에서 벗어날 수가 있을 것이고, 스무 번 심사숙고하면, 스무 가지 손실을 모면할 수 있게 될 것이다. 그리스도인들이야말로 멀리 내다 보고 있어야 한다. 어떤 사람들은 코 앞의 일들만 생각하고 또 어떤 사람들은 저 멀리 내다보지만, 그리스도인은 언제나 먼 곳에 시선을 두고 살아가지 않으면 안 된다. 그리스도인의 삶이란 그리스도의 심판석을 바라다 보고 사는 삶을 말한다. 고린도후서 5:9,10을 보라. 『**이 때문에 우리가 애쓰는 것은 거하든지 떠나 있든지 그분을 기쁘시게 해 드리기를 바라는 것이라. 이는 우리 모두가 반드시 그리스도의 심판석 앞에 나아가서 선이든지 악이든지 각자 자기가 행한 것에 따라, 자기 몸으로 행한 것들을 받을 것이기 때문이라.**』 이것을 생각하면, 당신은 다른 사람에 대하여 이러쿵저러쿵 판단할 짬이 없을 것이다. 그리스도의 심판석을 생각하고 있는 사람은 자나 깨나 자기 자신을 돌아보기에도 시간이 모자란다. 그래서 성경은 이렇게 말씀한다. 『**그런데 너는 어찌하여 네 형제를 판단하느냐? 어찌하여 네 형제를 업신여기느냐? 우리가 모두 그리스도의 심판석 앞에 서리라. 이는 기록된 바 "주가 말하노라. 내가 살아 있으니 모든 무릎이 내게 꿇을 것이요, 모든 혀가 하나님께 자백하리라."고 하였음이라**』(롬 14:10,11). 그리스도의 심판석 앞에서 우리가 하나님 앞에 자기 자신에 대하여 "선이든지 악이든지" 모든 것을 사실대로 털어 놓아야 한다는 사실을 한 번 생각해 보라. 하나님을 위하여 한 일이 하나도 없을 때 그분 앞에 꿇어 앉아 있는 자신의 부끄러운 모습을 상상만 해도 눈앞이 캄캄하고 두려워서 숨이 꽉 막혀버릴 지경이 아닌가? 하나님의 이 두려우심에 대해서 영어 〈킹제임스성경〉에서는 "terror"(테러)라는 단어를 사용하고 있다. 이 두려움은 문자 그대로 "공포"인 것이다. 그러나 이 "공포"는 구원받지 못한 사람들이 당하는 것이 아니라 하나님의 일을 하나도 하지 않은 구원받은 그리스도인들이 당하게 될 공포인 것이다.

새로 나온 모든 변개된 성경들은 로마서 14:10의 말씀 가운데서 『**그리스도의 심판석**』을 "하나님의 심판대"로 제멋대로 뜯어 고쳐 놓았다. 『**그리스도의 심판석**』은 『**큰 백보좌**』(계 20:11)로 계시된 하나님의 심판대와는 전혀 다른 심판석이다. 계시록 20장을 읽어 보라.

『**이제 누구든지 이 기초 위에 금이나 은이나 보석이나 나무나 짚이나 그루터기로 지으면**』(12절). 성경에서 "금"은 언제나 하나님의 신성을 상징한다. 그래서 성막의 모든 기명들은 대부분 금으로 만들어졌거나 금을 입혀서 만들어졌다. 자비석에는 금을 입혔고, 빵 차리는 상, 촛대, 그리고 향로들도 모두 금으로 만들어졌다. 금은 이 세상에서 가장 고귀한 것이다. 그래서 하늘에서도 금은 가장 고귀한 신성을 상징하고 있다. 주님께서 우리를 위하여 예비해 두신 새 예루살렘도 금으로 길을 깔아 놓으셨다. 그리고 도성은 온통 금으로 되어 있는데, 그것이 마치 투명한 유리 같다(계 21:21). 금은 은이나 다른 보석들보다도 더 귀한 가치를 갖는다. 우리가 하나님께 예배를 드릴 때마다 우리는 하늘에 금을 쌓아 놓는다. 우리가 가족이나 사업이나 다른 그 어떤 것보다도 하나님을 최우선적으로 섬기고 그분께 최고의 영광을 돌릴 때마다 우리는 하늘에 차곡차곡 금을 쌓아 놓는 것이다. 『**너희 자신을 위하여 땅에다 보물을 쌓아 두지 말라... 오히려 너희 자신을 위하여 하늘에다 보물을 쌓아 두라... 너희 보물이 있는 곳에 너희 마음도 있느니라.**』(마 6:19 21)고 성경은 말씀한다.

"은"은 어떤가? 은은 구속의 값을 치를 때 사용되므로 구속을 상징한다. 『**"너는 명단대로 한 명에 다섯 세켈씩 받되, 성소의 세켈에 따라 받을지니라. (한 세켈은 이십 게라니라.) 너는 나머지 사람들을 구속할 돈을 아론과 그의 아들들에게 줄 것이니라." 하시더라. 레위인들로 구속한 사람들을 초과한 수의 속전을 모세가 취하였으니**』(민 3:47-49)라는 말씀에서 보듯이 구약에서 사람의 혼에 대한 속전을 지불할 때 은을 주었다. 유다 이스카리옷은 은 30개로 예수님을 팔아 넘겼다. 『**너의 정한 값은, 이십 세부터 육십 세까지의 남자면, 너의 정한 값은 성소의 세켈로은 오십 세켈이 될 것이며, 만일 여자면, 너의 정한 값은 삼십 세켈이 될 것이니라**』(레 27:3,4). 이처럼 은은 사람 값을 치를 때 속전으로 사용되었다. 『**계수받은 자들 중에 드는 모든 자가 바칠 것은 이것이니, 성소의 세켈대로 반 세켈이라. (한 세켈은 이십 게라라.) 반 세켈은 주께 봉헌되어야 할지니라. 계수받은 자들 중에 드는 모든 자는 이십 세 이상이 되어야 하리니 그들은 주께 봉헌할지니라. 그들이 너희 혼들을 구속하기 위하여 주께 봉헌할 때는 부자라고 반 세켈보다 더 내지 말고 가난한 자라고 덜 내지도 말지니라**』(출 30:13-15). 이처럼 구약에서는 사람의 속전을 은으로 지불했다. 그러나 신약에 와서는 구속의 법칙이 바뀌었다. 『**이는 너희가 아는 바와 같이, 너희가 너희 조상들로부터 전통으로 이어받은 너희의 허망한 행실에서 은이나 금같은 썩어질 것들로 구속된 것이 아니라 흠도 없고 점도 없는 어린 양 같은 그리스도의 보배로운 피로 된 것이기 때문이니라**』(벧전 1:18,19). 이처럼 은은 구속을 나타낸다. 구원받지 못하고 죽을 수 밖에 없는 죄인들에게 예수 그리스도의 십자가를 증거하고 그들로 하여금 그리스도를 영접하여 그분께서 십자가에서 흘리신 피로 지불하신 속전의 혜택을 받고 그리스도의 피의 구속에 동참케 하면 당신은 하늘에 은을 쌓게 된다.

보석은 무엇을 말하는가? 보석은 사람을 가리킨다. 말라키 3장에서 『**만군의 주가 말하노니, 내가 나의 보석들을 만드는 그 날에 그들이 나의 것이 되리라. 내가 그들을 아껴 두리니 사람이 자기를 섬기는 자기 아들을 아낌같이 하리라.**』(말

3:17)고 말씀하고 있는 것을 보면 그것을 알 수 있다. 스가랴 9장에서도 보석이 사람을 가리키고 있음을 본다. 『**주 그들의 하나님께서 그 날에 그의 백성의 양무리처럼 그들을 구원하시리니, 이는 그들이 면류관의 보석들처럼 되어 그의 땅에 깃발처럼 들어올려질 것임이라**』(슥 9:16). 성경은 또 현숙한 여인을 루비와 비교하기도 한다. 『**누가 현숙한 여인을 찾아낼 수 있겠느냐? 그녀는 루비보다 훨씬 가치 있느니라**』(잠 31:10). 그리고 마태복음에서는 그리스도의 몸이 진주로 불리고 있다. 『**그가 매우 값진 진주 하나를 찾아, 가서 자기의 모든 소유를 팔아 그것을 샀느니라.**』(마 13:46)고 말씀하지 않는가? 진주 역시 보석이다. 마태복음 7:6 역시 『**거룩한 것을 개들에게 주지 말고, 너희의 진주를 돼지들 앞에 던지지 말라. 그들이 그것을 발로 밟고, 다시 돌아서서 너희를 공격할까 함이라.**』고 말씀하고 있다. 이 말씀은 구원도 받지 못한 사람에게 "성사"를 집행하는 일이 없도록 하라는 경고이다. 교회사를 보면 로마카톨릭이 이런 짓을 자행했다. 그런가 하면 또, 이 말씀은 구원받은 사람에게 접근하여 그들을 파멸로 이끄는 거짓 교사들에 대한 경고이기도 하다. 『**그러나 백성 가운데도 거짓 선지자들이 있었던 것처럼 너희 가운데도 거짓 교사들이 있으리라. 그들은 저주받을 이단들을 비밀리에 불러들여서 자기들을 사신 주마저 부인하며, 급격한 파멸을 스스로 불러들이느니라... 참된 잠언대로 그들에게 이루어진 것이니 "개가 스스로 토해 낸 것에 다시 돌아가고 또 돼지는 씻고 나서 진창 속에서 뒹군다." 하였도다.**』(벧후 2:1,22)라는 말씀과 비교해 보라. 그래서 구원받지 못한 혼들을 예수 그리스도께로 인도하여 그 혼을 이겨 오는 사람은 그 때마다 보석을 하늘에 쌓는다. 그러나 당신이 혼을 이겨 와서 그리스도께로 인도하였으면, 그 다음에는 그가 "토해 낸 것"에 다시 돌아가고 "진창 속"에 다시 뒹굴지 않도록 보살펴야 한다. 따라서 죄인을 구령해 놓고 나서 당신 마음대로 아무 교회에나 다니라고 말하지 말라. 그렇게 하는 것은 진주를 개에게 주고 돼지들 앞에 던지는 결과를 초래할 위험이 있기 때문이다. 이렇게 되면 당신은 하늘에 기껏 쌓아 둔 당신의 보석을 잃게 된다. 그뿐만 아니라 토해 낸 것에 다시 돌아가고 진창 속에 다시 들어가 뒹구는 사람 자신도 하늘에서 받게 될 상을

놓치게 된다. 적그리스도의 앞잡이들인 모든 거짓 교사들은 모든 구원받은 성도들에게 접근하여 그들이 받게 될 상을 놓치게 만들려고 미혹한다. 이에 대해 성경은 이렇게 경각심을 불러일으키고 있다. 『**많은 미혹하는 자들이 세상에 들어왔나니 그들은 예수 그리스도께서 육신으로 오신 것을 시인하지 않는 자들이라. 이것이 미혹하는 자요, 적그리스도라. 너희 자신을 돌아보라. 이는 우리가 이루어 놓은 것들을 잃지 아니하고 온전한 상을 받으려는 것이라**』(요이 1:7,8). 당신은 상을 잃지 않도록 당신 자신을 항상 돌아보아야 한다. 그리고 구원받은 성도들을 미혹하여 타락하게 하는 일이 없도록 항상 그들을 보살펴 주어야 한다. 빌리 그래함은 하늘나라에 올라갈지는 모르지만, 아마 그는 거기서 자신이 받을 상들이 몽땅 날아가 버렸다는 것을 알게 될 것이다. 그는 많은 혼들을 구원에 이르게 하였고, 많은 돈을 벌었으며, 그의 앞에는 항상 큰 회중들이 있고 집회 때마다 수많은 군중들을 불러 모았지만, 그 결과는 아무것도 없게 된 것이다. 그는 복음 전도자로서 많은 일을 했지만, 말년에 와서 변개된 성경을 옹호하고 로마카톨릭과 타협해 버렸다. 그래서 그는 자신이 이루어 놓은 모든 것을 다 놓치고 말 것이다.

『**이제 누구든지 이 기초 위에 금이나 은이나 보석이나 나무나 짚이나 그루터기로 지으면**』(12절). 위에서 살펴본 바와 같이 하나님을 삶의 중심에 모시고 매사에 하나님을 최우선적으로 생각하며 그분께 경배하고 기도하고 그분과 교제를 나누는 그리스도인들, 그리고 구원받지 못한 죄인들을 그리스도께로 인도할 뿐만 아니라 그들을 양육하고 보살피는 일을 게을리하지 않는 성도들은 예수 그리스도의 기초 위에 금이나 은이나 보석으로 짓는 사람들로서 그리스도의 심판석에서 그 귀한 상을 받게 될 것이다. 그래서 옛날 그리스도인들은 "비록 이 땅에 해가 지고 어두워지더라도 하늘의 무수한 별들이 나의 면류관들일세." 하고 말하곤 했었다. 어떤 사람들은 이것을 두고 성경적인가에 대하여 의문을 나타냈지만, 다니엘 12장의 말씀에 의하면 이것은 지극히 성경적인 말이다. 『**현명한 자들은 창공의 광명처럼 빛날 것이요, 많은 사람을 의로 돌이키는 자들은 별들처럼 영원무궁토록 빛**

나리라.』(단 12:3)고 말씀하고 있지 않은가? 보석들은 별들처럼 빛난다. 그 중에서도 다이아몬드는 빛나는 별들에 가장 가깝다. 당신은 다이아몬드가 빛을 받아 영롱하게 반짝이며 빛을 발산하는 것을 본 일이 있는가? 그것은 정말이지 별처럼 빛난다. 창공의 별들은 모두가 죄인들을 그리스도께로 인도한 사람들에게 돌아갈 면류관들이다. 어느 구원받지 못한 여자가 모조품 유리 보석으로 만든 목걸이를 목에 걸면서 동생에게 다가와 "얘, 오늘 밤 우리 춤추러 안 갈래? 우리 오늘 밤 멋지게 즐겨 보자구." 하고 제안하자, 이 말을 듣고 성경을 읽고 있던 동생이 고개를 쳐들고 언니가 목에 걸고 있는 목걸이를 보면서 이렇게 대꾸했다. "그래, 좋아. 하지만 나는 그리스도의 심판석에서 진짜 보석 목걸이를 받으면, 그걸 목에 걸고 갈테야." 이것은 정말 옳은 말이다. 우리 그리스도인들은 하나님께로부터 받게 될 귀한 보석 목걸이를 늘 사모하며 살아가지 않으면 안 된다.

자, 이번에는 "나무"를 보자. 『**이제 누구든지 이 기초 위에... 나무나 짚이나 그루터기로 지으면**』(12절). 여기서 말하는 "나무"란 살아 있는 나무(tree)가 아니라 이미 죽어서 목재가 되어버린 나무(wood)를 말한다. 목재는 죽은 나무(dead tree)이다. "짚"도 마찬가지다. 짚은 풀이 말라죽은 것(dead grass)을 말한다. "그루터기"는 어떤가? 이 역시 밀 같은 것을 베어버리고 남은 죽은 밑동을 말한다. 이처럼 "나무"나 "짚"이나 "그루터기"는 모두 다 죽어서 하찮게 된 것들이다. 우리는 여기서 히브리서 9장의 말씀들을 다시 음미해 보지 않을 수 없다. 『**그러나 그리스도께서는 다가올 선한 것들의 대제사장으로 오셔서, 손으로 짓지 아니한, 곧 이러한 건물이 아닌 더 크고 더 온전한 성막을 통하여 염소와 송아지의 피로 아니하고 오직 자신의 피로 한 번 성소에 들어가셔서 우리를 위하여 영원한 구속을 이루셨느니라. 황소와 염소의 피와 암송아지의 재도 불결한 자들에게 뿌려 그 육체를 정결케 함으로써 거룩하게 한다면, 하물며 영원하신 성령을 통하여 흠 없는 자신을 하나님께 드린 그리스도의 피가 어찌 죽은 행실에서 너희 양심을 정결케 하여 살아 계신 하나님을 섬기게 하지 못하겠느냐?**』(히 9:11-14) 그렇다. 그리스도의 피는 우리의 죽은 행실에서 우리의 양심을 정결케 하실 수 있다. 그리고 그분의 피로 정결해진 양심을 가지고 살아 계신 하나님을 섬길 수 있도록 하신다. 내가 구원받고 그리스도인이 되는 순간 나는 나의 육신을 그분의 십자가에 함께 못박아 버렸다. 이렇게 함으로써 나의 육신은 이미 죽어버린 것이다. 그리고 육신에 속해 있던 모든 것들이 다 함께 죽어 버렸다. 나 자신마저도 이미 죽어 없어져 버렸다. 이렇게 죽어버린 나 자신은 이미 생각에서조차 지워져 없어져 버렸다. 그런데도 어떤 그리스도인들은 자신을 버리지 못한다. 밥 존스 시니어는 이러한 그리스도인들을 두고 시체를 업고 다니는 사람들이라고 개탄한 바 있다. 그리스도인이 자신을 위하여 일하고 자신을 위하여 살아가는 것은 죽은 자를 위하여 일하고 살아가는 불쌍한 사람이다. 이런 사람들은 불에 들어가면 불타 없어지고 연기로 사라져버릴 시체를 위하여 일하고 살아가는 딱한 사람들이다. 이런 사람들이 예수 그리스도의 기초 위에 세워 놓은 것들은 하나도 남지 않고 다 타버리고 만다. 그리하여 그들이 그리스도의 심판석에 설 때, 그들이 쌓아 놓은 것들은 모두 연기로 사라져 없어지고 그들이 받을 상이라곤 아무 것도 남지 않게 된다. 그래서 성경은 우리에게 이렇게 말씀하고 있다. 『**그가 모든 사람을 위하여 죽으신 것은 산 자들이 이제부터는 더 이상 자신들을 위하여 살지 않고 자기들을 위하여 죽었다가 다시 살아나신 그분을 위하여 살게 하려는 것이라**』(고후 5:15). 이 말씀을 깊이 묵상해 보라.

『**각 사람의 일한 것이 나타나게 되리니 그 날이 그것을 밝힐 것이라. 이는 그것이 불로써 드러나고 또 그 불은 각 사람의 일한 것이 어떤 종류인지를 시험할 것이기 때문이라**』(13절). 그리스도인이 예수 그리스도를 위해 살지 않고 자신을 위해 살면 당신에게 돌아오는 것은 불에 타버린 잿더미와 연기뿐이다. 결국 그리스도인으로서 당신의 인생은 그 모두가 아까운 시간만 낭비한 꼴이 되고 만다는 얘기다. 너무 자기 자신만을 위해서 살지 말라. 진정으로 자신을 위하고 싶다면 주님을 위해서 살라. 한 번 책상에 조용히 앉아서 종이 한 장을 앞에 꺼내 놓고 당신이 지금까지 오직 주님만을 위해서 했던 일이 무엇이었던가를 하나하나 적어 보

라. 당신 가족이나 친구들이나 당신 자신이나 국가와 민족이나 그 밖에 그 누구도 아닌, 오직 주님만을 위해서 한 일들 말이다. 어떤 사람들은 자기가 이웃을 위해서 어떤 일을 했고, 국가를 위해서 헌신했으며, 어떤 공동체를 위해서 물심양면으로 기여했다고 자랑들을 하지만, 그런 것들이 그리스도의 심판석에서 당신에게 돌려 주게 될 것은 아무 것도 없다는 것을 알라. 어떤 사람들은 자기가 열심히 기도했다고 말한다. 그건 참 잘한 일이다. 나도 기도하기를 참 좋아한다. 그러나 과연 무엇을 위해서 기도했던가를 곰곰히 생각해 보라. 당신은 먼저 하나님의 나라와 그분의 의를 구했던가? 당신이 계획하고 당신이 손댄 어떤 일을 놓고 그것을 성취케 해달라고 요구하기에 앞서 먼저 그분의 뜻을 구하고 그분의 영광을 앞세웠던가? 자기가 다 계획해 놓고 자기가 마음대로 일을 벌려 놓고 나서는 이제는 하나님더러 알아서 잘 해달라고 요구하지는 않았던가? 당신은 한 번이라도 하나님께서 당신에게 원하시는 바를 헤아려 그것을 했던 적이 있는가? 나는 구원받은지 27년(1976년 당시 – 편집자 주)이 되었다. 그런데 지금 종이 한 장을 꺼내 놓고 거기에 내가 오직 주님을 위해서 했던 일들을 적어 보려고 하니까, 아무리 머리를 쥐어 짜내도 열 가지가 넘지 않는다. 이것은 정말이지 솔직한 고백이다. 내가 주님을 위하여 일 년에 더도 말고 열 가지 씩만 일했더라도 나는 지금 270가지 항목을 종이 위에 나열해 놓을 수 있었을 것이다. 내가 이렇게 말하면, 나를 아는 사람들은 이렇게 말할 것이다. "럭크만 형제님, 당신이 지금까지 27년간이나 열심히 구령활동을 했고 목회사역을 감당해 오지 않았습니까? 그것이 모두 주님을 위해 하신 일이 아닌지요?" 그러나 내가 말하건대, 주님을 위해 일한다는 것은 오직 주님을 향한 사랑에 근거하지 않으면 안 된다. 주님을 사랑하기 때문에 한 일이 아니라면 제아무리 훌륭한 일을 열심히 했더라도 모두 불에 타 연기로 사라지고 남는 것은 아무 것도 없다는 것을 알라. 『**요나의 아들 시몬아, 네가 나를 사랑하느냐?**』『**주여, 그러하옵니다.**』『**내 양들을 먹이라.**』(요 21:15-17). 주 예수 그리스도께서는 시몬 베드로에게 일을 맡기시면서 무엇보다도 먼저 그가 주를 사랑하는지를 세 번씩이나 말씀하셨다. 왜 그리셨겠는가? 주님을 위해 일한다는 것

은 주님을 향한 사랑, 이것만이 순수한 동기가 되어야 했기 때문이었다.

『**그 불은 각 사람의 일한 것이 어떤 종류인지를 시험할 것이기 때문이라**』(13절). 당신의 일한 것이 어떤 종류인지 불에 태워 시험해 볼 때, 낱낱이 밝혀지게 된다. 당신은 자신 있는가?

『**만일 어떤 사람의 일한 것이 세운 그대로 있으면 그는 상을 받을 것이요**』(14절). 구원받은 후 주님을 위해 일한 것들이 예수 그리스도의 기초 위에 세워지고, 그것들이 불로 시험해 보아 타지 않고 그대로 남아 있으면 그에 대한 보상으로 당신에게 상이 내려진다. 당신은 어떤 상을 받게 되리라고 짐작되는가?

『**만일 어떤 사람의 일한 것이 불타 버리면 그는 손해를 당하리라. 그러나 그 자신은 구원을 받게 되지만 불에 의해서인 것처럼 그렇게 되리라**』(15절). 그리스도인으로서 하나님의 일을 행한 모든 사역들과 말씀을 증거하고 복음을 전파한 모든 복음사역들, 그리고 영은 불에 태워도 사라지지 않고 그대로 남아 있지만, 그 밖의 모든 행위들은 불에 타 연기로 사라지고 만다. 이처럼 불로 태웠을 때, 당신이 일한 것이 모두 타버리고 아무것도 남는 것이 없으면, 당신은 상을 놓치는 큰 손해를 당하게 된다. 당신의 구원은 영원히 보장된 것이기에 비록 당신의 구원이 취소되는 것은 아닐지라도 상을 놓친다는 것은 여간 큰 손해가 아니다. 이 상은 이 세상의 갖가지 상들과는 전혀 유가 다른 특별한 상이다. 고린도전서 9:25에서는 이것이 『**썩지 않을 면류관**』이라고 말씀한다. 이 세상의 상들은 그때뿐이지만, 우리가 받게 될 이 상은 영원히 향유하게 될 상이다. 그래서 이 상을 놓친다는 것은 곧 "영원한" 손실을 감수해야 한다는 것을 말한다. 당신은 이 상을 놓치고 싶은가?

『**그러나 그 자신은 구원을 받게 되지만 불에 의해서인 것처럼 그렇게 되리라**』(15절). 다시 말하거니와, 그리스도의 심판석은 구원의 문제와는 상관이 없는 자리다. 하나님께서는 자신의 자녀들에게 구원의 상실 가능성을 이용하여 으름장을 놓고 신실하도록 강요하시는 분이 결코 아니시다. 구원은 영원히 보장되어 있다. 그분은 그분을 향한 우리들의 사랑과 감사에서 우러나온 자발적인 섬김을 원하신다. 그러므로 당신은 그리스도의 심판석과 관련하여 당신의 구원문제를 걱정할 필요는 없다. 그러나 그리스도의 심판석에서 받을 상이 하나도 없다면, 당신은 그 자체로서 손해를 당할 뿐만 아니라, 그 때 당하는 부끄러움과 민망스러움과 두려움으로 말미암아 마치 불을 통과하는 듯한 고통 속에서 당신의 구원이 재확인될 것이다. 이 땅에 사는 동안 신실한 그리스도인으로서 주님에 대한 사랑으로 그분을 위하여 한 일들이 불에 태워지더라도 금이나 은이나 보석으로 남을 것을 알고 있기 때문에 불에 태워지는 전혀 고통스럽지 않고 오히려 즐겁고 기쁠 것이다. 그러나 자신 있게 주님 앞에 보여드릴 만한 것이 아무것도 없어서 전전긍긍해야 하는 사람이라면, 불에 태워질 때 느끼는 감정이 이와는 딴판이리라는 것은 짐작하고도 남는다.

3:16 너희가 하나님의 성전인 것과 하나님의 영께서 너희 안에 거하시는 것을 알지 못하느냐?

17 만일 누구든지 하나님의 성전을 더럽히면 하나님께서도 그 사람을 멸하시리라. 이는 하나님의 성전은 거룩하며 너희는 그 성전이기 때문이라.

『**하나님의 영께서 너희 안에 거하시는 것을**』(16절). 누구나 주 예수 그리스도를 믿고 그분을 영접하면 그 순간 하나님의 영께서 그 사람 안으로 들어오신다. 하나님께서 그리스도인 안에 들어와 사신다는 말이다. 그러므로 모든 구원받은 성도들은 『**하나님의 성전**』이다. 모든 그리스도인들은 이 사실을 깊이 명심하고 있어야 한다. 은사주의자들은 딱하게도 이 사실을 모르고 있다. 그들은 방언을 할 수 있어야만 성령이 자신들에게 들어오신 증거라고 믿는다. 방언을 못하면 "성령을 받지 못한 증거"라고 몰아 세운다. 그래서 은사주의 교회에 다니는 사람들은 방언을 못하면 기가 푹 죽어 버린다. 그리고 많은 사람들이 방언을 못하면서도 "방언을 받았다."고 속이고 혼자서 만들어낸 엉터리 방언을 주절거리며 사람들을 속이고 자신마저 속인다. 어떤 은사주의 목사들은 교인들에게 방언을 받으라고 촉구하면서 방언을 달라고 뜨겁게 기도하면서 "할렐루야, 할렐루야, 할렐루야"를 계속 연습해 보도록 강요하기도 한다. 그들은 교회에 나오는 사람들이 구원을 받았는지에 대해서는 전혀 관심이 없고, 다만 방언 비슷한 것을 주절대기만 하면 "성령충만한 사람"으로 간주해 준다.

은사주의자들은 성령의 은사에 관련된 고린도전서 한두 구절에 그렇게 매달리면서도 정작 성령 그 자체에 대해서는 몰라도 너무 모를 뿐만 아니라 『**하나님의 성전**』이 무엇인지 전혀 아는 바가 없다. 그들은 교회의 건물이 "성전"인 줄로 착각한다. 성경 말씀에 대한 무지는 은사주의자들의 특징이다. 그들은 고린도전서 12장에 나오는 은사들과 14장에 나오는 방언에 대해서만 매달리면서 자신들이 진짜 구원받았다면 자신들 안에 성령께서 이미 들어와 거하신다는 사실에 대해서는 까맣게 모르고 있는 것이다. 이것은 마귀가 그렇게 만든 것이다. 마귀는 그리스도인들로 하여금 이 사실을 모르도록 만든다. 그래서 그들이 그리스도인답게 사는 것을 원천적으로 봉쇄해 버리는 것이다. 그리스도인들 안에 그 정결하시고 순수하시며 거룩하신 성령께서 내주하신다는 사실을 안다면, 그들은 죄를 미워하고 더러움을 증오하게 될 뿐만 아니라 삶 가운데서 모든 것을 살피며 그리스도인답게 살게 된다. 마귀는 이것이 견딜 수가 없는 것이다. 그래서 마귀는 그들 안에 성령이 거하신다는 사실을 확신하지 못하도록 별의별 수단을 다 쓴다. 이 세상에는 구원받은 그리스도인들 안에 성령이 거하신다는 사실을 부인하는 집단이 두 개 있다. 그 하나는 "그리스도의 교회"이고 다른 하나는 모든 은사주의 집단이다. "그리스도의 교회"라는 집단은 사도행전 2:38의 물침례를 받지 않으면 성령이 들어올 수가 없다고 가르친다. 『**베드로가 그들에게 답변하기를 "회개하라. 그리고 죄들을 사함받은 것으로 인하여 너희 각자는 예수 그리스도의 이름으로 침례를 받**

으라. 그리하면 너희가 성령의 선물을 받으리라』(행 2:38). 이 구절에서 "그들"이 누구인가? 유대인들이다. 베드로는 지금 유대인들을 대상으로 말하고 있는 것이다. 「그리스도의 교회」는 이것을 이방인들에게 적용하는 어리석음을 범한다. 은사주의자 집단은 성령을 받은 증거는 오직 방언으로 나타난다고 가르친다. 그들은 사도행전 2:1-4에 근거하여 그렇게 주장하지만, 여기서 방언은 알아들을 수 없는 나블레 고블레가 아니라 외국어였다는 사실을 외면해 버린다. 『**그러자 그들이 모두 놀라고 이상히 여겨 서로 말하기를 "보라, 말하고 있는 이 사람들은 모두 갈릴리 사람이 아니냐? 그런데 어떻게 해서 우리 각 사람이 우리가 태어난 곳의 고유 언어로 말하는 것을 듣게 된단 말인가?**』(행 2:7,8) 그들은 마귀에게 농락당하고 있는 것이다. 이처럼 "그리스도의 교회"와 은사주의 집단들은 구원받은 그리스도인들이 성령님께서 내주하심으로 성별된 사람들이라는 사실을 전면 부정함으로써 마귀의 앞잡이 노릇을 하고 있는 것이다. 뿐만 아니라 이 두 집단은 그리스도인들로 하여금 자신의 구원에 대해서 의심을 하도록 만든다. 구원의 확신도 없으면서 어떻게 예수 그리스도를 증거하고 말씀을 전파할 수 있단 말인가? 그래서 그들은 그리스도의 십자가를 증거하고 복음을 전파하는 일에는 입을 꾹 다물어 버린다. 마귀가 그들의 입을 막아 버리는 데는 이보다 더 좋은 방법이 또 없는 것이다. 자신의 구원에 대해 확신이 없는 자들은 구원받고도 그것을 의심할 뿐만 아니라 구원받지도 못하고서도 구원받은 줄로 착각을 한다. 그리고 그들은 지옥으로 간다. 마귀가 노리는 것이 바로 이것이다.

『**만일 누구든지 하나님의 성전을 더럽히면 하나님께서도 그 사람을 멸하시리라. 이는 하나님의 성전은 거룩하며 너희는 그 성전이기 때문이라**』(17절). 하나님께서는 『**하나님의 성전을 더럽히면**』 그 사람을 멸하신다. 그러나 그 사람의 구원을 취소하시는 것은 여전히 아니다. 고린도전서 5:5를 보라. 『**그러한 자를 사탄에게 넘겨주어 그 육신은 멸망케 하여도 그 영은 주 예수의 날에 구원받게 하려 함이라.**』 성전을 더럽힌다는 것은 구원받고 나서도 하나님의 말씀에 순종하지 않으며, 육신의 더러운 행실을 버리지 못하고 자신 안에 들어와 사시는 하나님의 영에 따라 생각하고 행동하지 않음으로써 그 귀중한 구원을 욕되게 하는 것을 말한다. 그래서 성경은 구원받은 성도들에게 이렇게 충고하고 있다. 『**그러므로 나의 사랑하는 자들아, 너희가 항상 복종했던 것처럼 내가 있을 때뿐만 아니라 내가 없는 지금도 더욱더 두려움과 떨림으로 너희 구원을 온전히 이루라. 이는 너희 안에서 역사하시는 분은 하나님이시니 그분의 선한 기쁘심에 따라 뜻을 두고 행하게 하려 하심이라**』(빌 2:12,13). 바울은 지금 『**더욱더 두려움과 떨림으로 너희 구원을 온전히 이루라.**』고 명령하고 있다. 우리는 구원을 얻기 위하여 어떤 행위도 필요로 하지는 않는다. 구원은 하나님께서 값없이 주신 선물이다. 그러나 우리가 얻은 구원을 온전히 이루는 것은 우리의 책임이다. 그러려면 "두려움과 떨림"으로 하나님을 바라다 보아야 한다. 그 하나님께서는 지금 성령으로 내 안에 들어와 계신다. 그분께서 나를 자신의 거처로 정하신 것이다. 이 엄청난 사실을 우리들은 흔히 간과해 버리는 수가 많다. 그러나 이 땅에 살고 있는 우리의 몸이 그 위대하신 전능자 하나님의 거룩한 성전이 되었다는 사실을 한 번 깊이 생각해 보라. 이 사실을 알고도 우리가 자신만을 위하여 이기적이고도 죄로 가득 찬 욕망을 추구하면서 살 수 있겠는가? 그분께서 내 안에 들어와 사신다는 것을 알면서도 옛사람의 더러운 육신적 생각과 더러운 행실을 버리지 못한다면 그것은 하나님께 "두려움과 떨림"으로 대하는 것이 결코 아니다. 하나님께서는 이러한 사람을 멸하신다. 다시 말해서, 이 세상에서 망하게 하시고 죽게까지도 만드신다. 『**너희가 육신을 따라 살면 죽을 것이나 성령을 통하여 몸의 행실을 죽이면 살리라**』(롬 8:13). 그리스도인이 육신을 따라 살면 죽을 것이라고 경고하고 있음에 주목하라. 그러나 지옥에 가는 것은 아니다. 한 번 구원받았으면 지옥만은 면하도록 영원히 보장되어 있기 때문이다. 그리스도인들의 멸하심은 대개의 경우 갑작스럽게 나타나지는 않는다. 하나님께서 자녀들을 멸하시는 것을 보면 긴 시간을 두고 천천히 진행되는 것이 보통임을 알 수 있다. 가령, 담배 같은 것이 그 좋은 예다. 담배를 핀다고 갑자기 죽지는 않는다. 그러나 계속 성전을 더럽히면서 천천히 죽어간다. 마약이나 환각제도 마찬가지다. 마약에 중독되었다고 해서 그리스도인들이 갑자기 죽지는 않는다. 그들은 거룩한 성전을 쉬지 않고 더럽히면서 신경체계를 조금씩 조금씩 마비시켜 가다가 결국은 죽음에 이른다. 비록 마약중독까지는 아니더라도 당신이 그리스도인이면서 아직도 담배를 피우고 술을 끊지 못했다면, 당신은 하나님께 진지한 참회 기도를 드리고 도움을 요청해야 한다. 그리고 감사함으로 거기서 손을 떼야 한다. 당신이 지금 담배를 끊고 술을 끊었다 할지라도 당신은 지금까지의 버릇 때문에 삼 년 뒤나 오 년 쯤 뒤에 발병하여 죽게 될지도 모른다. 따라서 그것들을 끊는 순간부터 당신은 하나님께 기도하기를 멈추지 말아야 한다. 당신의 몸은 지금까지 더럽혀져 왔음을 잊지 말라. 하나님께서는 더럽혀진 성전은 멸하신다. 그래서 당신은 기도하기를 멈추지 말아야 한다.

3:18 아무도 자신을 속이지 말라. 만일 너희 가운데 누구라도 이 세상에서 현명하다고 생각하거든 어리석은 자가 되라. 그러면 현명한 자가 되리라.
19 이는 이 세상 지혜가 하나님께는 어리석은 것이기 때문이라. 기록되기를 "주께서는 현명한 자들을 자신들의 꾀에 빠지게 하신다." 하였느니라.
20 또 다시 기록되기를 "주께서는 현명한 자들의 생각을 아시는데 그들의 생각은 헛된 것이라." 하였느니라.

『**아무도 자신을 속이지 말라**』(18절). 17절에서 바울은 하나님의 영이 거하시는 거룩한 성전을 더럽히면, 하나님께서 그 사람을 멸하실 것이라고 경고했다. 그리고 이어서 여기 18절에서는 자신을 속이지 말라고 말씀한다. 이것은 구원받고도 더러운 행실들을 버리지 못해서 성전을 계속해서 더럽히는 사람들이 자신을 속이고 있다는 것을 말한다. 그들은 설사 자신들이 하나님의 성전임을 알더라도 계속해서 담배 피고 술을 마시고 마약주사를 맞은들 설마 자기들이 하나님의 징계를 받아 죽기까지야 하겠느냐고 생각하는 것이 보통이나. 그들은 스스로를 속이고 있는 것이다. 일종의 자만심인 것이다. 자만심이 무엇인가? 자기가 현명하다고 생각하고 자랑하는 것이 자만심이다. 자만심은 스스로를 속이는 것이다. 그래서 바울은 이러한 어리석은 자들을 향하여 충고하고 있는 것이다. 『**만일 너희 가운데 누구라도 이 세상에서 현명하다고 생각하거든 어리석은 자가 되라. 그러면 현명한 자가 되리라**』(18절). 정말 현명한 사람은 자신의 "현명한" 생각을 버린다. 그리고 어리석게 들리는 하나님의 말씀을 두려워하고 그 말씀에 순종한다. 『**주를 두려워하는 것이 지혜의 시작이요, 거룩한 이에 대한 지식은 명철이니라.**』(잠 9:10)라고 성경은 말씀한다. 바울은 또 『**우리는 그리스도를 위하여 어리석은 자들**』(고전 4:10)이라고 말한다. 그러나 하나님의 편에서 본다면, 바울은 결코 어리석은 사람이 아니었다. 세상 사람들은 이것을 이해하지 못한다. 그들의 눈에는 복음을 전하는 사람들이 바보들처럼 보인다. 그들은 세상 행복을 버리고 십자가를 지는 그리스도인들이 천치처럼 여겨진다. 그러나 그리스도인들은 마귀에 대하여 어리석고, 육신에 대하여 어리석고, 세상에 대하여 어리석으며, 자기 자신에 대하여 어리석은 사람이 되기로 작정한 사람들이다. 그럴 만한 가치가 충분히 있다는 것을 알고 있기 때문이다. 그만한 가치가 있다면, 왜 아니 어리석어지겠는가? 바보가 되지 않으려고 발버둥치는 사람들이 나는 오히려 이해가 안 간다. 『**만일 너희 가운데 누구라도 이 세상에서 현명하다고 생각하거든 어리석은 자가 되라. 그러면 현명한 자가 되리라.**』는 성경 말씀이 과연 어리석게만 들리는가?

『**이는 이 세상 지혜가 하나님께는 어리석은 것이기 때문이라. 기록되기를 "주께서는 현명한 자들을 자신들의 꾀에 빠지게 하신다." 하였느니라**』(19절). 철학자들은 자신들이 지혜가 있다고 생각한다. 그리고 세상도 그렇게 인정한다. 그러나 하나님께서 보시기에는 어리석기 한량이 없다. 아인슈타인은 모든 것이 상대적이라고 생각하고 상대성 원리라는 것을 자랑스럽게 고안해 냈다. 그리고는 하나님도 지옥도 하늘나라도 없다고 주장하고 그리스도도 구원도 거부하더니 죽어서 지옥으로 갔다. 프로이트란 자는 정신분석학이라는 것을 들고 나와 오이디푸스 컴플

렉스라는 것을 발표하면서 아들은 어머니에게 성적 애착을 느끼고 대개는 아버지에게 적의와 질투를 느낀다는 등, 정신 질환자의 발병 원인은 유아 시절까지 추적해 보아야 그 원인을 발견할 수 있다는 등, 별의별 희한한 학설들을 늘어 놓았지만, 그 역시 죽어서 지옥에 가고 말았다. 아인슈타인이나 프로이트나 그 밖에 "지혜 있는" 사람들 대부분이 하다못해 담배도 끊지 못하는 연약한 의지의 소유자들이었다는 것은 실로 시사하는 바가 크다. 이런 사람들이 모두 스스로 현명하다고 생각했지만 『**주께서는 현명한 자들을 자신들의 꾀에 빠지게 하신다.**』는 사실만은 전혀 눈치조차 채지 못했다. 성경이 『**그는 현명한 자들로 그들의 간계에 빠지게 하시며 심술궂은 자의 계획이 거꾸로 수행되게 하시는도다.**』(욥 5:13)라고 말씀했지만, 그들은 이런 말씀들에는 무지했던 것이다. 수많은 바보들이 하나님의 말씀을 믿고 현명하게 되었지만, 수많은 "현명한" 자들이 하나님의 말씀을 무시함으로써 멍청이들이 되었던 것이다. 하나님께서는 이 세상의 현명하다고 생각하는 자들을 자신들의 꾀에 빠져 망하게 만드신다. 인간이 하나님께 대하는 만큼 하나님께서도 인간을 대해 주신다.

『**또다시 기록되기를 "주께서는 현명한 자들의 생각을 아시는데 그들의 생각은 헛된 것이라." 하였느니라**』(20절). 여기에 인용된 말씀은 시편 94:11의 말씀이다. 하나님께서는 이 세상에서 현명하다고 생각하는 자들의 생각을 훤히 들여다 보고 계신다. 그리고 그들의 생각은 "헛된 것"이라고 일축해 버리신다. 인간이 아무리 이에 동의하지 않더라도, 인간이 아무리 항변해 보아도 소용이 없다. 하나님께서 헛된 것이라고 말씀하시면, 헛된 것이다.

3:21 그러므로 아무도 사람들을 자랑하지 말라. 이는 모든 것이 너희의 것이기 때문이니라.

22 바울이나, 아폴로나, 게바나, 세상이나, 생명이나 사망이나, 현재의 것들이

나 장래의 것들이나, 모든 것이 너희의 것이요,
23 **너희는 그리스도의 것이요, 그리스도는 하나님의 것이로다.**

『**그러므로 아무도 사람들을 자랑하지 말라. 이는 모든 것이 너희의 것이기 때문이니라. 바울이나, 아폴로나, 게바나, 세상이나, 생명이나 사망이나, 현재의 것들이나 장래의 것들이나, 모든 것이 너희의 것이요**』(21,22절). 자랑한다는 것은 자기가 가진 어떤 것이 다른 사람의 것보다 더 낫다고 생각하거나 다른 사람이 갖지 못한 것을 자기만 갖고 있다고 생각하는 데서 나온다. 가령, 자기가 바울에게 속했기 때문에 다른 사람들보다 우월하다고 생각하면, 그는 아폴로나 게바에게 속한 사람들 앞에서 우쭐댄다. 그러나 성경은 그 아폴로나 게바도 다름 아닌 "너희의 것"이라고 일침을 놓는다. 바울만 하나님의 일을 위하여 사역한 것이 아니라 아폴로나 베드로 역시 우리를 위하여 사역하도록 하나님께서 보내신 사람들이었기 때문이다. 이 구절에서는 또 "세상"도 너희의 것이라고 선언하고 있다. 한편, 성경은 또 이 세상을 다 이용하지 못할 것처럼 하라고 명령하고 있다. 『**그리고 이 세상을 이용하는 자들은 다 이용하지 못할 것처럼 하라. 이는 이 세상의 형체가 사라져감이라**』(고전 7:31). 이 말은, 이 세상이 다 너희의 것이지만, 그것들을 함부로 쓰지 말라는 경고이다. 이것은 자원을 아껴 쓰라는 그런 시시한 충고가 아니다. 이것은 우리가 세상을 소유했다 하더라도 그것에 애착을 갖지 말라는 말씀이다. 『**형제들아, 내가 이것을 말하노니 때가 얼마 남지 않았으니... 없는 것같이 하며... 소유하지 않은 것같이 하라.**』(고전 7:29,30)에서 그것을 알 수 있다. 생명도 우리의 것이다. 우리는 생명을 얻었다. 죽음도 우리의 것이다. 우리가 죽으면 주님을 만난다. 그래서 우리는 죽음을 두려워하지 않으며, 죽음이 하나님의 사랑에서 우리를 떼어 놓지 못한다. 『**내가 확신하노니 사망이나 생명이나, 천사들이나 정사들이나 권세나 현재의 일들이나 다가올 일들이나, 높음이나 깊음이나, 어떤 다른 피조물이라도 우리를 그리스도 예수 우리 주 안에 있는 하나님의 사랑에서 떼어 놓을 수 없으리라**』(롬 8:38,39). 이처럼 어느 것이나 다 우리의 것이요, 누구나 다 갖고 있는 것이기에 『**그러므로 아무도 사람들 가운데서 자랑하지 말라.**』는 충고는 당연한 말씀이다.

『**너희는 그리스도의 것이요, 그리스도는 하나님의 것이로다**』(23절). 모든 것이 우리 그리스도인들의 것이요, 우리 모두가 그리스도의 것이다. 그리고 그리스도는 또 하나님의 것이다. 이 말은 모든 것이 우리의 것일 뿐만 아니라, 그리스도도 우리의 것이요, 하나님도 우리의 것이라는 말씀이다. 그야말로 모든 것이 우리의 것이라는 말씀이다. 언젠가 나는 온천에 가본 적이 있었는데, 사우나실에 들어가 보니 아무도 없었다. 호화롭고 드넓은 사우나실이 마치 내 개인 소유인 것처럼 나는 혼자서 사우나를 즐겼다. 그 때 툴사의 해리 존슨과 함께 휴가를 즐기던 참이었는데, 객실이 500개 쯤 되는 큰 호텔에 옥외 풀장에다 실내 풀장이 따로 있었고, 저녁에 가보니 그 풀장에도 나 혼자뿐이었다. 넓다란 풀장에서 나 혼자서 대여섯 번 왕복 수영을 즐기노라니까 그 호화판 풀장도 모두 내 사유물처럼 느껴졌다. 설사 내 재산은 아니었지만, 내가 즐기고 마음껏 이용하니 모두가 내 것이나 다름없었다. 해변에 나가 보아도 그 해변이 몽땅 내 것이었다. 이것은 당신도 마찬가지다. 당신도 해변에 나가 바닷바람을 즐기고 물놀이를 즐겨 보라. 그 해변이 몽땅 당신의 것이다. 한 번 생각해 보라. 이 세상 전체가 하나님의 것 아닌가? 그러니까 온 세상이 다 내 것 아닌가? 이것이 하나님의 자녀인 우리들의 특권이다. 창세기 1:1을 보라. 『**태초에 하나님께서 하늘과 땅을 창조하셨느니라.**』 그러니까 이 하늘과 땅이 모두 우리들의 것이다. 우리 교회의 회원 중 길리라는 형제가 구원받고 나서 간증을 했는데, 참으로 감동적이고 멋진 간증이었다. 우리는 그의 구원간증을 녹음 테이프에 담아 보관하고 있다. 한 번은 그가 내 차를 보더니 나더러 열쇠를 달라면서 이렇게 말하는 것이었다. “형제님, 형제님의 차를 좀 몰아보고 싶군요.” 나는 두말없이 그에게 자동차 키를 내주고 말았다. 그렇다. 이 세상 모든 것이 우리 주님의 것이요, 우리도 주님의 것이니 그 모든 것이 우리의 것이나.

고린도전서 4장

4:1 **그러므로 사람들이 우리를 그리스도의 일꾼이며** 하나님의 **신비들을 맡은 청**
지기로 여기게 하라.
2 **청지기에게 요청되는 것은 무엇보다도 신실한 사람으로 발견되는 것이라.**
3 **그러나 너희에게서나 인간의 판단에 의해서 판단받는 것이 나에게는 아주**
하찮은 일이라. 실로 나도 나 자신을 판단하지 아니하노라.
4 **내가** *자책할 것을* **아무것도 알지 못하나 이것으로 내가 의롭게 되는 것은 아니**
니라. 그러나 나를 판단하시는 분은 주시니라.
5 **그러므로 때가 이르기 전, 주께서 오시기까지는 아무것도 판단하지 말라. 주**
께서 어두움에 감추어진 것들에 빛을 비추시고 마음의 의도들을 나타내시리
라. 그때서야 하나님**께로부터 각 사람이 칭찬을 받으리라.**

『**그러므로 사람들이 우리를 그리스도의 일꾼이며**』(1절). 여기서 "우리"란 3:22로 돌아가 바울과 아폴로와 게바를 지칭한다. 이 세 사람은 모두 그리스도의 일꾼들이었다. 그리고 이들은 『**하나님의 신비들을 맡은 청지기**』들이었다. "청지기"란 누군가로부터 신임을 받고 사명을 맡게 된 사람들을 말한다. 가령, 대양을 가로질러 운항하는 여객선이나 하늘을 나는 비행기에서 거기에 탄 여객들을 보살피고 안내하며 심부름을 해주는 사람들이 곧 청지기들이다. 이러한 청지기들은 무엇보다도 성실하게 일함으로써 신뢰할 수 있는 『**신실한**』(2절) 사람들이어야 한다. 청지기들은 "사명이 맡겨진" 사람들이지, 어떤 "지위를 획득한" 사람들이 아니다. 하나님으로부터 신임을 받고 하나님으로부터 사명을 맡은 사람들 역시 이러한 청지기들이다. 누가복음 16장에 보면 청지기의 신실함과 불의하면서도 현명하게 일을 처리하는 청지기에 대한 비유의 말씀이 나온다. 『**지극히 작은 일에도 신실한 사람은 큰 일에도 신실하며, 또 지극히 작은 일에 부정한 사람은 큰 일에도 부정하니라**』(눅 16:10). 디도서 1장에는 청지기의 덕목에 대해서 언급하고 있다.

그런데, 여기 1절과 2절에서 하나님의 일을 맡은 청지기들은 돈과는 상관없는 사람들이라는 점이 특색이다. 이들은 『**하나님의 신비들을 맡은 청지기**』들이다. 하나님의 일을 맡은 신실한 청지기들에게는 일곱 가지 신비들이 맡겨져 있다(〈일곱 신비〉, 말씀보존학회 간, 1995). 그 일곱 가지 하나님의 신비들이 어떤 것들인지 한 번 살펴 보기로 하자.

첫째 신비는 디모데전서 3:16에서 제시되고 있다. 『**경건의 신비는 논쟁의 여지없이 위대하도다. 하나님께서는 육신으로 나타나셨고 성령으로 의롭게 되셨으며, 천사들에게 보이셨고 이방인들에게 전파되셨으며, 세상에서 믿은 바 되셨고 영광 가운데로 들려올라 가셨음이라.**』 첫째 신비는 예수 그리스도의 동정녀 탄생이다. 이것은 "경건의 신비"로서 모든 논쟁을 폐하는 위대한 신비이다. 이 첫째 신비는 하나님께서 인간의 몸을 입고 갓난아기로 이 세상에 오셨다는 사실이다. 하나님께서 처녀의 몸에서 인간 아기로 태어나 육신을 입고 이 세상에 들어오셨다는 사실을 논리적으로 설명할 수 있는 사람은 아무도 없다. 이것은 신비이기 때문이다. 당신은 이 사실을 믿을 수는 있지만, 설명할 수는 없다. 이것은 신비인 것이다. 하나님께서는 육신으로 나타나셨다. 이것이 첫 번째 신비이다.

두 번째 신비는 그리스도께서 믿는 자들 안에 들어와 거하신다는 사실이다. 이 신비는 골로새서 1장에 나와 있다. 『**하나님께서는 이들에게 이방인들 가운데서 이 신비의 영광의 풍요함이 어떠한지를 알리고자 하셨으니 이 신비는 너희 안에 계신 그리스도시요, 곧 영광의 소망이라**』(골 1:27). 이 신비는 "너희 안에 계신 영광의 소망인 그리스도"이다. 그리스도인의 몸 안에 그리스도께서 들어와 계시다는 사실을 어떻게 설명하겠는가? 당신은 그리스도인인가? 그렇다면, 당신 안에 그리스도께서 거하신다고 고백할 수 있는가? 그렇다. 우리는 그분께서 내 안에 거하신다는 사실을 고백할 수는 있지만, 그것을 설명할 수는 없다. 그래서 이것은 신비인 것이다. 이 땅에 1천만 명의 그리스도인들이 살고 있다고 치자. 그들 한 사람 한 사람 안에 그리스도께서 거하신다. 그렇다면, 이 땅에 일천만 명의 그리스도가 있는 것인가? 『**그리스도께서 나뉘시느냐?**』(고전 1:13). 결코 그렇지는 않다. 당신은 이것을 어떻게 설명하겠는가? 이것은 신비이다.

세 번째 신비는 에베소서 5장에 나온다. 이 신비는 유대인과 이방인이 그리스도 안에서 한 몸을 이루는 신비이다. 『**이는 우리가 그의 몸과 그의 살과 그의 뼈의 지체임이라... 이것은 위대한 신비라. 그러나 나는 그리스도와 그 교회에 관하여 말하노라**』(엡 5:30-32). 이 신비야말로 참으로 위대한 신비가 아닐 수 없다. 성경은 그리스도께서 당신 안에 거하신다고 말씀하는 동시에 또 당신이 그리스도 안에 있다고 말씀하고 있다. 『**이것은 위대한 신비라.**』 유대인이건, 이방인이건, 구원받고 그리스도인이 되면 그들 안에 그리스도께서 거하시고, 또 한편 그들 모두가 그리스도의 몸과 살과 뼈의 지체가 되어 그분 안에 있게 된다. 어떻게 그럴 수가 있는가? 당신은 이것을 설명할 수 있는가? 만약 당신이 아내와 어제 결혼했다 하자. 그리고 지금 당신은 여기 앉아 있고, 당신의 아내는 저쪽에 따로 앉아 있다. 그런데 당신과 당신의 아내는 같은 살과 같은 뼈로 한 몸 안에 얽혀 있다. 당신은 이것을 어떻게 설명하겠는가? 당신의 살과 뼈의 일부는 이쪽에 있고 또 일부는 저쪽에 있다. 어떻게 그럴 수 있단 말인가? 당신 아내의 살과 뼈의 일부가 당신 쪽에 있는데 또 일부는 저쪽에 앉아 있는 아내 속에 있다. 그런데 당신과 당신의 아내는 한 몸을 이룬다. 현재 그리스도께서는 하늘에 계신다. 그런데 당신은 지금 이 땅에 있다. 그런데 그분과 당신은 한 몸이다. 이것은 설명이 불가능하다. 이것은 신비인 것이다.

그 다음 신비를 보자. 네 번째 신비는 이스라엘의 신비다. 모든 신실한 사역자들은 이 신비에 대해서 잘 이해하고 있어야 하며 이 신비를 사람들에게 널리 알리지 않으면 안 된다. 로마서 11장을 보라. 『**형제들아, 너희가 스스로 지혜 있는 체 하지 않게 하기 위하여 이 신비를 너희가 모르기를 내가 원치 아니하노니 이는 이방인들의 충만함이 차기까지는 이스라엘의 일부가 완고하게 된 것이라**』(롬 11:25). 이스라엘의 일부가 완고하게 되었지만, 『**이는 이방인들의 충만함이 차기까지**』 그렇다고 성경은 말씀한다. 그들은 장차 언젠가 구원받고 되돌아오게 된다는 것이다. 이스라엘이 영원토록 멸망한 것이 아니라는 말이다. 이것은 이 시대의 교회가 진정으로 신실한 일꾼들이라면, 후천년주의자들이나 무천년주의자들처럼 이스라엘에게 주어진 하나님의 약속들을 훔쳐다가 교회 시대에 함부로 적용하지 말라는 엄중한 경고인 것이다. 『**청지기에게 요청되는 것은 무엇보다도 신실한 사람으로 발견되는 것**』(2절)이라고 성경은 말씀하고 있다. 당신은 아내에게 신실한 사람인가? 그렇다면 당신은 아내와 함께 기도하고 함께 성경을 읽으며 당신의 신실함을 나타내야 한다. 당신은 하나님께 신실한 사람인가? 그렇다면 당신은 모든 점에서 항상 하나님께 당신의 신실한 모습을 보여 드려야 한다. 당신은 하나님께 별로 신실하지 못하여 자신의 육신적인 일에 더 신경을 쓰며 살아가는가? 그렇다면 당신은 그런 당신의 모습을 하나님께 솔직하게 보여드려야 한다. 그리스도인들은 무엇이 되었건 오직 진리만을 믿고 전파하고 가르쳐야 한다. 당신이 정직하기만 하면 얼마든지 그렇게 할 수 있다. 정직하고 신실한 사역자는 이스라엘의 것은 이스라엘에게로, 교회의 것은 교회에게로 돌리고 적용하고 해석하지 않으면 안 된다. 당신이 아무리 훌륭한 사역자라 할지라도 이스라엘의 것을 교회로 끌어다 쓰면 당신은 신실한 청지기가 아니다. 이스라엘은 회복될 것이며, 이스라엘을 향한 하나님의 모든 약속들은 그대로 실현될 것이다. 이것은 신비이다. 이스라엘의 것을 훔치지 말라.

다섯 번째 신비는 휴거의 신비이다. 『**보라, 내가 너희에게 한 가지 신비를 말하노니 우리가 다 잠잘 것이 아니요 오히려 우리가 모두 변화될 것이니**』(고전 15:51). 이 신비는 그리스도의 몸인 교회, 즉 그리스도인들이 어느 날 갑자기 이 지상에서 사라져 버리는 엄청난 사건에 대한 신비이다. 『**마지막 나팔 소리에 눈깜짝하는 순간에 그러하리라.**』(고전 15:52)고 성경은 말씀한다. 그리고 그리스도인들이 휴거될 때, 그리스도 안에서 죽어 땅에 묻혔던 사람들이 다시 살아나고, 그들이나 살아 있던 사람들이나 모두 변화된 몸을 입고 끌려 올라가게 된다. 『**나팔 소리가 나면 죽은 자들이 썩지 아니하는 몸으로 일으켜지며 우리도 변화되리라**』(고전 15:52). 몸이 변화되어야 하는 까닭은 『**혈과 육은 하나님의 나라를 상속받을 수 없으며 썩을 것은 썩지 아니하는 것을 상속받을 수 없느니라.**』(고전 15:50)고 그 이유를 설명하고 있다. 이 신비는 뒤에서 다시 상세히 살펴보겠다.

여섯째 신비는 불법의 신비이다. 『**불법의 신비가 이미 활동하고 있나니 현재는 막는 자가 있어 막을 것이나 그가 그 길에서 옮겨질 때까지만 그러하리라**』(살후 2:7). 데살로니가후서 2장은 적그리스도에 대해 언급하고 있다. 적그리스도는 그 자체가 신비이다. 적그리스도는 이미 활동하고 있다. 그러나 그리스도인들은 그 누구도 이 악한 자에게 넘겨지지 않을 것이다. 하나님의 신실하심이 여기에서도 입증되고 있는 것이다. 그리스도야말로 빈틈이 없으신 독특한 인도자시라는 것을 그 누구도 부인할 수 없다. 이스라엘에 대한 하나님의 약속들을 카톨릭 교회가 제아무리 훔쳐가 버리고 이스라엘은 영원히 끝났고 자기네들이 이스라엘의 모든 것을 계승했다고 억지를 쓰지만, 이스라엘은 결국 회복되고야 말 것이라는 사실을 그 누구도 부정할 수가 없다. 또 구원받은 그리스도인들이 구원을 상실할 수도 있다고 속이고 위협함으로써 구원의 확신을 갖지 못하도록 하려는 모든 사악한 자들은 마귀의 일꾼들이다. 교회가 휴거되고 나면, 이 세계는 잠시 동안 적그리스도의 손에 넘겨져 이 세상을 장악하게 될 때 이 땅에는 대환란이 있게 될 것이다. 이 사실을 믿고 이 사실을 전파하는 신실한 일꾼들은 이 시대에 별로 많지 않다. 성경대로 믿는 사람들을 제외한 모든 자들이 이 신비를 "비밀"에 붙이고 숨기려 하고 있는 것이다.

일곱 번째 신비는 요한계시록 17장에 등장하는 신비이다. 『**그녀의 이마에 한 이름이 기록되어 있는데 "신비라, 큰 바빌론이라, 땅의 창녀들과 가증한 것들의 어미라."고 하였더라**』(계 17:5). 이 신비에 대하여 주목하고 귀를 기울였더라면 이 땅에 로마카톨릭이라는 정치 집단이 존재하지 못했을 것이다. "창녀"가 누구인가? 요한계시록 17:18을 보라. 『**네가 본 그 여자는 땅의 왕들을 다스리는 큰 도성이라."고 하더라.**』 그 창녀는 "큰 도성"이라고 말한다. 이 도성이 몇 개의 산 위에 세워져 있는가? 9절을 보라. 『**지혜 있는 생각이 여기 있으니 일곱 머리는 그 여자가 앉은 일곱 산이요**』라고 말씀한다. 이 여자가 어떤 색깔의 옷을 입고 어떻게 치장하고 있는가? 4절을 보라. 『**또 그 여자는 자주색과 주홍색 옷을 입고 금과 보석과 진주로 장식하고 손에는 금잔을 가졌는데 그 잔은 가증스런 것들과 그녀가 행한 음행의 더러운 것들로 가득 찼더라.**』 자, 이것이 무엇을 상징하는지 이만하면 충분히 짐작이 가고도 남지 않는가? "그녀"가 눈곱만치라도, 신실한 필라델피아 교회를 상징하고 있는 것으로 보이는가?

우리는 1절에서 말씀하고 있는 『**하나님의 신비들**』(the mysteries of God)과 관련하여 〈한글개역성경〉이 어떻게 접근하고 있는지, 이 기회에 살펴볼 필요가 있다. 〈한글개역성경〉은 『**하나님의 신비들**』(the mysteries of God)을 "하나님의 비밀"이라고 번역해 놓았다. 이것은 명백한 오역일 뿐만 아니라 그 성경을 펴낸 자들의 배후에 있는 마귀가 왜 이처럼 어처구니없는 오류를 범하도록 사주했는가에 대하여 주목하지 않으면 안 된다. 우선 첫째로, 〈한글개역성경〉에서는 고린도전서 4:1

에 언급된 『**신비들**』(mysteries)들을 "비밀"이라고 단수형으로 번역해 놓음으로써 이것이 하나님께서 계시하고 있는 일곱 가지 신비들과는 무관한 어떤 하나의 "비밀"인 것처럼 만들어 놓았고, 신약에서 언급하고 있는 신비들을 아닌 게 아니라 모두 "비밀"에 붙여 두려고 시도한다. 디모데전서 3:16의 "신비"나 골로새서 1:27의 "신비," 에베소서 5:32의 "신비," 로마서 11:25의 "신비," 고린도전서 15:51의 "신비," 데살로니가후서 2:7의 "신비," 그리고 계시록 17:5의 "신비"는 모두 단수형으로 표기된 "신비"(mystery 또는 MYSTERY)다. 이 각각의 "신비" 일곱 가지를 한데 모아 여기 고린도전서 4:1에서는 "신비들"이라고 복수형으로 언급하고 있고 〈킹제임스성경〉은 이것을 정확하게 표기하고 있으며, 〈한글킹제임스성경〉 역시 그것을 절대로 놓치지 않고 정확하게 번역해 놓은 것을 볼 수 있다. 그래서 여기서 말하고 있는 "신비들"이 한 가지가 아니라 여러 가지란 것을 분명히 밝혀 놓음으로써 그 신비들이 과연 어떠어떠한 신비들을 말하는지 성경에서 일일이 찾아 보도록 동기를 부여하고 있다. 다시 말해서, "신비들"이 어떻게 계시되고 있는지 전혀 "비밀"에 붙여두고 있지 않은 것이다. 이처럼 성경에서 어떤 단어를 단수로 표기했느냐, 복수로 표기했느냐의 차이는 단순한 수사학적 기법 이상의 깊은 의미를 갖기 때문에 우리는 이것을 부주의하게 간과해서는 절대로 안 된다. 둘째로 〈한글개역성경〉에서처럼 "신비"를 "비밀"이라고 번역해 놓으면 단순한 표현상의 차이만을 나타내는 것이 절대로 아니라는 사실에 우리는 주목하지 않으면 안 된다. 이것은 "화평"을 의미하는 "peace"를 "평화"라고 번역해 놓은 것과는 전혀 차원이 다른 엄청난 혼란을 초래하는 결정적인 오류가 아닐 수 없다. [이에 대해서는 〈현저한 차이〉(말씀보존학회, 1999) 23장(134-139쪽)에서 상세하고도 날카롭게 다루고 있으므로 참조하기 바란다. 가령, 골로새서 1:27이나 디모데전서 3:16 등에서 언급하고 있는 "신비"가 〈한글개역성경〉에서처럼 "비밀"이라면, 그리스도도 비밀이요, 거듭난 자 안에 주님께서 거하신다는 사실도 비밀이며, 그리스도와 한 몸을 이룬다는 사실이나, 휴거나, 이스라엘의 회복이나, 불법자나, 계시록의 창녀나 그 모두가 "비밀"인지라, 신약 교리들의 중요 부분들이 온통 비밀 투성이가 되어 버리고 신약성경은 하나님의 계시의 책이 아니라 "비밀"들을 비밀에 붙여두는 비밀문서가 되고 말 판이다. 하나님의 신비가 "비밀"이라면, 이 비밀을 밝히고 있는 사도 바울은 엄청난 반역행위를 자행하고 있는 셈이다. 이러한 혼란을 단순한 오역으로만 치부해 둘 것인가? 〈현저한 차이〉를 꼭 한 번 읽어 보라. 이 책은 "한글개역성경을 사랑하는 사람들을 위하여"라는 부제가 붙어 있다. - 역자 주

『**청지기에게 요청되는 것은 무엇보다도 신실한 사람으로 발견되는 것이라**』(2절). 청지기에게 요청되는 것은 얼마나 신실한가이지 얼마나 성공적인가가 아니다. 신실한 청지기는 교회 출석 교인 수를 양적으로만 늘리는 교회 "성장" 따위에는 관심이 없다. 신실한 청지기는 성경의 진리만을 전파하는 사람이다. 그리고 하나님께서 계시하시는 "신비들"을 올바르게 조명해 주는 정직한 일꾼들이다.

『**그러나 너희에게서나 인간의 판단에 의해서 판단받는 것이 나에게는 아주 하찮은 일이라. 실로 나도 나 자신을 판단하지 아니하노라**』(3절). 무엇을 판단받는 것에 대해서 말하고 있는가? 신실함 여부에 대해서 사람들에게 판단받는 것을 말한다. 우리는 다른 사람이 얼마나 신실한지에 대해서 알 수가 없을 뿐만 아니라 자기 자신의 신실함에 대해서도 제대로 알지 못한다. 그러므로 바울은 사람들이 자기를 판단하는 것에 전혀 신경을 쓰지 않았고 자기 자신마저도 스스로 판단하려고 하지 않았다.

『**내가** *자책할 것을* **아무것도 알지 못하나 이것으로 내가 의롭게 되는 것은 아니니라. 그러나 나를 판단하시는 분은 주시니라**』(4절). 우리를 판단하시는 분은 하나님이시다. 그분은 지금 우리들을 판단하고 계신다. 그러나 그분께서 우리를 어떻게 판단하고 계신지 우리는 아직 알지 못한다. 우리가 하나님의 영광의 집에 가면 그때서야 하나님께서 청지기들의 신실함을 어떻게 판단하고 계셨는지를 알게 될 것이다. 『**지금은 우리가 유리를 통해 희미하게 보나 그때에는 얼굴과 얼굴**

을 마주볼 것이요, 지금은 내가 부분적으로 아나 그때에는 내가 알려진 것처럼 알게 되리라.』(고전 13:12)고 성경은 말씀한다. 청지기들이 이 땅에 있을 동안 얼마나 신실하게 하나님을 위하여 청지기 노릇을 했는지에 대하여 하나님께서는 우리들에게 무엇인가를 보여주실 것이다.

『**내가** *자책할 것을* **아무것도 알지 못하나 이것으로 내가 의롭게 되는 것은 아니니라.**』 설령 자신이 신실하다고 스스로 짐작한다고 할지라도 자신의 그러한 판단에 의하여 스스로 의롭게 될 수는 없다. 당신은 아무리 선한 행위를 한다 할지라도 당신 자신의 힘으로는 절대로 의롭게 될 수가 없다. 반면에, 당신이 아무리 죄가 많고 악하다 할지라도 주 예수 그리스도를 영접하기만 하면, 그분이 당신을 의롭게 만들어 주신다.

『**그러므로 때가 이르기 전, 주께서 오시기까지는 아무것도 판단하지 말라. 주께서 어두움에 감추어진 것들에 빛을 비추시고 마음의 의도들을 나타내시리라. 그때서야 하나님께로부터 각 사람이 칭찬을 받으리라**』(5절). 이 구절에서 우리는 다시 그리스도의 심판석으로 돌아간다. 주님께서 오셔서 우리들을 데려가시면 곧 그리스도의 심판석 앞에 세우시고 "어두움에 감추어진 것들," 즉 청지기들이 맡은 하나님의 신비들에 관하여 얼마나 신실하게 전하고 증거하였는지를 보여주실 것이다. 그리고 청지기들이 어떤 동기에서 그렇게 하였는지 그 "마음의 의도들"을 하나님께서 직접 드러내 보여주실 것이다. 그때까지는 아무것도 제멋대로 판단하지 말라고 성경은 말씀한다. 이처럼 우리는 그리스도의 심판석 앞에 서는 날 모든 것들을 알게 될 것이요, 또 청지기로서 얼마나 신실하였느냐에 따라 그에 상응하는 칭찬과 함께 상을 받게 될 것이다. 하나님께서 각 사람에게 해주시는 "칭찬"은 우리가 하나님을 찬양한 데 대한 보상이다. [이 구절에 사용된 "칭찬"이라는 영어 단어 "praise"는 "찬양"이라는 의미로도 쓰인다. 우리는 하나님을 찬양("praise")하고, 하나님께서는 우리를 칭찬("praise")해 주신다. 하나님께서 우리에게 해주시는 것이기에 우리는 그것을 감히 "찬양"이라고 말하지는 못하고 "칭찬"이라고 표현하지만, 영어 단어로는 같은 "praise"이기에 사실인즉, 하나님께서 우리를 "찬양"해 주시는 것이다. - 역자 주) 하나님께서는 우리가 그분께 드린 찬양에 대해서 그분도 우리를 "찬양"해 주실 것이다. 우리가 하나님을 찬양한다는 것은 신실한 종이 되어 그분께서 맡겨주신 일들을 신실하게 수행함으로써 그분을 높여드리는 것을 말한다. 이 땅에서 우리가 그분을 높여드리면, 그분도 하늘에서 우리들을 높여 주신다. 이처럼 찬양은 서로 오고 가는 쌍방향의 성격을 가진 사랑의 나눔이다. 사실, 성경에 나타난 하나님과 인간 사이의 교제는 서로 주고 받는 "기브 앤 테이크"(Give and Take)의 원칙이 적용되고 있음을 우리는 알 수 있다. 하나님께서 우리에게 칭찬해 주시는 모습이 마태복음 25장에 그림처럼 묘사되어 있다. 『**그의 주인이 그에게 말하기를 '잘하였도다. 착하고 신실한 종아, 네가 적은 일에 신실하였으니 내가 너로 많은 것들을 다스리도록 하리라. 네 주인의 기쁨에 동참하라.'고 하더라**』(마 25:21). 이것이 바로 칭찬이요, 찬양이다. 찬양은 이처럼 서로 신실하게 일을 맡기고 신실하게 일을 맡아 수행하는 것을 말하며, 그 결과 서로 한 기쁨에 동참하는 것을 말한다. 오순절파 은사주의자들이 육신적인 감정에 들떠 "할렐루야!"를 외치는 것이 찬양이 아니다. 하나님께 대한 우리의 찬양은 우리의 삶 전체를 통하여 그분을 높여드리는 것을 말하며, 그것이 노래로 고백될 때, 우리는 "찬양을 부른다."고 말한다. 하나님께서는 이렇게 착하고 신실한 종을 "찬양"으로 화답해 주신다.

『**주께서 어두움에 감추어진 것들에 빛을 비추시고 마음의 의도들을 나타내시리라**』**(5절)**. 이 구절에서 "감추어진 것들"이나 "마음의 의도들"을 주님께서 나타내실 때, 우리는 반드시 기분이 좋지만은 않을 것이다. 왜냐하면, 그것들이 드러날 때, 좋은 점과 나쁜 점의 두 가지 측면이 다함께 나타날 것이기 때문이다. 우리가 청지기로서 겉으로 보기에는 신실하게 일하는 것 같아도 마음속으로는 옳지 않은 동기에서 나온 것도 있을 것이다. 이것도 하나님께서는 나타내실 것이다. 여기서 우리가 잊지 말아야 할 것이 한 가지 있다. 우리가 주님을 위해 일할 때, 주님을 진정으로 사랑하고 주님을 섬기고자 하는 순수한 마음과 동기에서 출발하였지만,

마귀가 끼어들어 당신의 생각을 혼미케 함으로써 모든 것을 엉망으로 만들어 버린다는 사실이다. 그러나 우리는 그런 줄도 모르고 우리가 생각하고 의도한 모든 것이 주님을 위한 것이고 주님을 사랑하고 섬기기에 합당한 것으로 믿고 그대로 밀고 나갈 뿐만 아니라 일이 끝나고 나서도 그 결과 또한 하나님께서 기뻐하실 것으로 착각한다는 사실이다. 그런데, 최종적으로 그리스도의 심판석에서 하나님께서 드러내시는 것을 보니, 그때서야 그게 아니었음을 알고 낭패를 당하게 될지도 모른다는 사실을 잊지 말아야 한다. 이처럼 당신이 선한 의도와 좋은 동기라고 생각한 것이 사실상 마귀가 개입된 악한 의도와 옳지 않은 동기였다는 사실이 드러난다면 당신은 하나님 앞에서 얼마나 민망할 것인가? 그러므로 우리는 청지기로서 하나님의 일을 수행할 때, 매사에 아주 조심하지 않으면 안 된다. 우리는 무슨 일을 하든지 그것이 과연 하나님의 뜻이며 하나님께서 기뻐하시는 선한 일인가를 놓고 일일이 하나님께 물어가면서 기도하기를 그치지 말아야 한다. 인간이 자기의 신념대로 일을 할 때에는 실패하고 낭패를 당하는 수가 많다는 것을 명심하라. 하나님의 생각은 인간의 생각과는 다르다는 사실을 잊지 말라. 『**주가 말하노라. 내 생각은 너희 생각과 다르며 내 길은 너희 길과 다르니 하늘들이 땅보다 높음같이, 내 길이 너희 길보다 높으며 내 생각이 너희 생각보다 높음이라**』(사 55:8,9). 사람이 자신의 생각과 신념에 의존할 때에는 언제나 마귀가 개입한다는 사실을 잊지 말라. 독일 사람들은 겉으로는 매우 딱딱하고 퉁명스러운 것 같지만, 내가 겪어본 바로는 그들의 속마음은 살살 녹는 버터처럼 부드럽다. 이처럼 사람은 겉만 보고 뭐라고 평가할 수가 없다. 내가 알기로는 그리스도인들 쳐놓고 하나님을 사랑하지 않는 사람은 거의 없다. 그들은 정말이지 주님을 사랑한다. 그런데 그들 모두가 그것을 겉으로 다 드러내느냐 하면 반드시 그렇지는 않다. 그들은 대부분 하나님께 대한 사랑을 마음속에 간직해 두기만 한다. 그런데 마귀가 그들 마음속에 들어와 엉망으로 휘저어 놓는다. 마귀는 하나님께 대한 그들의 사랑만을 휘저어 놓는 것이 아니라 그들의 인격과 개성까지도 교묘하게 건드리고 헝클어 놓는다. 그러나 마귀가 엉망으로 휘저어 놓고 건드려 놓았다고 해서 그들의 마음과 인격이 이전과 정반대로 표변하여 누가 보아도 그걸 알 수 있느냐 하면 결코 그렇지가 않다는 것을 잊지 말라. 겉으로 느끼고 보기에는 이전과 전혀 다름이 없는 것처럼 여겨진다. 그래서 그리스도인들은 전혀 이것을 눈치채지 못한다. 이것이 마귀가 갖고 있는 최대의 능력이다. 그러나 마귀가 들어와 이렇게 일단 건드려 놓으면 그 사람의 마음과 인격은 이미 과거의 그것이 아니다. 그리스도인들은 그것도 모르고 오염된 마음과 생각으로 주님을 섬기고 주님을 위해 무슨 일인가를 한다. 안에서 역사하는 마귀의 동기와 의도는 전혀 나타나지 않는다. 그러나 하나님께서는 그것을 아신다. 그리고 그리스도의 심판석에서 그것을 드러내 보여주시는 것이다. 그렇다고 해서 그리스도인들이 주님을 위해 아무 일도 하지 않고 주저앉아 있을 수는 없다. 주님을 섬기고 복음을 전파하며 말씀을 가르치고 증거하는 일에 가능한 한 바쁘게 움직여라. 그러나 항상 마귀를 경계하며 주님께 기도하기를 멈추지 말라. 그리고 마귀가 어떻게 역사하든 그것을 두려워하지도 말라. 당신의 기도에 귀를 기울이시는 하나님께서 당신을 도우실 것이다.

4:6 형제들아, 내가 너희를 위하여 나 자신과 아폴로를 이런 사례에 적용시켰으니 이는 너희가 기록된 것 이상으로 사람들에 대하여 생각지 아니함을 우리에게 배워 아무도 한 편을 들고 다른 편을 반대함으로써 교만하게 되는 일이 없게 하려는 것이라.

7 누가 너를 구별시켰느냐? 네가 가지고 있는 것 중에 받지 않은 것이 무엇이냐? 이제 네가 받았다면 어찌하여 받지 않은 것처럼 자랑하느냐?

8 이제 너희는 배부르고, 부유해졌으며 우리 없이도 왕들처럼 통치하였으니 내가 하나님께 바라는 것은 너희가 통치하게 되는 것이라. 우리 또한 너희와 더불어 통치하리로다.

『형제들아, 내가 너희를 위하여 나 자신과 아폴로를 이런 사례에 적용시켰으

니』(6절). 바울은 지금 이렇게 설명하고 있다. "나는 너희들이 판단하기에 신실하기도 하고 신실하지 않을 수도 있다. 이것은 아폴로도 마찬가지다. 그러나 너희의 판단은 전혀 문제가 안 된다. 주님께서 모든 것을 판단하실 것이기 때문이다." 바울은 하나님께서 어떻게 판단하실 것인가에만 관심을 갖고 그것을 염려했지만, 사람이 자신을 어떻게 판단하는가에 대해서는 관심이 없었다.

『**이는 너희가 기록된 것 이상으로 사람들에 대하여 생각지 아니함을 우리에게 배워 아무도 한 편을 들고 다른 편을 반대함으로써 교만하게 되는 일이 없도록 하려는 것이라**』(6절). 사도들은 성경에 기록된 것에만 관심이 있었다. 그들은 사람에 대해서는 관심이 없었다. 모든 그리스도인들은 "사람"을 쳐다볼 필요가 없다. 그들의 눈은 언제나 성경 말씀에 고정되어 있으면 그만이다. 누구를 편들어 치켜세우고 누구는 반대하고 깎아 내리는 사람은 하나님의 말씀에는 흥미가 없는 교만한 자들이다. 말씀에 귀를 집중하고 말씀 가운데 계신 주님께 시선을 고정하고 있는 사람은 이 편이나 저 편 사람들을 치켜세우거나 깎아내릴 짬도 없다.

『**누가 너를 구별시켰느냐? 네가 가지고 있는 것 중에 받지 않은 것이 무엇이냐? 이제 네가 받았다면 어찌하여 받지 않은 것처럼 자랑하느냐?**』(7절) 이 구절은 참으로 통렬한 말씀이다. 당신이 지금 가지고 있는 것들이 무엇 무엇인가 한 번 곰곰히 생각해 보라. 그 중에서 하나님께로부터 받지 않은 것이 무엇인가? 당신이 개처럼 일해서 얻었는가? 그렇다면 당신이 일할 수 있도록 건강을 주신 분은 누구인가? 당신이 일해서 돈을 벌었는가? 그 돈은 하나님께서 주신 것이다. 당신이 앞을 보는가? 하나님께서 당신에게 눈을 주셨기 때문이다. 당신이 받은 것들 중에서 하나님께서 주시지 않은 것이 한 가지라도 있다면 그것이 무엇인지 한 번 말해 보라. 『**하늘에서 주신 것이 아니면 사람은 아무것도 받을 수 없느니라**』(요 3:27). 자, 당신이 갖고 있는 모든 것이 하나님께로부터 받았다는 것을 인정하는가? 그렇다면, 어째서 당신은 받은 것이 없는 것처럼 자랑하는가? 도대체 우리가 하나님께로부터 받은 것이 아니라 우리 힘으로 노력해서 얻은 것이 무엇이며, 그것을 자랑할 수 있는 것이 무엇이란 말인가? 구원? 구원을 당신의 힘으로 얻었단 말인가? 이 세상에는 "자수성가했다."고 자랑하는 사람들이 많다. 자수성가했다고 말하는 사람들이야말로 이 세상에서 가장 형편없는 품팔이꾼에 지나지 않는다는 것을 알라. 자수성가했건, 부모에게 유산을 물려 받았건, 당신이 갖고 있는 모든 것이 하나님께로부터 받은 것임을 인정하라. 그리고 자랑하지 말고 오직 하나님께 감사하라.

『**이제 너희는 배부르고, 부유해졌으며 우리 없이도 왕들처럼 통치하였으니 내가 하나님께 바라는 것은 너희가 통치하게 되는 것이라. 우리 또한 너희와 더불어 통치하리로다**』(8절). 바울은 지금 지독하게 빈정거리고 있다. 바울이 그토록 수고하고 애쓰는 가운데 복음을 전파하고 죄인들을 그리스도께로 인도하여 고린도 교회를 세우고, 지금은 멀리 떨어진 곳에서 사역을 계속하고 있는데, 이들은 지금 수고한 하나님의 일꾼들을 제쳐놓고 자기들끼리 "왕들처럼" 행세하며 거드름을 피우고 있다. 아닌 게 아니라 바울은 그들이 정말로 "통치하게 되는" 자들이 되기를 하나님께 바란다고 말한다. 진짜 왕은 지금 저 위에 계신다. 그분께서 오시면 그리스도인들은 그분과 함께 이 땅을 통치하게 될 것이다. 이것은 장차 있을 일이다. 그러니까, 지금 그들이 왕들처럼 거드름을 피우는 것은 가짜라는 것이다. 제대로 된 양심이 있는 자라면 이 말을 듣고 부끄럽기 짝이 없으리라.

『**너희는 배부르고, 부유해졌으며**』 이 말은 마치 요한계시록 3:17에서 부패하고 배교한 현대의 라오디케아 교회를 두고 한 말씀을 그대로 인용하고 있는 것 같은 느낌이다. 『**네가 말하기를 "나는 부자며, 부요하고, 아무것도 부족한 것이 없다." 고 하지만 너는 비참하고, 가련하며, 가난하고, 눈멀고, 헐벗은 것을 알지 못하는도다.**』 현대의 타락한 은사주의자들은 육신적으로 배부르고 부요해지는 것이 하나님의 "축복"이라고 생각하고 그것만 놓고 성령을 이리저리 끌고 다니면서 광란극을 벌린다. 그들은 영적 부요 같은 것에는 전혀 관심이 없는 것이다. 그러한 자들을 두고 하나님께서는 "너는 비참하고, 가련하며, 가난하고, 눈멀고, 헐벗었다."

고 말씀하시며, 그것도 모르고 있는 철부지들을 보고 혀를 끌끌 차신다.

『**우리 없이도 왕들처럼 통치하였으니**』 바울의 이 독설은 후천년주의자들과 무천년주의자들을 크게 질책하고 있는 말이다. 그들은 주 예수 그리스도께서 재림하시기도 전에 그분 없이도 이 땅에서 자기들이 천년왕국을 건설하고 왕들처럼 통치할 수 있다고 믿고 사람들을 현혹한다. 천년왕국은 그리스도께서 재림하셔서 그분께서 건설하신다. 그리고 우리는 그분과 함께 통치하게 된다. 『**첫 번째 부활에 참여하는 자는 복되고 거룩하도다. 둘째 사망이 그들을 다스리는 권세가 없고, 오히려 그들이 하나님과 그리스도의 제사장들이 되어 천 년 동안 그와 함께 통치하리라**』(계 20:6).

4:9 하나님께서 우리 사도들을 죽이기로 정해 놓은 자같이 맨 마지막에 두신 것으로 내가 생각하노니 우리로 세상과 천사들과 사람들에게 구경거리가 되게 하셨음이라.

10 우리는 그리스도를 위하여 어리석은 자들이지만 너희는 그리스도 안에서 현명하도다. 우리는 약하지만 너희는 강하고 너희는 존귀하나 우리는 비천하도다.

11 지금 이 시간까지도 우리는 주리고 목 마르며 헐벗고 매 맞으며 정처가 없고

12 우리 손으로 일함으로써 수고하며 욕을 먹으면 축복하고 박해를 받아도 참으며

13 비방을 받으나 권면하고, 세상의 쓰레기같이 되며 지금까지 만물의 찌꺼기가 되었도다.

『**하나님께서 우리 사도들을 죽이기로 정해 놓은 자같이 맨 마지막에 두신 것으로 내가 생각하노니**』(9절). "우리" 사도들이라고 말한다. 이들이 누구인가? 여기 문맥상으로는 바울과 아폴로를 말한다. 바나바는 사도행전 14장에서 사도라고 불린다. 그리고 아폴로는 여기 고린도전서 4장에서 사도라고 불린다. 그리고 몇 명이 더 사도라고 불린다. 이들은 열두 사도들 외에 사도라고 불렸던 사람들이다. 열두 사도들이 먼저 있었고, 후에 바울, 아폴로, 바나바, 디모데, 소스데네, 디도, 안드로니코 및 유니아 등 여덟 명의 사도들이 더 생기게 된다(〈피터 럭크만의 주석서 로마서〉, 롬 16장 참조). 이들 사도들은 돌에 맞고, 몸이 찢기고, 매를 맞으면서 끊임없이 죽음의 위협에 직면해 있었다. 그들은 로마의 콜로세움 경기장에서 맹수들에게 찢겨 죽는 장관을 연출하는 사람들 가운데 맨 나중에 등장하기로 예비된 투기사들과 같았다. 클라이막스는 언제나 맨 마지막에 가서 등장하는 법이다. 바울은 하나님께서 사도들을 이렇게 죽이기로 작정하신 가운데 맨 마지막까지 예비해 두셨다고 생각했다. 그들은 순교의 클라이막스를 장식할 사람들이다. 그리하여 사도들은 『**우리로 세상과 천사들과 사람들에게 구경거리가 되게**』 하신 사람들이었다. 아닌 게 아니라 사도들은 이렇게 죽었다.

『**우리는 그리스도를 위하여 어리석은 자들이지만 너희는 그리스도 안에서 현명하도다. 우리는 약하지만 너희는 강하고 너희는 존귀하나 우리는 비천하도다**』(10절). 바울의 독설적인 빈정거림은 여전히 계속된다. 정말이지 얼굴이 붉어지지 않을 수 없는 신랄한 비꼼이다. "우리 사도들은 어리석지만, 너희는 현명하구나!" 하고 그는 빈정댄다. "우리는 약하고 형편없는 자들이지만, 너희는 강하고 존귀하구나!" 하고 그는 풍자하고 있다. 이 시대의 타락하고 배교한 모든 육신적인 그리스도인들과 "세계 평화"에 매달리는 소위 무천년주의 "기독교계 지도자들"이란 사람들이 성경의 이 따끔한 풍자와 빈정거림 앞에서 과연 어떤 표정들을 지을까? 소위 그리스도인들이라는 자들이 이 땅에서 육신적인 풍요만을 붙잡으려고 은사주의에 매달려 방언이나 내뱉으며 "성령"의 능력으로 마귀를 박멸하고 귀신을 쫓아낸다는 오순절파 허수아비들은 이 말씀 앞에서 얼굴을 붉히며 자신들을 한 번 돌아보지 않으면 안 된다.

『**지금 이 시간까지도 우리는 주리고 목마르며 헐벗고 매맞으며 정처가 없고**』

(11절). 바울은 지금 왜 이런 말을 하고 있는 것인가? 그는 14절에서 『**너희를 부끄럽게 하려는 것이 아니요**』라고 말하고 있지만, 그의 이 말을 듣고 부끄러워하지 않을 그리스도인들은 아무도 없을 것이다. 어떤 철없는 그리스도인들은 "나는 예수 믿고, 성령 받아 능력을 얻은 그리스도인이기에 내가 헐벗고 굶주린다는 것은 있을 수 없다. 무력한 그리스도인은 그리스도인도 아니다."고 말하기를 서슴지 않는다. 이런 자들은 "주리고 헐벗고 매 맞으며 정처가 없는" 그리스도인이, 그럼에도 불구하고 복음을 전파하고 하나님의 말씀에 순종하는 삶을 살아가는 그 무서운 능력에 대해서는 아무것도 모른다. 오늘날 은사주의 교회에 다니는 젖먹이 그리스도인들의 특징이 바로 이것이다. 그들은 성경을 하나도 모르는 자들이다. 그들이 위대한 사도 바울에 대해서 조금이라도 알았더라면, 감히 그처럼 철없는 말은 입 밖에 낼 수조차 없을 것이다. 그게 아니라면, 그들의 눈에는 바울 같은 사도들이 "형편없는" 사람쯤으로 밖에는 비쳐지지 않는 것이다. 은사주의 교회에서는 도무지 성경을 가르치지 않는다. 예수 그리스도께서는 능력이 없으셔서 그토록 고난받으시고 십자가에 매달려 죽으셨던가? 『**그분은 약하심으로 십자가에 처형되셨지만 하나님의 능력으로 살아 계시느니라. 우리 역시 그분 안에서 약하지만 너희를 향한 하나님의 능력으로 그분과 함께 살 것이라.**』(고후 13:4)고 한 성경 말씀을 한 번 곱씹어 보라.

『**우리 손으로 일함으로써 수고하며 욕을 먹으면 축복하고 박해를 받아도 참으며**』(12절). 자, 오늘날 자신들이 사도들이라고 사칭하고 있는 은사주의 가짜 목사들과 한 번 비교해 보라. 그들은 자기들이야말로 "사도들"이기 때문에 당연히 사람들로부터 존경을 받고 떠받들어지고 찬양을 받아야 한다고 생각한다. 그들은 하나님께서 받으셔야 할 영광을 가로채는 자들이다. 바울 같은 진짜 사도들은 결코 그렇지가 않았다. 그들은 헌신적으로 수고하고 일했으며, 세상 사람들로부터 욕을 먹었고 박해를 받았다. 그들은 예수 그리스도의 고난에 동참한 사람들이었다.

『**비방을 받으나 권면하고, 세상의 쓰레기같이 되며 지금까지 만물의 찌꺼기가 되었도다**』(13절). 이래도 바울이 형편없이 무능한 사람으로 보이는가? 바울은 『**나는 비천에 처할 줄도 알고, 또 풍부함에 처할 줄도 알며, 모든 처지와 모든 일에 있어서 나는 배부름과 배고픔과 풍부함과 궁핍함을 다 배웠노라.**』(빌 4:12) 고 고백하고 있다. 그는 하나님의 부르심을 받고 감추어져 있던 모든 하나님의 계시들을 받았으며, 이방인들에게 복음을 전파하여 하나님의 위대하신 교회 시대의 경륜을 펼쳤고, 신약교회의 모든 교리들을 정립했던 위대한 하나님의 일꾼이었다. 그러나 그는 『**세상의 쓰레기같이 되며 지금까지 만물의 찌꺼기**』가 된 사람이었다. 이 세상 복락이 궁극적인 목적이고 죽은 다음 하늘나라에 가는 것은 거기에 또 덤으로 얹어서 받는 "복"이라고 생각하는 육신적인 은사주의자들에게 바울은 그리스도인의 참된 영적 능력이 어떤 것이고 참된 복이 무엇인지를 실천적으로 보여주었다.

『**욕을 먹으면 축복하고 박해를 받아도 참으며... 비방을 받으나 권면하고**』. 오늘날 이 땅의 사역자들은 어떤가? 욕을 먹으면 욕하는 사람에게 축복하고, 누가 자기를 비방하면 비방하는 그 사람에게 오히려 그리스도의 사랑으로 권면하고... 이런 사역자들이 이 땅에는 과연 몇 사람이나 될까? 어마어마하게 큰 건물에 대리석과 호화스러운 실내장식에 수억 짜리 파이프 오르간을 갖춘 대형 교회들의 목사들과 사역자들, 고급 승용차를 타고 다니는 「순복음 기독교 실업인 친교회」의 그리스도인 사업가들, "선교"라는 허울 좋은 구실 아래 상업신문이나 방송국을 운영하는 교회의 사역자들... 그들이 과연 『**세상의 쓰레기같이 되며 지금까지 만물의 찌꺼기**』가 된 사람들인가? 그들은 세상의 "왕"들인지는 모르지만, 하나님이 보시기에는 쓰레기만도 못한 사람들이다. 그들이 과연 구원이라도 받았다면, 그리스도의 심판석에서 모든 것을 주님께 직접 설명드려야 한다. 그리고 그들에게 돌아오는 것은 "만물의 찌꺼기"도 없을 것이다.

4:14 내가 이런 것을 쓰는 것은 너희를 부끄럽게 하려는 것이 아니요, 다만 나의 사랑하는 아들들같이 너희를 훈계하려는 것이라.
15 이는 너희가 그리스도 안에서 일만 명의 스승을 가졌을지라도 아비들은 많지 아니하니 그리스도 예수 안에서 복음을 통하여 내가 너희를 낳았음이라.
16 그러므로 내가 너희에게 권고하노니 너희는 나를 따르는 자들이 되라.

『**내가 이런 것을 쓰는 것은 너희를 부끄럽게 하려는 것이 아니요**』(14절). 바울이 이런 것들을 기록하고 있는 이유가 설마하니 그것을 읽고 사람들이 부끄럽게 생각하게 만들기 위함이었겠는가? 그는 지금 고린도 교회 사람들을 아들처럼 사랑하고 그들에게 값진 훈계를 하고 있는 것이다. 그러나 바울의 이러한 기록을 읽고 부끄럽게 생각하지 않는 그리스도인이 있다면, 그는 골방에 들어가 자신을 한 번 곰곰히 돌아보아야 한다.

『**이는 너희가 그리스도 안에서 일만 명의 스승을 가졌을지라도 아비들은 많지 아니하니 그리스도 예수 안에서 복음을 통하여 내가 너희를 낳았음이라**』(15절). 물침례로 구원받는다고 믿는 어리석은 자들은 이 구절을 "그리스도 예수 안에서 침례를 통하여 내가 너희를 낳았음이라."고 읽는다. 그러나 성경은 분명히 『**복음을 통하여**』라고 말씀하고 있다. 이 세상 그 누구도 물침례를 통하여 출생한 사람은 아무도 없다. 당신은 복음을 통하여 거듭나 구원받았다. 복음이란 무엇인가? 같은 책, 같은 기록자를 통하여 성령님께서 하시는 말씀을 보자. 영적인 것은 영적인 것으로, 성경은 성경으로 해석하지 않으면 안 된다. 하나님의 말씀을 인간의 지혜로 해석하고 풀고 결론을 내려서는 안 된다. 고린도전서 15장은 이 복음에 관하여 이렇게 설명하고 있다. 『**형제들아, 내가 너희에게 전한 복음을 이제 너희로 알게 하노니 이는 너희가 받았고 그 안에 선 것이라. 만일 너희가 내가 전한 복음을 굳게 잡고 헛되이 믿지 아니하였다면 복음을 통하여 너희도 구원받은 것이라. 내가 받은 것을 먼저 너희에게 전달하였나니 이는 성경대로 그리스도께서 우리의 죄**

들로 인하여 죽으시고 장사되셨다가 성경대로 셋째 날에 다시 살아나셨서』(고전 15:1-4). 성경에 예언되고 기록된 대로 주 예수 그리스도께서는 육신을 입고 이 땅에 오셨고, 죄 없으신 그분께서 우리의 죄들을 위하여 십자가에 달려 처형되셨으며, 장사되신 후 삼일 만에 다시 부활하셨다. 이것이 곧 복음이다. 『**성경대로 그리스도께서 우리의 죄들로 인하여 죽으시고 장사되셨다가 성경대로 셋째 날에 다시 살아나셨서**』, 이것이 바로 복음인 것이다. 이것은 "인간 예수"의 일대기를 그린 단순한 위인전의 일부가 아니다. 이것은 "복음"인 것이다. 이 복음을 통하여 당신은 새로 태어나 영원한 생명을 얻게 된다. 복음이 무엇이건 간에 이것과 전혀 상관없는 것이 한 가지 있다면, 그것은 곧 "물"이다. 그러나 로마카톨릭이나 「그리스도의 교회」, 그리고 배교한 장로교회들이나 개신교회들은 전혀 생각이 다르다. 그들은 "영세"나 "세례"를 받아야 구원받는다고 생각한다. 그들은 그리스도께서 헛되이 죽으신 것으로 만들어 버린 것이다. 물로 구원받는다는 것은 오래된 마귀의 교리이다(〈신약교회사〉, 말씀보존학회, 1997, 제6장 참조). 오늘날 대부분의 변개된 "성경"들은 에베소서 5:26의 말씀을 교묘하게 뜯어 고침으로써 죄인이 마치 물을 통해서 구원받는 것처럼 만들어 놓았다. 에베소서 5:26은 『**이는 그가 교회를 말씀에 의한 물로 씻어 거룩하게 하시고 깨끗게 하사**』라고 분명히 말씀한다. 그러나 변개된 "성경"들은 이것을 "이는 곧 물로 씻어 말씀으로 깨끗하게 하사 거룩하게 하시고"라고 고쳐 놓음으로써 "말씀에 의한 물"(water by the word)을 그냥 "물"로 해놓았고, "교회를"을 삭제해 버림으로써 이 구절이 구원받은 성도들을 말씀으로 성결케 하신다는 내용이 아니라, 마치 "물로 씻어 구원받게 한다."는 식으로 들리도록 교묘히 변개해 놓은 것이다.

『**일만 명의 스승을 가졌을지라도 아비들은 많지 아니하니**』(15절). 바로 이 구절을 근거로 로마카톨릭은 당신더러 카톨릭 사제들을 "아버지"(신부)라고 부르도록 결정했다. 바울은 복음을 전파하여 그것을 받아들인 사람들을 구원에 이르게 함으로써 "영적인 아비"가 되었다. 이것은 영적인 의미일 뿐이다. 로마카톨릭도 그들의 사제들이 "영적으로" 아버지라고 주장한다. 그러나 우리는 그것이 시기리는 것을 잘 안다. 그들은 구원받았건 못 받았건, 교회에 다니건, 안다니건, 모든 세상 사람들로부터 "아버지"(신부)라고 불려지기를 원한다. 그들의 직함이 "아버지"(신부)인 것이다. 카톨릭 사제가 언제 죄인들을 그리스도께로 인도하던가? 당신은 그들이 구원받지 못한 혼들을 그리스도께로 인도하기 위하여 구령활동을 하는 것을 한 번이라도 본 적이 있는가? 바울은 죄인들을 그리스도께로 인도하고 그들을 양육하면서 마치 자기 자신이 아기를 낳는 듯한 산고를 느낀다고 고백한다. 『**나의 어린 자녀들아, 너희 안에 그리스도가 형성될 때까지 내가 다시 산고를 치르노라**』(갈 4:19). 그는 자신이 복음을 통하여 구원받은 사람들이 자녀들처럼 느껴졌고, 자신은 "아비"처럼 느꼈으며, 또 "산고"를 치른다는 이 구절에서는 마치 "어미" 같은 느낌마저 들었다. 로마카톨릭 사제들처럼 자신이 낳지도 않고 자기가 "아버지"라고 주장하는 엉터리 사기꾼의 발상과는 차원이 사뭇 달랐던 것이다.

『**그리스도 예수 안에서 복음을 통하여 내가 너희를 낳았음이라**』(15절). 이 구절은 칼빈주의자들을 꼼짝 못하게 만든다. 고린도전서에만도 칼빈주의를 무너뜨리는 구절이 두 군데나 나온다. 그 첫 번째가 여기 4:15이고, 두 번째가 9:22이다. 『**내가 약한 사람들에게 약한 사람같이 된 것은 약한 사람들을 얻고자 함이요, 내가 모든 사람에게 모든 것이 된 것은 어떻게 해서든지 몇 사람을 구원하고자 함이라.**』 이 두 구절에서 바울이 사람들을 "낳았다."고 말하고 또 "구원했다."고 말한다. 물론 구원은 성령님께서 역사하심으로 새 생명을 주시는 것이고 구원하시는 분은 예수 그리스도시다. 그것을 모르고 있을 바울이 물론 아니다. 그럼에도 불구하고 바울은 자기 자신이 구원의 "도구"임을 선언하는 데에 전혀 주저하지 않았다는 사실을 주목하라. 그는 서슴없이 『**내가 너희를 낳았음이라.**』고 말하고 또, 『**내가... 몇 사람을 구원하고자 함이라.**』고 말한다. 구령자는 성령님께서 손에 들고 사용하시는 도구이다. 그러나 칼빈주의자들은 구원은 성령의 사역일 뿐 사람들은 전혀 개입되지 않는다고 주장한다. 그들은 명백하게 거짓말을 하고 있는 것이다. 당신의 경우를 한 번 되돌아보라. 당신은 어떻게 구원받았는가? 고린도전서

4:15이나 9:22과 관련하여 당신이 구원받게 된 지난날의 상황을 한 번 기억으로 더듬어 보라. 내 경우는 모두 기억할 수는 없지만, 내가 구원받기 전, 누군가가 내게 성경을 주었는데, 나는 그것을 쓰레기통에 쳐 넣고 말았다. 성령님께서 역사하시지 않았던 것이다. 그게 1941년의 일이다. 내가 보병 장교로 필리핀에 주둔하고 있었던 1946년의 어느 날, 중대장 한 사람이 내게 와서 성경을 펼쳐 보이면서, "럭크만, 자네 여기 좀 읽어 보지 않겠나?" 하고 말했다. 그때 내가 뭐라고 대꾸했는지 아는가? "야, 이 멍텅구리 같은 것 좀 내 눈 앞에서 썩 치우지 못하겠나?" 이 때도 역시 성령님께서 역사하시지 않았던 것이다. 복음을 전하는 사람이 그런 정도로 접근해 가지고는 죄인에게 성령님께서 역사하셔서 그리스도를 영접하게 되리라고는 생각지도 말라. 이런 식으로는 어림 반푼도 없다. 죄인 한 사람을 그리스도께로 정말 인도하기 위해서는 그보다 훨씬 더 끈끈한 관심과 사랑과 노력, 그리고 기도가 따르지 않으면 안 된다. 이것은 바울이 고백한 것처럼 마치 아기를 "낳는 것"과 같은 산고를 필요로 한다. 훨씬 과거의 얘기지만, 내가 피키캔더라는 작은 마을에서 고등학교에 다닐 때였는데, 모어비숴라는 이름을 가진 나이가 60세 쯤 되는 할머니 교사가 한 분 있었다. 그 할머니 교사는 전체 선생님들 가운데서도 가장 무섭고 거칠고 고약한 것으로 명성을 떨치고 있었다. 하루는 복도에서 그 선생님과 마주쳤다. 그 선생님은 우리 동네에 살고 있었고 평소에 나한테 자주 말을 걸어 올 뿐만 아니라 농담까지도 잘 던져오던 터였는지라, 나는 그 선생님과 이야기하는 것을 별로 싫어하지 않았다. 다른 애들처럼 그 선생님이 무섭기는 나도 마찬가지였지만, 그래도 다른 애들처럼 그 선생님을 딱 질색하지는 않았다. 그런데, 이날만은 그 선생님이 복도에서 부닥친 나에게 버럭 소리를 지르는 것이었다. "피터 럭크만, 이리 와! 이리 와서 호주머니에 있는 걸 모두 꺼내 봐!" 나는 꼼짝없이 바지 주머니 안에 들어 있던 것들을 몽땅 선생님 앞에 꺼내 놓을 수밖에 없었다. 맨 먼저 내 주머니 안에서 나온 것은 한 마리 뱀이었다. 그 다음에는 무당개구리였다. 그 다음에는 구슬, 칼, 흙덩어리, 동전, 산탄총알 등등 별의별 것들이 줄줄이 다 나왔다. 나는 그 당시 짧은 바지를 잘 입고 다녔는데, 그 짧은 바시

주머니 안에 어떻게 그렇게 많은 것들을 다 넣고 다닐 수 있었는지 지금 생각해도 까무러칠 정도다. 내 양쪽 바지 주머니는 언제나 농구공처럼 불룩 튀어나와 있었으니까 그럴 만도 하지만 말이다. 모어비쉬 선생님은 그러나 내가 꺼내 놓은 물건들을 보더니 눈이 휘둥그레졌지만 별 말이 없었다. 그러니까 그날은 잘 넘긴 셈이었다. 그러던 어느 날 밤이었다. 나는 저녁만 되면 집에 있기가 따분했다. 우리 부모님들은 저녁 시간만 되면 성경과 하나님 얘기만 하는 바람에 여간 따분한 것이 아니었다. 그날 밤도 마찬가지였다. 자정 쯤 되어서 부모님들이 잠자리에 들자 나는 어느 흑인 재즈 음악가가 피아노를 연주하는 즉흥 재즈 연주 음악실로 달려갔다. 그게 1939년이었으므로 히피들이나 히피 비슷한 녀석들이 밤늦게까지 기타를 튕겨대며 소란을 피는 일은 물론 아직 없었던 시절이었지만, 비교적 중산층에 속하는 백인 마을이었던 피키캔더 마을에 벌써 재즈 음악만은 판을 치고 있었다. 나는 젊은이들이 여기저기 앉아 맥주 "조끼"를 목구멍에 쏟아 부으면서 떠들어대는 가운데, 한쪽에서는 연주자들이 피아노와 트럼펫 같은 악기로 재즈 곡을 신나게 연주하는 데 끼기를 무척 좋아했다. 그런 즉흥 재즈 연주회는 보통 새벽 두 시가 넘도록 계속되었다. 재즈 음악은 밤이 깊어가면서 자정이 넘어야만 분위기가 무르익고 제 맛이 나는 법이다. 그 때도 새벽 두 시였다. 그런데 그 때 갑자기 음악실 문이 화들짝 열리더니 입구에 누군가가 떡 버텨 선 채 두 눈을 부릅뜨고 서 있었다. 모두들 시선이 입구로 쏠렸다. 그런데 아뿔싸! 거기 모어비쉬 할머니 선생님이 씨근덕거리면서 떡 버티고 서있는 것이었다. 새벽 두 시에 나이트까운만 걸친 채로 말이다. "피터 럭크만!" 그 호랑이 할머니는 버럭 고함치며 내 이름을 불렀다. 그 고함소리가 어찌나 컸던지 집이 와르르 무너질 것만 같았다. 나는 얼마나 놀랐던지 마치 벼랑 아래로 낙하하는 기분이었고 낯빛은 백지장처럼 하얗게 질릴 수밖에 없었다. 내가 만약 흑인이었다면, 그 때 내 얼굴 색깔이 새하얗게 탈색되어 영원히 백인 피부로 바뀌었을 것이다. "피터 럭크만! 너, 지금 뭣하고 있는 거야?" 나는 찍소리도 못하고 집으로 줄행랑을 쳤고 집에 들어가 현관문을 꼭 잠근 채 침대에 몸을 숨기고 말았다. 그날 밤, 나는 이불 속에 몸을 숨긴 채 곰곰이 생각해 보았다. "모어비쉬 할멈이 어째서 내게 그토록 신경 쓰는 것일까?" 그 할머니는 독실한 그리스도인이었다. 나는 그날 이후로 즉흥 재즈 음악실은 발을 끊고 말았다. 내가 훨씬 뒤에 그리스도인이 되고 난 다음부터 한동안 나는 그 할머니 선생님을 위해서 기도하기를 잊어본 적이 없었으며, 지금도 그분이 나에게 쏟으셨던 관심에 대하여 하나님께 늘 감사한다. 그 선생님은 세상을 떠나셨고 지금은 하늘나라에 계실 것이다. 그분이 나를 그리스도께로 직접 인도해 주신 것은 아니었지만, 훗날 내가 그리스도를 영접하게 된 것은 나도 모르는 사이에 그분의 영향력이 작용했음이 분명하다고 생각한다. 이처럼 한 사람을 "만드는" 데에는 어느 누군가의 특별한 관심과 사랑이 필요하다. 칼빈주의자들이 생각하듯 아무도 관심을 갖지 않고 아무도 복음을 전하지 않는데도 하나님의 예정에 따라 성령의 역사하심으로 저절로 그리스도를 영접하게 된다는 것은 새빨간 거짓말이다.

『**그러므로 내가 너희에게 권고하노니 너희는 나를 따르는 자들이 되라**』(16절). 다시 이 구절을 잘 읽어 보라. 『**그러므로 내가 너희에게 권하노니 너희는 나를 따르는 자들이 되라.**』 바울은 지금 "주님을" 따르는 자가 되라고 하지 않고 "나를" 따르는 자가 되라고 권면하고 있다. 『**형제들아, 너희는 모두 나를 따르는 자가 되라. 그리고 너희가 우리를 본으로 삼은 것같이 그렇게 행하는 자들을 주시하라**』(빌 3:17). 『**내가 그리스도를 따르는 것처럼, 너희는 나를 따르는 자가 되라**』(고전 11:1). 성경은 이처럼 분명히 바울을 따르는 자가 되라고 권면한다. 이것이 이상하게 들리는가?

물론 이것은 좀 이상하게 들린다. 우리가 주님을 따라야지 어떻게 사람을 따른단 말인가? 그러나 한 번 잘 생각해 보라. 당신은 하나님이신 주님을 어떻게 따를 것인지 정말 알고 있는가? 아마 말같이 그렇게 쉬운 일이 아니란 것을 알게 될 것이다. 그러나 걱정할 필요가 없다. 당신은 성경이 권면하고 있듯이 바울처럼 그리스도를 따르는 위대한 사람들을 따르면 된다. 그것이 곧 주님을 따르는 길이다. 주님께서는 우리가 따르기에 본이 되도록 바울과 같은 사람들을 우리에게 보내주셨다. 『**그러나 내가 자비를 입은 것은 이 때문이니, 곧 먼저 내 안에서** 예수 그리스도께서 온전한 오래 참으심을 보여주셔서 후에 그를 믿고 영생을 얻는 자들에게 본이 되게 하려 하심이니라**』(딤전 1:16). 누군가가 신실하게 예수 그리스도를 따른다. 우리는 그를 본으로 삼아 그의 뒤를 따른다. 맨 앞에 하나님께서 앞장 서시고, 그 뒤에 어느 모범적인 그리스도인이 따르고 있고, 맨 뒤에 내가 그 뒤를 따라간다. 이것이 곧 우리가 주님을 따라가고 있는 모습이다. 『**또 너희가 성령의 기쁨으로 많은 환난 가운데서 그 말씀을 받아들여 우리와 주를 따르는 자들이 되었으므로**』(살전 1:6). 우리가 어떤 사람을 따를 때, 아무나 따라서는 안 된다는 것은 두말할 필요도 없다. 하나님께서는 우리가 따를 수 있도록 모범이 되는 사람들을 우리들 앞에 보내주셨다. 그는 신실하게 그리스도를 따르는 사람이어야 한다. 우리가 따를 만한 사람의 자격은 오직 신실함, 이것뿐이다. 여기에 무엇인가 다른 것까지 자격요건으로 추가된다면, 그는 이미 우리가 따라서는 안 될 사람이란 것을 잊지 말라. 이에 대한 더 상세한 내용은 11:1의 주석을 참조하기 바란다.

4:17 이로 인하여 내가 디모데를 너희에게 보냈으니 그는 나의 사랑하는 아들이며 주 안에서 신실한 자니라. 내가 각처 각 교회에서 가르친 대로 그리스도 안에 있는 나의 방도를 너희에게 생각나게 하리라.
18 어떤 사람들은 내가 마치 너희에게 가지 아니할 것같이 교만해져 있도다.
19 그러나 주께서 원하시면 내가 너희에게 속히 가서 교만해 있는 자들의 언변이 아니라 능력을 알아보리라.
20 이는 하나님의 나라는 말에 있지 아니하고 능력에 있음이라.
21 너희가 무엇을 원하느냐? 내가 매를 가지고 너희에게 나아가랴? 아니면 사랑과 온유의 영으로 나아가랴?

『**이로 인하여 내가 디모데를 너희에게 보냈으니**』(17절). 바울은 16절에서 『**나**

를 따르는 자들이 되라.』고 권면했었다. 그리고 나서 디모데를 등장시킨다. 그리스도를 따르는 바울 뒤에 디모데가 또 따랐던 것이다. 디모데는 신실한 사람이었고 바울은 그를 아들처럼 사랑했다. 『**그는 나의 사랑하는 아들이며 주 안에서 신실한 자니라.**』 디모데는 바울의 영적인 아들이었다. 이러한 디모데가 갖가지 문제들을 바로잡을 바울의 처방을 지니고 고린도 교회로 파견되는 것이다.

『**내가 각처 각 교회에서 가르친 대로 그리스도 안에 있는 나의 방도를 너희에게 생각나게 하리라.**』 디모데는 교회들이 갖가지 문제들을 안고 있을 때, 그것을 바로잡기 위하여 바울이 "그리스도 안에서" 어떻게 처리하는지 그 방도를 잘 알고 있었고, 그가 평소에 어떻게 가르쳤는지를 늘 마음에 담고 있었던 신실한 일꾼이었다. 그래서 바울은 디모데를 신뢰하고 자기 대신 그를 고린도 교회로 보낸 것이었다. 당신도 신실한 하나님의 일꾼이라면, 디모데처럼 먼저 영적 지도자의 신뢰부터 받지 않으면 안 된다. 사람이 사람에게 신뢰받지 못한다면 하나님으로부터 신뢰받기도 불가능하다는 것을 명심하라.

『**어떤 사람들은 내가 마치 너희에게 가지 아니할 것같이 교만해져 있도다**』(18절). 고린도 교회 내에는 우쭐대는 자들이 들끓고 있었다. 그런 자들은 바울이 없는 틈을 타서 더욱 교만해졌을 것이 뻔하다. 그런 자들은 하나님이 눈에 보이지 않는다고 해서 마치 하나님께서 계시지도 않는 것처럼 생각하고 제멋대로 행동한다. 그러나 영적 권위를 지닌 사람 앞에서는 꼼짝하지 못한다. 그런데 그 영적 권위를 가진 사람이 지금 당장은 멀리 떨어져 있는지라, 그자들은 활개를 치고 있다. 바울은 멀리 떨어져 있으면서도 그것을 훤히 내다보고 있는 것이다. 그리고 언젠가는 직접 가서 크게 질책할 것을 암시하고 있다. 당신은 마치 주님께서 멀리 떨어져 있다고 생각하고 제멋대로 행동하고 교만해져 있지나 않은가? 당신이 주님과 대면하게 될 때, 당신은 그분 앞에서 어떻게 얼굴을 들려고 그러는가?

『**그러나 주께서 원하시면 내가 너희에게 속히 가서 교만해져 있는 자들의 언변**

이 아니라 능력을 알아보리라』(19절). 믿음도 없고, 실천하지도 않으면서 말만 많은 것이 교만한 자들의 특징이다. 바울은 그러한 자들을 훈계하고 바로잡기 위하여 마음 같아서는 당장에라도 고린도 교회에 달려가고 싶었을 것이다. 그래서 그는 『**주께서 원하시면**』 속히 가서 교만한 자들을 알아보겠다고 다짐한다. 우쭐대며 말이 많은 자들의 "언변"을 들어 보자는 것이 아니라 『**능력을 알아보리라.**』고 바울은 말한다. "능력"은 물론 사람의 능력이 아니라 하나님의 능력을 말한다. 하나님의 능력은 믿음을 가진 그리스도인의 실천적인 삶 가운데서 나타난다. 교만한 자들의 능력을 알아보겠다는 바울의 말은 그들이 얼마나 견고한 믿음 위에 서 있고 그 믿음에 따라 성령충만한 가운데 얼마나 행동으로 실천하고 있는지를 따져 보겠다는 말이다. 그것을 보면 하나님의 능력이 그의 삶을 통하여 어떻게 역사하고 있는지를 알 수 있기 때문이다.

『**이는 하나님의 나라는 말에 있지 아니하고 능력에 있음이라**』(20절). 이 구절은 고린도전서 2:4-5과 비교해 보면 그 내용이 선명해진다. 『**또 내 말과 내 설교를 설득력 있는 인간의 지혜와 말로 하지 않고 성령과 능력을 나타냄으로 하였으니 이는 너희의 믿음이 인간의 지혜에 있게 하지 아니하고 하나님의 능력에 있게 하려 함이라.**』 앞에서도 언급한 바와 같이 하나님의 능력은 믿음에 토대한 그리스도인의 실천적인 삶을 통해 성령님의 역사하심으로 나타난다. 그리스도인의 실천적인 삶은 하나님의 말씀에 대한 순종의 결과이다. 믿음이 없는 사람이 하나님의 말씀에 순종할 수는 없다. 말씀에 순종하지 않는 사람이 그리스도인으로서의 실천적인 삶을 살 수는 결코 없다. 그리고 실천적인 삶이 없으면 하나님의 능력은 나타나지 않는다. 믿음도 없고 말씀에 실천적으로 순종하지도 않는 자가 말만 앞세워 하나님의 나라에 속했다고 할 수는 없다. 그래서 바울은 『**하나님의 나라는 말에 있지 아니하고 능력에 있음이라.**』고 말한다.

고린도전서 5장

5:1 너희 가운데 음행이 있다는 것은 다 알려진 바로되 즉 어떤 자가 자기 아버
지의 아내를 취하였다는 것이니 그러한 음행은 이방인들 가운데도 없는 일
이라.
2 그런데도 너희가 통곡하기는커녕 교만해져서 이런 행위를 한 자를 너희 가
운데서 쫓아내지 아니하는도다.
3 내가 참으로 몸으로는 떠나 있으나 영으로는 함께 있어서 이런 행위를 한
그 자를 내가 마치 거기에 있는 것처럼 이미 판단하였느니라.
4 우리 주 예수 그리스도의 이름으로 너희와 나의 영이 함께 모인 것은 우리
주 예수 그리스도의 능력으로
5 그러한 자를 사탄에게 넘겨주어 그 육신은 멸망케 하여도 그 영은 주 예수의
날에 구원받게 하려 함이라.

『**너희 가운데 음행이 있다는 것은 다 알려진 바로되**』(1절). 성경은 음행을 "음행"이라고 사실대로 표현한다. 영어 〈킹제임스성경〉에서 는 1절의 "음행"을 나타내는 단어로 "fornication"을 사용하고 있다. "포르노"(pornography)라는 단어는 여기서 파생된 것으로, f를 p로 고쳐 쓴 것이다. 영어와 독일어에서는 흔히 있는 일이다. 성경은 평이한 언어로 기록된 책이다. 성경은 사실을 사실대로 표현한다.

"음행"(fornication)이라는 말은 난잡한 성적 부도덕성을 잘 나타내 주는 말이다. 성경은 현대의 "교양있는" 사람들처럼 음행을 "혼전관계"라든가 "혼외정사" 따위와 같은 애매한 어휘로 포장하지 않는다. 신문잡지나 TV에서 이런 포장된 어휘들을 사용하는 것은 음행을 의도적으로 미화시키기 위해서이다. 이렇게 함으로써 그들은 음행을 사실상 조장하고 있는 것이다. 음행을 "음행"이라고 그대로 표현하면, 그것이 더러운 행위라는 것이 노골적으로 드러나기 때문에 마음에 안 드는 것이다. "간음"(adultery)이라는 말도 듣기에 기분이 언짢다. 그래서 그들은 "혼외정사"라는 그럴듯한 말로 바꾼다. 강간(ravish)도 "성폭행"이라고 표현한다. 이들은 "섹스"(sex)란 단어를 "행위"(acts)를 나타내는 어휘로 사용한다. 그러나 "섹스"란 단어는 결코 남녀 "관계"라는 어떤 행위를 나타내는 말이 결코 아니다. "섹스"란 단어는 남자와 여자, 또는 암수의 성별을 나타내는 명사에 지나지 않는다. 현대인들이 이처럼 "섹스"를 "행위"로 비약시키는 데에는 "남자와 여자는 행위를 갖는 것이 당연하다."는 식의 그릇된 사고를 은연 중에 주입시키려는 의도가 깔려 있는 데서 비롯된 것이다. 그래서 사람들은 "혼전"이 되었건, "혼외"가 되었건, 남자와 여자가 관계를 갖는 것은 자연스러운 것으로 간주하도록 만들어 버렸다. 게다가 간음이건, 강간이건, 온갖 더러운 남녀관계를 모두 "섹스"란 단어 하나로 통일해서 부르는 바람에 그러한 부도덕한 성관계가 정상적인 부부관계나 별 차이가 없다는 식으로 생각하게 만들어 버렸다. 우리는 지금 이처럼 모든 것이 엉망진창이 되어버린 타락한 시대에 살고 있는 것이다. 웹스터 사전에 보면, "adultery"(간음)는 결혼한 사람의 부정한 성관계를 의미하는 것으로 정의하고 있고, "fornication"(음행)을 미혼자들의 부정한 성관계를 의미하는 것으로 설명하고 있지만, 이것은 정확한 정의가 아니다. 성경에서는 "음행"이 실제적으로 부정한 성관계를 갖는 "행위"를 지칭하고, "간음"은 음욕을 품고 여자를 바라보는 것만으로도 이미 간음한 것으로 규정한다(마 5:28). 그러니까 간음은 음행이 없이도 저질러질 수가 있다. 인간은 음행을 저지르지 않고도 간음을 저지를 수가 있는 것이다. 이처럼 성경적인 관점에서 본다면 이러한 단어들에 대한 영어사전들의 정의가 반드시 제대로 되어 있지는 않다는 것을 알 수 있다.

『**어떤 자가 자기 아버지의 아내를 취하였다는 것이니 그러한 음행은 이방인들 가운데도 없는 일이라**』(1절). 이 구절은 입에 담기도 민망할 정도여서 많은 주석가들이 그냥 지나쳐 버리려고 애쓰는 구절이다. 그러나 성경에는 "아버지의 아내"를 취한 사례가 여기만 나오는 게 아니다. 구약에서 르우벤이란 인물을 보라. 『**이스라엘이 그 땅에 거할 때에, 르우벤이 자기 아비의 첩 빌하에게 들어가 동침하니**』(창 35:22). 르우벤의 아버지 야곱에게는 네 명의 아내가 있었는데, 그 중 하나가 빌하라는 첩이었고 르우벤은 이 빌하를 범한다. 신명기 27:20에 『"**자기 아비의 아내와 동침하는 자는 저주를 받으리니, 이는 그가 자기 아비의 치맛자락을 들추었음이라." 할 것이요, 모든 백성은 말하기를 "아멘." 할지니라.**』고 기록하고 있는 것을 보면, 이런 추잡한 일이 아주 없지만은 않았음을 우리는 알 수 있다. 인간에게는 이렇게 더러운 동물적 죄악의 본성까지도 내재하고 있으며, 〈킹제임스성경〉은 인간의 이런 추악한 죄악성까지도 거리낌없이 솔직하게 기술한다. 왜 그런지 아는가? 성경을 기록하신 하나님께서는 모든 면에서 자신만만하시기 때문이다. 사람도 자신이 없을수록 섬산뻰나는 사실을 모르는가? 자신만만한 사람은 모든 점에서 솔직하고 평이하며 꾸밈이 없는 법이다. 개역성경에서는 이 부분을 "계모와 구합하는 자"라는 아주 어려운 말로 표현하여 아무도 이것이 무슨 뜻인지 이해할 수 없게 만들어 놓았다. 이런 태도는 "점잖다"기 보다는 "부정직한" 인간의 본성을 또 한 번 슬쩍 감추어 보려는 뻔뻔스러운 자세요, 그야말로 자신만만하지 못한 비겁한 태도란 걸 알라. 사무엘상과 사무엘하 및 역대기상에 등장하는 유명한 거인 골리앗에게는 네 명의 형제가 있었다. 그런데 이 형제들이 골리앗의 형제들이면서 또 아들들이기도 했다. RV는 〈킹제임스성경〉이 골리앗의 형제들을 어디서는 "형제"라고 했다가 또 어디서는 "아들"로 묘사한 것이 모순이라고 지적하고 이것을 모두 "형제"로만 통일해서 고쳐 놓았지만, 사실은 그들이 오히려 착각한 것이다. 구약 시대에 함족 계열의 민족들 사이에서는 이런 난잡하고 혼란스러운 성적 문제들이 빈발했다는 사실을 알라. 함족은 이시스 여신과 싸이러스 신을 섬겼는데, 싸이러스는 이시스의 아들인 동시에 남편이기도 했다. 혼합종교의 신들인 아스타롯이나 탐무스, 그리고 바빌론의 세미라미스와 님롯 같은 신들도 아들이면서 남편이 되는 괴상한 이중관계를 가졌던 신들이다. 이런 구약 시대의 난잡한 성관계가 고린도 교회 내에서 일어났던 것이다. 바울은 그런 일이 이방인들 가운데도 없는 수치스러운 일이라고 개탄한다. 그러나 수치스럽다고 해서 덮어둔 채 쉬쉬하려고는 하지 않는다. 그 역시 자신만만하고 정직했기 때문이다.

『**그런데도 너희가 통곡하기는커녕 교만해져서 이런 행위를 한 자를 너희 가운데서 쫓아내지 아니하는도다**』(2절). 이런 짐승 같은 음행을 자행하는 자가 회중들 가운데 있는 부끄러운 처지인데도 고린도 교회 회원들은 "영적 은사들"을 들먹이며 우쭐대기만 했지, 교회의 성결을 유지하는 데에는 관심이 없었다. 그들은 전혀 영적인 그리스도인들이 아니었다. 그들은 지극히 육신적이었는지라 오히려 영적인 은사들에 대해서는 그릇된 지식으로 교만해져 있었다. 지식은 인간을 교만하게 만든다. 『**지식은 교만하게 하지만 사랑은 세워 주느니라**』(고전 8:1). 고린도전서 5:2에서나 8:1에서 "교만"(puffed up)이라는 말은 "잔뜩 부풀어 올라 붕 떠 있는 것"을 말한다. 언젠가 빌리 그래함이 로스앤젤레스에서 집회를 열었을 때, 와이어 테퍼시, 짐볼, 스튜햄, 카우보이, 레드 하버 같은 대중가수들을 동원하여 집회 분위기를 한껏 고조시키고 있었다. 그 집회에서 빌리 그래함을 거들어주기 위해 함께 일하고 있던 윌리엄 랜돌 1세는 무대에서 노래 부르는 가수들과 악단들에게 "바람을 넣으라구! 알았지? 바람을 잔뜩 넣으란 말야! 더 잔뜩, 더 잔뜩 바람을 넣으라구!" 하면서 부추겨댔다. "바람을 넣는다."는 것은 공기압이 잔뜩 부풀어 오른 풍선처럼 하늘 높이 붕 뜨게 만들라는 뜻이다. 미국의 언론기관들이

KJBC

킹제임스성경신학교는 피터 럭크만 박사가 미국 플로리다주 펜사콜라시에 설립한 Pensacola Bible Institute (PBI)에 기반을 두고 있습니다. 미국 Pensacola Bible Institute는 1965년 9월 개강한 이래로 지금까지 미국 내 정통 신학 교육의 요람으로서, 미국 내 유수한 근본주의 침례교 신학교들을 압도하고 성경대로 믿는 그리스도인들의 산실이 되고 있습니다. 자유주의와 현대주의를 배격하는 가운데 정통 교리의 수준 높은 신학 교육은 물론이요, 능력 있는 설교자 양성을 위한 강도 높은 훈련으로도 단연 으뜸입니다. 이처럼 본 신학교도 1991년에 세워진 이래로 이 땅에 바른 성경적 지식을 정착하고 신실한 하나님의 일꾼을 양성하는 데 총력을 기울여 오고 있습니다.

기존 신학교는 하나님의 말씀보다는 교단 신학과 학문으로서의 신학에 중점을 두어 가르치고 있습니다. 또한 편협한 교단 교리에 하나님의 말씀을 억지로 끼워 맞춰 가르치고 있기 때문에 이제는 하나님의 말씀에 근거한 신학을 제대로 가르치는 곳이 절대적으로 필요합니다. 이런 절실한 필요에 의해 본 신학교는 모든 교과 과정을 교단 신학이 아닌 하나님의 말씀으로 채움으로써 하나님의 말씀에 대한 올바른 지식을 터득할 수 있도록 구성하고 있습니다. 이렇게 구성된 모든 교과 과정은 성경 각 책에 대한 깊이 있는 수업과 설교의 실전 연습, 제반 목회 생활에 관한 실제적인 수업들로 이루어져 있으며, 무엇보다도 균형 있고 올바른 성경적 지식으로 무장할 수 있는 많은 수업들이 제공되고 있습니다.

킹제임스성경신학교는 설교자와 목회자, 성경 교사, 선교사를 양성하기 위한 곳으로, 3년의 모든 과정을 착실히 이수한 모든 학생들이 각자 하나님의 부르심에 따라 언제 어디서나 전담 사역자로서 사역할 수 있도록 양육받을 수 있는 국내 유일의 온·오프라인 정통 신학교입니다.

입학요강

	신학사(B.D.)	킹제임스성경신학원 신학석사(Th.M.)
수업연한	3년 (6학기)	2년 (4학기)
자　격	• 거듭난 그리스도인으로서 하나님께 쓰임받기 원하는 사람 • 고등학교 졸업자 및 졸업 예정자 또는 동등 이상의 학력이 인정되는 자(연령 제한 없음)	• 본교를 졸업한 신학사 학위 소지자로서 진리의 지식으로 효과적인 사역을 이루려는 분
선　발	서류전형(입학원서, 구원간증, 자기 소개서), 면접(서류 전형 합격자에게 개별 통보)	
학사일정	오프라인 봄 학기 매년 3월초 가을 학기 9월초 개강(총 16주) 월,화,목,금(오후 6:30 – 9:20) 온 라 인 수시접수 가능(한 학기 총 16주 / 100% 동영상 강의)	한 학기당 16주 과정 (화요일 오후 6:30 – 9:20)
원서교부	킹제임스성경신학교 교무처 / 인터넷 접수	

미국의 외교정책이나 선거를 좌지우지한다는 것은 잘 알려진 사실이다. 신문이 바람을 잔뜩 집어넣어 주는 사람은 선거에서 이기고, 그렇지 않은 사람은 늘 떨어지게 되어 있다. 그러니까 윌리엄 랜돌이 "바람을 넣으라구!" 하고 부추겼던 것은 "빌리 그래함을 하늘 높이 붕 뜨게 만들어 달라구!" 하고 주문했던 것이다. 다시 말해서 "유명하게" 만들어 달라고 촉구했던 것이다. 고린도 교회 사람들은 "영적인 은사들"에 관한 그릇된 지식으로 바람이 잔뜩 들어가 풍선처럼 하늘 높이 붕 떠 있었다. 이런 모습을 여기 5:2에서는 "교만"이라고 표현하고 있다. 바람이 잔뜩 들어가 붕 떠 있는 자들에게는 회중들 가운데서 자행되는 비행 따위에는 관심을 가질 짬이 없다. 그들은 지금 하늘 위를 붕붕 떠다니고 있는 것이다. 그런 자들이었기에 자신들 가운데 심지어 아버지의 아내를 취하는 음행을 저지르는 자가 있어도 그런 것은 관심 밖의 일이었던 것이다. 이렇게 볼 때, 오늘날 육신적인 은사주의 집단들 내에서 도덕적 타락상이 빈발하는 것은 당연한 일인지도 모른다. 그들은 바람이 잔뜩 들어가 풍성처럼 붕 떠 있는 것이다. 그들은 딱하게도 그것이 "성령충만"이라고 믿는다. 그들에게 바람을 잔뜩 넣어 주는 자가 누구인지 모르고 있는가?

『**너희 가운데서 쫓아내지 아니하는도다**』(2절). 음행을 저질러 그리스도의 이름을 더럽히는 자들은 지역 교회에서 쫓아내야 한다고 바울은 촉구하고 있다. 더구나 이것은 개인적 "사생활"의 차원을 이미 넘어선 일이었다. 이 사건은 『**다 알려진**』(1절), 공개적이고도 공적인 추문이었다. 게다가 범죄의 내용이 "저주받을"(신 27:20) 짓이었다. 그야말로 "죽을 죄"였던 것이다. 이런 악한 자는 마땅히 징계하고 교회에서 추방해야만 했다. 그런데도 그들은 『**통곡하기는커녕**』 육신적인 일에만 몰두하고 있었고, 영적 은사에만 들떠 있었으며, 파벌을 만들어 서로 자신들의 유치한 신앙적 우월성을 주장하면서 다투는 일에만 몰두하는 바람에 최악의 도덕적 타락에 대해서는 "관용"하고 있었던 것이다. 하긴, 누구 할 것 없이 다 육신적인 자들이었으니 서로 모른 척할 수밖에 없었는지도 모른다. 떳떳치 못한 자들은 겉으로 점잔을 빼면서 가능한 한 악을 방관하는 법이다. 그러나 바울은 이 문제를 공개적이고도 공식적으로 엄중히 다루도록 촉구하고 있다. 그는 바로 앞에서 『**그러므로 때가 이르기 전, 주께서 오시기까지 아무것도 판단하지 말라.**』(고전 4:5)고 충고했었다. 그러나 이것은 사실의 전모를 알 수 없는 사적인 죄들에 대한 개인적인 정죄를 금지했던 충고였다. 하지만, 이 경우는 "다 알려진" 사건이었고 "통곡"해야 될 범죄였으며, "저주받을" 공개적 악행으로서 그리스도를 모독하고 지역 교회 회중의 간증에 치명적인 손상을 입히는 가증한 죄였으므로 마땅히 추방해야만 하였다.

『**내가 참으로 몸으로는 떠나 있으나 영으로는 함께 있어서 이런 행위를 한 그 자를 내가 마치 거기에 있는 것처럼 이미 판단하였느니라**』(3절). 서로를 위해서 기도하는 그리스도인들은 비록 육신으로는 떨어져 있어도 영으로는 늘 함께 있다. 여기서 "영"이란 물론 사람의 영을 말한다. 이처럼 사람의 영도 시공을 초월한다. 영으로 함께 있는 그리스도인들은 서로 떨어져 있으면서도 함께 기도하고 함께 기뻐하며 함께 슬픔을 나눈다. 바울은 골로새서 2:5에서도 『**내가 비록 육체로는 떠나 있으나 영으로는 너희와 함께 있어 기뻐하며 너희의 질서와 그리스도를 믿는 너희 믿음의 굳건함을 보노라.**』고 말한다.

『**내가 마치 거기에 있는 것처럼 이미 판단하였느니라.**』 바울은 영으로는 그들과 함께 있었기에 이 사건의 전모에 대해 이미 자기 나름대로 판단하고 그에 상응하는 조치를 취해 놓았다. 그는 이 추악한 범죄를 저지른 자를 고린도 교회에서 이미 추방해 놓고 있었다. 그리고 자신이 가장 신뢰하고 있던 디모데를 이 교회로 파견했다. 『**이로 인하여 내가 디모데를 너희에게 보냈으니**』(4:17)라고 그는 말한다. 디모데의 수중에는 바울이 이미 어떻게 처리할 것인지 결정된 판결문이 들려 있었을 것이다.

『**우리 주 예수 그리스도의 이름으로 너희와 나의 영이 함께 모인 것은 우리 주 예수 그리스도의 능력으로 그러한 자를 사탄에게 넘겨주어 그 육신은 멸망케 하여도 그 영은 주 예수의 날에 구원받게 하려 함이라**』(4,5절). 이 구절에서도 바울은

『**너희와 나의 영**』이라고 말한다. 성령이 아니라 사람의 영 말이다. 그리스도인들은 영적으로 한 몸이다. 그리고 그리스도인들이 모인 것은 그 어떤 경우에나 주 예수 그리스도의 이름으로 모인다. 그리스도인들의 모임은 그 외의 여하한 명분으로도 정당화될 수 없다. 정치활동을 하고 사회운동을 하는 갖가지 기독교 단체들은 주 예수 그리스도의 이름으로 모인 집단들이 결코 아니다. 따라서 그들이 무슨 활동을 하건 그것을 정당화시킬 수 있는 명분은 없다.

『**주 예수의 날**』. 이것은 그리스도의 심판석을 일컫는다. 설사 음행을 저지르고 갖은 비행을 자행하여 그리스도인답게 살지 않았다 하더라고 일단 구원받은 사람의 혼은 "주 예수의 날"을 맞게 되어 있다. 이 말은, 한 번 받은 구원은 영원히 보장된다는 말이다. 3장에서도 언급한 바와 같이, 그리스도의 심판석에서 받을 상이 비록 없을지언정, 그리스도인은 모두 하늘나라에 간다. 그런데, 바울은 여기서 『**우리 주 예수 그리스도의 능력으로 그러한 자를 사탄에게 넘겨주어 그 육신은 멸망케**』 해야 한다고 말한다. 계속해서 죄를 짓는 그리스도인은 비록 그 혼은 구원받지만 그 육신은 이처럼 이 땅에서 멸망케 된다. 다시 말해서, 이 세상에서 제대로 살지 못하고 죽게 된다는 말이다. 그리스도인이 죄를 지으면 죽음을 당할 수도 있다는 말이다.

『**주 예수의 날**』은 데살로니가후서 2:2에서 『**그리스도의 날**』이라 지칭되기도 하는데, 구원받지 못한 사람들에게는 재림을 의미하고, 그리스도인들에게는 휴거를 의미한다. 그래서 그리스도인들에게는 이 날이 주님을 만나는 복된 날이다. 그러므로 그리스도인들은 그리스도의 날이 가까워 오는 것을 조금도 불안해하지 않는다. 『**영으로나 말로나 또는 우리에게서 받았다고 하는 편지로나 그리스도의 날이 가까웠다고 마음이 쉽게 흔들리거나 두려워해서는 안 될 것이라**』(살후 2:2).

『**그 영은 주 예수의 날에 구원받게 하려 함이라**』(5절). 이 구원은 그 사내의 '인간적 간증과 삶(human testimony and life)'의 구원이다. 그것은 그의 '그리스도인으로서의 삶'에서 남겨진 것을 구원하는 것이다. 그의 혼은 그가 새로운 출생을 했을 때 이미 구원받았다. 영어로 "spirit"인 이 "영"이라는 단어가 이 문맥(4절: 『**나의 영**』)에서뿐만 아니라 역대기하 9:4, 즉 『**그녀에게 더 이상 정신[spirit]이 없더라**』에서 어떻게 쓰이는가를 주목하라. 본문 5절의 구원은 디모데전서 2:15과 4:16의 의미에서 "구원받는" 것이다.

『**주 예수 그리스도의 능력으로 그러한 자를 사탄에게 넘겨주어**』. 이러한 예는 디모데전서에도 나온다. 『**그들 가운데 후메내오와 알렉산더가 있는데 내가 그들을 사탄에게 내어 준 것은, 그들로 하나님을 모독하지 못하도록 배우게 하려는 것이라**』(딤전 1:20). 당신이 어떤 사람을 대상으로 저주 기도를 한다고 해서 그 사람을 사탄의 손에 넘겨줄 수 있는 것은 아니다. 당신은 "사탄아, 이 악인을 데려가라."고 말할 수도 없거니와, 그런다고 그 사람이 사탄에게 넘겨지는 것도 아니다. 여기 5절에서 "그러한 자"란 이미 구원받은 사람이란 걸 잊지 말라. 그런 식으로 그리스도인을 사탄에게 내어준다면 이것이야말로 사탄의 계략에 말려든 것이다. 사탄에게 내어준다는 것은 악행을 계속해서 일삼는 자를 위해서 "더 이상 기도해 주지 않는다는 것"을 말한다. 『**사망에 이르는 죄가 있거니와, 나는 그에게 그 죄를 위해 기도하라고 말하지 아니하노라**』(요일 5:16). 형제 그리스도인들이 자기를 위해서 기도해 주지 않으면, 그는 이미 사탄의 손에 넘겨진 것이다. 형제가 형제를 위해 서로 기도해 주지 않는다는 것은 형제를 세상에 내던져진 채 내버려 둔다는 뜻이고 아무도 변호해 주지 않는다는 뜻이다. 그리고 하나님의 허용하심 가운데서 사탄이 마음대로 알아서 하도록 내버려 둔다는 말이다. 마귀가 그를 죽게 만들어도 내버려진 신세가 된 사람이라면, 그는 얼마나 불행한 사람인가? 고의적으로 가증한 죄를 계속해서 지으면 하나님께서도 자녀들을 심판하시고 엄한 징계를 내리신다는 것은 성경적으로 분명한 사실이다. 다음 구절을 보라. 『**사람이 자신을 살펴보고 나서 그 빵을 먹고 그 잔을 마셔야 하리니 이는 주의 몸을 분별하지 못하고 합당치 않게 먹고 마시는 자는 자신의 저주를 먹고 마시는 것이기 때문이라. 이 때문에 너희 가운데 많은 사람이 약하고 병들었으며 상당수가 잠들었니**

라』(고전 11:28-30). 이 구절은 주의 만찬과 관련하여 언급하고 있는 말씀이지만, 자신을 돌아보고 자신의 죄를 그리스도의 보혈로 씻지 않은 채 "주의 몸"(교회)에 손을 대면, 죽을 수도 있음을 경고하고 있는 말씀이다. 이처럼 형제 그리스도인들이 악한 범죄를 명백하게 저지른 자를 추방하고 더 이상 그를 위해 기도해 주지 않게 되면, 그의 육신은 망하거나 죽게 된다. 그러나 그의 혼은 그리스도의 날에 구원받게 된다. 그래야만 사탄이 유익을 취하지 못한다. 반면에 만약 악을 행한 자가 참회하고 마음을 돌이켜 악에서 손을 끊는다면 그는 하나님께 돌아온 것이고 따라서 그는 교회의 회중에게로 다시 돌아올 수가 있다. 이것이 곧 용서다. 용서는 마귀가 유익을 취하지 못하게 하는 또 한 가지 방법이다.

한 번은 파나마 시에 어떻게 손을 쓸 수 없을 정도로 제멋대로 행동하는 자가 있었다. 그는 자신의 기분대로만 행동할 뿐 하나님의 말씀에는 눈꼽만치도 관심이 없는 그런 위인이었다. 그런 그가 기회만 있으면 늘 이렇게 말하곤 했다. "어떤 때는 은혜가 충만하고 성령충만하다가도 또 어떤 때는 은혜와 성령이 몽땅 내게서 떠나 버린답니다. 난 도무지 왜 그런지 모르겠어요." 그에게 나는 이렇게 말했다. "이보게. 그런 소릴랑 이제 그만 집어치우게나. 여길 좀 보게. 자네가 믿거나 말거나 성경은 이렇게 말씀한다네." 그리고 몇 군데 성경을 그에게 읽어 주었다. 그러나 그는 성경 말씀 따위에는 추호도 관심이 없었다. 그래서 나도 하는 수 없이 그에게 이렇게 말했다. "이보게. 나도 이제 두 손 다 들었네. 자네가 하나님을 믿지 않으니 나도 더 이상 어쩔 수가 없네 그려. 자네 같은 사람에 대해서 성경이 어떻게 말씀하고 있는지 나는 깊은 관심을 갖고 있네만, 당사자인 자네는 성경 말씀에 대해 콧방귀만 뀌고 있으니 나도 이제 자네를 더 이상 도울 수가 없다네." 그러자 그는 말했다. "내 영에 단단히 문제가 있나보죠?" 내가 대답했다. "자네 영에 문제가 있는 게 아니라 자네 정신에 문제가 있다네. 그러니 정신병원에 한 번 가보는 게 어떤가?" 이 말은, 내가 더 이상 그를 위해서 기도해 주지 않겠다는 선언이었고 그가 육신적으로 어떻게 살건 세상에 내던져진 채 내버려 둘 수밖에 없다는 선언이었다. 아닌 게 아니라 그는 오랫동안 정신병원 신세를 져야만 했다.

말씀에는 전혀 귀를 기울이지 않고 자기 기분대로 생각하고 행동하는 사람은 이처럼 사탄에게 내어주게 된다. 그리스도인 형제가 당신에게 만약 "나도 이제 자네를 더 이상 도울 수가 없다네." 하고 말했다면, 그는 당신을 사탄에게 내어준 것이다. 그 다음에는 모든 것을 그리스도의 능력에 맡겨버린 것이다. 그는 더 이상 당신을 위해 기도해 주지를 않는다. 악행을 일삼는 사람을 지역 교회에서 축출한다는 것은 교회 회중들이 그를 위해서 더 이상 기도해 주지 않는다는 것을 말한다. 이것은 결코 포기가 아니다. 이것은 교회의 회중들이 더 이상 사탄의 계략에 말려들지 않고 사탄이 유익을 취하지 못하도록 하기 위한 적극적인 방편이다. 사탄은 그런 사람을 이용하여 교회 내에 누룩을 퍼뜨리고 더 많은 사람들을 오염시키려고 한다. 그래서 교회는 그런 자를 추방함으로써 사탄의 계략을 분쇄해 버리는 것이다. 그리고 구원받은 그의 혼이 주 예수의 날에 구원받게 하려는 것이다. 한편, 그가 참회하고 돌아서면 교회는 그를 용서하고 다시 받아준다. 고린도후서 2:9-11을 보자. 『**너희가 매사에 복종하는지 너희의 증거를 알고자 이를 위하여 내가 이것을 썼노라. 너희가 누구에게 무엇을 용서하면 나도 그리하고 만일 내가 무엇을 용서했다면 그것은 너희를 위하여 내가 그리스도를 대신하여 용서한 것이라. 사탄이 우리에게서 유익을 취하지 못하게 하려는 것이니 이는 우리가 그의 계략을 모르지 않음이라.**』 이처럼 용서는 사탄의 계략에 말려들지 않고 사탄이 유익을 취하지 못하도록 하는 방법의 하나다. 그러나 용서에는 먼저 참회가 전제된다. 그리고 용서는 "인간적인" 입장에서 하는 것이 아니라 "그리스도를 대신하여" 하는 것이다. 중요한 것은 어느 경우에나 사탄이 유익을 취하지 못하게 한다는 점이다.

이번에는 고린도후서 2:5-8을 또 보자. 『**만일 어떤 사람이 슬프게 하였다면 나를 슬프게 한 것이 아니라 어느 정도는 너희를 모두 슬프게 한 것이니 이는 너희 모두에게 부담을 주지 아니하려 함이라. 그런 사람은 다수에 의하여 책망받는 것으로 충분하니 그러므로 너희는 오히려 그 반대로 그런 사람을 용서하고 위로하여야 하리니 그래야 아마 그가 더 심한 슬픔에 빠지지 아니하게 되리라. 이 때문에 내가 너희에게 권고하노니 너희는 그를 향한 너희의 사랑을 확인하라.**』 어떤 사람이 죄를 지어 하나님을 모독했다. 그래서 그를 엄중히 책망하고 지역 교회에서 내쫓았다. 그런데 얼마 후 그가 뉘우치고 죄에서 돌이켰다. 그러면 교회는 그를 용서하고 위로한다. 그리하여 그리스도인으로서의 형제 사랑을 확인한다. 바울은 지금 이것을 말하고 있는 것이다. 오늘날의 지역 교회들은 어떤가? 대부분의 타락한 지역 교회들은 누가 하나님을 모독하는 죄를 지어도 모른 척한다. 그것이 "사랑"인 줄로 착각하는 모양이다. 이것이 바로 육신적인 고린도 교회의 모습이었다. 그들 가운데는 심지어 아비의 아내를 취하는 자도 있었다. 그런데도 모른 척했다. 현대의 타락한 지역 교회들은 또 한편, 하나님을 모독하는 행동 따위에는 관심이 없다. 그들은 다만 자기 교회의 그릇된 교리를 공박하고 목사의 "인간적" 체면을 손상시킨 사람만을 축출한다. 그리고 이유여하를 막론하고 다시는 받아주지 않는다. 그들은 마귀의 계략에 말려든 것이다. 마귀는 그러한 교회에서 마음껏 유익을 취한다.

그리스도인들이 어떻게 마귀들릴 수 있느냐고 의문을 갖는 사람들도 있다. 비록 그리스도인이라 할지라도 늘 죄를 자백하고 기도를 통하여 하나님과 온전한 관계를 유지하지 않으면 그 틈에 마귀가 당신을 점령해 버린다는 것을 알라. 구원받지 못한 사람들은 전적으로 마귀가 점령하고 있는 사람들이다. 그러나 구원받은 사람에게도 마귀가 들어와 구원받은 혼만 제외하고는 모든 것을 점령한다. 마귀가 그리스도인에게 들어오면 그의 상상력을 점령하고, 마음을 지배하며, 정신을 장악하고, 말과 생각과 의도를 제압하며, 행동 동기와 행위들을 조종하고, 하다못해 손, 발, 다리, 눈, 코, 입, 이, 코, 할 것 없이 무엇이나 닥치는 대로 제 손아귀에 넣어 버린다. 다만 혼만은 건드리지 못한다. 혼은 구원받았기 때문이다. 그러나 비록 혼이 마귀의 손에 들어가지 않는다 해도 다른 것들이 마귀에게 점령당해 버리면 그 사람의 평안은 끝장나 버린다. 당신이 비록 구원받았다 해도 마귀가 당신의 한 쪽 눈을 빼앗아 가버렸다면, 당신은 평안을 유지할 수 있겠는가? 마귀는 당신의 평안을 무너뜨리려고 기회만 노리고 있다. 그러나 이러한 마귀를 대적하고 제압해 버릴 수 있는 방편이 그리스도인들에게 주어졌다는 사실을 잊지 말라. 우선 무엇보다도 원친적으로 죄를 짓지 않는 것이 가장 좋은 방편이다. 『**너의 일들을 주께 맡기라. 그리하면 너의 생각들이 바로 서리라**』(잠 16:3). 모든 것을 주께 맡기고 죄를 짓지 않으면 마귀는 틈을 얻지 못한다. 고린도후서 10:3-5도 이렇게 말씀한다. 『**이는 우리가 육신 안에서 행하지만 육신을 따라 싸우지는 아니함이니 (우리의 전쟁 무기는 육신적인 것이 아니요, 오직 하나님을 통하여 견고한 요새들을 무너뜨리는 능력이라.) 여러 가지 구상과 하나님을 아는 지식을 거역하여 스스로 추켜세운 모든 높은 것들을 무너뜨리며 모든 생각을 사로잡아서 그리스도께 복종케 하니**』. "육신을 따라" 싸우지 않고 오직 하나님을 통하여 사는 사람은 "생각을 바로잡아서 그리스도께 복종"하게 된다. 그래서 마귀는 당신에게 들어올 수 있는 기회를 찾지 못한다. 그러나 우리가 육신을 입고 있는 한, 죄를 전혀 안 짓는다는 것은 실제로 불가능하다. 그래서 우리는 예수 그리스도의 보혈에 의지해야 된다. 당신이 시시각각으로 죄를 자백하기만 하면, 당신은 그때마다 그리스도의 보혈로 깨끗이 씻기고 하나님과의 교제를 회복하게 되며 마귀는 쫓겨 나가게 된다. 은사주의 목사의 안수를 받는다고 해서 마귀가 쫓겨 간다고 착각하지 말라. 마귀를 쫓는 길은 당신이 그리스도의 보혈로 자신을 깨끗이 씻는 일뿐이다. 『**하물며 영원하신 성령을 통하여 흠없는 자신을 하나님께 드린 그리스도의 피가 어찌 죽은 행실에서 너희 양심을 정결케 하여 살아 계신 하나님을 섬기게 하지 못하겠느냐?**』(히 9:14). 그렇다. 그리스도의 피는 우리의 양심을 정결케 하여 살아 계신 하나님을 섬길 수 있게 해주는 능력이다. 우리가 그분의 피에 의존할 때, 우리의 죄는 깨끗이 씻겨지고 마귀를 제압할 수 있게 된다는 말이다. 이것을 믿는 그리스도인이라면, 마귀의 공격을 받을 때 오히려 그것을 "즐길" 수도 있다. 나도 그것을 즐긴다. 나는 때때로 마귀가 공격해 올 때면, "옳지, 너 잘 만났다!" 하고 두 팔을 걷어붙인다. 내게는 그리스도의 피가 있기 때문이다. 은사주의자들은 마귀들렸다고 생각하면 기가 푹죽어 목사에게 "안수"받으러 달려간다. 그들의 목사는 마귀 쫓는 무당들이다. 그들은 그리스도의 피의 능력을 도무지 믿지 않는다. 그래서 그들은 자신들의 죄를 자백할 줄 모른다. 마귀가 마귀를 쫓아낼 수 있다고 착각하는 것이야말로 어리석은 생각이다. 『**만일 사탄이 자신**

을 대적하여 갈라지면 어떻게 그의 왕국이 서겠느냐?』(눅 11:18).

5:6 너희의 자랑하는 것이 좋지 아니하도다. 너희는 적은 누룩이 온 반죽을 부풀 게 하는 것인 줄 알지 못하느냐?
7 그러므로 묵은 누룩은 떼어내 버리라. 그래야 너희가 누룩을 넣지 않은 새 반죽이 되리라. 우리의 유월절 양이신 그리스도께서 우리를 위하여 희생되셨으므로
8 우리가 그 명절을 지키되 묵은 누룩이나 또 악하고 가증한 누룩으로도 말며 오직 누룩 없는 성실과 진리의 빵을 가지고 지키자.

『**너희의 자랑하는 것이 좋지 아니하도다**』(6절). 그리스도인들은 자신들이 "영적"이라고 생각하고 "영적 은사들"을 받았다고 생각할 때 곧잘 자랑한다. 고린도 교회 사람들이 바로 그랬다. 이것은 은사주의자들의 특징이다. 그러나 성경은 이것이 "옳지 않다."고 잘라 말한다. 물론 그리스도인들은 영적인 사람들이다. 그리고 갖가지 영적 은사들을 받은 사람들이다. 이것은 그리스도인들이라면 당연한 일이지 자랑거리가 아니다.

『**너희는 적은 누룩이 온 반죽을 부풀게 하는 것인 줄 알지 못하느냐?**』(6절) 이 구절은 갈라디아서 5:9에서도 반복되고 있다. 신약에서 누룩에 대해 "정의"를 내리고 있는 곳은 여기 말고 마태복음 16:11뿐이다. 누룩은 거짓 교리(마 16:11)와 "타락한 삶"(고전 5:6)을 말한다. 『**너희는 내가 너희들에게 빵에 관하여 말한 것이 아니고 바리새인들과 사두개인들의 누룩을 조심하라는 것임을 어찌하여 깨닫지 못하느냐?"고 하시니, 그때서야 그들은 주께서... 바리새인들과 사두개인들의 교리를 조심하라 하신 것임을 깨닫더라**』(마 16:11,12). 바리새인들과 사두개인들의 교리는 물론 거짓 교리였다. 누룩은 성경 어디에서건 신한 것과는 관계가 없는 부정적인 것으로 언급된다. 『**너희는 적은 누룩이 온 반죽을 부풀게 하는 것인 줄 알지 못하느냐?**』 철없는 자들이 이 구절을 곡해하여 "누룩"이 교회성장을 가져온다고 믿는다. 그들은 "반죽이 부푼다."는 것이 출석 교인들의 숫자가 늘어나는 것을 말하고 누룩은 교회성장을 가져오는 적극적인 교회 홍보활동이라고 생각한다. 하긴 그들의 생각이 틀린 것은 아니다. 적은 누룩이 온 반죽을 부풀게 하는 법이다. 타락은 또 다른 타락을 낳고, 또 다른 타락은 또 다른 타락을 가져온다. 그래서 교회는 썩어빠진 타락 덩어리가 되고 만다. 갈라디아서 5:9에서는 누룩이 거짓 교리를 지칭하고 있다는 점에서 고린도전서 5:6의 경우와는 다르지만, 거짓 교리가 타락의 요인이라는 점에서 누룩은 역시 같은 누룩이다.

『**그러므로 묵은 누룩은 떼어내 버리라. 그래야 너희가 누룩을 넣지 않은 새 반죽이 되리라. 우리의 유월절 양이신 그리스도께서 우리를 위하여 희생되셨으므로**』(7절). 그리스도인들이 육신적인 죄들과 타락한 삶을 청산해야 한다는 것은 두말할 필요도 없다. 뿐만 아니라 그리스도인들이 모인 회중들 가운데서 타락한 자들은 제거되어야 한다. 그래야만 유월절 양이 되어 희생제물로 바쳐지셨던 예수 그리스도의 죽으심이 효력을 얻고 그리스도인들과 그들이 모인 지역 교회가 새 반죽이 된다. 타락한 삶을 계속하고 회중들 가운데 그런 자들이 섞여 있어도 그대로 둔다면, 그것은 예수 그리스도의 죽으심을 거부하는 것과 같고, 어린 양으로 드려진 희생제물의 능력을 부인하고 거부하는 것과 같다. 어린 양으로 드려진 희생제물의 능력이 거부된 집단은 마귀의 사교집단이지 교회가 아니다. 『**그러므로 묵은 누룩은 떼어내 버리라. 그래야 너희가 누룩을 넣지 않은 새 반죽이 되리라.**』

『**우리가 그 명절을 지키되 묵은 누룩이나 또 악하고 가증한 누룩으로도 말며 오직 누룩 없는 성실과 진리의 빵을 가지고 지키자**』(8절). 이 구절에서 "명절"이란 예수 그리스도의 죽으심을 기리며 주의 만찬을 기념하는 것을 말한다. 이에 대해서는 고린도전서 11장에서 상세히 언급되고 있다.

5:9 내가 너희에게 쓴 편지에는 음행하는 자들과 사귀지 말라고 하였으나
10 이는 이 세상의 음행하는 자들이나 탐욕하는 자들이나 약탈하는 자들이나 우상 숭배하는 자들과 전혀 함께하지 말라는 것이 아니니 그렇게 하려면 너희가 세상 밖으로 나가야 할 것이니라.
11 그러나 이제 내가 너희에게 쓰는 것은 만일 형제라고 하는 어떤 자가 음행을 하는 자거나 탐욕하는 자거나 우상 숭배하는 자거나 욕설하는 자거나 술취하는 자거나 약탈하는 자이거든 사귀지도 말고 그런 자와는 함께 먹지도 말라는 것이라.
12 밖에 있는 자들을 판단하는 것이야 내게 무슨 상관이 있으리요마는 안에 있는 사람들이야 너희가 판단하지 아니하겠느냐?
13 밖에 있는 자들은 하나님께서 판단하시나니 그러한 악한 사람은 너희 가운데서 쫓아내라.

『**내가 너희에게 쓴 편지에는 음행하는 자들과 사귀지 말라고 하였으나**』(9절). 우리는 바울이 쓴 편지가 다 어디에 있는지 모른다. 우리는 그의 편지들 모두를 갖고 있지 못한다. 하나님께서는 그가 쓴 편지들을 모두 성경 속에 간직되도록 하신 것이 아니었다. 바울은 겨우 열 네 통의 편지만 쓴 것이 아니었다. 그는 무려 150통도 넘는 편지를 썼다. 어쩌면 200통 이상을 썼는지도 모른다. 그러나 성령님께서는 그 많은 편지들 가운데서 일부만 추려서 성경에 수록하셨는데, 이 또한 하나님의 영감이 작용한 결과이다. 우리가 성경을 주의 깊게 연구해 보면, 하나님께서는 자신의 뜻을 밝히고 인간에게 꼭 필요한 것들에게만 영감을 불어 넣으시고 나머지는 모두 생략해 버리셨다는 것을 알 수 있다. 하나님의 영감은 기록 자체에만 불어 넣으신 것이 아니라 이처럼 생략에도 불어 넣으신 것이었다. 어떤 사람들은 바울의 수많은 서신들이 대부분 소실되었고 겨우 열 네 통만 남아 그것을 신약에 수록할 수 있었던 것으로 생각하지만, 나는 그렇게 생각하지 않는다. 그 좋은 예로 성령님께서는 심지어 예수 그리스도에 관한 기록들마저도 그분이 열두 살 되셨을 때의 이야기를 잠깐 비추다가 갑자기 서른 살이 되셨을 때로 껑충 뛰어 넘는다. 그 기간 동안에 있었던 모든 일들은 완전 침묵 속에 묻어 버리셨다. 하나님께서는 이 침묵에까지도 영감을 불어 넣으셨던 것이다. 바울의 편지들 중 대다수가 분실된 것은 그 분실 자체에 하나님의 영감이 작용한 것이라고 나는 믿는다. 그래서 그 분실은 분실이 아니라 하나님의 의도였던 것이다. 하나님께서 추리고 추리신 부분만 성경에 담아 놓으셨다고 생각할 때, 우리는 우리 손에 들고 있는 성경의 말씀들 한 마디 한 마디가 얼마나 소중하고 존귀한가를 뼈저리게 느끼지 않을 수 없다.

『**음행하는 자들과 사귀지 말라고 하였으나**』(9절). 10절로 이어지고 있는 이 말씀은 아주 중요한 구절이므로 매우 주의 깊게 다루어야 한다.

『**이는 이 세상의 음행하는 자들이나 탐욕하는 자들이나 약탈하는 자들이나 우상 숭배하는 자들과 전혀 함께하지 말라는 것이 아니니 그렇게 하려면 너희가 세상 밖으로 나가야 할 것이니라**』(10절). "음행하는 자들"과 사귀지 말라는 것은 단지 구원받지 못한 세상 사람들과 사귀지 말라는 그런 뜻이 아니다. 이 구절 자체의 말씀대로 음행하는 자들이나 탐욕하는 자들, 약탈하는 자들, 그리고 우상 숭배하는 자들과 함께하지 않으려면 이 세상에서 탈출하여 우주공간으로 뛰쳐나가야만 할 것이다. 그러지 않고는 이 세상에서 한 순간도 삶을 영위할 수 없을 것이다. 이런 자들과 함께하지 않으려면 자살하는 길밖에는 없을 것이다. 캔사스 시티에서 작은 회사를 경영하는 한 친구가 내게 "하나님께서는 어쩌면 단 한 사람의 그리스도인도 사귈 사람을 내게 소개해 주시지 않는단 말인가?" 하고 말한 적이 있다. 그래서 내가 "무슨 소린가? 사방에 널려 있는 게 그리스도인들인데." 했더니, 그는 "어디에 말인가?" 하고 사방을 둘러보았다. 그의 말인즉, 자기 밑에서 일하는 사람들이 40명이나 되지만, 그 누구 할 것 없이 술 퍼마시고, 욕지거리하고, 여자들 꽁무니나 쫓아다니거나 건달들과 어울리거나, 플레이보이 잡지나 들여

다보는 녀석들뿐인지라 자기가 하루에 열 시간 씩 공장에서 일하면서 그들과 함께 시간을 보내며 함께 지내지만 제대로 교제를 나눌 만한 그리스도인은 한 사람도 자기 주위에 없다는 것이었다. 그러면서 그는 내게 "자넨, 어떤가?" 하고 물었다. 그래서 나는 "나야 사방에 얼마든지 있지." 하고 대답했더니, 그는 또 "어디? 어디에 말인가?" 하면서 또 주위를 두리번거리는 것이었다. 나는 "펜사콜라에만도 열 명은 넘고, 멤피스에 스무 명, 미시건 주 할렘에도 열 명은 넘는 데다가 디트로이트에도 열 명 이상이고 시카고에 대여섯 명, 로체스터에도 대여섯 명..." 하고 생각나는 대로 말했더니, 그는 "와!" 하고 감탄했다. 사실은 그 친구의 말에도 일리가 있었다. 그리스도인들은 도무지 세상 사람들에게 접근하려고 하지 않는다. 그들은 마치 "구원받지 못한 너희들은 지옥에나 가거라." 하는 식으로 그들을 본척도 하지 않는 것이다. 아닌 게 아니라 그렇게 내버려 두었다간 그들은 지옥에 갈 수밖에 없다. 바울이 여기 10절에서 말하고 있는 것이 바로 이것을 두고 한 말이다. 당신은 어떤가? 당신은 아침 시간이나 저녁 시간, 또는 하루나 이틀만이라도 길거리에서 구원받지 못한 죄인들에게 다가가 그들을 그리스도께로 인도하려고 시간을 할애해 본 적이 있는가? 만일 아니라면, 이 세상은 구원받지 못한 사람들로 뒤덮여 버리고 점점 더 캄캄해지고 썩은 냄새로 가득차서 결국 당신은 단 할 발짝도 문 밖으로 나가지 못하게 될 것이다. 그러나 하나님께서는 그냥 앉아 계시지 않는다. 그분께서는 사우스캐롤라이나에 밥 존스 시니어를 보내셨고, 테네시에는 리 로버슨을 보내셨으며, M.R. 디한을 미시간으로 내보셨고, 찰스 풀러를 서해안 지방으로 쫓아 보내셨다. 이런 식으로 하나님께서는 필요한 곳에 필요한 일꾼들을 보내시지 않은 곳이 한 군데도 없다. 그 어디에서건 복음을 전파하는 사람들은 누구 한 사람 하나님께서 등을 밀어 보내지 않은 사람이 없다. 하나님의 일꾼들은 도시건, 산악지방이나 농촌이건, 하다못해 아프리카 정글이라도 하나님께서 가라시면 두말없이 세상 안으로 들어가 세상 사람들에게 복음을 전파하는 사람들이다. 가족을 먹여 살려야 하고, 애들 교육문제를 신경 써야하며, 자신들도 좀 안락하게 살고 싶다는 것이야 다른 사람들과 하나도 다를 바 없지만, 그들은 하나님의 은총에만 기대어 살 뿐, 하나님의 뜻을 거역하여 자신들의 욕망에 매달리지 않는다. 하나님께서는 그들에게 복을 주시고 항상 건강을 주시며 모든 것을 보살펴 주신다. 바울도 지금 이것을 말하고 있는 것이다. 그리스도인들이 세상으로 나가 세상 사람들에게 가까이 다가가는 것은 그들과 사귀고 그들에게 동화되어 죄 가운데 있는 그들 속으로 빠져 들어가는 것이 아니라 오히려 그들을 세상에서 빠져나오도록 하여 그들로 하여금 예수 그리스도를 영접하고 구원받아 그리스도인들과 교제하며 살도록 하려는 것이다.

『그러나 이제 내가 너희에게 쓰는 것은 만일 형제라고 하는 어떤 자가 음행을 하는 자거나 탐욕하는 자거나 우상 숭배하는 자거나 욕설하는 자거나 술취하는 자거나 약탈하는 자이거든 사귀지도 말고 그런 자와는 함께 먹지도 말라는 것이라』 (11절). 음행하고 탐욕하고 우상 숭배하는 자가 구원받지 못한 죄인이라면, 그리스도인은 그들에게 오히려 다가가 복음을 전하고 예수 그리스도를 증거해 주어야 한다. 이것이 10절에서 바울이 충고하고 있는 내용이었다. 그러나 구원받은 그리스도인인 "형제라고 하는" 자가 음행하고 탐욕하고 약탈하고 술 퍼마시고 욕하고 우상 숭배한다면, 그런 자는 어떻게 대하는 것이 좋을까? 그런 자를 선도하기 위해서라도 사귀어야 하는가? 천만에! 사귀지도 말아야 한다. 그런 자를 그리스도의 사랑으로 용서하는 마음에서 내버려 두어야 하는가? 천만에! 밥도 같이 먹지 말아야 한다! 이것이 성경이 우리에게 가르치고 있는 말씀이다. 만일 "형제라고 하는 자"가 그리스도인임을 사칭하고 있다면 어떻게 하는 것이 좋을까? 그렇다면 더더욱 멀리 해야 한다. 그런 자는 마귀의 앞잡이들이기 때문이다. 구원받지 못한 죄인이라면 그리스도께로 인도해야 하고, 그리스도인으로 사칭하거나 그리스도인이면서 비행을 일삼는 자들은 지역 교회에서 추방해야 한다. 이것은 교회가 마땅히 지켜야 될 교회의 규율이다. 오늘날의 교회들은 모두가 이러한 교회의 규율을 포기해 버리는 바람에 교회들은 온갖 쓰레기 잡동사니들이 우글거리는 집단이 되어 버렸다. 설사 공개적으로 음행하는 자들만은 어쩔 수 없이 축출하였다고 하자. 그렇다면 탐욕하는 자들은 어떤가? 바울은 『**우리에게 먹을 것과 입을 것이 있으면 이것들로 만족할 것이니라.**』(딤전 6:8)고 명하고 있다. 펜사콜라의 우리 교회만 해도 회원들이 과연 모두 먹을 것과 입을 것만 있으면 만족하는 사람들일까? "자동차도 안되고, 아이스박스도 안되고, 냉장고도 안되고, 그리고 또..." 하는 식으로 우선 여기까지만 말해보라. 듣고 있던 회원들은 단박에 "아아, 그, 그것만은 좀..." 하고 당신의 입을 가로막을 것이다. 라디오도 안되고, TV도 안되고, 토스터도, 전기 히터도 안 된다고 성경은 말씀한다. 먹을 것과 입을 것, 이것 외에 다른 것 하나라도 더 가지려고 하면 그것은 벌써 탐욕이라는 것이다. 그리고 성경은 이런 자들을 교회에서 쫓아내라고 말한다. 만일 그러는 날이면 오늘날 미국의 모든 근본주의 교회들 90%는 텅텅 비게 될 것이다. 만약 교회의 규율을 원칙대로 시행한다면, 과연 어떻게 될까? 나에게는 네 명의 아들이 있는데, 그 애들이야말로 맨 먼저 추방당하여 교회를 텅비게 만들 인물들이다. 그애들 중 하나는 별명이 "경건한 불평꾼"이다. 다른 하나는 "영적으로 '체'하는 자"이고, 또 하나는 "과거 속에 묻혀 사는 자"이며, 마지막 아이는 "축복에 현혹된 자"라는 별명을 갖고 있다. 그래서 만약 모든 교회가 일시에 교회의 규율을 시행한다면, 우리 애들이야말로 맨 먼저 교회를 떠나야 할 사람들이다. "약탈하는 자"는 또 어떤가? 당신은 남의 돈을 약탈하는 죄가 어떤 것인지 아는가? "약탈한다"(extort)는 것은 협박하고 고문해서 강제로 남의 돈을 빼앗는 것을 말한다. 이러한 약탈이 오늘날 교회에서 자행되고 있다면 당신은 믿겠는가? "다음 주에는 추수감사절 헌금을 내는 날입니다."라든지 "자, 다음 주는 월말이니까 우리 모두 십일조 내는 것을 잊지 맙시다."라고 목사가 말한다. 그리고 설교 중에 하나님께 돈을 바치지 않으면 사업이 망한다거나, 자녀들이 죽게 된다거나, 집이 불타 버린다거나, 하는 따위의 메시지를 교묘한 말로 포장해서 회중들에게 던져 놓는다. 이런 일은 오늘날 수많은 교회에서 자행되는 "약탈" 행위다. 그들은 흔히 『**사람이 하나님*의 것*을 도둑질하겠느냐?... 너희가 저주로 저주를 받았으니, 이는 너희와 이 온 민족이 나의 것을 도둑질하였음이라.**』(말 3:8,9)는 구절을 인용하기를 참 좋아한다. 이 말이 틀린 것은 결코 아니다. 그러나 문제는 이 말씀을 십일조를 강요하기 위한 "무기"로 삼는다는 데에 있다. 이런 식으로 회중들에게 위협을 가하여 그들이 "두려워서" 헌금을 하도록 하는 자가 곧 "약탈하는 자"이다. 성경은 『**하나님께서는 기쁨으로 드리는 자를 사랑하십이니라.**』(고후 9:7)고 말씀하지 "겁먹고 드리는 자를 사랑한다."고는 말씀하지 않는다. 이러한 "약탈자"를 교회의 규율대로 추방한다면, 이 시대의 교회들 가운데 목사를 잃게 될 교회들이 얼마나 될 것 같은가? 캠벨주의자들은 말끝마다 "우리가 진정한 신약교회다. 우리는 성경이 하라는 말씀만 말하고, 하지 말라는 것은 절대로 하지 않는다."고 떠벌인다. 나는 그런 말을 들을 때마다 속이 메스꺼워진다. 미국 땅에서 내가 그 속을 잘 알고 있는 교회만 해도 700여 개가 넘지만, 그 중 100% 성경대로 믿고 성경대로 행하는 교회는 단 한 군데도 보지 못했다. "이 시대의 교회들은 비성경적인 상황을 연출하는 재판소들이다."라고 마이클 기미스트라우스가 말한 적이 있다. 누가 나더러 "당신은 왜 침례교를 고집하십니까?"라고 물은 적이 있다. 나는 "내가 지금까지 보아온 중에서 독립침례교회가 신약교회의 원칙에 가장 가깝다고 생각하기 때문입니다."라고 대답했다. 나는 결코 "독립침례교회는 신약교회의 원칙을 다 지킨다."고는 말하지 않았다. 나는 "가장 가깝다."고 말했을 뿐이다. 이 세상 어디를 뒤져 보아도 신약교회의 원칙을 그대로 지키는 교회는 찾아 볼 수 없다. 그렇다고 이 책을 읽고 있는 당신이 진정한 신약교회에 대해 뜻을 같이하는 사람들과 손잡고 교회를 뛰쳐나가 새로운 교회를 하나 세워보라는 말이 아니다. 그것은 교회를 분열시키는 짓이다. 당신이 정말 그런 뜻이 있다면 남의 교회 회원들을 도둑질해 가지 말고, 당신이 그리스도께로 인도한 사람들 단 두 명만이라도 데리고 멀직한 곳에서 한 번 시도하라. 하나님의 능력이 당신과 함께 하실 것이다. 사실, 교회의 일부 성도들을 데리고 나가서 새로운 교회를 세우는 사람들을 보면 다같이 한 가지 공통점을 갖는데, 그것은 그들이 갖고 있는 기준이 어찌나 저차원이었던지 신약교회는커녕 그 근처에도 이르지 못한다는 점이다.

『**욕설하는 자**』(11절)는 영어 〈킹제임스성경〉에서 "railer"라는 단어로 표기하고 있는데, 이 말은 고함지르고 삿대질한다든가, 정사와 권세에 대든다든가, 목사나 영적 지도자를 비방하거나 조롱하며, 그리스도인들을 참소하고 놀려대는 자를 일컫는다. 이런 사람들은 그리스도인들 가운데도 얼마든지 있음을 본다.

구원받지 못한 죄인들이야 어차피 지옥에 가도록 이미 심판받은 사람들이니까 그렇다 치더라도, 구원받은 그리스도인들마저도 이렇듯 음행하고 탐욕하고 우상을 숭배한다든가, 욕설하고 술 취하고 약탈하는 자라면, 그는 성경적인 그리스도인의 길에서 명백하게 벗어나 있는 사람이기 때문에 이런 자들과 함께 어울린다는 것은 그리스도인으로서의 사역에 방해가 될 뿐이다. 나는 그런 자들과는 상종도 하지 않는다. 그 결과 내게는 친구가 많지가 않다.

『**밖에 있는 자들을 판단하는 것이야 내게 무슨 상관이 있으리요마는 안에 있는 사람들이야 너희가 판단하지 아니하겠느냐? 밖에 있는 자들은 하나님께서 판단하시나니 그러한 악한 사람은 너희 가운데서 쫓아내라**』(12,13절). "밖에 있는 자들"이란 세상의 구원받지 못한 사람들을 말한다. 그들이야 음행을 하건, 탐욕을 하건, 술취하고 욕하고 우상 숭배하건, 그리스도인들이 관여할 문제가 아니다. 그들에게는 그런 도덕적인 문제를 바로잡는 일보다는 구원문제가 더 시급하다. 그리스도인들이 구원문제를 제쳐 놓고 도덕 문제에 개입하여 사회운동을 하는 것을 흔히 본다. 그러나 그것은 하나님께서 시키시는 일이 아니다. 그리스도인들은 복음을 전파하고 구령을 하는 사람들이지 사회운동가가 아니다. 밖에 있는 사람들은 하나님께서 판단하셔서 다루실 것이다. 『**그러나 두려워하는 자들과 믿지 아니하는 자들과 가증스런 자들과 살인자들과 음행하는 자들과 마술하는 자들과 우상 숭배하는 자들과 모든 거짓말하는 자들은 불과 유황이 타는 못에 참여하리니 이것이 둘째 사망이라**』(계 21:8).

"안에 있는 사람들"이란 한 지역 교회 내의 구원받은 회중들을 말한다. 그들은 늘 함께 접촉하는 사람들이다. 그 중에 어떤 사람이 음행을 저지르고 약탈하고 술취하고 악을 자행한다면 결코 상관하지 않을 수가 없다. 그런 자들은 교회 스스로가 판단하여 규율을 지키고 조치를 취하는 것이 교회의 의무이다. 『**악한 사람은**

너희 가운데서 쫓아내라.』고 성경이 명하고 있기 때문이다. 그런 악한 사람이 한 두 명이 아니라 대부분이 그렇다고 판단되면 당신이 쫓아내기에는 역부족이다. 그럴 때는 당신이 그들에게서 떠나야 한다고 성경은 명한다.『**이제 형제들아, 내가 너희에게 권고하노니 너희가 배운 교리에 역행하여 분열을 일으키고 공박하는 자들을 주의하고 그들에게서 떠나라**』(롬 16:17).

고린도전서 6장

6:1 너희 중에 누가 다른 사람에 대하여 문제가 생겼을 때 불의한 자들 앞에서 재판을 받으려 하고 성도들 앞에서는 하지 아니하느냐?

2 너희는 성도들이 세상을 심판하리라는 것을 알지 못하느냐? 세상이 너희에게 심판을 받을진대 너희가 지극히 작은 일들을 심판할 역량도 없느냐?

3 너희는 우리가 천사들을 심판하리라는 것을 알지 못하느냐? 하물며 이생에 관한 일들이랴?

4 너희가 이생에 관한 일들을 판단할 일이 있을 때 교회 안에서 가장 존경받지 못하는 자들을 판단하도록 세울지니라.

5 내가 너희를 부끄럽게 하려고 이 말을 하노라. 너희 가운데 현명한 사람이 없다는 것이 사실이냐? 자기 형제들 사이에 판단할 수 있는 사람이 정말 한 사람도 없느냐?

6 그래서 형제가 형제로 더불어 고소하러 가며, 그것도 믿지 않는 자들 앞에서 하느냐?

7 그러므로 이제 너희들 가운데 소송 사건이 있다는 것이 너희 가운데 엄연한

허물이 되나니, 차라리 불의한 일을 당하는 것이 낫지 아니하며 차라리 속임을 당하는 것이 낫지 아니하냐?

8 오히려 너희는 불의를 행하고 속이되 너희 형제들에게 하는도다.

『문제가 생겼을 때 불의한 자들 앞에서 재판을 받으려 하고 성도들 앞에서는 하지 아니하느냐?』(1절). 구원받지 못한 세상 사람들은 그리스도인들과는 종류가 다른 사람들이기 때문에 생각도 다르고 방식도 다르고 걷는 길도 다른 사람들이다. 이것은 재판소도 마찬가지다. 그러므로 지역 교회의 성도들끼리 어떤 문제가 생겼을 때에는 가능한 한 교회 내에서 해결하도록 해야지 그 문제를 세상 법정으로까지 끌고 가는 것은 마땅한 일이 아니다. 구원받은 그리스도인들끼리의 문제를 어떻게 구원받지도 못한 세상 사람들에게 맡겨서 해결할 수 있겠는가? 그러나 때에 따라서는 성경적인 문제와는 무관한 어떤 상황에 처하였을 경우에는 법정에서 해결하지 않으면 안 될 때도 있다. 가령, 매매 계약이라든지, 보험문제 같은 순전히 법적인 문제가 걸려 있는 경우 말이다. 나는 이런 경우를 많이 보아 왔다. 그리고 그리스도인이 비그리스도인과 연루된 어떤 법적 문제라면 세상 법정에 의뢰하는 수밖에 없다. 바로 이를 위해서 하나님께서는 세상 권세를 세워 놓으셨다. 그러나 본문에서 말하는 **『문제가 생겼을 때』**란 명백히 그리스도인들끼리 문제가 생겼을 때, 그것도 한 지역 교회 내의 형제들 사이에 발생한 문제에 대해 언급하고 있음이 분명하다. 지역 교회 내의 문제는 교회 내의 **『성도들 앞에서』** 해결하여야 한다는 것이 성경의 가르침이다.

『너희는 성도들이 세상을 심판하리라는 것을 알지 못하느냐? 세상이 너희에게 심판을 받을진대 너희가 지극히 작은 일들을 심판할 역량도 없느냐?』(2절). 우리는 이 구절을 깊이 유념하고 있어야 한다. 성도들은 백보좌 심판석에서 그리스도와 함께 세상을 심판하게 될 엄청난 신분을 가진 사람들이다. 다니엘 7장에는 백보좌 심판에 대한 묘사가 나오고 있다. **『불같은 강이 흘러 그분 앞에서 나오니 수백만 명이**

그분을 섬기고 수천만 명이 그분 앞에 섰는데, 심판이 준비되었고 그 책들이 펼쳐졌더라』(단 7:10). "그분 앞에서 섬기는" 수백만 명이란 곧 우리들 성도들을 말한다. 우리들은 그분 앞에서 "섬기고" 있다. 그리고 "그분 앞에 서있는" 수천만 명은 구원받지 못해 심판받을 세상 죄인들을 말한다. 이들 수천만 명의 죄인들을 심판하시는 하나님 앞에 우리도 참여하여 그분을 섬기며 그들을 심판한다. 지금 이 땅에서는 이들 세상 죄인들이 오히려 성도들을 심판하고 있다. 그들은 하나님을 위해서 살고 있는 성도들을 바라다 보면서 그들이 정신이 돌았다고 심판을 한다. 또 어떤 성도들을 보고는 위선자들이라고 심판하기도 한다. 성도들 가운데 위선자가 없는 것은 아니지만, 어쨌든 성도들은 지금 세상으로부터 심판을 받고 있다. 그러나 이 세상이 끝나고 하나님의 백보좌 심판이 열리는 날 입장이 뒤바뀌게 된다.

『**너희는 우리가 천사들을 심판하리라는 것을 알지 못하느냐? 하물며 이생에 관한 일들이랴?**』(3절). 백보좌 심판석에서 성도들은 심지어 천사들까지도 심판하게 된다는 것을 알라. 하나님께서는 죄를 짓고 타락한 천사들을 심판 때까지 흑암에 가두어 두셨다. 『**하나님께서는 죄를 지은 천사들조차 아끼지 않으시고 지옥에 던져서 흑암의 사슬에 내어 주어 심판 때까지 가두어 두셨으며**』(벧후 2:4). 『**또 자기들의 처음 지위를 지키지 아니하고 자기들의 처소를 떠난 천사들을 주께서 영원한 사슬로 묶어 큰 날의 심판 때까지 흑암 속에 가두어 두셨느니라**』(유 6). 우리 성도들은 이러한 천사들을 심판하게 될 것이다. 물론 그 심판은 하나님의 말씀인 성경에 따라 하게 될 것이다. 이렇게 대단한 역량을 가진 우리 성도들이 이 세상에 사는 동안 일어나는 일들을 심판할 수 있는 역량 쯤이야 없겠는가? 그런데 어째서 성도들이 세상 법정으로 달려간단 말인가?

『**너희가 이생에 관한 일들을 판단할 일이 있을 때 교회 안에서 가장 존경받지 못하는 자들을 판단하도록 세울지니라**』(4절). 바울은 지금 그 특유의 빈정거림으로 고린도 교회 사람들을 또 한 번 비꼬고 있다. 교회 안에는 다양한 능력과 양식을 가진 사람들이 허다하다. 그들 가운데는 법관도 있을 것이고 변호사도 있을 것이다. 교회 내에서 형제들 사이에 일어난 분쟁을 이들이 판단하고 해결점을 찾아낼 능력이 모자라겠는가? 그러나 바울은 이런 전문가들조차도 필요 없다고 말한다. 성경은 『**교회 안에서 가장 존경받지 못하는**』 지극히 미천하게 취급받는 사람을 내세워 교회 내의 분쟁에 대한 판단을 한 번 의뢰해 보라고 말씀한다. 법관이나 변호사 같은 전문적인 법조인이나 기타 지식이 많고 양식이 풍부한 사람이 아니라 아주 무식하고 아는 것이 별로 없는 듯한 형제라 하더라도 교회 내의 분쟁에 대해서만큼은 올바른 양식을 갖고 올바른 판단을 내릴 수 있는 법이다. 그런데 오늘날 교회 내에는 대부분의 사람들이 "내가 나서서 판단하고 싶지는 않군요." 하고 겸손한 척 말한다. 그러나 성경은 그들이 판단해야 된다고 말씀한다. "내가 나서서 판단하고 싶지는 않다."고 말하는 사람들은 알고 보면 "척"하는 사람들일 경우가 대부분이다. 이 세상에 사는 동안 무덤에 들어갈 때까지 판단하지 않고 살아가는 사람은 한 사람도 없다. 우리의 주변에는 판단하지 않으면 안 될 일들로 가득 차 있다. 하다못해 자동차에 기름을 넣어야 될지 넣지 말아야 될지조차도 판단하지 않으면 안 된다. 주말에 식품점에 가서 쇼핑하기 위해 돈은 얼마나 준비해야 하는지도 판단해야 한다. 사실상 우리는 하루 종일 판단하면서 시간을 보내고 있다. 생활 주변의 작은 일 한 가지라도 혹시 잘못 판단하지나 않았는지 항상 전전긍긍하면서 살아가는 사람들이 바로 우리들 자신이 아닌가? 신호등에 빨간불이 들어오면 정지해야 하고, 파란불이 들어오면 출발해야 한다. 이것은 각자가 스스로 판단해서 해야지 다른 자동차들이 어떻게 하는지 눈치를 살펴가며 할 일이 아니다. 파란불이 들어 왔을 때, 어떤 차는 출발하고 어떤 차는 그대로 서 있다 하더라도 당신은 그 신호등 불빛이 "아마 보라색인가 보구나." 하고 판단해서는 절대로 안 되는 것이 이 세상이다. 사실상 사람들은 어찌나 판단을 잘하는지 지나칠 정도로 판단하는 게 오히려 걱정될 정도다. 그런데도 교회 내의 형제들 사이에 일어난 문제에 대해서만큼은 꽁무니를 빼는 척 한다. 그리고는 뒤에서 끼리끼리 모여 수군덕댄다. 이것은 옳지 못하다. 성경은 『**성도들 앞에서**』(1절) 판단하라고 명한다. 교회 내에는 판단하고 조치를 취해야 될 일들이 얼마든지 많을 수 있다. 이런 일들을 그대로 방치해 둔다면 교회가 어떻게 되겠는가?

『내가 너희를 부끄럽게 하려고 이 말을 하노라. 너희 가운데 현명한 사람이 없다는 것이 사실이냐? 자기 형제들 사이에 판단할 수 있는 사람이 정말 한 사람도 없느냐? 그래서 형제가 형제로 더불어 고소하러 가며, 그것도 믿지 않는 자들 앞에서 하느냐?』(5,6절). 바울은 지금 자신이 빈정거리고 있는 것은 일부러 그들이 부끄럽게 여기게 하려고 그런다고 말한다. 다른 일들은 스스로 잘들 판단하고 살아가면서 형제들 사이에 일어난 일은 교회 내에서 스스로 판단하고 적절한 조치를 취하지 못한 채 법정에 고소까지 해야될 정도로 어리석은 자들만 우글거리고 있느냐고 힐난하고 있는 것이다. 그리스도인들이 스스로 판단할 수 없는 일이 하물며 세상 법정에서 제대로 판단될 수 있다고 생각하는 것이 얼마나 놀랍고 어리석은 생각인가? 가령, 5장에서 아버지의 아내를 취한 음행을 저지른 자를 놓고 볼 때, 아무리 교육받지 못한 사람이라 할지라도 그런 자를 어떻게 판단하고 조치를 취해야 할지에 대해서는 누구나 상식으로 알고 있다. 그런 자를 구태여 법정에 고소하여 "교육받은" 법관들의 판단에 맡길 정도로 교회 회중들이 무지하고 역량이 부족하단 말인가? 법정에까지 문제를 끌고 가는 사람들을 보면 실은 오히려 고등 교육을 받은 사람들임을 우리는 흔히 보게 된다.

『형제가 형제로 더불어 고소하러 가며, 그것도 믿지 않는 자들 앞에서 하느냐?』 이것은 정말이지 심각하게 받아들여야 할 문제다. 나 자신도 여덟 번 순회 재판소에 끌려가 보았고 최고 재판소에 서 본 적도 여섯 번이나 된다. 그 중 맨 나중의 경우는 교회의 집사회가 나를 법정으로 끌고 간 경우였는데, 나뿐만 아니라 집사들도 집사들에 의해 고소되어 법정에 서야했던 웃지 못할 일이 벌어졌었다. 서로가 서로를 고소하는 바람에 법정은 그리스도인들로 만원이었다. 나 자신은 실제로 재판을 받은 것이 아니라 어떤 사건에 대한 변호를 위해서 참고인으로 불려가 있었다. 몇몇 집사들이 나를 데리고 가서 무엇인가를 설명해 주도록 요구했던 것이다. 나는 법정이라면 일이 어떻게 돌아가는 곳인지 너무나 잘 알고 있던 터였지만, 그때는 법정 안이 온통 그리스도인들이였는지라 우리는 모두 큰 소리로 기도부터 했다. "오, 주여, 악한 마귀를 쫓아 주옵소서!" 하고 한바탕 재판소가 떠나갈 정도로 큰소리로 기도를 하자 구원받지 못한 법관이 눈이 휘둥그레져서 어쩔 줄 몰라 하던 광경이 눈에 선하다. 결국 재판관은 그 소송사건을 법률적으로 해결하지 못하고 기각해 버리는 바람에 우리 교회의 손으로 다시 넘겨졌다.

『**그러므로 이제 너희들 가운데 소송 사건이 있다는 것이 너희 가운데 엄연한 허물이 되나니, 차라리 불의한 일을 당하는 것이 낫지 아니하며 차라리 속임을 당하는 것이 낫지 아니하냐? 오히려 너희는 불의를 행하고 속이되 너희 형제들에게 하는도다**』(7,8절). 형제들끼리 소송 사건이 있다는 사실 자체만으로도 너나 할 것 없이 다 허물이 된다. 그런 처지에 차라리 내가 억울한 손해를 보더라도 부당한 일을 내가 당하고 감내하는 것이 더 낫지 않겠느냐고 바울은 타이르고 있다. 설사 교회 내에서 분쟁을 해결하려고 애를 써도 당사자들의 한 쪽이 완강하게 버티는 바람에 실질적인 해결이 안되는 경우도 있을 수 있다. 이럴 경우 한 쪽이 비록 손해를 본다고 하더라도 양보를 하고 자기 이익을 포기한다면, 형제들에게 불의를 행하고 속이는 자들에 비하면 얼마나 아름다운가? 이것은 참 어려운 일이지만, 신약교회의 성도들의 자세란 바로 이런 것이어야 하고, 신약교회의 문제 해결 방식이 바로 이런 것이어야 한다는 것이 성경의 가르침임을 잊지 말라. 그리스도인들이 이렇게 할 수 있는 것은 결국 모든 것을 하나님께서 처리해 주시리라는 것을 믿고 있기 때문이다. 『**너는 "내가 악을 갚으리라."고 말하지 말고 주를 기다리라. 그리하면 그가 너를 구원하시리라.**』(잠 20:22)고 성경은 말씀한다. 예수 그리스도께서도 이렇게 말씀하셨다. 『**나는 너희에게 말하노니, 악한 자에게 저항하지 말라. 누구든지 네 오른 뺨을 때리거든 다른 쪽도 돌려 대라. 또 만일 누가 너를 법에 고소하여 너의 웃옷을 빼앗으려 하거든 외투까지도 갖게 하라**』(마 5:39,40). 스스로 공명정대한 사람은 불의를 당하더라도 악을 악으로 갚을 필요 없이 모든 것을 하나님께 맡겨 드리면 된다. 이런 사람이 곧 『**아무에게도 악으로 악을 갚지 말고 모든 사람 앞에서 정직한 일을 도모하라.**』(롬 12:17)는 성경 말씀에 순종하는 아름다운 그리스도인이다. 이렇게 할 때, 진정한 승리자는 결국 말씀에 순종한 사람이고, 자기 이익을 안놓치려고 끝까지 고집부린 사람이 패배자가 된다는 것을 왜 모르는가? 형제에게 불의를 행하는 자들에게는 주님께서 벌을 주신다고 성경은 곳곳에서 엄중히 말씀하고 있지 않은가? 『**어떤 문제에 있어서도 정도를 지나쳐 자기 형제를 속이지 말라. 이는 우리가 미리 경고하였고 증거한 바와 같이 주께서는 이러한 사람들에 대하여 벌을 주시는 분이시기 때문이니라**』(살전 4:6). 이것을 알고 있기에 그리스도인들은 불의한 자의 악을 악으로 갚지 않고 모든 것을 하나님께 맡길 수 있는 것이다. 다음 9절에서도 불의한 자가 감수해야 될 엄청난 불이익에 대해서 경고하고 있다.

6:9 **불의한 자는 하나님의 나라를 상속받지 못한다는 것을 너희가 알지 못하느냐? 속지 말라. 음행하는 자들이나 우상 숭배하는 자들이나 간음하는 자들이나 여자처럼 행세하는 자들이나 남자 동성 연애자들이나**
10 **도둑질하는 자들이나 탐욕을 부리는 자들이나 주정뱅이들이나 욕설하는 자들이나 착취하는 자들은 하나님의 나라를 상속받지 못하리라.**
11 **너희 가운데도 이런 일을 행하였던 자들이 더러 있었으나 너희가 주 예수의 이름과 우리 하나님의 영으로 씻음을 받았고 거룩하게 되었으며 의롭게 되었느니라.**
12 **모든 것이 내게 합법적이나 모든 것이 다 유익한 것이 아니며 모든 것이 나를 위하여 합법적이나 내가 어떤 권세에도 얽매이지 아니하리라.**

『**불의한 자는 하나님의 나라를 상속받지 못한다는 것을 너희가 알지 못하느냐?**』(9절). 불의한 자는 "하나님의 나라를 상속받지 못한다."고 본문은 말씀한다. 이 구절을 구원문제와 혼동하지 말라. 여기서 "불의한 자"란 엄연히 구원받은 그리스도인으로서 불의한 자이다. 앞에서도 누누히 강조한 내용이지만, 구원받았다고 해도 악을 행하면 구원이 취소될 수 있다고 잘못 가르치는 자들 때문에 아무리 강조해도 지나치지 않은 위대한 구원의 교리를 잊지 말라. 행위가 아니라 믿음을 통하여 하나님의 은혜로 구원받은 사람들이 구원받은 다음에는 주 예수 그리스도를 섬기는 행위가 요구된다는 것은 두말할 필요도 없지만, 이것은 순전히 이 다음에 유업을 상속받느냐 아니냐를 결정하게 될 요건이지 구원에 영향을 주는 요소는 절대로 아니다. 구원의 영원한 보장을 의심하는 자들은 주 예수 그리스도의 십자가와 그분의 보혈을 믿지 않는 자들이다. 그리고 하나님의 신실하심을 의심하는 불쌍한 자들이다.

구원받은 사람이 말씀에 순종하지 않고 악을 행하면 하나님과 그리스도의 왕국에서 아무것도 상속받지 못하고 빈털털이가 된다. 『**너희가 이것을 알거니와 음행하는 자나 더러운 자나 욕심많은 자, 곧 우상 숭배자는 누구든지 하나님과 그리스도의 왕국에서 상속받을 것이 없느니라**』(엡 5:5). "하나님의 나라"를 상속받는다는 것은 "하나님의 나라"에 들어간 성도들이 하나님과 그리스도의 "왕국"에서, 즉 이 땅에 실제로 세워질 천년왕국에서 통치할 땅을 유업으로 받는다는 것을 말한다. 골로새서 3:24에서도 이같은 말씀이 나온다. 『**이는 너희가 유업의 상을 주께로부터 받을 줄 앎이니 너희가 주 그리스도를 섬기고 있음이라.**』 이것은 영적인 것이 아니라 실제적이고도 현실적인 왕국에서의 유업이다. "천국"(Kingdom of Heaven)이라고도 불리는 이 왕국은 영적인 왕국인 "하나님의 나라"(Kingdom of God)와는 구별되는 실제적인 왕국이지만, 예수 그리스도께서 재림하셔서 이 땅에 천년왕국을 세우시면, 그때 "하나님의 나라"와 "천국"은 하나가 된다. 천년왕국은 아직 이 땅에 세워지지 않았다. 우리는 지금 영적인 왕국인 하나님의 나라에 속해 있을 뿐이지만, 천년왕국이 세워지면 성도들은 예수 그리스도와 함께 이 땅에 내려와 그분과 함께 이 땅의 실제적인 왕국에서 통치할 것이다. (이에 대해서는 〈하나님의 나라와 천국〉(피터 럭크만 저, 말씀보존학회, 1998)이라는 책을 참고하기 바란다.) 주 예수 그리스도를 섬긴 사람들은 이 천국에서 통치할 땅을 상속받는다. 주 그리스도를 "섬긴다."는 것은 곧 구원받은 성도들이 그분을 위해 일을 한다는 것을 말한다. 성도들이 주 그리스도를 섬기는 행위는 육신적인 행위들과는 거리가 멀다. 육신적인 행위에 대해서는 갈라디아서 5:19-21에 세세히 기록되어 있으며, 이러한 육신적인 행위를 하는 자들은 하나님의 나라를 상속받지 못한다고 성경은 거듭 강조하고 있다. 『**이제 육신의 일들은 분명히 나타나나니 곧 간음과 음행과 더러운 것과 음욕과 우상 숭배와 마술과 원수 맺음과 다툼과 질투와 분노와 투쟁과 분열과 이단들과 시기와 살인과 술취함과 흥청거림과 또 그와 같은 것들이라. 내가 전에 말한 바와 같이 미리 말하노니 그런 짓들을 하는 자들은 하나님의 나라를 상속받지 못할 것이라.**』 구원받지 못한 자들은 구원받지 못했기 때문에 하나님의 나라를 상속받지 못한다는 것이야 두말할 필요도 없지만, 구원받은 그리스도인이라 하더라도 이처럼 하나님의 나라를 상속받지 못하는 수가 있음을 잊지 말라. 이 구절이 구원받은 사람들을 대상으로 말씀하고 있다는 사실은 바로 앞의 18절로 분명해 진다. 『**그러나 너희가 성령의 인도하심을 받는다면 너희는 율법 아래 있지 아니하느니라**』(갈 5:18). 성령님의 인도하심을 받는 사람, 그래서 율법 아래에 있지 아니하고 은혜 아래에 있는 사람, 이런 사람을 가리켜 성경은 그리스도인이라고 말씀한다. 이런 그리스도인들이 19-21절에서 열거하고 있는 갖가지 육신적인 일을 행하면, 그들은 구원을 상실하는 것이 아니라 하나님의 나라를 상속받지 못하는 것이다. 엄밀하게 말한다면, 진정한 그리스도인이라면 갈라디아서에 열거된 육신적인 일들을 차마 자행할 수는 없는 사람들이다. 그리스도인이 어떻게 간음하고 음행하고 우상 숭배하고 살인하고 술에 취해 흥청거릴 수 있단 말인가? 이런 것들은 구원받지 못한 세상 죄인들이나 하는 짓들이다. 따라서 『**형제라고 하는 어떤 자**』(고전 5:11), 즉 그리스도인이라고 자처하는 사람이 이런 따위의 육신적인 일들을 자행한다면, 우리는 그의 구원 자체를 의심하지 않을 수 없으며, 우리뿐만 아니라 그 사람 자신이 자기를 통찰해 보아야 한다. 사실상 이 땅에는 "구원받았다."고 생각하면서도 구원의 확신이 없는 사람들이 수없이 많고, 교회에 나니면서도 자기가 언제 어떻게 구원받았던가를 확실히 알지 못하는 사람들도 수없이 많다. 확실한 구원의 간증이 없다면, 그 사람은 정말로 구원받았다고 믿기가 어렵다. 그리스도인은 죄 가운데 살고 있는 것이 아니라 그리스도 안에서 살고 있는 사람이다. 자신이 그리스도인라고 자처하고 있으면서도 정말로 구원받지 못했다면, 그는 지옥에 가게 된다는 것을 생각해 볼 때, 이것은 심각한 문제가 아닐 수 없다. 그러나 설사 육신적인 일을 자행하더라도 확실하게 구원받았다면 지옥에 갈까봐 걱정할 필요는 없다. 요한계시록 21:8은 이렇게 말씀하고 있다. 『**그러나 두려워하는 자들과 믿지 아니하는 자들과 가증스런 자들과 살인자들과 음행하는 자들과 마술하는 자들과 우상 숭배하는 자들과 모든 거짓말하는 자들은 불과 유황이 타는 못에 참여하리니 이것이 둘째 사망이라."고 하시더라.**』 그리스도인들 가운데 한 번도 거짓말을 안해본 사람이 과연 몇이나 되겠는가? 그렇다면, 이 세상에 지옥에 안갈 사람은 단 한 사람도 없다는 얘기가 되고 만다. 그리스도인들은 절대로 지옥에는 가지 않는다. 그러나 죄를 지었을 때마다 그것을 하나님 앞에 자백하고 그리스도의 보혈로 깨끗이 씻으면, 그의 죄가 용서되고 하늘나라의 상속도 잃지 않게 된다는 것을 잊지 말라. 그리스도인들은 항상 하나님께 죄를 자백하는 사람들이다. 그래서 그리스도인들은 죄 가운데가 아니라 그리스도 안에서 살 수 있는 사람들이다.

『**속지 말라**』(9절). 누구에게 속지 말아야 하는가? 마귀에게 속지 말아야 하고, 자기 자신에게 속지 말아야 하며, 이 세상의 모든 거짓말하는 자들에게 속지 말아야 한다. 그리스도인이 속지 않을 수 있는 가장 확실한 방법은 성경 말씀을 꼭 붙잡고 사는 것이다. 구원의 확신도 없으면서도 자신이 구원받았거니 하고 속지 말라. 마귀는 당신이 진짜로 구원받지 못하게 하려고 당신으로 하여금 구원받은 것으로 착각하게 만든다는 사실을 명심하라. 구원받은 그리스도인들 역시 하늘나라를 상속받는 문제와 관련하여 속는 일이 없어야 한다. 이 땅에는 천년왕국이란 없다고 가르치는 자들과 지금이 바로 천국 시대라고 가르치거나 하나님의 나라가 천년왕국에 임하는 일은 없다고 가르치는 무천년주의자들이나 후천년주의자들이 우글거리기 때문에, 거기에 속아 넘어가 하나님의 나라를 상속받는 문제 따위는 신경 쓸 필요가 없다고 스스로 속지 말라.

『**여자처럼 행세하는 자들이나**』(9절). TV에 보면 여자처럼 머리 기르고 여자처럼 옷입고 여자처럼 귀고리를 치장한 채 여자처럼 행세하는 사내들이 우글거린다. 반면에 남자처럼 행세하는 여자들도 마찬가지다. 구원받지 못한 세상 사람들이야 그렇다 치더라도 소위 그리스도인이라고 자처하는 사람들이 이렇게 하는 것은 정말이지 신중하게 생각해 볼 문제다. 성경은 이러한 그리스도인들도 하나님의 나라를 상속받지 못한다고 말씀하고 있으니까 말이다.

『**도둑질하는 자들이나 탐욕을 부리는 자들이나 주정뱅이들이나 욕설하는 자들이나 착취하는 자들은** 하나님의 **나라를 상속받지 못하리라**』(10절). 이 구절은 사실상 앞에서 충분히 다루었다.

『**너희 가운데도 이런 일을 행하였던 자들이 더러 있었으나 너희가** 주 예수의 **이름과 우리** 하나님의 **영으로 씻음을 받았고 거룩하게 되었으며 의롭게 되었느니라**』(11절). 모든 그리스도인들은 이 구절에 세심하게 귀를 기울일 필요가 있다. 그것은 이 구절에서 "너희 가운데도 이런 일을 행하였던 자들이 더러 있었으나"라고 과거형으로 기술하고 있기 때문이다. 과거에 음행을 저지르고, 도둑질하고, 탐욕을 부리고, 술취하고, 욕설하고, 착취하는 자들"이었던"(were) 사람들이라고 분명히 과거형으로 표현하고 있다. 과거에 그랬던 사람들일지라도 이제는, 즉 현재는 더 이상 그런 사람들이 아니라 『**너희가 주 예수의 이름과 우리** 하나님의 **영으로 씻음을 받았고 거룩하게 되었으며 의롭게 되었느니라.**』고 분명히 말씀하고 있다. 그리스도인은 "물침례"로 씻음을 받은 것이 아니라 주 예수의 이름과 하나님의 영으로 씻음을 받은 사람들이다. 그러므로 그리스도 안으로 들어 온 사람들은 간음자가 더 이상 "간음자"가 아니고, 음행한 자가 더 이상 "음행한 자"가 아니며 더 이상 술주정뱅이도, 도둑도 아니다. 그들은 이제 모두 성도들이 된 것이다. 그리스도인에게 과거는 문제가 되지 않는다. 그리스도인에게는 언제나 "오늘"이 중요하다. 과거에 아무리 악한 죄를 지은 사람이라 할지라도 "오늘"이 중요한 그리스도인은 "오늘" 죄를 짓지 않으려고 애를 쓴다. 그들은 "성도들"이기 때문이다. 요한일서 5:18에서는 이 점을 더욱 분명하게 말씀하고 있다. 『**하나님께로부터 태어난 사람은 누구나 죄를 짓지 아니하는 줄을 우리가 아노라. 오히려 하나님께로부터 태어난 자는 자신을 지키나니, 악한 자가 그를 건드리지 못하느니라.**』이것은 럭크만이 만들어낸 교리가 아니라 성경이 분명하게 가르치고 있는 교리이다. 그리스도인이 죄를 지으면 하나님의 징계를 받고 심지어 죽기까지 할 수 있으며 하나님의 나라를 상속받지는 못할지언정 여전히 성도는 성도이다. 이러한 성도를 악한 자가 건드리지 못한다고 성경은 말씀한다. 그들은 주 예수의 이름과 하나님의 영으로 거룩하게 되었고 의롭게 되었기 때문이다. 물침례는 결코 이런 위업을 이루지 못한다. 마가복음 16:16처럼 "물침례"라는 단어가 사람의 "구원"과 관련되는 것처럼 들리는 구절보다는 그것이 구원과는 관련이 없다는 것을 분명하게 밝히는 구절들이 성경에는 비교가 안 될 만큼 훨씬 더 많다. 물침례가 거룩하게 되는 것과 아무런 관련이 없다는 것은 자명하다. 물침례가 의롭게 되는 일과 아무 관계가 없는 것이나 물침례로 영생을 얻지 못한다는 사실 또한 마찬가지다. 물침례는 구원의 모형일 뿐이다. 『**물은 예수 그리스도의 부활하심으로 인하여 이제 우리를 구원하는 모형이니, 곧 침례라. (이것은 육체의 더러움을 제거하는 것이 아니라 하나님을 향한 선한 양심의 응답이라)**』(벧전 3:21). 성경은 도처에서 "믿음으로, 믿음으로, 믿음으로" 구원받는다는 사실을 거듭거듭 강조하고 있다. 여기에는 그리스도의 피가 절대적으로 필요하다.

『**모든 것이 내게 합법적이나 모든 것이 다 유익한 것이 아니며 모든 것이 나를 위하여 합법적이나 내가 어떤 권세에도 얽매이지 아니하리라**』(12절). 이 구절은 실로 대단한 말씀이다. 그리스도인은 예수 그리스도의 이름과 하나님의 영으로 씻겨진 순전한 사람이다. 순전한 사람에게는 모든 것이 순수하며, 순전한 사람은 모든 것을 순전한 마음으로 할 수 있다. 그래서 하나님의 영으로 씻겨진 순전한 사람에게는 모든 것이 합법적일 수밖에 없다. "모든 것이 합법적이다."는 것은 그 어떤 일을 하더라도 정당하고 합법적이라는 뜻이다. 그래서 그리스도인은 무엇이나 할 수 있는 자유를 누린다. 그러나 여기에 주의할 것이 있다. 그것은 그 모든 것이 다 "유익한 것"은 아니라는 사실이다! 그리스도인들은 율법 아래에 있는 것이 아니라 은혜 아래에 있다. 그래서 순전한 사람일 뿐만 아니라 절대 자유를 지닌 사람이다. 당신이 그리스도인이라면, 당신은 무엇이나 제약받지 않고 할 수 있다. 당신은 율법과는 아무 상관도 없는 절대적으로 자유로운 사람이므로 당신이 무슨 일을 하건 합법적이라는 말이다. 정말 대단하지 않은가? 그러나 이처럼 자유를 가진 그리스도인이 무엇을 하건 반드시 따져 보아야 할 중대한 고려사항 두 가지가 여기에 있다. 그 하나는 그 일이 유익한가 여부이고, 다른 하나는 그 일에 지배받고 있는 것이냐 아닌가 여부이다. 그리스도인이 아무리 자유를 소유하고 있다 하더라도 "유익한가?"를 반드시 고려해야 하며, "그 일에 지배당하고 있는 것이냐 아닌가?"를 반드시 따져 보아야 한다. 그리고 유익하지 않다고 판단되면 절대로 손대지 말아야 하고, 지배받고 있다고 판단되면 그 일에서 단호히 벗어나야 한다. 『**내가 어떤 권세에도 얽매이지 아니하리라.**』는 바울의 말에서 우리는 어떤 일에도 지배받지는 않겠다는 이러한 단호한 의지가 발견된다. 가령, 그리스도인에게 아침에는 몇 시에 일어나야 하고 저녁에는 몇 시에 잠자리에 들어야 한다든가, 언제 불을 켜고 언제 불을 꺼야 한다고 일일이 지시하는 것은 옳지 못하다. 그리스도인이라면 이런 것 쯤은 스스로 판단할 수 있는 자유를 갖고 있다. 성경에 만약 "너희는 담배를 피지 말지니라." 따위와 같은 직설적인 지시사항이 일일이 기록되어 있다면 얼마나 우습겠는가? 한편, 남편이 아내에게 지배받고 있는가? 그것은 잘못된 일이다. 그리스도인 남자는 오직 하나님의 지배권 안에만 있도록 되어 있다. 커피가 건강에 도움이 안 된다면 커피를 끊어야 한다. 차를 마시지 않고는 못 견딘다면, 당신은 차에 지배받고 있는 것이므로 잘못된 것이다. 담배도 마찬가지고 술도 마찬가지며 마약도 마찬가지다. 당신은 이런 것들에 중독되어 그것들에 지배되어서는 안 된다는 것이 성경의 가르침이다. 그리스도인은 무엇이나 할 수 있으되, 그 무엇에 지배받아서는 안 되며, 무익한 것은 할 수가 없다. 지배받지 않고 무익하므로 하지 않을 수 있는 자유, 이것이 곧 그리스도인이 소유한 자유의 참 의미다. 한 번은 잭슨빌의 어느 자매가 투덜대는 것을 보았는데, 그 불평의 내용이 어찌나 아름다운지 나는 잊지 않고 있다. "주님은 정말이지 지독한 분이지 뭐에요. 유익하지 않다고 알루미늄 냄비도 빼앗아 가시고, 기름끼 많은 육류 식품도 먹지 못하게 하시고, TV도 치워버리시고, 신문도 끊게 하시고, 영화도 안 되고, 축구경기 TV 중계 보는 것도 안되고, 하다못해 겨자소스나 케찹도 못 먹게 하시는가 하면, 새로 나온 "뉴킹제임스성경"도 못읽게 하시고..., 도무지 이것저것 모든 걸 다 빼앗아 가시니, 도대체 우리에게 남은 것이 뭐란 말이예요? 이래 가지고 나더러 어떻게 살란 말이죠?" 그래서 내가 이렇게 위로해 주었다. "하지만 하나님께서는 당신을 위해 지옥 대신 하나님의 나라를 예비해 두셨다는 걸 알고 계시지 않습니까?" 사람들은 나에게 "이건 어떤가요? 저건 괜찮은가요?" 하고 물어올 때도 심심찮게 많지만, 내 대답은 한결같이 "그것에 중독되어 절대로 지배받지만은 마시오."이다. 은혜 아래에 있는 그리스도인들이 율법의 지배를 받지 않는다는 것은 곧 유익한 일과 무익한 일을 선택할 수 있는 자유가 있고, 그 어떤 일에도 지배받지 않을 수 있는 자유가 있다는 뜻이다. 이 자유를 누리는 사람이 곧 성숙한 그리스도인이며, 그리스도 안에서의 삶을 참다운 자유 속에서 만끽할 줄 아는 사람이다. 한 번은 병원에 입원한 사람에게 병문안을 갔더니 병상 머리맡에 담배를 숨겨두고 있는 걸 보았다. 그는 말을 하면서 연신 콜록콜록 기침을 해대고 칵칵 가래를 뱉어 내면서도 담배만은 끊지 못하고 있는 것이었다. 그는 담배에게 완전히 지배받고 있는 사람이었다. 이런 사람은 결코 자유인이 아니다. 시시한 담배의 속박으로부터 자유로울 수도 없는 사람이라면 이 사람은 절대로 성숙한 그리스도인이 아니다. 그래서 성경은 이렇게 말씀한다. 『**그러므로 나의 사랑하는 자들아, 너희가 항상 복종했던 것처럼 내가 있을 때뿐만 아니라 내가 없는 지금도 더욱더 두려움과 떨림으로 너희 구원을 온전히 이루라. 이는 너희 안에서**

역사하시는 분은 하나님이시니 그분의 선한 기쁨심에 따라 뜻을 두고 행하게 하려 하심이라』(빌 2:12,13). 이 구절에서 『**너희 구원을 온전히 이루라.**』는 말씀은 구원이 미완성이라든가, 구원이 시간을 두고 이루어져 가는 점진적인 것이라는 의미가 절대로 아니다. 이 말씀은 구원받은 자로서 당연히 누릴 수 있는 자유를 온전히 누리며 살라는 뜻이다. 그리스도인이 담배를 끊지 못한다면, 그는 자유를 누리지 못하는 담배의 종이 된 사람이다. 그래서 이 구절은 『**너희 안에서 역사하시는 분은 하나님이시니 그분의 선한 기쁨심에 따라 뜻을 두고**』행하라고 충고하기를 잊지 않는다.

『**모든 것이 내게 합법적이나 모든 것이 다 유익한 것이 아니며 모든 것이 나를 위하여 합법적이나 내가 어떤 권세에도 얽매이지 아니하리라**』(12절). 이것은 그리스도인들의 삶의 지침이 되어야 할 매우 중요한 규칙이다. 유익하지 못한 것은 모두 손을 떼라. 당신의 삶을 지배하는 모든 것으로부터 온전히 자유케 되라. TV가 없으면 살 수 없을 정도로 TV가 중요한 존재가 되었는가? 그렇다면 TV를 내다 버려라. 무엇이든지 당신의 삶을 지배하는 물건이면 모두 치워 버려라. 없으면 살 수 없다고 생각하는 바로 그것들, 그리하여 당신의 삶에 영향을 미치고 당신의 삶을 지배하는 것들, 그것들이 바로 우상들이다. 당신은 그리스도인들이 우상에 매달리고 우상에게 지배받고 있다면 그것이 온당하다고 생각되는가? 당신이 살고 있는 공간은 다른 것들은 한 가지도 없을지인정 하나님만 계시다면 그것으로 충분한 그런 공간이어야만 한다.

6:13 음식은 배를 위하고 배는 음식을 위하나 하나님께서는 이것과 저것 둘 다 폐하시리라. 이제 몸은 음행을 위하지 아니하고 주를 위하며 주께서는 몸을 위하시느니라.

14 하나님께서는 주를 살리셨으니 그분의 능력으로 우리도 살리시리라.

15 너희의 몸이 그리스도의 지체인 줄을 알지 못하느냐? 내가 그리스도의 지체를 가지고 창녀의 지체로 만들 수 있겠느냐? 결코 그럴 수 없느니라.

『**음식은 배를 위하고 배는 음식을 위하나 하나님께서는 이것과 저것 둘 다 폐하시리라**』(13절). 이 말씀은 어찌 보면 좀 심하다고 여겨질 정도로 혹독한 구절이다. 성경이 어째서 이런 말씀을 하고 있는지는 좀 뒤에 가서 그 이유가 밝혀진다. 8:4,10,13을 보라. 이들 구절에서는 우리가 어떤 음식을 먹고 어떤 음식은 먹지 말아야 하는가에 대해서 언급하고 있다. 그러나 무엇을 먹을 것이며 무엇을 먹지 말아야 하는가 하는 따위는 결코 중요한 문제가 아니며, 이런 문제에 대해서 지나치게 신경을 쓰고 논쟁하면서 쓸데없이 시간을 소비하는 것은 모두 부질없는 짓이다. 음식이 되었건, 배가 되었건, 하나님께서는 어차피 육신적인 것들을 모두 폐하실 것이기 때문이다. 담배 피는 것이 온당하냐 아니냐, 맥주를 마시는 것이 법도에 어긋나느냐 아니냐 하는 따위는 문제의 핵심이 될 수 없다. 하나님께서는 어찌되었건 당신의 입이나 목구멍이나 위장이나 허파나 창자나 할 것 없이 모든 것을 폐하실 것이기 때문이다. 문제의 핵심은 어떤 일을 하든 간에 그것이 다른 사람들을 세워주는 일인가 여부, 그것이 유익한 일인가 여부, 그리고 그것이 속박에 매여서 하는 짓인가, 아니면, 지배로부터 자유롭게 벗어난 것인가 여부이다. 이것은 12절에서도 이미 상세히 살펴보았다.

『**이제 몸은 음행을 위하지 아니하고 주를 위하며 주께서는 몸을 위하시느니라**』(13절). 우리의 몸은 이제 주를 위해서만 그 존재 가치를 갖는다. 우리의 몸은 하나님의 영이 거하시는 집이다. 그러므로 주님께서는 이러한 우리의 몸을 소중하게 보호해 주신다. 우리의 몸이 주님을 위한다는 것은 몸을 사용하여 주님께 헌신한다는 것을 말한다. 헌신은 정신적이거나 영적인 영역에만 머물러 있는 것이 아니라 몸을 통하여 밖으로 표출되는 적극적인 행동까지 포함한다. 구원받지 못한 죄인들에게 복음을 증거하고 그리스도께로 인도하려면 당신은 당신의 몸을 사용하여야 한다. 하나님께서는 당신의 몸을 지켜주실 것이다.

『**하나님께서는 주를 살리셨으니 그분의 능력으로 우리도 살리시리라**』(14절). 하나님께서는 그리스도를 다시 살리셨듯이 우리도 다시 살리시고 주님께서 재림하실 때 우리들에게 썩지 않을 새 몸을 입혀 주실 것이다. 『**보라, 내가 너희에게 한 가지 신비를 말하노니 우리가 다 잠잘 것이 아니요 오히려 우리가 모두 변화될 것이니 마지막 나팔에 눈깜짝하는 순간에 그러하리라. 나팔 소리가 나면 죽은 자들이 썩지 아니하는 몸으로 일으켜지며 우리도 변화되리라**』(고전 15:51,52).

『**너희의 몸이 그리스도의 지체인 줄을 알지 못하느냐? 내가 그리스도의 지체를 가지고 창녀의 지체로 만들 수 있겠느냐? 결코 그럴 수 없느니라**』(15절). 이 말씀은 16절과 관련하여 우리가 매우 진지하게 받아들이지 않으면 안 된다. 많은 그리스도인들이 구원받은 우리가 그리스도의 지체라는 사실을 알면서도 우리의 "몸"이 그리스도의 지체라는 사실을 실감하지 못한다. 그래서 수많은 그리스도인들이 자신들의 몸을 함부로 오용한다. 그러나 성경은 "결코 그럴 수 없다."고 단호하게 말씀한다.

6:16 또한, 창녀와 합하는 자는 한 몸인 것을 너희가 알지 못하느냐? 그가 말씀하시기를 "둘이 한 몸이 되리라."고 하셨느니라.

17 그러니 주와 합하는 자는 한 영이니라.

18 음행을 피하라. 사람이 범하는 죄마다 몸 밖에 있지만 음행하는 자는 자기 몸에 죄를 짓는 것이라.

19 또한, 너희 몸은 너희가 하나님으로부터 받은 바 너희 안에 계신 성령의 전인 것을 알지 못하느냐? 너희는 너희 자신의 것이 아니니라.

20 너희는 값을 치르고 산 것이니 그러므로 하나님의 것인 너희 몸과 너희 영으로 하나님께 영광을 돌리라.

『**또한, 창녀와 합하는 자는 한 몸인 것을 너희가 알지 못하느냐? 그가 말씀하시기를 "둘이 한 몸이 되리라."고 하셨느니라**』(16절). "둘이 한 몸이 되리라."는 말씀은 결혼식 주례사에서 자주 인용되는 말씀이지만 실은 창세기에서 하나님께서 맨 처음 선언하신 말씀이다. 『**그러므로 남자가 자기 아버지와 자기 어머니를 떠나서 자기 아내와 결합하리니, 그들이 한 몸이 될 것임이니라**』(창 2:24). 에베소서에서도 같은 말씀이 나온다. 『**이런 까닭에 남자가 자기 아버지와 어머니를 떠나 자기 아내와 결합하여 그 둘이서 한 몸이 될지니라**』(엡 5:31). 이 말씀은 두말할 것도 없이 남녀 간의 결혼을 두고 언급한 것이다. 몸과 몸의 관계에 대한 이 말씀은 매우 주의 깊게 음미해 보아야 한다. 남자와 여자가 결합하면 한 몸이 된다. 이것이 곧 결혼이다. 이러한 원리에 따라 "창녀와 합하는 자는 창녀와 한 몸이 된다."는 것이 성경적인 관점이다. 성경적 결혼관에 의하면 "창녀와 합하는 것"은 곧 창녀와 한 몸이 되는 것이고, 따라서 창녀와 "결혼"한 것이 된다. 그러나 이것은 율법을 어기는 것이고 하나님께 가증스러운 일이다. 위에서 살펴본 바와 같이, 우리의 몸은 그리스도의 지체라고 성경은 못 박는다. 이토록 거룩하게 된 몸이 창녀와 한 몸이 되어 하나님께 가증스러운 짓을 자행할 수는 없다. 이에 대해 신명기 24장에서도 언급하고 있거니와 그 말씀은 잠시 뒤에 살펴보기로 하자.

『**그러나 주와 합하는 자는 한 영이니라**』(17절). 거듭난 성도들에게는 성령님께서 들어와 거하심으로써 하나님과 합하여 한 영이 된 사람들이다. 주님과 한 영이 되어 주님과 한 몸을 이루고 있거늘, 그 몸으로 더럽고 가증한 죄를 지을 수는 없다.

『**음행을 피하라. 사람이 범하는 죄마다 몸 밖에 있지만 음행하는 자는 자기 몸에 죄를 짓는 것이라**』(18절). 어떤 죄라도 배우자에게 폐해를 안 미칠 수는 없겠지만, 대부분 "직접적인" 영향은 안 미친다. 그러나 음행이라는 죄만은 배우자와 한 몸을 이룬 바로 그 몸에 대해 직접적인 손상을 입힌다. 바로 그렇기 때문에 성경에서도 음행은 이혼의 정당한 사유가 된다. 마태복음 19장을 보라. 『**말씀하시기를 '이런 까닭에 남자가 아버지와 어머니를 떠나서 그의 아내와 합하여 그 둘이 한 몸이 되리라.'는 것을 읽어 보지 못하였느냐? 그러므로 이제 그들은 둘이 아니요 한 몸이니라. 그러므로 하나님께서 결합시켜 주신 것을 사람이 나누지 못하느니라."고 하시더라.**』(마 19:5,6)고 말씀한 후에 주님께서는 이어서 이렇게 말씀하셨다. 『**내가 너희에게 말하노니, 누구든지 음행한 연고 외에 자기 아내를 버리고 다른 여자와 혼인하는 자는 간음하는 것이요, 또 버려진 여자와 혼인하는 자도 간음하는 것이라**』(마 19:9). 결혼한 남자가 아내를 이유없이 버릴 수는 없다고 성경은 엄격히 말씀하지만, 만약 아내가 음행에 연루되었다면 아내를 버릴 수 있는 연고가 된다는 것이 성경적 이혼관이다. 오늘날 미국인들은 로마카톨릭의 풍조에 젖어 결혼이란 곧 "결혼식"을 치르는 행사에 불과하게 되었다. 그래서 혼인을 통하여 둘이 한 몸을 이룬다는 것은 단순한 상투적 표현에 지나지 않게 되었고, 사실상 혼인은 "식"을 올리고 둘이서 법률적 동거에 들어가는 것 이상의 의미는 없게 되었다. 그래서 그들은 결혼하고 나서 이혼을 밥먹듯이 한다. 그들에게 이혼이란 한 몸이 갈라지는 것이 아니라 동거하던 두 몸이 별거하는 것에 지나지 않는다. 성경적 결혼관은 몸과 몸이 결합하여 한 몸이 되는 것을 말한다. 그리고 성경적 이혼관은 한 몸이었던 그 몸이 다시 둘로 쪼개지는 것을 말하는데, 이혼을 정당화할 수 있는 것은 한 몸 안에 죄를 짓는 음행이 결정적 사유가 된다. 성경에서는 이혼의 사유가 될 수 있는 요건을 음행 외에도 한 가지 더 들고 있는데, 이에 대해서는 7장을 공부하면서 살펴보기로 하겠다. 로마카톨릭의 관행에 따르는 미국인들에게 결혼이란 예식장에서 서로 남편과 아내가 될 것을 형식상 서약한 다음 "혼례성사"를 올리는 행사에 지나지 않는다. 결혼이 단지 "결혼식"일 뿐인지라 마음만 먹으면 언제라도 갈라설 수 있게 되어 버렸다. 갈라서서 열댓 번 재혼한 뒤에 다시 전 남편과 재혼하거나 전 아내와 재혼하는 사람들도 얼마든지 있다. 하나님께서는 남자와 여자를 한 몸이 되게 하시는 분이지 "결혼식"을 치러주시는 분이 아니다. 오늘날 하나님께서 하나가 되게 하신 그 한 몸을 사람들은 끄떡하면 제멋대로 둘로 다시 쪼갠다. 성경에서 음행을 이혼의 정당한 사유로 인정하는 까닭은 음행이 한 몸에 대해 직접적으로 죄를 지어 사실상 그 한 몸을 둘로 쪼개 놓았기 때문이다. 음행을 저지르는 순간 부부는 이미 둘로 쪼개져 버린 상태가 된다. 남자가 음행을 하였다면 그 남자는 아내가 아닌 다른 여자와 한 몸이 되었다는 뜻이다. 따라서 남편과 아내가 이루고 있던 원래의 그 한 몸은 자동적으로 이미 둘로 쪼개졌고 아내는 자동적으로 반쪽자리 홀몸 상태가 되어 버린다. 이것은 실질적으로 남편이 죽어버린 과부신세나 다름없다. 따라서 아내는 남편과 이혼하고, 또 원한다면 다른 남자와 재혼할 수 있게 된다. 남편이 죽은 여자는 다른 남자와 다시 결혼하더라도 성경은 간음으로 간주하지 않는다. 로마서 7장을 보라. 『**형제들아, (내가 율법을 아는 자들에게 말하노니) 율법은 그가 살아 있는 동안에만 그 사람을 주관하는 것을 알지 못하느냐? 남편이 있는 여인은 그 남편이 살아 있는 한 그에게 법으로 매여 있으나 남편이 죽으면 그녀는 그 남편의 법에서 벗어나느니라. 그러므로 남편이 살아 있는 동안에 다른 남자와 혼인하면 간음한 여인이라 불리지만 그녀의 남편이 죽으면 그 법에서 해방되므로 다른 남자와 혼인하더라도 간음한 여인이 아니니라**』(롬 7:1-3). 남편이 살아 있는 한 여자가 다른 남자와 다시 "결혼"할 수는 없다. 이것은 "간음"이지 결혼이 아니다. 그러나 오늘날 결혼이 "식"을 올리는 것에 지나지 않게 되어 버린 미국에서는 여자가 한 남자와 결혼하고 사흘 동안 같이 살다가 다른 남자와 다시 결혼하는 세상이 되어 버렸다. 그리고 이런 여자들은 "나에게는 두 명의 남편이 있답니다." "어머, 나는 남편이 셋인 걸요." 하고 아무렇지 않게 말하는 세상이 되었다. 이러한 풍조는 결혼이 "한 몸"을 이루는 것이 아니라 "식"을 올리는 행사에 지나지 않는다고 생각한 데서 비롯된 것이다. 오늘날 미국에서는 누가 "결혼했다."고 말하면, "아, 식을 올렸군." 하고 생각해 버린다. 로마서 7:1은 분명히 『**내가 율법을 아는 자들에게 말하노니**』라고 말하고 있다. 그 율법이란 곧 신명기 24장의 말씀을 말한다. 『**어떤 사람이 아내를 취하여 그녀와 혼인을 했는데 그녀에게서 어떤 수치스러운 일을 발견했기에 그녀가 그의 눈에 은총을 얻지 못하여 좋아지지 않게 되면 그가 이혼증**

서를 써서 그녀에게 주어 자기 집에서 내보낼 것이요, 그녀가 그 사람의 집에서 나간 후에는 그녀가 가서 다른 사람의 아내가 될 수 있느니라』(신 24:1,2). 이처럼 자신에게 "수치스러운" 점이 있어서 남편에게 이혼당한 여자에게 다른 남자와 재혼할 수 있도록 허용하는 것이 율법이다. 그러나 재혼한 그 여자에게는 여전히 남편이 새 남편 "한 사람"뿐이지 결코 "두 사람"이 될 수가 없다. 그런데, 재혼한 두 번째 남편에게서도 미움을 받는 바람에 이혼증서를 받고 쫓겨나거나, 또는 두 번째 남편이 죽는 바람에 홀몸이 되었을 경우, 그래도 전 남편은 그녀를 다시 아내로 맞아들일 수 없게 되어 있는 것이 신명기 24장에서 주어진 율법이다. 이것은 전 남편이 설사 독신으로 지내고 있다고 해도 마찬가지다. 그것은 주님 앞에 가증스런 일이기 때문이다. 신명기 24:3,4을 계속해서 읽어 보라. 『**만일 그 나중 남편도 그녀를 미워하여 그녀에게 이혼증서를 써서 그녀의 손에 쥐어 주고 그의 집에서 내보냈거나 혹은 그녀를 아내로 취한 그 나중 남편이 죽었으면 그녀를 내보냈던 전 남편은 그녀가 더렵혀진 후에는 그녀를 자기 아내로 다시 취할 수 없나니, 이는 그것이 주 앞에 가증한 것이기 때문이라. 너는 주 너의 하나님께서 네게 유업으로 주시는 땅으로 죄를 짓지 않게 할지니라.**』 전 아내였던 여자가 다른 남자와 재혼하는 바람에 "그녀가 더렵혀진 후에는" 그녀를 다시 아내로 맞아들일 수 없다면, 하물며 창녀야 말해서 무엇하랴?

위에서도 언급한 바와 같이, 아내를 두고도 다른 여자와 음행을 저지르는 것은 하나님께서 한 몸을 이루어 부부가 되게 한 몸을 제멋대로 다시 쪼개는 행위이다. 음행과 같은 정당한 사유도 없이 이혼하는 것도 마찬가지다. 가정법원에서 법적으로 이혼수속을 밟았다 해도 이런 이혼은 하나님께서 이루어 주신 한 몸을 제멋대로 쪼개는 것이라는 점에는 차이가 없다. 결혼과 관련하여 오늘날 미국인들은 성경 말씀을 까맣게 잊어버리고 있다. 그리고 아무도 성경적 결혼관에 대해 가르쳐 주지 않는다.

『**또한 너희 몸은 너희가 하나님으로부터 받은 바 너희 안에 계신 성령의 전인**

것을 알지 못하느냐? 너희는 너희 자신의 것이 아니니라. 너희는 값을 치르고 산 것이니 그러므로 하나님의 것인 너희 몸과 너희 영으로 하나님께 영광을 돌리라』(19,20절). 이 구절 역시 반드시 기억해 두어야 할 위대한 구절이다. 『**너희 안에 계신 성령**』이라는 말씀에 주목하라. 고린도 교회 회원들이 방언을 했기 때문에 바울이 지금 그들 안에 성령이 계시다고 말하고 있는 것이 아니다. 당신이 주 예수 그리스도를 믿고 그분을 구주로 영접하여 거듭나는 순간 성령님께서는 당신의 몸 안으로 들어오셔서 당신의 몸을 자신이 거하시는 "집"으로 삼으신다. 은사주의자들이 말하듯 당신이 방언을 해야만 당신의 몸이 성령의 전이 되는 것이 결코 아니라는 말이다. 그리스도인으로 거듭난 당신의 몸은 이제 더 이상 당신 자신의 것이 아니라 그 소유권이 주 예수 그리스도께로 옮겨 갔다. 그분께서는 당신을 소유하기 위하여 십자가에서 처형되심으로써 그 피값으로 당신을 사셨다. 이제 당신은 주 예수 그리스도의 종이다. 바울이 곳곳에서 말하고 있는 "종"(servant)이라는 단어는 헬라어로 "노예"(slave)란 뜻이다. 당신은 그리스도의 노예가 되었다. 그리스도께서는 당신을 값을 치르고 노예로 사셨다. 그러므로 당신이 이제 할 수 있는 것은 당신의 몸과 영으로 하나님께 영광을 돌려 드리는 일뿐이다. 이제는 당신 마음대로 할 수 있는 일은 없고 다만 하나님의 말씀에 따라 하나님의 뜻에 순종하며 사는 일만 남았다. 당신이 하나님의 소유가 되었다는 것은 당신이 세상으로부터 완전히 해방되었다는 것을 말한다. 거듭나기 전까지는 당신이 이 세상과 이 세상의 신이요 권세인 마귀의 종이었다. 그러나 당신은 더 이상 세상의 노예가 아니며 마귀의 종도 아니다. 당신은 완전한 자유인이 되었다. 당신의 몸은 하나님께서 들어와 사시는 지극히 거룩한 몸이다. 그러한 몸으로 죄를 범하고 음행을 저지르는 것은 종으로서 주인에 대한 반역이다. 당신은 반역행위를 통하여 하나님께 영광을 돌릴 수 있겠는가?

성도들의 혼인에 관한 규례에 대해서는 고린도전서 7장에서도 상세히 다루고 있다. 우리는 7장을 공부하면서 좀 더 면밀히 결혼과 관련된 내용들을 살펴볼 것이다.

고린도전서 7장

7:1 이제 너희가 내게 쓴 것들에 관해서는, 남자가 여자를 접촉하지 아니하는
것이 좋으나
2 음행하지 않기 위해 남자마다 자기 아내를 두고 여자마다 자기의 남편을
둘지니라.
3 남편은 아내에게 합당한 애정을 주고 아내도 남편에게 똑같이 하라.
4 아내가 자기 몸을 주관하지 못하고 남편이 주관하며 이와 같이 남편도 자기
몸을 주관하지 못하고 아내가 주관하느니라.
5 너희는 서로 권리를 빼앗지 말라. 다만 금식과 기도할 틈을 얻기 위하여 합
의상 잠시 떨어져 있다가 다시 합하라. 이는 사탄이 너희의 자제하지 못함으
로 인하여 너희를 시험하지 못하게 하려 함이라.
6 그러나 내가 이 말을 하는 것은 허용함에 의한 것이요, 명령에 의한 것이
아니니라.

『이제 너희가 내게 쓴 것들에 관해서는, 남자가 여자를 접촉하지 아니하는 것

이 좋으나』(1절). 고린도 교회의 회중들은 지극히 육신적이면서도 그 가운데에는 또 극도의 금욕주의를 표방하면서 "경건한 척"하는 부류가 있어 남녀 간의 결혼까지 죄악시하는 사람들이 또 있었던 모양이다. 회중들 사이에는 이 문제를 놓고 의견이 엇갈려 또 분열을 일으켰고 마침내는 결혼문제에 대한 바울의 견해를 듣기 위하여 그들 중 누군가가 편지를 써 보냈던 모양이다.

『**남자가 여자를 접촉하지 아니하는 것이 좋으나**』(1절). 여기서 "접촉"한다는 것은 물론 남자가 여자와 어깨동무를 한다거나 껴안는다거나 손을 잡는다거나 하는 따위의 단순한 외부적 신체 접촉을 의미하는 것이 아니라 성적인 관계를 뜻한다. 지난 날 밥 존스 대학에서는 남녀학생들 간의 "접촉"에 대해서 어찌나 엄격했던지 남녀 학생들이 데이트하면서 손잡고 걷는다거나 남자가 여자의 어깨에 손을 얹는다거나 벤치에 앉아 서로 등을 맞대는 것까지도 엄격하게 금하고 있었다. 이건 좀 지나치지 않느냐고 투덜댈 만도 하지만, 오늘날 특히 은사주의 교회 내에서 남녀 간에 갖가지 불미스러운 일들이 빈발하는 것을 보거나 사회적으로 무질서하고 부도덕한 혼외정사나 혼전관계가 성행하는 것을 놓고 볼 때, 밥 존스 대학이 그처럼 엄격한 규율을 학생들에게 강요했던 데에는 그만한 이유가 있었다고 생각한다. 부도덕한 남녀 간의 성적관계는 처음에는 언제나 작은 것부터 시작되기 마련인지라, 처음에는 서로 눈길로 접근하다가 조금 있으면 은근한 대화로 좀더 가까이 접근하고 어느새 손을 잡는 일로 발전되기 마련이며, 이것이 나중에는 잠자리까지 같이 하는 엄청난 일로 확대되고 만다는 것은 상식적으로 다 아는 일이다. 혼외정사니 혼전관계니 하는 따위는 그 어떤 말로 미화시키려고 애써도 도덕적 타락인 것만은 부인하지 못한다.

『**음행하지 않기 위해 남자마다 자기 아내를 두고 여자마다 자기의 남편을 둘지니라**』(2절). 음행을 피하기 위해서 남녀가 결혼하도록 하라는 것은 하나의 명령이다. 결혼은 음행을 피할 수 있는 최선의 방법이다. 이 말은, 성적 욕구를 얼마든지 자제할 수 있어서 일생 동안 음행을 피할 자신이 있는 사람이라면 반드시 결혼을 안해도 괜찮다는 뜻도 담고 있다. 남녀 간의 성적 욕구는 자연스러운 현상이기에 죄악시 할 필요가 없지만, 그것이 "음행"이라는 형태로 발전되면 죄악이 된다. 그래서 하나님께서는 인간에게 "결혼"이라는 멋진 장치를 만들어 주셨다. 『**또 주 하나님께서 말씀하시기를 "남자가 혼자 있는 것이 좋지 않으니 내가 그를 위하여 돕는 자를 지으리라." 하시며... 여자를 지으셔서 그녀를 그 남자에게로 데려오시니,... 그들이 한 몸이 될 것임이니라**』(창 2:18-24). 결혼이라는 남녀 간의 관계는 이처럼 인류의 조상으로부터 시작되었고, 그렇게 하도록 하신 분은 하나님이셨다. 물론 결혼은 오직 음행하지 않기 위해 하는 것만은 아니다. 이것은 인류 최초의 결혼을 제정하신 하나님께서도 분명히 밝혀 놓으셨고 배우자를 『**그를 위하여 돕는 자**』라고 정의를 내리신 것으로도 알 수 있다.

『**남편은 아내에게 합당한 애정을 주고 아내도 남편에게 똑같이 하라**』(3절). 이 구절에서 "합당한 애정"이란 곧 "요구할 권리가 있는 애정"이란 뜻이다. 남편은 아내에게, 아내는 남편에게 애정을 요구할 권리가 있다. 이것은 『**다산하고 번성하여 땅을 다시 채우고 그것을 정복하라.**』(창 1:28)는 하나님의 명령과 관련하여 당연한 권리이기도 하다. 이 구절에서 "애정"이란 문맥상으로 볼 때, 육체적인 애정을 나타내고 있지만, 부부 간의 애정이란 비단 그것만이 아니라는 것은 두말할 필요도 없다. 한 몸을 이룬 부부 간의 사랑은 모든 종류의 사랑을 포괄한다. 부부 간의 승화된 사랑은 그리스도에 대한 사랑과 동일한 차원의 것임을 우리는 성경에서 배운다. 『**아내들아, 너희는 너희 자신의 남편에게 복종하기를 주께 하듯 하라. 이는 남편이 아내의 머리됨이 그리스도께서 교회의 머리됨과 같음이라. 그는 몸의 구주시니라... 남편들아, 너희는 자기 아내를 사랑하되 그리스도께서 교회를 사랑하셔서 교회를 위하여 자신을 주신 것같이 하라**』(엡 5:22-25). 이처럼 성경은 부부 간의 애정을 그리스도의 사랑이나 그리스도에 대한 사랑과 비교할 정도로 승화시키고 있음을 우리는 본다.

『**아내가 자기 몸을 주관하지 못하고 남편이 주관하며 이와 같이 남편도 자기 몸을 주관하지 못하고 아내가 주관하느니라**』(4절). 결혼하여 한 몸 속에 융화된 아내의 몸은 남편에게 속하고 남편의 몸 역시 아내의 것이 된다. 그런데, 이 구절을 고린도전서 6:20의 말씀과 연관지어 읽을 때, 남편과 아내가 이룬 그 한 몸이 서로의 것만이 아니라는 것을 알게 된다. 『**너희는 값을 치르고 산 것이니 그러므로 하나님의 것인 너희 몸과 너희 영으로 하나님께 영광을 돌리라**』(고전 6:20). 그러므로 여자가 결혼하면 그녀의 몸은 하나님과 남편 두 사람의 소유가 되고, 남자도 결혼하면 그의 몸이 하나님과 아내 두 사람의 것이 된다. 물론 이 경우는 남편과 아내가 모두 구원받은 사람들이라는 전제 하에서 그러하다. 7장 전체가 그리스도인들을 대상으로 하고 있는 말씀이라는 것을 염두에 두고 읽어야 한다. 하나님께서는 구원받지 못한 죄인들의 결혼문제 따위에 대해서는 전혀 관심이 없으시기에 구원받지 못한 자들에 대해서는 이래라 저래라 말씀조차 하시지 않으신다.

결혼한 남녀 간의 몸을 성적관계의 대상이라는 관점에서 좁은 의미로 보고서 그 몸을 서로의 소유물로 간주하더라도 다음 5절에서와 같은 규칙이 적용된다.

『**너희는 서로 권리를 빼앗지 말라. 다만 금식과 기도할 틈을 얻기 위하여 합의상 잠시 떨어져 있다가 다시 합하라. 이는 사탄이 너희의 자제하지 못함으로 인하여 너희를 시험하지 못하게 하려 함이라**』(5절). 이 구절에서는 부부관계를 단순한 육체적 관계에 국한해서 언급하고 있는 부분이다. 남편과 아내는 서로에 대해서 정상적인 육체적 관계를 요구할 권리가 있고 한 쪽에서 다른 쪽의 권리를 무시하고 빼앗을 수는 없다는 것이 성경적 규칙이다. 이 규칙에 의하면, 금식과 기도를 위해서 서로 합의하여 잠시 동안 육체적 관계를 끊을 수는 있으되, 그것이 끝나면 다시 합해야 한다. 부부 간에 육체적 관계가 장기간 단절되면 반드시 사탄이 그 틈을 노리고 끼어들기 마련이다. 마귀가 끼어들면 성적 자제력을 잃고 음행을 저지르게 될 위험이 항상 뒤따른다. 우리의 싸움은 혈과 육에 대항하는 것이 아니라 마귀를 대적하는 영적 싸움이다. 『**이는 우리의 싸움이 혈과 육에 대항하는 것이**

아니라 정사들과 권세들과 이 세상 어두움의 주관자들과 높은 곳들에 있는 영적 악에 대항하는 것』(엡 6:12)이라고 성경은 말씀한다. 그러나 마귀는 언제나 혈과 육을 이용해서 당신을 공격해 온다는 사실을 잊지 말라. 따라서 당신이 영적 싸움을 싸우고 있다고 해서 육신적인 일들을 소홀히 하고 규칙에 따라 처리하지 않으면, 당신은 마귀의 공격을 자초하게 된다는 사실을 항상 경계하지 않으면 안 된다.

『**그러나 내가 이 말을 하는 것은 허용함에 의한 것이요, 명령에 의한 것이 아니니라**』(6절). 남녀가 반드시 결혼을 해야 된다거나, 반대로 결혼하지 말고 독신으로 지내야 된다거나 하는 식으로 바울은 딱 부러지게 한 가지만을 말할 수 없는지라 그는 하나님의 명령이 아니라 하나님의 허용하신 뜻 안에서 최선의 충고를 하고 있는 것이다. 『**명령에 의한 것이 아니니라.**』는 말은 그 당시 바울이 갖고 있던 구약 성경에는 그런 기록이 나와 있지 않았다는 뜻이다. 이에 반하여 『**허용함에 의한 것**』이란 하나님의 영감에 의하여 성도들에게 편지로 교훈을 주고 있는 자신의 영적 권위가 하나님으로부터 부여된 것임을 분명히 선언하고 있는 말이다. 그러면서도 바울은 영적 권위를 가진 자신의 견해가 하나님의 원래 의도를 초월할 수 없다는 사실 또한 분명히 해두고 있는데, 우리는 이것을 다음 7절에서 엿볼 수 있다.

7:7 **나는 모든 사람이 나와 같기를 바라나 사람마다** 하나님께로부터 **받은 자기의 은사가 있어서 이런 사람도 있고 저런 사람도 있느니라.**

8 **내가 혼인하지 아니한 사람들이나 과부들에게 말하노니 그들이 나처럼 산다면 자기들에게 좋으니라.**

9 **그러나 만일 그들이 절제할 수 없다면 혼인하게 하라.** *정욕이* **불타는 것보다는 혼인하는 것이 나으니라.**

10 **내가 혼인한 사람들에게 명하노니 명하는 이는 내가 아니라 주시니라. 아내는 남편과 헤어져서는 안 되느니라.**

11 여자가 설령 헤어졌다고 해도 재혼하지 말고 지내든지 아니면 남편과 화해 하든지 하라. 남편도 아내를 버려서는 안 될 것이니라.

『**나는 모든 사람이 나와 같기를 바라나 사람마다 하나님께로부터 받은 자기의 은사가 있어서 이런 사람도 있고 저런 사람도 있느니라**』(7절). 바울 자신은 독신으로 살았다. 그가 결혼하지 않은 것은 그가 독신생활을 능히 영위할 수 있는 능력이 있었을 뿐더러 그것이 자신에게 더 좋았기 때문이었을 것이다. 그래서 다른 사람들도 자기와 같다면, 그들도 자기처럼 하나님의 사역을 하는 데에만 전념하기 위하여 독신으로 사는 것이 좋겠다고 생각했던 것이다. 그러나 결혼하지 않고 독신으로 지내는 것이 좋다는 것은 절대적인 진리일 수는 없다. 왜냐하면, 하나님께서는 각 사람에게 각기 다른 특성과 여건을 베푸셨기 때문이다. 바울은 『**사람마다 하나님께로부터 받은 자기의 은사가 있어서 이런 사람도 있고 저런 사람도**』있다는 사실을 잘 알고 있었다. 예수님께서도 마태복음 19장에서 똑같은 말씀을 하셨다. 『**제자들이 주께 말씀드리기를 "만일 그 남자와 그 아내와의 경우가 그런 것이라면 혼인하지 않는 것이 좋겠나이다."라고 하니 주께서 그들에게 말씀하시기를 "모든 사람이 다 이 말을 받는 것이 아니고, 이 말이 주어진 자들만이 받느니라. 모태로부터 고자로 태어난 자들도 있고, 사람에 의해서 고자된 자들도 있으며, 또 천국을 위하여 스스로 고자된 자들도 있느니라. 이 말을 받아들일 수 있는 사람은 받아들이라." 하시더라**』(마 19:10-12). 어떤 사람은 선천적으로 고자로 태어나기도 하고, 어떤 사람은 전쟁 포로가 되어 강제로 거세당하고 노예가 되기도 했으며, 또 어떤 사람들은 결혼하여 아이들을 낳고 그들을 부양하느라고 바쁘게 살기 보다는 바울처럼 하나님만을 섬기기 위해 스스로 고자가 된 사람도 있었다. 이런 사람들은 혼인하지 않고도 아무 문제 없이 혼자 살 수 있는 특별한 사람들이다. 제자들이 예수님께 "혼인하지 않는 것이 좋지 않겠느냐?"고 여쭈어 본 것은 본문의 바로 앞 절인 9절에서 음행한 일도 없는 아내를 버리고 다른 여자와 혼인하는 것은 간음이라고 주님께서 말씀하셨을 때, 제자들은 음행이니, 간음이니 하는 따위와 같은 여자 문제로 골치를 썩이느니 차라리 혼자 사는 게 좋지 않겠느냐고 단순하게 생각했기 때문이었지만, 실은 제자들의 머릿속에는 마태복음 24장에서 언급하고 있는 "그때"에 대한 생각이 뇌리에서 떠나지 않고 있었기 때문이었다. 대환란이 닥쳐오는 판에 혼인은 무엇 하러 하겠으며, 음행이다, 간음이다 하는 골치 아픈 문제들 때문에 이혼한다, 다른 여자와 또 혼인한다 하는 따위의 일로 세월을 보낼 필요가 있겠느냐고 그들은 생각했던 것이다. 마태복음 19장에서 예수님께서 위와 같은 언급을 하시게 된 동기는 3절에서 바리새인들이 주님께 와서 시험해 보려고 『**사람이 무슨 사유로든지 자기 아내를 버리는 것이 타당하나이까?**』 하고 물어왔기 때문이었다. 바리새인들은 아내를 버릴 수 있는 이유로 별의별 것들을 다 내세우던 자들이었다. 그들은 아내들에게 잔인한 자들이었다. 이것은 오늘날 미국도 마찬가지다. 미국인들은 별의별 이유를 다 내세워 이혼을 밥 먹듯 한다. 남편과 아내가 심지어 성격이 안 맞는다는 이유로 법원에 가서 서류만 제출하면 손쉽게 이혼할 수 있다. 부부 간에 성격 차이가 있더라도 서로 양보하면서 성격을 융화하고 일치된 생각에 도달하려고 최선을 다하려는 생각은 털끝만큼도 하지 않는 것이다. 결혼을 하면 부부가 함께 원만하게 살아가기 위한 규칙이 있는 법이다. 그러나 그것을 아무도 가르쳐 주지 않는 세상이 되었다. 부부 간에 어떻게 살아야 한다고 올바르게 충고하고 가르쳐 주는 사람이 아무도 없는 것이다. 이런 식으로 살려면 처음부터 무엇 하러 결혼을 한단 말인가? 지금 이 시대는 어떤 규칙이 있어도 아무런 의미가 없고, 아무런 의미가 없기에 여하한 규칙도 필요 없는 시대가 되어 버렸다. 현대인들은 영적으로는 미숙하기 짝 없으면서도 감정만 발달하여 젊은이들이 기분에 따라 결혼하고 사소한 일로 티격태격하다가 걸핏하면 이혼해 버린다. 그들은 규칙도 모르고 규칙을 지킬 줄도 모른다. 그런 처지라면 처음부터 결혼하지 말아야 한다.

바울이 『**나는 모든 사람이 나와 같기를 바라나**』(7절)라고 한 말 가운데에는 모든 사람들이 자신처럼 독신으로 살기를 바란다는 뜻 이상의 숭고한 의미를 담고 있다는 데에 주목하라. 바울은 여러 곳에서 다른 사람들이 자기와 같기를 바란다는 말을 하고 있다. 『**바울이 말하기를 "당신뿐만 아니라 오늘 내게 듣는 모든 사람도 거의 그리스도인이 되었거니와 이렇게 결박당한 것을 제외하고는 모두가 나와 같이 되기를 하나님께 바라나이다." 하더라**』(행 26:29). 바울은 자신처럼 다른 사람들도 모두 그리스도인이 되어 복음을 전파하고 하나님의 사역을 감당할 수 있게 되기를 바랐다. 바울은 오직 여기에만 관심이 있었고 그의 생각은 언제나 여기에 초점이 맞추어져 있었다.

바울은 독신이었고 위대한 사역자였지만, 그렇다고 바울처럼 결혼하지 않고 독신으로 산다고 해서 모든 사람들이 훌륭하게 하나님을 섬기는 것은 결코 아니다. 이 세상에는 결혼하고 처자식을 거느린 사람들이 독신으로 사는 사람들보다 더 훌륭히 하나님을 섬기는 경우도 얼마든지 있다. 나는 이런 점에서 욥이 바울보다 더 위대했던 사람이라고 늘 생각해 왔다. 바울은 분명 위대한 사역였지만, 독신이었는지라 『**하나님을 저주하고 죽으라.**』(욥 2:9)고 독설을 퍼붓는 아내도 없었고, 욥처럼 비명횡사한 자녀들을 자기 손으로 땅에 묻어야 하는 엄청난 비극도 겪을 필요가 없었다. 바울은 그 혼이 들려 올려져 셋째 하늘까지 자기 눈으로 직접 볼 수 있는 대단한 체험을 했지만, 욥에게는 그런 기회가 전혀 주어지지 않았다. 그런가 하면 또, 바울에게는 언제라도 마음만 내키면 읽을 수 있는 서른 아홉 권의 성경책이 곁에 있었지만 욥에게는 하나님의 말씀이 담긴 단 한 권의 책도 없었다. 이렇게 볼 때, 욥은 바울보다 훨씬 더 훌륭한 인물이었다. 이처럼 당신에게도 보살펴야 할 처자가 있어 그들을 먹여 살리느라고 바쁜 삶을 살아야 하지만 그러면서도 주님을 신실하게 섬기며 살고 있다면, 독신으로 살면서 하나님을 섬기는 사람보다 당신이 더 훌륭하다고 자부해도 된다. 그 어떤 독신자라도 신경을 써야하고 책임져야 할 세상 일은 결혼한 사람들보다는 적기 때문에 주님을 위해 일할 수 있는 시간적, 환경적 여건이 그만큼 유리하기 마련이다.

『**내가 혼인하지 아니한 사람들이나 과부들에게 말하노니 그들이 나처럼 산다**

면 자기들에게 좋으니라』(8절). 여기서 『**혼인하지 아니한 사람들**』이란 남자들을 말한다. 그래서 이 구절은 혼인하지 않고 혼자 사는 남자들과 남편을 잃고 혼자 살게 된 과부들을 서로 대비해서 말하고 있다. 이러한 대구형식의 묘사법은 28절에서도 사용되고 있다. 『**그러나 설령 네가 장가가도 죄짓는 것이 아니며 설령 처녀가 시집가도 죄짓는 것이 아니니라.**』(고전 7:28)는 구절에서도 남자와 여자를 서로 대비한 대구형식의 표현법으로 묘사한다.

바울은 남자건 여자건 혼자 살고 있는 사람들이 얼마든지 절제할 수 있다면 그대로 자기처럼 혼자 사는 것이 좋겠다고 말한다. 물론, 혼자 산다는 것은 단순한 독신주의나 금욕주의를 목적으로 한 것이 아니다. 독신주의(celibacy)나 금욕주의(asceticism)는 비성경적인 사상이며, 성경 어디에도 그 근거가 없는 이단교리가 수도원 제도를 만들어 낸 것처럼 무책임한 현실도피적 발상에서 나온 것이다. 독신주의와 금욕주의를 내세운 수도원 제도가 참된 신앙적 필요와 성경적 근거에서 나온 것이 아니라 책임을 회피하려는 사이비 종교적 발상에서 나온 제도라는 점에 대해서 좀 더 상세한 교회사적 배경을 알고 싶다면 〈신약교회사〉(말씀보존학회, 1997) 11장을 참조하기 바란다.

7장은 남녀의 결혼문제를 실질적으로 다루고 있지만, 그 전체 주제는 어디까지나 『**때가 얼마 남지 않았으니**』(29절) 거듭난 후 『**주 안에서 부르심을**』(22절) 받은 성도들 각자가 얼마나 『**주께 속한 일들을 염려하여 어떻게 주를 기쁘게 할까**』(32절) 하는 문제에 초점이 모아지고 있음을 잊지 말라. 따라서 결혼문제와 관련하여 언급하고 있는 모든 구절들을 이점에 비추어서 생각하고 이해하지 않으면 엉뚱한 오해를 초래할 위험이 있으므로 주의해서 읽지 않으면 안 된다.

『**그러나 만일 그들이 절제할 수 없다면 혼인하게 하라.** *정욕이* **불타는 것보다는 혼인하는 것이 나으니라**』(9절). 앞에서도 언급한 것처럼 성적 욕구를 절제할 수 없다면 그 욕구는 곧 음행으로 이어질 위험이 따른다. 인간은 연약하기 짝없는 존재라는 사실을 인정하라. 그러므로 이런 위험을 피하려면 결혼하여 배우자를 맞아들이는 것이 최선의 방법이다. 이 구절에서 『**불타는 것**』(burn)이란 지옥에 가서 불타는 것이 아님이 분명하다. [그래서 〈한글킹제임스성경〉에서는 작은 글씨체로 『*정욕이*』라는 단어를 추가하여 의미상의 혼란이 없도록 표기하였다. – 역자 주] 정욕이 불타면 절제하기 어렵다. 불타는 정욕을 절제할 수 없을 때 인간은 음행이라는 죄를 범하게 된다. 그래서 성경은 『**혼인하는 것이 나으니라.**』고 넌지시 권면하고 있는 것이다. 그렇다고 여기서 결혼을 단순히 육체적인 정욕을 해결하기 위한 수단으로 언급하고 있는 것은 결코 아니다. 이런 목적만으로 결혼을 한다는 것은 단돈 100원으로 메르세데스 벤츠 승용차를 한 대 사려고 덤벼드는 것만큼이나 뻔뻔스러운 사람이다. 바울은 지금 겉으로 경건한 척하면서 독신으로 사는 사람이 뒤로는 육체적인 정욕을 절제하지 못해 남모르게 고통을 겪으며 갈등을 일으키다가 종국에는 음행을 저지를 위험이 있는 위선자들에게 경고하고 있는 것이다. 바울 자신이 독신으로 살았기 때문에 그 속사정을 누구보다도 잘 알고 있었을 것이다. 바울만큼 달려갈 목표가 뚜렷하고 하나님께로부터 받은 사명 완수에 몰두하며 모든 육신적인 욕망들을 능히 제어할 수 있는 사람으로서 성령님의 인도하심을 받는 처지가 아니라면, 괜히 무리하지 말고 『**혼인하는 것이 나으니라.**』는 충고을 귀담아 듣도록 하라.

『**내가 혼인한 사람들에게 명하노니 명하는 이는 내가 아니라 주시니라. 아내는 남편과 헤어져서는 안 되느니라**』(10절). 이것은 하나님의 명령이다. 그 어떤 경우에도 성경이 인정하고 있는 이유 중 음행처럼 불가피한 이유 외에 다른 핑계로 부부가 이혼하는 것은 하나님의 명령을 어기는 것이다. 더구나 아내가 먼저 이혼하려고 나서는 것은 절대로 허용하지 않고 있는 것이 성경이다. 그래서 성경은 여기서 특별히 『**아내는 남편과 헤어져서는 안 되느니라.**』고 강조하여 못박고 있는 것이다.

『**여자가 설령 헤어졌다고 해도 재혼하지 말고 지내든지 아니면 남편과 화해하**

든지 하라. 남편도 아내를 버려서는 안 될 것이니라』(11절). 아내가 설사 헤어졌다 해도 그것은 일시적인 것이어야만 하고, 그 기간 동안 재혼하지 말고 남편과 화해하고 남편에게로 돌아가야 한다. 이것은 남편도 마찬가지다. 이 말은, 헤어졌다 해도 다시 화해할 것을 염두에 두고 헤어져야지 정말로 배우자를 영영 버리겠다는 생각을 품고 헤어져서는 안 된다는 말이다. 다시 말해서, 부부가 헤어질 때, 다른 사람과 재혼하려는 의도와 목적을 속에 품고 있으면 안 된다고 성경은 말씀한다. 이 말을 한 걸음 더 나아가 깊이 생각해 보면, 어차피 화해하고 다시 결합할 것을 무엇 때문에 처음부터 헤어질 생각을 하느냐는 꾸중이 담겨 있기도 하다는 것을 알 수 있다.

7:12 나머지 사람들에게 주께서 말씀하시는 것이 아니고 내가 말하노니 만일 어떤 형제에게 믿지 아니하는 아내가 있는데 남편과 함께 살고자 한다면 그녀를 버리지 말라.

13 또 어떤 여자에게 믿지 아니하는 남편이 있는데 함께 살고자 한다면 그를 버리지 말라.

14 이는 믿지 아니하는 남편이 그 아내로 인하여 거룩하게 되고 믿지 않는 아내도 그 남편으로 인하여 거룩하게 되기 때문이라. 그렇지 않다면 너희 자녀도 깨끗하지 못하니라. 그러나 이제는 그들이 거룩하니라.

15 그러나 만일 믿지 아니하는 자가 떠나겠다면 그를 떠나게 하라. 형제나 자매나 그런 일에 매여 있지 아니하느니라. 그러나 하나님께서는 우리를 화평으로 부르셨느니라.

16 오 아내여, 네가 네 남편을 구원할지 어찌 알겠으며, 오 남편이여, 네가 네 아내를 구원할지 어찌 알겠느냐?

17 오직 각 사람은 하나님께서 나눠 주신 대로, 각 사람은 주께서 부르신 대로 그대로 행하라. 내가 모든 교회에도 그렇게 지시하노라.

『**나머지 사람들에게 주께서 말씀하시는 것이 아니고 내가 말하노니 만일 어떤 형제에게 믿지 아니하는 아내가 있는데 남편과 함께 살고자 한다면 그녀를 버리지 말라. 또 어떤 여자에게 믿지 아니하는 남편이 있는데 함께 살고자 한다면 그를 버리지 말라**』(12,13절). 바울은 지금 성경 말씀을 보충하여 "차선책"으로 말하고 있는 것이 아니다. 단지 성경에서는 말씀하고 있지 않기 때문에 자신이 말한다고 그는 분명히 밝히고 있다. 바울은 얼마든지 그런 자격을 갖춘 사람이었다. 그는 지금 하나님의 영감으로 성경을 기록하고 있는 사람이다. "성경에서는 비록 그렇게 말하고 있지는 않지만"이라든가, "성경에는 이런 말씀이 없지만"이라는 뜻이 아니라 "성경에는 아무 말씀도 없으므로" 자기가 대신 말하겠다는 뜻이다. 그리고 그 내용이 바로 남편이 하나님을 믿고 섬기는데 아내는 믿지 않지만 그렇더라도 남편과 헤어지기를 원치 않는다면 그 아내를 버려서는 안 된다는 것이다. 이것은 물론 여자도 마찬가지다. 바울이 이렇게 말하는 데에는 다음과 같은 이유에서다.

『**이는 믿지 아니하는 남편이 그 아내로 인하여 거룩하게 되고 믿지 않는 아내도 그 남편으로 인하여 거룩하게 되기 때문이라. 그렇지 않다면 너희 자녀도 깨끗하지 못하느니라. 그러나 이제는 그들이 거룩하니라**』(14절). 이 구절에서 『**거룩하게 되고**』라든가 또는 『**거룩하니라.**』는 말은 "구원받고"라든가, "구원받았느니라."는 의미가 아니라 "구별되고," 또는 "구별되었느니라."란 뜻이다. 남편이 믿지 않더라도 아내가 믿으면 남편이 덩달아서 구원받는다는 말씀은 성경 어디에도 없다. 그것은 자녀들도 마찬가지다. 그러나 가족 중에 아무도 믿는 사람이 없는 경우에 비하여 아내 혼자만이라도 믿는다면 그 가족은 하나님께서 보시기에 그만큼 "구별된" 가족으로 여겨진다. 남자와 여자 두 사람 모두 구원받지 못한 상태에서 결혼하였다면 이것은 하나님 보시기에 절대적으로 무가치한 가족으로 간주되어 하나님께서는 아예 아랑곳 하지 않으신다. 이에 비한다면 한 쪽만이라도 구원받은 가족이 양쪽 다 구원받지 못한 경우보다 그만큼 더 하나님 보시기에 가치가 인정되는 가족이리라는 것은 쉽게 이해할 수 있을 것이다. 구원받지 않은 사람들끼리 결혼하는 것에 대해서는 하나님께서 전혀 관심을 갖지 않으신다. 그리고 구원받은 사람이 구원받지 못한 다른 사람과 결혼한다는 것도 하나님께서 평가해 주시지 않는다. 최초의 인류였던 아담과 이브는 둘 다 구원받은 사람들이었고 그 전통이 후손들에게 계속 이어지는 것이 하나님의 법도이다. 그런데 어쩌다가 구원받은 사람이 구원받지 못한 사람과 결혼하는 일이 벌어지게 되었던 것이다.

어린 아기들에게 물뿌림으로 "세례"를 주는 시카고 할렘의 언약교회에서는 이 14절을 근거로 어린 아기들에게 물뿌림만 해주면 구원을 받게 된다고 가르친다. 그들은 어머니가 되었건, 아버지가 되었건, 또는 부모가 다같이 구원받았건, 그들에게 주어진 구원의 언약이 얼마나 강력하게 보장되고 넓게 확대되는지, 그것만으로도 가족 전체가 물뿌림만 받으면 다 구원받는다고 주장하는 것이다. 그런 까닭에 구원받은 사람이 구원받지 못한 사람과 혼인하더라도 하나님께서는 구원받은 사람을 위하여 두 사람에게 모두 구원의 혜택을 베풀어 주신다고 그들은 믿는다. 그러니까, 한 쪽만 구원받으면 그리스도의 보혈은 구원받지 못한 죄인에게도 효력이 있다고 믿어 버리는 것이다. 물론 이것은 오해요, 거짓말이다. 구원은 "누구든지" 예수 그리스도를 믿고 그분을 구주로 영접한 자에게 주어지는 것이지만, "누구든지"가 "개인적으로" 누구나 그렇다는 것이지 가족 중 한 사람만 믿어도 가족 "모두가"라는 뜻은 결코 아니다. 예수 그리스도께서 누구신지도 모르는 갓난아기가 죽으면, 설사 그분을 믿고 개인의 구주로 영접할 기회가 없었다 하더라도 그 아기는 구원받는다는 것이 성경적 구원관이다. 그러나 그 아기가 자라서 예수님에 대한 이야기를 듣고 이해할 나이가 되면, 그분을 믿고 자신의 구주로 영접해야만 비로소 구원받게 된다는 것은 두말할 필요도 없다. 한편, 부부 중 한 사람이 구원받은 사람이라고 해서 다른 한 쪽도 그리스도께로 인도되어 구원받게 된다고 확실히 장담할 수는 없지만, 그럴 만한 기회는 그만큼 더 많은 것이 사실이다. 그것이 바로 다음 16절에서 언급하고 있는 내용이다.

『그러나 만일 믿지 아니하는 자가 떠나겠다면 그를 떠나게 하라. 형제나 자매

나 그런 일에 매여 있지 아니하느니라. 그러나 하나님께서는 우리를 화평으로 부르셨느니라』(15절). 부부 중 믿지 않는 한 쪽이 헤어지기를 원한다면 헤어지라고 성경은 거침없이 말씀한다. 이것은 성경이 인정하고 있는 이혼 사유인 음행 외에는 나머지 유일한 이혼 사유에 해당한다. 믿음 때문에 가정에 분란이 생기고 그 분란 때문에 신앙생활에 방해를 받더라도 서로 함께 살기를 원한다면 헤어지지 말라는 것이 성경의 가르침이었지만, 만약 믿지 않는 쪽에서 헤어지기를 원한다면 그런 일에 매여 있지 말라는 것 또한 성경의 가르침이다. 그런데 만약 믿는 쪽에서 헤어지자고 한다면 어떻게 할 것인가? 고린도전서 7:11에서는 이것을 결코 허용하지 않고 있음을 우리는 이미 보았다. 설령 불가피하게 헤어졌더라도 다시 화해하고 결합하라는 것이 성경의 권면이다. 아내가 구원받은 사람이라면 구원받지 못한 남편을 버리지 말아야 하고, 남편 역시 마찬가지다. 그러나 믿지 않는 남편이나 아내가 이혼하기를 원한다면 헤어지는 것이 속 편한 일일 뿐더러 하나님을 섬기는 데에 방해를 받지 않을 것이다. 그래서 성경은 『**그러나 하나님께서는 우리를 화평으로 부르셨느니라.**』고 말씀하고 있는 것이다.

『**오 아내여, 네가 네 남편을 구원할지 어찌 알겠으며, 오 남편이여, 네가 네 아내를 구원할지 어찌 알겠느냐?**』(16절) 그렇다! 당신이 구원받은 사람이라면 당신으로 인해 당신의 아내도 구원받고 당신의 남편이 구원받게 될지 누가 알겠는가? 당신이 구원받았다면, 구원받지 못한 남편이나 아내는 그만큼 더 구원받을 수 있는 기회가 훨씬 가까이 있다는 것만은 사실 아닌가? 설사 당신 때문에 배우자도 영향을 받고 구원받게 되지 않더라도 어떤 계기에 배우자도 구원받게 될지 누가 알겠는가? 그러므로 지금만 생각하지 말고 그날을 기다리면서 살아가라고 성경은 권면하고 있는 것이다. 그러나 당신이 구원받았다고 당신의 남편이나 아내가 반드시 구원받게 되리라고 장담할 수만은 없다. 그것은 확실히 장담할 수 있는 문제가 아니라는 것을 우리들 주변에서 얼마든지 본다. 당신이 아무리 복음을 전하고 말씀을 증거해도 상대방이 그것을 받아들이고 구원받게 되리라는 보장은 없다.

이런 경우 만약 상대방이 헤어지자고 한다면 헤어지라고 성경은 권면하면서도, 배우자 또한 그리스도를 영접하고 구원받게 되는 복된 일이 당신 가정에 일어나게 될지 누가 알겠느냐고 성경은 넌지시 말씀하고 있다. 사실, 이 말씀은 배우자를 그리스도께로 인도하도록 복음을 증거하고 당신의 변화된 모습을 통하여 배우자도 따라 올 수 있도록 하라는 은근한 권면이 암시되어 있다고 볼 수 있지만, "네 남편을 반드시 구원으로 인도하라."든가, "네 아내를 네가 책임지고 꼭 구원받도록 하라."고 직설적으로 강력하게 명령하는 것보다 오히려 더 애틋하고 은근한 설득력을 갖는다.

『**오직 각 사람은 하나님께서 나눠 주신 대로, 각 사람은 주께서 부르신 대로 그대로 행하라. 내가 모든 교회에도 그렇게 지시하노라**』(17절). 이 말씀은 당신이 구원받기 위해서나 구원받은 사람으로서의 헌신하는 삶을 유지하기 위해서 당신이 처해 있는 여건과 상황을 핑계삼아 그 환경을 당신 자신이 억지로 바꿔 보려고 애쓰지 말라는 뜻이다. 구원은 당신이 여하한 여건과 환경에 처해 있더라도 그것과는 상관없이 당신이 그리스도를 믿고 영접하기만 하면 받을 수 있는 것이다. 그리고 구원받아 그리스도인이 된 당신은 하나님께서 나눠 주신 대로, 주님께서 부르신 대로 주어진 여건과 허용된 환경 속에서 최선을 다하며 주님께 속한 일에 헌신하는 사람이어야 한다. 당신이 구원받는 문제를 놓고 다른 핑계를 대지 말라. 당신이 구원받은 성도라면, 주님을 위해 헌신하는 데에 이러쿵 저러쿵 핑계를 늘어 놓지 말라.

7:18 할례를 받은 후에 부르심을 받은 사람이 있느냐? 그는 무할례자가 되지 말라. 무할례시에 부르심을 받은 사람이 있느냐? 그는 할례를 받지 말라.
19 할례를 받는 것도 아무것도 아니며 할례를 받지 아니하는 것도 아무것도 아니로되 오직 하나님의 계명들을 지킬 것이니라.

20 각 사람은 부르심을 받은 그 부르심 안에 거하라.
21 네가 종일 때 부르심을 받았느냐? 그로 인하여 염려하지 말라. 그러나 네가 자유스럽게 될 수 있거든 차라리 그것을 사용하라.
22 이는 종도 주 안에서 부르심을 받으면 주께 속한 자유인이요, 마찬가지로 자유인도 부르심을 받으면 그리스도의 종이기 때문이라.
23 너희는 값을 치르고 산 것이니 사람들의 종이 되지 말라.
24 형제들아, 각자 부르심을 받은 그 부르심 안에서 하나님과 함께 거하라.

『**할례를 받은 후에 부르심을 받은 사람이 있느냐? 그는 무할례자가 되지 말라. 무할례시에 부르심을 받은 사람이 있느냐? 그는 할례를 받지 말라. 할례를 받는 것도 아무것도 아니며 할례를 받지 아니하는 것도 아무것도 아니로되 오직 하나님의 계명들을 지킬 것이니라**』(18,19절). 17절에서도 언급한 바와 같이 구원받기 위해서나 구원받은 성도다운 삶을 유지하기 위해서 자신에게 허락된 상황이나 주어진 조건을 바꿔 보려고 끙끙대지 말라는 말씀이다. 고린도 교회의 회중들 가운데에는 할례를 받고 나서 구원받은 유대인들도 있었지만 대부분 할례받을 필요없는 이방인으로서 구원받은 사람들이었다. 그러나 할례를 받고 나서 구원받았다고 해서 그렇지 않은 사람보다 우월한 것은 결코 아니고 그래야만 진짜 구원을 받는 것도 아니다. 할례를 받고 안받고는 전혀 문제가 되지 않으며 구원과는 아무런 상관이 없다. 중요한 것은 그리스도인들이 하나님의 계명에 따라 순종하며 신실한 성도로 사느냐 아니냐에 달려 있다. 신약에는 그 어디에도 구원과 관련하여 할례를 명한 말씀은 찾아 볼 수 없으며, 구원받은 사람이 할례를 받아야 한다는 말씀도 없다. 이처럼 할례가 하나님의 명령이 아닌 한, 그런 것에 신경 쓸 필요가 없다.

『**각 사람은 부르심을 받은 그 부르심 안에 거하라. 네가 종일 때 부르심을 받았느냐? 그로 인하여 염려하지 말라. 그러나 네가 자유스럽게 될 수 있거든 차라리 그것을 사용하라. 이는 종도 주 안에서 부르심을 받으면 주께 속한 자유인이요,**

마찬가지로 자유인도 부르심을 받으면 그리스도의 종이기 때문이라』(20,21,22절). 당신이 남의 집 종노릇을 할 때 구원을 받았는가? 그렇다면 당신은 노예 상태인 당신의 처지를 더 이상 걱정할 필요가 없다. 당신이 남의 집 종의 신세에서 그리스도의 종으로 해방되었으니까 말이다. 당신이 그리스도의 종이 되었다는 것은 당신이 절대적인 자유인이 되었다는 뜻이다. 성경은 『**종도 주 안에서 부르심을 받으면 주께 속한 자유인이요**』라고 분명히 말씀하고 있지 않은가? 그리고 그리스도 안에서 자유를 누리게 되었다면, 『**그것을 사용하라.**』고 성경은 권면하고 있다. 종이 "자유를 사용한다."는 것은 곧 종의 신분에서 실제적으로 벗어나라는 뜻이 아니라 종된 신분 때문에 거기에 연연하지 말고 그리스도의 종으로서 그리스도께 순종하며 말씀을 증거하고 복음을 전파하며 그리스도를 위하여 헌신하는 데에만 마음을 다하라는 뜻이다. 당신이 그리스도인으로서의 증거를 스스로 소유할 때, 당신이 현실적으로 처해 있는 그 어떤 여건이나 환경도 문제되지 않는다. 당신은 그리스도인이라는 그 자체만으로 이미 그 여건과 환경에서 벗어나 있는 자유인이기 때문이다. 당신은 스스로 그 증거를 소유하고 있어야 한다. 이것은 당신의 처지를 억지로 잊어버리라는 뜻이 아니다. 이것은 그리스도 안에 들어와 있는 당신이 이미 그 처지에서 해방되어 있다는 사실을 깨달으라는 뜻이다.

『**너희는 값을 치르고 산 것이니 사람들의 종이 되지 말라**』(23절). 당신이 구원받은 것은 주님께서 값을 치르고 당신을 사셨기 때문에 가능한 일이었다. 그리하여 당신은 이제 주님의 종이 되었다. 주님의 종이 되었다는 것은 곧 자유인이 되었다는 뜻이다. 당신은 이제 주님의 종인 자유인이지 더 이상 사람의 종이 아니다. 그렇기 때문에 당신이 남의 종일 때 구원받았더라도 조금도 그것을 염려할 필요가 없다. 당신은 이제 자유인이 되었기 때문이다. 이와 같이 구원은 모든 속박으로부터의 해방을 의미한다. 당신은 이제 예수 그리스도를 증거하고 복음을 전파하는 데에 그 자유를 사용하라. 이것이 성경이 당신에게 명하고 있는 바다.

『**너희는 값을 치르고 산 것이니 사람들의 종이 되지 말라.**』 남의 종이었던 당신을 주님께서 값을 치르고 사셔서 해방시켜 주셨음을 잊지 말라. 당신은 그 해방 속에서 주 예수 그리스도를 증거하는 일만 하면 되는 주의 종의 되었다. 이처럼 신약 복음은 당신을 구원하는 위대한 능력을 갖는다. 이 세상 그 어떤 것도 복음을 통한 구원 외에는 당신을 진정으로 해방시키지 못한다. 이 세상 그 어떤 전쟁이나 사회 제도나 정치권력도 진정한 노예해방을 이룩할 능력을 갖지 못한다. 미국의 남북전쟁이 노예를 해방시키기 위한 시민전쟁이었던 것으로 많은 사람들이 알고 있지만, 이것은 역사에 대한 엄청난 왜곡이요 오해에서 나온 착각이다. 남북전쟁은 주 정부의 권리를 박탈하려는 목적으로 시작되었던 것이다. 노예해방 문제는 권력 몰수 투쟁의 와중에서 멋모르고 올라타게 된 학교 버스에 지나지 않는다. 남북전쟁은 모든 권력을 사회주의 체제의 중앙 정부 한 곳으로 집중시키기 위해서 일어났던 전쟁이지, 결코 노예를 해방시키기 위한 전쟁이 아니었다. 그리고 또 그 전쟁의 결과로 흑인 노예들이 진정으로 해방되었느냐 하면, 그것도 아니다. 남북전쟁은 오히려 흑인들을 영원한 노예상태로 묶어 놓는 결과를 가져왔을 뿐이다. 신약 성경은 남북전쟁의 결과로 이룩되었다는 노예해방 따위는 아무것도 아닌 것으로 평가한다. 디모데전서 6장 보라. 『**멍에 아래 있는 모든 종은 자기 주인들을 모든 공경을 받을 자로 여기라. 이는 하나님의 이름과 그분의 교리가 모독을 받지 않게 하려는 것이라. 믿는 주인을 섬기는 자들도 그들이 형제라고 해서 경히 여기지 말고 오히려 더욱 잘 섬겨야 하리니, 이는 그들이 신실하고 사랑받는 자들이며, 선한 일에 동참하는 자들이기 때문이라. 이러한 것들을 가르치고 권면하라. 만일 누군가가 다르게 가르치며 건전한 말씀, 곧 우리 주 예수 그리스도의 말씀과 경건에 따른 교리에 일치하지 아니하면 그는 교만해서 아무것도 아는 것이 없고 다만 질문과 언쟁만을 좋아하는 자니, 거기서 시기와 다툼과 악담과 사악한 의심이 생겨나며**』(딤전 6:1-4)라고 성경은 말씀한다. 주인이 그리스도를 섬기는 형제라고 해서 그 주인을 가볍게 여기지 말고 오히려 『**더욱 잘 섬겨야 하리니**』라는 말씀에 주목하라. 남북전쟁을 일으킨 자들은 노예해방을 한답시고 큰소리를 쳤지만, 실은 "우리 주 예수 그리스도의 말씀과 경건에 따른 교리에 일치하지 아니하였고, 교만해서 아무 것도 아는 것이 없는 자들"

이었다고 성경은 날카롭게 공격하고 있는 것이다. 모든 사람이 평등하다고 신약이 가르치기 때문에 노예는 마땅히 해방되어야 한다는 것은 성경적으로 이단이다. 신약은 구원받은 종이 여전히 그 자리를 지키고 있어야 한다고 가르치고 있으며 주인이 구원받은 사람이라면 더욱 신실하게 섬기라고 가르치고 있다. 그리스도를 영접하고 자유인이 되었다고 해서 그 집에서 뛰쳐나가 노예의 땅 오하이오 주를 벗어나라고 성경은 가르치지 않는다. 1840년 내나 50년대, 혹은 60년대에 앨라배마 주나 조지아 주의 농원에서 일하던 노예들은 경매대에 올려져 값을 흥정하고 매매 되는 바람에 가족들과 헤어지는 비극을 당해야 했지만, 그 노예가 구원받고 그리스도인이 되었을 때, 그 노예는 전 세계 헤비급 복싱 챔피언 캐시어스 클레이보다도 훨씬 더 자유로운 삶을 누릴 수 있었다. 구원받은 노예는 그리스도의 종이 되었기에 그리스도 안에서 완전한 자유인으로 살 수가 있었던 것이다. 『**진실로 진실로 내가 너희에게 말하노니, 죄를 짓는 자는 누구나 죄의 종이니라. 종은 집에서 영원히 거하지 못하나** 아들은 **영원히 거하느니라.**』(요 8:34,35)고 그리스도께서는 말씀하신다. 결국 이 세상 사람은 누구나 다 죄의 종인 것이다. 그러나 구원받은 사람은 죄에서 해방되어 자유인이 된다. 이것이 성경이 말씀하고 있는 진정한 노예해방인 것이다.

『**형제들아, 각자 부르심을 받은 그 부르심 안에서 하나님과 함께 거하라**』(24절). 구원받은 당신은 어떤 처지에 있을 때 구원받았건 하나님께서는 그 여건 하에서 당신을 구원하셨다. 그러므로 당신이 처해 있는 환경에 신경 쓸 필요없이 그 안에서 하나님을 섬기며 하나님과 함께 살아가라고 성경은 명령한다. 구원받은 사람이 자신이 처해 있는 환경과 조건에 불만을 느끼고 거기서 벗어나려고 마음 먹는 것은 자신이 받은 구원의 참가치를 깨닫지 못한 데서 나온 생각이며, 하나님과 나누는 교제의 참다운 즐거움을 발견하지 못한 결과이다. 만약 구원받은 당신이 결코 있어서는 안 될 자리라면, 하나님께서는 당신을 거기서 반드시 빼내실 것이다. 당신은 이를 위해서 기도하며 하나님의 뜻에 맡기기만 하면 된다. 신실하신 하나님을 의심하지 말라.

7:25 처녀들에 관해서는 내가 주의 명령을 받지 아니하였으나 주의 자비를 받은
신실한 자로서 내가 판단하노라.
26 그러므로 내가 생각하기로는 이것이 현재의 고난을 위해서는 좋으나 내가
말하노니 사람이 그대로 지내는 것이 좋으니라.
27 네가 아내에게 매여 있느냐? 그렇다면 놓이기를 구하지 말라. 네가 아내로
부터 놓여 있느냐? 그렇다면 아내를 구하지 말라.
28 그러나 설령 네가 장가가도 죄짓는 것이 아니며 설령 처녀가 시집가도 죄
짓는 것이 아니니라. 그러나 그럴 경우에는 육신에 고통이 있게 되리니 나
는 너희를 아끼노라.

『**처녀들에 관해서는 내가 주의 명령을 받지 아니하였으나 주의 자비를 받은 신실한 자로서 내가 판단하노라**』(25절). 이 구절에서도 바울은 성경에 기록되지 않은 내용을 자신의 의견으로 말한다. 그리고 설사 자신의 개인적인 의견이지만, 이렇게 말하는 자신이 다름 아닌 『**주의 자비를 받은 신실한 자**』임을 분명히 밝힘으로써 자기 말에 영적 권위가 있음을 천명한다. 이러한 영적 권위를 가진 바울이 기록한 이런 말씀들이 모여서 바로 지금 우리가 읽고 있는 하나님의 영감으로 기록된 성경(신약)의 중요한 한 부분을 구성하고 있는 것이다.

여기서 "처녀"들이란 반드시 여자만을 말한다기 보다는 32절의 "장가가지 아니한" 남자와 34절의 "혼인하지 아니한 여자," 즉 남녀 동정들 둘 다를 지칭하고 있는 것으로 보아야 한다. 이것은 계시록 14장의 "동정들"(virgins)과 마찬가지다. 이 "동정들"에 관해서는 그들이 어떻게 해야 된다고 성경이 특별히 기록하고 있지 않는지라, 하나님께서는 25절에서처럼 바울을 통하여 명령을 전달하고 계신다.

『**그러므로 내가 생각하기로는 이것이 현재의 고난을 위해서는 좋으나 내가 말하노니 사람이 그대로 지내는 것이 좋으니라**』(26절). 25절의 남녀 "동정들" 중에서 바울은 "남자 동정" 즉, 장가가지 아니한 남자에 대해서 먼저 언급한다. 이 구절에서 "사람"(a man)이란 "남자"를 의미한다. 장가가지 아니한 남자는 순결을 유지하며 그대로 지내도 좋다고 바울은 말한다. 그리고 그 이유를 32절에서 설명한다. 남자가 결혼하여 아내를 맞아들이게 되면 남편으로서 아내를 부양하고 가정을 운영해야 될 책임을 떠맡게 되기 때문에 육신적인 고통이 뒤따르게 된다. 그러나 이 고통을 현재의 고난으로 알고 그 고난의 삶을 통하여 한 인간으로서 성숙해 가기를 원한다면 결혼하는 것이 좋을 것이다. 그러나 그대로 지낼 수 있으면 그대로 지내는 것이 좋다고 바울은 말하고 있는 것이다. 이것은 명령이라기보다는 그럴 수 있다면 그렇게 해도 무방하다는 뜻이며, 주님을 위해 일하고 주님을 기쁘시게 하는 데에 더 도움이 된다면 구태여 장가가지 않아도 된다고 말하고 있는 것이다. 그렇다고 주님을 섬긴다는 명분으로 장가가지 않음으로써 자신에게 억지로 무리한 부담을 지울 필요 없이 순리대로 장가간다고 해도 전혀 문제가 없다. 28절을 보면 그것을 알 수 있다. 어른이 되었다고 해서 반드시 결혼해야 되는 것은 아니며, 결혼한다고 해서 죄가 되는 것도 아니다. 문제는 하나님의 뜻이 무엇인가 하는 것이다.

세상 사람들은 흔히 "어른이 된다."는 것을 성적으로 "남자 행세를 할 나이가 된다."는 뜻으로 해석하기를 좋아한다. 그래서 결혼도 하지 않은 청년이 여자와 혼전관계를 갖고 성경험을 해보면서 자신이 어른임을 스스로 확인해 보려는 어리석은 자들이 많다. 그러나 어른이 되었다는 것은 결코 이처럼 유치한 육신적 성장을 의미하는 것이 아니다. 남자답게 인내심을 갖고 고통을 견뎌낼 줄 알게 되었고, 희생 정신을 발휘하여 다른 사람들을 도우며 함께 살아가는 법을 알게 되었으며, 다른 사람을 앞자리에 세우고 자신은 뒤로 물러설 줄 알게 되었다는 것, 이것이 바로 어른이 되었다는 뜻이다.

『네가 아내에게 매여 있느냐? 그렇다면 놓이기를 구하지 말라. 네가 아내로부터 놓여 있느냐? 그렇다면 아내를 구하지 말라』(27절). 이번에는 장가가지 아니한 남자가 아니라 결혼한 남자에게 말한다. 결혼하여 아내를 갖고 있는 사람은 낭연히 아내에게 매이게 된다. "매인다"는 것은 아내에게 꼼짝 못하고 산다는 뜻이 아니라 남편으로서 아내를 보살피고 부양해야 될 당연한 책임을 지고 있다는 뜻이다. 그러한 남편으로서 아내로부터 놓이기를 구하지 말라고 권면한다. 다시 말해서 헤어질 생각을 하지 말라는 것이다. 반면에, 어떤 사람은 결혼하였다가 아내와 이혼하고 혼자 살게 된 남자도 있다. 그렇다면 다시 아내를 얻어 장가가려고 하지 말고 그냥 혼자 지내라고 성경은 권면한다. 그러나 다음 28절을 주목하라.

『**그러나 설령 네가 장가가도 죄짓는 것이 아니며 설령 처녀가 시집가도 죄짓는 것이 아니니라. 그러나 그럴 경우에는 육신에 고통이 있게 되리니 나는 너희를 아끼노라**』(28절). 앞에서도 언급한 것처럼 장가가고 시집가지 아니한 남녀 "동정들"이 그대로 지낼 수 있다면 그대로 지내는 것이 좋고, 결혼하였다가 이혼하게 된 사람이 혼자 살 수 있다면 그냥 혼자 사는 편이 좋지만, 그러나 결혼하거나 재혼한다고 해서 그것이 죄가 되는 것은 아니라고 성경은 분명하게 말씀한다. 한편, 결혼은 책임과 의무가 따르기 때문에 육신적으로 수고해야 하는 현실적 고통이 수반된다는 사실을 상기시키고 있다. 그리고 바울은 그들을 아끼는 마음에서 그러한 현실적 고통에서 그들이 벗어나 있기를 바라고 있는 것이다. 이것은 결코 이기적인 생각에서가 아니라 그만큼 더 하나님께 헌신할 수 있으리라는 애틋한 소망에서 나온 것이다. 특히 29절의 『**때가 얼마 남지 않았으니**』라는 말씀과 관련지어 생각해 볼 때, 우리가 세상 일보다는 하나님의 일꾼으로 헌신하는 일이 얼마나 더 중요한가를 가르치고 있음을 알 수 있다. 그렇기는 하지만, 결혼하는 것이 결코 죄가 아니라는 사실에 대해서도 바울은 역점을 두고 말하고 있다.

7:29 형제들아, 내가 이것을 말하노니 때가 얼마 남지 않았으니 이제부터 아내가 있는 사람들은 없는 것같이 하며
30 또 우는 사람들은 울지 않는 것같이 하고 기뻐하는 사람들은 기뻐하지 않

는 것같이 하며 또 물건을 사는 사람들은 소유하지 않은 것같이 하라.
31 **그리고 이 세상을 이용하는 자들은 다 이용하지 못할 것처럼 하라. 이는**
이 세상의 형체가 사라져 감이라.
32 **그러나 나는 너희가 염려 없게 되기를 바라노라. 장가가지 아니한 사람은**
주께 속한 일들을 염려하여 어떻게 주를 기쁘게 할까 하여도
33 **장가간 사람은 세상 일들을 염려하여 어떻게 하면 아내를 기쁘게 할까 함**
이라.

『**형제들아, 내가 이것을 말하노니 때가 얼마 남지 않았으니 이제부터 아내가 있는 사람들은 없는 것같이 하며**』(29절). 때가 얼마 남지 않았으니 아내가 있는 사람이라도 『**없는 것같이**』 멋대로 놀아나 다른 여자를 건드리고 흥청망청 즐기며 살라는 말이 아니다. 반면에, 아내에게 신경 쓸 것 없이 그냥 내팽겨쳐 두라는 말도 결코 아니다. 다만, 주님께서 다시 오실 날이 가까이 다가왔으니 집안 일이나 아내를 보살피는 일에 매달려 있지만 말고 주님께서 당신에게 맡기신 일들을 신실하게 수행함으로써 그날을 기다리며 온전히 준비하고 있으라는 말씀이다. 마지막 때에 사는 그리스도인이 밤낮으로 집안 일이나 걱정하고 아침 저녁으로 아내에게나 마음을 빼앗기고 살 것인가, 아니면 신실한 그리스도인으로서 세상을 향하여 복음을 전파하고 진리의 말씀을 증거하는 일에 당신의 시간을 헌신적으로 사용하면서 주님께서 다시 오실 그날을 기다리며 준비하고 있을 것인가, 당신은 곰곰히 생각해 보아야 한다. 『**때가 얼마 남지 않았으니**』 당신이 어떤 선택을 하느냐에 따라 당신은 성경적인 삶을 사는 신실한 성도가 될 수도 있고, 반대로 비성경적인 삶을 사는 타락한 그리스도인이 될 수도 있다. 당신이 현명한 성도라면, 당신은 현명한 선택을 하여야 할 것이고, 당신은 어떤 선택이 과연 현명하가를 잘 알고 있을 것이다.

『**또 우는 사람들은 울지 않는 것같이 하고 기뻐하는 사람들은 기뻐하지 않는**

것같이 하며 또 물건을 사는 사람들은 소유하지 않은 것같이 하라』(30절). 이제 때가 얼마 남지 않았으니 슬픈 일이든 기쁜 일이든 거기에 집착하지 말고, 자기의 소유에 대해 마음을 빼앗김이 없이 절제하며 온건한 삶을 살도록 하라고 성경은 권면한다. 남편이 세상을 떠났는가? 그래서 슬피 울고 있는가? 그러나 지나치게 슬퍼하거나 지나치게 울지 말며 절도를 지키라고 성경은 당신에게 권면한다. 당신에게 좋은 일이 생겼는가? 그래서 기뻐 어쩔 줄 모르고 있는가? 그러나 너무 좋아하고 너무 기뻐하지 말고 절도를 지키라고 성경은 당신에게 명령한다. 당신이 좋은 집을 샀는가? 멋진 승용차를 한 대 구입했는가? 그러나 너무 좋아할 필요가 없다. 어차피 당신은 그것들을 영원히 소유하지는 못한다. 당신은 지금 이 땅에서 모든 것들을 잠시 동안 빌려 쓰고 있을 뿐이다. 이제 얼마 못가 그 모든 것들을 고스란히 이 땅에 남겨 두고 당신은 다른 세계로 훌훌 떠나야 할테니까 말이다. 이제 이 세상 일은 다 끝나가고 있다. 성도들에게는 이제 영원한 하늘나라의 삶이 시작되는 새로운 세계가 예비되어 있다. 이 세상에서 귀중하다고 여겨지는 그 어떤 것도 이제는 그 모든 가치를 상실했다. 정신을 바짝 차리고 절도 있게 살라. 이것은 비단 남자뿐만 아니라 여자들도 마찬가지다. 34절에서는 특히 여자들에게도 이같은 권면을 하고 있다.

『**그리고 이 세상을 이용하는 자들은 다 이용하지 못할 것처럼 하라. 이는 이 세상의 형체가 사라져 감이라**』(31절). 우리들은 다 이 세상을 이용하며 살고 있다. 이 세상을 이용하여 사람들을 만나고 접촉하고 어울리며 농사를 짓고 사업을 하면서 살아가고 있는 것이다. 그러나 행여 이 세상을 영원히 소유하고 있다고는 생각지 말라. 당신은 곧 이 세상으로부터 떠나야 한다. 이 세상은 어차피 멸망을 기다리고 있을 뿐이다. 모든 것이 소멸되어가고 있다. 그러므로 절도를 지키며 온건하게 살라. 진정한 그리스도인은 이 세상에 사는 동안 절도 있게 사는 방법을 알고 있는 사람들이다.

『그러나 나는 너희가 염려 없게 되기를 바라노라. 장가가지 아니한 사람은 주께 속한 일들을 염려하여 어떻게 주를 기쁘게 할까 하여도 장가간 사람은 세상 일들을 염려하여 어떻게 하면 아내를 기쁘게 할까 함이라』(32,33절). 이 세상 멸망의 날이 가까워졌다고 해서 이런 일, 저런 일을 두고 염려하지 말라. 가족을 걱정하고 아내를 염려할 필요가 없다. 아내는 "뼈중의 뼈요 살중의 살"이지만, 그래봤자 사람의 뼈요 사람의 살이다. 그러나 거듭난 당신은 그리스도의 뼈요 살이라는 사실을 잊지 말라. 다만 어떻게 하면 주님을 좀더 기쁘게 해드릴 수 있을까를 염려하라. 그것이 참으로 잘하는 일이다. 그것은 당신이 살게 될 영원 세계와 직결되는 일이기 때문이다. 구원받지 못한 죄인들은 자신들이 마치 이 땅에서 영원히 살 것처럼 착각하면서 산다. 그러나 그리스도인들은 땅에 있는 것을 보지 않고 위에 있는 것을 바라보며 사는 사람들이다.

『장가가지 아니한 사람은 주께 속한 일들을 염려하여 어떻게 주를 기쁘게 할까 하여도 장가간 사람은 세상 일들을 염려하여 어떻게 하면 아내를 기쁘게 할까 함이라』(32,33절). 이 구절은 문맥으로 보아 분명히 구원받은 사람들을 대상으로 말씀하고 있는 것만은 틀림이 없다. 그렇다고 이 말씀이 장가가지 않고 독신으로 사는 성도라고 해서 "모두 다" 주를 기쁘게 해드리는 일에 전념한다는 뜻은 아니다. 이 세상에는 장가 안든 총각들이나 시집가지 않은 처녀들이 숱하게 많지만, 이들이 모두 **『주께 속한 일들을 염려하여 어떻게 주를 기쁘게 할까』** 하고 늘 생각하느냐 하면, 결코 그게 아니라는 것을 우리는 잘 알고 있다. 어떤 점에서는 독신 남녀들이 오히려 기혼자들만도 못한 경우가 허다하다. 그들은 어떻게 하면 예쁜 여자에게 장가가고 돈많은 남자에게 시집갈 수 있을까 하는 일만 생각하느라고 오히려 주님께 속한 일들을 소홀히 할 수도 있다. 바울은 지금 모든 기혼자와 모든 미혼자를 포괄적으로 비교해서 언급하고 있는 것이 아니다. 그는 구원받은 성도로서 주님께 속한 일들을 염려하고 어떻게 하면 주님을 기쁘시게 해드릴 수 있을까를 항상 생각하며 살아가는 사람들에 국한해서 그 중에서 독신자가 기혼자에 비하여 실질적으로 주님께 속한 일들을 더 많이 생각하고 실천할 수 있는 유리한 조건을 갖고 있다고 말하고 있는 것이다. 이것은 사실이다. 독신자라면 하루 24시간 중 주님을 위해 일할 수 있는 시간이 아내가 있고 가족인 딸린 사람보다는 훨씬 더 많다는 것은 분명하니까 말이다. 그러나 이것은 독신자가 주님을 위해 일하고자 열심을 내는 사람일 경우에나 통하는 얘기다. 아무리 독신자라 해도 하루 24시간 동안 세상 일만을 염려하며 살아가는 사람이라면, 주님을 위해 단 1분밖에 사용하지 않는 기혼자만도 못한 사람이다. 문제는 당신이 독신자냐, 기혼자냐에 앞서서 당신이 얼마나 주님께 속한 일들을 염려하고 얼마나 주님을 기쁘시게 할 일들을 생각하느냐에 달려 있는 것이다. 그런 사람이라면 독신인 당신이 아내와 가족이 딸려 있는 사람보다는 주님을 섬기는 일에 훨씬 더 이상적인 여건에 놓여 있다고 할 수 있을 것이다. 이처럼 문제는 독신자냐, 기혼자냐에 있는 것이 아니라 세상 일과 주님께 속한 일 중 어떤 것을 더 염려하는냐에 있다. 주님께 속한 일들을 염려하고 주님을 기쁘시게 하는 일에 초점을 맞출 때, 기혼자는 독신자에 비하여 불리한 여건에 놓여 있을 수밖에 없다. 남편은 아내를 보살피지 않으면 안 된다. 당신이 아내를 보살피지 않으면 아내는 불안정해질 수밖에 없고, 아내가 불안정하면 가정의 평화는 깨지기 때문에 당신은 신경쓰지 않을 수가 없다. 당신이 아무리 훌륭한 성도라고 해도 일단 한 여자와 결혼하고 나면 남편으로서 아내를 무시하고 당신 마음대로 독단적으로 살아갈 수는 없는 법이다. 이것은 엄연한 하나의 생활 규칙이며 당신은 이 규칙을 바꿀 수도, 어길 수도 없고 또 그래서도 안 된다. 당신이 결혼하여 한 여자의 남편이 되면, 당신은 아내와 가족을 먹여 살려야 하고 집안 손질도 해야 하며 자녀들 교육문제로 신경을 써야 하는 등, 해야 될 일들이 산더미처럼 쌓인다. 이런 일들은 영적인 일들과는 상관이 없는 물질적이고도 육신적인 일이지만, 그렇다고 당신은 이런 일들을 결코 소홀히 해서는 안 된다. 당신이 남편으로서 마땅히 해야 될 이런 일들을 모른 척한다면, 그러다가 아내가 화를 내고 남편인 당신에게 욕을 퍼붓는가 하면, 속을 뒤집어 놓고 당신을 집 밖으로 내쫓아 30피트 안으로는 접근조차 하지 못하게 한다면 당신은 어떻게 할 것인가? 그러거나 말거나 당신이 아내를 모른 척하면서 살

수 있겠는가? 만약 당신이 그렇게 한다면, 규칙을 어긴 것은 당신 자신이다. 아무리 이 시대가 규칙을 어기고 법을 어기며 살아가는 시대라고는 하지만 그렇다고 당신이 그리스도인으로서 부부 간의 규칙까지 어겨가며 살 수 있을 것 같은가? 당신이 처해 있는 상황이 상황인 만큼 당신만은 그러한 규칙으로부터 예외라고 주장할 수 있겠는가? 설사 예외라고 치자. 그렇다고 부부 간의 규칙이 변경되거나 수정될 수 있는 것은 아니잖는가? 결코 그렇지 않다. 바로 이런 점에서 결혼한 사람은 그렇지 않은 사람에 비하여 세상 일에 신경을 더 쓸 수밖에 없고 주님을 기쁘시게 해드리는 일에 그만큼 손해를 감수하지 않으면 안 될 것이다. 바울은 지금 이것을 염려하고 있는 것이다. 그렇다고 결혼하지 말라고 설득하고 있는 것은 아니지만 말이다. 그는 다만 결혼하더라도 당신이 남편으로서 훌륭하게 아내를 보살피면서 성도로서 주님을 기쁘시게 해드리는 일에 초점을 맞추고 살아갈 수 있다면 가급적 그렇게 하라고 촉구하고 있는 것이다. 『**남편들아, 너희는 자기 아내를 사랑하되 그리스도께서 교회를 사랑하셔서 교회를 위하여 자신을 주신 것같이 하라... 그러므로 남자들은 자기 아내를 자신들의 몸처럼 사랑해야만 하리니 자기 아내를 사랑하는 사람은 자기 자신을 사랑하는 것이라.**』(엡 5:25-28)고 성경은 남편들에게 명하고 있다.

7:34 부인과 처녀와는 차이가 있느니라. 혼인하지 아니한 여자는 주의 일을 염려하여 몸과 영을 다 거룩하게 하지만 혼인한 여자는 세상에 속한 일들을 염려하여 어떻게 하면 남편을 기쁘게 할까 함이라.
35 내가 이것을 말함은 너희 자신의 유익을 위함이요, 너희에게 올가미를 씌우려는 것이 아니니 합당히 처신하여 마음에 흐트러짐이 없이 주를 섬기게 하려 함이라.

『**부인과 처녀와는 차이가 있느니라**』(34절). 주를 섬기는 데 있어서 독신인 사람이 기혼자보다는 더 유리한 조건을 갖고 있다는 것은 여자들의 경우도 마찬가지다. 구원받고 성도가 된 여자라면 주님을 섬기는 일에 열심을 내고 싶겠지만, 남편이 있고 가족이 있는 부인들은 독신으로 사는 처녀들에 비하여 세상 일에 더 많이 신경을 쓰지 않을 수 없기 때문에 주님을 섬기는 일에 그만큼 불리한 입장에 놓여 있는 게 사실이다. 그러나 이 역시 혼인하지 아니한 처녀가 모두 『**주의 일을 염려하여 몸과 영을 다 거룩하게**』 한다는 전제하에서나 통하는 얘기다. 오히려 결혼한 부인들이 실질적으로 독신 처녀들보다 훨씬 더 주님을 섬기고 주님의 일을 염려하며 주님을 기쁘시게 해드리고 있는 사례들을 우리는 얼마든지 보고 있다. 그 반면에 혼인하지 않은 처녀와 결혼한 부인이 다같이 주님을 기쁘시게 하는 일에 전념하고자 할 때, 남편이 있는 여자는 아무래도 독신 처녀나 다름없이 많은 시간을 주님을 위해 사용하려고 해도 현실적으로 어렵다. 남편이 있는 이상 그를 보살피고 받드는 세상 일을 결코 소홀히 할 수가 없기 때문이다. 부부가 함께 가정을 이루고 살면서 아내로서의 임무를 포기하지 않는 이상 세상 일들은 남편더러 혼자 알아서 하라고 요구하고 자신은 주님을 섬기는 일에만 전념할 수는 없는 노릇이다. 가령, 쉴 새 없이 날아드는 각종 요금 청구서들이나 고지서들을 남편더러 모두 챙기라고 요구하고 자녀들 교육문제라든지 집안 살림까지 스스로 알아서 하라고 한다면, 그 가정은 이미 정상적인 가정이라고 할 수가 없다. 구원받은 그리스도인 여자가 이처럼 집안 살림을 내팽개친다는 것은 도저히 있을 수 없는 일이며 하나님께서 원하시는 바도 결코 아니다. 남편이 되었건, 아내가 되었건, 구원받은 사람이라면 오히려 더 자녀들의 교육문제에 대해서 염려하면서 아름답고 화평한 가정생활을 위하여 세상 일에도 더 세심하게 마음을 쓰기 마련이다. 『**아내들아, 너희는 너희 자신의 남편에게 복종하기를 주께 하듯 하라. 이는 남편이 아내의 머리됨이니 그리스도께서 교회의 머리됨과 같음이라. 그는 몸의 구주시니라. 그러므로 교회가 그리스도께 복종하듯이, 아내들도 자기 남편에게 매사에 그렇게 해야 할지니라.**』(엡 5:22-24)고 성경은 아내들에게 명령하고 있다. 결혼한 남편이 어떻게 하면 아내를 기쁘게 할까 신경쓰고 아내는 어떻게 하면 남편을 더 즐겁게 할까 염려한다는 성경 말씀은 단순히 그렇다는 사실을 말할 뿐이지, 그것이 나쁘다거나 좋다는 얘기가 아니다. 따라서 이 말씀에 지나치게 집착하여 남자나 여자가 모두 혼인하지 않고 독신으로 살기로 한다면, 오히려 세상은 온통 이상하게 되어 하나님의 참뜻에서 벗어나게 될 것이다.

『**내가 이것을 말함은 너희 자신의 유익을 위함이요, 너희에게 올가미를 씌우려는 것이 아니니 합당히 처신하여 마음에 흐트러짐이 없이 주를 섬기게 하려 함이라**』(35절). 주님께 속한 일들을 염려하고 주님을 섬기며 주님을 기쁘시게 해드리는 일들은 모두 자신의 유익으로 돌아오게 되어 있다. 그러나 이것과 관련하여 거기에만 전념할 수 있기 위해 혼인하지 말고 독신으로 지내라고 바울이 강요하거나 강력히 설득하고 있는 것이 결코 아니다. 그의 관심사는 사람들이 한결 같은 마음으로 주님을 섬기도록 하는 데에 있을 뿐 그들이 결혼하느냐, 독신으로 사느냐에 있는 것이 아니다. 『**하나님께서 세상을 이처럼 사랑하셔서 그의 독생자를 주셨으니, 이는 그를 믿는 사람은 누구든지 멸망하지 않고 영생을 얻게 하려 하심이니라.**』(요 3:16)는 말씀과 『**이런 일들을 증거하신 분이 말씀하시기를 "반드시 내가 속히 오리라." 하시니라. 아멘, 그러하옵니다. 주 예수여, 오시옵소서.**』(계 22:20)라는 성경 말씀에 그리스도인들이 모두 귀를 기울이고 그 말씀을 마음속에 깊이 간직하고 살아가는 것, 바울은 오직 여기에만 깊은 관심을 갖고 있는 것이다. 그래서 그는 7절에서도 『**사람마다 하나님께로부터 받은 자기의 은사가 있어서 이런 사람도 있고 저런 사람도 있느니라.**』고 하였고, 35절에서도 각자가 『**합당히 처신하여 마음에 흐트러짐이 없이**』 하라고 권면하고 있는 것이다.

7:36 그러나 만일 어떤 사람이 자기 처녀 딸이 꽃다운 시기도 지나고 또 그렇게 할 필요가 있어서 그녀에 대해 합당치 아니하게 처신하고 있다 생각한다면 그가 원하는 대로 해도 죄짓는 것이 아니니 그들로 혼인하게 하라.

37 그러나 그가 마음을 굳게 정하고 아무런 필요성도 느끼지 아니하며 자신의

의지를 관장할 수 있어서 자기 처녀 딸을 그대로 남겨 두기로 작정했어도 잘하는 일이라.

38 **그러므로 시집보내는 자도 잘하는 것이지만 시집보내지 아니하는 자는 더 잘하는 것이니라.**

『**처녀 딸이 꽃다운 시기도 지나고 또 그렇게 할 필요가 있어서**』(36절). 혼인시키지 않고 처녀로 남아 있게 함으로써 자기 딸이 주님을 섬기는 일에 더 효율적으로 전념할 수 있지 않을까 하는 생각에서 결혼 적령기가 지나도록 억지로 결혼시키지 않는다면, 예상치 않았던 문제들이 발생할 수도 있고, 그 딸이 부모의 뜻과는 달리 결혼하기를 간절히 원할 때, 가정에 바람직하지 않은 갈등이 생기기 마련이다. 그렇다면 『**그들로 혼인하게 하라.**』고 성경은 권면한다. 그리고 그렇게 한다고 해서 결코 『**죄짓는 것이 아니니**』라고 성경은 분명히 못 박고 있는 것이다. 하나님께서는 인간의 일상적인 삶에 문제가 생기고 불필요한 갈등이 생겨 가정의 화평이 깨지는 것을 결코 원치 않으시며 모든 것을 순리대로 처리하기를 바라신다. 하나님께서는 우리들 각자가 스스로에게 합당하도록 살아가기만을 요구하실 뿐, 결코 무리한 일을 강요하시는 분이 아니시다. 만일 어느 특정한 사람의 딸에 대해서 하나님께서 특별한 뜻이 계셔서 그녀가 혼인하는 것을 원치 않으신다면, 하나님께서는 그런 방향으로 적절히 인도하실 것이다. 이러한 하나님의 의도와는 상관없이 인간이 스스로 생각하고 행동하면서 하나님보다 앞질러 간다면, 그것은 오히려 하나님의 뜻을 무시하는 것이 되며 하나님께서는 인간이 이처럼 앞서가는 것을 원치 않으신다는 것을 명심하라. 하나님께 진정으로 순종하는 신실한 그리스도인은 모든 것을 하나님의 뜻에 따라 계획하고 행동하며 주님을 따라가는 사람이지, 결코 하나님보다 앞서 나가는 사람이 아니다.

『**그러나 그가 마음을 굳게 정하고 아무런 필요성도 느끼지 아니하며 자신의 의지를 관장할 수 있어서 자기 처녀 딸을 그대로 남겨 두기로 작정했어도 잘하는**

일이라』(37절). 이 말씀 역시 그 참뜻은 36절과 마찬가지다. 딸이 혼인하기를 원치 않고 독신으로 살면서 주님만을 섬기는 일에 전념하기를 바랄 뿐만 아니라 능히 자신의 육신적인 욕망을 제어할 줄 아는 처지라면, 구태여 그 딸을 억지로 시집보내려고 강요하는 것이 오히려 부자연스럽고 순리에 어긋나는 일이다. 딸이 시집가기를 바란다면 시집보내는 것이 잘하는 일이다. 반대로 딸이 시집가기를 원치 않는다면 혼인시키지 않는 것이 잘하는 일이다. 그 어느 경우에나 순리에 따르는 것이기 때문에 어떻게 하든 잘하는 일이다.

『**그러므로 시집보내는 자도 잘하는 것이지만 시집보내지 아니하는 자는 더 잘하는 것이니라**』(38절). 이 구절 역시 딸을 시집보내지 않는 편이 시집보내는 것보다 더 낫다는 뜻으로 자칫 오해하기 쉽지만, 결코 그런 뜻이 아니다. 딸이 시집가기를 원치도 않을 뿐더러 주님만을 섬기기로 작정하고 있다면, 그러한 딸의 생각을 누구보다도 그 부모들이 잘 알고 있을 것이다. 그리고 딸의 의사를 누구보다도 잘 알고 있는 부모 역시 딸의 의사를 옹호해 주기로 『**마음을 굳게 정하고**』 있다면, 그러한 딸을 억지로 시집보내라고 다른 사람이 강요할 수는 없다. 그런 강요는 시집가기 원하는 딸을 억지로 붙잡아 두도록 강요하는 것에 비하면 더 큰 잘못이라는 점은 의심의 여지가 없다. 왜냐하면, 주님을 섬기는 일에 전념하려는 딸의 갸륵한 마음과 그러한 뜻을 옹호해 주려는 부모의 견고한 믿음을 가로막는 일이기도 할 뿐더러, 『**그가 마음을 굳게 정하고 아무런 필요성도 느끼지 아니하며 자신의 의지를 관장할 수 있어서**』 전혀 마음이 흔들리지 않고 있다면, 거기에는 필경 하나님의 특별하신 의도가 개입되었을지 누가 알겠는가? 만약 이것이 사실이라면, 그 누구도 그들로 하여금 하나님의 의도를 무시하고 거역하도록 강요할 수 있겠는가? 바로 이런 점에서 바울은 『**시집보내지 아니하는 자는 더 잘하는 것**』이라고 말하고 있는 것이다. 남자건 여자건 하나님께서 어떤 특정한 사람을 선택하셔서 그로 하여금 하나님을 섬기는 일에만 전념하도록 부르셨다면, 그러한 하나님의 의도 속에는 분명 하나님의 위대하신 계획이 담겨 있을 것이다. 그리고 그

계획은 보통 사람들로 하여금 시집가고 장가가도록 허용하시는 하나님의 의도 보다는 더 고귀한 것일 게 분명하다. 따라서 이러한 하나님의 위대하신 계획과 의도에 순종하여 자기 딸을 억지로 시집보내려고 애쓰지 않는다는 것은 "더 잘하는 것"일 수밖에 없다. 이 구절은 이러한 맥락에서 이해하지 않으면 안 된다. 앞에서도 언급한 바와 같이, 바울의 관심사는 성도들이 어떻게 하면 주님을 좀 더 열심히 섬길 수 있도록 할까 하는 점에 초점이 맞추어져 있으며, 어떤 결정을 내리든 그것이 하나님의 의도에 어긋나서는 안 된 다는 점을 염두에 두고 있다는 것을 우리가 유의하지 않으면 안 된다. 35절에서 『**합당히 처신하여**』라고 말하고 있다든지, 36절에서 『**죄짓는 것이 아니니**』라고 말하고 있는 점, 그리고 37절의 『**잘하는 일**』이라든지, 38절의 『**더 잘하는 것**』 등과 같은 표현들이 모두 이런 맥락에서 나온 언급들이다. 우리가 어떤 결정을 내리건, 그것이 하나님의 뜻에 위배되는 결정이라면, 여하한의 것이라도 그것은 『**합당히 처신하여**』 결정한 것이 될 수 없고, 분명히 『**죄짓는 것**』이며, 따라서 『**잘하는 일**』도 『**더 잘하는 것**』도 될 수가 없다는 것은 두말할 필요도 없다. 타락한 "성서들"인 〈리빙 바이블〉이나 NIV 등은 38절의 『**시집보내지 아니하는 자는 더 잘하는 것이니라.**』는 구절에 "오히려 더(even)"라는 강조 단어를 첨가하여 그 의미가 마치 "더 잘하는 정도가 아니라 이렇게 해야만 된다."는 식으로 느껴지게 함으로써 딸을 시집보내지 않는 것이 최선의 결정인 것처럼 표현하고 있거니와, 이것은 이 구절의 참뜻을 올바로 파악하지 못한 데서 비롯된 잘못이다.

7:39 아내가 자기 남편이 살아 있는 동안에는 법에 매여 있으나 남편이 죽으면 자유롭게 되어 자기가 원하는 사람과 혼인하게 되나 주 안에서만 할 것이니라.

40 그러나 내 판단을 따라 그녀가 그대로 사는 것이 더 행복하리라. 나도 내가 하나님의 영을 받은 줄로 생각하노라.

『아내가 자기 남편이 살아 있는 동안에는 법에 매여 있으나 남편이 죽으면 자유롭게 되어』(39절). 이 구절은 여자의 재혼에 대해서 다루고 있다. 남편이 살아 있는 동안에는 아내가 법에 매여 있다는 사실은 로마서 7장에서도 언급하고 있는 내용이다. **『남편이 있는 여인은 그 남편이 살아 있는 한 그에게 법으로 매여 있으나 남편이 죽으면 그녀는 그 남편의 법에서 벗어나느니라』**(롬 7:2). 로마서 7:2의 이 구절은 카톨릭과 개신교의 수많은 주석가들과 학자들이 곧잘 왜곡하고 있는 부분이기도 한데, 그들은 인간이 몸, 혼, 영으로 되어 있다는 성경적 사실을 무시하고 인간이 몸과 "영혼"으로 되어 있다고 이분법으로 나눔으로써 혼이 구원받아 몸으로부터 분리되는 구원론 자체를 제대로 이해하지 못한다. 그들은 이 구절에서 "남편"을 율법으로, "여인"을 구원받지 못한 죄인으로 비유한 것으로 해석하고 이제 율법(남편)이 죽었기 때문에 죄인(여인)은 예수 그리스도와 혼인할 수 있게 되었음을 말하는 것으로 가르친다. 그러나 이것은 각 세대를 향하신 하나님의 계획을 전적으로 무시한 데서 비롯된 배교적 발상이다. 율법은 죽었다고 그들이 아무리 주장해도 결코 죽지 않고 엄연히 살아 있다. 그리스도께서는 율법을 폐하러 오신 것이 아니라 완성하러 오셨다고 말씀하시지 않았던가? 하늘과 땅이 없어지기 전에는 율법의 일 점이 일 획도 없어지지 않을 것이라고 주님은 선언하셨다. 그런데 하늘과 땅은 아직 없어지지 않고 여전히 존재하고 있다. 따라서 율법 또한 없어지지 않고 여전히 살아 있는 것이다. 로마서의 이 구절에 대한 상세한 내용은 〈피터 럭크만의 주석서 로마서〉(말씀보존학회, 1997) 118–120쪽을 참소하기 바란다.

로마서에서는 이 부분을 우리의 구원과 관련하여 다루고 있지만 39절은 문자 그대로 실제적인 상황을 다루고 있으므로 여기서는 문자 그대로 이해하면 된다. 남편이 살아 있는 아내가 법에 매여 있다는 것은 당연한 일이다. 남편이 죽으면 그 법에서 해방되어 자유롭게 된다는 것도 상식이다. 그러나 자유롭다고 해서 다른 남자와 재혼할 경우에는 **『주 안에서만 할 것이니라.』**고 성경은 명령하고 있다. 다시 말해서, 자유롭게 재혼할 수 있으되, 그리스도인과 재혼해야만 한다는 것이다. 이 구절이 언급하고 있는 말씀의 대상은 물론 과부가 된 그리스도인 여자이다. 고린도전서 7장 전체가 그리스도인들을 대상으로 말씀하고 있는 장이다. 그리스도인인 아내가 남편이 죽어 자유롭게 되었다고 해서 "그리스도인"이라는 자신의 신분마저 바뀌는 것은 아니다. 따라서 재혼할 경우 자신의 신분에 합당한 남자에게 시집가야 한다는 것은 당연한 일이다. 그리스도인이 그리스도인과 결혼해야 한다는 것은 초혼일 경우에도 마찬가지다.

『**그러나 내 판단을 따라 그녀가 그대로 사는 것이 더 행복하리라. 나도 내가 하나님의 영을 받은 줄로 생각하노라**』(40절). 여자가 남편이 죽어 홀몸이 되었을 경우 바울의 의견으로는 그냥 혼자 사는 것이 더 행복하리라고 말한다. "더 행복하다."는 것은 앞에서도 살펴본 바와 같이 혼자 사는 편이 여건상 주님께 속한 일들을 염려하며 주님을 섬기고 주님을 기쁘시게 해드릴 수 있는 일을 하는 데에 그만큼 유리하다는 점에서 하는 말이다. 이처럼 바울이 『**내 판단을 따라**』 말하고는 있지만, 그는 자신의 개인적인 견해를 밝힐 때마다 『**허용함에 의한 것**』(6절), 『**주께서 말씀하시는 것이 아니고 내가 말하노니**』(12절), 『**주의 자비를 받은 신실한 자로서 내가 판단하노라.**』(25절), 그리고 여기 40절에서처럼 『**내가 하나님의 영을 받은 줄로 생각하노라.**』 등과 같은 말을 반드시 덧붙임으로써 자신의 말에 영적 권위를 부여하고 있다는 점을 유의해야 한다. "주께서 말씀하시는 것이 아니다."라는 말은 그가 갖고 있던 구약 성경에는 비록 기록되어 있지는 않았지만, 자신이 하나님의 위임에 따라 하나님의 영감에 의하여 이러한 말들을 하고 또 기록하고 있다는 것을 분명히 해두고 있는 것이다. 하나님의 영을 받은 신실한 성도가 하나님의 영에 따라 자신의 생각을 밝힐 때에는 이처럼 영적 권위를 지니게 된다.

고린도전서 8장

고린도 교회에 보낸 바울의 편지에서 우상에게 바쳤던 음식과 관련하여 우상 문제를 거론하고 있다는 사실에서 우리는 유독 고린도 교회가 다른 지역 교회들과는 달리 우상 문제로 골머리를 앓고 있었다는 것을 알 수 있다. 10절에서 『**지식이 있는 네가 우상의 전에 앉아 먹는 것을 누가 보면 약한 양심을 지닌 그가 우상들에게 바쳐진 것들을 먹는 데 담대해지지 아니하겠느냐?**』고 언급하고 있는 것을 보면 이 교회의 일부 회원들 사이에 우상을 숭배하던 믿지 않는 자들의 "우상의 전"에 들락거리는 사람들도 있었다는 것도 알 수가 있다. 다른 지역 교회들에 보낸 바울의 편지에는 그 어디에도 우상이나 우상에게 제물로 바친 음식 문제를 다루고 있지 않다는 점에서 고린도 교회야말로 정말 골치 아픈 교회였던 것만은 틀림이 없다. 고린도전서 10:27,28에서도 『**만일 믿지 않는 사람 중에 누가 너희를 잔치에 청해서 너희가 가고 싶거든 양심을 위하여 묻지 말고 너희 앞에 차려 놓은 것은 무엇이든지 먹으라. 그러나 만일 어떤 사람이 너희에게 말하기를 "이것은 우상들에게 바친 제물이다."라고 하거든 알려 준 그 사람과 양심을 위하여 먹지 말라. 이는 땅과 거기에 충만한 것이 다 주의 것임이니라.**』고 언급하고 있는 것을 보면, 우상에게 바쳤던 제물을 누가 시장에서 사다가 음식상을 차려준 것을 거침 없이 먹어치우는 사람들이 있었던 반면에 또 일부 회원들은 이것을 놓고 비난하고 정죄하기도 하는 등, 우상에게 제물로 바쳐졌던 음식과 관련하여 서로 의견이 엇갈려 티격태격하고 있었던 것이 분명하다. 우상을 숭배하던 이방인들이 양이나 소를 잡아 우상 신에게 제물로 바치고 나서 제사가 끝나면 제사장들이 그 고기를 잘라 시장에 내다 팔기도 했는데, 이것을 사다가 마치 스파게티 파티를 벌리듯 저녁 식사에 사람들을 초대하기도 했다. 고린도 교회의 성도들이 자기들 앞에 차려진 그 음식이 쥬피터 신이나 비너스 여신에게 바쳐졌던 제물이라는 것을 뻔히 알고 있는 마당에 그 고기를 먹는 것이 좋은지 어떤지에 대해 의문이 제기되었으리라는 것은 능히 짐작할 수 있는 일이고, 이것을 놓고 옳다, 그르다, 의견이 분분하였으리라는 것도 짐작하고도 남는다. 이 문제에 얽힌 의문점들에 대해 바울은 본 8장에서 명쾌한 답변을 천명하고 있다.

8:1 우상들에게 바쳐진 것들에 관하여는 우리 모두에게 지식이 있음을 알거니와 지식은 교만하게 하지만 사랑은 세워 주느니라.

2 만일 누구라도 무엇이든지 안다고 생각하면 그가 마땅히 알아야 할 것은 아직 아무 것도 모르는 것이요,

3 만일 누구라도 하나님을 **사랑한다면 그는 그분께 알려진 사람이라.**

『**우상들에게 바쳐진 것들에 관하여는 우리 모두에게 지식이 있음을 알거니와**』(1절). 구원받은 사람이라면 우상들에게 바쳐진 것들이 어떤 의미를 갖고 그 음식을 어떻게 대해야 할 것인지 다 알고 있을 테지만, 구원받기 전에는 자신들도 우상들을 섬겼던 터인지라, 우상과 거기에 드려졌던 제물들에 대해서 어떤 사람은 이렇게 생각하고 또 어떤 사람은 저렇게 말하는 등, 아무튼 이러쿵 저러쿵 말도 많고 탈도 많았을 것이다. 당신도 나름대로 이에 대해서 지식을 갖고 있을 것이고,

그 지식에 따라 당신의 의견을 내세우거나 당신의 생각대로 행동할 것이다. 그러나 그래서 어떻다는 말인가? 당신이 우상과 그 우상에게 바쳐졌던 음식에 대해서 어떻게 알고 있건, 그 지식 자체는 아무 데도 쓸모가 없다. 왜냐하면, 여하한 지식을 내세우더라도 그런 지식은 결국 저만 잘났다고 내세우는 것에 불과할 것이고, 자신의 행동을 결정하는 기준에 지나지 않을 것이기 때문이다. 그래서 바울은 여기서 『**지식은 교만하게 하지만**』이라고 말하면서 사람의 지식을 모두 깔아 뭉개 버린다. 그리고 『**사랑은 세워 주느니라.**』고 타이르고 있다. 다시 말해서, 저 잘난 척하는 지식이 중요한 게 아니라 다른 사람을 세워 줄 수 있는 사랑이 중요하다는 것이다. 우리는 여기서 미숙한 그리스도인과 성숙한 그리스도인의 생각이 얼마나 그 차원을 달리 하는가를 엿볼 수 있고, 실로 우리들 자신을 스스로 돌아보지 않을 수가 없다. 바른 지식이라면 없는 것보다야 좋겠지만, 그 지식으로 스스로 교만해진다면, 그 지식은 없느니만 못한 것이다. 그리고 지식은 아무리 옳더라도 그 지식 자체만으로는 아무 쓸모가 없다. 그런가 하면 또, 그 지식을 자랑하고 그 지식에 따라 떳떳하게 처신한답시고 다른 사람이야 무어라고 하건, 제멋대로 행동하는 교만으로 나타날 위험이 항상 따르기 마련이다. 이것은 성경 지식이 풍부한 그리스도인들이 흔히 범하는 잘못이다. 많은 사람들이 신학 대학에 들어가지만, 신학을 공부하는 사람이야말로 정말 이 점을 항상 주의하지 않으면 안 된다. 이런 점에서 『**지식은 교만하게 하지만 사랑은 세워 주느니라.**』는 1절의 말씀은 모든 그리스도인들이 삶의 좌우명으로 삼아야 할 위대한 교훈이다. 가령, 한 그리스도인이 믿지 않는 사람의 승용차에 함께 올라타게 되었는데, 차 주인이 자동차 라디오를 틀고 요란한 재즈 음악에 맞춰 장단을 맞추며 신나게 차를 운전한다. 옆에 타고 있던 그리스도인은 그 음악이 마귀의 음악인 것을 너무나 잘 알고 있는지라, 라디오를 탁 꺼버린다. 그의 지식으로는 타고 달리는 자동차에 마귀가 접근하면 자동차가 달리다 말고 차가 뒤집혀 끔찍한 교통사고라도 당할지도 모른다고 생각하는 모양이다. 그의 이러한 생각이 결코 잘못된 지식은 아니지만, 그렇다고 자기 차도 아닌 다른 사람의 차에 타고 가면서 자기 지식에 따라 이렇게 무례한 행동을 하는 것은 결코 옳지 못하다. 이것은 다른 사람에 대한 사랑이 아니라 자기를 내세우는 교만이기 때문이다. 만약 차 임자가 기분이 몹시 상해서 차를 세우더니 옆에 타고 있던 그 교만한 그리스도인더러 당장 내리라고 고함을 질러도 잘못은 그리스도인에게 있지 믿지 않는 차 임자에게 있다고는 할 수가 없다. 이렇게 되면, 그리스도인이 갖고 있던 성경적 지식이나 그의 "거룩한" 목적은 그 자리에서 죽어 버리고 만다. 바로 이렇기 때문에 지식은 쓸모가 없는 것이다. 하물며 성경적으로 옳지 못하고 하나님의 말씀에 대해서 왜곡되고 변질된 지식이야 더 말해서 무엇하겠는가? 성경을 왜곡하고 변개하며 제멋대로 빼고 더하는 헬라어 학자들이나 히브리어 학자들이 자신들의 엉터리 지식을 자랑하느라고 〈킹제임스성경〉을 제멋대로 주무르면서 "원문에는 본디 그렇게 되어 있지가 않습네다." 어쩌구 하는 꼴이란, 오 맙소사! 정말이지 생각만 해도 구역질밖에 나오지 않는다. 이런 자들을 향해서 성경은 다음과 같이 신랄하게 힐난하고 있다.

『**만일 누구라도 무엇이든지 안다고 생각하면 그가 마땅히 알아야 할 것은 아직 아무것도 모르는 것이요**』(2절). 어떤가? 이 말 뜻을 알겠는가? 당신은 자신이 무엇인가를 알고 있다고 생각하는가? 그렇다면, 당신은 아직 아무것도 모르고 있는 것이다. 당신은 이 사실을 깨닫고 있는가? 그렇다면, 입 다물고 잠잠히 있으라. 형제들이여, 제발이지 그러지 좀 말라. 형제들이여, 지난 날 수많은 믿음의 사람들이 하늘나라에 대해서 무엇이라고 말했으며, 성령님의 위로하심에 대해서 무엇이라고 말했고, 로마서 8:22에 대해서 어떻게 가르쳤으며, 하나님의 임재에 대해 무엇이라고 말했고, 하나님의 보살피심에 대해서 어떻게 역설했는지, 그것들을 한 번 곰곰히 되새겨 보라. 그들은 결코 헬라어 원문이 어쩌고 저쩌고 하지는 않았다. 제발 쓸데없는 일에 쓸데없이 시간을 낭비하지 말라. 『**지식은 교만하게 하지만 사랑은 세워 주느니라**』(1절).

『**만일 누구라도** 하나님을 **사랑한다면 그는 그분께 알려진 사람이라**』(3절). 누가 하나님을 사랑하는지 우리가 알기란 어떤 때는 어렵지도 않지만 또 어떤 때는 쉽지도 않다. 그가 영적인 문제가 연관된 상황에 처했을 때, 거기에 어떻게 영적으로 대응하는가를 보면 그가 하나님을 진정으로 사랑하는지, 아닌지 여부를 어렵지 않게 알 수 있다. 그런가 하면, 세상 속에 빠져 뒤로 나가 자빠진 사람들이 알고 보면 의외로 하나님을 무척 사랑하고 있는 경우가 있는가 하면, 성별되고 세상과 구별된 채 헌신적인 삶을 사는 것처럼 보이는 그리스도인들이 실은 전혀 하나님을 사랑하지 않는 경우도 얼마든지 있다. 그들은 자신들이 주님께 헌신하고 있음을 사람들에게 애써 과시하지만, 알고 보면 조금도 하나님을 사랑하고 있지 않다는 것을 발견하게 될 때가 허다하다. 나는 언젠가 "영적인 체하는 자들"이라는 만화를 읽은 적이 있다. 이처럼 영적인 체 가장하는 자들은 만화의 주인공이 되어 사람들로 하여금 실소를 금치 못하게 한다.

당신은 하나님을 사랑하는가? 그렇다면, 당신은 그것을 영적으로 입증할 수 있어야 한다. 당신이 영적으로 증명할 수 없다면 당신은 하나님을 사랑하고 있는 것이 아니다. 육신적으로 하나님을 사랑하고 감정적으로 하나님께 헌신하는 것은 남의 눈에는 잘 띄지만, 결코 진정으로 하나님을 사랑하는 것은 되지 못한다. 그러나 우리는 누가 얼마나 영적으로 하나님을 사랑하는가를 겉으로는 정확하게 알 길이 없다. 심지어 나 자신마저도 하나님을 영적으로 사랑하고 있는지 제대로 알기가 어렵다. 그러나 하나님께서는 훤히 아신다. 하나님께서 나를 어떻게 알고 계신지를 우리는 모르지만, 언젠가는 우리가 주님과 얼굴과 얼굴을 마주 보게 될 때 우리는 주님께서 나를 어떻게 파악하고 계신지 알게 될 것이다. 『**그때에는 내가 알려진 것처럼 알게 되리라**』(고전 13:12).

8:4 그러므로 우상들에게 바쳐진 제물을 먹는 일에 관하여 우리가 아는 것은 우상들은 세상에서 아무것도 아니며 하나님은 **한 분밖에 계시지 아니한다는 것이라.**

5 비록 하늘에나 땅에나 신들이라고 불리는 (많은 신들과 많은 주들이 있어도)
6 우리에게는 오직 한 분 하나님, 아버지가 계시니 만물이 그분께로부터 났고 우리도 그분 안에 있으며 또 한 분 주 예수 그리스도가 계시니 만물이 그분을 통하여 있고 우리도 그분을 통하여 있느니라.
7 그러나 이 지식은 사람마다 있는 것이 아니기에 어떤 사람들은 우상에게 바쳐진 것으로 알고 지금까지 우상에 대한 양심을 가지고 먹으므로 그들의 약한 양심이 더러워졌느니라.

『**그러므로 우상들에게 바쳐진 제물을 먹는 일에 관하여 우리가 아는 것은 우상들은 세상에서 아무것도 아니며 하나님은 한 분밖에 계시지 아니한다는 것이라**』(4절). 우상에게 바쳐진 제물을 먹어도 되는가, 안되는가 하는 문제를 따지기에 앞서서 도대체 우상이 란 것이 무엇인가부터 먼저 따져 보는 것이 순서다. 그런데 바울은 『**우리가 아는 것은 우상들은 세상에서 아무것도 아니며**』라고 잘라 말한다. 그는 지금 우상을 조롱하면서 우상 숭배자들을 놀려대고 있는 것이다. 우상의 실체가 허상이라는 사실을 알고 나면 우상 숭배자들은 조롱거리밖에는 되지 않는다. 하나님께서는 우상 숭배자들을 곧잘 놀려 대신다. 『**정오가 되자 엘리야가 그들을 조롱하여 말하기를 "큰 소리로 부르짖으라. 그는 신이니라. 그가 말을 하고 있거나, 뒤로 물러나 있거나, 길을 떠났거나, 아니면 혹 잠들어 깨워야 하리라." 하더라. 그들이 크게 부르짖고, 그들의 방식대로 칼과 단창들로 몸에 상처를 내되, 피가 흐를 때까지 하더라. 정오가 지나고 저녁 희생제를 드릴 때까지 그들이 말을 내뱉고 있었으나 아무 소리도 없고 응답하는 자도 없고 유념하는 자도 없는지라**』(왕상 18:27-29). 이처럼 우상은 아무 것도 아니다. 『**보라, 너희는 아무것도 아니며 너희의 일은 헛것이라.**』(사 41:24)고 성경은 말씀한다.

『**우리가 아는 것은... 하나님은 한 분밖에 계시지 아니한다는 것이라**』(4절). 그렇다. 하나님은 한 분밖에 계시지 않는다. 나머지 것들은 다 아무것도 아니고 헛것일 뿐이다. 『**너희는 두려워 말고, 무서워 말라. 내가 예로부터 너에게 말하며 선포하지 않았더냐? 너희가 곧 나의 증인들이니라. 나 외에 하나님이 있더냐? 정녕, 다른 하나님은 없나니 나는 아무도 알지 못하노라**』(사 44:8). 우리의 하나님 말고 또다른 하나님이 있다고 당신이 아무리 우겨 봤자 아무 소용이 없다. 다른 분도 아닌 하나님 자신께서 『**정녕 다른 하나님은 없나니 나는 아무도 알지 못하노라.**』고 말씀하시기 때문이다. 하나님께서 오직 한 분이시라면, 우상들은 결코 "하나님"이 아니란 걸 알 수 있다. 우상들이 하나님이 아니라면, 그 우상들은 숭배자들이 생각하는 것처럼 대단한 존재들이 아닌 것이 분명하다. 그것들은 아무것도 아닌 것이다.

『**비록 하늘에나 땅에나 신들이라고 불리는 (많은 신들과 많은 주들이 있어도) 우리에게는 오직 한 분 하나님, 아버지가 계시니 만물이 그분께로부터 났고 우리도 그분 안에 있으며 또 한 분 주 예수 그리스도가 계시니 만물이 그분을 통하여 있고 우리도 그분을 통하여 있느니라**』(5,6절). 하늘에나 땅에나 "신들"이라고 불리는 존재들은 많이 있다. 고린도후서 4장에서는 마귀는 『**이 세상의 신**』(고후 4:4)이라고 불린다. 시편 82:6에서도 이들이 『**신들**』이라고 불리고 있다. 에베소서 6장에서는 이 많은 신들을 『**정사들**』, 『**권세들**』, 『**이 세상 어두움의 주관자들**』, 또는 『**높은 곳들에 있는 영적 악**』이라고 부르고 있거니와, 이것들이 곧 "주들"이라고 불리는 존재들이다. 그러나 그것들은 "하나님"이 아니다. 하나님께서는 오직 한 분 『**아버지**』시라고 성경은 잘라 말한다. 우리에게는 이들 "주들"이 아무것도 아니고 이들 "신들"도 아무 것도 아니다. 그렇다고 마귀의 그 막강한 권세를 결코 깔보자는 것이 아니다. 『**우리에게는 오직 한 분 하나님, 아버지**』가 계시기 때문에 그리스도인들이 그분과 함께하는 한 마귀는 아무것도 아니다. 『**만물이 그분께로부터 났고 우리도 그분 안에**』 있기 때문이다. 그리고 그 아버지 안에는 우리와 함께 또 주 예수 그리스도께서 계신다. 만물이 주 예수 그리스도를 통하여 아버지 하나님께로부터 났고, 우리도 주 예수 그리스도를 통하여 아버지 하나님께로부터 있게 되었다. 이러한 우리가 하나님과 늘 함께하고 있다면, 마귀들은 전혀 겁낼 만한 존재들이 아니다.

『**그러나 이 지식은 사람마다 있는 것이 아니기에 어떤 사람들은 우상에게 바쳐진 것으로 알고 지금까지 우상에 대한 양심을 가지고 먹으므로 그들의 약한 양심이 더러워졌느니라**』(7절). 하나님께서는 오직 한 분이시며 우리에게는 오직 이 한 분 아버지 하나님이 계실 뿐이라는 사실, 만물이 주 예수 그리스도를 통하여 그분께로부터 났고, 우리도 그분 안에 있다는 사실, 이것을 우리 그리스도인들은 알고 있지만, 그렇다고 모든 사람들이 다 알고 있는 것은 아니다. 그리스도인들은 이 사실을 알고 있지만, 그렇다고 『**이 지식은 사람마다 있는 것이 아니기에**』 이것을 모르는 사람들도 얼마든지 있다. 이러한 진리의 지식이 없는 사람들이 불쌍하게도 마귀를 섬기고 사탄에게 경배한다. 이들은 마귀를 경배의 대상이 될 만한 대단한 존재로 믿기 때문에 어리석게도 마귀에게 제사 지내며 악을 행하는 『**약한 양심**』을 갖고 있는 사람들이다. "양심이 약하다."는 것은 악에 쉽게 노출되어 죄에 휘말려 들기 쉽다는 것을 말한다. 마귀에게 약한 양심을 가진 이런 사람들은 마귀에게 제물로 바쳤던 음식을 "무심코" 먹는 것도 아니고, 꺼리면서 "억지로" 먹는 것도 아니다. 그들은 『**우상에 대한 양심을 가지고**』 기꺼이 즐겁게 먹는다. 그들의 양심 자체가 잘못되어 있는 것이다. 그래서 그들의 양심은 더러워졌고, 『**약한 양심**』은 이처럼 더러워질 수밖에 없는 법이다. 그러나 그리스도인들은 우상들이 아무것도 아니요, 하나님께서는 오직 한 분이시라는 진리의 지식을 소유하고 있다. 따라서 우상에게 바쳤던 음식도 마찬가지로 아무것도 아니라는 것을 잘 안다. 아무것도 아닌 존재에게 바쳐진 제물이라면, 그 음식 또한 전혀 특별한 의미가 있을 수 없다. 그냥 음식에 불과할 뿐이다. 그래서 그리스도인들은 우상에게 바쳐진 음식이라고 해서 특별히 꺼릴 필요도 없고 배고프면 맛있게 먹기만 하면 된다. 이것은 우상에게 바쳐졌던 음식인 줄 모르고 무심코 먹는 것도 아니고, 할 수 없이 억지로 먹는 것이 아니라 모든 것을 뻔히 알고 있으면서 먹는 것이다. 이것이 바로 우상에 대하여 그리스도인들이 가질 수 있는 "강한 양심"이다. 그리스도인들이 이미 하나님께 대한 견고한 믿음을 갖고 있다면, 이처럼 "강한 양심"을 지니고 처신할 수가 있다. 우상에게 바쳐졌던 음식이라고 해서 거기에 특별한 의미를 부여하고 먹기를 꺼린다는 것 자체가 아무 것도 아닌 우상에게 특별한 의미를 부여하는 꼴이 된다. 이렇게 되면 그리스도인도 우상에 대하여 『**약한 양심**』을 갖게 된다. 이처럼 약한 양심을 갖게 되면 바로 여기서 문제가 생긴다. 어떤 문제일까? 로마서 14장을 보라. 『**음식 때문에 하나님의 일을 망치지 말라. 사실은 모든 것이 깨끗하지만 남을 실족케 하며 먹는 그 사람에게는 그것이 악이니라. 고기도 먹지 아니하고 포도주도 마시지 아니하며 무엇이든지 네 형제를 실족하게도 아니하고 성나게도 아니하며 연약하게 하지 아니하는 것이 좋으니라. 네게 믿음이 있느냐? 그 믿음을 하나님 앞에서 스스로 가지고 있으라. 자신이 승인하는 일로 자신을 정죄하지 아니하는 자는 복이 있도다. 그러나 의심하는 자는 그가 먹을지라도 정죄되었나니 이는 믿음으로 먹지 아니하였기 때문이라. 믿음으로 아니하는 모든 것이 죄니라**』(롬 14:20-23). 우상에게 바쳐졌던 음식을 먹건, 안 먹건, 그것이 문제가 되지는 않는다. 문제는 믿음이 있느냐, 없느냐이다. 하나님에 대한 견고한 믿음이 없이 의심하면서 그것을 안 먹어도 죄가 되고, 의심하면서 먹어도 죄가 된다. 그러나 하나님께 대한 견고한 믿음을 가지고 행하면, 그것을 먹어도 죄가 안되고 안 먹어도 죄가 안 된다. 무엇을 하건 믿음 없이 행하면 형제를 실족시키게 된다. 우상에게 바쳤던 음식이니까 먹으면 안 된다고 생각하고 당신이 그 음식을 거부하면, 옆에 있던 다른 사람이 그것을 보고 "아, 우상이란 역시 대단한 존재로구나." 하고 생각하게 된다. 그리고 우상에 대해 덩달아서 마음이 연약해질 것이다. 당신이 뻔히 알면서도 "아무러면 어때." 하고 하나님을 우습게 여기면서 그 음식을 먹어 치우면, 곁에 있던 다른 사람이 "아, 하나님도 대단한 분이 아니시로군." 하고 생각하고 덩달아서 실족하게 되거나, 아니면, "그리스도인이 어찌 그럴 수 있단 말인가?" 하고 화를 벌컥 내며 대들지도 모른다. 이 모든 것이 당신에게 견고한 믿음이 없는 데서 비롯된 죄다. 로마서 14장은 바로 이것을 경고하고 있는 말씀이다. 당신에게 믿음이 있느냐고 성경은 묻는다. 그리고 믿음이 있다면 『**그 믿**

음을 하나님 앞에서 스스로 가지고 있으라.』고 성경은 명한다. 믿음을 가지고 있다면, 그 믿음에 따라 행동하면 된다.

8:8 그러나 음식은 우리를 하나님 앞에 내세우지 못하나니 우리가 먹는다고 해서 더 나아질 것도 없고, 먹지 아니한다고 해서 더 나빠질 것도 없느니라.

9 그런즉 너희의 이러한 자유가 어떻게 해서든지 약한 사람들에게 거치는 것이 되지 않도록 유의하라.

『**음식은 우리를 하나님 앞에 내세우지 못하나니**』(8절). 당신이 하나님 앞에 내세울 수 있는 것은 믿음이지 음식이 아니다. 어떤 음식을 먹고 안먹는 것을 내세워 하나님 앞에서 잘난 척하지 말라. 당신이 어떤 음식만 선별해서 먹는다고 해서 그것이 하나님을 사랑하고 있다는 증거는 되지 못한다. 당신이 어떤 음식은 한사코 안먹는다고 해서 그것이 하나님을 잘 섬기고 있다는 증거는 되지 못한다. 당신이 하나님과 교제하는 데 있어서 음식이 할 수 있는 역할은 아무것도 없다. 당신이 하나님 앞에 담대히 설 수 있는 것은 오직 당신의 믿음 때문이다. 오직 믿음을 가지고 하나님 앞에 나아가라. 하나님께서는 그러한 당신을 기뻐하신다.

『**그런즉 너희의 이러한 자유가 어떻게 해서든지 약한 사람들에게 거치는 것이 되지 않도록 유의하라**』(9절). 앞에서 살펴본 것처럼 당신은 그리스도인으로서 믿음이 있는 한 자기의 양심에 따라 자유롭게 행동할 수가 있다. 그러나 그 자유를 행사하는 데에는 세심한 주의가 필요하다. 그리스도인의 자유를 무턱대고 행사하면 당신의 행동은 믿음이 약한 다른 사람들에게 『**거치는 것**』이 될 수 있기 때문이다. 믿음이 약한 형제들은 자기 생각대로 행동하는 당신을 보고 마음에 상처를 입을 수도 있다. 가령, 독일 사람들은 돼지고기를 무척 즐긴다. 그런데 어느 독일 사람이 당신을 저녁 식사에 초대한다. 식탁에 차려놓은 음식을 보니 돼지고기라는 것을 알고 당신이 숟가락을 내려놓는다. 이렇게 되면 당신을 초대한 주인은 얼마나 민망할 것이며 기분이 얼마나 상할 것인가? 반면에, 어떤 형제들은 아직 믿음이 약하여 어떤 음식은 안 먹어야 된다고 생각하고 있는데, 그 사람 앞에서 당신이 아랑곳도 하지 않은 채 구태여 그 음식만 먹어치우고 있다면, 옆에서 보고 있던 그 사람의 기분이 어떨 것 같은가? 『**믿음이 연약한 자를 너희가 받아들이되 의심스러운 쟁점을 피하라.**』(롬 14:1)고 성경은 충고하고 있다. 그리고 또 『**그런즉 우리가 더 이상 서로를 판단하지 말고 도리어 형제들 앞에 거치는 것이나 방해물을 놓지 아니하였는지 판단해야 하리라.**』(롬 14:13)고 말씀하고 있다. 가령, 당신이 카톨릭 신자를 그리스도께로 인도하여 구령하려고 그를 특별히 점심 식사에 초대했는데, 그날이 공교롭게도 금요일이였고 당신이 대접한 음식이 하필이면 넙치요리였다 하자. 카톨릭 신자들은 금요일에 고기도 안먹고 비늘 없는 생선도 먹지 않는다. 당신은 카톨릭 신자를 초대해 놓고 당신의 양심을 앞세워 그의 양심을 짓밟아 버린 것이다. 카톨릭 신자들의 그러한 금기사항이 성경적으로 옳은 것은 물론 아니지만, 그렇다고 당신이 지금 그것이 옳으냐 그르냐를 따질 게재가 아니다. 당신은 지금 그 카톨릭 신자를 구령하려고 초대했다. 그래 놓고도 당신의 성경적 양심을 앞세워 그 사람의 양심을 짓밟아 버린다면, 그가 과연 당신이 내미는 구원의 복음을 선뜻 받아들일 수 있을 것 같은가? 『**내가 말한 양심은 네 자신의 것이 아니라 남의 것이니 어찌하여 나의 자유가 다른 사람의 양심으로 판단을 받겠느냐?**』(고전 10:29)고 성경은 말씀한다. 다른 사람의 양심은 그 사람의 것이지 당신의 양심이 아니다. 이처럼 다른 사람에게 거치는 행동을 하여 기분을 상하게 하는 것은 결코 좋은 일도 아닐 뿐더러 현명한 일도 아니다. 유대인과 식사를 같이 하면서 구태여 돼지고기를 시켜 먹을 필요도 없고, 카톨릭 신자와 금요일에 식사하면서 구태여 고기를 먹이려고 애쓸 필요가 없다. 그것은 교만이다. 카톨릭 신자들이 유독 금요일에 특정한 음식에 대해 금기조항을 지키는 일과 관련된 재미있는 우스개소리가 있다. 어떤 그리스도인이 카톨릭 신부를 점심에 초대하여 무슨 음식을 들겠느냐고 물으면서 "이 식당은 비프 스테이크가 일품이지요." 했더니 신부가 "아, 고기는 싫습니다."고 대답했다. "그럼 생선 요리는 어때요? 이 식당은 광어 요리로도 유명하거든요." 했더니, "생선도 싫습니다." 하는 것이었다. 그래서 "그럼, 무얼 잡수시겠습니까? 하고 물었더니, "햄버거나 시켜 주십시오." 라고 하더라는 것이었다. 이 우스갯소리가 참 재미있다고 해서 당신도 한 번 그러한 상황을 연출해 보려고 시도하지는 말라. 그것은 상대에게 거치는 행동이요, 당신의 성경 지식을 뽐내는 교만에 불과할 따름이다. 그래서 성경은 『**지식은 교만하게 하지만 사랑은 세워 주느니라.**』(고전 8:1)고 타이르고 있는 것이다.

그리스도인의 양심을 내세워 다른 사람들의 양심을 짓밟지 말란다고 해서 어느 경우에나 그들의 "종교적" 양심을 우대해 주라는 뜻은 결코 아니다. 오늘날 미국 정부는 카톨릭이라면 사족을 못 쓴다. 금요일이면 학교 급식 메뉴에서 고기를 제외하는 공립학교도 있을 정도가 된 세상이다. 전체 인구 삼천 명의 마을에 카톨릭 신자가 겨우 스무 명밖에 안되는데도 그들의 "종교적" 의식을 존중해 주기 위해서 이런 부당한 처사를 거침없이 행한다. 이것이 소위 "국민의, 국민을 위한, 국민에 의한 정부"를 표방하고 있다는 오늘날의 미국 정부다.

8:10 지식이 있는 네가 우상의 전에 앉아 먹는 것을 누가 보면 약한 양심을 지닌 그가 우상들에게 바쳐진 것들을 먹는 데 담대해지지 아니하겠느냐?

11 그러면 네 지식으로 인하여 그 약한 형제를 망치게 되리니 그를 위하여 그리스도께서 죽으셨느니라.

12 그러므로 너희가 형제들에게 그렇게 죄를 짓고 또 그들의 약한 양심에 상처를 주는 것이 곧 그리스도께 죄를 짓는 것이니라.

13 따라서 음식이 내 형제를 실족시킨다면 나는 고기를 이 세상이 존재하는 한 먹지 아니하리니 이는 내가 내 형제를 실족시키지 아니하려는 것이니라.

『**지식이 있는 네가 우상의 전에 앉아 먹는 것을 누가 보면 약한 양심을 지닌**

그가 우상들에게 바쳐진 것들을 먹는 데 담대해지지 아니하겠느냐?』(10절). 자, 당신은 이제 우상이 아무것도 아니요, 우상에게 바쳤던 음식도 아무 특별한 의미가 없다는 성경적 지식을 갖게 되었다. 그래서 당신은 거침없이 『**우상의 전에 앉아**』 우상 숭배자들과 어울려 아무렇지 않게 음식을 맛있게 먹고 있다. 그러나 당신에게는 견고한 믿음이 있고 "강한 양심"이 있으니까 그렇다 치더라도 만약 그 광경을 아직 믿음이 약한 어떤 형제가 보고 있다면 어떻게 될까? "믿음이 깊은 저 양반도 거침없이 먹는 걸 보니 나도 괜찮겠구나." 하고 생각하고 "담대해져서" 자기도 우상에게 바친 음식을 먹는 데 거침없이 낄 것이다. 그러나 문제는 그 사람이 "약한 양심"의 소유자라는 데에 있다. 양심이 약하기 때문에 우상이 어떤 존재이고, 우상에게 바친 제물이 어떤 것인지 확실히 알지도 못하고, 그것이 하나님께 대하여 어떤 것인지 확신이 서지도 않은 채, 속으로는 스스로 갖가지 의혹을 느끼면서도 그저 무턱대고 당신 흉내를 내고 있는 것이다. 믿음이 있는 사람에게 아무 문제가 없다고 해서 믿음이 약한 사람에게도 그것이 아무 문제가 없느냐 하면 결코 그렇지가 않은 것이다. 따라서 당신이 옳다고 생각한다고 해서 아무에게나 무턱대고 그것을 강요해서는 안 된다. 가령, 당신이 초등학교나 중학교 또는 고등학교에 들어갔을 때, 당신은 담배피지 말라, 술 먹지 말라, 법과 질서를 지키고 나라에 충성하라, 따위와 같은 아주 판에 박은 듯한 기본윤리에 대해서 교육을 받고 엄격한 규율을 강요받았을 것이다. 그리고 고등학교를 졸업한 뒤 신학 대학에 들어갔더니 이번에는 또 여학생과 팔짱을 끼고 나니지 말라, 복잡한 시하철 안에서 이성의 몸에 손대지 말라, 식탁에 앉을 때 단정한 자세로 앉아라, 하는 따위의 까다롭고 자질구레한 규율을 강요받는다. 그런 뒤 신학 대학을 졸업하고 하나님의 말씀을 증거하고 복음을 전파하며 성령님의 능력 안에서 모든 것을 행하는 사역자로 부르심을 받아 교회의 회중들을 이끄는 목사가 되었다고 치자. 당신이 목사가 되었으니까 학창시절에 배우고 강요받았던 그러한 갖가지 자질구레한 규율들에 따라 스스로 처신하려고 노력해 보라. 그런다고 해서 당신 자신 속에 있는 인간의 본성이 징밀로 그린 규율대로 따라 움직여 줄 것 같은가? 천만의 말씀이다. 형제들이여, 내가 말하건대, 제아무리 규율에 익숙해지려고 해도 인간의 본성은 여전히 당신 안에서 꿈틀거리고 있음을 도저히 어쩌지 못할 것이다. 그래서 나는 사람들에게 억지로 그런 규율들을 강요하는 것을 좋아하지 않는다. 인간의 본성이란 원체 야릇한 것이어서 규율을 강요한다고 해서 마음대로 통제되는 것이 아니다. 이것이 인간이다. 인간의 본성은 규율이나 법으로 다스리지 못한다. 나는 그래서 사람들을 바르게 행동하도록 규율이나 법을 억지로 강요하려 하지 않는다. 그것은 시간만 낭비하는 쓸데없는 짓이다. 그래서 나는 사람들에게 이래라, 저래라 하면서 사생활에 개입하려 하지 않는다. 이런 나를 두고 우리 교회 회원들을 너무 풀어 놓는 바람에 "제자훈련"을 소홀히 한다고 비난하는 사람들도 없지 않은 게 사실이다. 그러나 내 생각에는 변함이 없다. 내가 믿기로는, 당신의 삶은 당신 스스로가 책임져야 한다. 그러기 위해서 할 수 있는 유일한 길은 당신이 하나님과 개인적인 관계를 늘 유지하는 것뿐이다. 당신이 어떻게 하면 올바른 삶을 살아갈 수 있을까 하는 문제는 당신과 하나님 단둘이서만 해결하지 않으면 안 된다. 당신의 삶에 개입할 수 있는 것은 오직 하나님뿐이다. 하나님께서 당신의 삶에 개입하셔야만, 당신은 올바른 삶을 살 수가 있다는 말이다. 하나님 말고는 다른 누구도 당신을 위해 팔을 걷고 나서지 못한다. 그런데, 하나님께서 당신의 문제를 위해 팔을 걷고 나서시도록 하려면 어떻게 해야 되는지 아는가? 당신이 죽어야 한다. 당신이 죽지 않으면 하나님께서도 당신을 위해 아무것도 하지 않으신다. 나는 지금까지 그렇게 살아왔다. 그래서 남이 보기에는 나 혼자서 살아온 것처럼 보일지도 모른다. 아닌 게 아니라 나는 다른 아무도 없는 가운데 오직 나 자신과 해변, 나 자신과 산, 나 자신과 수풀, 강, 바다, 그리고 평원과 단둘이서만 보낸 시간이 얼마나 많은지 모른다. 나는 이런 것들을 통하여 하나님과 직접 접촉하며 살아가지 않을 수가 없었다. 이처럼 그 누구도 개입하지 않은 가운데 하나님과 직접적인 교제를 나누며 내가 터득한 결론은 나의 모든 문제들을 해결할 수 있는 유일한 길이 나와 하나님 사이에서만 발견된다는 사실이다. 살다 보면, 당신의 아내가 당신을 돕기도 하고, 당신의 자녀들이 도움이 되기도 하며, 당신이 다니는 교회 목사가 당신을 돕기도 하겠지만, 궁극적으로 당신의 문제는 당신과 하나님 단둘이서 해결하지 않으면 안 된다. 궁극적으로는 말이다. 바로 그렇기 때문에 그리스도인으로서 당신이 무엇을 어떻게 하는 것이 옳고, 무엇을 어떻게 하면 그른지, 그 해답은 당신과 하나님 단둘이서 찾아내야지, 다른 사람의 성경적인 지식이나 다른 사람의 신앙적인 양심에서 빌려다 쓸 수가 없는 것이다. 다른 믿음의 형제들이 당신에게 어떤 원칙에 대해서 충고는 해줄 수 있을지는 모르지만, 다른 사람에게 옳은 것이 당신에게도 옳고, 다른 사람에게 그른 것이 당신에게도 그르냐 하면, 결코 그런 것이 아니다. 당신에게 옳고 그른 것은 하나님만이 당신에게 가르쳐 주실 수 있다. 성경에는 이렇게 말씀하고 있는데 너는 왜 그렇게 하지 않느냐고 나에게 대들지 말라. 나도 성경이 그렇게 말씀하고 있다는 것을 당신만큼 잘 알고 있다. 문제는 성경이 어떻게 말씀하고 있느냐가 아니라 그 말씀에 순종하고 그 말씀대로 행하는 나의 삶 가운데 주님께서 과연 나와 함께하고 계시느냐 하는 것이다. 주님께서 나와 함께하시고, 주님께서 나와 함께 같이 즐기고 행동하신다면, 내가 무슨 일인들 자유롭게 할 수 없겠는가? 아무리 성경에 무엇이라고 말씀하고 있고 내가 그 말씀대로 행한다 한들, 거기에 주님께서 나와 함께하시지 않는다면, 내가 그 일을 해서 무슨 소용이 있단 말인가? 이렇게 볼 때, 우상에게 바친 음식은 이러쿵, 그 음식을 먹는 것은 저러쿵 한다는 것이 얼마나 시시하고 우스꽝스러운 일인가? 바로 이런 점에서 당신에게 믿음이 있고 성경적인 지식이 풍부하다고 해서 당신이 누리는 그리스도인으로서의 자유를 부주의하게 행사할 수는 없는 것이다. 당신이 이 책을 읽고 나서 피터 럭크만 형제는 이렇게 말하더라고 소개하면서 다른 사람들에게 똑같이 행동하라고 강요할 생각은 아예 하지도 말라. 하나님께서는 결코 이것을 기뻐하시지는 않으신다. 믿음이 약한 사람이 당신의 말을 듣고 그대로 따라 한다고 해서 그 사람도 당신처럼 올바르게 행동하는 것이라고 단정하지 말라. 당신이 개입하여 다른 사람에게 도움을 줄 수 있는 것은 아무것도 없다. 도움은커녕 오히려 해를 끼칠 수도 있다는 것을 잊지 말라. 그 사람의 일은 그 사람과 하나님 단둘이서만 선하게 해결할 수가 있다는 것을 결코 잊지 말라. 그 사람과 하나님 사이에 당신이 끼여들 생각은 아예 하지도 말라. 그런 당신을 하나님께서는 결코 칭찬해 주시지도 않고 복을 주시지도 않는다. 당신이 할 수 있는 일은 다만 기도뿐이다. 다음 절을 읽고 한 번 곰곰히 생각해 보라.

『**그러면 네 지식으로 인하여 그 약한 형제를 망치게 되리니 그를 위하여 그리스도께서 죽으셨느니라**』(11절). 성경은 『**네 지식으로 인하여 그 약한 형제를 망치게**』 된다고 말씀한다. 물론 이 구절에서 "망친다"는 뜻으로 쓰인 단어 "perish"는 요한복음 3:16의 "멸망"을 뜻하는 "perish"와는 의미가 다르다. 요한복음 3:16에서는 이 단어가 "지옥에 빠진다"는 뜻이지만, 여기 11절에서는 "실족시킨다"는 뜻이다. 아직 믿음이 약한 "형제"는 아직 믿음이 약하기는 하지만 그래도 구원받은 성도이며, 그리스도의 죽으심이 그의 삶 가운데서 증거되고 있는 그리스도인인 것이다. 그러나 설사 지옥에 가지는 않는다고 할지라도 그가 실족하게 된다면, 그것은 죄를 짓는 일이다. 그리고 그가 죄짓게 된 것은 당신에게 책임이 있다. 그를 위하여 그리스도께서는 죽기까지 하셨거늘, 당신이 그러한 성도를 죄짓게 만들어서야 되겠는가? 당신이 믿음의 지식에 따라 어떻게 처신하건, 하나님께서는 당신에게 자유를 주셨다. 그러나 당신이 자신의 지식에 따라 취한 행동이 이처럼 죄를 짓는 결과를 초래할 수도 있다는 사실을 절대로 명심하라.

『**그러므로 너희가 형제들에게 그렇게 죄를 짓고 또 그들의 약한 양심에 상처를 주는 것이 곧 그리스도께 죄를 짓는 것이니라**』(12절). 이제 무슨 말씀인지 이해할 수 있겠는가? 당신이 자기 지식에 따라 옳다고 생각하고 그 지식에 따라 행동하다 보면 형제들에게 죄를 짓게 되고, 그 형제가 만약 약한 양심을 가진 사람이라면 그에게 상처를 입히게 되며, 이것은 곧 당신이 그리스도께 죄짓는 것이라고 성경은 결론을 내린다. 가령, 당신이 술병에 물을 담아 갖고 다니면서 형제들이 보는 앞에서 그 물을 따라 마신다고 치자. 그런데 그 광경을 목격한 형제가 약한 양심의 소유자라면, 그 형제는 단박에 자신의 양심에 상처를 받게 될 것이다. "아니,

이럴 수가! 그리스도인이 술을 마시다니!" 하고 뭣도 모르고 당신을 비난하고 정죄하거나, 아니면, "저런!, 그리스도인이 저렇게 술마셔도 괜찮은 것도 모르고 괜히 내가 술을 끊었군." 하고 자기도 위스키 한 병을 사러 가게로 뛰어 갈지도 모른다. 당신은 단지 물을 마셨을 뿐인데, 그것을 본 그 형제는 당신이 술을 마신 것으로 오인한 것이다. 그렇다고 당신은 그 책임이 그 사람에게 있다고 주장하겠는가? 또 가령, 당신이 당신의 선한 양심에 따라 담배를 핀다고 치자. 나는 결코 담배 피는 것이 선한 양심이라고 생각지는 않지만, 여하간 당신은 그리스도인이면서 다른 형제 앞에서 담배를 핀다고 치자. 그 형제는 단박에 당신을 정죄하거나 아니면, 자기도 한 개피 달라고 당신에게 손을 내밀 것이다. 어느 쪽이었건, 당신이 그 형제를 실족시킨 것은 마찬가지다. 당신은 그리스도께 죄를 지었다는 말이다. 자, 그렇다면 당신은 어떻게 처신해야 할 것인가? 이에 대해 바울은 다음과 같이 자신의 입장을 단호하게 밝힌다.

『**따라서 음식이 내 형제를 실족시킨다면 나는 고기를 이 세상이 존재하는 한 먹지 아니하리니 이는 내가 내 형제를 실족시키지 아니하려는 것이니라**』(13절). 우상에게 제물로 바친 음식은 음식일 뿐 아무 특별한 의미가 있는 게 아닌 이상, 배고프면 얼마든지 먹어도 그것이 그리스도인의 양심에 저촉되거나 그 자체가 죄가 되는 것은 아니지만, 만약 그것을 다른 그리스도인이 보고 당신을 정죄하거나 아니면, 자기도 거리낌 없이 당신을 따라 먹는다면, 당신은 그를 실족시킨 것이다. 그리고 형제를 실족시킨 것은 그를 위해서 목숨까지 내어 놓으신 예수 그리스도께 죄를 지은 것이다. 그래서 바울은 이처럼 형제를 실족시킨다면, 죽어도 우상에게 바친 음식은 먹지 않겠다고 단호하게 선언하고 있다. 자, 당신이라면 어떻게 할텐가?

고린도전서 9장

9:1 내가 사도가 아니냐? 내가 자유인이 아니냐? 내가 예수 그리스도 우리 주를
보지 못하였느냐? 주 안에서 행한 나의 일이 너희가 아니냐?
2 내가 설령 다른 사람에게는 사도가 아닐지라도 너희에게는 정녕 사도니라.
이는 나의 사도됨을 인친 것이 주 안에 있는 너희이기 때문이라.
3 나를 심문하는 자들에 대한 나의 답변이 이것이니
4 우리에게 먹고 마실 권리가 없겠느냐?
5 우리에게 다른 사도들이나 주의 형제들이나 게바와 같이 자매 된 아내를 동
반할 권리가 없겠느냐?
6 또한 나와 바나바가 일을 아니하여도 될 권리가 없겠느냐?

『**내가 사도가 아니냐?**』(1절). 맞다. 바울은 분명히 사도였다. 사도 중에서도 아주 위대한 사도였다. 『**내가 자유인이 아니냐?**』(1절). 왜 아니었겠는가? 그는 그리스도 안에서 그 누구보다도 완전한 자유인이었다. 그는 율법 아래 있지 않고 은혜 아래 있는 자유인으로서 자유롭게 처신하면서 자유를 만끽할 수 있는 사람이었다.

『내가 예수 그리스도 우리 주를 보지 못하였느냐?』(1절) 물론 그는 주 예수 그리스도를 직접 만나 보았다. 그것은 그가 다마스커스로 가는 길에 일어났던 분명한 사건이었다(행 9:15, 갈 2:7,8, 딤전 2:7). 다른 사도들이 주 예수 그리스도를 직접 보았다고 해서 그들만 사도가 아니다. 바울 역시 그리스도를 직접 만났었고, 주님으로부터 신임장을 직접 받았던 사도였다.

『주 안에서 행한 나의 일이 너희가 아니냐?』(1절). 주 예수 그리스도의 사도로서 그가 받은 사명을 신실하게 수행한 결과가 바로 여러 곳에 있는 신약교회의 성도들이었고 고린도 교회 역시 마찬가지였다.

『내가 설령 다른 사람에게는 사도가 아닐지라도 너희에게는 정녕 사도니라. 이는 나의 사도됨을 인친 것이 주 안에 있는 너희이기 때문이라』(2절). 다른 사람들은 몰라도 최소한 고린도 교회의 성도들을 포함하여 그가 세운 지역 교회의 회원들만은 바울의 사역에 의한 열매였는지라, 그의 사역을 직접 목도한 사람들이었기에 그가 진정한 사도임을 얼마든지 증거할 수 있었고, 사도로서 그가 행한 모든 표적들과 이적들과 사도에게 나타나는 모든 것들을 직접 본 사람들이었다. 그러므로 그들은 그가 어떤 사람인지를 다른 누구보다도 잘 알고 있었다. 그러므로 사도로서의 그의 정통성에 대해 누가 뭐라고 하더라도 고린도 교회 회원들 자신이 그것을 보증할 수 있는 장본인들이었다. 바울은 이 사실을 자신 있게 말할 수가 있었다.

『나를 심문하는 자들에 대한 나의 답변이 이것이니 우리에게 먹고 마실 권리가 없겠느냐? 우리에게 다른 사도들이나 주의 형제들이나 게바와 같이 자매 된 아내를 동반할 권리가 없겠느냐?』(3,4,5절) 사도 바울에 대해서 이러쿵저러쿵 누가 뭐라고 하더라도 그 자신이나 고린도 교회 성도들은 은혜 아래로 들어와 그리스도 안에서 자유케 된 자유인들이었기에 무엇을 먹건, 무엇을 마시건, 누구의 속박이나 율법의 규제를 받을 필요가 없었고, 베드로나 예수님의 형제들처럼 자유롭게 결혼하여 아내를 둘 권리가 얼마든지 있었다. 베드로는 로마카톨릭의 수장과는 달리 결혼한 사람이었다. 마태복음 8장에 보면, 그의 장모가 병든 것을 예수님께서 치료해 주신 이야기가 나온다.

우리는 이 구절에서 『**자매된 아내**』라는 표현에 주목할 필요가 있다. 인류 최초의 사람 아담의 아내 이브는 아담의 "자매"였다. 아담이나 이브의 아버지가 동일한 하나님이셨기 때문이다. 그래서 아담과 이브는 남매인 동시에 또 부부였다. 그래서 성경에서는 아내를 "자매"라고 부른다. 카톨릭 교회는 이 구절에서 "자매"(sister)라는 말을 빌려다가 이것을 수녀들의 호칭으로 사용하고 있지만, 수녀들은 그 누구의 아내도 아니다. 따라서 그들은 "자매"라는 호칭을 잘못 사용하고 있는 것이다.

『**또한 나와 바나바가 일을 아니하여도 될 권리가 없겠느냐?**』(6절). 바울은 별도의 생업을 갖고 있었다. 그는 천막을 만드는 사람이었다. 바나바도 바울처럼 별도로 자신의 생업을 갖고 있었다. 그들이 비록 사도였지만 또 한편 직업을 갖고 일을 했던 것은 복음 사역자로서 그렇게 하지 않아도 될 권리가 없어서 마지못해 그랬던 것이 아니다. 그들은 사역자로서 얼마든지 다른 직업을 갖지 않아도 될 권리를 소유하고 있었다. 다시 말해서, 먹고 살기 위해서 따로 직업을 가질 필요가 없는 사람들이었고, 사역자로서의 보수를 받고 그것으로 살아갈 권리를 가진 사람들이었다.

9:7 누가 어느 때라도 자기 비용으로 전쟁에 나가겠느냐? 누가 포도원을 만들고
그 열매를 먹지 아니하겠느냐? 누가 양떼를 치고 그 양떼의 젖을 먹지 아니
하겠느냐?
8 내가 이런 것들을 사람으로서 말하고 있느냐? 율법도 이것을 말하지 아니하
더냐?
9 모세의 율법에 기록되기를 "곡식을 밟아 떠는 소의 입에 재갈을 물리지 말지

니라."고 하였으니 하나님께서 소들에게 관심을 두신 것이냐?
10 아니면 오직 우리를 위하여 말씀하신 것이냐? 실로 우리를 위하여 기록된
것이니라. 밭 가는 사람은 소망을 가지고 갈아야 하며 소망을 가지고 곡식
떠는 사람도 자기 소망의 참여자가 되어야 하리라.
11 만일 우리가 너희에게 영적인 것들을 뿌렸다면 우리가 너희의 물질적인 것
을 거둔다 해서 그것이 대단한 일이겠느냐?
12 다른 사람들은 너희에 대한 이 권리에 참여하는데 하물며 우리들이랴? 그러
나 우리가 이 권리를 사용하지 아니하고 모든 것을 참는 것은 우리가 그리스
도의 복음을 방해하지 아니하려는 것이라.

『누가 어느 때라도 자기 비용으로 전쟁에 나가겠느냐? 누가 포도원을 만들고 그 열매를 먹지 아니하겠느냐? 누가 양떼를 치고 그 양떼의 젖을 먹지 아니하겠느냐?』(7절) 그들이 사도들로서 별도의 생업을 갖지 않고 복음 전파 사역에만 종사하면서 성도들이 내는 돈으로 생활할 수 있는 권리를 갖고 있었던 것은 전쟁에 나가 싸우는 병사들이 다른 일을 하지 않고도 먹고 사는 문제를 걱정할 필요가 없는 것이나 마찬가지다. 이 세상에 그 어떤 나라가 군인들이 자기 돈으로 먹고 살면서 전쟁에 나가 싸우도록 한단 말인가? 군인은 나라에서 먹여 살린다. 이것은 농사짓거나 목축업을 하는 사람도 마찬가지다. 자기가 경작하고 거두어 들인 소출을 농민 자신이 먹지 못한다면 말이나 되겠는가? 포도원을 경작하는 사람은 자신의 포도원에서 나는 열매를 먹을 수 있는 권리가 있고, 양떼를 치는 사람은 자신의 양떼에서 나는 젖을 마음대로 먹을 자격이 있는 사람이다. 이것은 복음 사역에 종사하는 일꾼들도 마찬가지다.

『내가 이런 것들을 사람으로서 말하고 있느냐? 율법도 이것을 말하지 아니하더냐?』(8절) 이런 말은 비단 바울이라는 사람만이 하고 있는 말이 아니라 율법도 엄연히 같은 말을 하고 있음을 바울은 상기시키고 있다.

『모세의 율법에 기록되기를 "곡식을 밟아 떠는 소의 입에 재갈을 물리지 말지니라."고 하였으니 하나님께서 **소들에게 관심을 두신 것이냐? 아니면 오직 우리를 위하여 말씀하신 것이냐? 실로 우리를 위하여 기록된 것이니라. 밭 가는 사람은 소망을 가지고 갈아야 하며 소망을 가지고 곡식 떠는 사람도 자기 소망의 참여자가 되어야 하리라』**(9,10절). 하나님께서는 심지어 곡식을 맷돌질하는 소에게까지도 일하면서 그 곡식을 먹을 수 있는 권리를 인정하신다. 『**"곡식을 밟아 떠는 소의 입에 재갈을 물리지 말지니라."**』 이것은 신명기 25:4의 말씀을 인용한 것이다. 소가 타작 일을 하면서 간간히 곡식을 먹는다. 그게 아까워서 곡식을 먹지 못하도록 사람이 소의 입에 재갈을 물려 놓는다면 이 얼마나 인색하고 부당한 처사인가? 하나님께서는 그러지 말라고 명령하신다. 하나님께서는 이처럼 일하는 소까지도 보살피시는 분이다. 성경에는 인간이 동물을 어떻게 다룰 것인가에 대해서까지 규칙을 정해 놓고 있다. 『**의로운 사람은 자기 짐승의 생명을 돌보아 주나, 악인의 온유한 자비들은 잔인하니라.**』(잠 12:10)고 성경은 말씀한다. 하나님께서 소 자체를 위해서만 이런 명령을 하신 것인가? 아니다. 성경은 『**실로 우리를 위하여 기록된 것이니라.**』고 말씀한다. 일하는 소까지도 보살피시는 하나님께서 하물며 일하는 사역자들을 보살피시지 않겠는가?

『**밭 가는 사람은 소망을 가지고 갈아야 하며 소망을 가지고 곡식 떠는 사람도 자기 소망의 참여자가 되어야 하리라**』(10절). 이 구절에서 "밭 가는 사람"이란 하나님의 일을 수행하는 사역자들을 말한다. 사역자들은 밭을 갈고 씨를 뿌리며 그 소출을 거두어 곡식을 타작하는 사람들이다. 그들은 수확하기 위해서 밭을 갈고 씨를 뿌리며 거름을 주고 김을 맨다. 수확하여 그 곡식을 자기가 소유하게 된다는 기쁨과 소망이 있기에 그들은 이런 일을 할 수 있는 것이다. 나는 지난 주말에 낙스빌에서 세 사람을 구령했다. 모두 3,40대의 성인 남녀들이었는데, 그 중 한 사람은 약 35세 가량의 맹인이었고, 또 한 남자는 범죄 편집광에 사로잡혀 재판을 여든여섯 번이나 받고 감옥을 제집처럼 들락거렸던 사람이었다. 내가 이처럼 한 사람 한 사람 씩 구령하는 것은 그것으로 일이 끝나는 것이 아니라 앞으로도 지속적으로 밭을 갈고 김을 매며 손바닥이 갈라지고 터질 만큼 일해서 그들이 성숙하여 온전한 그리스도인으로 수확될 수 있을 때까지 계속되는 작업이다. 나는 실제로 농사일도 한다. 약 1/4 에이커의 땅을 두 번 갈고 씨를 뿌리며 끊임없이 보살펴 주어야 한다. 왜 이런 일들을 힘들여 하는가? 언젠가는 거두어들이게 된다는 소망이 있기 때문이 아닌가? 밭을 갈고 돌뿌리를 제거하고 나무뿌리를 뽑아내고 고랑을 파고 이랑을 만드는 모든 작업들은 복음 전파 사역에서 구원받지 못한 죄인들에게 복음을 들고 나아가는 첫 단계이다. 이랑에 씨를 뿌리는 작업은 죄인들에게 복음을 뿌리고 믿음을 심어주는 단계이며, 그들이 생명을 얻고 싹이 트면 거기에 물을 주고 비료를 주는 것은 그들이 그리스도인으로 잘 성장할 수 있도록 부단하게 기도하는 단계이다. 곡식이 다 자라서 마지막에 그것을 수확한 다음 곡식단을 두드려 타작하고 알곡을 추리고 쭉정이는 바람에 날려 버리는 마지막 작업은 곧 성도들이 비로소 성숙한 그리스도인으로 태어나도록 하는 단계이다. 성도들이 마침내 알곡이 되게 하려면 이처럼 타작 단계에서 말씀으로 "두들겨 패야" 하는 것이다. 이 모든 과정이 바로 사역자들이 하는 일이다. 사역자들은 밭만 갈고 물러서거나 씨만 뿌려 놓고 내팽겨쳐 두는 사람들이 아니다. 그들은 물을 주고 비료를 뿌리며 곡식은 베어 알곡은 거두어 들이고 쭉정이는 키질하여 바람에 날려버릴 때까지 쉬지 않고 일하지 않으면 안되는 사람들이다. 그러나 이 시대의 수많은 사역자들이 이러한 농사법을 제대로 적용하여 일할 줄을 모른다. 심지어 목회를 한다는 어떤 사역자들은 맨처음 쟁기를 잡고 밭기는 작업조차 시작하지 않고 가만히 앉아 빈둥대는 사람들도 있을 정도다. 아니, 그런 "사람들도 있는" 정도가 대부분의 사역자들이 그렇다고 해야 할 것이다. 이런 사역자들은 사역자도 아니다. 밭도 갈지 않고 씨도 뿌리지 않으며 물도 주지 않고 비료도 줄 줄 모르는가 하면, 알곡을 거두고 쭉정이를 버리기 위해 타작도 하지 않는 자들을 어찌 사역자라고 말할 수 있겠는가? 물론 목회자 한 사람만이 몸소 처음부터 끝까지 이런 모든 과정의 일을 다 하는 것은 아니다. 목회자는 다른 사역자들과 함께 힘을 합쳐 이 모든 일들을 협동하여 해나간다. 설교자들을 거리로 내보내고 구령자들을 곳곳으로 보내며 지역 교회 내의 모든 성도들이 말씀 안에서 무럭무럭 자라도록 다른 사역자들과 함께 보살피는 가운데 동역자들을 지도하고 지휘한다. 예수 그리스도께서도 이 점을 분명히 말씀하셨다. 『**이렇듯 한 사람은 심고 한 사람은 거둔다는 그 말이 옳도다. 나는 너희가 일하지 않은 것을 거두게 하려고 너희를 보내었노라. 일은 다른 사람들이 하였고 너희는 그들의 수고에 참여하였느니라**』(요 4:37,38). 이 말씀은 한 지역 교회의 사역자가 가만히 앉아서 다른 교회의 사람들을 빼오는 일이나 하라는 뜻이 결코 아니다. 이런 짓은 다른 사람들의 노고의 결과를 도둑질하는 것이다.

『**만일 우리가 너희에게 영적인 것들을 뿌렸다면 우리가 너희의 물질적인 것을 거둔다 해서 그것이 대단한 일이겠느냐?**』(11절) 이처럼 사역자들은 영적인 농사를 짓는 사람들이다. 그리고 영적인 열매들을 거두는 사람들이다. 이 영적인 농사는 실제적인 물질적 농사보다도 훨씬 더 중요하고 훨씬 더 힘든 일이다. 그것은 생명의 씨를 뿌리고 생명의 열매를 거두는 일이기 때문이다. 이렇게 영적인 농사를 짓는 사역자들이 생활을 영위하기 위하여 『**물질적인 것을 거둔다 해서 그것이 대단한 일이겠느냐?**』고 바울이 묻고 있다. 물론 대답은 "아니오."이다. 지역 교회 내에서 성도들의 영적인 성장을 위하여 하나님의 말씀을 먹여 주는 사역자들이 생활할 수 있도록 하는 것은 성도들 모두의 당연한 의무이다. 그리고 사역자들이 이처럼 생활을 영위할 수 있도록 하는 데에는 어느 한 사람의 물질적인 후원으로만 되는 것도 아니고 그래서도 안 된다. 어떤 교회에서는 돈 많은 "장로"가 사역자 한 사람을 목회자로 위촉해 놓고는 "먹고 사는 문제는 내가 혼자 책임질 테니 그런 것은 걱정 말고 설교나 잘하시오."하고 말했다고 한다. 이게 사실이라면, 그 사람은 "내가 죽거나 사업이 쫄딱 망해 버리면, 당신도 목사 일을 그만 두시오." 라고 인간이 미리 명령해 놓은 것과 같다. 목자를 불러내시고 그를 세워 목회를 맡기시며, 그를 먹여 살리시는 분은 오직 하나님이시다. 또 어떤 이유로든 그가 목회에서 손을 떼야만 하게 될 때, 그렇게 하도록 결정하시는 분도 오직 하나님이시다. 이런 일은 결코 사람이 결정하고 사람이 마음대로 좌지우지 할 수 있는 일이 아니란 것을 알라. 그런가 하면 또, 어떤 교회에서는 목사에게 겨우 주급 25달러를 지급하고도 그 돈으로 자녀가 네 명이나 되는 식구를 먹여 살리도록 하는 교회도 있다고 한다. 그래 놓고도 그 목사가 제대로 일 할 수 있다고 생각하는가? 정말이지 부끄럽고 낯 뜨거운 일이 아닐 수 없다. 이런 자들이야말로 곡식 떠는 소에게 재갈을 물리는 파렴치한 자들이다. 나는 그 목사에게 50달러 씩 매달 보내주어 아이들에게 우유와 빵을 사 먹이는 데에 보태 쓰도록 하고 있다.

『**다른 사람들은 너희에 대한 이 권리에 참여하는데 하물며 우리들이랴? 그러나 우리가 이 권리를 사용하지 아니하고 모든 것을 참는 것은 우리가 그리스도의 복음을 방해하지 아니하려는 것이라**』(12절). 사역자들은 자신들이 담당하고 있는 영적인 일들을 수행함으로써 자신들이 생활을 영위하는 데 필요한 물질적인 보수를 받을 응당한 권리가 있고 또 그 권리에 따라 보수를 받고 살아 가는 것이 당연하다. 따라서 한 지역 교회의 성도들이 사역자들을 먹여 살린다고 해서 무슨 대단한 일을 하고 있는 것이 아니다. 하물며 바울처럼 방방곡곡을 돌아다니면서 복음을 전파하고 지역 교회들을 세우고, 한 교회도 아니고 각처에 있는 여러 교회들을 보살피며 수고하고 있는 사역자들을 각 교회 성도들이 먹여 살려야 한다는 것은 당연한 일이다. 그러나 고린도 교회처럼 아직 영적으로 미숙한 단계에 있는 사람들은 자신들이 영적인 사역자들을 먹여 살리는 일이 무슨 대단한 일을 하고 있는 것이나 되는 것처럼 생각하고 거드름을 피울 수도 있다. 그래서 바울이나 그의 동역자들은 스스로 별도의 생업을 갖고 『**이 권리를 사용하지 아니하고 모든 것을 참는**』 가운데 어렵게 생활을 꾸려 나갔다. 그러나 이것은 바울이나 다른 사도들에게 권리가 없어서도 아니요, 권리를 행사하는 것이 떳떳지 않아서 그랬던 것도 아니다. 그들은 오직 『**그리스도의 복음을 방해하지 아니하려는 것**』밖에는 생각지 않았기 때문에 그렇게 했던 것이다. 자신들이 고생되더라도 그리스도의 복음을 전파하는 데에 도움이 된다면 그 어떤 일도 마다하지 않고 희생했으며, 그 어떤 권리에도 연연하지 않았던 것이다. 바울은 성도들에게 그리스도의 복음을 위해서라면 그 어떤 것도 희생할 줄 아는 본을 보이고 싶었다. 이러한 그의 심정이 데살로니가후서 3장에서도 잘 서술되어 있다. 『**너희가 어떻게 우리를 본받아야 할 것인지를 너희 스스로가 아나니 우리는 너희 가운데서 무질서하게 행하지 아니하였으며 아무에게서도 양식을 거저먹지 않고, 도리어 주야로 수고하고 애써 일하여 너희 가운데 아무에게도 부담이 되지 않도록 했노라. 이는 우리에게 권리가 없어서가 아니요 다만 우리가 스스로 너희에게 본을 보여 우리를 본받게 하려 함이라**』(살후 3:7-9).

9:13 성전의 일을 하는 사람들은 성전에서 나오는 것을 먹고 제단을 섬기는 사람들은 제단에 있는 것으로 나누어 가진다는 것을 너희가 알지 못하느냐?
14 이와 같이 주께서도 복음을 전하는 사람들은 복음으로 살아야 한다고 명령하셨느니라.
15 그러나 내가 이런 것을 하나도 사용하지 아니하였으며 또 이런 일을 기록한 것은 나에게 그렇게 해 달라는 것이 아니니 누군가 나의 자랑함을 헛되게 하느니 차라리 죽는 것이 더 나으리라.

『**성전의 일을 하는 사람들은 성전에서 나오는 것을 먹고 제단을 섬기는 사람들은 제단에 있는 것으로 나누어 가진다는 것을 너희가 알지 못하느냐?**』(13절) 이것은 구약의 규례에 비춰 보아도 맞는 말이다. 레위기나 민수기 같은 구약 성경에 보면 제사장들은 성전 제단에 바친 제물 중 일부를 제사장이 먹을 수 있도록 규정해 놓고 있었음을 알 수 있다. 『**그 나머지는 아론과 그의 아들들이 먹되 누룩을 넣지 않은 빵과 함께 거룩한 곳에서 먹을지니 회중의 성막 뜰에서 먹을지니라... 죄를 위하여 그것을 드리는 제사장이 그것을 먹을지니 회중의 성막 뜰, 거룩한 곳에서 그것을 먹을지니라.**』(레 6:16,26)는 기록이나, 『**이스라엘 자손이 제사장에게 가져오는 제물의 모든 거룩한 것은 제사장의 것이 될지니라.**』(민 5:9)는 기록이 모두 이것을 뒷받침하고 있는 말씀이다. 성전을 섬기는 제사장들이 성전 제단에 바쳐진 제물을 가져다 먹고 사는 것은 이처럼 구약 성경의 원칙이었다. 그렇다면 신약 성경의 원칙은 어떠한가? 다음 절을 보라.

『**이와 같이 주께서도 복음을 전하는 사람들은 복음으로 살아야 한다고 명령하셨느니라**』(14절). 이것이 곧 신약 성경의 원칙이다. 신약 시대의 사역자들은 복음을 전하는 사람들이다. 그들은 복음을 전하는 사람이기에 그 복음으로 먹고 살아야 한다는 것이 하나님의 명령이다. 그러나 바울은 그리스도의 복음에 행여 방해가 될까 봐 이 원칙마저도 구태어 주장하지 않고 예외적인 선택을 했다. 다음 절을 보라.

『**그러나 내가 이런 것을 하나도 사용하지 아니하였으며 또 이런 일을 기록한 것은 나에게 그렇게 해 달라는 것이 아니니 누군가 나의 자랑함을 헛되게 하느니 차라리 죽는 것이 더 나으리라**』(15절). 앞에서도 언급한 바와 같이 영적인 일을 하는 사역자들은 물질적인 보수를 요구할 정당한 권리가 있고 또 이것은 하나님의 명령이요 성경의 원칙이지만, 바울은 그리스도의 복음을 위해서라면 그 권리마저도 희생함으로써 성경적 원칙에 예외적인 조치를 스스로 취함으로써 성도들에게 본을 보였고, 그는 그것을 자랑스럽게 생각했다. 그러나 이제부터라도 자신에게 물질적인 보수를 지불해 달라고 요구하기 위해서 지금 이런 말을 꺼내고 있는 것이 아니다. 만약 그렇게 생각한다면, 그리고 지금부터라도 자기가 영적인 사역의 대가로 물질적인 보수를 받게 된다면, 또 그래서 지금까지 자신이 쌓아온 자랑스러움이 헛되게 된다면 『**차라리 죽는 것이 더 나으리라.**』고 극단적으로 표현하고 있다. 참으로 바울은 모든 점에서 보통 사역자가 아니었음이 분명하다.

9:16 내가 복음을 전할지라도 내게 자랑할 것이 없으니 이는 내가 부득불 해야 할 일이기 때문이라. 만일 내가 복음을 전하지 아니하면 정녕 내게 화가 있으리라!

17 내가 기꺼이 이 일을 하면 상이 있으려니와 기꺼이 하지 아니한다 해도 복음의 경륜이 내게 맡겨졌음이라.
18 그렇다면 내 상이 무엇이냐? 그것은 내가 복음을 전할 때에 값없이 그리스도의 복음을 전하고 복음으로 인한 내 권리를 다 사용하지 아니하는 것이로다.

『**내가 복음을 전할지라도 내게 자랑할 것이 없으니**』(16절). 바울은 복음 전파 사역자였다. 그는 복음 전파를 위해서라면 모든 것을 버린 사람이었고, 그것을 다른 사람들에게 본보기가 되도록 모범을 보였으며, 자신이 그러한 본을 보일 수 있게 된 것을 자랑스럽게 생각했다. 그러나 그는 자신이 감당하고 있는 복음 전파 그 자체를 자랑하지는 않았다. 왜냐하면, 그 사역은 『**내가 부득불 해야 할 일이기 때문**』이었고, 그 일을 하지 않으면 자기에게 화가 미칠 것으로 여기고 있었기 때문이었다. 그는 다른 선택의 여지가 없었다. 그는 이것을 위해 스스로 "빚진 자"라고 여겼다. 『**헬라인들이나 야만인들이나 지혜 있는 자들이나 어리석은 자들에게나 내가 빚진 자로다**』(롬 1:14). 빚진 자가 빚을 갚는 것은 당연한 일이지 자랑거리가 되지 못한다.

『**내가 기꺼이 이 일을 하면 상이 있으려니와 기꺼이 하지 아니한다 해도 복음의 경륜이 내게 맡겨졌음이라**』(17절). 아무리 다른 선택의 여지가 없이 부득불 할 수밖에 없는 일이고, 빚진 자가 빚을 갚는 심정으로 복음 전파에 매달린다고 할지라도, 그 일이 그것으로 끝나고 마는 일이라면, 최소한 『**기꺼이**』 하는 것이 되기는 어려울 것이다. 바울도 사람인 이상 이 점에 있어서는 마찬가지였으리라. 그러나 그는 자기에게 상이 예비되어 있다는 것을 알고 있었고, 따라서 『**기꺼이**』 그 일을 할 수가 있었다. 더군다나 그는 설사 『**기꺼이 하지 아니한다 해도 복음의 경륜이 내게 맡겨졌음**』을 잘 알고 있었으며, 하나님의 그 위대한 경륜에 그는 순종하고 있다고 바울은 고백한다. "경륜이 맡겨졌다."는 것은 주인으로부터 종에게 명령이 떨어졌다는 뜻이다. 주인에게 명령을 받은 종은 무조건 그 명령에 순종하여 명령대로 하지 않으면 안 된다. 종에게는 자기 마음에 드는 일만 골라서 하고 마음에 들지 않는 일은 하지 않아도 되는 임의적인 권리가 없다.

이처럼 그리스도인이 복음을 전파하는 데에는 "기꺼이" 기쁜 마음으로 그 일에 참여하는 것과 종으로서 선택의 여지없이 무조건적으로 하지 않으면 안되는 두 가지의 측면이 다함께 있다. 바울의 고백처럼 "빚진 자"는 종이란 뜻이다. 채권자는 빚진 자를 종으로 삼을 수가 있었다(왕하 4:1). 빚진 자가 빚을 갚는 것은 불가피한 일이다. 그러나 빚을 갚고 나면 그것으로 끝나는 것이 아니라 그에 대한 상이 준비되어 있다고 할 때, 그리스도인이 복음 전파를 꺼릴 이유가 없다는 것을 깨닫게 된다. 당신이 거리설교를 꺼리고 구령활동에 나서기를 주저한다면, 당신은 예수 그리스도의 종인 당신의 신분을 망각한 것이고 당신에게 상이 준비되어 있다는 사실을 의심하고 믿지 않기 때문이다. 혹시 받을 상에 대해서 흥미가 없다면, 당신은 자신의 삶 자체에 대해서 흥미가 없거나 그 가치를 포기한 사람이다. "기꺼이" 복음 전파에 나서건, "억지로" 나서건, 그것은 당신이 선택하기 나름이지만, 어쨌거나 그 일에 나서야 하는 것은 당신에게 지워진 피할 수 없는 의무임을 잊지 말라. 자, 그렇다면, 당신은 복음 전파 사역에 기꺼이 나서겠는가? 아니면, 마지못해 억지로 나서겠는가? 선택은 당신이 하라. 이것은 목회도 마찬가지다. 일단 목회자로 하나님의 부르심을 받았으면, 당신은 싫건 좋건 그 일을 수행해야지 다른 도리가 없다. 그러나 기왕이면 당신을 위하여 준비된 면류관을 바라보며 기쁜 마음으로 하는 편이 낫지 않겠는가? 베드로는 이에 대해서 다음과 같이 충고하고 있다. 『**너희 가운데 있는 하나님의 양 무리를 치고 돌보되, 마지못하여 하지 말고 자원함으로 하며 더러운 이익을 위하여 하지 말고 준비된 마음으로 하며 하나님께서 맡겨 주신 자들을 지배하려 하지 말고 오직 양 무리의 본이 되라**』(벧전 5:2,3). 하나님께서는 이처럼 자원하여 기쁨으로 행하는 사람들을 기뻐하시고 사랑하신다. 헌금도 마찬가지다. 그래서 성경은 헌금에 대해 다음과 같이 말씀하고 있다. 『**그러므로 나는 그 형제들에게 권하여 그들이 너희에게 먼저 가서 너희가 전에 알려 준 너희의 연보를 미리 준비하도록 하는 것이 필요하다고 생각하였노라. 이렇게 준비하는 것이 연보 같고**

억지로 한 것 같지 아니하니라… 각 사람은 미리 마음속에 정한 대로 할 것이요, 인색함이나 억지로는 하지 말아야 하리니 이는 하나님께서는 기쁨으로 드리는 자를 사랑하심이니라』(고후 9:5,7). 그리스도인들은 모두가 하나님의 종이다. 그렇기 때문에 순종밖에는 허용되지 않는다. 그러나 하나님께서는 무슨 일이건 그리스도인들이 준비된 가운데 기쁨으로 자원하여 일하는 것을 기뻐하시고 사랑하신다. 우리가 비록 종이지만, 우리들의 주인이신 하나님께서 어떤 분이신가를 안다면, 무슨 일이 되었건 억지로 하게 되지는 않을 것이다.

『**그렇다면 내 상이 무엇이냐? 그것은 내가 복음을 전할 때에 값없이 그리스도의 복음을 전하고 복음으로 인한 내 권리를 다 사용하지 아니하는 것이로다**』(18절). 이 말은 언뜻 생각하면 이해하기 어려운 복잡한 내용인지도 모르겠다. 바울은 분명 자기에게 상이 있는 것을 알고 있고, 또 그 상을 이미 받고 있는 것으로 여기고 있다. 그렇다면, 그가 받고 있는 상이 무엇일까? 그것은 응당 받을 권리가 있는 상인데도 그 상을 자기가 받지 않고 있는 것이 바로 자기가 받고 있는 상이라고 그는 말한다. 일꾼이 일을 하면 당연히 임금을 받는다. 그런데 이 색다른 일꾼은 임금을 받지 않는 것을 오히려 기쁨으로 여기는 것이 바로 자기가 받고 있는 임금이라고 생각한다. 참 이상하지 않은가? 그렇다. 바울은 아닌 게 아니라 이상한 사람이었다. 그는 보통 사람이 아니었던 것이다. 그의 생각은 보통 사람으로서는 도저히 따라갈 수 없는 매우 차원이 다른 것이었고, 그렇기 때문에 우리는 그가 위대한 사역자였음을 인정하지 않을 수가 없는 것이다. 하나님께서는 은혜로 값없이 주시는 생명을 그 역시 값없이 증거하고 전파하였고, 그것을 기뻐하였으며, 이 기쁨이 자기가 받고 있는 상으로 여겼던 것이다.

9:19 내가 모든 사람으로부터 자유인이 되었지만 스스로 모든 사람에게 종이 된 것은 더 많은 사람을 얻으려 함이라.

20 **그러므로 내가 유대인들에게 유대인같이 된 것은 유대인들을 얻고자 함이**
요, 율법 아래 있는 사람들에게 율법 아래 있는 것같이 된 것은 율법 아래
있는 사람들을 얻고자 함이라.
21 **(내가 하나님께 율법 없는 자가 아니요, 그리스도께 율법 아래 있지만) 율법**
없는 자들에게 율법 없는 것같이 된 것은 율법 없는 자들을 얻고자 함이라.
22 **내가 약한 사람들에게 약한 사람같이 된 것은 약한 사람들을 얻고자 함이**
요, 내가 모든 사람에게 모든 것이 된 것은 어떻게 해서든지 몇 사람을 구
원하고자 함이라.
23 **내가 복음을 위하여 이렇게 행함은 내가 너희와 함께 복음에 동참하고자**
함이라.

『**내가 모든 사람으로부터 자유인이 되었지만 스스로 모든 사람에게 종이 된 것은 더 많은 사람을 얻으려 함이라**』(19절). 바울은 그 누구에게도 매여 있지 않은 『**모든 사람으로부터**』 자유로운 완전한 자유인이었다. 그런데도 그는 스스로 『**모든 사람에게 종이 된 것**』이다. 그리고 그 목적이 『**더 많은 사람을 얻으려 함**』에 있다고 밝히고 있다. 그는 분명 그 누구에게도 빚진 자는 아니었으되, 마치 빚진 자처럼 사람들에게 열심히 빚을 갚아 나가고 있었다. 이것은 분명 숭고한 봉사였고 희생이었으며 하나님의 은혜의 연장이었다. 하나님께서 그런 바울을 불러 내시고 그에게 그런 일을 하도록 하셨기에 오늘날의 그리스도인들이 태어나게 되었다. 『**더 많은 사람을 얻으려**』 했던 그의 목적은 멋지게 성공을 거둔 것이다.

『**그러므로 내가 유대인들에게 유대인같이 된 것은 유대인들을 얻고자 함이요, 율법 아래 있는 사람들에게 율법 아래 있는 것같이 된 것은 율법 아래 있는 사람들을 얻고자 함이라**』(20절). 그는 유대인 출신이었지만 거듭난 후에는 그리스도의 몸의 지체인 그리스도인으로 새로 태어났고, 따라서 더 이상 율법 아래에 있지 않게 되었지만, 그럼에도 불구하고 그는 유대인들을 얻고자 유대인들을 대할 때는 유대인처럼 처신하고 율법 아래에 있는 것같이 처신할 줄 아는 대단한 신축성을 보였다. 그렇다고 해서 그가 유대인들을 옹호하고 율법 아래에 사는 그들의 삶이 옳다고 지지하는 이중인격자는 아니었다. 그는 그들을 『**얻고자**』, 다시 말해서, 그들에게 복음을 전하고 그들의 혼을 이겨오기 위해서 그들 속으로 뛰어들어 유대인들의 회당에서 복음을 전하는 일을 서슴지 않았다. 사도행전을 보면 디모데는 부친이 헬라인이었기 때문에 할례를 받지 않아도 되는 입장이었다. 그러나 바울은 주변에 있는 유대인들 때문에 디모데에게 할례를 행한 것을 볼 수 있다(행 16:3). 디모데의 모친은 유대인이었다.

『**(내가 하나님께 율법 없는 자가 아니요, 그리스도께 율법 아래 있지만) 율법 없는 자들에게 율법 없는 것같이 된 것은 율법 없는 자들을 얻고자 함이라**』(21절). 바울은 구약의 율법 아래에서는 벗어나 있었지만 그렇다고 해서 하나님께 율법이 없는 사람이 된 것은 아니었다. 그는 믿음을 통하여 하나님의 은혜로 구원받음으로써 은혜 아래 있게 되었지만 그것이 바로 『**그리스도께 율법 아래**』 있게 된 것을 의미한다. 반면에 이방인들은 처음부터 율법 아래에 있지도 않았고, 율법이 무슨 뜻인지 도무지 알지 못한다. 그래서 바울은 자신도 『**율법 없는 것같이**』 행세하며 이방인들에게 뛰어들어 그들을 주 예수 그리스도께로 인도하였다.

『**내가 약한 사람들에게 약한 사람같이 된 것은 약한 사람들을 얻고자 함이요, 내가 모든 사람에게 모든 것이 된 것은 어떻게 해서든지 몇 사람을 구원하고자 함이라**』(22절). 이 구절은 모든 그리스도인들이 기억해 두어야 할 위대한 말씀이다. 유대인들 앞에서는 유대인들처럼 어울리고 이방인들 속에서는 또 이방인들처럼 어울리며 신분을 가리지 않고 신축성을 발휘하며 종횡무진 활약하던 바울은 결코 약한 사람이 아니었다. 그러나 그는 『**약한 사람들을 얻고자**』 할 때에는 서슴없이 스스로 『**약한 사람같이**』 처신했다. 그는 오직 『**어떻게 해서든지 몇 사람을 구원하고자**』 하는 강력한 염원으로 불타고 있었던 것이다.

칼빈주의자들은 이 구절을 슬쩍 피해 간다. 그들에게는 『**어떻게 해서든지 몇 사람을 구원하고자**』 하는 열성적인 의도가 도무지 이해되지 않기 때문이다. 그들은 구원받을 사람들이 이미 "예정"되어 있다고 믿기 때문에 자기네들이 아무리 애를 써도 소용이 없다고 생각한다. 그들의 생각으로는 바울이 쓸데없는 헛수고만 한 것으로 여겨질 뿐이다.

그런가 하면 또, 빌리 그래함이나 데이브 워커슨, 또는 캐서린 쿨만 같은 사람들은 이 구절을 극단적으로 악용하여 자신들이 카톨릭과 타협하고 제휴한 이유를 변명하는 데에 써먹는다. 그들은 『**어떻게 해서든지 몇 사람을 구원**』할 수만 있다면, 카톨릭이건, 현대 자유주의자들이건, 그 누구와도 손을 잡을 수 있다고 핑계를 댄다. 누구건 예수 그리스도를 영접하겠다는 명분만 겉으로 내세우면 성경의 진리 따위는 내팽개쳐도 된다는 식으로 생각하는 것이다. 진리가 아닌 것과 타협하는 것은 곧 배교다.

이런 점에서는 빌리 선데이도 빌리 그래함과 외견상 유사하다. 빌리 선데이는 빌리 그래함과 마찬가지로 현대주의자들을 포용하는 캠페인을 벌였다. 그리고 자신이 개최한 집회 동안에 자유주의자들을 강단에 앉혀 놓았다. 그 역시 빌리 그래함이나 마찬가지로 현대주의 노선을 걷는 교회의 대표자들을 자신의 집회에 끌어들였던 것이다. 그렇지만 빌리 선데이는 분명 빌리 그래함과는 다른 데가 있었다. 예를 들면, 빌리 선데이는 그 집회 동안에 자유주의자들을 앞으로 끌어내 회중 기도를 인도해 달라고 요청한 적이 단 한 번도 없었다. 그는 자유주의자들과 함께 자리를 같이 하기는 했지만, 결코 그들을 인정해 주지는 않았던 것이다. 그는 그 정도에서 머물지 않았다. 빌리 선데이는 설교 도중에 강단에 앉아 있는 자유주의자들을 향하여 "당신들도 거듭나지 않고서는 유황 불못에 떨어져 영원토록 불에 타게 된다는 것을 어째서 모른단 말이오?" 하고 대성일갈하기를 서슴지 않았다. 자유주의자들에게 스스럼없이 접근하기는 빌리 그래함이나 마찬가지였지만, 빌리 선데이는 바울처럼 『**율법 없는 자들을 얻고자**』하여 자신이 『**율법 없는 것같이**』 행세하면서도 결코 율법을 내팽개친 것이 아니었다. 빌리 그래함은 율법 없는 사들을 얻기 위해서 자신도 율법을 버린 자가 되어 버렸다. 이것이 빌리 선데이와 빌리 그래함이 서로 크게 다른 점이다. 우리들 보통 그리스도인들도 구원받지 못한 자연인들을 구령하기 위하여 그들 속으로 들어가야 한다. 그러지 않고는 그들에게 복음을 전할 길이 없다. 우리들 그리스도인들이 이 목적을 위하여 그들 속으로 들어간다고 해서 그들을 인정해 주는 것은 아니다. 그들을 인정할 수 없기 때문에 그들 속으로 들어가 그들을 새 사람으로 거듭나게 하는 것이다. 이것은 불의를 정당화 시켜주고 불의와 타협하는 것이 아니라 오히려 불의와 싸우며 불의 속에 빠져 있는 자들을 건져 내는 싸움이다. 이것이 바로 그리스도인들이 죄인들에게 접근하는 방식이고 목적이다. 그리스도인들은 세상 죄인들에게 다가가기 위하여 선교 영화를 만들기도 한다. 밥 존스 대학에서도 이런 목적으로 영화를 만들곤 한다. 그 영화들은 죄인들을 예수 그리스도께로 인도하는 데에 대체로 적절한 내용들을 담고 있다. 물론 아마추어 영화 제작자들이 만드는 영화들이기 때문에 곳곳에 미숙하고 유치한 장면들이나 기술적인 처리가 서툴기 짝없는 요소들이 곳곳에서 드러나기는 하지만 말이다. 나는 젊었을 적에 라디오 방송국 아나운서로 일했고, 방송극 대본들도 서른 세편이나 써 보았으며, TV에 방영되는 영화들의 화제 구성 위원회에서 연출에 필요한 화제별 대본 그림을 그리는 일 등을 해본 경험이 있기 때문에 영화 시나리오 상의 문제들이라든가 영화 제작상의 문제들이나 영화의 예술성 같은 것에 나름대로 날카로운 비평적 안목을 갖고 있는 사람이다. 나는 밥 존스 대학에서 만든 영화들을 그리스도인의 입장에서 한 구석에 쭈그리고 앉아 감상하다가도 장면 장면마다 나오는 서툴고 유치한 대목에 가서는 분통이 터져 도저히 참고 앉아 있질 못했다. 가령, 밥 존스 대학에서 만든 영화들은 전체 필름의 절반 이상이 온통 음악으로 뒤덮여 있기가 일쑤였는데, 원래 싸구려 영화일수록 음악으로 뒤범벅을 해놓는 법이다. 그게 사실인지 아닌지 확인해 보고 싶다면 오후 시간대에 방영되는 TV 연속방송극을 틀어 놓고 옆방에 들어가 소리만 들어 보라. 당신은 TV가 있는 거실에 오르간 한 대가 놓여 있고 누군가가 계속 그 오르간을 연주하고 있다는 착각을 하게 될 것이다. 정작 화면에서는 대단한 폭력장면들이 연출되고 있는데도 옆방에서 들으면 음악만 흘러나오고 있는 것만 같은 느낌을 갖게 된다. 문제는 음악 그 자체에 있다기 보다는 밥 존스 대학에서 제작해 내는 선교용 영화들이 TV 연속방송극의 저질적인 세상 흉내를 내고 있다는 점이다. 그들은 세상 죄인들에게 접근한다는 명분을 내걸고 세상에 대한 비판적인 안목을 내팽개친 채 세상 것을 그대로 따라 하고 있는 것이다. 나는 언젠가 밥 존스 3세에게 그 따위 영화들은 몽땅 쓰레기통에 처넣으라고 공격을 퍼부었다. 나는 그에게 "그대의 혼은 죽었군 그래. 그대의 할아버지 밥 존스 시니어는 결코 그렇지 않으셨다네. 나는 그분을 존경해 마지않았으며, 그대의 할머니 또한 그러하셨네. 그분들은 농담으로라도 죄가 될 만한 말씀은 입 밖에 내는 법이 없으셨다네. 그런데 손자인 그대는 죽어 버렸다니, 정말 가슴 아픈 일일세." 하고 대놓고 말해 주었다. 히피들에게 성경 말씀을 전해 주기 위해서 그들에게 다가갈 때, 손에 버드와이저 캔맥주를 들고 입에 담배를 꼬나문 채 접근한다고 해서 히피들이 복음에 귀를 기울여 줄 것 같은가? 이런 식으로 세상에 접근하는 것은 빌리 그래함이나 마찬가지로 불의 가운데서 진리를 붙잡으려는 어리석은 짓이다. 이것은 불경건한 짓이고 하나님께서는 이러한 불경건에 대해 진노하신다는 것을 알아야 한다. 『**하나님의 진노가 불의 가운데서 진리를 붙잡는 사람들의 모든 불경건과 불의에 대하여 하늘로부터 계시**』(롬 1:18)되고 있다고 성경은 말씀한다. 세상 철학은 "타협하라. 이길 수 없거든 그들과 손잡으라."고 가르친다. 이것은 승리철학이 아니라 패배철학이다. 그리스도인들은 승리의 싸움을 싸우는 사람들이다. 그리스도인들은 주 예수 그리스도께서 이미 이겨 놓으신 싸움을 싸우는 사람들이다. 그래서 그리스도인들에게 패배란 용납되지 않는다. 세상 사람들은 잠들어 있는 사람들이다. 우리들은 그들을 깨워야 한다. 깨지 않으면 발길로라도 걷어 차야 한다. 이 세상 사람들은 누구나 곤히 잠자고 있을 때 누가 깨우면 싫어하기 마련이다. 그런 사람을 흔들어 깨우다 못해 발길로 차기까지 한다면 그들은 버럭 화를 낼 것이다. 그들이 이처럼 반발하는 것은 당연한 일이다. 그러나 우리들 그리스도인들은 그런 것을 겁내서는 안 된다. 그렇다고 해서 금요일에 가톨릭 신사들을 저녁 식사에 초청해 놓고 구태여 생선요리를 주문한다거나, 유대인들과 함께 식당에 가서 거침없이 돼지고기를 주문해 먹으라는 말이 아니다. 이것은 교만이지 결코 『**어떻게 해서든지 몇 사람을 구원하고자**』(22절) 하는 그리스도인의 태도가 아니다. 나는 성경 강의를 하면서도 교실에 앉아 강의를 듣고 있는 학생들에게 결례가 되는 언행은 삼가는 것을 원칙으로 하고 있다. 타협하는 것과 예의를 지키는 것과는 전혀 다른 것이다. 구원받지 못한 죄인들을 흔들어 깨울 때, 그들이 처음에는 짜증을 내고 반발해 오지만, 세상 사람들은 진리를 외치는 사람에게는 결국 존경심을 갖는 법이다. 그러나 무례한 사람에게는 절대로 존경심을 갖지 않는다.

『**내가 복음을 위하여 이렇게 행함은 내가 너희와 함께 복음에 동참하고자 함이라**』(23절). 이 구절 역시 모든 그리스도인들이 마음에 새겨 두어야 할 아주 위대한 구절이다. 무례한 언행은 진리를 가리고 복음을 가로막는 장애물이 된다. 그래서 바울은 『**모든 사람에게 종**』이 되었고(19절), 『**유대인들에게 유대인같이**』(20절), 『**율법 아래 있는 사람들에게 율법 아래 있는 것같이**』(20절), 『**율법 없는 자들에게 율법 없는 것같이**』(21절), 『**약한 사람들에게 약한 사람같이**』(22절), 그리하여 『**모든 사람에게 모든 것이 된 것**』(22절)이다. 오직 복음을 위하여 복음으로부터 오는 축복에 동참하고자 그는 이렇게 했던 것이다. 어떤 사람들은 카톨릭 교회 마당에 세워진 석상을 거꾸러뜨리기도 하고 켜놓은 촛불들을 훅 불어 꺼버리는 등과 같은 짓을 자행하기도 하지만, 이런 짓은 무례하기 짝없는 행패에 지나지 않는다. 어떤 사람들은 커피숍에 가서 차를 마시면서도 "어이, 여기 차좀 더 줘!" 하고 소리를 질러대는데, "여기 차 좀 더 주시겠습니까?" 하고 정중하게 말하는 사람과 비교하여 웨이터가 받아들이는 감정이 얼마나 다를까를 한 번 생각해 보라. "please"라는 단어 하나를 더 쓰고 안 쓰느냐 하는 이런 사소한 차이도 사람들에게 일으키는 감정의 차이는 실로 엄청나게 달라진다는 사실을 잊지 말라.

어떤 신학교에서는 자기네들과 노선이 다른 강사를 초빙하는 일도 결코 없지만,

설사 초빙해서 강의를 한 번 듣는다고 해도 그 강사가 끝까지 자기 강의를 마칠 수 있도록 예의 바르게 인내심을 발휘하는 법이 없다. 자기네들이 학생들을 바르게 가르쳤고 학생들이 올바른 진리를 배워 그 토대 위에 서있다면, 그 어떤 강사가 와서 자기들과 다른 얘기를 한다고 한들 하나도 겁낼 필요가 없다. 실제로 우리 펜사콜라 신학원에서는 캠벨주의자들을 세 번이나 초빙해서 강의를 들어 보았고, 심지어 카톨릭 신부까지도 불러다 강의를 들어 보았다. 그러나 강의 도중에 야유를 보내거나 소란을 피워서 강사가 도중에 강의를 마쳐야 했던 적은 한 번도 없었다. 그렇다고 어느 한 사람도 그들의 잘못된 노선에 동조하거나 그것을 받아들였던 것은 결코 아니었다. 그리고 그들의 강의 내용들 가운데서도 무엇인가 배울 만한 것이 아주 없는 것도 아니었다. 그들도 역시 진리의 일부는 알고 있는 것이다.

9:24 경기장에서 달리는 사람들이 모두 달릴지라도 한 사람만이 상을 받는 것을 너희가 알지 못하느냐? 그러므로 너희도 상을 얻게 되도록 달리라.
25 이기려고 애쓰는 사람은 누구나 모든 일에 자제하나니 이제 그들은 썩어질 면류관을 받으려 하지만 우리는 썩지 않을 면류관을 받고자 함이라.
26 그러므로 내가 그처럼 달리되 불확실하게 하지 아니하며 또 내가 그처럼 싸우되 허공을 치는 자같이 아니하노라.
27 내가 내 몸을 억제하여 복종하게 함은 다른 사람들에게 전파한 후에 어떻게 해서든지 내 자신이 버림을 받지 않게 하려는 것이라.

『**경기장에서 달리는 사람들이 모두 달릴지라도 한 사람만이 상을 받는 것을 너희가 알지 못하느냐? 그러므로 너희도 상을 얻게 되도록 달리라**』(24절). 이 역시 그리스도인들이 그리스도인들답게 살아가면서 마음속에 새겨 두어야 할 위대한 구절이다. 경기장에서 여러 사람들이 경주를 하지만 결승 지점에서 테이프를 끊는 사람은 한 사람뿐이다. 그 한 사람이 되기 위하여 경주를 하라고 성경은 촉구하고 있다. 테이프를 끊고 상을 타도록 열심히 달리라고 성경은 당신을 격려하고 있는 것이다. 이 경주는 재미로 하는 것도 아니고 남이 보라고 쇼를 하는 것도 결코 아니다. 이 경주는 테이프를 끊고 상을 타기 위한 뚜렷한 목적이 있는 경주이며 이기기 위해 달리는 필사적인 경주인 것이다. 오늘날 그리스도인들의 문제가 무엇인지 아는가? 그들이 자신을 십자가에 매달아 버리고 이기기 위해 죽어라고 경주를 하지 않는다는 점이다. 나는 경주에 나가 달리기 시합을 해본 적이 한 번도 없다. 나는 트랙 선수가 아니었다. 나는 고등학교 시절, 빨리 달릴 줄도 몰랐고 다리가 너무 짧아서 트랙 선수나 농구 선수가 될 수 없었고, 체중이 너무 가벼워서 풋볼 선수도 될 수가 없었다. 그러나 대학에 들어가면서 수영 선수가 되었고, 수영이라면 10대 선수 가운데 꼽힐 정도가 되었다. 그래서 트랙 경기라면 몰라도 수영에 대해서는 그 경기규칙에 대해 훤히 알고 있다. 그러나 트랙 경기에 대해서 내가 분명히 알고 있는 경기 규칙 하나는 절대로 자기의 레인에서 벗어나서는 안 된다는 것이다. 이것은 수영도 마찬가지여서 경기 중 자기 라인에서 이탈하면 자격을 상실하고 만다. 이것은 모든 그리스도인들에게도 적용되는 규칙이다. 모든 그리스도인들에게는 달려야 할 레인이 각자에게 정해져 있는 것이다. 그리스도인들은 각자에게 정해진 라인을 믿음으로 열심히 달리면서 결승 지점에 있는 예수 그리스도만을 응시하며 달려야 한다. 그렇게 달리다 보면 마침내 결승 지점에서 예수 그리스도와 만나게 되어 있다. 그런데도 자기의 라인에서 벗어나 걸핏하면 다른 사람의 라인으로 뛰어들어 경주를 방해하는 그리스도인들이 수없이 많은 것을 우리는 본다. 그런 자들은 자기 라인이 끝나는 결승 지점에 서 계신 주님은 안중에도 없고 옆에서 달리고 있는 다른 사람들만 흘깃흘깃 쳐다보면서 달리다가 자신의 길에서 벗어나기를 밥먹듯한다. 그런가 하면 또, 저 끝에 있는 골인 지점을 쳐다보지 않고 어디에 걸려 넘어지지나 않을까 코앞만 내려다보고 달리는 그리스도인들도 있다. 트랙 경기장에 가서 장애물 경기를 한 번 관찰해 보라. 허들 경기 선수들이 달리면서 눈앞에 가로막고 있는 장애물들을 내려다보면서 장애물을 뛰어넘는 사람이 한 사람이라도 있는가 자세히 관찰해 보라. 그들은 결코 눈

앞에 닥친 장애물을 내려다보는 법이 없다. 그들은 달리면서 저만치 있는 장애물들을 미리 가늠해 두었다가 막상 그 장애물이 눈앞에 닥칠 때면 그것을 쳐다보지도 않고 훌쩍훌쩍 뛰어 넘는다. 그리스도인들도 이와 마찬가지로 예수 그리스도를 응시한 채 눈 에 있는 장애물 따위는 쳐다보지도 말고 훌쩍훌쩍 뛰어 넘을 수 있어야 한다. 당신의 시선이 주 예수 그리스도에게서 벗어나면 당신에게는 문제가 터지게 되어 있다. 베드로는 물 위로 걸어오라는 주님의 명령에 따라 주님만을 쳐다보며 물 위를 저벅저벅 걸어갔다. 그러다가 시선을 옮겨 물을 내려다 보는 순간 풍덩 빠지고 말았다. 이처럼 우리들 그리스도인들 각자는 자신이 달려가야 할 레인이 정해져 있고 그 레인에서 벗어나지 말아야 하며, 각자는 자신의 라인 끝에 서 계신 예수 그리스도를 응시하고 달려가야만 한다. 이런 사람이 경주를 잘 하는 사람이고 이런 사람이 상을 타게 된다. 당신은 이런 경주자가 되어야 한다. 결코 다른 사람의 길을 넘보는 선수가 되지 말라. 나는 다른 사람이 하나님의 말씀을 제멋대로 주무르고 변개하지 않는 한, 그 사람의 하는 일에 전혀 관심이 없다. 그러나 다른 사람이 하나님의 말씀을 엉망으로 만들어 놓는다면, 나도 그 사람을 엉망으로 만들어 놓는 일을 서슴지 않는다. 나는 존 R. 라이스의 사생활이나 그가 걷는 행로에는 전혀 시선을 주지 않는다. 나에게는 내가 걸어가야 할 행로가 따로 있고 나는 거기에만 시선을 집중하기 때문이다. 나는 밥 해링턴이 무슨 일을 하건, 빌리 짐 하기스가 무엇을 하건 그들의 사생활에는 전혀 관심이 없다. 나는 신경 써야 할 일이 따로 있기 때문이다. 『**남의 종을 판단하는 너는 누구냐? 그가 서거나 넘어지는 것이 자기 주인에게 있느니라.**』(롬 14:4)고 성경은 말씀한다. 다른 사람에게는 그가 달려가는 트랙이 있고 나에게는 내가 달려가는 트랙이 따로 있다. 트랙 경기를 달리는 선수가 옆 사람을 쳐다보며 달리는 것을 나는 한 번도 보지 못했다. 그는 앞만 바라다보고 헉헉 가쁘게 숨쉬며 달린다. 그는 뒤를 돌아다보지도 않고 응원하는 관중들에게도 관심이 없으며 그저 죽어라고 앞만 보고 달린다. 그런데 그리스도인들은 어떤가? 그들은 옆 사람을 보고 "어이, 자넨 이떤가? 이이, 응원단이 뭐 그래? 이이, 나 참 멋지게 달리지? 이봐! 자네 달리는 꼴이 그게 뭐람. 아니, 이거 무슨 트랙이 이 모양야? 제기랄, 날씨가 왜 이렇지?" 따위를 계속 지껄이고 투덜대고 다른 사람들을 집적거리면서 슬렁슬렁 뛰어 간다. 정말이지 이런 멍청이들이 한둘이 아니다.

잊지 말라! 당신은 이기려고 달려간다. 당신은 상을 타기 위해 경주를 하고 있다. 당신은 반드시 상을 목표로 달리지 않으면 안 된다. 당신이 상을 그토록 중요하게 존중하는 것은 상을 주시는 그분을 존중하기 때문이고, 그 상 자체가 참으로 귀중한 것이기 때문이다. 도대체 그 상이 무엇인가? 다음 절을 보라.

『**이기려고 애쓰는 사람은 누구나 모든 일에 자제하나니 이제 그들은 썩어질 면류관을 받으려 하지만 우리는 썩지 않을 면류관을 받고자 함이라**』(25절). 자, 우리는 앞에서 그리스도인들이 상을 목표로 앞만 보고 달려야 한다는 것을 배웠다. 그 상이 무엇인가? 이 구절은 그 상이 『**썩지 않을 면류관**』이라고 말한다. 이 상은 이 세상의 상들과는 전혀 다르다. 우리가 받는 상은 영원히 썩지 않는 영원한 면류관이다. 그 상은 우리가 영원 세계에서 영원히 사는 동안 영원히 우리 머리에 쓰고 있게 될 참으로 귀중한 면류관이다. 그 면류관은 올림픽 경기에서 우승한 사람이 시상대에서 잠깐 머리에 얹었다가 쓰레기통에 던져 버리는 그런 면류관이 결코 아니다.

이 『**썩지 않을 면류관**』을 받으려고 경주를 하며 애쓰는 사람은 『**누구나 모든 일에 자제하나니**』라고 성경을 말씀한다. 그리스도인들은 이 상을 받기 위해 다른 모든 것들을 자제해야 한다. 나는 트랙 경기에 대해서는 잘 모르지만 그 선수들이나 수영 선수들, 또는 복싱 선수들에게 금기로 되어 있는 두 가지가 있다는 것만은 잘 알고 있다. 그들이 금기로 삼는 두 가지는 알코올을 마시는 것과 담배를 피는 것이다. 그들은 다른 것은 몰라도 이 두 가지만은 결코 하지 않는다. 이 세상에 담배를 피는 복싱 선수는 없다. 복싱과 흡연은 결코 함께할 수 없는 상극이다. 링에 올라가 15라운드 내내 춤추듯 출렁이며 경기를 계속하려면 담배를 피는 허파를 가지고는 도저히 견뎌낼 수가 없기 때문이다. 이것은 수영도 마찬가지다. 담배 때문에 손상된 허파를 가지고 풀에 뛰어들어 수영을 하다가는 한 라인의 절반도 못가서 숨이 막혀 버린다. 음주도 마찬가지다. 알코올에 찌든 심장을 가진 사람이 숨 가쁜 운동을 하다간 심장마비로 쓰러질 각오를 해야 한다. 이것은 풋볼이나 농구나 모든 운동이 다 마찬가지다. 농구 선수가 공격과 수비에 번갈아 가담하면서 코트를 이리 저리 헤집고 달리면서 숨 가쁘게 헉헉대야 하는 판에 누가 콜록콜록 기침을 해댄다든지, 복싱 선수가 링에 올라 치고 때리는 경기를 하면서 심장이 터질 것만 같아서 한 손으로는 가슴을 움켜쥐고 한 손으로는 허공에 대고 헛방질만 해대는 꼴을 한 번 상상이나 해보라. 그 얼마나 가련하고 측은한가? 이기려고 경기에 임하는 선수들은 그래서 이기는 데에만 전념할 뿐, 이기는 데에 장해가 되는 모든 것들을 절제한다. 이것은 우리들 그리스도인들의 삶에도 그대로 적용되는 절대적인 규칙이다. 절제할 줄 모르는 사람은 그리스도인으로서의 삶을 올바로 살아갈 수가 없다. 그리스도인으로서 담배를 끊지 못하는 사람에게는 고린도전서 9:25을 몇 번이고 읽고 거기서 최선의 교훈을 얻어야 한다. 그리스도인이 자신의 나쁜 버릇을 제어하지 못하고서는 이기기 위한 경주에 나서는 선수가 될 자격이 아예 없는 사람이다. 그래서 그리스도인은 마치 운동선수처럼 자신을 훈련하지 않으면 안 된다. 훈련하지 않고는 경기 규칙을 지킬 수조차 없다. 그래서 경기에서 실격당하고 탈락할 수밖에 없게 된다. 디모데후서 2장을 보라. 『**그런즉 너는 예수 그리스도의 훌륭한 군사로서 고난을 견뎌 내라. 전쟁에 임하는 자는 아무도 이생의 일들에 얽매이지 아니하니니 이는 자기를 군사로 뽑은 자를 기쁘게 하려 함이라. 또 이기려고 애쓰는 사람이 규칙대로 하지 아니하면 면류관을 얻지 못하리라**』(딤후 2:3-5). 규칙대로 하지 않으면 면류관을 얻지 못한다고 성경은 말씀하고 있다. 절제는 그리스도인의 생활 규칙이다. 이 규칙은 운동 선수의 훈련과정에서처럼 엄격한 훈련을 통하여 몸에 익히지 않으면 안 된다. 잠을 너무 많이 자서도 안 되고 적게 자서도 안 되며, 너무 적게 먹어서도 안 되고 과식해서도 안 된다. 이러한 훈련을 게을리 하여 제대로 단련하지 않은 선수는 경기에 임했을 때 반칙만 일삼는 법이다. 그러나 규칙대로 경기를 하지 않고서는 면류관을 얻으려고 꿈도 꾸지 말라고 성경을 경고하고 있다. 야구인 클럽에는 "정정당당하게 이기지 않은 승리는 승리가 아니다."라는 표어가 붙어 있다. 이것이 예로부터 내려오는 전통적인 경기 철학이다. 그러나 요즈음의 신시대 경기 철학은 "무조건 이겨라."이다. "수단 방법이야 어찌 되었건 무조건 이겨 놓고 보라." 이것이 현대인들의 생활 규범이 되고 말았다. 이것은 현대의 그리스도인들도 예외가 아니어서 "성경이야 뭐라고 말하건, 그런 것은 신경 쓰지 말고 무조건 이겨라." 하는 사상이 지배하고 있다. 물론 성경은 "이겨라." "이기기 위해 달려라."라고 말한다. 그러나 거기에는 『**규칙대로 하지 아니하면 면류관을 얻지 못하리라.**』는 "추신"이 꼭 붙어 다닌다는 것을 명심하라. 이처럼 성경이 이기기 위해 달리라고 촉구하고 있다고 해서 수단 방법을 가리지 말고 이기라고만 말하고 있는 게 아니다. 성경에서는 목적이 수단을 정당화시키지 못한다. 목적도 선하고 의로워야 하고 수단도 선하고 의로워야만 하는 것이 성경적 규칙이다. 목적도 정정당당하고 수단도 정정당당하지 않으면 하나님께서는 그 어떤 승리도 승리로 인정해 주시지 않는다. 한 때, 풋볼 선수들 가운데 경기 중 무법자로 악명 높은 선수로 콘라드 도버라는 선수가 있었는데, 그가 어떤 팀 소속이었는지는 기억이 잘 나지 않지만, 아무튼 전미 풋볼 리그에 속한 어떤 팀의 선수였다. 나는 그가 경기하는 모습을 두어 번 본 적이 있는데, 그는 풋볼 경기를 하러 운동장에 나온 것이 아니라 상대 선수들을 발로 차고 주먹으로 치며 마치 살인이라도 하러 경기장에 나온 자 같았다. 그런 선수를 가진 팀이 얼마나 멋진 승리를 거두었는지는 모르지만 하나님께서 보시기에는 그런 팀이 거둔 승리는 거들떠보시지도 않는다. 그리스도인이 구령을 한다는 명분으로 수단 방법을 가리지 않고 온갖 불의한 변칙적인 방식을 동원하고서 자기가 성공적으로 복음을 증거하고 많은 죄인들을 그리스도께로 인도했다고 큰소리를 치는 것은 이런 식으로 경기를 하고 야비한 승리를 거둔 것과 같다. 이런 구령자를 하나님께서는 결코 평가해 주시지 않는다. 그래서 성경은 이런 자들이 면류관을 얻지 못한다고 말씀하고 있는 것이다.

구령자로 나서는 수많은 그리스도인들이 죄인들에게 복음을 증거한답시고 얼굴에 한껏 미소를 머금고 "좋은 게 좋다."는 방식의 듣기 좋은 말만 들려 준다. 이런 식으로 차지도 뜨겁지도 않은 미지근한 방식은 자기 교회의 교인 숫자를 늘리는 데에는 효과적일는지 몰라도 죄인들을 진정한 구원으로 인도하지는 못한다. 그들은 의례히 요한복음 3:16에서 시작하여 거기서 끝난다. 그러나 진정한 구령은 요한복음 3:16에서부터 시작되는 것이 아니다. 구령자는 죄인들을 향하여 죄인들이라고 말할 수 있어야 한다. 그리고 죄인들은 지옥에 간다는 사실을 숨겨서는 절대로 안 된다. 이것은 절대적인 진리이기에 외치기를 주저하거나 밝히기를 꺼려서는 절대로 안 된다. 올바른 구령자가 되기 위해서는 먼저 올바른 훈련과정을 통하여 구령자로서의 올바른 인격과 구령활동의 올바른 방식, 그리고 죄인들에게 증거해야 될 성경 말씀들을 잘 익히지 않으면 안 된다. 구령자는 무엇보다도 하나님께서 원하시는 구령자의 자질부터 길러야 한다. 다른 사람에게 불쾌감을 주지 않고 친절하고 선량하고 관대하며 진실한 마음가짐을 익혀야 하고, 이러한 기본적인 인격을 기르기 위하여 어떻게 하여야 하는가를 배우지 않으면 안 된다. 무엇보다도 중요한 것은 구령자 자신이 정말로 거듭난 사람이어야 한다는 점이다. 자기 자신이 거듭나는 것이 구령자가 되는 일보다도 훨씬 더 중요하고 시급하다. 먼저 거듭나지 않고는 인격이고 자질이고 다 쓸데가 없다. 그런 다음 구령자로서의 인격과 자질을 길러야 한다. 자질을 갖추지 못한 사람이 잘못된 방식으로 죄인에게 접근하다가는 얼치기 "그리스도인들"을 양산해 내게 되고, 이것은 결국 실질적인 복음 전파를 가로막는 결과만 초래하게 된다. 포도원을 경작하는 사람이 포도가 다 익기도 전에 설익은 포도송이를 수확해 들인다면, 그는 전혀 열매 맺지 못하는 포도원을 경작하는 것이나 마찬가지라고 밥 존스 시니어는 말했다. 얼치기 "그리스도인" 한 사람을 만들어 놓는 것은 오십 명의 죄인들을 영영 저주 가운데 던져 버리는 것과 같다고 그는 말했다. 그래서 설익은 얼치기 "그리스도인" 한 사람을 낳는 것은 곧 이단이라고 밥 존스 시니어는 경고한 바 있었다. 교회 출석 인원수나 늘리려고 애쓰는 가운데 죄인들을 진정한 구원으로 인도하는 일에는 전혀 관심이 없는 오늘날의 대형 교회들은 밥 존스 시니어의 이 말을 곰곰히 생각해 보지 않으면 안 될 것이다. 몇천 명, 몇만 명의 설익은 포도송이로 가득 찬 이러한 대형 교회들은 열매 맺지 못하는 포도원과 하나도 다를 바가 없다. 이런 얼치기 "그리스도인들"을 양산해 놓으면 다음 세대들이 예수 그리스도를 발견할 수 있는 길을 가로막게 된다.

『**이기려고 애쓰는 사람은 누구나 모든 일에 자제하나니**』(25절). 그리스도인이 그리스도인답기 위해서는 모든 일에 자제하지 않으면 안 된다. 그래서 그리스도인들은 항상 자신을 단련하는 삶을 살지 않으면 안 된다. 자제한다는 것은 한 번만으로 되는 것이 아니라 지속적인 노력이 없이는 되지 않는다. 앨라배마 주립대학의 풋볼 선수였던 조 도너비 선수는 전미 풋볼 팀의 센터로 아메리칸 리그에 두 번이나 출전했던 선수였는데, 한 때는 체중이 무려 250파운드나 나가는 바람에 도저히 경기장에서 뛸 수가 없게 되자 체중을 줄이기 위하여 피나는 훈련을 거듭한 끝에 205파운드까지 체중을 줄이는 데 성공했다. 그는 지속적인 훈련을 통하여 무려 45파운드나 체중을 줄일 수 있었던 것이다. 그는 체중을 빼기 위해 산에 뛰어 오르고 뛰어 내려오기를 무려 70주 동안이나 계속해야만 했다. 이것이 바로 훈련이라는 것이다. 그리스도인들도 이런 훈련을 쌓지 않으면 안 된다.

『**그러므로 내가 그처럼 달리되 불확실하게 하지 아니하며 또 내가 그처럼 싸우되 허공을 치는 자같이 아니하노라**』(26절). 복싱선수가 링에 올라가 헛방질만 해대는 꼴은 보기만 해도 분통이 터진다. 이런 복서라면 첫 라운드가 미처 끝나기도 전에 매트에 나가 떨어지고 말 게 뻔하다. 유능한 복서라면 한 방을 날려도 정확하게 상대에게 가격한다. 이렇게 할 수 있으려면 부단한 훈련을 거쳐 자기 몸을 마음대로 부릴 수 있게 되지 않으면 안 된다. 서둘지도 않고 그렇다고 기회를 놓치지도 않는다. 찬스를 잡는 순간 기민하게 주먹을 날릴 줄 아는 복서가 훌륭한 선수다. 바울이 그런 사람이었다. 그는 수많은 죄인들에게 복음을 전파하면서 목표가 뚜렷했고 죄인들로 하여금 예수 그리스도를 영접케 하면서 정확하게 구원으로 인도했다. 그는 결코 얼치기 그리스도인들을 양산해 내지는 않았다. 그는 트랙을 달리면서도 옆이나 뒤를 돌아다보는 일 없이 앞만 보고 목표를 향해 정확하게 달리는 경주자였다. 모든 그리스도인들이 이래야만 한다. 항상 자기 자신을 단련하고 하나님의 말씀으로 무장한 그리스도인만이 정확하게 목표를 향해 민첩하게 달려가는 경주자가 될 수 있고 헛방질하지 않는 훌륭한 복음의 일꾼이 될 수 있다.

『**내가 내 몸을 억제하여 복종하게 함은 다른 사람들에게 전파한 후에 어떻게 해서든지 내 자신이 버림을 받지 않게 하려는 것이라**』(27절). "몸을 억제하여 복종하게" 한다는 것은 자신의 몸을 뜻대로 자유롭게 사용할 수 있도록 평소에 늘 절제하는 생활을 한다는 뜻이다. 사람이 먹고 싶은 대로 다 먹고, 자고 싶은 대로 다 잠자며, 자신의 몸 단련하기를 게을리 한다면 몸이 비대해지고 둔해져서 마음대로 몸을 움직일 수가 없게 된다. 여기에는 물론 정욕을 억제하는 도덕적인 삶도 포함된다. 그리스도의 일꾼이 술을 마시고 담배를 피운다든가, 음행을 저지른다면 영적으로는 말할 것도 없고 육신적으로도 몸이 병들어 그리스도의 사역을 감당할 수가 없게 된다. 이처럼 평소에 지속적인 몸 관리를 게을리 하다가 병들기라도 하는 날에는 복음 전파 사역을 하다가 도중하차하고 다른 사람에게 그 자리를 내어 주어야 하는 딱한 처지에 빠질 수도 있다. 이것은 사역의 대열에서 낙오하여 버림받은 것이나 마찬가지다. 이것은 아무리 억울해도 어쩔 수가 없다. 가령, 목회자가 육신적인 정욕을 억제하지 못하여 음행을 자행하다가 성병에 걸린다든지, 적당한 운동이나 필요한 몸 관리를 게을리하다가 류머티즘을 앓게 된다든가, 폐렴에 걸린다든가, 간염이나 심장병에 걸린다든가, 고혈압이나 당뇨병 따위를 앓게 된다면, 목회를 그만두고 그 자리를 다른 사역자에게 내주지 않으면 안 된다. 바울은 이것을 항상 염두에 두고 있었고 이러한 불행을 당하지 않기 위해서 늘 조심하고 몸을 억제하고 단련하기를 게을리 하지 않았던 것이다. 이처럼 사역자는 마치 운동선수처럼 늘 몸을 단련하고 건강에 주의하면서 매사에 조심스럽게 생활하지 않으면 안 된다. 그런데 오늘날 대부분의 목회자들이 이러한 단련을 무시한다.

목회자들은 심지어 자동차 운전도 다른 사람보다 훨씬 더 조심스럽게 해야 한다. 그런데 나는 천천히 조심스럽게 운전하는 목사들을 한 번도 본 적이 없다. 나는 지금까지 다 합쳐서 한 오백 명 쯤 되는 목사들의 차를 같이 타 보았는데, 그 중 어느 한 사람도 천천히 운전하는 사람은 하나도 없었다. 오하이오 주 미들타운의 하워드 씨어즈 목사는 그 중에서도 최악에 속하는 사람이었다. 그는 한 손으로 핸들을 잡고 75마일 이상의 속도로 내닫기가 보통이었는데, 그러면서도 뒷좌석에 앉아 있는 사람과 이야기하느라고 연신 힐끗힐끗 뒤를 돌아다보기가 일쑤였다. 나는 멋도 모르고 그의 차에 동승했다가 어찌나 겁에 질려 버렸던지 식은땀을 주욱죽 흘리며 목적지에 닿을 때까지 계속 눈감고 기도를 드리지 않으면 안되었다.

목사들 쳐놓고 천천히 식사하는 사람들이 또 없다. 목사들은 한결같이 게 눈 감추듯 음식접시를 비워 버린다. 나도 천천히 먹는 편은 아니지만 어떤 목사들은 내가 수저를 들기 시작할 때 벌써 밥그릇을 후닥닥 비워 버리고 젓가락을 내려 놓는 사람도 있다. 나는 식사를 반도 채 끝내지 못했는데 잭슨 빌의 웬디즈 힌들먼 목사 같은 사람은 이미 음식접시를 다 비우고 나서 디저트까지 끝내 버리기가 일쑤였다.

목사들은 또 대부분이 과체중이다. 어떤 목사들은 체중이 지나치게 비대하여 몸을 제대로 가누지도 못할 뿐만 아니라 그 후유증으로 갖가지 성인병을 앓기가 십상이고 심지어는 비행기를 타고 가다가 사망한 사례도 있었다. 목회자들은 알맞은 체중을 유지하기 위하여 조깅을 하든지, 걷기운동을 하든지, 아무튼 무슨 운동이건 자신에게 맞는 운동을 찬찬히 지속적으로 하지 않으면 안 된다. 바쁜 중에도 시간을 내서 등산을 하든가, 낚시를 하러 가든가, 어떤 방법으로든지 살을 빼고 체중을 줄이도록 노력하지 않으면 안 된다. 목사들은 대부분 정상치보다 30파운드, 40파운드, 또는 50파운드쯤 체중이 과한 경우가 보통인데, 가령 50파운드쯤 과체중이 되면 뭐가 나빠지건 반드시 몸에 탈이 나기 마련이다. 그래서 바울은 이런 사람들에게 충고하고 있는 것이다. 『**내가 내 몸을 억제하여 복종하게 함은 다른 사람들에게 전파한 후에 어떻게 해서든지 내 자신이 버림을 받지 않게 하려는 것이라**』(27절).

고린도전서 10장

10:1 형제들아, 이제 나는 너희가 모르는 것을 원치 아니하노니 이는 우리 조상
들이 모두 구름 아래 있었고 모두 바다를 통과하였으며
2 모두 구름과 바다 속에서 모세에게 침례를 받았고
3 또 모두 같은 영적 음식을 먹었으며
4 모두 같은 영적 음료를 마셨으니 이는 그들을 따랐던 그 영적 반석에서 나
온 것을 마셨으며 그 반석은 그리스도셨느니라.

고린도전서 10장은 먼저 주의 만찬을 주제로 하여 이야기를 시작한다. 그리고 이 주제는 11장에서도 계속해서 다시 다루고 있다. 고린도 교회는 성경에 나오는 다른 교회들에 비교해 볼 때, 훨씬 더 육신적인 교회였기 때문에 바로잡아야 할 점이 한두 가지가 아니었다. 에베소 교회라든가, 골로새, 빌립보, 데살로니가, 그리고 로마 교회 등에 비하면 상대가 안 될 정도로 고린도 교회는 육신적인 교회였다. 그래서 바울은 고린도전서 매 장마다에서 무엇인가 반드시 고쳐야 할 것들 한두 가지 씩을 낱낱이 지적하고 마음에 새겨 두도록 충고하고 있다. 독자들이 고린도전서를 여기까지 공부해 오는 동안에만도 바울이 그들의 그릇된 관행을 낱낱이 들춰 내고 또 그런 점들에 대해 곳곳에서 꾸짖고 있는 것을 이미 보았을 것이다. 고린도 교회에 보낸 이 편지에서 바울이 시종일관 무엇인가 잘못된 점에 대해 경고를 보내면서 바로잡도록 충고하고 있는 사실들 하나하나가 현 시대의 교회들에게도 똑같이 경종이 된다는 점을 생각해 볼 때, 우리들은 결코 고린도 교회를 닮아서는 절대로 안되겠다고 다짐하지 않을 수 없다. 그런데도 오늘날 은사주의자들은 성경을 펼쳤다하면 제일 먼저 고린도전서로 달려가는데, 그들이 여기서 어떤 경종을 찾아내고 그 충고들을 마음에 새기기 위해서가 아니라 그와는 반대로 오히려 은사주의를 뒷받침할 만한 구절들을 찾아내려는 목적에서다. 은사주의자들은 고린도전서 중에서도 특히 14장을 아주 좋아하지만, 그것은 그들이 14장의 전체적인 주제를 제대로 이해하지 못하거나 아니면, 전체적인 문맥을 무시하고 일부 구절들만을 뽑아다 써먹으려는 데서 나온 결과이다.

무엇보다도 고린도 교회 내에는 회원들이 분열하여 "그리스도에 속한다"고 주장하는 부류가 있었는가 하면, 일부는 "바울에게," 일부는 "베드로에게," 또 일부는 "게바에게" 속한다느니 하면서 교인들이 갈갈이 찢겨 서로 다투고 있으며(고전 1:12), 심지어 자기 아버지의 아내와 음행하는 회원도 있을 정도였고, 주의 만찬에 참여하더라도 회원들이 다 함께 모여 음식을 같이 나누지 않고 끼리끼리 먼저 먹어 치우기가 일쑤였으며, 술에 취한 채 교회에 와서 주의 만찬에 임하는 자도 있었다. 이 서신서에 보면 또, 그들이 투덜대고 불평하기 좋아하는 버릇에 대해서도 바울이 경고하고 있는 것이 눈에 띈다. 그런가 하면 또, 그리스도 안에서 누리게 된 자유를 악용하여 다른 사람을 공격하는 데에 써먹는 자도 있었다. 한마디로 고린도 교회는 육신적인 젖먹이 갓난아기 교회였던 것이다.

『**형제들아, 이제 나는 너희가 모르는 것을 원치 아니하노니 이는 우리 조상들이 모두 구름 아래 있었고 모두 바다를 통과하였으며**』(1절). 바울은 여기서 "우리 조상들"이라고 말한다. 물론 유대인 조상들을 일컫는다. 하지만, 고린도 교회는 어디까지나 이방인들의 교회였다. 그러니까, 유대인 조상들이 육신적으로는 고린도 교회 이방인들의 조상들이 될 수가 없지만, 바울은 여기서 유대인 조상들을 영적으로 적용하여 구원받은 이방인들의 조상들이라고 말하고 있다. 이처럼 그리스도인들은 영적으로는 유대인 조상들의 피를 이어받은 유대인의 후손들인 셈이다.

『**우리 조상들이 모두 구름 아래 있었고 모두 바다를 통과하였으며**』(1절)라는 말에서 우리는 이스라엘 백성이 출애굽 당시 홍해를 건넜을 때, 물 속으로 통과하였음을 알 수 있다. 그들이 발끝에서 머리끝까지 물 속을 통과해야 했던 것은 하나의 필수적인 과정이었다. 바닷물이 양쪽으로 갈라진 사이로 뚫린 통로 양쪽은 물벽을 이루고 있었고, 또 "구름 아래" 있음으로써 그들의 머리 위에도 물이 덮고 있었다. 이처럼 이스라엘은 이집트를 탈출할 당시 홍해를 건너면서 물 속에 잠겨 『**모두 구름과 바다 속에서 모세에게 침례를**』(2절) 받았던 것이다. 세상과 손을 끊고 죄에 대하여 죽고 그리스도 안에서 거듭나는 모든 그리스도인들이 침례를 받는 것도 이와 마찬가지다.

『**또 모두 같은 영적 음식을 먹었으며 모두 같은 영적 음료를 마셨으니 이는 그들을 따랐던 그 영적 반석에서 나온 것을 마셨으며 그 반석은 그리스도셨느니라**』(3,4절). 출애굽기에 나오는 『**반석**』은 그리스도를 예표한다. 물론 이스라엘의 출애굽 당시에는 문자 그대로 실제적인 바위에서 문자 그대로 실제적인 물이 솟아 나왔었다(출 17:6, 민 20:11). 그러나 이것은 훗날 영적인 『**반석**』에서 영적인 "물"이 솟아나올 것을 미리 예표해 주는 모형이었다. 이집트를 탈출하여 약속의 땅으로 향해 가던 40년 동안 줄곧 이스라엘 백성에게는 이처럼 영적인 『**반석**』이 따라다녔고, 이 『**반석**』이 훗날에는 그들에게 예수 그리스도라는 실체로 나타나셨다. 〈킹제임스성경〉에서는 4절의 "반석"을 그래서 고딕체로 『**반석**』이라고(영어 〈킹제임스성경〉에서는 대문자 Rock으로) 표기하였다. 여기서의 『**반석**』은 그러니까 시몬 베드로가 아니라 그리스도시다.

『**보라, 내가 거기 호렙에 있는 반석 위에서 네 앞에 서리니 너는 그 반석을 치라.**

그러면 그곳에서 물이 나오리니, 백성이 마시리라』(출 17:6). 모세는 하나님의 명령에 따라 바위를 쳤다. 그랬더니 바위에서 물이 솟아 나왔다. 바울은 지금 고린도전서 10:4에서 이 사건을 기술하고 있는 것이다. 광야에서 마실 물이 없어 목이 타 고생하던 백성이 모세에게 대들면서 어째서 이집트에서 자기네들을 끌고 나왔느냐고 불평을 늘어놓았다. 모세는 이에 대해 화가 치밀어 올랐다. 노기를 띤 사람이 막대기로 바위를 쳤으니 얼마나 세게 내려쳤겠는가. 그것도 두 번씩이나 말이다(민 20:11). 그리하여 하나님의 말씀대로 바위에서 물이 솟아 나오기는 했지만, 모세는 이러한 행동을 통하여 백성의 목전에서 하나님을 거룩하게 대하지 않았을 뿐만 아니라 하나님에 대한 불신을 은연중에 나타내고 말았던 것이다. 하나님께서는 모세의 이러한 행위를 결코 모른 체하지 않으신다. 하나님께서는 모세의 불신과 그릇된 행동을 날카롭게 지적하셨고, 그로 인하여 그가 약속의 땅으로 들어가지 못하리라고 말씀하셨다(민 20:12). 이처럼 하나님께서는 이스라엘 백성이 약속의 땅으로 들어가면서 『**반석**』이라는 예표에 대해서 얼마나 주의 깊게 생각하고 다루어야 할 것인가를 암시하셨다. 이 사실은 지금 우리들도 마찬가지로 성경에 등장하는 예표들에 대해서 함부로 다루고 제멋대로 해석하고 그릇 적용하는 것을 엄금하고 계시다는 것을 말해 준다. 하나님께서는 모세에게 분명히 반석을 "한 번" 치라고 명령하셨다(출 17:6). 안 그런가? 그런데도 모세는 "한 번" 치고, 또 한 번 더 쳤다. 화도 났겠지만, 한 번 치는 것으로 과연 충분할까 하는 의문도 있었던 것이다. 이 의문이 곧 하나님께 대한 불신의 표현이었다. 『**반석**』은 그리스도이시다. 그리스도이신 반석은 한 번만 쳐야 했다. 그분은 두 번 씩이나 얻어맞도록 되어 있지 않으시다. 하나님께서도 그분을 한 번만 치셨다. 한 번 치심으로 그리스도는 한 번 죽으셨다. 이 "한 번"의 죽으심으로 모든 것이 다 이루어졌다. 그러므로 우리도 예수 그리스도를 "한 번" 영접하여 구원받았다면, 일요일 아침마다 로마카톨릭 미사에서 자행하듯이 그분을 또 쳐서는 안 된다는 말이다. 카톨릭 교회에서 일요일마다 미사에서 제물 드리기를 반복한다는 것은 일 년에 쉰 두 번씩이나 예수 그리스도를 거듭해서 죽이고 희생 제물로 삼는 짓이다. 모세는 단 두 번 그런 짓을 하고도 약속의 땅에 들어가지 못했다. 반석을 한 번 치고 나면, 그것으로 충분하다. 반석을 다시 치는 것은 그 반석에 침을 뱉고 경멸하는 짓이다. 그리스도인이라고 해서 다시 죄를 짓지 않는 것은 물론 아니다. 구원받고 나서도 계속해서 죄를 짓는다. 그러나 그렇다고 해서 한 번 받아 놓은 구원이 취소되는 것은 아니다. 요한복음 13장에서 그 좋은 예를 예수님께서 보여 주신다. 『**예수께서 그에게 말씀하시기를 "이미 목욕한 사람은 발밖에 씻을 필요가 없으니 그는 온 몸이 깨끗함이라**』(요 13:10). 온 몸을 한 번 깨끗이 씻은 사람은 온 몸을 다시 씻을 필요가 없다. 부분적으로 더러워진 발만 씻으면 된다. 우리가 예수 그리스도를 영접하였을 때, 그분께서는 자신의 피로 우리의 온 몸을 깨끗이 씻어 주셨다. 그리고 우리는 영원토록 두 번 다시 온 몸을 그분의 피로 되풀이해서 씻을 수가 없다. 우리가 진정으로 한 번 구원 받았다면, 우리의 구원은 완성되는 것이지, 그것이 취소되기도 하고 다시 구원 받기도 하는 것이 아니다. 그러니까, "나는 작년에 두 번 구원 받았지요."라든가, "나는 지난 달에도 또 한 번 구원받았지요."라는 식으로 말할 수가 없다. 우리는 "한 번" 온 몸이 깨끗이 씻겼고 그것으로 우리의 구원은 성취되었다. 그러나 우리의 발은 그 뒤로도 되풀이해서 더러워질 수 있다. 그러므로 우리는 더러워진 발만 다시 씻어야 한다. 우리가 죄를 지을 때마다 그 죄를 하나님께 자백하고 주님의 보혈로 자신을 다시 정결케 하는 것은 바로 이 때문이다. 그리스도께서 우리의 죄를 위하여 한 번 죽으시고 우리의 죄에 대해 피값을 지불하심으로써 우리는 하늘나라의 닫힌 문을 통과할 수 있는 사격을 얻게 된 것이다. 우리가 다시 구원받고자 한다면, 그것은 그리스도가 다시 피흘려 죽기를 요구하는 것이다. 반석을 다시 치는 것은 그 반석에 침을 뱉는 짓이다. 당신은 일요일 아침마다 카톨릭 교회의 미사에 참여하여 그분을 거듭 거듭 희생제물로 드려서는 결코 안 된다.

10:5 그러나 하나님께서 그들 대부분을 그리 기뻐하지 아니하셨으므로 그들이 광야에서 죽어 넘어졌느니라.

6 **이제 이런 일들은 우리의 본보기가 되어, 그들이 열망하였던 것같이 우리도 악한 일들을 열망하는 자가 되지 않게 하려 함이라.**
7 **너희는 그들 중 어떤 사람들처럼 우상숭배자가 되지 말라. 기록된 바와 같으니 곧 "그 백성이 앉아서는 먹고 마시며 또 일어서서는 뛰논다." 한 것이라.**
8 **우리는 그들 중 어떤 사람들이 행한 것처럼 음행하지 말자. 그들은 그러다가 하루 이만 삼천 명이 죽었느니라.**
9 **우리는 그들 중 어떤 사람들이 시험한 것처럼 그리스도를 시험하지 말자. 그들은 그러다가 뱀들에게 물려 죽었느니라.**
10 **너희는 그들 중 어떤 사람들이 불평한 것처럼 불평하지 말자. 그들은 그러다가 멸망시키는 자에게 멸망당하였느니라.**

『**그러나 하나님께서 그들 대부분을 그리 기뻐하지 아니하셨으므로 그들이 광야에서 죽어 넘어졌느니라**』(5절). "그들 대부분"이라는 표현은 사실상 이스라엘 민족 전체를 의미한다. 그러니까, 40년 동안 광야생활을 했던 구세대들은 모두가 광야에서 멸망당하고 말았던 것이다. 바울은 지금 이 말을 왜 하고 있는 것일까? 바울은 그 옛날 그들을 모두 광야에서 죽게 하셨던 주님이지만 너희들만은 살려내기를 원하신다는 것을 말하고 있는 것이다.

『**이제 이런 일들은 우리의 본보기가 되어, 그들이 열망하였던 것같이 우리도 악한 일들을 열망하는 자가 되지 않게 하려 함이라**』(6절). 이 구절을 11절과 비교해 보라. 『**이제 그들에게 일어난 이 모든 일이 본보기가 되고 또 세상의 끝날들을 당한 우리에게 권면으로 기록되었느니라**』(11절). 이스라엘 민족이 이집트를 탈출할 당시에 저질렀던 일들을 『**우리에게 권면**』이 되도록 하기 위해 『**본보기**』로 기록해 놓았다고 바울은 말한다. 그러니까, 과거 이스라엘 백성에 관한 이야기라고 해서 우리들과 상관이 없느냐 하면 결코 그런 것이 아니라는 말이다. 극단적인 세대주의자들은 그러므로 고린도전서를 다시 읽고 이 점을 똑똑히 깨달아야 한다.

출애굽기, 레위기, 민수기, 신명기 등이 모두 그리스도인들에게 권면이 되도록 하기 위해 기록해 놓은 것이라고 고린도전서는 분명히 말하고 있기 때문이다. "몸"의 신비에 대한 진리가 감추어져 있다가 오늘에 와서야 분명하게 밝혀진 것도 이와 마찬가지다. 오헤어나 벌링거 같은 극단적 세대주의자들은 이 사실 앞에서 어리둥절해질 수밖에 없다. 그들은 고린도전서 하나도 제대로 이해하지 못하는 자들이다. 고린도전서는 구약이 오늘날의 그리스도인들을 위하여 기록되었다고 분명하게 말하고 있으니 말이다.

『**너희는 그들 중 어떤 사람들처럼 우상숭배자가 되지 말라. 기록된 바와 같으니 곧 "그 백성이 앉아서는 먹고 마시며 또 일어서서는 뛰논다." 한 것이라**』(7절). 이 말 가운데서 바울은 그리스도인도 자칫하면 우상숭배자가 될 수 있다는 것을 암시하고 있다. 출애굽기 32:6에 보면, 『**백성이 앉아서 먹고 마시며 일어나서 뛰놀더라.**』(출 32:6)고 기록하고 있다. 백성이 우상을 만들어 놓고 거기에 번제를 드린 후 진탕 먹고 마시고 덩실덩실 춤을 추었다. 왜 이런 기록을 남겨 두었는가? 오늘날의 그리스도인들이 이것을 읽고 본보기로 삼아, 그것을 본받지 않도록 하기 위함이다. 어째서 오늘날의 그리스도인들에게 이러한 본보기가 필요한 것일까? 그 이유는 그리스도인들도 얼마든지 이스라엘 백성처럼 우상숭배자가 될 수 있음을 하나님께서 잘 알고 계시기 때문이다.

『**우리는 그들 중 어떤 사람들이 행한 것처럼 음행하지 말자. 그들은 그러다가 하루에 이만 삼천 명이 죽었느니라**』(8절). 이 구절을 민수기 25:9과 비교할 때, 기록상 차이가 있다고 주장하며 문제 구절로 삼는 사람들이 있다. 민수기 25장에 보면 싯팀에 머무르고 있던 이스라엘이 모압의 딸들과 음행하였음을 볼 수 있다(민 25:1). 그뿐만 아니라 모압족이 그들의 우상신들에게 희생제를 드릴 때, 거기에 초청받은 이스라엘 백성이 그들의 신에게 절까지 한다. 진노하신 하나님께서 모세에게 명하여 거기에 가담한 자들을 모두 목매달아 죽이도록 하신다. 이 때 죽은 자들이 모두 "이만 사천 명"이었다(민 25:9). 그런데 고린도전서 10:8에서는 "이만 삼천 명"이 죽었다고 말한다. 이러한 기록상의 차이 때문에 성경을 제대로 믿지 않는 자들은 이것을 문제 삼고 성경이 부정확하다고 말한다. 그러나 고린도전서 10:8에서는 "하루에"라고 똑똑히 밝히고 있음을 주목하라. 민수기 25:9에서는 『**그 재앙으로 죽은 자들이 이만 사천명이었더라.**』고 말씀한다. 다시 말해서, 그 재앙으로 죽임을 당한 사람들이 "총 이만 사천 명"이었다는 것이다. 이에 반하여, 고린도전서 10:8에서는 "하루에"만도 이만 삼천 명이나 되는 사람들이 죽었다고 말한다. 도무지 문제삼을 만한 구석이 없다. 성경을 제대로 읽지 않는 자들이 언제나 성경에 대해서 생트집을 잡는 법이다.

『**너희는 그들 중 어떤 사람들이 시험한 것처럼 그리스도를 시험하지 말자. 그들은 그러다가 뱀들에게 물려 죽었느니라**』(9절). 민수기 21:4-6을 참조하라. 광야 생활을 하면서 하늘에서 떨어지는 만나만 먹다가 질려버린 이스라엘 백성이 하나님과 모세에게 거역하여 말하기를 『**어찌하여**』 이집트에서 먹을 것도, 마실 물도 없는 그곳으로 데리고 나왔느냐고 투덜댄다(민 21:5). 그리스도인들이 하나님께 "어찌하여?"라고 의문을 품고 불평한다면 그것은 하나님을 의심하고 그리스도를 시험하는 짓이다. 그리스도를 시험하는 그리스도인이라면 『**모든 일에 감사하라.**』(살전 5:18)는 명령에 순종하기는커녕 『**그리스도 예수 안에서 너희에 관한 하나님의 뜻**』(살전 5:18)에 거역하는 사람이다.

『**너희는 그들 중 어떤 사람들이 불평한 것처럼 불평하지 말라. 그들은 그러다가 멸망시키는 자에게 멸망당하였느니라**』(10절). 민수기 14장을 참조하라. 하나님은 자신을 시험하고 불평하는 자들을 결코 용납치 않으셨다.

10:11 이제 그들에게 일어난 이 모든 일이 본보기가 되고 또 세상의 끝날들을

당한 우리에게 권면으로 기록되었느니라.

12 **그러므로 서 있는 줄로 생각하는 사람은 넘어지지 아니하도록 주의하라.**

13 **사람에게 흔히 닥치는 시험 외에는 너희가 당한 것이 없나니 하나님께서는 신실하셔서 너희가 감당할 수 있는 것 이상으로 시험을 당하지 않게 하시고 시험을 당하면 피할 길도 마련하셔서 너희로 능히 감당케 하시느니라.**

『**이제 그들에게 일어난 이 모든 일이 본보기가 되고 또 세상의 끝날들을 당한 우리에게 권면으로 기록되었느니라**』(11절). 그들에게 일어났던 이 모든 일, 이스라엘 백성이 하나님을 시험하고, 불평하고, 음행하고, 우상을 숭배하던 "이 모든 일이" 우리들 그리스도인들에게 본보기가 되게 하려고 일어났고, 또 우리가 이런 것을 되풀이하지 않도록 권면하기 위해서 성경에 기록해 놓았다고 말한다. 그러므로 우리들은 신약만 읽고 성경을 다 읽었다고 큰 소리쳐서는 안 된다. 그리스도인들은 신약에만 매달려 있지 말고 구약 또한 열심히 읽지 않으면 안 된다. 로마서 15:4를 보라. 『**무엇이든지 전에 기록된 것은 우리의 교훈을 위하여 기록된 것이니 이는 성경이 주는 인내와 위로로써 소망을 지니게 하려 함이니라**』(롬 15:4). 『**무엇이든지 전에 기록된 것**』, 즉 구약은 우리의 "교훈"을 위하여 기록된 것이라는 말씀에 주목하라. 거기서 교훈을 얻고 어려운 일을 당해도 참고 견디며 소망으로 위로를 받게 하려고 기록해 놓았다고 분명히 말씀한다. 그래서 성경대로 믿는 사람들은 신·구약 성경 전체를 읽고 상고해야 한다. 병든 사람이 병원을 찾아갈 때, 어느 특정한 한 동네만 맴돌면서 자기 병에 맞는 좋은 병원을 찾아내려고 한다면, 하루종일 헤매도 그 병원을 찾지 못하는 경우가 있을 수 있다. 또, 병원을 기껏 찾아내긴 했는데, 들어가 보니 거기에는 자기 병을 치료할 수 있는 해당 진료과목이 없을 수도 있다. 성경도 이와 같아서 신·구약 성경을 함께 다 읽어야 종합병원과 같은 역할을 한다. 신·구약 성경이라는 종합병원에 들어서면 자기에게 해당되는 진료과목 담당 의사를 반드시 찾아낼 수 있게 되어 있다. 또 사람에 따라 성경의 어떤 특별한 구절이 다른 구절보다 자기에게 더 중요한 의미를 지닐 수야 있겠지만, 그렇다고 다른 말씀들은 자기에게 중요하지가 않느냐 하면, 결코 그런 것도 아니다. 모든 그리스도인들에게 성경 전체가 다 중요하다. 그렇다고 여기저기서 성경 구절들을 부분부분 따로 떼어다가 "도용"해 먹는 것은 성경대로 믿는 사람들이 할 짓이 아니다. 이런 짓은 성경 전체를 제대로 공부하지 않는 사람들이나 하는 짓이다. 진정한 그리스도인이라면 성경 "전체"를 읽고 그 내용을 훤히 꿰뚫어 이해하고 실제 생활에 적용할 줄 아는 능력을 가진 사람들이다. 물론 어떤 구절들이 어떤 특별한 사례에 특별히 적용되는 경우는 얼마든지 있을 수 있다. 이처럼 제대로 적용할 줄 알기 위해서라도 우리는 성경 전체를 공부하지 않을 수 없다. 성경 전체가 우리들에게 모두 중요하고 우리의 교훈이 되도록 기록되었다면, 우리가 성경 전체를 공부하는 데에 최소한 일 년이고 이 년이고 삼 년이 걸린다 할지라도, 우리는 술 마시는 데 시간을 허비하지 않고 성경을 열심히 공부하는 데에 시간을 써야 한다. 성경 전체를 꿰뚫어 이해하지 못하면서 이 말씀은 여기에, 저 말씀은 저기에 딱들어 맞는 말씀이라고 함부로 지껄이는 것은 매우 경솔한 짓이다. 가령, 신명기 14:26은 『**네가 네 마음에 원하는 것은 무엇이나 돈으로 살지니, 소나 양이나 포도주나 독주나 네 마음에 드는 것을 구하여 거기서 주 너의 하나님의 앞에서 먹고 너와 네 가족과 더불어 즐거워할지니라.**』고 말씀하고 있는데, 성경 전체를 읽지 않은 사람이 이 부분만 읽고 맨날 독주를 마셔 댄다면, 이야말로 성경 무식쟁이다. 모든 사람들에게 모든 성경이 다 중요하다. 성경의 일부분만 도용하면 교회를 망친다.

『**그러므로 서 있는 줄로 생각하는 사람은 넘어지지 아니하도록 주의하라**』(12절). 여기서 "넘어진다"는 것은 "지옥에 떨어진다"는 것과는 아무 상관이 없다. 다시 말해서, 구원을 상실한다는 뜻이 결코 아니라는 말이다. 여기서 "넘어진다"는 말은 8절의 "죽었다"는 말과 같은 뜻이다. 8절에서 이만 삼천 명이 죽었다고 말하는데, 영어 〈킹제임스성경〉은 여기서 "죽었다"는 말을 "넘어졌다"(fell)는 단어로 표현하고 있다. 마귀는 구원받은 사람을 넘어지게(죽게) 할 수는 있어도 결코 구원을 빼앗을 수는 없다.

『사람에게 흔히 닥치는 시험 외에는 너희가 당한 것이 없나니』(13절). 여기서 "시험"이란 하나님께서 우리의 믿음을 알아보시기 위해 주시는 "시험"을 말한다. **『하나님께서는 신실하셔서 너희가 감당할 수 있는 것 이상으로 시험을 당하지 않게 하시고 시험을 당하면 피할 길도 마련하셔서 너희로 능히 감당케 하시느니라』**(13절). 이 말씀은 꼭 외워 두어야 할 성경 구절들 가운데 하나다. 이 구절을 지금까지 소홀히 대해 왔다면, 지금이라도 마음에 새겨 두도록 하라. 하나님께서는 우리에게 크고 작은 시험을 당하게 하신다. 그렇지만 그 어떤 크고 작은 시험이라도 능히 빠져나갈 수 있는 길을 반드시 열어 놓으신다.

『흔히 닥치는 시험』이란 누구에게나 닥쳐 올 수 있는 시험을 말한다. 당신이 당하는 시험을 나도 당한다. 내가 당하는 시험을 당신도 당한다. 그러나 하나님께서는 신실하시다. 인간은 결코 그렇지 못하지만, 하나님께서는 신실하시다. 그래서 우리의 능력으로 도저히 감당해 낼 수 없을 만큼 힘든 고난으로 우리를 시험하지는 않으신다. 그리고 어떤 시험을 당하더라도 빠져나갈 수 있는 길을 반드시 마련해 놓으시든가, 아니면, 우리 힘으로 능히 감당해 나갈 수 있는 정도의 시험밖에는 주지 않으신다.

이 말씀을 묵상하면서 우리가 생각해 볼 점이 몇 가지 있다. 가령, 건물에 화재가 발생하는 시험이 닥쳤다고 치자. 화재가 나면 얼른 빠져 나갈 수 있는 비상구가 필요하다. 비상구를 찾지 못하면 불길에 갇혀 불타 죽는다. 이런 종류의 위기에 빠졌을 경우 때때로 우리가 봉착하는 문제는 "주여, 여기서 빠져 나갈 길을 열어 주옵소서!"하고 기도도 하지 않고, 밖으로 뛰쳐 나가기 전에 잠시 동안만이라도 생각을 해보지도 않고 허겁지겁 비상구를 찾아 헤매다가 오히려 일을 당하는 수가 많다는 점이다.

하나님께서 우리들에게 시험을 주시는 것은 우리의 믿음을 더욱 견고케 하시려는 것이지만, 시험 중에는 또 마귀가 우리를 미혹하기 위하여 던진 미끼를 덥썩

무는 바람에 걸려 들어가 헤어나지 못하는 시험도 있거니와, 이런 시험들을 분별하지 못하면 낭패를 당한다. 우리는 시험을 당할 때 서둘러 주께 기도하지 않으면 안 된다. "주여, 내가 고통을 겪나이다. 내가 문제에 봉착했나이다. 나를 여기서 건져 주소서! 여기서 빠져 나가게 하옵소서! 어서 빨리 지금 당장 도우소서!" 하고 기도해야 한다. 사람이 살다 보면 마귀의 시험이 어찌나 끈질기고 지독한지 스스로의 능력으로 그 시험에 대항한다는 것이 도저히 불가능할 경우가 얼마든지 있을 수 있고, 때로는 순간적인 실수로 그만 악한 일에 빠질 수도 있으며, 판단 착오로 잘못을 저지르는 시험에 빠질 수도 있다. 이 때가 아주 중요하다. 이럴 때, 서슴지 말고 하나님께 매달리며 거기서 벗어날 수 있는 길을 열어 달라고 도움을 요청하지 않으면 안 된다. 하나님께서는 여기서 벗어날 수 있는 길을 알고 계시며, 그 길을 가르쳐 주시겠다고 약속하셨으니, 그 길을 가르쳐 달라고 얼마든지 요청할 수가 있다. 그리하면 주님께서는 지체없이 우리에게 무엇인가를 보여 주시고 가르쳐 주신다. 빠져 나갈 길이 어디 있느냐고 주님께 묻고 매달릴 때, 주님께서는 "여기에 그 길이 있다!"고 성경을 가리키신다. "이 안에서 내가 네게 무엇인가를 보여 주마."라고 하나님께서는 말씀하신다. 이럴 때, 우리들은 이것을 못마땅하게 여기고 "그게... 아닌데요."라고 말하기도 한다. 그러나 주님께서는 "네가 길을 가르쳐 달라고 내게 묻지 않았느냐? 그 길이 여기 있느니라."고 거듭 말씀하신다. 그러면 또 우리는 "그걸로 해결될 일이 아니에요! 그걸로는 안 된다니까요!"하고 오히려 대들기도 한다. 그러면 주님께서는 "네가 지금 감히 누구한테 그걸로 된다, 안 된다 하는거냐? 이것이 네가 빠져 나갈 비상구래두!"라고 말씀하신다. 그런데도 우리는 그것이 못내 마음에 들지 않아서 고개를 돌려 버리고, 주님께 더 이상 도움을 요청하는 일을 그만둬 버린다. 그리고는 진흙창 속에 그대로 뭉개고 앉아 있는다. 우리가 시험에 빠져 허우적거리다가 하나님께 탈출구를 열어 달라고 요청하였고, 주님께서는 우리에게 그 탈출구를 가르쳐 주셨다. 그렇다면 우리는 주님께서 가르쳐 주신 그 탈출구를 통하여 빠져 나와야 마땅하지 않은가!

성경에는 세 가지 종류의 기본적인 시험의 예가 나온다. 그 하나는 육신의 정욕과 안목의 정욕과 생의 자랑이 되는 이 세상의 모든 것에 마음을 빼앗기게 되는 종류의 시험(요일 2:16)이고, 또 하나는 예수님께서 마귀에게 받으셨던 종류의 시험(마 4:1-11)이며, 또 하나는 먹음직하고 보기에도 즐겁고 현명하게 할 만큼 탐스러운 나무와 관련되는 종류의 시험(창 3:6)이다. 이 세 가지 기본적인 시험들을 이겨내는 방법에도 각기 다른 세 가지의 원칙이 있다. 첫 번째 시험은 하나님께 도움을 요청하더라도 주님께서는 "너 스스로가 해결하라." 응답하시기 때문에 나 스스로가 해결하지 않으면 안 된다. 두 번째 것은 내가 할 수 있는 일이라고는 아무 것도 없고 오직 하나님께서 도와 주셔야만 모든 것이 해결될 수 있기 때문에 하나님의 도우심만으로 해결하는 방법이며, 세 번째는 잘못된 일에 손을 댄 후, 그 뒤로는 전적으로 마귀가 알아서 처리해 주도록 맡기는 수밖에 없는 시험이다. 시험에서 벗어나기 위하여 하나님께서 제시하시는 방법인지, 마귀가 제시하는 방법인지 혼동될 수도 있을 것이다. 따라서 우리는 문제 해결책을 제시하는 그 영이 어떤 영인지 분별하지 않으면 안 된다. 영을 분별하는 방법은 어렵지 않다. 문제의 해결 방법이 육신적인 방법인지, 영적인 방법인지를 따져 보면 우리는 금방 그 영을 시험해 볼 수가 있다. 그러므로 기도하라. 기도하는 가운데 영들을 분별하도록 하라. 기도 가운데 마음속에 들려 오는 응답이 육신적인 것이면, 그것은 마귀의 응답이고, 영적인 것이면 하나님의 영의 응답이다.

인간이 죄를 짓고 마귀에게 예속된 지 6천 년이나 흐른 지금, 마귀는 당신의 마음속이나 당신이 처하고 있는 상황을 당신 자신보다도 더 잘 알고 있다. 당신이 입으로나 마음속으로 은밀하게 셋째 하늘에 계신 하나님과 접촉하려고 시도한 끝에 당신과 하나님 사이에 어떤 영적인 왕래가 이루어지게 되지만, 이 때에도 마귀는 그걸 귀신같이 알아채고 방해한다. 그렇다고 하나님의 도움을 요청하기 전에 자기 힘으로 스스로 책임지고 이겨내도록 원칙이 세워진 시험에 대해서까지 그 책임을 마귀에게 돌리는 것은 무책임한 일이다.

자기 스스로가 해결해야 되는 시험이라고 해서 주님께 기도조차 할 필요가 없다는 뜻은 결코 아니다. 가령, 당신이 지금 담배를 끊으려고 마음 먹는다고 치자. 이러할 때, 당신이 "주님, 이 나쁜 습관에서 손을 뗄 수 있도록 도와 주십시오." 하고 기도하지 않고도 얼마나 빨리 효과적으로 담배를 끊을 수 있을 것 같은가? 당신의 육신을 지배하고 있는 자는 마귀이다. 당신이 마귀와 싸우려면 주님의 도움없이는 불가능하다.

사람이 자기 능력으로 해결해야 하는 시험의 대표적인 것들이 무엇인지 아는가? 그것은 섹스, 돈, 마약, 술, 이 네 가지다. 이 네 가지 시험에서 벗어날 수가 없다면, 주님께 서슴지 말고 외치며 기도하라. 특히 이러한 것들에 관련된 시험을 자기 스스로가 해결할 수 없는 상황은 얼마든지 있을 수 있다. 이런 때에는 하나님을 향하여 외치며 도움을 요청하라. 그러나 그렇지 않은 다음에야 이러한 시험들은 우리들 스스로의 힘으로 이겨내지 않으면 안 된다. 사실, 이러한 시험들은 마귀에게 사로잡혀 불가항력적으로 빠져들어가는 수가 드물기 때문에 자신의 책임을 마귀에게 돌릴 수 없는 경우가 대부분이다. 나도 한 때는 술도 먹어 보았고 씨가도 피워 보았지만 술을 끊기로 결심한 지 약 24시간 만에 끊었고 씨가도 일주일 만에 끊었다. 그리고 다시는 술이나 담배에 손대지 않았다. 욕지거리나 "빌어먹을!" "젠장" 같은 점잖치 못한 말도 내뱉는 버릇이 있었다. 그러나 이런 상스러운 말들도 입에서 완전히 씻어내고 말았다. 이런 버릇을 고치는 데는 거의 두 달이 걸렸다. 내가 맨 처음 간증을 하는 동안 나도 모르게 "빌어먹을!"이라는 말이 튀어 나왔었다. 리 로버슨 목사님이 설교를 했던 그날 저녁, 나는 구원받은 지 한 달 반쯤 지난 뒤 생전 처음 간증을 하게 되었다. 얼마 뒤 리 로버슨 목사님은 나더러 "자네 좀 거칠게 말하더구만."하는 것이었다. 나는 "무슨 말씀이세요? 저는 이래 뵈두 신사라구요! 제가 얼마나 부드럽고 세련되었다구요. 정말이에요!" 하고 항변했다. 그러나 나는 간증을 하면서 나도 모르게 "젠장! 더럽게도, 빌어먹을!" 따위의 상스러운 말들을 마구 내뱉으면서 "이러쿵 저러쿵하여 저는 그대로 있을 수가 없어, 결국 구원을 받고 새 사람이 되었습니다." 하고 간증을 마쳤던 것이다. 그러나 나 자신은 그것을 전혀 의식하지 못했다. 그런 일이 있은 지 약 두 달 후에 로버슨 목사님과 어디를 함께 가느라고 길을 걷고 있는 중이었는데, 그가 내게 말했다. "럭크만 군, 자네 그 고약한 말버릇은 좀 고쳐야겠더군." 하는 것이었다. "고약한 말버릇이라뇨?" 하고 의아해 하면서 물었다. 그는 그날 저녁 내 간증 이야기를 내게 해주었다. 그때서야 나는 그것을 깨닫고 충격을 받았다. 그리고 절대로 고치지 않으면 안되겠다고 결심했다. 그리고 두 달 만에 그 버릇에서 벗어났다. 이런 나쁜 버릇들은 아주 빠른 시간 내에 내게서 사라졌다. 그런데 요즈음 아직도 사라지지 않고 있는 버릇이 한 가지 있다. 그것은 심지어 성경을 읽으면서도 손가락으로 토닥토닥 책상을 두드리며 드럼 연주를 하는 버릇이다. 그러나 이것도 내 스스로가 고쳐야 할 버릇이다. 이런 것을 놓고 하나님께 도움을 요청할 수야 없지 않은가! 담배를 끊는 데에는 결심하고서 일주일 동안 한 갑도 채 피우기 전에 영원히 손을 떼 버렸다. 나는 아침에 눈만 뜨면 맨 처음 하는 짓이 아침 식사 대신 씨가를 입에 무는 것이었다. 전날밤 잠자리에 들기 전에 꺼둔 씨가 꽁초를 집어드는 것이 첫 일과였다. 그러나 끊었다. 그런 지 지난 27년간 한 번도 입에 대지 않았다. 27년 간 씨가를 다시 피고 싶은 유혹을 열 번쯤 받았다. 그러니까 2년에 한 번 꼴로 다시 유혹을 느꼈던 것이다. 가장 큰 유혹을 느꼈던 적이 담배를 끊은 지 2년 쯤 지난 뒤 고급 레스토랑에서 성대한 저녁 식사를 마치고 나올 때였다. 계산대에서 저녁값을 치르면서 계산대를 내려다 보니 거기에 "탬파 너긴스" 고급 씨가 통이 가지런히 놓여 있는 것이었다. 갈다랗고 거므스레한 씨가가 내 눈을 끌었다. 그러나 이겨냈다.

『**사람에게 흔히 닥치는 시험 외에는 너희가 당한 것이 없나니**』(13절). 위에서도 말했듯이 『**감당할 수 있는 시험**』이란 누구나 흔히(common to) 공통적으로 당하는 시험을 말한다. 여자들이여, 그대들이 가장 흔하게 공통적으로 당하는 시험이 무엇인지 아는가? 그것은 입을 놀리는 시험이다. 사탄이 최초로 인간에게 엄청난 시험을 걸어 온 것도 여자의 입을 놀리게 하는 시험으로 시작되었음을 잊지 말라. 그는 여자를 시험하여 불필요한 말이라도 입을 놀리지 않고는 못배기도록 만들었을 뿐만 아니라, 놀리는 입을 시험하여 무엇인가 덧붙여 말하게 만들었고,

잘못 인용하게 하였으며, 또 부정직한 말을 하게 만들었다. 그리고 들은 말을 다른 사람한테 속닥거리지 않고는 못배기도록 시험했다. 이것이 그가 인간으로 하여금 최초로 범죄하게 만든 시험이었다.

그렇다면, 남자들이 가장 흔히 당하는 시험은 무엇인지 아는가? 그것은 끄덕하면 누군가 다른 사람에게 책임을 전가하고 그를 향하여 비난의 화살을 쏘는 시험이다. 남자가 최초로 한 짓이 바로 이것이었다. 그 다음 남자들이 흔히 당하게 되는 시험은 순간적인 화를 못참고 다른 사람에게 주먹을 휘두르고 살해까지 하게 만드는 시험이다. 지구 상에서 출생한 최초의 남자는 살인자였다. 남자들이 흔하게 당하는 가장 큰 시험이 벌컥 화를 내고 홧김에 무슨 짓이라도 해치우고 말게 하는 시험이다. 순간적으로 치밀어 오르는 화를 참지 못하여 총을 난사하기까지 한다. 이러한 시험은 모든 남자들이 공통적으로 흔히 겪는 시험으로 전혀 새삼스러울 것이 없는 시험이다.

그러나 인간은 결코 신실하지 않지만, 『**하나님께서는 신실하셔서**』 사람이 감당할 수 없는 시험을 당하도록 하시지는 않으신다. 시험을 당하더라도 거기서 빠져나갈 수 있는 비상구도 마련해 놓으신다. 13절은 바로 이 점을 가르치고 있다. 지금까지 이 진리를 간과해 왔다면, 우리는 이것을 지금이라도 배우고 터득해 두어야 한다. 이것을 모르면 결코 승리할 수가 없다.

10:14 그러므로 나의 참으로 사랑하는 자들아, 우상숭배를 피하라.
15 내가 지혜 있는 사람들에게 말하듯 하노니 내가 너희에게 말하는 것을 판단하라.
16 우리가 축복하는 이 축복의 잔은 그리스도의 피의 교제가 아니며 우리가 떼는 이 빵은 그리스도의 몸의 교제가 아니냐?
17 이는 우리 많은 사람이 한 빵이요, 한 몸이기 때문이며 우리가 모두 그 한 빵에 참여하기 때문이라.

로마카톨릭은 그들의 미사 의식에 대한 변명으로 10:16 말씀을 근거로 내세운다. 그러나 이 구절은 고전 11:27과 관련해서 함께 읽지 않으면 안 된다. 『**그러므로 누구든지 합당치 않게 이 빵을 먹고 주의 이 잔을 마시는 자는 주의 몸과 피에 대해 죄를 짓는 것이라**』(고전 11:27). 그리고 또 11:29을 보라. 『**이는 주의 몸을 분별하지 못하고 합당치 않게 먹고 마시는 자는 자신의 저주를 먹고 마시는 것이기 때문이라.**』 이 두 구절들과 함께 10:16을 읽을 때, 섣불리 그리스도의 피와 몸과 교제를 나눈다면서 예수 그리스도의 몸을 분별하지도 못한 채 잔을 마시고 빵을 먹는다면, 그것은 바로 자신의 저주를 먹고 마시는 꼴이 된다는 것을 명백하게 가르쳐 주고 있음을 알 수 있다. 10:16은 많은 사람들이 곧잘 혼동하는 구절이기 때문에 아주 주의 깊게 읽어야 한다. 여기서 말하는 『**그리스도의 몸**』이란 십자가에 달려 돌아가신 그분의 실제적인 몸을 말하는 것이 아니다. 그리고 『**이 축복의 잔**』은 그리스도께서 십자가에서 흘리신 문자 그대로의 실제적인 『**그리스도의 피**』라고 하지 않았다. 『**우리가 떼는 이 빵**』도 십자가에 달려 돌아가신 문자 그대로의 실제적인 『**그리스도의 몸**』이라고 하지 않았다. 갈보리에서 흘리셨던 실제적인 피는 땅으로 흘러 내렸다. 16절에서의 『**이 축복의 잔**』은 『**그리스도의 피의 교제**』라고 하였고, 『**이 빵**』은 『**그리스도의 몸의 교제**』라고 말한다. 다시 읽어 보라. 바로 그렇기 때문에 『**우리 많은 사람이 한 빵이요, 한 몸**』(17절)이라고 말한다. 『**한 빵이요, 한 몸**』은 문자 그대로의 실제적인 그리스도의 몸을 가리키는 것이 결코 아니다. 그런데도 이것을 로마카톨릭에서처럼 실제적인 그리스도의 몸이요, 실제적인 피라고 여기고 먹고 마신다면, 그것은 곧 일요일마다 오전 11시만 되면 자신의 저주를 먹고 마시는 꼴이 아니고 무엇이겠는가? 17절은 "그리스도의 몸"이 십자가에 달렸던 그리스도의 실제적인 몸이 아니라 믿는 자들이 그리스도 안에서 형성하는 새롭게 태어난 몸을 가리킨다는 것을 분명하게 밝힌다. 다시 보라. 『**이는 우리 많은 사람이 한 빵이요, 한 몸이기 때문이며 우리가 모두 그 한 빵에 참여하기 때문이라**』(17절). 그러니까 이 『**한 빵**』이 문자적인 그리스도의 몸이라고 생각하는 로마카톨릭의 미사에서 빵을 먹는 행위는 『**한 빵에 참여**』하는 것이 아니라 그리스도의 시체를 먹는 짓이고, 따라서 합당치 않게 먹고 마시며 주의 몸과 피에 죄를 짓는 짓이다. 주의 만찬은 『**그리스도의 피의 교제**』요, 『**그리스도의 몸의 교제**』이다.

주의 만찬에 참여하는 데에 자신이 합당한가 여부는 전적으로 그 사람의 양심에 달린 문제이다. 만약 자신이 합당치 않다고 생각하면, 그는 먼저 자신을 성결케 해야 한다. 그래서 구원받은 그리스도인이라 하더라도, 다니는 교회에서 어느 주일날 주의 만찬을 갖기로 예정되어 있다면, 적어도 토요일 저녁까지는 자신을 돌아보고 죄를 자백하고 그리스도의 보혈로 자신을 정결케 하고 진리의 말씀으로 자신이 주의 만찬에 합당하도록 준비해야 한다. 고린도전서 8:7에서도 『**그러나 이 지식은 사람마다 있는 것이 아니기에 어떤 사람들은 우상에게 바쳐진 것으로 알고 지금까지 우상에 대한 양심을 가지고 먹으므로 그들의 약한 양심이 더러워졌느니라.**』고 말한다. 카톨릭 교회에서 10:16 말씀만 도용하여 자신들의 "성체성사"를 정당화시키는 것은 알고 보면 말씀에 대한 지식을 두루 갖추지 못한 사람들의 양심을 제멋대로 짓밟고 진정한 그리스도 신앙을 무너뜨리는 가증스러운 짓이다. 우리의 재산과 돈과 가족을 제마음대로 통제할 수 있는 공산주의 국가에서도 우리의 양심만은 마음대로 통제하지 못하는 법이다. 그런데도 카톨릭 교회는 당신의 양심까지 통제한다. 그들은 빵을 주면서 그것이 그리스도의 몸이니 받아 먹으라고 강요한다. 정말로 그것이 그리스도의 몸이라면 우리는 먹을 수가 없다. 구원받은 우리는 주의 식탁에서 성도들과 함께 빵을 떼고 잔을 마시면서 그리스도의 몸과 피를 기억하고 기념할 뿐, 그 이상도, 그 이하도 아니다.

10:18 육신을 따르는 이스라엘을 보라, 제물을 먹는 사람들이 제단에 참여하는 자들이 아니냐?

19 그런즉 내가 무엇을 말하느냐? 우상은 무엇이며 또 우상들에게 바친 제물은 무엇이냐?

20 그러나 내가 말하노니 이방인들이 제사하는 것은 마귀들에게 하는 것이지
하나님께 하는 것이 아니니라. 나는 너희가 마귀들과 교제하는 자들이 되
는 것을 바라지 아니하노라.
21 너희는 주의 잔과 마귀들의 잔을 함께 마실 수 없으며 너희는 주의 식탁과
마귀들의 식탁에 함께 참여할 수 없느니라.

『**육신을 따르는 이스라엘**』(18절)이란 구약 시대의 이스라엘을 말한다. 그들은 제단에 참여하고 제사를 지낸 후 제물로 드렸던 염소나 소 같은 것들을 먹었다.

『**그런즉 내가 무엇을 말하느냐? 우상은 무엇이며**』(19절). 아무것도 아니다. 우상이란 사람 손으로 만들어 놓은 것일 뿐, 정말 아무것도 아니다. 『**우상들에게 바친 제물은 무엇이냐?**』(19절) 더더구나 아무것도 아니다. 우상에게 드려졌던 제물이라고 일부러 안 먹는다면, 오히려 그 우상에게 무슨 대단한 것이나 되는 것처럼 의미를 부여하는 꼴이 된다.

『**그러나 내가 말하노니 이방인들이 제사하는 것은 마귀들에게 하는 것이지 하나님께 하는 것이 아니니라**』(20절). 그러니까 그리스도인이 이방인들의 제사에 참여할 수는 없다. 그리스도인들이 어찌 마귀들과 교제할 수 있겠는가?

『**너희는 주의 잔과 마귀들의 잔을 함께 마실 수 없으며 너희는 주의 식탁과 마귀들의 식탁에 함께 참여할 수 없느니라**』(21절). 주의 만찬이 이교도들의 제사와 닮은 데가 있다고는 장난으로라도 생각지 말라. 이교도들이 드리는 제사에는 장난으로라도 참여하지 말라. 이방인들의 제사는 마귀들과 교제를 나누는 것이지 그리스도의 "피의 교제"와 그리스도의 "몸의 교제"와는 아무런 상관이 없기 때문이다. 이것이 21절에서 경고하고 있는 말이다.

10:22 그렇다면 우리가 주를 질투하시게 하겠느냐? 우리가 주보다 강하냐?
23 모든 것이 내게 합법적이라고 해서 모든 것이 유익한 것이 아니요, 모든 것이 내게 합법적이라고 해서 다 세워 주는 것이 아니니라.
24 누구나 자기 자신의 유익을 구하지 말고 각자 다른 사람의 유익을 구하라.
25 고기시장에서 파는 것은 무엇이나 양심을 위하여 묻지 말고 먹으라.
26 이는 땅과 거기에 충만한 것이 다 주의 것이기 때문이라.
27 만일 믿지 않는 사람 중에 누가 너희를 잔치에 청해서 너희가 가고 싶거든 양심을 위하여 묻지 말고 너희 앞에 차려 놓은 것은 무엇이든지 먹으라.
28 그러나 만일 어떤 사람이 너희에게 말하기를 "이것은 우상들에게 바친 제물이다."라고 하거든 알려 준 그 사람과 양심을 위하여 먹지 말라. 이는 땅과 거기에 충만한 것이 다 주의 것임이니라.

『**그렇다면 우리가 주를 질투하시게 하겠느냐?**』(22절) 결코 그럴 수는 없다. 『**우리가 주보다 강하냐?**』(22절). 천만의 말씀이다. 우리가 마귀들과 교제하는 이방인들의 제사에 참여하여 주님께 해를 끼쳐드릴 수는 없다. 우리가 뭘 믿고 감히 그러한 짓을 자행할 수 있겠는가?

『**모든 것이 내게 합법적이라고 해서 모든 것이 유익한 것이 아니요**』(23절). 20,21절에서처럼 이방인들이 마귀들에게 제사하고 그리스도인들이 이러한 제사에 참여하는 따위의 모든 것이 설사 세속적으로는 합법적이라 할지라도 영적으로 아무런 도움이 되지 않는다는 것은 두말할 필요도 없다.

『**모든 것이 내게 합법적이라고 해서 다 세워주는 것이 아니니라**』(23절). 이런 짓이 설사 합법적이라 할지라도 그런 일을 통하여 그리스도인의 덕을 세우는 데에는 조금도 도움이 안되고 오히려 해로울 뿐이다. 그리스도인이라면, 그리스도인 다운 덕을 세우고 마귀들과 교제하는 세상 사람들과는 구별되어 있음을 분명히 보여 주어야 마땅하다.

『**누구나 자기 자신의 유익을 구하지 말고 각자 다른 사람의 유익을 구하라**』(24절). 이 구절 역시 꼭 기억해 두어야 할 귀한 말씀이다. 『**자기 자신의 유익을 구하지 말고 각자 다른 사람의 유익을 구하라.**』고 바울은 말한다. 그렇다고 해서 그리스도인으로서 자신이 반드시 해야될 일까지 제쳐두고 다른 사람의 일에만 매달려 있을 수는 물론 없다. 여기서 바울이 말하고 있는 것은 『**자신의 유익**』만 생각하고 다른 사람의 유익은 전혀 생각지 않는 이기주의자가 되지 말라는 뜻이다. 또, 바울이 여기서 말하고 있는 『**유익**』이란 영적인 부유를 의미한다. 일상 생활에서 자기 혼자만 영적으로 부유해지기 위해서 어느 목표에만 시선을 고정해 놓고 있지만 말고, 그와 동시에 다른 사람도 함께 영적으로 부유를 누리는 데 도움을 줄 수 있도록 노력하라는 충고를 바울은 하고 있는 것이다. 그리스도인은 자기 자신뿐만 아니라 다른 사람의 영적 성장을 도와주지 않으면 안 된다. 그리스도인이 다른 사람을 그리스도께로 인도하여 구원받아 거듭나게 했다면, 그 다음에 중요한 일은 새로이 태어난 그를 영적으로 성장할 수 있도록 보살펴 주는 일이다. 자신이 구령하지 않았다 하더라도 그리스도인들은 함께 영적으로 성장할 수 있도록 서로 돕고 격려해야 한다.

『**고기시장에서 파는 것은 무엇이나 양심을 위하여 묻지 말고 먹으라**』(25절). 『**고기시장**』이란 이교도들의 고기시장을 말하는 것으로 원래는 싸구려 고기시장을 의미한다. 필리핀이나 캄보디아의 노천 시장에 가보면, 한데서 고기를 갈고리에 매달아 놓고 팔고 있는 것을 볼 수 있는데, 어떤 때는 고기 덩어리들이 노천에 그렇게 두 주일 동안이나 걸려 있을 때도 있다. 물론 고기 덩어리는 시커멓게 변색되고 거기에 파리떼가 엉겨 붙는다. 냄새가 코를 찌르는 것은 말할 것도 없고 바람이 부는 날이면 15마일이나 떨어진 곳까지 썩은 냄새가 풍길 정도이다. 그런 고기로도 요리를 하는데, 나도 그런 음식을 먹어 보았다. 필리핀에는 "벌루크"라는 별식이 있는데, 이것은 "벌루크"라는 새의 알을 날로 먹는 음식이다. 싱싱한 알을 깨뜨려 날로 먹는다면야 별로 이상할 게 없다. 그러나 "벌루크"라는 특별 메뉴는 그 새의 알이 반쯤 부화된 것을 껍질을 벗겨 날로 먹는 음식이다. 이것은 정말이지 견디기 어렵다. 그것을 꿀꺽 삼키다 보면 목에 무엇인가가 걸리기 일쑤인데, 그걸 간신히 꺼내서 보면 깃털이란 것을 알게 된다. 그렇지만 바울은 고린도전서 10:25에서 그런 것도 『**양심을 위하여 묻지 말고 먹으라.**』고 말한다. 누구의 양심 말인가? 내 양심이 아니라 음식을 대접하는 다른 사람의 양심 말이다. 그 사람의 양심으로는 그 음식이 귀한 음식이어서 나에게 대접하는 것일 게다. 그러한 그의 양심을 존중하여 받아먹으라는 것이다. 왜 다른 사람의 양심을 위해야 하는가? 이에 대한 대답이 31절에서 33절까지에 걸쳐 나온다. 『**이는 땅과 거기에 충만한 것이 다 주의 것이기 때문이라.**』(26절)고 바울은 또 말한다. 음식도 음식이지만, 다른 사람의 양심도, 즉 『**땅과 거기 충만한 것이 다 주의 것**』이기 때문이라는 것이다.

그와 마찬가지로 『**만일 믿지 않는 사람 중에 누가 너희를 잔치에 청해서 너희가 가고 싶거든**』(27절) 서슴지 말고 가라고 말한다. 전혀 문제될 게 없다. 잔치에 가서 차려 놓은 음식을 『**양심을 위하여 묻지 말고**』 먹으라고 충고한다. 주인에게 이게 무슨 음식이냐고 꼬치꼬치 따져 물을 필요도 없이 맛있게 먹으면 그만이다. 그러나 다음을 보라.

『**그러나 만일 어떤 사람이 너희에게 말하기를 "이것은 우상들에게 바친 제물이다."라고 하거든 일러 준 그 사람과 양심을 위하여 먹지 말라. 이는 땅과 거기에 충만한 것이 다 주의 것임이니라**』(28절). 잔칫상에 앉아 있는 당신에게 어떤 음식 접시가 건네졌고, 그것을 받아 내 접시에 덜어 놓으려 하는 순간, 누군가 옆에서 "잠깐, 그 음식은 오늘 아침 쥬피터 신전에서 제사지냈던 제물이랍니다."라고 말한다고 치자. 그렇다면, 나는 당연히 "아, 그렇다면, 고맙지만 사양하겠습니다."라고 말해야지, 그런데도 아무렇지 않은 듯 그냥 받아 먹을 수는 없다. 왜 그런가? 이유는 자명하다. 누군가 그 음식이 우상에게 드려졌던 제물이라고 일러 준 사람은 분명히 내가 그리스도인인 줄 알고 일부러 가르쳐 주었을 터이고, 그 사람의 양심으로는 내가 안먹는 것이 좋겠다 싶었던 것이 분명하다. 그렇다면, 나는 그 사람의 양심을 존중해서라도 그 충고를 받아들이는 것이 좋다. 그 사람의 귀띔에도 불구하고 그것을 무시하면서 그 음식이 내 배를 채우기 위해서 필요하고 또 먹음직스럽게 보인다고 덥썩 받아 먹는다면, 세상과 구별되어 있는 그리스도인으로 어떻게 신뢰받을 수 있겠으며, 또한 다른 사람의 양심을 존중해 줄줄 안다는 것을 어떻게 보여줄 수 있겠는가? 그러므로 이러할 때 우리는 그리스도인다운 면모에 그릇된 인상을 주지 않기 위해서라도 사양하는 것이 마땅하다. 다른 사람이 나에게 귀띔을 해주었을 때는 내가 어떻게 하는지 보고 싶었는지도 모르지만, 어쨌든 나에게서 그리스도인답게 구별된 모습을 보고 싶었던 것만은 틀림이 없었으리라. 그러니 그 사람을 위해서라도 사양하는 것이 온당하고, 또 나 자신이 양심상 언짢은데도 아무렇지 않은 척하는 것도 양심을 위하는 일이 아닐 터인즉, 마땅히 사양하는 것이 좋으리라. 『**땅과 거기에 충만한 것이 다 주의 것**』이기에 나에게 귀띔을 해 준 그 사람과 그 사람의 양심도 우리는 존중하지 않을 수가 없는 것이다. 이것이 바울이 여기서 우리에게 가르쳐 주고 있는 교훈이다. 가령, 술좌석에 끼이게 되었을 때, 나에게 술잔이 건네진다면, 나는 당연히 "저는 그리스도인이랍니다."라고 밝히고 사양해야 하지 않겠는가? 만약 그 자리에 있는 누군가가 내가 그리스도인이라는 사실을 알고 있다면, 이렇게 해야만 그 사람을 위하고 그 사람의 양심을 위해서도 좋은 일이 아니겠는가? 그리고 자신이 그리스도인임을 밝히는 것도 그리스도를 증거하는 훌륭한 일의 일부이다. 그리스도인이 어떤 자리에서는 그리스도인답게 행동하는 척하면서 다른 자리에서는 전혀 그리스도인이 아닌 사람처럼 행동할 수는 결코 없다. 이것이 그리스도인으로서 균형이 제대로 잡힌 사람이다. 믿지 않는 사람들 앞에서 그들과 장단을 맞추어 행동한다면, 그들이 그리스도인에 대해서 어떤 인상을 받겠는가? "그리스도인도 세상 사람들이나 하나도 다를 것이 없구나." 하는 인상을 그들이 받게 된다면, 이것은 우리가 결과적으로 그리스도께 해악을 끼치는 일이다. 『**그렇다면 우리가 주를 질투하시게 하겠느냐?**』(22절) 결코 그럴 수는 없다.

10:29 **내가 말한 양심은 네 자신의 것이 아니라 남의 것이니 어찌하여 나의 자유가 다른 사람의 양심으로 판단을 받겠느냐?**

30 **그러나 만일 내가 감사함으로 참여하면 내가 감사하는 것에 대하여 왜 비난을 받겠느냐?**

31 **그러므로 너희가 먹든지 마시든지 무엇을 하든지 다** 하나님의 **영광을 위하여 하라.**

32 **유대인에게나 이방인에게나** 하나님의 **교회에게나 아무도 거치는 자가 되지 말라.**

33 **나도 모든 일에 있어서 모든 사람을 기쁘게 한 것같이 나 자신의 유익을 구하지 아니하고 많은 사람의 유익을 구하노니 이는 그들로 구원을 받게 하려는 것이라.**

『**내가 말한 양심은 네 자신의 것이 아니라 남의 것이니 어찌하여 나의 자유가 다른 사람의 양심으로 판단을 받겠느냐?**』(29절) 바울이 이 부분에서 말하고 있는 『**양심**』이란 다른 사람의 양심을 지칭하고 있는 것이다. 다른 사람의 양심을 내가 아랑곳하지 않고 짓밟은 채 내 멋대로 행동한다면 『**이는 땅과 거기에 충만한 것이 다 주의 것임이니라.**』(28절)는 말씀까지 짓밟는 것이다. 그리고 다른 사람이 그리스도인인 나에게서 나쁜 인상을 받는다면, 그리스도인으로서 내가 누리는 자유는 그만큼 제약을 받는 꼴이 되는 것이다. 그리스도인은 그리스도인답게 행동할 때 그리스도인으로서의 자유를 누린다. 그러므로 바울은 『**어찌하여 나의 자유가 다른 사람의 양심으로 판단을 받겠느냐?**』(29절)고 말하고 있다.

『**그러므로 너희가 먹든지 마시든지 무엇을 하든지 다** 하나님의 **영광을 위하여 하라**』(31절). 자, 위에서 말한 것들의 이유가 여기에 나온다. 이 구절은 매우 귀한 말씀이다. 그러나 은사주의자들은 이 구절을 온갖 엉뚱한 것에 다 확대 적용하여 써먹는다. 영적인 거룩한 찬송가를 팽개치고 록 음악으로 "찬양과 경배"를 드리면서도 하나님의 영광을 위하여, 예배 때 엉덩이를 흔들며 춤을 추고 북을 치며 난장판을 벌이면서도 하나님의 영광을 위하여, 하다못해 빙고 게임 같은 짓을 하면서도 하나님의 영광을 위하여라고 그들은 말한다. 그러나 이런 것들은 결코 하나님의 영광과는 아무런 상관이 없다. 그 모두가 육신적인 것들이기 때문이다. 은사주의자들은 육신적인 고린도 교회를 쏙 빼닮은 자들이다.

『**유대인에게나 이방인에게나** 하나님의 **교회에게나 아무도 거치는 자가 되지 말라**』(32절). 성경은 이 세상 모든 사람들을 『**유대인**』, 『**이방인**』, 그리고 『**하나님의 교회**』, 이렇게 세 부류로 나누어 놓는다. 그리고 대부분의 성경 말씀들이 주로 유대인을 위해서거나, 이방인을 위해서, 아니면, 교회를 위해서 구별되어 있다. 세계 인류는 누구건 간에 이 세 부류 가운데 하나에 속한다. 구원받은 사람이라면 그 사람은 유대인도 아니요, 이방인도 아니다. 구원받지 못한 사람이라면, 그는 유대인이거나 이방인, 둘 중 하나에 속한다. 그러니까 결국 모든 인간은 구원받지 못한 자와 구원받은 자, 이렇게 두 갈래로 나뉘어진다. 구원받은 사람은 하나님의 교회로서 그리스도의 몸 안에 들어와 있는 사람이고, 그리스도의 몸 안에 들어와 있지 못한 사람이라면 유대인이거나 이방인이다. 따라서 성경의 모든 구절들이 진리의 말씀이기는 하지만, 어떤 구절이 특별히 그리스도인들을 향한 것이라면, 그것을 유대인이나 이방인들에게 적용할 수가 없다. 또 어떤 구절이 유대인을 향한 말씀이라면, 그것은 이방인과는 상관이 없는 구절이다. 물론 유대인을 향한 말씀들 가운데 상당 부분이 영적으로는 그리스도인들에게도 적용될 수 있는 경우가 많은 것도 사실이다. 그런가 하면, 교회를 향해 주어진 말씀들 가운데에는 유대인들에게 적용되는 것들도 없는 것은 아니다. 그러므로 성경을 읽을 때, 각 구절들이 유대인과 이방인, 그리고 하나님의 교회 중 누구를 위한 말씀인가를 분별하지 않으면 진리를 올바로 나누지 못하고 혼란에 빠지게 된다. 『**네가 진리의 말씀을 올바로 나누어 자신이** 하나님 **앞에 부끄럽지 않은 일꾼으로 인정받도록 하라.**』(딤후 2:15)는 명령은 바로 이것을 말씀하고 있는 것이다.

어떤 흑인을 "흑인"이라고 구별하여 부르면 그는 이방인이다. 그가 구원받았다면 그는 물론 "그리스도인"이라고 불린다. 구원받은 모든 사람은 인종에 상관없이 그리스도의 몸으로 통합되었다. 이러한 인종통합은 영적으로 이루어진 통합이다. 이것은 지난 10년 간 미국에서 실시되어 온 인종통합 정책과는 아무런 상관이 없다. 가령, 미국의 정부기관 고위직에 백인 대신 일부러 흑인 여성을 임명하는 예를 흔히 본다. 그러나 이것은 진정한 의미에서 인종통합이 아니라 오히려 완전한 인종분리 정책의 일환이다. 미국 정부는 흑백인종 출신 관리들의 비율을 인위적으로 조절하기 위하여 백인 관리들을 해고해 버리고 그 자리에 흑인들을 앉힌다. 이처럼 흑백 비율이나 남녀 비율을 인위적으로 조절한다는 것 자체가 인종분리 정책이 아니고 무엇인가? 이런 짓은 백인의 양심을 짓밟는 일일 뿐만 아니라, 흑인의 양심도 무시하는 일이다. 남녀 성차별을 인위적으로 조정하고 비율을 정하는 것도 남성의 양심을 속이는 일일 뿐만 아니라, 여성의 양심도 짓밟는 정책이다. 나는 지금 흑인들이 백인들에 비해 능력이 떨어진다거나, 여성들이 남성들보다 비효율적이라고 말하고 있는 것이 아니다. 나는 백인들이 흑인들보다 훨씬 열등한 경우도 많이 보았다. 그리고 여자들이 남자들보다 훨씬 더 영리하고 똑똑한 경우를 얼마든지 보았다. 내가 지금 말하고 있는 요점은 하나님께서 세워 놓으신 제도를 인간이 무너뜨려서는 절대로 안 된다는 사실이다. 하나님께서는 남성들을 세워 놓으셨다. 이것은 누가 뭐래도 움직일 수 없는 성경적 원칙이고 질서이다. 아버지 하나님께서도 남성이시고, 아들 하나님께서도 남성이시며, 성령 하나님 역시 남성이시다. 사도들도 남성들이었고, 장로들도 남성이었으며, 집사들도 남성이었다. 하나님께서 이렇게 정해 놓으신 원칙을 사람이 제멋대로 바꾸어서 여자를 우두머리로 세울 수는 결코 없는 노릇이다.

여자를 어떤 윗자리에 앉혀 놓으면 그 여자는 반드시 누군가에게 간섭을 받게 되어 있다. 그것도 한 번이나 두 번으로 끝나는 것이 아니라 지속적으로 말이다. 여자들은 반드시 남자들에게 조종되기 마련이다. 남자에게 조종되는 것이 문제가 아니라 그게 누구냐 하는 것이 문제다. 백인 관리들을 잘라 버리고 그 자리에 흑인들을 앉히는 것도 마찬가지다. 흑인 관리들은 누군가가 배후에서 반드시 조종한다. 그것이 남부의 보수주의자들이었건, 북부의 양키들이었건, 아니면 공산주의자들이었건, 아무튼 누군가가 그들을 통제하고 조종하는 것만은 움직일 수 없는 사실이다. 누군가가 여자들을 뒤에서 조종하는 것과 똑같다. 설사 어떤 여성이 독신이고, 자녀도 없으며 남편도 없는지라, 자신이 모든 일을 혼자서 처리한다고 말할지라도, 역시 그녀를 조종하는 누군가가 반드시 배후에 있기 마련이다. 여성들을 배후에서 조종하는 사람은 반드시 남성이다. 그런데도 여성의 사회적 지위를 향상시키고 보장하는 척하는 것은 양심을 속이는 일이다.

『**나도 모든 일에 있어서 모든 사람을 기쁘게 한 것같이 나 자신의 유익을 구하지 아니하고 많은 사람의 유익을 구하노니 이는 그들로 구원을 받게 하려는 것이라**』(33절). 모든 일에서 모든 사람을 기쁘게 한다는 것은 불가능하다. 이 세상에 그 누구도 모든 사람을 100퍼센트 기쁘게 할 수 있는 사람은 없다. 그러나 바울이 여기서 권면하고 있는 것은 모든 일에 있어서 자기 자신의 일만 생각하지 말고 가능한 한 많은 사람들을 기쁘게 해줄 수 있도록 노력하라는 것이다. 물론 영적인 문제에서 말이다. 바울은 많은 사람들 가운데 특히 구원받지 못한 사람들에 대해서만은 조금도 적대감을 갖지 않았다. 그는 그 대신 그들이 죄인임을 자각하도록 하는 데에만 초점을 맞추었다. 이것이 다른 사람들의 영적인 유익을 구하는 일이다. 그리스도인이 구원받지 못한 사람에게 적대감을 갖는다면 그들의 영혼을 그리스도께로 인도하여 구원받게 한다는 것은 불가능하다. 다른 사람을 구령할 수 없다면, 다른 사람의 유익을 도모하는 일이 아니다. 바울이 다른 사람들에게 적대감을 갖지 않고 그들의 유익을 구하였던 것은 오직 한 가지 목적에서였다. 그것은 오직 『**그들로 구원을 받게 하려는 것**』이었다. 그리스도인이 27절에서 31절에 이르기까지의 행동을 하는 까닭은 오직 여기에 초점이 맞추어져 있기 때문이다. 이것이 곧 『**너희가 먹든지 마시든지 무엇을 하든지 다 하나님의 영광을 위하여 하라.**』(31절)는 권면이 담고 있는 참뜻이다. 그러므로 『**하나님의 영광을 위하여**』라는 말을 아무 데나 갖다 붙이지 말라. 하나님의 영광을 위한 일은 많은 사람들을 구원받게 하는 일이다. 그리스도인은 이처럼 언제나 『**모든 일에 있어서 모든 사람을**』 구원으로 인도할 수 있도록 하지 않으면 안 된다. 구원받지 못한 사람에게 적대감을 갖지 말고 그들을 기쁘게 하라. 그래야만 자신들이 지금 하고 있는 일이 잘못된 것임을 깨닫고 뉘우치게 된다. 이렇게 해야 그들을 그리스도께로 인도할 수가 있다. 우리는 그리스도의 복음을 입에 달고 있어야 한다. 우리의 입에서는 언제나 예수 그리스도께서 그들을 위하여 어떤 일을 하셨는지에 대해서 외치고 있어야 한다. 우리의 입은 언제나 누군가를 그리스도께로 부르고 있어야 한다. 이것이 하나님의 영광을 위하는 일이다.

우리가 고린도전서 10:27-31에서처럼 행동할 수 있는 것은 우리가 얼마든지 그만한 일을 할 형편에 놓여 있기 때문에 가능하다. 그만한 여유가 없고, 정말이지 그만한 형편이 못된다면 27-31절에서처럼 안해도 좋다. 그러나 그만한 여유가 있다면 다른 사람들의 양심과 기쁨을 위한 일을 하는 데에 주저하지 말라. 거리 설교도 마찬가지다. 내가 아는 한, 거리 설교와 구령활동은 신약의 가르침을 실천하는 것이며, 이 실천을 통해서만 주님의 말씀들이 성취될 수 있다. 그러나 거리 설교를 하다 보면, 그것이 다른 사람들에게 "거치는" 일이 될 경우도 종종 있다. 그렇다고 해서 나는 여간해서 뒤로 물러서고 싶은 생각이 없는 사람이지만, 매주 토요일마다, 그러니까 일 년에 쉰 두 번 찾아오는 토요일마다 거리 설교를 하다 보면, 때로는 좀 물러서야 할 때도 있다. 모든 사람들이 다 설교를 듣고 싶어하는 것은 아니다. 어떤 때는 설교가 다른 사람들을 화나게 만드는 수도 있을 수 있다. 이럴 경우, 뒤로 물러설 만한 여유가 있다면, 좀 물러설 줄 아는 것도 나쁘지 않다. 절대로 물러설 형편이 못되는가? 그렇다면 좋다. 그대로 밀고 나가라. 도저히 다른 사람들의 기분을 상하게 할 수가 없는 형편이라면 멈출 것이요, 다른 사람들의 기분을 상하게 할 수밖에 다른 도리가 없는 처지라면, 밀고 나가라. 그러나 유대인이건, 이방인이건, 그리스도인이건, 다른 사람들에게 "거치는" 자가 되지 않을 만한 여유가 항상 있는 것이 좋다. 그것이 바울의 입을 통하여 성령이 우리에게 충고하고 있는 말씀이다. 다른 사람의 눈치를 보자는 것이 아니다. 다른 사람의 편의를 위해 그리스도인의 사명을 양보하자는 것도 결코 아니다. 우리에게는 분명한 목표가 있다. 『**무엇을 하든지 다 하나님의 영광을 위하여 하라.**』(31절)가 바로 그것이다. 가령, 남미나 아프리카 지역에 선교사로 나가 일하고 싶을 때, 부모들이 그걸 바라지 않고 아내가 화를 내며 격렬하게 반대하는 바람에 가족 간에 문제가 발생할 수도 있다. 자기가 무슨 일을 하려고 할 때, 얼마든지 그것이 수많은 사람들에게 "거치는" 일이 될 수가 있는 것이다. 이런 경우에 처하게 될 때, 주님의 뜻이 그러하므로 주저앉을 수가 없다든지, 하는 따위의 말은 함부로 하지 말라. 그보다도 과연 자신이 원하는 대로 밀고 나가도 괜찮은 형편에 자기가 놓여 있는가 여부부터 먼저 면밀히 검토해야 된다. 그러지도 않고 자기 혼자만의 생각으로 다른 사람들에게 "거치는" 결정을 독단적으로 내릴 수는 없다. 『**유대인에게나 이방인에게나 하나님의 교회에게나 아무도 거치는 자가 되지 말라.**』(32절)고 성경은 말한다.

바울은 이어서 『**나도 모든 일에 있어서 모든 사람을 기쁘게 한 것같이 나 자신의 유익을 구하지 아니하고 많은 사람의 유익을 구하노니 이는 그들로 구원을 받게 하려는 것이라.**』(33절)고 말한다. 존 웨슬리 목사도 바울 못지않게 이렇게 살았던 사람이다. 그러나 앞에서도 말한 것처럼 자신이 그렇게 할 만한 여유가 넉넉히 있을 경우에나 그렇게 할 수 있다. 존 웨슬리나 바울 역시 형편이 허락지 않아서 형제들에게 "거치는" 행동을 한 경우가 몇 번 있었다. 그럴 만한 형편에 놓여 있지도 못하면서 모든 일에서 모든 사람들을 기쁘게 하려고 한다면 오히려 사태가 이상하게 돌아가게 된다. 고전적인 옛날이야기 가운데 이런 것이 있다. 독일의 어느 시골에 살고 있던 나이 많은 아버지와 어린 아들이 어린 당나귀를 타고 읍내로 가고 있었다. 읍내에 도착하자 노인과 소년은 당나귀에서 내려 길거리를 어슬렁 어슬렁 한 참 동안 걸어 갔다. 이 광경을 본 사람들이 킬킬대고 웃으면서 말했다. "저런 어리석은 사람들 같으니라구! 걸어가려면 무엇하러 당나귀를 끌고 다닌담?" 이런 말이 들려오자 두 사람은 다시 어린 당나귀 등에 올라타고 집으로 돌아오고 있었다. 옆에 지나가던 한 사람이 이 광경을 보자 또 한 마디 했다. "이런 잔인한 꼴을 봤나! 어린 당나귀 등에 두 사람이나 올라타다니! 저 가련한 당나귀 등이 부러지고 말겠군. 쯧쯧!" 이 말을 듣자 소년이 당나귀에서 얼른 내려서 걸어갔다. 한참이 지난 뒤 곁을 지나가던 어떤 사람이 한 마디 중얼거렸다. "원, 저런 뻔뻔한 양반을 봤나! 힘 없는 어린아이를 걷게 하고 어른인 자기 혼자서만 당나귀 등에 타고 가다니!" 그래서 노인은 당나귀에서 내리고 대신 소년을 태웠다. 또 한참이 지난 뒤 어떤 사람이 이 광경을 보고 혀를 찼다. "저런 못된 녀석을 봤나! 노인을 걸어가게 하고 젊은 녀석이 혼자 당나귀에 올라타고 가다니!" 만나는 사람마다 한 마디씩 비난을 던지고 지나가는 바람에 누구 말을 들어야 좋을지 아버지와 아들은 이러지도 저러지도 못하고 쩔쩔맸다. 이들 부자가 마을에 돌아 올 때 동네 사람들이 그들을 보고 깜짝 놀랐다. 아버지와 아들 두 사람이 낑낑거리며 당나귀를 떠메고 오고 있는 것이 아닌가! 모든 사람들의 마음에 다 들도록 행동하다 보면 이런 꼴이 될 수도 있다. 이처럼 맹목적으로 모든 사람들을 모두 기쁘게 한다는 것은 불가능하다. 무엇을 하든지 자신이 처한 형편에 따라 하되, **『하나님의 영광을 위하여』**라는 뚜렷한 목적을 갖고 하지 않으면 안 된다.

고린도전서 11장

11:1 내가 그리스도를 따르는 것처럼, 너희는 나를 따르는 자가 되라.
2 형제들아, 이제 내가 너희를 칭찬하노니 이는 너희가 모든 일에 나를 기억
하고 또 내가 너희에게 전달해 준 그 율례들을 지킴이라.
3 그러나 나는 너희가 알기를 원하노니 즉 각 남자의 머리는 그리스도시요,
여자의 머리는 남자요, 그리스도의 머리는 하나님이시니라.
4 남자가 누구라도 머리에 무엇을 쓰고 기도하거나 예언하면 그의 머리를
수치스럽게 하는 것이라.
5 반면에 여자가 누구라도 머리에 쓰지 않은 채 기도하거나 예언하면 그녀의
머리를 수치스럽게 하는 것이라. 이는 그 여자가 머리를 밀어 버린 것과
마찬가지임이라.
6 여자가 머리에 쓰지 아니하려거든 또한 깎으라. 그러나 깎거나 미는 것이
여자에게 수치가 된다면 머리에 쓸지니라.
7 남자는 하나님의 형상과 영광이므로 마땅히 머리에 쓰면 아니되지만 여자
는 남자의 영광이니라.

8 이는 남자가 여자에게서 난 것이 아니라 남자에게서 났기 때문이며
9 남자가 여자를 위하여 창조된 것이 아니라 여자가 남자를 위하여 창조된 것이기 때문이라.
10 이런 까닭에 여자는 천사들로 인하여 머리 위에 권세를 두어야 하리라.

『**내가 그리스도를 따르는 것처럼, 너희는 나를 따르는 자가 되라**』(1절). 바울은 우리에게 아무나 따르라고 말하지 않는다. 그는 우리가 따를 만한 자격이 있는 사람을 특별히 추천하고 있다. 우리가 따라야 할 사람은 뭐니뭐니해도 『**그리스도를 따르는**』 사람이어야 한다. 그런 점에서 바울이야말로 우리가 따르기에 가장 훌륭한 본보기가 된다. 왜 그런가? 무엇보다도 바울은 죄로 말미암아 죽은 사람의 혼을 그리스도께로 인도하여 영원한 생명으로 거듭나게 하는 일을 가장 모범적으로 실천한 사람이기 때문이다. 우리가 어떤 사람을 따르고자 할 때, 맨 먼저 이것부터 분명히 확인해 보아야 한다. 그리스도께서 이 땅에 오셨던 목적이 바로 이것이 아니었던가? 『**그리스도를 따르는**』 사람이란 죄인들로 하여금 예수 그리스도를 영접하고 영생을 얻도록 해 주는 사람을 말한다. 이런 사람이야말로 진짜 성경대로 믿는 사람이다. 그래서 우리가 따라야 할 사람은 무엇보다도 성경대로 믿는 사람이어야 한다. 성경대로 믿는 사람이 곧 그리스도를 따르는 사람이다. 바울이 자기를 따르라고 했던 까닭은 자신이 죄를 씻은 사람이었고, 말씀으로 완전 무장을 갖추고 그리스도를 따르고 있었기 때문이었다. 이런 점에서 그는 영웅적인 사람이었다. 우리가 따라야 할 사람은 이처럼 자신의 죄를 깨끗이 씻고 말씀으로 무장한 채 그리스도를 따르는 사람이어야 한다. 세상에는 이처럼 죄를 씻고 말씀으로 무장한 채 주님을 따르는 훌륭한 사람들이 많다. 밥 존스 시니어는 이런 점에서 우리가 따라야 할 모범적인 사람이다. 밥 존스는 마음을 견고히 하고 확신 가운데서 주님의 일을 실천한 사람이라고 샘 존스는 말했다. 우리는 그런 사람들을 따라야 한다. 내가 어떤 사람을 따를 것인가는 그 사람이 하나님을 진정으로 사랑하고, 하나님께서 지시하시는 길을 정말로 가고 있으며, 하나님께서 진정으로 쓰시는 사람인가 여부에 따라 결정되어야 한다. 세상에서 "인기 있는" 목사라고 해서 다 따를 수가 없고, 큰 교회의 목사라고 해서 무조건 따를 수는 없다. 그리고 어떤 사람을 따르고자 하더라도 하나님께서 다른 길을 제시하신다면, 나는 그 사람을 따를 수가 없다. 내가 하나님을 제쳐놓고 내 맘대로 할 수가 없다. 하나님을 뒤로 제쳐두고 내가 앞에 서서 걸어갈 수는 없다. 심지어 나는 하나님과 나란히 걸어갈 수도 없다. 언제나 하나님께서 맨 앞에 서시고, 다른 누군가가 그 뒤를 따르며, 나는 그 사람 뒤를 따라 맨 뒤에서 걸어가야 한다. 하나님을 따라 내 앞에 서서 나를 이끌고 가는 사람이 어떤 사람이어야 하는가에 대해서 바울은 디모데전서 1:15-16에서 자신을 강력한 한 예로 설명하면서 이렇게 말한다. 『**그리스도 예수께서 죄인들을 구원하시려고 세상에 오셨다는 이 말씀은 신실하며, 온전히 받아들이기에 합당하도다. 죄인들 중에서 내가 우두머리라. 그러나 내가 자비를 입은 것은 이 때문이니, 먼저 내 안에서 예수 그리스도께서 온전한 오래 참으심을 보여 주셔서 후에 그를 믿고 영생을 얻는 자들에게 본이 되게 하려 하심이니라.**』 주님께서 자기를 다른 사람의 본이 되게 하려고 작정하셨다고 바울은 자신 있게 선언하고 있다. 그는 먼저 자기가 『**죄인들 중에서 우두머리**』라고 고백한다. 그러나 그는 『**그리스도 예수께서 죄인들을 구원하시려고 세상에 오셨다.**』는 신실한 말씀을 받아들였다. 그러자 주님께서 그의 안으로 들어오셔서 허물 덩어리인 바울을 인내심을 갖고 오래 참으시면서 그에게 먼저 본을 보여 주셨다. 왜냐하면 주님께서는 이러한 바울을 본으로 삼아 많은 사람들이 예수 그리스도를 믿고 영생을 얻도록 하시려는 계획이 있으셨기 때문이다. 바울은 이것을 하나님의 자비로 여겼다. 다른 사람도 아닌 주님께서 『**믿고 영생을 얻는 자들**』의 본이 되게 한 사람이라면 우리는 마음 놓고 그의 뒤를 따를 수 있다. 이런 사람을 따르는 것이 곧 그리스도를 따르는 것이다. 예수 그리스도를 믿고 영생을 얻도록 하는 데에는 관심이 없고 숫자적으로 "교회 성장"이나 꿈꾸며 돈 많은 사업가들이나 다방면에 걸친 유명한 사회 명사들을 끌어 들여서 대외적인 선전효과를 노리고 수천 명의 회원들을 거느리게 된 어떤 교회의 목사라면 우리는 그가 아무리 훌륭해도 따를 수가 없다. 이런 사람은 구령에는 관심이 없고 돈에만 관심이 있는 사람이기 때문이다. 우리는 말씀으로 무장된 영적인 사람을 찾아내어 그런 사람을 따라야 한다. 그런데도 우리의 형제들 가운데에는 "유명한" 교회 지도자에게 붙잡혀 있는 사람들이 많다. 이러한 추종자들은 그리스도를 따르는 것이 아니라 "사람"을 추종하고 있는 자들이다. 그리스도인들에게는 인간 지도자도 필요 없고 인간 영웅도 필요없다. 그리스도인들이 필요로 하는 지도자는 주 예수 그리스도 한 분이시다. 사람이되 모든 점에서 주 예수 그리스도께서 완전히 주장하시는 사람, 그 삶 전체가 인간적인 삶이 아니라 그리스도 자신의 삶으로 충만해 있는 사람, 자나 깨나 구원받지 못한 혼들을 구령하는 일만 생각하고 실천하는 사람, 그런 사람을 우리는 따라야 한다. 이런 사람을 따르는 것은 사람을 따르는 것이 아니라 주 예수 그리스도를 따르는 것이다.

"따른다"는 것은 단순히 누구를 좋아하고 지지한다는 뜻이 아니라 그가 하는 일에 적극적으로 동참한다는 뜻이다. 가령, 베이커 셧이나 폴 하워링 같은 사람들이 예수 그리스도를 증거하고 많은 사람들을 구령하는 일에 헌신하고 있는 것을 TV에서 보았을 것이다. TV 앞에 앉아서 그들에게 갈채를 보내는 것도 좋지만, 그보다는 자리를 박차고 일어나 그들처럼 당신도 거리 설교에 실제로 동참하여 그들과 함께 구령활동을 실천해 보는 것도 좋은 생각이다. 그렇게 할 때, 당신은 주 예수 그리스도를 따르는 모범적인 영적 지도자를 따르는 일꾼이 된다. 잭 하일즈 목사 같은 분은 하몬드 인디애나에서 주일학교를 운영하면서 4,5천 명의 사람들을 매주 한 자리에 모아놓고 복음을 전하고 구령활동을 펼치고 있거니와, 당신도 한 번 그러한 활동에 동참해 볼 수 있을 것이다. 우리들 주변에는 실로 우리가 따르기에 모범이 될 만한 사람들이 많다.

『**형제들아, 이제 내가 너희를 칭찬하노니 이는 너희가 모든 일에 나를 기억하고 또 내가 너희에게 전달해 준 그 율례들을 지킴이라**』(2절). 고린도 교회가 육신적인 교회였기에 바울은 도처에서 잘못된 점들을 지적하고 그들을 질책하고 있지만, 이렇게 칭찬도 하는 것을 보는데, 그들이 여러 가지 면에서 육신적이기는 했지만 그런 가운데도 『**모든 일에**』 바울을 기억하고 바울이 가르쳐 준 율례들을 지키고 있었다. 바울이 가르쳐 준 율례들이란 무엇보다도 구원받은 자들에 대한 침례와 주의 만찬을 지키는 일이었을 것이다. 그들은 최소한 이러한 율례들만은 잘 지켰다. 바울이 가르쳐 준 대로 그들이 이처럼 율례들을 잘 지킨다는 것은 곧 바울을 따르는 것이었으므로 이것은 1절의 내용에 비추어 칭찬해 주는 것이 당연하다.

『**그러나 나는 너희가 알기를 원하노니 즉 남자의 머리는 그리스도시요, 여자의 머리는 남자요, 그리스도의 머리는 하나님이시니라**』(3절). 『**머리**』란 무엇인가? 『**머리**』란 복종의 대상을 말한다. 남자의 복종의 대상은 오직 그리스도시다. 그리스도의 복종의 대상은 아버지 하나님이시다. 그렇다면, 여자의 머리는 왜 남자인가? 다시 말해서, 왜 여자는 남자에게 복종해야 하는가? 8절과 9절에서 그 이유를 설명한다. 『**이는 남자가 여자에게서 난 것이 아니라 여자가 남자에게서 났기 때문이며**』(8절). 이브는 아담에게서 만들어졌다. 또 아담은 이브를 위해서 만들어졌던 것이 아니다. 『**남자가 여자를 위하여 창조된 것이 아니라 여자가 남자를 위하여 창조된 것이기 때문이라**』(9절). 창세기 2장의 아담과 이브의 창조 과정을 보면 이 구절의 의미는 자명하다. 여자가 남자에게 복종해야 하는 것은 남자가 여자의 머리이기 때문이다. 여자가 남자에게 복종해야 되는 것은 남자보다 모든 점에서 열등하거나 신체적으로 힘이 약하기 때문이 아니다. 여자도 남자보다 훨씬 더 똑똑하고 남자보다 더 힘이 센 여자도 얼마든지 있다. 그러나 그럼에도 불구하고 여자가 남자에게 복종해야 되는 것은 그것이 하나님께서 정해 놓으신 질서이기 때문이다.

복종해야 된다는 것은 다른 말로 표현하면 의지해야 된다는 뜻이다. 남자는 여자에게 의지하지 않는다. 이 세상에서 가장 못난 남자가 여자에게 의지하는 사람이다. 그러나 여자는 남자에게 의지한다. 이 세상에서 가장 행복하지 못한 여자는 남자에게 의지할 처지가 못되는 여자이다. 이것이 하나님께서 설정해 놓으신 인간 사회의 보편적인 질서이다. 그런가 하면 또 한편, 우리는 이러한 사실들도 한번 음미해 보는 게 좋겠다. 가령, 이 세상에서 거의 모든 일류 요리사는 여자가 아니라 대부분 남자다. 세계적으로 유명한 의상 디자이너도 여자가 아니라 남자다. 위대한 음악가들도 모두 남자들이지 여자가 아니다. 이것은 결코 우연한 일만은 아니라고 나는 생각한다.

11장에서 바울이 주의 만찬을 집중적으로 거론하기에 앞서 "여자의 머리" 문제를 거론하고 있는 것은 고린도 교회 내에서 여자들이 특권 의식을 가지고 주의 만찬을 거행하는 과정에서 남자들을 제쳐놓고 주도적인 역할을 했기 때문에 그것을 성경적으로 바로잡아 주려는 의도였을 것이다.

『**남자가 누구라도 머리에 무엇을 쓰고 기도하거나 예언하면 그의 머리를 수치스럽게 하는 것이라**』(4절). 바울은 지금 기도하고 예언하는 회중들의 모임에서 지켜야 할 율례들을 가르치고 있다. 여기서 남자란 물론 그리스도인 남자를 말한다. 고린도 교회가 비록 육신적인 교회였다고는 하나 구원받은 그리스도인들이 모여 형성된 지역 교회였다. 기도하는 남자라면 말할 것도 없이 그리스도인일 것이다. 이러한 그리스도인 남자가 기도할 때에는 머리에 쓴 모자를 벗고 기도해야 한다고 말한다. 모자는 원래 자기보다 우월한 권위를 가진 사람에 대한 복종의 뜻을 나타내는 데에서 유래 되었다. 그러나 그리스도인 남자가 복종해야 될 머리는 오직 그리스도 한 분이시다. 남자의 머리는 예표상으로 그리스도이시기 때문에, 그러한 머리에 모자를 쓴 채 기도하는 것은 그리스도가 아닌 다른 권위자에게 복종하는 것을 나타낸다. 그런가 하면 또, 『**남자는 하나님의 형상과 영광**』이라고 7절에서 말한다. 『**하나님의 형상과 영광**』인 남자가 어찌 그리스도가 아닌 다른 권위자에게 복종할 수 있는가? 이것은 그리스도를 수치스럽게 만드는 일이다. 그리스도를 수치스럽게 만드는 자가 하나님께 기도한다는 것은 말도 안 된다.

4절, 5절에서 "예언"이란 하나님의 말씀의 선포하는 것을 의미한다.

『**반면에 여자가 누구라도 머리에 쓰지 않은 채 기도하거나 예언하면 그녀의 머리를 수치스럽게 하는 것이라. 이는 그 여자가 머리를 밀어 버린 것과 마찬가지임이라**』(5절). 그러니까 여자가 기도하고 예언할 때에는 머리를 무엇으로 덮어야 한다. 여자가 머리에 아무것도 덮지 않으면, 그것은 마치 머리를 민둥머리로 밀어 버린 것과 같이 수치스러운 일이라고 말한다. 남자에게 복종할 줄 모르는 여자는 수치스러운 여자이다. 왜냐하면, 하나님의 질서를 어기는 것이기 때문이다.

기도하고 예언하는 회중들의 모임에서 여자가 머리에 쓴다는 것은 반드시 모자를 쓰거나 베일로 머리를 덮어야 한다는 뜻만은 아니다. 이것은 여자가 머리카락을 길게 길러야 한다는 것을 의미한다. 모자나 베일을 쓰는 대신에 긴 머리카락으로 머리를 덮으면 그것이 곧 머리에 쓴 것이 된다. 『**그러나 여자가 긴 머리를 하고 있다면 그것은 그녀에게 영광이 되느니라. 이는 그녀의 머리가 그녀의 쓰는 것을 대신하기 때문이라.**』(15절)는 말씀에서 우리는 그것을 알 수 있다.

『**여자가 머리에 쓰지 아니하려거든 또한 깎으라. 그러나 깎거나 미는 것이 여자에게 수치가 된다면 머리에 쓸지니라**』(6절). 여자가 머리를 깎고 미는 것이 수치가 된다는 것을 자연적인 본성으로도 알고 있다는 것은 남자가 머리를 길게 기르는 것이 수치가 된다는 것을 본성적으로 아는 것과 마찬가지다. 14절을 보라. 『**또 남자가 긴 머리를 하고 있다면 그것이 자신에게 수치가 된다는 것을 본성 그 자체까지도 너희에게 가르치고 있지 아니하느냐?**』 남자가 머리를 길게 기르고 다니면서도 수치를 모른다면, 그 사람은 자연의 본성적인 양심의 소리도 들은 척하지 않는 뻔뻔한 사람이다. 여자가 머리를 깎거나 민둥머리를 하고 다닌다면 그 역시 마찬가지다. 여자는 본성적으로 머리를 기르는 것이 정상적이라는 것을 상식으로 알고 있다. 이것은 성경적인 관습이 되었고, 그 관습을 하나님의 교회들이 따르는 것은 당연한 일이었다. 따라서 하나님의 교회의 관습을 따르지 않는 것은 하나님의 교회에 "거치는" 행동을 하는 것이 된다. 바울은 고린도전서 10:32에서 『**유대인에게나 이방인에게나 하나님의 교회에게나 아무도 거치는 자가 되지 말**

라.』고 충고한다.

『**남자는 하나님의 형상과 영광이므로 마땅히 머리에 쓰면 아니되지만 여자는 남자의 영광이니라. 이는 남자가 여자에게서 난 것이 아니라 여자가 남자에게서 났기 때문이며**』(7,8절). 어떤 민족이나 국가가 여자를 숭배하고 여자의 영광을 드높이기 시작하면 아주 빠른 속도로 멸망의 길을 걷게 되었다는 것을 역사에서 알 수 있다. 그 까닭이 로마서 1:23에 나와 있다. 『**썩지 아니하는 하나님의 영광을 썩어질 사람의 형상...으로 바꾸었도다**』(롬 1:23). 여자는 남자의 영광이다. 그러므로 여자를 높이고 숭배하는 것은 곧 하나님의 영광을 높이는 것이 아니라 남자의 영광을 높이는 것이다. 남자의 영광을 높이는 것은 "썩어질 사람의 영광"을 높이는 것이다. 하나님께서 이것을 모른 체하실 리가 없다. 오늘날 지구상에서 이런 현상이 크게 일어나고 있는 대표적인 나라가 바로 미국이다. 미국에서 발행되는 신문, 잡지, 그리고 빌보드지를 보면 온통 남자의 영광인 여자들을 드높이고 치켜세우는 이야기들로 가득차 있다. 그들은 하나님의 영광이 아니라 인간의 영광을 드높이고 있는 것이다. "썩지 아니하는 하나님의 영광을 썩어질 사람의 형상"으로 바꾸고 있으니 미국의 장래는 뻔하다는 것을 우리는 알 수 있다. 이것은 역사가 말해 주고 있는 사실이다.

『**이는 남자가 여자에게서 난 것이 아니라 여자가 남자에게서 났기 때문이며**』(8절). 최초의 남자 아담은 여자에게서 출생한 것이 아니라 하나님께서 직접 만드셨다. 최초의 여자 이브는 "어머니"에게서 출생한 것이 아니라 아담이라는 남자에게 분리되어 나왔다. 바로 이런 까닭에서 여자는 자신의 머리 위에 남자라는 권위자를 갖게 되었다. 그래서 여자는 기도하고 예언하는 회중의 모임에서 자신의 머리 위에 남자라는 권위자가 군림하고 있음을 나타내기 위하여 머리에 쓰고 있어야만 하는 것이다(5절). 그런데, 머리에 쓰는 것을 긴 머리로 대신할 수가 있다고 성경은 또 말씀한다(15절). 그러니까, 여자가 긴 머리를 하고 있다는 것은 곧 머리에 쓰고 있는 것과 동일한 효과를 낼 뿐만 아니라 하나님의 질서를 지키는 일이다.

"긴 머리"란 어느 정도 긴 머리카락을 말하는 것일까? 성경적으로 정의를 내린다면, 그것은 목덜미를 넉넉히 덮을 만한 길이를 말한다. 그러므로 베일을 쓴다면 그 베일의 길이도 목덜미를 넉넉히 덮을 만한 길이가 되어야 한다.

『**이런 까닭에 여자는 천사들로 인하여 머리 위에 권세를 두어야 하리라**』(10절). 회중이 모여 기도하고 "예언"하는 자리에는 하나님의 천사들도 함께한다. 여자가 이러한 자리에 참여하였을 때, 베일을 머리에 쓰고 있거나 긴 머리카락으로 머리를 덮고 있음으로써 남자가 자신의 머리가 된다는 사실, 그래서 자신은 남자를 권위자로 떠받들고 있다는 사실, 그리하여 자신이 하나님의 질서에 순종하여 관례를 지키고 있다는 사실을 그 회중의 모임에 임하고 있는 천사에게 분명하게 보여주게 된다. 이것이 이 구절에 대한 가장 표준이 되는 주석이다. 그리스도인들이 모여서 기도하는 자리에 천사들이 함께한다는 것은 성경이 증거하고 있는 사실이다. 천사는 회중이 모인 자리에서 죄인 하나가 회개하고 마음을 돌이켜 그리스도를 구주로 영접하는 광경을 보고 싶어 한다. 『**내가 너희에게 말하노니, 이와 같이 죄인 하나가 회개하면 하나님의 천사들의 면전에 기쁨이 있느니라.**』(눅 15:10)고 주님께서도 말씀하셨다. 이처럼 하나님의 천사들은 회중들의 모든 모습을 보고 있다. 물론 천사들뿐만 아니라 그리스도께서도 성령으로 회중들과 함께 하신다는 것은 말할 것도 없다. 『**두세 사람이 내 이름으로 함께 모이는 곳에는 나도 그들 가운데 있느니라.**』(마 18:20)고 주님께서 분명히 말씀하신다.

11:11 그러나 주 안에서는 여자 없이 남자만 있을 수 없고 남자 없이 여자만 있을 수 없느니라.

12 이는 여자가 남자에게서 나는 것같이 남자도 여자를 통하여 나거니와 모

든 것은 하나님에게서 나기 때문이라.

13 **여자가 쓰지 아니하고 하나님께 기도하는 것이 마땅한 일이냐? 너희 자신이 판단하라.**

14 **또 남자가 긴 머리를 하고 있다면 그것이 자신에게 수치가 된다는 것을 본성 그 자체까지도 너희에게 가르치고 있지 아니하느냐?**

15 **그러나 여자가 긴 머리를 하고 있다면 그것은 그녀에게 영광이 되느니라. 이는 그녀의 머리가 그녀의 쓰는 것을 대신하기 때문이라.**

16 **어떤 사람이 논쟁을 하려고 생각할지 모르나 그런 관습은 우리에게도 하나님의 교회들에도 없느니라.**

『**그러나 주 안에서는 여자 없이 남자만 있을 수 없고 남자 없이 여자만 있을 수도 없느니라**』(11절). 이 구절은 더 설명할 필요가 없지만 다만, 『**주 안에서는**』이라는 단서를 유의해 두라. 남자도 구원 받았고 여자도 구원받았으니 다 똑같이 하나님의 자녀로 새로 태어난 사람들이다. 따라서 그리스도인 형제자매들이 8절과 9절의 말씀에만 얽매여 남자가 여자에 대하여 무조건 우월감을 가져야 한다고 말할 수는 없다. 구원받은 그리스도인들은 모두 그리스도의 몸이고 그분의 것이기 때문에 서로 존중하지 않으면 안 된다. 남자가 여자의 머리가 된다는 것은 하나님께서 정해 놓으신 질서이지 신분상의 우열을 말하는 것은 아니다.

『**이는 여자가 남자에게서 나는 것같이 남자도 여자를 통하여 나거니와 모든 것은 하나님에게서 나기 때문이라**』(12절). 여자가 남자에게서 난 것은 아담과 이브의 경우였다. 그 이후로는 지금까지 『**남자도 여자를 통하여 나거니와**』 그리스도 안에 있는 남자라도 여자인 어머니를 갖고 있기 마련이다. 결국 『**모든 것은 하나님에게서**』 나기 때문에 모든 것은 하나님의 피조물이다.

『**여자가 쓰지 아니하고 하나님께 기도하는 것이 마땅한 일이냐? 너희 자신이**

판단하라』(13절). 여자가 베일을 머리에 쓰고 있지도 않거나 긴 머리카락으로 머리를 덮고 있지 않은 채 기도하는 것이 마땅하지 않은 이유는 이미 위에서 설명되었다. 다시 말하거니와, 여자가 이렇게 해야 하는 것은 여자가 복종할 권위자가 남자이기 때문이며, 또 10절에서처럼 천사들도 여자들이 이 사실을 받아들이고 그 표식으로 합당한 모습을 하고 회중에 참여하고 있는지를 보고 있기 때문이다. 그러므로 여자들이 어떻게 하는 것이 옳은지는 새삼 왈가왈부할 필요도 없다. 그래서 바울은 『**너희 자신이 판단하라.**』고 말한다. 그러나 카톨릭 교회에서는 "너희 자신이 판단하라."고는 결코 말하지 않는다. 그들은 여자가 머리에 쓰지 않고 예배에 참석하는 것을 무조건 금한다. 그래서 여자들은 하다못해 손수건이라도 꺼내서 머리에 써야한다. 『**그러나 여자가 긴 머리를 하고 있다면 그것은 그녀에게 영광이 되느니라. 이는 그녀의 머리가 그녀의 쓰는 것을 대신하기 때문이라.**』(15절)는 말씀은 무시해 버린다. 그들은 하나님의 규례가 아니라 인간의 규례를 스스로 만들어 내기 위하여 성경의 특정 구절만 채택하고 다른 구절들은 못 본 체한다.

『**또 남자가 긴 머리를 하고 있다면 그것이 자신에게 수치가 된다는 것을 본성 그 자체까지도 너희에게 가르치고 있지 아니하느냐?**』(14절) 남자가 머리를 길게 기르는 것이 옳은가 그른가를 판단하기 위해서라면 성경을 펼쳐 볼 필요도 없다. 『**본성**』이 이미 알고 있기 때문이다. 남자의 머리카락 길이가 어느 정도가 되어야 "긴 머리"에 해당하느냐 여부도 상식에 속하는 문제이다. 일반적으로 목덜미를 덮을 정도이고 귀를 가릴 정도라면, 그래서 여자들의 머리같이 보이면 긴 머리에 해당한다. 상식적으로 생각해서 "너무 길다"고 생각되면 그것이 긴 머리에 해당한다. "긴 머리"는 머리를 덮고 있는 것으로 간주된다. 그런데 남자는 머리를 덮어서는 안 된다고 말한다(4,7절). 그러나 성경이 말하기 전에 남자의 본성 자체가 그래서는 안 된다는 것을 말해 준다. 자신의 본성이 가르쳐 주는 것을 무시해 버리면 어떻게 되는지 아는가? 로마서 1:26,27을 보라. 『**이로 인하여 하나님께서 그**

들을 수치스러운 욕정에 내버려 두셨으니 심지어 그들의 여자들까지도 본래대로 쓰는 것에서 본성을 거역하는 것으로 바꾸었음이라. 마찬가지로 남자들도 여자들을 본래대로 쓰는 것에서 벗어나 서로 음욕이 불일 듯하니 남자들이 남자들과 더불어 부끄러운 일을 행하여 그들의 그릇됨에 상당한 보응을 자기 자신들에게 받았느니라.』 본성이란 하나님께서 설정해 놓으신 자연의 순리를 말한다. 따라서 본성을 거슬러 머리를 길게 기른 남자들은 자연의 순리를 거역하는 사람들이다. 하나님께서는 이렇게 순리를 거역하는 자들을 "수치스러운 욕정에 내버려" 두신다. 그래서 머리를 길게 기르고 다니는 남자들은 필경 성적으로 문제가 있는 사람이다. 머리를 길게 기르고 다니는 사람은 십중팔구 마약과도 관계가 있다. 그들은 음행과도 관계가 있다. 이것은 틀림없는 사실이다. 이것은 본성이 가르쳐 주는 바를 거역하였으므로 하나님께서 "수치스러운 욕정에 내버려" 두시고 거기에 걸맞는 보응을 스스로 받도록 해놓으신 결과이다. 남자가 머리를 짧게 깎고 여자가 머리를 길게 기르는 것은 순리에 순응하는 것이고, 그 반대는 순리에 역행하는 것이다. 이 문제는 결국 순리의 문제인 것이다. 순리적이냐, 아니냐는 인간의 본성 자체가 이미 잘 알고 있다. 14절에서 바울은 이것을 말하고 있는 것이다.

남자의 머리카락 길이와 관련하여 시대적으로 유행하는 "헤어스타일"의 문제가 쟁점이 될 수 있다. 그런가 하면 또, 미국 건국의 아버지 조지 워싱턴의 헤어스타일을 놓고 문제 삼을 수도 있다. 그러나 이런 것을 놓고 왈가왈부하기보다는 남자가 머리를 길게 기르고 다니는 근본적인 "이유가 무엇인가?"를 먼저 따져 보아야 한다. 조지 워싱턴의 경우에는 몇 가지 고려해 볼 만한 이유가 충분히 있었다. 첫째로, 그가 살던 시대에 이발소가 보통 10마일 이상 멀리 떨어져 있었는지라 이발소에 옆집 드나들듯 자주 갈 수가 없었던 시대였다. 둘째, 그 당시만 해도 이발 요금이 어찌나 비쌌던지 이발소에 가서 머리를 깎는다는 것은 부자들이나 할 수 있는 일이었다. 그 다음에 고려해 볼 만한 점은 요한계시록 1장에 등장하시는 예수 그리스도의 머리털이 눈처럼 희었고 양모처럼 하얀 것과 깊은 관계가 있다. 미국 건국 당시만 해도 법관이라든가 정치 지도자들이나 왕들 같은 권세를 가진 사람들은 죄를 심판하고 나라를 통치하는 권세의 상징이 필요했다. 그 권세를 요한계시록 1장에 등장하시는 예수 그리스도의 권세만큼이나 강력한 것으로 상징하고 싶었다. 그러자면 그들은 그리스도의 머리카락처럼 새하얀 머리카락을 써야만 했다. 그래서 그들은 가발을 이용했다. 이것은 그 당시의 규칙이었다. 가발이었기 때문에 본래 머리카락을 완전히 덮자면 보통 머리카락 보다는 당연히 훨씬 길어야만 했다.

시대적으로 유행하는 헤어스타일의 문제 역시 머리카락의 길이 그 자체가 쟁점이 아니라 근본적인 "왜?"가 문제의 핵심이다. 만약, "왜?"라고 물었을 때, 그냥 "유행을 따라서"라고 대답한다면, 그것이 "왜?" 유행이 되었는지 그 근원을 더 따져 올라가야 한다. 그 근원을 캐 올라가 보면, 그러한 유행을 맨 처음 창안한 사람의 이유가 반드시 있기 마련이다. 그리고 그 이유는 따져볼 것도 없이 반성경적인 발상에서 나왔고, 자연의 순리에 거역하려는 의도가 깔려 있었음을 반드시 발견하게 된다. 그저 유행을 따라서 남자가 머리를 길게 기르고 다닌다고 해도 정직하게 속마음을 캐 보면 역시 순리에 역행하려는 의도가 깔려 있음을 숨길 수 없다. 한 마디로, 성경을 사랑하는 사람이라면 남자가 머리를 길게 기르고 다니지는 않는다. 이것만은 분명한 사실이다.

그런데 이스라엘 남자들은 어떠했던가? 그들은 머리카락을 길게 기르고 턱수염을 기르는 것이 규례로 정해져 있었다. 그들은 머리 가장자리나 턱수염 가장자리를 빙둘러 표가 나게 치켜 깎지 못하도록 규제되어 있었다. 레위기 19:27을 보라. 『**너희는 머리 가를 둥글게 깎지 말며 턱수염 가를 손상시키지 말라.**』고 명령하고 있다. 머리 가를 "둥글게" 깎지 말라는 것은 머리 가를 치켜 깎지 말라는 것이다. 그러니까, 지금 보다는 분명 긴 머리였을 것이다. 턱수염도 마찬가지다. 이것은 그 당시로서도 자연의 순리에 역행하는 것이었지만, 이스라엘에 대한 특별한 규례였다. 이처럼 자연의 순리에 역행하는 대표적인 규례가 또 있었는데, 그것은 바로 할례의 규례였다. 자연의 순리로 말한다면야 할례는 분명 자연의 순리에 역행하는 것이었다. 이처럼 순리에 어긋나더라도 그것이 반드시 지켜야 할 규례로 정해졌다면 그 규례대로 따르지 않으면 안 된다. 이스라엘은 하나님께서 선택한 특별한 민족이었다. 그렇기 때문에 하나님께서는 자연의 순리에 역행하더라도 특별한 규례들을 정하고 지키도록 하셨다.

그러나 현 시대에 남자가 머리를 길게 자라도록 그냥 내버려 두는 것은 자연의 순리에 역행하는 것일 뿐만 아니라 하나님께서 특별히 정해 주신 규례도 아니다. 이것이 자연의 순리가 아니라는 것은 누구에게 물어 볼 것도 없이 우리의 본성이 그렇다고 가르쳐 주고 있다. 성경에서도 그것이 순리다, 아니다 하고 딱 부러지게 말하지 않는다. 다만, 우리의 본성이 그것을 안다고만 귀띔해 주고 있을 뿐이다. 남자가 머리를 길게 기르는 것이 과연 자연의 순리인지 아닌지 확신이 가지 않는다면, 한 번 시험 삼아서 한 이 년쯤 머리를 깎지 말고 내버려 두어보라. 그러면 스스로 모든 것을 알게 될 것이다. 아마도 당신 아내는 당신을 동물원으로 끌고 가서 원숭이 우리에 던져 넣을 것이다.

결론적으로 남자와 여자의 머리카락 문제를 놓고 사람의 생각으로 임의적으로 이러쿵저러쿵 지껄이지 말아야 한다. 모든 일에 있어서 최종적인 권위는 성경뿐이다. 그리스도인이라면 절대로 더하지도 빼지도 말고 오직 성경에서 말씀하고 있는 것 그대로만 따르고 말해야 한다. 나는 그래서 누가 무슨 말을 하건 거기에 전혀 관심이 없다. 나는 오직 성경이 무슨 말씀을 하는지에만 관심이 있다. 내가 이것을 강조하는 까닭은 다른 데 있지 않고 오직 우리는 "얻는 자"(빌 3:8, 벧전 3:1)가 되지 않으면 안 된다는 것을 알고 있기 때문이다. 그리고 또 하나님의 말씀을 수정하고, 삭제하고, 있지도 않은 말을 갖다 붙이고 하는 일 따위를 일삼는 한결같이 "헌신된," "경건한" 자들과 똑같이 교회가 행동하는 데서 배교가 시작된다는 것을 알고 있기 때문이다. 이런 짓은 모두 마귀가 하는 짓이다. 말씀을 변개하고 삭제하고 왜곡하고 첨가하는 행위는 모두 사탄적인 행동이다. 구원받은 사람이 술을 마시지 않고, 담배도 피지 않으며, 춤도 추지 않고, 껌을 씹지도 않고, 길거리에 침도 뱉지 않는다고 할지라도 그는 여전히 흠이 있고 오류 투성이라는 것을 알아야 한다. 그러나 성경은 절대무오하다. 그런데도 오류 투성이인 사람이 성경을 뜯어 고친다는 것은 있을 수 없는 일이다.

『그러나 여자가 긴 머리를 하고 있다면 그것은 그녀에게 영광이 되느니라. 이는 그녀의 머리가 그녀의 쓰는 것을 대신하기 때문이라』(15절). 여자가 긴 머리를 하고 있다면, 카톨릭 교회의 규칙처럼 거기에 추가로 베일이나 손수건을 또 얹어 놓을 필요가 없다. 여자들은 머리덮개가 둘씩이나 필요한 게 아니라 긴 머리 하나로 충분하다. 카톨릭 교회에서 여자들에게 무조건 머리에 베일을 쓰도록 하는 것은 성경에서 어떤 구절은 갖다 써먹고 어떤 구절은 쓰레기통에 던져 넣은 데서 나온 결과이다. 그들은 고전 11:5,6은 적용하면서 11:15은 본 체도 하지 않는다.

『어떤 사람이 논쟁을 하려고 생각할지 모르나 그런 관습은 우리에게도 하나님**의 교회들에도 없느니라』**(16절). 바울은 계속해서 여자의 머리를 놓고 이야기하고 있다. 여자가 머리를 남자처럼 짧게 깎거나 아예 민둥머리로 밀고 다니는 것은 지금도 우리의 관습에는 없고 하나님의 교회에도 없다. 이 문제를 놓고 누가 논쟁을 하려고 한다면 그 사람은 정말 할 일이 없는 사람이다.

11:17 이제 내가 너희에게 명하고자 하는 이것에 관해서는 너희를 칭찬하지 아니하노니 이는 너희가 함께 모이는 것이 유익하기 보다는 해로움이라.
18 먼저, 너희가 교회에 함께 모일 때 너희 가운데 분열이 있다고 들었는데 나도 그 일부는 믿노라.
19 너희 가운데는 이단들도 있어야만 하리니 그래야만이 너희 가운데 인정받는 사람들이 나타나게 되리라.
20 그러므로 너희가 한 곳에 함께 모이되 주의 만찬을 먹으려는 것이 아니니
21 이는 먹을 때에 각자 다른 사람보다 먼저 자기의 만찬을 먹으므로 어떤

사람은 시장하고 어떤 사람은 술취함이라.

22 **너희에게는 먹고 마실 집이 없느냐? 아니면 너희가 하나님의 교회를 무시하고 가난한 사람들을 부끄럽게 하느냐? 내가 너희에게 무슨 말을 하랴? 이 일로 너희를 칭찬하랴? 나는 칭찬하지 않노라.**

『**너희 가운데는 이단들도 있어야만 하리니**』(19절). 그리스도의 몸 안에 이단들도 있어야만 한다고 말한다. 왜일까? 교회 내에 이단들이 나타나면 그와는 반대로 진리를 믿고 지키는 사람들은 과연 누구인가를 구분할 수 있게 되기 때문이다. 그래서 이단들이 일어나 진리가 아닌 것을 떠들어 대면, 성경대로 진리를 믿고 지키는 사람들이 들고 일어나 그들과 대항함으로써 진리 수호자의 존재를 분명하게 드러내야 한다. 이것은 분쟁이 아니라 분쟁의 원인과 요소를 없애는 일이다. 하나님께서는 교회가 진리를 수호토록 하기 위하여 때때로 독보리들도 생기게 하신다.

『**그러므로 너희가 한 곳에 함께 모이되 주의 만찬을 먹으려는 것이 아니니**』(20절). 그들이 주일에 집회를 갖고 주의 만찬을 먹을 때에는 회중이 다 모여서 함께 먹도록 되어 있었다. 이 당시 그들은 회중이 함께 모여 통상적인 식사를 먼저 한 뒤에 누룩을 넣지 않은 빵과 새 포도주로 주의 만찬을 가졌다. 예수님께서 제자들과 유월절 만찬을 잡수셨을 때 하셨던 순서가 바로 이러하였다(마 26:17-29). 그러니까 고린도 교회 회원들도 집회를 가질 때 함께 모이는 것은 비단 주의 만찬만을 위한 것만이 아니라 함께 모여 같은 자리에서 함께 통상적인 저녁 식사를 하면서 교제를 나누는 것도 중요한 의미가 있었다. 그런데 고린도 교회 일부 회원들은 이러한 관습을 무시했다. 다음을 보라.

『**이는 먹을 때에 각자 다른 사람보다 먼저 자기의 만찬을 먹으므로 어떤 사람은 시장하고 어떤 사람은 술취함이라. 너희에게는 먹고 마실 집이 없느냐? 아니면**

너희가 하나님의 교회를 무시하고 가난한 사람들을 부끄럽게 하느냐? 내가 너희에게 무슨 말을 하랴? 이 일로 너희를 칭찬하랴? 나는 칭찬하지 않노라』(21,22절). 매주일 집회 때마다 주의 만찬을 가졌던 그 당시에는 회원들이 각자 집에서 음식을 가져와 함께 모여 모든 회원이 먼저 저녁 식사를 같이 했는데, 가난한 사람들은 음식을 가져오지 못하였기 때문에 함께 나누어 먹는 것이 관례로 되어 있었다. 회원들이 다 함께 모여 만찬을 가졌던 것은 가난한 사람들이 저녁을 굶는 일이 없도록 하려는 배려였다. 그런데 일부 회원들은 이러한 관습을 지키지 않았다. 그들은 먼저 온 사람들끼리 자기가 가지고 온 음식을 먼저 다 먹어 치우는 바람에 가난한 사람들이 나중에 나타나면 나누어 먹을 음식이 하나도 남지 않았다. 먼저 식사를 한 사람들이 나중에 온 시장한 사람들에게 "당신들은 집에 가서 저녁을 드시오."라고 뻔뻔스럽게 말해야만 하는 상황이 벌어지는 것이다. 그런가 하면 또, 어떤 사람들은 집회에 나오기 전에 먼저 자기 집에서 식사를 마치고 나서 주의 만찬에 참여하기 위하여 집회에 나올 때는 빈손으로 오기도 했다. 그러면 음식을 갖고 오지 못한 가난한 사람들이 나누어 먹을 음식이 모자랄 것은 뻔하다. 어떤 부유한 회원들은 자기 집에서 저녁 식사를 먼저하고 포도주까지 마시는 바람에 술에 취한 채 주의 만찬에 나오는 자도 있었다. 가난한 사람들은 저녁도 못 먹고 배를 곯아야 했는데 말이다. 이러한 상황이라면 주의 만찬을 통하여 나누는 그리스도의 몸의 교제고 뭐고가 있을 수 없다. 바울은 이러한 고린도 교회에 대해서 얼마나 안타까웠던지 할 말을 잃었다. 『**내가 너희에게 무슨 말을 하랴? 이 일로 너희를 칭찬하랴?**』 바울은 이러한 그들을 결코 칭찬할 수가 없었다.

21절에서 『**어떤 사람은 술취함이라.**』고 한 것은 주의 만찬에서 나눈 포도주에 취했다는 뜻이 아니다. 주의 만찬에서는 "새 포도주" 즉, 발효되지 않은 포도즙을 사용했으므로 취할 수가 없다. 이것은 일부 회원들이 주의 만찬에 나오기 전에 자기 집에서 먼저 식사를 마치고 포도주를 마신 끝에 거나하게 취한 상태로 집회에 나온 것을 말한다.

11:23 내가 주께로부터 받은 것을 너희에게 전달해 주었나니 이는 주 예수께서 넘겨지시던 그 밤에 빵을 가지고

24 감사를 드린 후 떼어 말씀하시기를 "이것은 너희를 위하여 쪼개진 나의 몸이니 받아 먹으라. 이것을 행하여 나를 기억하라."고 하셨으며

25 식후에도 이와 같이 잔을 가지고 말씀하시기를 "이 잔은 나의 피로 된 새 언약이라. 이것을 행하여 너희가 마실 때마다 나를 기억하라."고 하셨느니라.

26 너희가 이 빵을 먹고 이 잔을 마실 때마다 주의 죽으심을 그분이 오실 때까지 선포하는 것이라.

『**내가 주께로부터 받은 것을 너희에게 전달해 주었나니 이는 주 예수께서 넘겨지시던 그 밤에 빵을 가지고 감사를 드린 후 떼어 말씀하시기를 "이것은 너희를 위하여 쪼개진 나의 몸이니 받아 먹으라. 이것을 행하여 나를 기억하라."고 하셨으며**』(23,24절). 주 예수님께서 빵을 떼어 제자들에게 나누어 주시면서 『**이것은 너희를 위하여 쪼개진 나의 몸**』이라고 말씀하신다. 그분의 몸이 쪼개졌다는 것은 그분의 살을 찢어 우리에게 나누어 주셨다는 뜻이지 뼈까지 으스러뜨려 그분의 몸을 몽땅 먹어치우도록 하신 것은 아니다. 그분의 찢어진 살을 통하여 혼을 나누어 주셨지만, 그분의 영은 살이 찢어진 몸의 뼈 속에 여전히 남아 있었던 것이다. 이 구절을 뜯어 고친 수많은 배교자들의 성경은 『**쪼개진 나의 몸**』에서 "쪼개진"이라는 말을 잘라 없애 버리고 그냥 "나의 몸이니 받아 먹으라"고 변개함으로써 그분의 뼈까지 포함해서 몽땅 먹어 치우라는 뜻으로 받아들이게 만들어 놓았다. 그래 놓고는 주님이 "뼈도 추리지 못하고" 으스러져서 맥도 추지 못하게 되었고 몸도 추스리지 못할 정도로 연약해 졌으니 이 불쌍한 주님을 누가 도울꼬? 하는 식이다. 그리고는 "우리가! 우리가 주님을 도와 그분을 일으켜 세우자!"고 그들은 외친다! 이처럼 성경에서 단어 하나만 삭제해 버려도 엉뚱한 의미로 변질되어 배교자들의 이단을 퍼뜨리게 된다.

『**식후에도 이와 같이 잔을 가지고 말씀하시기를 "이 잔은 나의 피로 된 새 언약이라. 이것을 행하여 너희가 마실 때마다 나를 기억하라."고 하셨느니라. 너희가 이 빵을 먹고 이 잔을 마실 때마다 주의 죽으심을 그분이 오실 때까지 선포하는 것이라**』(25,26절). 『**식후**』라고 말씀한다. 주의 만찬 전에 통상적인 식사를 먼저 하셨던 것이다. 제자들과 먼저 식사를 마치신 뒤에 빵을 떼어 나누어 주셨고 잔을 나누어 주셨다. 그리고 일 년 중 언제 몇 번 주의 만찬을 가지라는 말씀은 하시지 않고 단지 주의 만찬에서 빵을 먹고 잔을 마실 때마다 『**나를 기억하라.**』고 말씀하신다. 그러므로 이것은 "기념"하는 것이지 카톨릭 교회에서처럼 희생제를 매번 다시 드리는 것이 결코 아니다. 카톨릭 교회에서는 미사 때마다 소위 "성체성사"라는 것을 행하면서 예수 그리스도의 진짜 몸을 먹고 그리스도의 진짜 피를 마신다고 생각한다. 그러니까, 그들은 주일날 아침 미사 때마다 매번 희생제를 거듭 거듭 다시 드린다. 한 번 죽으심으로 모든 것을 끝내 놓으신 예수 그리스도를 두 번, 세 번, 백 번, 수천 번 다시 죽게 만드는 것이다.

그분을 기억한다는 것은 그분의 무엇을 기억하라는 것인가? 그분의 죽으심을 기억하라는 것인가? 물론 그렇다. 주님께서는 『**이 잔은 나의 피로 된 새 언약**』이라고 말씀하신다. 『**새 언약**』은 예수 그리스도께서 나의 죄를 위하여 죽으셨음을 믿는 모든 자들이 그 믿음으로 구원받고 영생을 얻게 된다는 신약적 언약이다. 그러므로 주의 만찬은 그분의 죽으심을 기억하고 기념하는 것이다. 그런데 또 26절에서 『**주의 죽으심을 그분이 오실 때까지 선포하는 것이라.**』고 말씀한다. 『**그분이 오실 때**』라는 말에 주목하라. 우리는 주의 만찬에서 그리스도의 피와 몸의 교제를 나누면서 그분의 죽으심만을 기억하고 끝낼 수가 없다. 우리는 그분의 죽으심을 기억하는 동시에 그분의 다시 오심을 또 기억하지 않을 수가 없다. 그분을 기억한다는 것은 그분의 죽으심을 기념하고 그분의 다시 오심을 상기하는 것을 의미한다. 재림하시는 예수 그리스도와 상관없이 그분의 죽음만을 기억하는 것은 아무런 의미가 없다. 주님의 죽으심을 『**그분이 오실 때까지 선포하는 것이라.**』(26절)는 말씀은 바로 이것을 명령하고 있는 것이다. 로마카톨릭은 그분의 죽으심에서 딱 멈추어 버린다. 그러나 우리는 그분을 기억할 때마다 그분의 죽으심뿐만 아니라 그분의 다시 오심을 또한 기억해야 된다. 성도들이 교제를 나눌 때, 예수 그리스도의 재림을 기억하지 않는다면, 그것은 그리스도인들의 교제가 될 수 없다. 카톨릭 교회에서는 수백 년 동안 미사 때마다 이루 헤아릴 수 없이 여러 번에 걸쳐 "성체성사"를 행해 왔지만, 주 예수 그리스도의 재림을 기린 적은 단 한 번도 없었다. 참 이상하지 않은가? 카톨릭 교회의 사제가 그리스도의 재림에 관해서 한 마디라도 언급하는 것을 들어 본 일이 있는가? 그들은 주의 만찬("성체성사")을 끔찍이도 중요하게 생각한다. 그러면서도 그것이 무엇을 위한 것인지조차 모른다. 그들은 십자가를 목에 걸고 다니면서 그리스도의 죽음만 기억할 줄 알았지 그분의 재림에 대해서는 전혀 아는 바도 없고 관심도 없다. 그들은 그리스도의 죽음만이 만족스러운 것이다. 그들에게 있어서 그분께서 다시 오신다는 사실은 생각조차 하기 싫은 일이다. 왜냐하면 그들은 왕으로 다시 오시는 그리스도 대신 자신들이 이 세계를 영원토록 지배하고 싶어하기 때문이다.

『**이 잔은 나의 피로 된 새 언약이라**』(25절). 주님께서는 이 잔이 문자 그대로의 "포도주"가 아니라 『**새 언약**』이라고 말씀하신다. 그리고 새 언약의 "잔"을 받아 마시라고 말씀하셨지, 그 안에 담긴 "피"를 받아 마시라고는 하지 않으셨다. 로마카톨릭은 15,16세기에 이 잔에 담긴 포도주가 "문자 그대로"의 피임을 인정하지 않는다는 죄목으로 수많은 그리스도인들을 화형에 처해 "스테이크"를 만들어 먹었다. 그리스도인들은 이 『**잔**』을 『**새 언약**』을 나타내는 상징으로 받아들인다. 그러나 카톨릭은 그 잔에 담긴 포도주가 문자 그대로 그리스도의 피라고 고집하면서 그 피를 마시라고 강요했다. 우리 그리스도인들은 『**새 언약**』을 받아 마신다. 우리들은 결코 그분의 피를 마시지는 않는다.

11:27 그러므로 누구든지 합당치 않게 이 빵을 먹고 주의 이 잔을 마시는 자는

주의 몸과 피에 대해 죄를 짓는 것이라.

28 사람이 자신을 살펴보고 나서 그 빵을 먹고 그 잔을 마셔야 하리니

29 이는 주의 몸을 분별하지 못하고 합당치 않게 먹고 마시는 자는 자신의 저주를 먹고 마시는 것이기 때문이라.

30 이 때문에 너희 가운데 많은 사람이 약하고 병들었으며 상당수가 잠들었느니라.

31 만일 우리가 우리 자신을 판단한다면 판단받지 않으리라.

32 그러나 우리가 판단을 받는 것은 주께 징계를 받는 것이니 이는 우리로 세상과 함께 정죄받지 않게 하려 함이로다.

33 그러므로 나의 형제들아, 너희가 먹으려고 함께 모일 때면 서로 기다리라.

34 누구든지 시장하거든 집에서 먹으라. 이는 너희가 함께 정죄받지 않게 하려는 것이라. 나머지 일들은 내가 가서 정리하리라.

『**그러므로 누구든지 합당치 않게 이 빵을 먹고 주의 이 잔을 마시는 자는 주의 몸과 피에 대해 죄를 짓는 것이라**』(27절). 주의 만찬에서 먹는 빵과 잔이 결단코 그리스도의 진짜 몸이요, 피가 아니라는 사실을 잊지 말라. 24절을 다시 보라. 『**감사를 드린 후 떼어 말씀하시기를 "이것은 너희를 위하여 쪼개진 나의 몸이니...**』 자, 그리스도께서 빵을 쪼개어 식탁 위에 놓으신다. 그리고 말씀하신다. "이것은 나의 쪼개진 몸이니..." 식탁 위에 놓여진 것이 빵인가 그리스도의 진짜 몸인가? 물론 빵이다. 그러나 주님께서는 빵을 가리켜 자신의 쪼개진 몸이라고 영적으로 말씀하신다. 그러므로 빵은 진짜 그리스도의 몸이 아니라 영적인 그리스도의 쪼개진 몸이다. 잔도 마찬가지로 영적인 그리스도의 피이다. 고린도전서 10:16,17을 다시 읽어 보라. 『**우리가 축복하는 이 축복의 잔은 그리스도의 피의 교제가 아니며 우리가 떼는 이 빵은 그리스도의 몸의 교제가 아니냐? 이는 우리 많은 사람이 한 빵이요, 한 몸이기 때문이며 우리가 모두 그 한 빵에 참여하기 때문이라.**』 구원받은 모든 그리스도인들은 영적으로 한 빵이요, 영적으로 그리스도의 한 몸을 이룬다. 그리고 주의 만찬에서 영적인 그리스도의 몸과 영적인 그리스도의 피의 교제를 나눈다. 『**우리 많은 사람이 한 빵이요, 한 몸이기 때문이며 우리가 모두 그 한 빵에 참여하기 때문**』이라는 말씀에 주목하라. 그러니까 주의 만찬에서 진짜 그리스도의 시체를 뜯어먹고 진짜 그리스도의 피를 마시는 것은 결코 아니라는 말이다.

이처럼 주의 만찬은 예수 그리스도의 시체와는 아무런 상관이 없다. 주의 만찬에서 빵과 잔을 그리스도의 진짜 몸이요, 진짜 피라고 생각하고 먹고 마시면 그것은 전혀 주의 만찬에 합당치가 않고, 따라서 『**주의 몸과 피에 대해 죄를 짓는 것**』이라고 27절은 말한다. 『**주의 몸**』이 무엇인가? 모든 구원받은 자들이 그리스도 안에서 영적으로 형성하는 한 몸, 즉 교회이다. 바울은 이것을 고린도전서 12:12-20에서 아주 상세하게 설명해 주고 있다. 한 몸을 이룬 그리스도인들이 주의 만찬을 통하여 교제를 나눌 때, 이에 참여하는 자들은 모두가 정결하지 않으면 안 된다. 자백하지 않은 죄로 더러운 상태에 그대로 있으면서 "주의 몸의 교제"에 참여하는 것은 주의 몸에 대한 모독이다. 그래서 그리스도인들은 주의 만찬이 있는 주일이면, 그 전날 토요일 밤에 하나님께 모든 죄를 자백하고 하나님과의 관계를 온전이 회복하고 자신을 먼저 정결케 한다. 죄를 자백하지 않고 마음속에 숨겨 놓음으로써 하나님과의 관계가 온전치 못한 상태에 있다면, 주의 만찬에 참여하여 빵과 잔을 함께 나눌 수 없다. 다시 말하거니와, 그것은 주의 몸에 대한 모독이다. 이것은 『**주의 몸을 분별하지 못하고**』(29절) 교제에 참여함으로써 초래되는 필연적인 결과다. 그래서 바울은 『**사람이 자신을 살펴보고 나서 그 빵을 먹고 그 잔을 마셔야 하리**니』(28절)라고 말하고 있는 것이다. 자신을 전혀 돌아보지 않은 채 번번이 주의 만찬에 참여하는 데에 합당한 사람은 이 세상에 아무도 없다. 아무리 구원받은 그리스도인이라도 시시각각으로 죄를 짓는다. 이렇게 지은 죄를 하나님께 자백하지 않으면 그 죄로 여전히 더럽혀져 있고 하나님과의 관계가 온전치 못한 상태에 놓여 있게 된다. 이런 사람은 그 누구도 주의 만찬에 참여하기에 합당치 못한 사람이다. 그리고 그 누구도 자신을 정결케 하지 않고도 주의 만찬에 합당한 사람은 아무도 없다. 그러므로 그리스도인들은 시시각각으로 죄를 자백하고 그리스도의 보혈로 자신을 끊임없이 정결케 한다. 이것이 바로 자신을 살펴보는 일이다. 이렇게 자신을 살펴본 사람만이 주의 만찬에 합당한 사람이다. 28절은 이것을 말하고 있는 것이다. 28절과 함께 31절 역시 주의 만찬에 참여하기에 합당한 자격을 갖출 수 있는 방법을 제시하고 있다. 카톨릭 신자들은 미사 때마다 빵과 잔이 죽으신 그리스도의 진짜 시체요 피라고 진정으로 믿고 받아 마셔야지, 그렇지 않다면 그것이 주의 만찬에 합당치 않다고 배운다. 그런 말은 성경 어디에도 없다. 다시 말하지만, 『**주의 몸**』은 믿고 구원받은 사람들의 몸이다. 이것을 분별하지 못하면 자신의 저주를 먹고 마시는 것이다. 물론 여기서 말하는 『**저주**』란 지옥에 떨어지는 영원한 저주를 말하는 것이 아니라 일시적인 저주를 말한다. 여기서 『**저주**』란 자신이 스스로를 심판하지 않음으로써 자초하는 하나님의 심판, 하나님의 정죄를 말한다. 그리스도인도 죄를 자백하고 그리스도의 보혈로 정결케 하지 않으면 그 죄로 말미암아 삶 가운데 하나님의 심판을 통하여 정죄를 받는다(롬 14:22,23). 일시적인 저주 때문에 몸이 병들어 허약해지기도 하고 죽기까지 할 수도 있다. 이것이 30절에서 바울이 하고 있는 말이다. 여기서 주의 만찬에 임하기 전에 자신을 살펴보는 것이 얼마나 중요한가를 알 수 있다. 『**이 때문에 너희 가운데 많은 사람이 약하고 병들었으며 상당수가 잠들었느니라.**』 그러니까, 카톨릭 신자들은 매주일 아침 11시 미사 때마다 『**주의 몸과 피에 대해 죄를 짓는**』(27절) 짓을 반복하고, 『**자신의 저주를 먹고 마시는**』(29절) 잘못을 계속 되풀이한다. 그들은 하나님과 온전한 관계를 회복한 상태에서 주의 몸의 교제에 참여하는 것이 아니라 주의 문자적인 진짜 몸을 먹고 주의 문자적인 진짜 피를 마신다.

『**이 때문에 너희 가운데 많은 사람이 약하고 병들었으며 상당수가 잠들었느니라**』(30절). 상당수가 잠들었다는 것은 물론 많은 사람들이 병을 앓다가 죽었다는 말이다. 왜 그렇게 되었는가? 그리스도인들 스스로가 자신을 살펴보고 스스로를 심판하지 않았기 때문이다. 스스로가 자신을 심판하지 않으면 하나님께서 대신 심판하신다.

『**만일 우리가 우리 자신을 판단한다면 판단받지 않으리라**』(31절). 그러므로 자신이 몸이 허약해지고 병들어 가며 죽어 가고 있음을 스스로 판단하고 왜 그렇게 되었는지를 살펴보는 일은 매우 중요하다. 그리고 죄를 자백하고 하나님과의 온전한 관계를 회복하지 않으면 안 된다. 그래야만 하나님의 심판을 모면할 수가 있다. 이렇게 할 수 있도록 하기 위해 그리스도께서는 피를 흘리셨다. 그리스도인들은 자신을 판단할 줄 알아야 한다. 주님께서 나를 판단하시고 심판하시기 전에 우리가 먼저 얼른 스스로를 심판하는 것이 잘 하는 일이다. 그래야 건강하게 살 수 있다. 다른 사람을 판단하지 말고 자신을 판단하라. 다른 사람을 정죄하지 말고 자신을 정죄하라. 이 세상에는 다른 사람들에 대해서 별의별 것을 놓고 이러쿵저러쿵 판단하면서도 자기 자신에 대해서는 전혀 판단하지 않는 그리스도인들도 수없이 많다. 어떤 자들은 다른 교회에 들러 예배에 참여하면서도 그 교회를 헐뜯을 핑계만 찾느라고 바쁘다. "교회 벽 칠을 왜 이런 색깔로 했담?" "주차장 시설이 형편없군." "무슨 목사가 설교하면서 저렇게 고래고래 소리만 지른담?" "무슨 놈의 성가대가 저 정도 밖에 노래를 못한담? 저런! 반주자가 음조도 제대로 못 맞추고 있잖아?" 하면서 남의 흉만 보는 비평 전문가들은 많아도 자기 자신을 비평하고 판단하는 사람은 많지 않다. 정말 왜들 그러는지 모르겠다. 하나님의 "저주"를 모면하고 싶다면, 항상 자기 자신을 판단하라. 그것이 아주 잘하는 일이다.

주의 만찬은 우리들의 죄들을 위하여 돌아가신 주 예수 그리스도의 죽으심을 기억하는 일도 매우 중요하고 그분의 다시 오심을 기억하는 일도 더없이 중요하지만, 우리들이 스스로를 돌아보고 지은 죄들을 자백하고 하나님과의 관계를 온전히 회복하는 계기를 주는 복된 자리라는 점 또한 매우 중요한 의미를 갖는다. 하나님과 온전한 관계를 유지하는 그리스도인은 언제나 하나님의 은혜 가운데 살아가게 된다는 사실을 잊지 말라. 그리스도인이 병약해졌다면, 무엇보다도 먼저 자신과 하나님의 관계가 온전한지를 되돌아보고 자백하지 않은 죄가 있는지 살펴

보아야 한다.

『**그러나 우리가 판단을 받는 것은 주께 징계를 받는 것이니 이는 우리로 세상과 함께 정죄받지 않게 하려 함이로다**』(32절). 주님께서는 우리를 판단하시지 않으면 안 된다. 주님께서 우리를 판단하실 때는 언제나 징계가 따르게 된다. 그렇지 않으면 우리는 세상과 함께 정죄를 받게 되기 때문이다. 세상과 함께 정죄받는다는 것은 지옥으로 떨어진다는 것을 의미한다. 세상은 정죄받고 지옥에 떨어지게 되어 있다. 우리는 구원받은 사람들이기 때문에 세상과 함께 지옥에 갈 수 없는 사람들이다. 그러므로 하나님께서는 우리를 판단하시고 지금 여기서 징계를 내리실 수밖에 없는 것이다.

『**그러므로 나의 형제들아, 너희가 먹으려고 함께 모일 때면 서로 기다리라. 누구든지 시장하거든 집에서 먹으라. 이는 너희가 함께 정죄받지 않게 하려는 것이라. 나머지 일들은 내가 가서 정리하리라**』(33,34절). 『**너희가 먹으려고 함께 모일 때면**』, 즉 식사를 같이하고 나서 주의 만찬을 함께 나누려면, 『**먼저 자기의 만찬**』(21절)을 해치우지 말고 다 모일 때까지 기다리라고 바울은 거듭 충고한다. "한 몸"이니 모든 것을 한 몸답게 하는 것은 당연하지 않은가? 우리가 주의 만찬에 참여하는 목적은 그분의 죽으심과 다시 오심을 기억하는 가운데 주의 몸과 피의 교제를 나누려는 것이기 때문이다.

고린도전서 12장

고린도전서 12장은 영적인 은사를 다루고 있다. 그래서 은사주의자들은 성경의 다른 어느 부분보다도 고린도전서 12장에서 가장 골치아픈 문제들과 부딪히게 된다. 고린도전서 12장과 함께 13장, 14장이 모두 한 묶음이 되어 그리스도의 몸에 부여하는 은사들을 집중적으로 다루고 있다. 15장은 이들 세 장에서 다루고 있는 것과는 전적으로 내용이 다른 주제로 옮겨 가지만, 12,13,14장은 동일한 주제를 다루고 있는 한 묶음이다. 맨 처음 영적인 은사들에 대해서 이야기를 시작하고 있는 이 세 장이 그 모든 은사들을 『**품위 있게 하고 또 질서 있게 하라.**』(고전 14:40)는 명령으로 끝맺고 있다는 사실에 주목하라. 이 말은 문자 그대로의 뜻이지만, "질서 있게"(in order) 하라는 말뜻이 소란을 피우지 말고 정연하게 하라는 의미 이상의 의미를 지니고 있음에 주목해야 된다. "질서 있게" 하라는 말은 정해진 법도를 따르라는 뜻이다. 가령, 은사주의자들은 알아들을 수도 없는 방언을 지껄이면서 그것이 "하늘의 언어"라고 주장하는데, 설사 그것이 사실이라고 가정하더라도 인간이 "인간의 질서"를 내팽개치고 "하늘의 질서"를 침범하는 것이므로 그들은 인간의 법도도 어길 뿐만 아니라 하늘의 법도까지 무너뜨리는 "무질서한"

행동을 자행하는 자들이다. 따라서 은사주의자들이 알아들을 수도 없는 방언을 지껄이는 것은 성경에도 없는 것을 멋대로 만들어 내어 사람은 알아듣지 못하더라도 영들은 알아듣고 하나님도 알아듣는다고 거짓말을 한다. 그들의 이러한 어처구니없는 주장이 설사 근거가 있다 하더라도 그들은 영적인 은사를 "질서 있게" 행하라는 하나님의 명령을 여전히 거역하고 있는 것이다. 텍사스주에 살고 있는 바넘 여사는 알아들을 수 없는 방언으로 지껄이는 것에 관하여 고린도후서 12:3,4 말씀을 인용하면서 바울이 셋째 하늘에 끌려 올라가 『**말로 다 설명할 수 없는 말을 들었는데 그것은 사람들에게 말하도록 허락되지 않은 것**』(고후 12:4)이라고 언급한 점을 지적하고, "하늘의 언어"가 이처럼 사람들이 말하도록 허락된 언어가 아니라는 사실("...it is not lawful for a man to utter.")을 밝힌 적이 있었는데, 교리적으로 옳은 주석은 아니지만, 그럴듯한 말이다. 하나님께서 정해 놓으신 법도를 어기는 것은 질서를 지키는 일이 아니다.

12:1 형제들아, 이제 나는 너희가 영적인 은사들에 관해 무지하기를 원치 아니하노라.

2 너희도 알거니와 너희가 이방인이었을 때는 말 못하는 우상들에게 이끌림을 받은 대로 끌려갔느니라.

3 그러므로 내가 너희에게 알게 하노니 하나님의 영으로 말하는 사람은 누구라도 예수는 저주 받았다고 말하지 아니하며 또 성령에 의하지 아니하고는 누구라도 예수를 주라고 말할 수 없느니라.

『**형제들아, 이제 나는 너희가 영적인 은사들에 관해 무지하기를 원치 아니하노라**』(1절). 『**무지하기를 원치 아니하노라.**』고 말한 것을 보면, 고린도 교회 사람들이 영적인 은사에 무지하였음을 알 수 있다. 영적인 은사들은 능력을 위한 것이지 성품을 위한 것이 아니다. 그리스도인의 성품은 성령의 열매로만 형성된다. 갈라디아서 5:22,23에서 말하는 『**사랑과 기쁨과 화평과 오래 참음과 친절과 선함과 믿음과 온유와 절제**』 등과 같은 성령의 열매들은 모두 새로운 성품을 형성시켜 주는 열매들이지 능력이 나오게 하는 것들이 아니다. 그러나 영적인 은사들은 능력이 나오게 한다. 그런데 대부분의 현대 교회들은 고린도 교회 사람들처럼 그리스도인으로서 새로운 성품을 형성하기 위하여 성령의 열매를 맺으려는 데에는 관심은 없고, 오직 능력이 나오는 영적 은사에만 관심을 갖는다. 그들은 능력과 관련이 있는 영적인 은사들만 받으려고 발버둥치면서도 성령의 열매로 의로운 그리스도인이 되는 데에는 흥미가 없는 것이다.

『**너희도 알거니와 너희가 이방인이었을 때는 말 못하는 우상들에게 이끌림을 받은 대로 끌려갔느니라**』(2절). 고린도 교회 회원들은 그리스도인이 되기 전에는 유대인들이 아니라 이방인들이었다. 그들은 『**말 못하는 우상**』을 섬겼던 사람들이다. 우상들은 말 못하는 짐승들처럼 말을 시켜도 말을 하지 못하는 헛것들이다.

『**그러므로 내가 너희에게 알게 하노니** 하나님의 **영으로 말하는 사람은 누구라도** 예수는 **저주 받았다고 말하지 아니하며**』(3절). 이것은 엄중한 경고이다. 바울이 여기서 이런 경고를 하는 까닭이 무엇인가를 생각해 보는 것이 우선 무엇보다도 중요하다. 표면적으로 보면 바울이 여기서 갑자기 이런 경고를 한다는 것은 문맥상으로 어울리지 않는다. 바울이 이런 경고를 여기서 하고 있다는 것은 누군가가 예수는 저주받았다고 말하고 있었음을 암시하고 있지만, 영적인 은사들을 다루고 있는 장의 서두에서 왜 갑자기 이 말을 꺼내고 있는 것일까? 우리는 여기서 이 경고의 말과 관련하여 은사주의자들이 알아듣지도 못하는 방언을 지껄이는 데에 대해서 한 번 생각해 볼 필요가 있다. 은사주의자들이 "알아 듣지도 못하는 방언"을 지껄인다면, 그들이 혹시 예수가 저주받았다고 말하고 있는 것이나 아닌지 누가 어떻게 알 수 있단 말인가? 방언을 지껄이고 있는 자신들이나 옆에서 듣고 있는 사람들 그 누구도 그들이 무어라고 지껄이는지 아무도 모른다. 만일 방언을 지껄이면서 예수가 저주를 받았다고 말하고 있다면, 그것은 분명 하나님의 영이 아니라 다른 이상한 영이 시켜서 그렇게 말하는 것일 게 분명하다. 자신도 알아듣지 못하고 다른 사람도 알아듣지 못하는 비성경적인 방언을 지껄이면서, 그것이 반드시 성령의 인도하심으로 말하는 것이라는 사실을 어떻게 입증할 것이며, 그것이 절대로 마귀에게 이끌려서 하는 짓이 아니라는 것을 어떻게 증명할 수가 있는가? 방언을 지껄인다는 것이 얼마나 위험한 일인지 이만하면 이해할 수 있겠는가?

예수 그리스도가 저주를 받았다고 공식적으로 드러내놓고 공언하는 이 지구상에서 유일한 집단이 하나 있는데, 그것은 로마카톨릭이다. 그들은 "토빗," "쥬디스," "벨과 용," "마카비서," "집회서" 등과 같은 외경들이 영감으로 기록된 구약의 일부가 아니라고 누가 말하기라도 하는 날에는 누구를 막론하고 그 사람을 저주하고 파문해 버린다. 예수님께서는 이들 외경들에 들어 있는 구절을 단 한 번이라도 인용하신 적이 없다. 예수님께서 율법과 예언과 사실 기록들을 인용하실 때는 반드시 구약의 정경들만을 인용하셨지, 외경을 인용하신 적은 단 한 번도 없었다. 이것은 예수 그리스도께서 외경들을 구약의 일부로 결코 인정하지 않으셨던 까닭이다. 그러니까, 예수님은 로마카톨릭 교회에 의해서 저주를 받고 파문을 당해야 한다. 이처럼 인간이 조직한 이 세상의 집단들 가운데서 예수 그리스도를 공식적으로 저주하고 파문하는 유일한 집단이 있다면, 그것은 바로 로마카톨릭 집단인 것이다. 이런 짓은 공산주의자들도 감히 하지 못한다.

『**또 성령에 의하지 아니하고는 누구라도 예수를 주라고 말할 수 없느니라**』(3절). 성경에서는 사람이 다른 사람을 높여서 "주"라고 부르는 예를 많이 볼 수 있다. 그러나 예수님께서는 한 분 하나님이시다. 그러므로 예수를 인간 "주"와 구별하여 "**주**"라고 불러야 한다. 〈한글킹제임스성경〉에서는 예수님을 "**주**"라고 고딕체로 구별하여 표기하였고, 영어 〈킹제임스성경〉에서는 "Lord"라고 첫 글자를 대문자로 표기할 뿐더러 거기에 정관사 "the"를 붙여 "the Lord"라고 표기함으로써 한 분 하나님이신 그분을 뚜렷이 구별하고 있다. 많은 그리스도인들이 성경 구절을 인용하면서 "예수님은 주(lord)시다."라고 흔히 말하는데, 이 때, "주"는 "**주**"님을 일컫는 것임을 분명히 해야 하고, 듣는 사람도 그렇게 이해하도록 주의해야 한다. 바울은 예수님을 "the Lord"(**주**)라고 불러야 한다고 말하면서, 그것도 성령에 의하지 않고는 함부로 그렇게 말해서는 안 된다고 경고한다. 성령에 의하지도 않고 누가 예수님을 "**주**"라고 부른다면, 그것은 한 분 하나님이신 예수 그리스도를 가리키는 것이 아니라 사실은 다른 어떤 것을 가리키는 것이 되기 때문이다. 성령님께서는 그리스도인들로 하여금 반드시 예수 그리스도를 하나님이신 "**주**"(the Lord)라고 부르도록 인도하신다. 구원받지 못한 사람들이 예수 그리스도를 "주"라고 부른다면 그것은 성령이 아니라 마귀의 인도를 받아 그렇게 하는 것이다. 성령님께서는 구원받지 못한 자를 결코 인도하시지는 않는다.

12:4 다양한 은사들이 있으나 성령은 동일하며,
5 다양한 봉사들이 있으나 주는 동일하며,
6 다양한 역사들이 있으나 모든 것 안에서 모든 것을 역사하시는 하나님은 동일하니라.
7 그러나 각 사람에게 성령의 나타나심을 주신 것은 유익을 위함이라.

『**다양한 은사들이 있으나 성령은 동일하며**』(4절). 여기서 성령이란 어떤 분이신가? 3절에 비추어 한 번 생각해 보라. 성령에 의하지 않고는 예수 그리스도를 『**주**』라고 부르지도 못하게 되어 있다. 성령님께서는 예수 그리스도를 『**주**』라고 부를 수 있도록 해주시는 권위를 갖고 계신 분이시다. 영어 〈킹제임스성경〉에서는 3절에서 『**성령**』을 "the Holy Ghost"("거룩하신 하나님의 영"이라는 뜻)라고 표기하고 있고 〈한글킹제임스성경〉에서는 『**성령**』이라고 고딕체로 표기하고 있다. 그런데 13절에서는 『**한 성령**』을 그냥 "one Spirit"이라고 표기하고 있다. 13절에서 『**한 성령**[one Spirit]**에 의하여 우리 모두가 한 몸 안으로 침례를**

받았으며』라고 말한다. 물 침례로 구원을 받게 된다고 믿는 바보들이나 "성령 침례"는 "물 침례"를 받은 뒤 다시 받게 된다고 믿는 정신나간 은사주의자들은 13절의 『**성령**』(Spirit)이 3절의 『**성령**』(the Holy Ghost)과는 다른 것이라고 억지를 부린다. 은사주의자들은 "침례"를 받았더라도 "성령침례"를 추가로 다시 받아야 한다고 주장하기 위해서 이런 억지를 부리는 것이다. 그러나 이것은 성경을 왜곡하는 자들의 억지에 지나지 않는다. 13절의 『**성령**』은 3절의 『**성령**』이나, 4절, 7절, 8절, 9절, 11절의 『**성령**』과 똑같은 『**성령**』이시다. 예수 그리스도를 구주로 믿고 구원받은 그리스도인들은 누구나 구원받는 순간, 그 안에 들어오셔서 동일한 성령께서 내주하신다. 그러므로 "성령침례"를 추가로 다시 받아야한다는 것은 새빨간 거짓말이다.

『**다양한 봉사들이 있으나 주는 동일하며**』(5절). 은사들이 그 종류가 다양한 만큼 그 은사들을 사용하여 행하는 봉사의 종류도 다양할 수밖에 없다. 그러나 『**주는 동일하며**』라고 말한다. 그런데, 여기서 왜 갑자기 『**주**』가 튀어 나오고 있는 것일까? 3절에 보면 『**예수**』는 『**주**』시다. 5절의 『**주**』는 3절에서 말한 그 『**주**』와 동일한 분이시다. 그러므로 여기서 주의할 필요가 있다. 많은 사람들이 "주 예수"를 지금도 그냥 "예수님"이라고만 알고 있고 그렇게 부른다. 이 세상에 인간으로 오셨던 예수님, 십자가에 처형 되신 예수님, 그리하여 우리 죄를 구속하시고 모든 믿는 자들에게 구원을 얻을 수 있도록 해놓으신 예수님, 그러한 예수님을 "예수님"이라고 부르는 것은 아무 문제가 없다. 그러나 그분께서는 지금도 인간으로 계신 것이 아니다. 그분은 지금 『**주**』시다. 따라서 지금의 그분을 그냥 "예수"라고 부르는 것은 옳지 않다. 그분을 그냥 "예수"라고 부르는 것은 하나님이신 그분의 신성에 아직도 "인성"을 가미하고 싶은 정서가 남아 있기 때문이다. 그러나 그것은 감정적인 생각일 뿐 영적인 자세가 아니다. 그분은 이제 『**주 예수**』시요, 『**주 예수 그리스도**』이시다.

그러한 주께서 다양한 은사들을 가자에게 주셔서 각자가 다른 일들을 수행한 수 있도록 하신다. 그러나 다양한 일을 수행할 수 있도록 다양한 은사들을 주시는 분은 오직 한 분 주, 곧 모든 것 안에 계신 한 분 하나님이시다. 하나님께서 주신 은사가 아니라면 그것은 마귀가 주는 능력이다.

『**다양한 역사들이 있으나 모든 것 안에서 모든 것을 역사하시는** 하나님은 **동일하니라. 그러나 각 사람에게 성령의 나타나심을 주신 것은 함께 유익을 얻게 하려 하심이라**』(6,7절). 각 사람에게 성령의 나타나심을 주신 것은 "유익을 위함"이라고 말한 것은 각 사람에게 각기 다른 은사들을 주셔서 제각기 자신에게 유익이 되도록 한다는 뜻이 아니라, 각기 다른 은사들을 사용하여 "다 같이," 혹은 "동시에" 유익이 되게 한다는 뜻이 함축되어 있다(영어 〈킹제임스성경〉에는 "to profit withal"이라고 표기하고 있다. "withal"이란 "to profit together," 또는 "to profit at the same time"이라는 뜻을 가진 고어체 단어로서 "다 함께 유익이 되도록," 또는 "동시에 유익이 되도록"이라는 뜻이다). 그러므로 각자가 받은 각기 다른 은사들은 모두를 위해서 동시에 유익이 되도록 사용하지 않으면 안 되는 은사들이다.

12:8 어떤 사람에게는 성령을 통하여 지혜의 말씀을 주시고 또 어떤 사람에게는 같은 성령을 따라 지식의 말씀을,

9 또 어떤 사람에게는 같은 성령으로 믿음을, 어떤 사람에게는 같은 성령으로 병 고치는 은사들을,

10 또 어떤 사람에게는 기적들을 행함을, 어떤 사람에게는 예언함을, 어떤 사람에게는 영들을 분별함을, 또 어떤 사람에게는 여러 가지 방언들을 말함을, 어떤 사람에게는 방언들을 통역함을 주시느니라.

11 그러나 이 모든 일은 한 분이신 같은 성령께서 역사하시어 그분께서 원하시는 대로 각 사람에게 나누어 주시니라.

『**어떤 사람에게는 성령을 통하여 지혜의 말씀을 주시고 또 어떤 사람에게는 같은 성령을 따라 지식의 말씀을**』(8절). 『**지혜의 말씀**』은 분명 교회에만 주시는 은사이다. 이것은 이스라엘에게 주는 표적이 아니다. 『**지식의 말씀**』도 마찬가지다. 12장에 나오는 모든 은사들이 이스라엘에게 주어졌던 표적들이 아니라 오직 지금이 은혜 시대의 교회에게만 주시는 은사들이고, 지금도 교회에 대한 이러한 은사는 방언을 제외하고 계속되고 있다. 은사들은 "은사들"이지, "표적들"이 아니다.

"지식"이란 어떤 상황에 관련되는 "사실들을 아는 것"을 말한다. 이에 대해서 "지혜"란 우리가 알게 된 지식들을 "올바르게 적용할 줄 아는 능력"을 말한다. 또 "명철"이란 "어떤 일과 하나님과의 관계를 이해하고 아는 것"을 말한다. 마귀는 지식과 지혜를 겸비하고 있다. 그러나 하나님과 관련하여 명철은 갖고 있지 못한다. 하나님의 사람들은 삶 가운데서 지혜로 모든 일을 시작하여 악과 결별하게 된다. 이것이 곧 명철이다. 지식이란 아는 것이고, 지혜란 아는 것을 적용할 줄 아는 것이며, 명철이란 어떤 것과 하나님의 관계를 이해하는 것을 말한다. 그러므로 지식만으로도 안 되고 지혜만으로도 부족하다. 새로 나온 변개된 성경들은 그릇된 지식을 경계하라고 말하면서 그릇된 지식은 옳지 못하고 바른 지식은 옳고 의롭다고 주장한다. 그러나 사실은 반드시 그렇지만은 않다는 것을 알아야 한다. 제대로 아는 지식이라 하더라도 얼마든지 의롭지 않을 수가 있다는 것을 알아야 한다는 말이다. 제대로 안다고 다 옳은 것은 아니기 때문이다. 우리는 옳지 않은 것들도 얼마든지 정확하게 아는 정확한 지식을 가질 수가 있다. 그러나 그것이 아무리 정확해도 옳지 않은 것은 여전히 옳지 않은 것이다. 마귀는 틀린 지식이 아니라 언제나 정확한 지식을 갖고 있다. 다시 말해서, 마귀는 모든 것을 제대로 알고 있다는 얘기다. 마귀는 모르는 것이 없다. 그러나 마귀가 제대로 정확하게 알고 있다고 해서 그것이 다 의로운 것이라고 말할 수 있겠는가? 천만의 말씀이다. 현대의 과학자들은 많은 사실들에 대해서 엄청난 지식을 갖고 있다. 그렇다고 그들이 다 옳고 의롭다고 할 수 있는가? 결코 그렇지 않다.

그런가 하면 또, 어떤 사람은 지식은 있는데 지혜는 없고, 어떤 사람은 지혜는 있으면서 지식을 갖고 있지 못하다. 그러나 마귀는 지식과 지혜를 모두 갖고 있다. 마귀는 다만 명철만은 갖고 있지 못하다. 산간벽지에 사는 교육을 제대로 받지 못한 사람들은 대부분 지혜는 있는데 많은 사실에 대한 지식은 별로 없다. 반대로 교육을 받은 사람들은 대부분 지식은 많은데 지혜는 모자란다. 시골 사람들이 도시의 고등교육을 받은 사람들보다 훨씬 지혜가 풍부하다는 것을 우리는 흔히 발견한다. 시골 사람들은 도시 사람들에 비해 여러 가지 사실들을 접할 기회를 많이 갖지 못하기 때문에 그만큼 지식은 모자랄 수밖에 없다.

지식이란 축적된 많은 사실들을 손에 들고 있는 것을 말한다. 그러나 이 지식이 반드시 지혜로 연결되는 것은 아니다. 주님께서 성령님을 통하여 『**지혜의 말씀**』을 주신다는 것은 곧 때와 장소에 따라 하나님의 말씀을 정확하고 올바르게 적용하고 말할 줄 알게 하신다는 뜻이고, 『**지식의 말씀**』을 주신다는 것은 말씀의 뜻을 정확하고 바르게 이해할 줄 알게 하신다는 뜻이다. 지식이 풍부하다고 해서 자신들이 지혜도 풍부하다고 잘못 생각하는 사람들이 많지만, 천만의 말씀이다. 지식과 지혜는 엄연히 다른 것이다.

『**또 어떤 사람에게는 같은 성령으로 믿음을, 어떤 사람에게는 같은 성령으로 병 고치는 은사들을**』(9절). 어떤 그리스도인들은 다른 사람들보다 믿음의 분량이 더 많게 하신다. 그래서 같은 그리스도인들이라 하더라도 그 믿음의 분량은 각자 다른 것이 사실이다. 어떤 사람에게는 같은 성령으로 『**병 고치는 은사**』를 주신다. 이런 은사들이 교회의 힘이 된다는 것은 말할 것도 없다. 그러나 교회에 주시는 이런 은사들은 결코 표적으로 주시는 것이 아님을 알아야 한다. 이스라엘에게는 모든 은사가 표적으로 주어졌었다. 가령, 『**병 고치는 은사**』를 예로 들어 보자. 성경에 보면 하나님의 사람들 중 병 고치는 은사를 받았던 최초의 인물은 모세였다. 모세가 하나님께서 하라시는 대로 손을 품에 넣었다 꺼내 보니 문둥병에 걸렸다. 다시 하나님께서 시키시는 대로 한 번 더 손을 품에 넣었다 꺼내 보니 이번에는 문둥병이 깨끗이 나았다(출 4:6,7). 이것은 하나님께서 이집트 탈출이 하나님의 뜻임을 알게 하기 위하여 이스라엘에게 보여 주신 표적이었다. 『**만일 그들이 너를 믿지 아니하고 처음 표적의 소리에 경청하지 아니하면, 그들이 나중 표적의 소리를 믿으리라**』(출 4:8). 이스라엘은 이런 표적을 보아야만 그것이 하나님의 일임을 알 수 있었다. 이렇게 표적이 없으면 도무지 믿지 않으려는 이스라엘 백성에게는 하나님의 일을 믿도록 하는 데에 표적이 필요했다. 병 고치는 은사가 영적인 은사인 것만은 분명하지만, 이것이 이스라엘에게는 표적으로 주어졌었고, 바울이 고린도 교회에 편지를 써 보내던 그 당시의 초대교회 시대까지만 해도 사도들에게 이 은사가 주어졌던 것은 오직 믿지 않는 이스라엘 사람들에게 표적을 보여 주기 위함이었다. 이러한 영적인 은사가 교회에 표적으로 나타났던 것은 오직 그때 뿐이었다. 그 당시만 해도 교회 내에 표적이 필요했던 이스라엘 사람들이 있었다. 그러나 이 시대에는 교회에 표적을 필요로 하는 사람들은 없다. 이 시대의 그리스도인들은 모두 믿음으로 행하는 사람들이기 때문이다.

오늘날에는 의사들이 병 고치는 은사를 갖고 있다고 말할 수 있다. 마가복음 16장에 보면 이 표적으로 『**병자에게 안수하면 그들이 회복되리라.**』(막 16:18)고 말씀한다. "안수"란 손을 얹는다(lay hands on)는 뜻이다. 의사는 환자의 환부에 손을 대어 병에서 "회복"되게 하는 사람이다. 암 환자라도 그에게 손을 얹어 수술하여 병을 고친다. 은사주의자들이 천막을 쳐놓고 수백 개의 백열등 밑에 사람들을 모아놓고 "할렐루야, 알렐루야, 할렐루우야!"를 외쳐대거나 라디오나 TV 방송국에 큰돈을 지불하고 프로그램을 새내이 전파나 화면을 통하여 이찌구지찌구 힌다고 해서 병자들이 병에서 회복되는 것이 아니라는 얘기다. 내가 만약 그런 식으로 병 고치는 은사를 갖고 있다면 천막이다, 라디오 방송국이다, TV 스튜디오다 하면서 성령을 이리저리 질질 끌고 다니면서 그런 식으로 미련하게 병자들을 고치지는 않겠다. 그런 짓은 시간 낭비에 또 돈 낭비다. 나 같으면 멀리 갈 것도 없이 자동차에 기름을 가득 넣은 다음 가까운 마이애미로 먼저 달려가겠다. 그리고 그 곳에 있는 탤하시 병원이나 캣슬로우 병원이나 잭슨빌 병원의 암 병동으로 곧장 들어가 거기 병상에 누워 있는 암 환자들을 고쳐 주고, 또 곧비로 랜들고우

병원의 암 병동으로 갔다가 탐파 시에 있는 암 병원에 들르고, 거기서 다시 4,5마일밖에 안 떨어진 마이애미 로데일 병원까지 찾아 가겠다. 이렇게 한 바퀴만 돌아도 나는 번 돈을 다 운반하기 위해 기관차 화물칸을 한 대 전세 내어 거기에 가득 싣고 와야 할 것이다. 그 많은 돈을 다 어떻게 써야할지 나는 아마 쩔쩔매게 될 것이다. 무엇하러 시간을 낭비하고 한 번에 50만 달러씩이나 아까운 돈을 지불하면서 TV 프로를 세내어 영상을 통하여 "신유"를 베풀고 돈을 보내 달라고 구걸한단 말인가? 마이애미 한 곳에 있는 말기 암환자들만 상대해도 아마 최소한 2천만 달러는 넉넉히 벌 수 있을 것이다.

『또 어떤 사람에게는 기적들을 행함을, 어떤 사람에게는 예언함을, 어떤 사람에게는 영들을 분별함을, 또 어떤 사람에게는 여러 가지 방언들을 말함을, 어떤 사람에게는 방언들을 통역함을 주시느니라』(10절). 『**기적들**』은 말할 것도 없이 이스라엘을 위한 표적으로만 주어졌다. 기적들은 믿지 않는 유대인들에게 믿게 하려는 방편으로 주어진 표적이었다. 그러나 『**예언**』은 표적으로 주어진 것이 아니다. 그래서 예언은 교회에 주어진 은사이다. 예언은 성경 그 어디를 보아도 표적으로 주어진 은사가 아니었다. 신약성경이 완성되기 전의 사도행전까지는 어떤 일이 일어나리라는 것을 하나님께서 보여 주셨고 말씀하셨음을 사도들이 사람들에게 전해 주었다. 그러나 신약성경이 완성된 다음부터는 예수 그리스도의 증거가 『**예언의 영**』(계 19:10)이라고 선포되었다. 이 말은, 모든 그리스도인들이 각기 어떤 유형의 예언의 은사를 갖고 있음을 의미하는데, 이것은 예수 그리스도를 증거하시는 성령께서 모든 그리스도인을 인도하고 계시기 때문이다. 어떤 그리스도인들이 다른 사람에 비하여 훨씬 더 많은 예언의 은사를 갖고 있다는 것은 사실이다. 이것은 그 사람이 다른 사람들보다 성경 말씀에 대한 지식이 훨씬 더 풍부하기 때문에 하나님의 말씀들에 비추어 어떤 일이 일어날 것인가를 그만큼 더 잘 알 수 있기 때문이다. 예를 들면, 클라렌스 라킨은 다른 사람들보다 훨씬 더 많은 예언의 은사를 갖고 있었던 사람이라고 나는 확신한다. 이것만은 아주 틀림없는 사실이다. 클리브렌드, 림지, 디한, 테오도르 엡, 밥 존스, 빌리 그래함, 찰리 풀러 같은 사람들은 분명히 다른 사람들보다 더 많은 예언의 은사를 갖고 있었던 사람들이었다. 그들은 그 누구보다도 하나님의 말씀을 많이 알고 있었던 것이다.

『**영들을 분별함**』 역시 성경 어디에서도 표적으로 주어진 적이 없다. 영들을 분별하는 능력은 지금도 교회에 주어지는 은사이다. 영들을 분별한다는 것은 어떤 영이 하나님의 영인가 아닌가를 구별하는 능력을 말한다. 다시 말해서, 성령인가 마귀인가를 분별할 줄 아는 능력을 말한다.

『**어떤 사람에게는 여러 가지 방언들을 말함을**』(10절). 『**방언**』이란 무엇인가? 고린도전서 14:22을 보라. 『**그러므로 방언들은 믿는 사람들을 위한 것이 아니라 믿지 않는 사람들을 위한 표적**』이라고 분명하고 정의를 내리고 있다! 그러니까 방언은 그리스도의 몸인 교회를 위한 것이 아니라는 얘기다. 위에서도 언급하였듯이 교회는 표적을 필요로 하지 않는다. 하나님께서는 교회에 표적을 보여 주시지 않으신다. 교회는 믿음으로 행하는 사람들이지 눈으로 보고 행하는 사람들이 아니다(고후 5:7). "방언"은 교리적으로 적용하면 유대인들을 위한 표적이었고, 영적으로 적용하면 교회를 위한 외국어 능력을 말한다.

『**어떤 사람에게는 방언들을 통역함을**』(10절). 어떤 그리스도인들은 외국어를 통역할 줄 아는 영적인 은사를 갖고 있다. 이 때 『**방언**』이라 함은 물론 영적으로 적용된 외국어 능력을 말한다. 그리스도인들 가운데 외국어를 할 줄 알고 통역할 줄 안다면, 그것은 하나님께서 그 사람을 특별한 목적에 쓰시기 위함이다. 그리스도인들 가운데는 다른 사람들보다 외국어에 능통한 사람들이 많다. 그들은 방언의 영적 은사를 받은 사람들이다.

『**그러나 이 모든 일은 한 분이신 같은 성령께서 역사하시어 그분께서 원하시는 대로 각 사람에게 나누어 주시느니라**』(11절). 모든 영적인 은사들은 성령님께서 뜻하시는 대로 각 사람에게 "나누어" 주신다. 이런 은사는 이 사람에게, 저런 은사는 저 사람에게 각기 별도로 나누어 주시는 것이지 한 사람에게 모든 은사들을 몽땅 주시는 것이 아니라는 얘기다. 우리가 구원받으면 하나님께서는 열매를 맺게 하시려고 각자에게 무슨 일인가를 하도록 어떤 임무를 맡기신다. 예수 그리스도께서는 『**내가 너희를 선택하여 임명하였나니 이는 너희로 가서 열매를 맺게 하고**』(요 15:16)라고 말씀하신다. 그리고 그 임무를 수행하는 데에 필요한 이러한 갖가지 은사들을 우리들에게 주셔서 우리 안에 잠재능력을 넣어 주신다. 그러나 모든 그리스도인들이 자기가 받은 은사가 무엇인지 모두 잘 알고 있는 것은 아니다. 그렇기 때문에 각자 하나님께서 자신에게 주신 잠재능력을 무시하지 말라고 바울은 충고하고 있다. 『**주어진 네 안에 있는 은사를 소홀히 여기지 말라**』(딤전 4:14). 그러므로 우리들 각자는 하나님께서 다른 사람에게는 주시지 않았지만 나에게만은 어떤 은사를 주셨는지를 스스로 알고 모르는 것은 나 자신에게 달려 있다. 하나님께서는 분명히 다른 사람에게는 주시지 않은 어떤 은사를 당신에게 주셨다. 현대인들은 TV를 통하여 이상한 쪽으로 완전히 세뇌되는 바람에 특별히 "타고난 능력"을 가진 사람들이 따로 있다고 믿어 버리고, 그러한 사람들을 위대한 "카리스마"로 삼기를 좋아한다. TV에 보면 노래도 잘 못하는 아무개 같은 아주 아름다운 여자 가수들이 많이 등장한다. 그럴 때마다 그들은 "와! 아름다운 아무개 아닌가!," "야, 늘씬한 아무개로구나!" 하고 탄성을 지르며 미쳐 버린다. 노래를 들어보면 그렇고 그런데도 말이다. 미국 사람들은 타고난 재능을 가진 사람들이란 다름 아닌 대중 가수들이나 사람을 잘 웃기는 개그맨들이나 벨리 댄스를 추며 배를 잘 흔들어 대는 사람들을 말한다고 생각하게 되었다. 그리고 또, 그런 재주들이 특별히 타고난 재능에 의해서 되는 것으로 생각한다. 그러나 천만의 말씀이다. 그런 재주들은 다 나름대로 그것을 열심히 연습하고 훈련했기 때문에 나온 재주들이다. 그리스도의 몸인 교회에 주시는 하나님의 은사들은 이런 것들 보다 훨씬 큰 능력을 발휘하지만 그것을 연습하고 훈련받는다고 생기는 능력이 아니다. 내가 만일 노래를 잘 못한다면 그것은 하나님께서 노래 잘 하는 은사를 내게 주지 않으셨기 때문이다. 내가 만일 말을 잘 한다면, 그것은 하나님께서 내게 말 잘하는 은사를 주셨기 때문이다. 당신이 분명히 구원받은 그리스도인인데도 자신에게 주어진 은사를 하나도 발견하지 못하고 있다면, 그것은 당신이 주님께 완전히 굴복하지 않았기 때문이다. 주님께 완전히 굴복해 보라. 그러면 반드시 무엇인가 자신에게 주어진 은사를 결국에는 찾아내게 될 것이다. 하나님께서는 당신을 어떤 일에 쓰기를 반드시 원하신다. 그런데 당신이 그것을 하려고 하지 않는다면 당신은 하나님께 굴복한 것이 아니다. 그러니까 자신에게 주어진 은사도 발견하지 못하는 것이다. 가령, 어떤 사람들은 자신이 구원받지 못한 사람들을 그리스도께로 인도하여 구원받게 하는 데에는 별로 능력이 없다고 생각한다. 그러나 이것은 주님께서 모든 그리스도인들에게 맡기신 기본적인 공통 임무이다. 당신이 진정으로 구원받은 그리스도인이라면, 당신은 구령하는 능력을 하나님께서 은사로 주셨다. 해보지도 않고 능력이 없다고 포기하지 말라. 매일, 그야말로 하루도 쉬지 말고, 한 번 시도해 보라. 당신은 반드시 구령할 수 있는 능력이 은사로 주어졌음을 발견하게 될 것이다. 다른 일에 바빠서 할 수 없다고 핑계대지 말라. 바쁘기로 말한다면야 나만큼 바쁜 사람도 또 없을 것이다. 나는 아침 일곱시 반에 하루 일과를 시작하여 밤 열시 반에나 귀가하는 것이 보통이다. 그렇지만 밤 11시 반이 되기까지에는 아직도 한 시간의 여유가 더 있다고 생각한다. 지하철을 타든지, 버스를 타든지, 비행장에 가든지, 하다못해 화장실에 가더라도 죄인들을 구원받게 할 수 있는 시간과 기회는 얼마든지 있다. 한 번은 공중 화장실에 가서 일을 보고 있는데, 흑인 한 사람이 내 옆에 서서 같은 일을 보고 있었다. 내가 일을 보면서 "구원받았느냐?"고 물었더니 그 사람이 일을 보다 말고 얼른 지퍼를 올리려고 하였다. "아아, 그럴 필요까진 없어요. 일을 계속 보시면서 내 말을 좀 들어 보세요."라고 나는 말을 계속하며 구원의 메시지를 그에게 전했다. 그가 구원을 받게 되었는지 어땠는지는 모르지만, 하나님께서는 분명히 아실 것이다.

어떤 사람들은 주님을 위하여 무슨 일인가를 하고 싶어 열망하면서도 자신이 갖고 있는 은사가 무엇인지 도무지 알 수 없어 답답하다고 말한다. 또 어떤 사람들은 자신이 받은 은사는 특별히 무엇인지 알고 있고 그것을 사용하여 주님을 위하여 일하고 싶지만, 하나님께서 적절한 기회를 주시지 않는다고 호소한다. 그래서 하나님께서는 자신들이 원하는 바를 다 들어 주시지 않는다고 섭섭해 하기도 하고 불평까지 한다. 그러나 이것을 똑똑히 알아두라. 마귀 역시 당신의 마음속을 훤히 알고 있다는 사실을 말이다. 당신이 주님을 위하여 무슨 일인가를 하고 싶은 마음이 간절하거나 실제로 무엇을 계획하고 실행에 옮기려 할 때, 마귀는 귀신같이 그것을 용케 알고 당신에게 교묘하게 접근하여 당신을 방해하는 수가 아주 흔하다. 마귀는 그 방면에 전문가다. 그러므로 그리스도인들은 주님의 일을 하면서 항상 마귀와 싸우지 않으면 안 된다. 그러나 그 싸움에서 당신이 이길 수 있도록 성령님께서 당신을 도와 주고 계시다는 사실도 잊지 말라.

12:12 몸은 하나인데 많은 지체가 있고 한 몸에 지체는 많아도 모두 한 몸인 것처럼 그리스도께서도 그러하시니라.

13 유대인이나 이방인이나, 종이나 자유인이나 한 성령에 의하여 우리 모두가 한 몸 안으로 침례를 받았으며 또 모두가 한 성령 안으로 마시게 되었느니라.

14 몸은 한 지체가 아니라 여러 지체로 되어 있으니

15 만일 발이 말하기를 "나는 손이 아니므로 몸에 속하지 아니한다." 하여 그것이 몸에 속하지 않는 것이냐?

16 또 만일 귀가 말하기를 "나는 눈이 아니므로 몸에 속하지 아니한다." 한다면 이로 인하여 그것이 몸에 속하지 않는 것이냐?

17 온 몸이 한 눈이라면 듣는 곳은 어디며 온 몸이 듣는 곳이라면 냄새 맡는 곳은 어디겠느냐?

『**몸은 하나인데 많은 지체가 있고 한 몸에 지체는 많아도 모두 한 몸인 것처럼 그리스도께서도 그러하시니라**』(12절). 여기서 말하는 『**몸**』이란 지역 교회를 말하는 것이 아니다. 이 몸은 지역 교회 이상의 몸을 말한다. 구원받은 모든 지체들이 모여서 오직 『**한 몸**』을 이룬다. 이 지구상에 수없이 많은 지역 교회들이 있지만 그래도 역시 몸은 오직 하나이다. 이것은 그리스도께서 한 분이시기 때문이다. "물 침례"로 구원받고 "성령침례"는 또 다른 것이라고 생각하는 얼간이들은 13절의 『**한 몸 안으로 침례를 받았으며**』를 "물 침례"를 받고 한 지역 교회 안으로 들어오게 된다는 뜻이라고 억지를 부린다. 그러나 고린도전서 12:13에는 물이란 말은 단 한 마디도 나오지 않을 뿐더러 여러 개의 몸이라고도 말하지 않는다. 『**한 몸 안으로 침례**』를 받은 것은 『**한 성령에 의하여**』라고 13절은 분명히 말한다. 지역 교회 하나하나가 각기 독립된 그리스도의 몸이라고 생각하는 것은 아주 잘못된 생각이다. 지역 교회 안에는 구원받지 못한 사람들도 끼어 있다. 그러나 그리스도의 몸 안에는 구원받지 못한 사람이 단 한 사람도 끼지 못한다. 하나의 지역 교회는 사람들이 조직한 하나의 기구에 불과하다. 이에 반하여 그리스도의 몸은 하나의 살아 있는 영적 유기체이다. 그런데, 지역 교회 하나하나가 각기 독립된 그리스도의 몸이 아니라고 해서 이들 교회들을 모두 한 묶음으로 싸놓으면 그리스도의 몸이 되느냐 하면, 그것도 아니다. 우리는 지금 영적인 몸을 말하고 있는 것이다. 로마카톨릭은 한 묶음으로 싸여진 범세계적인 조직체이다. 그렇다면, 로마카톨릭이 그리스도의 몸인가? 절대로 아니다! 로마카톨릭은 눈에 보이는 조직체이지 영적인 유기체가 아니다. 우리는 지금 영적인 유기체로서의 그리스도의 몸에 대해서 이야기하고 있다. 이 "몸"을 눈에 보이는 지역 교회라고 생각하면, 어떤 지체는 눈에 보이고 어떤 지체는 눈에 보이지 않는다는 점에서 더욱 혼란에 빠진다. 옛 시대의 그리스도인들은 교회가 하나의 군대요, 승리를 위해 싸우는 한 부대라고 생각했는데, 이것은 아주 옳고 적절한 생각이었다. 이 땅에 사는 모든 구원받은 사람들이 구성하는 몸은 전쟁을 수행하고 있는 하나의 군대요, 승리를 위해 싸우는 하나의 부대다. 싸우다가 전사하여 하늘나라 본향으로 가는 개별적인 병사(교회)들은 그 군대가 거두는 승리의 일부들이다.

『**유대인이나 이방인이나, 종이나 자유인이나 한 성령에 의하여 우리 모두가 한 몸 안으로 침례를 받았으며 또 모두가 한 성령 안으로 마시게 되었느니라**』(13절).

위에서 말한 것처럼 『**한 몸**』은 지역 교회가 아니라 구원받은 모든 그리스도인들로 구성된 영적인 한 몸이다. 왜 “한 몸”이냐 하면, 모든 그리스도인들은 『**한 성령에 의하여**』 『**한 몸 안으로**』 침례를 받았기 때문이다. 그래서 모든 그리스도인들은 “성령침례”를 받고 『**한 성령 안으로 마시게**』 된 사람들이다. 자, 그렇다면 29절, 30절을 보자. 성령침례를 받은 모든 그리스도인들이 『**다 사도겠느냐?**』 아니다! 『**다 선지자겠느냐?**』 아니다! 『**다 교사겠느냐?**』 아니다! 『**다 기적들을 행하는 자들이겠느냐?**』 역시 아니다! 『**다 병 고치는 은사들을 가졌겠느냐?**』 물론 아니다! 『**다 방언들을 말하겠느냐? 다 통역하겠느냐?**』 역시 대답은 “아니다.”이다. 그렇지 않은가? 그렇다면, 방언을 말한다고 해서 “성령침례”를 받았다는 증거가 될 수는 결코 없다는 것이 분명해진다. 모든 사람들이 한 성령에 의하여 한 몸 안으로 침례를 받았지만 그 모든 사람들이 방언을 하는 것은 아니잖는가? 『**유대인이나 이방인이나, 종이나 자유인이나**』 비록 방언을 할 줄은 모르지만 『**한 성령에 의하여 우리 모두가 한 몸 안으로 침례**』를 받았다. 그리고 『**한 성령 안으로 마시게**』 된 사람들이다. 『**한 성령 안으로 마시게 되었느니라.**』는 것은 말할 것도 없이 영적으로 마시게 된 것을 말한다. 그러나 이들이 모두 방언을 하는 것은 결코 아니다. 방언을 할 수 있어야 성령을 받았다는 증거가 된다는 것은 거짓말이다.

13절과 관련하여 우리가 명심해 두어야 할 것이 또 한 가지 있다. 그것은 에베소서가 기록되기 훨씬 전에 고린도전서가 기록되었다는 사실이다. 그러므로 에베소서에서 바울이 언급하는 침례가 고린도전서 12:13의 “한 침례”와는 다른 것이라고 잘못 생각하고, 다른 사람들도 그렇게 믿도록 하려고 애쓰는 벌링거와 오헤어 같은 자들은 한 마디로 얼간이들이다. 바울은 에베소서에서 침례에 대해 기록할 당시 이미 고린도전서 12:13에서 자신이 “한 침례”에 대해 무어라고 언급해 놓았던가를 잘 알고 있는 상태였다. 다시 말해서, 고린도전서 12:13에 기록해 놓은 것처럼 바울은 “한 성령”이 무엇이고, “한 침례”가 무엇인지에 대해서 이미 명쾌하게 알고 있는 상태에서 에베소서를 기록했고, 그 에베소서에서 거듭날 때 받는 성령침례에 관하여 언급하고 있는 것이다. 그러한 바울이 여기서는 이 말을 하고 저기서는 저 말을 했다고 생각하는 것은 얼토당토않은 어리석은 생각이다.

『**몸은 한 지체가 아니라 여러 지체로 되어 있으니**』(14절)라고 말하면서 바울은 15절, 16절, 17절에서 자세하게 그 예를 들고 있다. 그러니까, 어떤 구원받은 사람이 자기는 그리스도의 팔뚝으로 태어났으니 다른 부분보다 월등히 훌륭하고 자기가 받은 구원이 더 안전하다 말할 수가 없다. 내가 그분의 손으로 태어났다면, 나는 그분의 손일 뿐이다. 내가 그분의 손으로 태어났는데, 『**아무도 내 아버지 손에서 그들을 빼앗아 갈 수 없느니라.**』(요 10:29)고 말씀하셨으니까 나야말로 그 누구보다도 안전한 구원을 받았다고 말할 수가 없다는 얘기다. 누군가가 당신을 그리스도의 몸에서 떼어내지 못할는지는 모르지만, 당신이 오히려 스스로 뛰쳐나갈 가능성이 더 높다는 것을 염두에 두라. "나는 그분의 손이라구!"하고 자랑하는 사람이야말로 그리스도의 몸에서 뛰쳐나갈 가능성이 누구보다 높은 사람이다.

12:18 그러나 이제 하나님께서는 친히 원하시는 대로 지체들 각각을 몸 안에 두셨느니라.

19 만일 모두 다 한 지체이면 몸은 어디겠느냐?

20 그러나 이제 지체들은 많이도 한 몸이니라.

21 눈이 손에게 "나는 네가 필요 없다." 하거나 또 머리가 발에게 "나는 네가 필요 없다."고 말할 수 없느니라.

자기가 그리스도의 "눈"에 해당한다고 생각하는 그리스도인이 손이나 발에 해당하는 그리스도인에게 "나는 주님을 볼 수 있는 눈이니까 너는 필요도 없다."고 말하는 사람들이 없지도 않다는 것은 사실이다. 우리의 "머리"이신 주 예수 그리스도께서 친히 발이 필요하고 손이 필요하다고 말씀하시는데도 말이다. 우리의 몸은 각 부분들을 빠짐없이 다 필요로 하고, 각 부분들은 각기 다른 기능들을 가진 다른 부분들을 다 필요로 한다. 각 부분들은 혼자서만 지탱할 수가 없는 것이다. 구원받은 그리스도인들도 마찬가지다. 구원받은 하나님의 자녀들은 누구나 각기 자기 나름대로의 기능을 갖고 있다. 당신이 구원 받았다면, 무엇인가 당신만이 해야 할 일이 있기 마련이고, 당신만이 할 수 있는 일이 정해져 있는 법이다. 주님께서는 당신이 무엇을 해야 하는가를 알고 계시기 때문에 거기에 맞게 당신을 몸의 어느 부분인가가 되게 만들어 놓으신다. 그러나 각 사람들이 모두 한 몸임을 잊지 말라.

12:22 뿐만 아니라 몸의 더 약하게 보이는 지체들이 오히려 더 요긴하고
23 우리가 덜 귀히 여기는 몸의 지체들에게 보다 많은 존귀로 입혀 주며 우리의 아름답지 못한 지체들은 더욱 아름다운 것을 얻으며
24 우리의 아름다운 지체들은 요구할 것이 없느니라. 오직 하나님께서는 그 몸을 고르게 하사 부족한 지체에게 더 많은 존귀를 주셨으니,
25 이는 몸 안에 분열이 없게 하실 뿐만 아니라 지체들이 서로에게 동일한 관심을 가지게 함이라.
26 만일 한 지체가 고통을 받으면 모든 지체가 그와 함께 고통을 받으며 만일 한 지체가 영광을 얻으면 모든 지체가 함께 기뻐하느니라.
27 이제 너희는 그리스도의 몸이요 개별적으로는 그 지체들이라.

22절에서 27절까지 바울은 몸의 단결과 연합을 강조하고 있다. 몸의 각 지체들이 서로 맡은 일을 수행해 나가는 가운데 마치 신체의 각 기관처럼 서로가 서로에게 어떻게 작용하고 도우면서 서로 갈라지거나 떨어지지 말아야 할 것을 충고하고 있는 것이다.

『우리가 덜 귀히 여기는 몸의 지체들에게 보다 많는 존귀로 입혀 주며 우리의

아름답지 못한 지체들은 더욱 아름다운 것을 얻으며』(23절). 우리도 신체의 어느 부분이 약해져 있으면 그 부분을 붕대로 감아 준다든가, 보호대를 붙인다든가 하면서 약한 부분을 다른 부분보다 오히려 더 보살펴 주게 된다. 그리고 혹시 모양이 흉하게 보인다든지 흠집이 있는 부분은 가리기도 하고 정상으로 보이게 하려고 화장도 하면서 신경을 더 쓰기 마련이다. 그리스도의 몸도 마찬가지다. 누가 믿음이 연약하거나 그리스도인으로서 아직 장성하지 못했거나 혹시 어떤 결함이나 약점이 있다면, 우리들은 오히려 그런 사람들을 감싸주고 보살펴 주어야 한다.

『**우리의 아름다운 지체들은 요구할 것이 없느니라. 오직 하나님께서는 그 몸을 고르게 하사 부족한 지체에게 더 많은 존귀를 주셨으니**』(24절). 그러므로 만약 다른 사람보다 못생긴 그리스도인이라면 그 사람은 다른 사람보다 훨씬 더 많은 은혜를 하나님께로부터 받는다. 어떤 그리스도인들은 자신들이 별로 잘 생기지 못하여 하나님께서 자기에게 주신 게 없다고 생각하는 사람들도 있지만, 천만의 말씀이다. 하나님께서는 잘 생기지 못한 용모 대신에 다른 사람이 갖고 있지 못한 특별한 무엇인가를 당신에게만 반드시 주신다. 가난한 사람에게는 오히려 건강을 주신다든지, 교육을 많이 받지 못한 사람에게는 그 대신 근면한 성품을 주신다든지 하신다. 나는 무엇보다도 그리스도인이 되었다. 그리스도의 몸이 나를 받아 주었는지 여부는 나도 아직 잘 모르겠다. 하지만 나는 구원받은 지 27년(1976년 당시)이 되었다. 그리나 하나님의 지녀기 된 이후에도 초창기에는 수없이 많은 실수를 저질렀다. 구원받았다고 해서 그 순간부터 다 성숙한 그리스도인이 되는 것은 결코 아니다. 그러나 그리스도인으로 하루하루를 살아가는 동안 조금씩 성장해 간다. 그래서 우리는 아무리 덜 성숙한 그리스도인들이라 하더라도 그들을 깔보거나 소홀히 대할 수가 없다. 그 형제자매들의 구주가 다름 아닌 예수 그리스도시라는 사실이 무엇보다 중요하기 때문이다. 우리가 그들을 소홀히 대한다면 그것은 곧 자기 자신을 멸시하는 것이다.

그런기 히면 또, 겉으로 보기에는 보잘것이 없고 미숙하기 짝없는 그리스도인처럼 보이는 사람들도 알고 보면 그리스도의 몸의 지체로서 당신보다 훨씬 더 적극적으로 눈부신 활동을 하고 있는 사람들도 많다는 것을 잊지 말아야 한다. 텍사스주 포트워즈에 있는 어떤 교회에 열여섯이나 열일곱 살 정도밖에 안돼 보이는 십대 소녀가 하나 있었다. 겉으로 보기에는 아무것도 모르고 미숙하기 짝없어 보이는 별 볼일 없는 그리스도인 소녀였다. 그러나 주일 날 예배 때 구원으로의 초청 시간을 맞을 때마다 그녀는 밖으로 뛰어나가 교회 건물 앞에 꼿꼿이 서서 구원받지 못한 죄인들을 향하여 주 예수 그리스도를 증거하면서 지나가는 한 사람 한 사람을 붙잡고는 "가서 구원받지 않으시겠어요? 지금 교회로 가서 구원받고 싶지 않으신가요? 저하고 같이 교회로 가서 구원을 받으시지요." 하면서 그들을 그리스도께로 따뜻이 초청하는 것이었다. 그녀가 매일요일 예배 때마다 구원받지 못한 죄인들 열다섯 명 이상을 교회로 데리고 들어오지 않은 적은 한 번도 없었다. 그러한 그녀를 보고 누가 감히 별 볼일 없는 소녀라고 업신여길 수 있겠는가? 대부분의 지역 교회들 안에는 이처럼 겉으로는 보잘것없어 보여도 알찬 일꾼들이 있는 법이다. 우리 교회에도 토레이스라는 이름의 한 성도가 있다. 그는 외양으로 보면 못생긴 사람이다. 말라깽이에 키도 나보다 작은 왜소한 체구인데다가 안경을 끼고 있었고, 얼굴은 창백하고 팔다리에 힘이 하나도 없어 보였으며, 말소리는 여자처럼 가냘펐다. 그가 처음 우리 교회에 왔을 때 보니 아무도 그가 그리스도인으로서 무슨 하찮은 일 한 가지라도 도무지 제대로 할 것 같다고 생각지 않았다. 그랬던 그가 첫 해에는 25명, 26명, 30명, 38명씩 구령을 하기 시작하더니 그 이듬해에는 50명, 60명, 65명, 75명씩이나 그리스도께로 인도하였고, 작년만 해도 80명, 85명, 90명, 95명씩이나 구원받지 못한 죄인들을 살려냈다. 하루는 그가 내게 와서 이렇게 말했다. "럭크만 형제님, 저는 지난 번 크리스마스 때 고향 집에 내려가 가족들에게 그리스도를 증거하려고 했답니다. 그들은 온통 카톨릭 신자들이었거든요. 그런데 제가 입을 열자마자 삼촌이 화를 벌컥 내면서 나를 밀어 넘어뜨리고, 형은 내가 하는 말은 들은 척도 하지 않았으며, 성경 구절을 읽어 주니까 귀를 틀어막아 버리는 게 아니었겠어요? 그래서 저는 마치 사나운 사자처럼 '으르렁!' 하고 포효하면서 외쳐댔지요." 하고 말하는 것이었다. 그는 끝내 텍사스에 있는 고향 집의 온 가족들을 구원하고 돌아왔다. 아버지, 어머니, 형, 누이들은 말할 것도 없고 아저씨, 아주머니, 할머니, 할아버지 할 것 없이 몽땅 제대로 예수 그리스도께로 인도하여 진짜 구원을 받게 하고야 말았던 것이다. 겉으로 보면 보잘것없어 보이던 그가 실은 사자처럼 용감한 투사였던 것이다. 이처럼 외양만 보고 그 사람이 보잘것없는 그리스도인이라고 판단하고 멸시하는 것은 아주 잘못된 일이다. 사람은 누구나 한 면으로는 무엇인가 부족하여도 주님께서는 다른 면으로 강한 능력을 반드시 주셔서 부족한 면을 넉넉히 보완하고도 남게 해주시는 법이다.

『**이는 몸 안에 분열이 없게 하실 뿐만 아니라 지체들이 서로에게 동일한 관심을 가지게 함이라**』(25절). 주께서 각자에게 할 일을 맡기시고 능력을 주심으로써 누구라도 주의 일꾼들을 서로 존중하고 그리스도인들끼리는 서로 존경하도록 하시며, 이를 통하여 몸이 분열되는 일이 없도록 하신다. 모든 부유한 그리스도인들은 가난한 성도들을 존경해야 된다. 돈을 얼마나 갖고 있느냐를 보고 사람을 차별하는 바람에 교회가 분열된다는 것은 참으로 구역질 나는 일이다. 이것은 간악한 죄악이며 가증스러운 짓이다. 우리는 그런 자들을 존경할 필요가 없다. 우리는 하나님의 말씀대로 믿는 우리의 확신에 찬 믿음에 기초하여 그리스도 안에서 서로 시로 우정과 사랑을 나누어야 한다. 그리스도인들은 같은 믿음 안에서 그 믿음으로 서로를 존중하는 사람들이다. 사람의 수입 액수를 보고 그 사람을 어떻게 평가할 수 있단 말인가?

『**만일 한 지체가 고통을 받으면 모든 지체가 그와 함께 고통을 받으며 만일 한 지체가 영광을 얻으면 모든 지체가 함께 기뻐하느니라**』(26절). 한 지체가 고통받는다고 해서 모든 지체가 실제로 함께 고통받는다고는 생각하지 않을지 모르지만, 자신도 모르는 사이에 마음으로는 다 함께 괴로워하는 법이다. 또 모름지기 그래야만 마땅하다. 마찬가지로 한 지체가 영광을 얻으면 모든 지체가 함께 기뻐하기 마련이다. 이것은 마땅히 그래야만 하는 일이다. 아멘, 아멘!

『**이제 너희는 그리스도의 몸이요 개별적으로는 그 지체들이라**』(27절). 우리는 『**그리스도의 몸**』이다. "한 몸"이라는 말이다. 교회들은 많지만 몸은 하나이고, 교회도 오직 하나의 교회가 있을 뿐이다.

12:28 **하나님께서 교회 안에 몇을 세우셨으니 첫째는 사도요, 둘째는 선지자요, 셋째는 교사요, 그 다음은 기적들이요, 그 다음은 병 고치는 은사들이며 돕는 것과 다스리는 것과 여러 가지 방언들이라.**

29 **다 사도겠느냐? 다 선지자겠느냐? 다 교사겠느냐? 다 기적들을 행하는 자겠느냐?**

30 **다 병 고치는 은사들을 가졌겠느냐? 다 방언들을 말하겠느냐? 다 통역하겠느냐?**

31 **오히려 너희는 최상의 은사들을 열망하라. 이제 내가 너희에게 더 좋은 길을 보여 주리라.**

『**하나님께서 교회 안에 몇을 세우셨으니 첫째는 사도요, 둘째는 선지자요, 셋째는 교사요, 그 다음은 기적들이요, 그 다음은 병 고치는 은사들이며 돕는 것과 다스리는 것과 여러 가지 방언들이라**』(28절). 『**교회 안에**』에서 『**교회**』란 27절에서 말하는 그 교회, 즉 "한 몸"을 말한다. 이 한 몸 안에 하나님께서는 성직자들과 사역자들을 세우신다. 이 구절에서 성직자들이 그 중요성에 따라 순서대로 나열되고 있다. 이것은 시간적인 우선순위나 권위의 우선순위와는 관계가 없다. 어디까지나 중요성에 따른 순서로서, 그 첫째가 사도이다. 둘째가 선지자이다. 셋째가 교사이다. 그러고 나서 그 다음에서야 기적들, 병 고치는 은사들, 돕는 것과 다스리는 것, 그리고 맨 나중에 방언이 열거된다. 여기서 "선지자"는 구약 시대의 선지자들과는 관계가 없지만 그 시대의 교회 회중들 안에도 예언을 하는 사람들이 있었음을 의미한다. 그 당시에는 아직 성경이 완성되기 전이었으므로 교회에 하나님의 직접적인 "계시"가 아직 있었다. 고린도전서 14:26을 보라. 『**너희 각자에게 시도 있고 교리도 있으며 방언도 있고 계시도 있으며**』라고 말한다. 그러나 지금 이 시대는 성경이 완성되었기 때문에 성경을 통하지 않고 하나님께서 직접적으로 계시하시는 일은 없다. 앞에서 10절을 살펴보면서 언급한 것처럼 『**예수의 증거가 예언의 영이기 때문이라.**』(계 19:10)는 말씀에서 지금 이 시대의 교회에는 성경을 통한 예수 그리스도의 증거가 곧 예언의 영이며, 이 예언의 영에 따라 하나님의 말씀을 선포하는 특권이 주어졌다. 선지자란 점쟁이처럼 장래 일을 예언하는 사람을 말하는 게 아니라, 하나님의 말씀에 의거하여 앞으로 될 일들을 성경을 통하여 미리 내다 보고 그것을 알려주는 사람을 말한다. 그들은 하나님의 말씀을 전파하는 사람들이다. 사도도 전파하고, 선지자들도 전파하며, 교사들도 전파하기는 마찬가지다. "선지자"라고 공언하면서 하나님의 말씀과는 상관없이 제멋대로 자기 생각을 말하고 장래 일을 예언하는 자들은 모두 거짓 선지자들이다. 신명기 18장에서는 이런 자들에 대하여 엄중히 경고하고 있다. 『**그러나 그 선지자가 내가 그에게 말하라고 명령하지 아니한 것을 내 이름으로 감히 말하거나 다른 신들의 이름으로 말한다면 그 선지자는 반드시 죽일지니라." 하셨느니라**』(신 18:20). 지칭 "선지자"라고 가장하는 자들이 거짓 선지자들인지를 분별하려면 그가 하는 말이 하나님의 말씀에 근거하고 있는가를 주의 깊게 살펴보아야 하고, 그러자면 하나님의 말씀, 즉 성경에 대한 지식이 온전하여야 한다. 성경을 모르면, 누가 무슨 말을 해도 쉽게 속아 넘어간다. 이에 대해서 신명기 18장은 이렇게 충고한다. 『**그런데 혹시 네가 네 마음에 말하기를 "그 말을 주께서 말씀하신 것인지 우리가 어떻게 알리요?" 하리라. 어떤 선지자가 주의 이름으로 말하는데 그런 일이 일어나지도 않고 성취되지도 않았으면 그것은 주께서 말씀하신 것이 아니라. 그 선지자가 주제넘게 말한 것이니 너는 그를 무서워 말지니라**』(신 18:21,22). 거짓 선지자가 비록 하나님의 이름을 사칭하여 제멋대로 무어라고 지껄이더라도 그것은 일어나지도 않고 성취되지도 않는 법이다. 그러나 그 일이 실제로 일어나는지 여부를 알려면 일정 기간 동안 기다려 보아야 하고 그러자면, 그 때까지는 속고 있을 수밖에 없다. 하지만, 이 시대에 사는 우리들은 그런 염려를 하지 않아도 된다. 왜냐하면, 성경이 완성되었고 하나님께서 이미 우리들에게 보여주실 계시를 성경을 통하여 모두 제시하시기 때문이다. 따라서 우리가 성경 말씀을 잘 알고 있다면, 누가 무슨 말을 하더라도 그것이 성경 말씀에 입각한 것인가 여부를 즉각 파악할 수 있다. 오늘날 은사주의자들은 예수 그리스도의 이름을 사칭하여 성경에도 없는 거짓 예언들을 곧잘 지껄인다. 그러나 하나님의 말씀에 대한 지식이 없는 자들이나 그런 것에 속아 넘어간다. 어느 시대건 선지자란 하나님의 말씀만을 전파하는 사람들이다. 당신이 거리로 나가 예수 그리스도를 증거하고 죄인들을 그리스도께로 인도하여 구원받도록 설교한다면, 당신은 이 시대의 훌륭한 선지자다. 예수 그리스도를 구주로 영접하지 않으면 지옥에 간다고 당신이 외칠 때, 당신은 이 시대의 훌륭한 예언자다. 그리고 성경은 이러한 당신을 "교회 안에 몇을 세우신" 가운데서 가장 중요한 일꾼이라고 말한다.

고린도전서 12:28에서 그 중요성에 따라 나열하고 있는 것들 중에서 맨 마지막에 나오는 방언을 은사주의자들은 맨 앞에 갖다 놓는다. 그리고 맨 먼저 나오는 것을 맨 마지막으로 끌어 내린다. 방언은 교사보다도 그 중요성이 훨씬 아래다. 그런데도 은사주의자들은 성경을 가르치는 교사 같은 것은 중요치 않다고 여기고 거들떠보지도 않는다.

『**다 사도겠느냐? 다 선지자겠느냐? 다 교사겠느냐? 다 기적들을 행하는 자겠느냐? 다 병 고치는 은사들을 가졌겠느냐?**』(29,30절). 아니다, 아니다, 아니다! 『**다 방언들을 말하겠느냐?**』(30절). 천만의 말씀이다! 방언을 할 줄 모르면 성령을 받지 못한 것이고, 방언을 할 줄 모르는 사람은 구원을 못 받았다고 말하며, 교회가 방언을 말하지 않으면 구원받은 교회가 아니라고 누군가가 말한다면, 그는 틀림

없는 거짓말쟁이다! 『**다 방언들을 말하겠느냐?**』 절대로 그렇지 않다. 『**다 통역하겠느냐?**』 아니다!

『**오히려 너희는 최상의 은사들을 열망하라. 이제 내가 너희에게 더 좋은 길을 보여 주리라**』(31절). 기왕 은사들을 갖고 싶으면 어떤 은사들을 열망하라고 명령하고 있는가? 『**최상의 은사들**』을 열망하라고 명령한다. 방언이 성경에서 말하는 가장 값진 은사인가? 물론 아니다. 그렇다면 어째서 다른 은사들을 제쳐두고 방언을 열망한단 말인가? 하나님께서 모든 그리스도인들에게 할 일을 맡기시고 그 일을 수행할 수 있는 은사들을 주신다고 했으니 내가 받은 은사는 무엇일까를 알고 싶지만, 하나님께서 그것을 분명하게 가르쳐 주신 적이 없다. 그렇지만 주님께서는 당신에게 방언을 열망하지는 말라고 말씀하신다. 성경은 최상의 은사들을 열망하라고 명령하고 있는데, 방언은 결코 최상의 은사가 아니라고 말씀하지 않는가? 그런데도 은사주의자들이 모든 것을 제쳐두고 방언만을 열망한다는 것은 참 이상하지 않은가? 그들은 참 이상한 멍청이들이고 거짓말쟁이들이다.

고린도전서 13장

**13:1 내가 사람들과 천사들의 방언들로 말한다 해도 사랑이 없으면 소리내는 놋
이나 시끄러운 꽹과리가 되고**
**2 내가 예언의 은사가 있어 모든 신비와 모든 지식을 알고 또 산을 옮길 만한
모든 믿음이 있다 해도 사랑이 없으면 나는 아무것도 아니요,**
**3 또 내가 내 모든 소유를 주어 가난한 사람을 구제하고 내 몸을 불사르게
내어 준다 해도 사랑이 없으면 내게 아무 유익이 없느니라.**

『**내가 사람들과 천사들의 방언들로 말한다 해도 사랑이 없으면 소리내는 놋이나 시끄러운 꽹과리가 되고**』(1절). 성경에서 "천사들의 방언"이란 곧 히브리어로 기록된 구약성경을 가리킨다. 요한계시록 19장을 보라. 천사들이 바빌론의 멸망을 보고 기뻐서 하나님의 영광과 존귀와 권세를 찬양하면서 "할렐루야!"를 외치고 있음을 볼 수 있다. "할렐루야"는 분명한 히브리어다. 『**이 일들 후에 내가 들으니, 하늘에서 많은 사람의 큰 음성이 있어 말하기를 "할렐루야, 구원과 영광과 존귀와 권세가 주 우리 하나님께 있도다**』(계 19:1). 『**또 그들이 다시 말하기를 "할렐루**

야."라고 하니 그녀의 연기가 영원무궁토록 올라가더라. 그때에 스물 네 장로와 네 짐승이 엎드려 보좌에 앉으신 하나님께 경배드리며 말하기를 "아멘, 할렐루야." 라고 하니』(계 19:3,4). 이처럼 하늘에 있는 사람들과 천사들은 히브리어로 말하고 있음을 본다. 출애굽기 9장을 보라. 하나님께서 모세에게 『**히브리인의 주 하나님이 이같이 말하노라.**』고 파라오에게 전하도록 명령하신다. "히브리인의 주 하나님께서" 전하는 말씀이었으니 히브리어였음이 분명하지 않은가? 또 마태복음 22:31,32에 보면, 『**그러나 죽은 자의 부활에 관하여 하나님께서 너희에게 말씀하신 것을 읽어 보지 못하였느냐? 말씀하시기를 '나는 아브라함의 하나님, 이삭의 하나님, 야곱의 하나님이라.' 하셨으니,...**』라고 예수님께서 말씀하신 것을 볼 수 있다. 이들 히브리인들의 하나님께서 히브리인들을 향하여 하늘에서 말씀하셨다면, 사용하신 언어가 히브리어가 아니고 무엇이었겠는가? 구약성경은 히브리어로 기록되었다. 이러한 모든 사실들로 미루어 볼 때, 히브리어는 하늘의 언어가 아닐 수 없다. 이 지구상에서 무엇인가를 최초로 기록한 언어는 히브리어였다.

"사람들의 방언"이란 다른 언어, 즉 외국어들을 말한다(행 2:4). 방언의 은사란 외국어를 배운 적도 없는 사람이 초자연적인 능력으로 일시적으로 외국어를 말함으로써 성령의 역사하심을 "표적"으로 나타냈던 것을 의미한다(행 2:7,8). "표적"으로서의 방언의 은사가 사도들에게 주어졌던 기적은 그 외국어를 알아듣는 사람들이 모여 있던 자리에서였다. 지금 이 시대에는 누가 외국어를 말할 줄 아는 능력이 있다라도 그것은 표적으로서의 은사가 아니며, 그리스도인이 하나님의 일을 수행하는 한 방편으로 주어진 은사이다. 그러나 자기가 외국어를 할 줄 안다고 해서 그것을 알아듣는 사람도 없는 자리에서 자기 나라말 대신 외국어로 말한다는 것은 쓸데없는 짓이다. 따라서 누가 방언을 말하고자 할 때면, 그 외국어를 알아듣는 사람이 없을 때는 반드시 그 언어를 통역해 줄 사람이 옆에 있어야만 했다(고전 14:13,28). 이처럼 방언은 은사주의자들이 주장하듯 아무 뜻도 없고 알아들을 수 없는 무의미한 "소리"를 의미하는 것이 결코 아니었다. 외국어를 배운 적도 없는 사람이 어떤 외국어를 말한다는 것은 정말 깜짝 놀랄 만한 표적이 아닐 수 없다. 그런데도 이 구절 바로 앞의 고린도전서 12:31에서는 『**최상의 은사들을 열망하라.**』고 명령하고 있고, 또 은사들을 그 중요성의 경중에 따라 순서대로 나열하고 있는 고린도전서 12:28에서는 방언이 맨 마지막에 손꼽히고 있음을 본다. 그러니까, 방언은 "최상의 은사"가 아님이 분명하다. 이처럼 방언은 결코 일류는 커녕 이류도 못되는 삼류, 사류의 저급 은사이다.

『**내가 사람들과 천사들의 방언들로 말한다 해도**』(1절). 바울은 결코 알아듣지도 못하는 방언을 함부로 말하지 않았다. 그는 그 따위 저급 은사를 열망하지도 않았고, 필요없이 아무데서나 말하지도 않았다. 그러나 바울은 다른 사람 누구보다도 여러 나라 말을 할 줄 아는 대단한 외국어 실력자였다. 『**내가 너희 모두보다 더 많은 방언들을 말하므로 하나님께 감사하노라.**』(고전 14:18)고 그는 말한다. 외국어로 복음을 전파하지 않으면 사람들이 알아듣지 못하는 자리에서 그는 그 사람들이 알아듣도록 그 사람들의 언어로 복음을 전파할 수 있었다. 그래서 그는 하나님께 감사할 수 있었다. 그러나 그는 다른 사람들은 알지 못하는 외국어를 자기는 많이 알고 있다고 해서 함부로 아무데서나 말하지도 않았지만, 설사 말한다손 치더라도 그것이 뭐 그리 대수냐고 그는 지금 말하고 있는 것이다. 『**사랑이 없으면 소리내는 놋이나 시끄러운 꽹과리**』에 지나지 않기 때문이다.

13장에서 말하고 있는 "사랑"이란 현대인들이 영어로 흔히 말하는 "러브"(love)가 아니라 "자애심, 자비심, 자선" 등의 뜻을 가진 "채리티"(charity)란 점에 주목하라. 그게 그거 아니냐고 생각할지도 모르지만, 나는 그렇게 생각하지 않는다. "러브"를 제 뜻대로 이해한다면 그렇게 바꾸어 써도 큰 차이야 없겠지만, 나는 이 구절에서 "채리티(charity)"를 구태여 "러브(love)"로 바꾸어 말하고 싶지는 않다. 왜냐하면, 오늘날 특히 미국에서 "러브"란 어휘는 그 의미가 이상하게 변질되고 사실상 무의미하기 짝없는 단어가 되어 버렸기 때문이다. 그래서 이 구절에서 "채리티"(charity)를 "러브"(love)로 바꾸어 쓴다면, 자칫 심각한 의미상의 손상을 초래할 위험마저 없지 않다. 요즈음 미국에서 "사랑(love)한다."고 말하면, 그것은 곧 "내가 당신을 끌어안고 당신이 나를 껴안고 키스하고 싶다."는 정도의 유치한 뜻이 되고 말았다. 허섭스레기 연애소설이나 TV 연속극들은 온통 유치하고 저급한 "러브, 러브, 러브"로 가득 차 있다. 이러한 사랑에는 "선함"이란 것이 전혀 개재되지 않는다. 그러나 성경에서 "사랑"(love)을 이야기 할 때는 "자애로우심, 자비로우심"(charity)이 내포되어 있는 하나님의 거룩하시고 선하신 사랑을 의미한다. 『**하나님께서 세상을 이처럼 사랑**(love)**하셔서 그의 독생자를 주셨으니, 이는 그를 믿는 사람은 누구든지 멸망하지 않고 영생을 얻게 하려 하심이니라.**』(요 3:16)고 한 것처럼 하나님의 사랑은 숭고한 사랑이요, 자비로우신 사랑이며, "주시는" 사랑이다. 그러한 사랑으로 사랑하시는 하나님의 자비하심을 반영하는 인간의 사랑 또한 그처럼 숭고한 사랑이 되려면 "주는 것"이 내포된 사랑이어야 한다. 인간은 이러한 사랑으로 하나님을 사랑하는 것이 아니라 이러한 사랑을 다른 사람들에게 반영하는 것이다. 인간은 이러한 사랑으로 하나님을 사랑할 수가 없다. 하나님께서는 인간의 자비를 필요로 하시는 분이 아니기 때문이다. 하나님께서는 인간의 자선을 구하실 만큼 초라하신 분이 아니다. 1절에서는 지금 하나님의 사랑을 말하고 있는 것이 아니라 하나님의 사랑을 반영하는 것을 말한다. 여기서는 인간 사회에서 인간관계에 적용되는 인간끼리의 참된 "사랑"을 의미한다. 인간끼리의 사랑을 "러브"로 표현하면 위에서 말한 것처럼 유치한 사랑으로 오해될 소지를 남긴다. 인간끼리의 가장 숭고한 사랑을 표현하는 최상의 어휘는 역시 "자애심, 자비심, 자선," 즉 "체리티"(charity)이다. 왜냐하면, "자애로운 사랑"이란 곧 내가 다른 사람에게 "주는 것," "베푸는 것"을 의미하기 때문이다. 이 사랑에는 이기심이라고는 손톱만큼도 없다. "채리티"(charity)라는 단어는 "가난한 사람에게 친절하게 돈이나 음식 등을 주고 도와주는 것," 또는 "친절한 마음으로 기꺼이 다른 사람들을 이해하고 판단코자하는 마음"이라고 영어사전들은 정의한다. 그러므로 이러한 사랑은 자기 자신을 생각하는 이기적인 요소가 조금도 없는 이타적인 마음이어야 한다. 베풀지 않는 것은 사랑이 아니다. 사랑은 아무 조건 없이, 아무 대가도 바라지 않고 당신이 가진 것을 내어 주는 것을 말한다. 하나님께서 당신을 사랑하고 계시고 그 하나님의 사랑을 나타내고 싶다면, 당신은 다른 사람에게 주어야 한다. 그리고 그에 대한 대가나 반대급부 같은 것은 생각지도 말아야 한다. 단지 당신을 내어주고 그 자리에서 "얼른 나와야" 하는 것이다. 그렇지 않으면 그것은 사랑이 아니요, 무엇인가를 얻으려는 이기심일 뿐이며 따라서 성경적인 사랑이 아니다. 요즈음 사람들은 남에게 통 줄 줄을 모른다. 그들은 한결같이 남에게서 받는 것만을 생각한다. 받고 또 받고, 여의치 않으면 빼앗고 또 빼앗는다. 이것은 "채리티"가 아니다. 그러므로 1절에서 "채리티"(charity)를 "러브"(love)로 바꾸어 쓸 생각이 나에게는 전혀 없다.

『**내가 예언의 은사가 있어 모든 신비와 모든 지식을 알고 또 산을 옮길 만한 모든 믿음이 있다 해도 사랑이 없으면 나는 아무것도 아니요**』(2절). 이것은 아주 강력한 표현이다. 『**산을 옮길만한 믿음이 있다 해도**』 어려운 사람들을 돕고 그들에게 무엇인가 베풀어 줄 만한 자비심이 없다면, 나는 아무것도 아니다. 내가 방언을 말할 줄 안다고 해도 하나도 잘난 것이 없다. 나에게 자애로운 사랑이 없다면 나는 아무 것도 아니다. 다른 사람에게 주고자 하는 그 자애로운 사랑은 곧 하나님의 사랑이다. 하나님의 사랑이 나를 통해서 나타나는 것이다. 나에게 그러한 사랑이 없다면, 나는 하나님께로부터 그러한 사랑을 받지 못하고 있다는 증거이다. 하나님의 사랑을 받지 못하는 나는 아무것도 아닐 수밖에 없지 않은가? 믿음을 뽐내고 은사를 자랑하지 말라. 다른 사람을 향하여 주고자 하는 마음이 없다면, 그 믿음, 그 은사는 정말 아무것도 아니요, 당신도 아무것도 아닌, 보잘것없는 존재란 걸 알라.

『**또 내가 내 모든 소유를 주어 가난한 사람을 구제하고 내 몸을 불사르게 내어준다 해도 사랑이 없으면 내게 아무 유익이 없느니라**』(3절). 『**내가 내 모든 소유를 주어**』라고 했고, 『**내 몸을 불사르게 내어 준다**』고 한 것 모두 다 "주는 것"에 대해 이야기하고 있다. 이렇게 내가 가진 것을 가난한 사람에게 "준다"고 해도 사랑, 즉 자비로운 사랑이 없으면 아무것도 아니다. 우리는 여기서 자비심이 없이도 다른 사람에게 줄 수 있음을 알 수 있다. 이것은 진정으로 주는 것이 아니다. 진정으로 주는 것이 아니니까 진정으로 사랑하는 것도 아니다. 가난한 사람에게 무엇인가를 줄 때, 심지어 나 자신을 불사르게 내어 주더라도 문제는 그 동기가 무엇이냐이다. 주는 동기가 "자비로운 사랑"이 아니라면, 아무리 다른 사람에게 주어도 그것은 주님과는 아무 상관이 없고, 따라서 당신에게 아무 유익이 되지 못한다. 나는 잠시 당신이 여기서 자신을 한 번 돌아보고 묵상해 보기를 제안하고 싶다. 백지 한 장을 꺼내서 거기에 당신이 지금 어떤 일을 하고 있으며, 그 일을 하는 동기가 무엇인지 정직하게 기록해 보라. 그 일이 여하한 일이든 상관이 없다. 중요한 것은 그 일을 하는 동기가 무엇이냐 하는 것이다. 만약 그 동기가 다른 사람에 대한 자애로운 사랑, 자비심 넘치는 사랑이라면, 당신은 지금 주님을 기쁘시게 하고 있는 것이고, 그렇지 않으면 당신이 하고 있는 일은 결코 하나님과는 상관이 없다.

13:4 사랑은 오래 참고, 친절하며, 사랑은 시기하지 아니하고, 사랑은 자랑하지 아니하며, 교만하지 아니하고,

5 무례하게 행하지 아니하며, 자신의 유익을 추구하지 아니하고, 급히 성내지 아니하며, 악을 생각하지 아니하고,

6 불의를 기뻐하지 아니하며, 진리를 기뻐하고

7 모든 것을 참으며, 모든 것을 믿고, 모든 것을 바라며, 모든 것을 견뎌 내느니라.

8 사랑은 결코 시들지 아니하나 예언들이라도 끝이 올 것이요, 방언들이라도 그치게 될 것이며, 지식도 끝나게 되리라.

『사랑은 오래 참고, 친절하며, 사랑은 시기하지 아니하고, 사랑은 자랑하지 아

니하며, 교만하지 아니하고』(4절). 하나님께서 당신을 사랑하시는 것만큼 당신도 하나님을 사랑한다면, 당신은 다른 사람이 당신을 어떻게 대하더라도 하나님을 위하여 불평하지 않고 오래 참을 줄 알게 된다. 그것이 당신을 통하여 나타나는 하나님의 사랑이시다. 그것은 곧 "주는" 사랑이다. 사랑은 『**친절하며**』, 누구에게 친절한가? 그리스도인 형제들에게 친절하다. 『**사랑은 시기하지 아니**』한다. 이러한 사랑을 가진 사람은 인간관계에서 남을 시기하는 일이란 있을 수가 없다. 당신을 사랑하시는 하나님의 사랑이 당신을 통하여 넘쳐날 때, 당신은 인간관계에서 비롯되는 모든 마찰들과 갈등을 능히 극복할 수 있는 능력을 소유하게 된다. 『**사랑은 자랑하지 아니**』한다. 자기를 뽐내는 것은 이기심이다. 자랑하는 사람의 마음속에는 남에게 주고자 하는 사랑이 담겨 있을 수가 없다. 그러므로 이러한 사랑을 할 줄 아는 사람은 내가 다른 사람에게 무엇인가를 내어 준다고 해도 그것을 자랑하지 않는다. 왜냐하면, 내가 주는 것은 곧 하나님께서 내게 주신 사랑이기 때문이다. 하나님의 사랑을 나는 다른 사람에게 전달하고 있을 뿐이다. 그러므로 내가 다른 사람에게 자비를 베푼다고 해서 교만해서는 안 된다는 것은 두 말할 것도 없다. 당신을 사랑하시는 하나님께서는 그 사랑을 다른 사람을 통하여 당신에게 전달되게 하신다. 다른 사람을 사랑하시는 하나님께서는 그 사랑을 당신을 통하여 그 사람에게 전달되기를 원하신다.

『**무례하게 행하지 아니하며, 자신의 유익을 추구하지 아니하고, 급히 성내지 아니하며, 악을 생각하지 아니하고**』(5절). 여기서 "무례하다" 함은 단지 예의에서 벗어나는 행동뿐만 아니라 어울리지 않게 꼴사나운 행동을 하는 것을 말한다. 당신이 하나님의 사랑을 받고 있다면, 당신은 꼴사납게 행동하지 못한다. 랩 브라운이 주동이 되어 기독교 지도자 대회가 열릴 때 보았더니, 흑인들은 뒤로 물러나게 해놓고 여자들은 양쪽에 정렬하여 그들을 환영하는 가운데 구원도 제대로 받았는지 의심스러운 수많은 "지도자들"이라는 사람들이 대회장에 입장할 때 거드름을 피우는 꼴이란 구역질이 날 지경이었다. "기독교 지도자 대회"란 것이 이 정도였다. 이런 것은 하나님의 사랑을 받고 있는 진정한 그리스도인이라면 도저히 취할 수 있는 행동이 아니다. 백인들의 교회에서 흑인들을 천대하는 것을 흔히 보거니와, 이런 교회가 사랑이 있는 교회라고는 결코 말할 수 없다. 그런데도 그러한 자들은 입에 "사랑, 사랑, 사랑"이란 말을 달고 다닌다. 그러나 사랑은 그런 자들처럼 『**무례하게 행하지 아니하며**』라고 성경은 말씀한다. 어떤 백인들의 교회에서는 건물 안으로 들어서는 사람들을 일일이 확인해 보면서 흑인들을 안으로 발도 들여놓지 못하게 한다. 이 얼마나 무례한 행동인가! 그들에게 정말 사랑이 있다면 이처럼 무례한 행동은 도저히 할 수가 없다.

사랑은 『**자신의 유익을 추구하지 아니하고**』. 당신이 진정으로 주님을 사랑한다면, 당신의 권리 주장만을 위해서 미쳐 날뛰지는 못할 것이다. 도대체 시민권 운동이니, 여권신장 운동이니, 어린이 보호 운동이니 하는 따위가 무엇이란 말인가? 현대 기독교계 내의 사회운동가들은 입에 "사랑, 사랑, 사랑!"을 달고 다니면서 기회만 있으면, 그리고 말끝마다 "긍정적으로 생각하라! 긍적인 마음을 가지라! 긍정적으로, 긍정적으로! 모든 것을 긍정적으로!" 하면서 외치고 다닌다. 그러면서 자신들의 유익만을 추구한다. 그러나 사랑은 『**자신의 유익을 추구하지 아니하고**』라고 성경은 분명히 말씀한다. 현대 기독교계가 벌이는 모든 사회운동들이나 이 시대의 유행어가 된 "긍정적 사고"의 이면을 보면 그 모두가 "자신의 유익"을 추구하도록 권장하는 운동이라는 것을 알 수 있다. 이런 자들은 모두 자유주의자들과 손잡고 있는 자들로서 입으로는 "사랑"을 외치지만 사실은 하나님의 사랑이 무엇인지조차 모르는 자들이다. 하나님께서 인간을 사랑하시는 그 참된 사랑을 안다면 사람의 "권리" 따위를 걱정할 필요가 없다. 그런 자들은 모두가 마귀의 앞잡이가 되어 뛰어다니는 자들이다.

『**급히 성내지 아니**』하는 것 역시 그리스도인들의 인간관계에서 갖추어야 할 중요한 덕목이다. 그리스도인도 성낼 수는 있다. 그러나 앞뒤 안 가리고 "급히" 벌컥벌컥 성내지는 않는다. 『**악을 생각하지 아니**』하는 것은 더더구나 말할 것도 없다. 하나님의 사랑을 받는 그리스도인이 하나님 보시기에 악한 생각을 한다면, 이것이야말로 성령님께서 슬퍼하시도록 하는 일이요, 성령님을 소멸하는 행위가 아니겠는가? 그리스도인이 어떤 행동을 할 때, 그것이 겉으로 보기에는 아무리 훌륭하다고 해도 그 동기가 무엇이냐가 중요하다. 만약 그 동기가 자비로운 사랑은 고사하고 눈곱만큼이라도 악한 생각에서 나온 것이라면, 그리스도인은 당장에 그것을 멈추고 발길을 돌려야 한다. 이 세상에는 겉으로 보기에는 훌륭한 일을 많이 하는 것처럼 보이는 사람들이 많다. 그러나 그 동기가 진정한 "채리티"에서 나온 것이 아니라면, 그것은 하나님과는 아무 상관이 없는 일이다.

『**불의를 기뻐하지 아니하며, 진리를 기뻐하고**』(6절). 당신이 하나님의 사랑을 받고 있다면, 당신은 불의를 보고 기뻐할 리가 없는 사람이다. 만약 그리스도인 형제가 불의를 행하고 타락하는 것을 본다면, 기뻐하지 않는 정도가 아니라 모른 체하지 않고 적극적으로 그 불의를 지적하고 불의에서 손 떼도록 충고할 줄 아는 사람이다. 그리스도인 형제들이 자행하는 불의를 보고도 혼자서만 혀를 찰 뿐, 그 불의를 당당하게 지적하고 그것을 그만두도록 충고하지 못하는 무력한 그리스도인들이 우리들 주변에는 수없이 많다. 그러나 이런 것은 사랑이 없는 데에서 나온 것이다.

그리스도인은 또한 『**진리를 기뻐**』하기 때문에 하나님의 말씀을 사랑할 뿐만 아니라 하나님의 진리의 말씀을 제대로 전파하고 가르치지 않는 자를 조심하고 경계한다. 우리는 성경을 왜곡하고 변개하는 일에 매달려 일생을 보내는 자들이 신학교를 세우고 학생들에게 성경을 가르친답시고 시간을 보내는 것을 많이 본다. 그러나 그런 자들이 세우고 운영하는 그런 학교들을 성령께서는 결코 알아 주지 않으신다. 사랑은 『**진리를 기뻐**』한다. 성령님께서는 진리를 사랑하신다. 그러므로 성령님께서는 진리를 가르치지 않는 자들을 인정하실 수가 없다.

『**모든 것을 참으며, 모든 것을 믿고, 모든 것을 바라며, 모든 것을 견뎌 내느니라**』(7절). 당신의 부모들을 한번 생각해 보라. 자녀들이 말썽을 부리고 말을 듣지 않아도 부모들은 참지 않는가? 부모들은 당신을 믿지 않는가? 부모들은 당신에게 모든 것을 바라지 않는가? 그리고 모든 것을 견뎌 내지 않는가?

"모든 것을 믿는다"는 것은 당신이 홀딱홀딱 잘 속아 넘어간다는 뜻이 아니라 모든 옳은 일, 모든 의로운 일을 믿는다는 것을 말한다. 가장 선하고 가장 옳은 최상의 것이라면, 당신은 그 모든 것을 믿고 신뢰를 보낼 줄 안다. 그리고 『**모든 것을 바라며, 모든 것을 견뎌**』 낸다. 이것이 바로 이곳 13장에서 말하는 자애로운 사랑이다. 이 사랑은 부모들이 자녀에게 쏟는 그런 사랑이다.

『**사랑은 결코 시들지 아니하나 예언들이라도 끝이 올 것이요, 방언들이라도 그치게 될 것이며, 지식도 끝나게 되리라**』(8절). 예언들은 끝난다. 왜? 예언이 장차 성취되면 그것으로 예언은 더 이상 예언으로서 유효하지 않게 되기 때문이다. 방언들도 끝난다. 왜? 방언은 이스라엘에 대한 표적에 불과했기 때문이다. 이스라엘을 위하여 표적이 필요했던 시대는 이미 끝나 버렸다. 우리는 고린도전서 14:22에서 『**방언들은 믿는 사람들을 위한 것이 아니라 믿지 않는 사람들을 위한 표적**』이라는 말씀을 분명히 읽는다. 『**유대인들은 표적을 구하고, 헬라인들은 지혜를 찾지만**』(고전 1:22) 믿는 우리 그리스도인들에게 방언이라는 표적은 필요치가 않다. 그러한 방언을 지금도 붙잡고 있는 사람들은 참 딱한 사람들이다. 그러나 『**사랑은 결코 시들지**』 아니하니, 사랑은 영원토록 빛을 잃지 않는다. 사랑은 이 세상이 끝나고 천년왕국이 와도 시들지 않는다. 우리가 이 세상에서 죽고 하늘나라에 가더라도 자애로운 사랑은 지속된다. 사랑은 영원하다. 왜냐하면, 사랑은 하나님께 속한 것이요, 하나님께서 곧 사랑이시기 때문이다(요일 4:7,8).

『**지식도 끝나게 되리라.**』 왜? 지식이 더 이상 필요하지가 않게 될 것이기 때문이다. 장차 모든 것이 온전해지는 천년왕국이 되면, 인간의 지식은 불필요하게 된다. 인간의 지식이란 부분적인 것에 지나지 않는 불완전한 지식이기 때문에 "온전한" 세상이 되면 이러한 불완전한 지식은 모두 쓸모가 없게 된다. 다음 절을 보라.

13:9 이는 우리가 부분적으로 알고 또 부분적으로 예언하지만,
10 온전한 것이 오면 그때에는 부분적으로 하던 것이 끝날 것이기 때문이라.
11 내가 어린아이였을 때는 어린아이같이 말하고 어린아이같이 이해하며, 어린아이같이 생각하였으나, 어른이 되고 나서는 어린아이의 일들을 버렸노라.
12 지금은 우리가 유리를 통해 희미하게 보나 그때에는 얼굴과 얼굴을 마주볼 것이요, 지금은 내가 부분적으로 아나 그때에는 내가 알려진 것처럼 알게 되리라.
13 이제 믿음, 소망, 사랑 이 세 가지가 있으나 이 중에서 가장 위대한 것은 사랑이니라.

『**이는 우리가 부분적으로 알고 또 부분적으로 예언하지만, 온전한 것이 오면 그때에는 부분적으로 하던 것이 끝날 것이기 때문이라**』(9,10절). 이 구절들은 주의해서 읽어야 할 부분이다. 우리는 지금 말씀에 대해서 부분적으로 알고 있다. 그리고 장차 무슨 일이 일어날지에 대해서도 "조금" 알고 있다. 그러나 『**온전한 것이 오면 그때에는**』, 즉 예수 그리스도께서 재림하실 때에는, 우리가 부분적으로 불완전하게 알고 부분적으로 예언하던 것이 모두 온전한 모습으로 우리 눈앞에 훤히 드러나게 된다. 『**온전한 것**』이란 곧 예수 그리스도를 가리킨다. 『**온전한 것이 오면 그때에는**』이란 어느 때를 가리키는가? 예수 그리스도께서 재림하시는 때를 말한다. 그리스도께서 재림하시는 그때가 오면, 우리가 이렇게 부분적으로 알고 부분적으로 예언하던 모든 것이 종결된다. 보통은 "온전한 것"이 신약성경의 완성을 의미하는 것이라고 주장하면서, 신약이 완성되면 부분적인 지식은 쓸모없게 된다는 뜻이라고 이 구절을 해석하기도 한다. 그러나 신약성경은 이미 완성되었는데, 과연 우리는 신약성경이 완성된 지금 우리가 부분적으로 알고 있던 부분적인 지식의 시대가 이미 끝났다고 정말로 자신 있게 말할 수 있는가?

10절에서 말하는 『**온전한 것**』이란 교리적으로 예수 그리스도를 가리킨다. 예수 그리스도를 "그분"이라고 말하지 않고 무슨 사물인 것처럼 "것"으로 표현했다고 해서 불경스럽다고 생각지 말라. 영어 〈킹제임스성경〉에서는 창세기 3:15에서 그분을 "그것"(it)이라는 대명사로 호칭하고 있다. 그런가 하면 또, 누가복음 1:35에서는 그분을 거룩한 "것"(thing)이라고 하였고, 요한일서 1:1을 보면 그분을 『**생명의 말씀**』으로 지칭하면서 이것을 "그것"(that)이라는 대명사로 받음으로써 바울이 종종 채택했던 것과 동일한 표현 방법으로 그분을 사물인 것처럼 나타내고 있음을 본다. 이러한 것들은 모두 표현 기법의 일종에 지나지 않는다. 요점은 『**온전한 것**』이 성경 같은 어떤 사물을 가리키는 것이 아니라 주 예수 그리스도, 바로 그분을 가리킨다는 사실이다.

『**온전한 것이 오면**』이란 구절을 "신약성경이 완성되면"이라는 뜻이라고 한 번 가정하고 9절부터 다음 구절들을 계속 읽어 보자. 신약이 완성되기 전에는 "우리가 부분적으로 알고," 신약이 완성되기 전에는 "부분적으로 예언하지만"(9절), "온전한 것이 오면," 즉 신약이 완성되면, "부분적으로 하던 것," 즉 예언, 지식, 방언 등이 "끝날 것이기 때문이라"(10절). 그러나 "지금은"(12절), 즉 바울이 고린도전서를 기록하고 있던 그 당시에는, 신약이 완성되기 전인지라 "유리를 통해 희미하게" 보지만, "그때에는" 즉 신약이 완성된 지금에 와서는 "얼굴과 얼굴을 마주볼 것이요"(12절), "그 때에는" 즉 신약이 완성된 지금에 와서는 "내가 알려진 것처럼 알게 되리라."(12절)가 된다.

그리고 또 『**얼굴을 마주볼 것**』("face to face")이라 했는데, "얼굴과 얼굴을 마주본다"는 것이 무슨 뜻인지 아는가? 이것은 "글로 써서 뜻을 전하지 않고 직접 대면해서 이야기하는 것"을 의미한다. 요한이서 12절을 보라. 『**내가 너희에게 쓸 것이 많으나 종이와 잉크로 쓰기를 원치 아니하며, 오히려 너희에게 가서 대면**("face to face")**하여 말하기를 바라노니, 이는 우리의 기쁨이 충만케 하려 함이라.**』고 말씀하고 있다. 요한삼서 13,14절을 또 보라. 『**내가 쓸 것이 많으나 잉크와 펜으로 쓰기를 원치 아니하노라. 속히 너를 볼 줄 믿노니, 그러면 우리가 대면하여**("face to face")**말하리라.**』이 구절들에서 "대면하여 말한다"는 것은 "글로 써서 글을 통하여 말하지 않는다"는 것을 의미한다. 이처럼 "얼굴을 마주본다"는 말은 신약성경으로 기록된 것을 통해서 보는 것이 아니라 서로 얼굴을 직접 대면하여 대화를 나누는 것을 의미한다는 것이 이것으로 분명해지지 않는가? 신약이 이미 완성된 시점에 살고 있다고 해서 당신은 지금 그분과 "얼굴과 얼굴을 마주보고" 이야기하고 있다고 할 수 없다. 그분과 정말로 얼굴을 대면하고 이야기를 할 수 있으려면 그분께서 이 땅에 오셔야만 가능하다. 성경에서 "얼굴을 마주본다"고 했으면, 그것은 정말로 얼굴을 마주보는 것을 의미하고, "대면한다"고 말씀하면, 그것은 정말로 대면하는 것을 뜻한다. 그래서 바울은 지금 10절에서 『**온전한 것이 오면**』 그분과 마주보고 대면하여 이야기하기 때문에 모든 것을 온전하게 알고 이해하게 된다고 말하고 있는 것이다.

『**이는 우리가 부분적으로 알고**』(9절) 언제 말인가? 우리가 살고 있는 지금 이 시대에 말이다. 이 시대에는 온전하신 그분께서 아직 오시지 않았으므로 우리는 알아도 부분적으로만 알고 있다. 『**또 부분적으로 예언하지만**』(9절) 언제 말인가? 우리가 살고 있는 지금 이 시대에 말이다. 『**온전한 것이 오면 그때에는**』(10절) 언제 말인가? 예수 그리스도께서 재림하실 때 말이다. 『**부분적으로 하던 것이**』(10절) 언제 부분적으로 하던 것 말인가? 지금 우리가 살고 있는 이 시대에 말이다. 지금 우리가 살고 있는 이 시대에 부분적으로만 알고 있고 행하고 있는 모든 것들이 예수 그리스도께서 재림하시면 종말을 고하게 된다. 그때에는 모든 것을 온전하게 알고 온전하게 행할 수 있게 된다. 11절에서 알기 쉽게 예를 들고 있다. 『**내가 어린아이였을 때는 어린아이같이 말하고 어린아이같이 이해하며, 어린아이같이 생각하였으나, 어른이 되고 나서는 어린아이의 일들을 버렸노라.**』 그리스도께서 재림하시기 전까지 우리들은 말하는 것이나 이해하고 생각하는 것이 마치 어린아이들과 같다. 우리는 지금 모든 것을 다 이해하지 못하고 있기 때문이다. 그러나 그분께서 재림하시면 우리는 어른들과 같이 모든 것을 완전하게 알게 되어 더 이상 어린아이들처럼 생각하고 행하지 않게 될 것이다.

『**지금은 우리가 유리를 통해 희미하게 보나 그때에는 얼굴과 얼굴을 마주볼 것이요, 지금은 내가 부분적으로 아나 그때에는 내가 알려진 것처럼 알게 되리라.**』(12절) 그리스도께서 다시 오시기 전인 내가 살고 있는 지금 이 시대에는 내가 『**유리를 통해 희미하게 보나**』 그리스도께서 오시는 『**그때에는 얼굴과 얼굴을 마주볼 것**』이다. 내가 그리스도를 다시 뵙기 전인 지금은 내가 알아도 부분적으로만 알고 있지만, 우리가 장차 그분을 뵙게 될 때에는, 그분을 직접 대면하여 그분의 음성을 직접 귀로 듣고 모든 것을 알게 될 것이요, 그분께서 나를 어떻게 알고 계신지를 모두 파악할 수 있게 될 것이다. 그분께서 재림하시기 전에 내가 죽는다면 하늘나라에 가서 그분을 뵐 때, 나는 그분께서 지금의 나의 모습 전체를 어떻게 여기고 계신가를 훤히 알게 될 것이고, 또 다른 사람들을 주님께서는 어떻게 알고 계신지도 내가 알게 될 것이다. 그때에는 내가 갖게 될 모든 지식이 완전한 지식이어서 더 이상 부분적인 지식에만 맴돌지 않게 될 것이다. 내가 하늘나라에 올라가서 길거리에 나서면 지난 이천 년 이래 지금까지 억울하게 살해되고 불에 타 죽은 사람들을 만나게 될 것이고, 이 세상에서는 얼굴도 모르고 만나 보지도 못했던 그들에게 이름을 부르면서 인사를 건네게 될 것이다. 지금은 그들의 이름도, 얼굴도 모르지만 하늘나라에서 그들을 만나면, 지금 여기서 내 가족들을 훤히 알고 있듯이 그들의 이름뿐만 아니라 얼굴도 친숙하게 알게 될 것이고, 또 가족을 사랑하듯 그들을 사랑하게 될 것이다. 내가 하늘에 올라가 사람들을 만나게 되면, 그 누구든지 척 보고 그 사람의 천성을 알아 볼 수 있을 것이며, 그가 무엇을 하고 있든지 그에 관한 모든 것을 믿고 신뢰하게 될 것이고, 지금 이 땅에서 가족들에게 인사하듯 친밀하게 인사를 하게 될 것인즉, 하늘나라에서는 하루 24 시간 동안 모든 것이 이런 식으로 되어 나갈 것이다.

『**이제 믿음, 소망, 사랑 이 세 가지가 있으나 이 중에서 가장 위대한 것은 사랑이니라**』(13절). 믿음도 중요하고 소망도 귀하다. 그러나 사랑이 없으면 믿음도, 소망도 아무것도 아니다. 그 이유는 이미 앞에서 설명했다. 믿음이나 소망은 이 시대에 귀하고 위대하지만, 그분께서 오시면 더 이상 믿음도, 소망도 필요치가 않게 된다. 그분께서 오시면 모든 것이 온전하게 완성되기 때문이다. 그러나 사랑은 영원토록 시들지 않는다. 그래서 고린도전서 13장은 최상의 영적 은사들을 받도록 열망하되, 그 이전에 믿음, 소망, 사랑 중 가장 위대한 사랑을 추구하라고 선언하고 있다. 사랑을 추구한 다음에는 최상의 은사로 예언을 열망하라고 명령한다(고전 14:1). 『**예수의 증거가 예언의 영이기 때문이라**』(계 19:10). 구원받지 못한 죄인들에게 예수 그리스도를 영접하면 하늘나라에 갈 수 있다고 당신이 말하면, 당신은 지금 예언하고 있는 것이다. 아무리 멋들어진 설교를 하더라도 그리스도의 증거를 빼놓으면, 예언의 영이 당신 안에서 역사하고 있지 않은 것이다. 그래서 바울은 이 은사를 최상의 은사로 열망하라고 충고하고 있는 것이다.

고린도전서 14장

14:1 사랑을 추구하라. 영적인 은사들을 열망하되 특별히 예언을 할 수 있도록 하라.

2 이는 알지 못하는 방언으로 말하는 사람은 사람에게 말하지 아니하고 하나님께 하는 것이기 때문이요, 또 어떤 사람도 알아듣지 못하나 그가 영으로 신비들을 말하는 것이기 때문이라.

3 그러나 예언을 하는 사람은 사람들에게 말하며 세워주고 권면하고 위로하느니라.

4 알지 못하는 방언을 말하는 사람은 자신을 세우나 예언하는 사람은 교회를 세우느니라.

『**사랑을 추구하라. 영적인 은사들을 열망하되 특별히 예언을 할 수 있도록 하라**』(1절). 13장에서는 다른 사람에게 베풀어 주고자 하는 자비로운 사랑(charity)을 최우선적인 것으로 강조해서 명령한다. 그리고 12장에서는 성령의 은사들 가운데 최상의 은사를 열망할 것을 강조해서 명령한다. 『**오히려 너희는 최상의 은사**

들을 열망하라. 이제 내가 너희에게 더 좋은 길을 보여 주리라.』(고전 12:31)고 바울은 말했었다. 그리고 여기 14:1에 와서 『**사랑을 추구하라. 영적인 은사들을 열망하되, 특별히 예언을 할 수 있도록 하라.**』고 명령하고 있다. 이 세 장을 한 줄로 꿰어 서로 연관지어 생각해 보라. 제일 먼저 추구해야 할 것은 사랑이다. 그런 다음 영적인 은사들을 열망하되, 이 은사들 중에서도 최상의 것을 열망하면서 추구하라고 명한다. 그리고 최상의 은사는 곧 예언을 할 수 있는 능력이다. 자비로운 사랑을 추구하고 난 다음에 영적인 은사들 가운데 최상의 것을 당신이 얻기 원할 때, 당신은 그것을 얻을 수 있을 것이다. 먼저 남에게 주고자 하는 자비로운 사랑을 베풀라. 그리고 성령의 은사 중 최상의 것을 열망하라. 당신에게 사랑이 있다면 당신이 열망하는 영적인 은사들이 자연적으로 주어질 것이다. 성령의 은사 중 최상의 것은 선지자처럼 예언할 수 있는 능력이다. 12장 29절에서 31절까지를 다시 보라. 성령의 은사 가운데 최상의 것은 사도가 되는 것이다. 그러나 사도 시대는 이미 끝났으므로, 이 시대에는 사도가 더 나올 수는 없다. 이 시대에 우리에게 주어지는 최상의 영적 은사는 선지자가 되는 것이다. 그래서 여기 1절에서도 『**특별히 예언할 수 있도록**』 열망하라고 명하고 있는 것이다. "특별히" 말이다.

선지자가 되어 예언을 할 수 있다는 것은 무슨 뜻인가? 그것은 곧 말씀에 의거하여 장차 있게 될 일들을 예언할 수 있는 능력을 말한다. 이 시대에 가장 훌륭한 설교는 언제나 미래의 일에 관해 말씀을 전파하는 설교이다. 미래에 관해 말할 수 없는 사람은 한 사람의 영혼도 구원으로 인도할 수 없다. 미래에 대해 아무것도 말할 수 없다면 심지어 율법의 결과에 대해서도 입을 열 수가 없다. 『**예수의 증거는 예언의 영**』이라고 성경은 말씀한다(계 19:10). 당신이 구원받지 못한 사람들에게 그리스도를 구주로 영접하면 하늘나라에 갈 수 있다고 이야기할 때, 당신은 아주 훌륭한 예언을 하고 있는 것이다. 예언이 담겨 있지 않은 복음 전파란 있을 수가 없다. 성경적 예언이란 점쟁이가 점치듯 장래 일을 말하는 것이 아니라 구원받은 자와 구원받지 못한 자의 장래 일에 대해서, 영생에 대해서, 장차 있게 될 여러 가지 사실들에 대해서 성경이 무엇이라고 언급하고 있는가를 사람들에게 전해 주는 것을 의미한다.

『이는 알지 못하는 방언으로 말하는 사람은 사람에게 말하지 아니하고 하나님께 **하는 것이기 때문이요, 또 어떤 사람도 알아듣지 못하나 그가 영으로 신비들을 말하는 것이기 때문이라』**(2절). 신약에는 『새 방언들』(막 16:17)이 있는데, "새 방언들," 즉 "new tongues"는 말하는 그 사람이 전해 배워 본 적이 없는 새로운(new) 언어이다. 그리고 『다른 방언들』(행 2:4, 고전 14:21)이 있는데, 이 방언들은 말하는 그 사람의 모국어가 아니며, 그가 그것들을 배웠을 수도(고전 14:18), 배우지 않았을 수도 있지만(행 2:4) 듣는 사람들은 그것들을 알아듣는다(행 2:8). 여기 고린도전서 14장에서 바울은 『**알지 못하는 방언**』(unknown tongues)에 관하여 말한다. 이 방언들은 '회중 가운데 있는 모든 사람에게 알려지지 않은' 언어들이기에, 따라서 말하는 그 사람이든지(13절), '다른 어떤 사람'(27절)이 통역자가 되어야 할 필요가 있다.

고린도인들은 회중 가운데 아무도 모르는 언어들로 대화하고 있었다. 만일 누군가가 그러고 있다면, 그들은 "사람에게 말하지 아니하고 하나님께 말하는 것이다." 또한 바울이 여기서 말하는 것이 '언어'(13:1)이지 은사주의자들의 주절거림이 아니라는 것은 의심의 여지가 없다.

자, 만일 당신이 '알지 못하는' 언어로 말한다면, 당신은 『**신비들**』(mysteries, 2절)을 말하고 있는 것이다. 이것은 고린도전서 4:1의 신비들이 아니다. 이것은 당신이 말하고 있는 것을 아무도 깨닫지 못하는 한 신비들(미스테리)이라는 것이다. 16절을 보라. **『그렇지 않고 만일 네가 영으로 축복하면 네가 말하는 것을 깨닫지 못한 채 자리에 앉아 있는 그 사람은 네가 무슨 말을 하는지 이해하지 못하는데 어떻게 너의 감사에 아멘 할 수 있으리요?』**

이에 관한 두 번째 사실을 주목해 보자. **『또 어떤 사람도 알아듣지 못하나 그가 영으로 신비들을 말하는 것이기 때문이라』**(2절). 방언을 말하는 사람이 무엇으로 말한다고 했는가? "영으로" 한다고 말한다. 누구의 영인가? 그 사람 자신의 영이다. 이 구절에는 "성령"이라는 단어가 단 '한 단어'도 없다. 다시 말해서, "성령"으로 말하는 것이 아니라 자신의 영으로 말하는 것이다. 은사주의자들은 고린도전서 14:2 하나 제대로 읽지 못한다. 2절 어디를 눈 씻고 찾아보아도 "성령"이란 말은 한 마디도 없다. 단 한 마디도 말이다. 고린도전서 2장 11절로 되돌아가 보자. 『**사람의 일을 그 사람 안에 있는 사람의 영이 아니면 누가 알리요? 이와 같이 하나님의 일도 하나님의 영이 아니면 아무도 모르느니라.**』 아무도 알 수 없는 어떤 사람의 일이라 하더라도 그 사람 자신의 영은 알고 있다고 말한다. 마찬가지로 성령이 아니면 하나님의 일을 알 수 있는 사람은 아무도 없다고 말한다. 은사주의자들은 아무 뜻도 없고 알아들을 수도 없는 방언을 말하면서, 다른 사람은 물론, 자기 자신의 영조차도 그게 무슨 말인지 알 수 없지만, 하나님만은 알아듣는다고 말한다. 그러나 성경은 그렇게 말씀하지 않는다. 성경은 분명히 『**사람의 일을 그 사람 안에 있는 사람의 영이 아니면 누가 알리요?**』라고 말하고 있다. 다시 말해서, 하나님뿐만 아니라 사람의 영도 그 사람의 일을 안다는 것이다. 사람의 일을 사람의 영이 알듯이 하나님의 일도 하나님의 영을 통하여 알 수 있다. 이 말을 뒤집어 생각해 보면, 자기 자신의 영도 알아들을 수 없는 방언을 말한다면, 그것은 엉터리 방언이라는 뜻이 된다.

14절로 건너 뛰어가 보자. 『**만일 내가 알지 못하는 방언으로 기도하면 내 영은 기도하는 것이지만 나의 지각은 열매를 맺지 못하리라.**』 이 구절을 풀이하면 이렇다. "내가 만일 남이 알아듣지 못하는 방언으로 기도한다 하더라도 『**내 영은**』 그 기도의 의미를 알고 있다. 그러나 아무리 내 영이 안다고 해도 그 결실로 얻는 것은 아무것도 없으므로 그런 기도는 무용하다."는 말이다. 16절을 보라. 『**그렇지 않고 만일 네가 영으로 축복하면 네가 말하는 것을 깨닫지 못한 채 자리에 앉아 있는 그 사람은 네가 무슨 말을 하는지 이해하지 못하는데 어떻게 너의 감사에 아멘 할 수 있으리요?**』 알겠는가? 나 자신에게도 아무 소득이 없을 뿐만 아니라 다른 사람들에게도 아무 소득이 없다. 17절을 또 보라. 『**너는 감사를 잘했으나**

다른 사람은 세움을 입지 못한 것이라.』 알겠는가? 자, 당신은 당신 자신만이 알아듣고 이해할 수 있는 언어로 말하고 기도한다. 그런데도 다른 사람은 그것을 알아듣고 이해할 수 없으니 그 사람에게는 아무런 영향을 끼칠 수도 없고 아무런 유익이 될 수가 없다. 그런데 하물며 당신마저도 알아들을 수 없는 엉터리 방언으로 지껄이고 기도한다고 할 때, 그것이 어떻게 다른 사람은 물론 나 자신에게 무슨 유익이 되겠는가? 다른 사람은커녕 자기 자신에게도 아무런 유익이 없다. 왜 그런가? 엉터리이기 때문이다.

약 6년 전에 내가 우리 교회 회원 한 사람과 함께 길을 걷고 있는데, 어느 집 담장 너머 뒷마당에서 부인 한 사람이 손에 종이쪽지 한 장을 들고 들여다보면서 이상한 소리를 내고 있었다. "하블리 가블리 이발라 샤브리 카물라바타라 샤티에 골라 울라바라비치 키카로 바사라!" 함께 걷던 교회 회원이 하도 이상해서 부인에게 물었다. "지금 무엇하고 계신 겁니까?" 그랬더니 부인이 대답하기를 "방언을 연습하는 중이랍니다." 하는 것이었다. "방언을 연습하다니요?!" 우리 교회 회원이 깜짝 놀라 외쳤다. 이에 대해 부인은 "그럼요! 은사를 연습해 두지 않으면, 은사를 잃어버리게 된답니다." 하는 것이었다. 세상에 표적을 연습한다는 것이 말이나 되는가? 이런 것이나 가르쳐 주는 성경 공부반에 가서 성경을 배우고 하나님께로부터 그런 따위의 표적이나 받으려고 한다면, 그거야말로 정신 나간 미친 사람이다. 은사주의자들은 성령 충만해져서 몸이 뜨거워지더니 갑자기 방언이 "터졌나"고 곧잘 말한다. 그러면서도 또 한편에서는 방언을 말해 보라고 윽박지르면서 강요하는 것이 그들이다. 방언을 지껄이는 은사주의자들 쳐놓고 어떤 유형으로든지 방언을 "연습"해 보지 않은 사람은 없다. 게다가 그들은 "새 방언"을 끊임없이 해야 되기 때문에 끊임없이 새로운 방언을 개발해 내야 한다. 그래야만 자신이 성령 충만한 것처럼 자랑할 수 있기 때문이다.

여기서 잠시 생각해 보자. 고린도전서 14장이 1,2,3절까지만 있다고 한번 가정해 보자. 『**사랑을 추구하라. 영적인 은사들을 열망하되, 특별히 예언을 할 수 있**

도록 하라』(1절) 『**알지 못하는 방언으로 말하는 사람은 사람에게 말하지 아니하고 하나님께 하므로 아무도 알아듣지 못하니, 이는 그가 영으로 신비들을 말함이니라**』(2절) 『**그러나 예언을 하는 사람은 사람들에게 말하며 세워 주고 권면하고 위로하느니라**』(3절) 자, 14장에는 오직 이 세 구절의 말씀 밖에는 없다고 가정해 보자. 이 말씀들만 놓고 생각해 볼 때, 그래도 당신은 방언의 은사를 꼭 받고 싶은 생각이 드는가? 방언을 옹호하는 사람들을 보면, 대부분이 1절과 3절은 내팽개치고 오직 2절 말씀만을 붙잡고 늘어지지 않는가? 하지만, 당신이 방언을 말함으로써 설사 영으로 신비들을 말한다고 해서 다른 사람들을 세워 주고 권면하고 또 사람들을 위로하라는 하나님의 말씀 가운데 하나라도 당신이 실행하고 있다고 생각할 수 있겠는가? 방언을 한다는 사람이 아닌 게 아니라 진짜로 방언을 한다고 가정해 보자. 설사 그렇다 한들, 이것은 자기 자신만을 세우는 이기적인 행위에 지나지 않는다는 뜻이다. 4절을 보라. 『**알지 못하는 방언을 말하는 사람은 자신을 세우나**』라고 말하지 않는가? 반면에 『**예언하는 사람은 교회를 세우느니라.**』고 말하지 않는가? 그렇다면, 당신은 어디에 시간을 쓰겠는가? 그리스도인이라면, 기껏 이기주의자가 되기 위해서 단 일분이라도 낭비할 수가 없다. 7절을 보라. 『**피리나 하프같이 생명이 없는 것들일지라도 소리를 낼 때에 그 소리를 구별하지 아니하면 피리를 부는 것인지 하프를 타는 것인지 어떻게 알 수 있으리요?**』 또 9절을 보라. 『**너희도 마찬가지라. 만일 너희가 방언으로 쉽게 알아들을 수 없는 말을 한다면 무슨 말을 하는지 어떻게 알 수 있겠느냐? 이는 너희가 허공에다 말하고 있는 것이라.**』 열 손가락을 다 한꺼번에 사용하여 악보도 없이 한 번 아무렇게나 피아노 건반을 마구 두드려 보라. 그리고 곁에 있는 다른 사람들의 표정을 한 번 휘 둘러보라. 사람들이 어떤 표정들을 하고 있는가? 당신이 아무 의미도 없이 덮어 놓고 건반을 두드리면, 그게 무슨 음악인지, 무슨 곡인지 도무지 "구별하지" 못할 소음에 지나지 않을 뿐이다. 당신은 그래도 혼자 신바람이 날는지는 모르지만, 곁에 있는 사람은 귀를 틀어막고, 참다못해 비명을 지를 것이다. 방 안에 있던 고양이도 화들짝 놀라 도망칠 것이다. 마찬가지로 사람이 방언으로 이야기할 때 만일 그가 자기가 말하고 있는 것을 이해하지 못한다면 그는 스스로를 조롱하고 있는 것이다 자신의 마음을 뒤범벅으로 만들고 있을 뿐이라는 얘기다.

『알지 못하는 방언을 하는 사람은 자신을 세우나 예언하는 사람은 교회를 세우느니라』(4절). 자기만 알아듣는 방언을 하는 것은 자신만을 세우는 이기적인 행동이다. 4절에서 **『자신을 세우나』**라고만 말하고는, 3절의 **『예언을 하는 사람』**처럼 **『권면하고 위로하느니라.』**는 말은 하고 있지 않음에 주목하라. 다른 사람들은 알아듣지 못하는 독일어로 당신이 30분 동안 기도했다고 할 때, 그것은 당신 자신만을 세워 줄 수 있을 뿐이다. 하지만 예언은 교회 전체를 세워준다.

14:5 나는 너희 모두가 방언들로 말하기를 바라지만 차라리 예언하기를 바라노라. 이는 방언들로 말하는 자가 통역을 하여 교회가 세움을 알지 못한다면 예언하는 자가 더 낫기 때문이니라.

6 그러므로 형제들아, 만일 내가 너희에게 가서 방언들로만 말하고 계시로나 지식으로나 예언으로나 교리로 말하지 아니한다면 너희에게 무슨 유익을 주겠느냐?

7 피리나 하프같이 생명이 없는 것들일지라도 소리를 낼 때에 그 소리를 구별하지 아니하면 피리를 부는 것인지 하프를 타는 것인지 어떻게 알 수 있으리요?

8 뿐만 아니라 만일 나팔이 불확실한 소리를 내면 누가 전쟁 준비를 하겠느냐?

9 너희도 마찬가지라. 만일 너희가 방언으로 쉽게 알아들을 수 없는 말을 한다면 무슨 말을 하는지 어떻게 알 수 있겠느냐? 이는 너희가 허공에다 말하고 있는 것이라.

10 세상에 수많은 종류의 말이 있을지라도 뜻 없는 말은 하나도 없으니

11 그러므로 내가 그 말의 뜻을 알지 못하면 말하는 그 사람에게 나는 야만인이 되고 말하는 그 사람도 나에게 야만인이 되리라.

12 너희도 마찬가지라. 너희가 영적인 은사들을 열망한 이상 교회를 세우는 데 풍성하기를 구하라.

『**나는 너희 모두가 방언들로 말하기를 바라지만 차라리 예언하기를 바라노라. 이는 방언들로 말하는 자가 통역을 하여 교회가 세움을 입지 못한다면 예언하는 자가 더 낫기 때문이니라**』(5절). 방언은 "표적"이므로 이 시대에는 더 이상 불가능한 은사이다. 그러나 만약 지금이라도 그 은사가 가능하다면 나쁠 것이야 없겠지만, 불가능한 것을 바라보았자 아무 소용이 없다. 그러나 예언은 표적이 아니라 지금도 그리스도인들에게 주어지는 은사인데다가 방언보다 훨씬 좋은 은사이므로 바울은 그들이 예언의 은사를 받기를 바라고 있는 것은 당연하다.

『**이는 방언들로 말하는 자가 통역을 하여 교회가 세움을 입지 못한다면**』. 오늘날 방언으로 기도하고 방언으로 찬양을 한다는 교회에 한 번 가보라. 방언이란 것이 그 흔해빠진 외국어인 영어도 아니라 그저 시끄러운 소음일 뿐이란 걸 알게 될 것이다. 그러나 그건 그렇다 치더라도 그 방언을 통역하는 광경을 한 번이라도 보았는가? 그들은 성경 말씀이 명령하고 있는 것에는 조금도 신경을 쓰지 않는다. 방언을 하는 교회에 가보면 수백 명, 수천 명 교인들이 한꺼번에 건물이 떠나갈 듯 소리를 질러대는 것을 본다. 그들은 27절에서 명령하고 있는 것 따위는 들은 척도 하지 않는다. 『**누가 알지 못하는 방언으로 말하려면 두 사람이나 많아도 세 사람이 차례로 하고 한 사람은 통역하라**』(27절). 방언을 한다는 자들에게는 이 구절의 명령이 전혀 들리지 않는다. 고린도전서 14장을 끝맺고 있는 40절의 명령을 보라. 『**모든 일을 품위 있게 하고 또 질서 있게 하라.**』 방언을 하는 교회에 가보면 품위나 질서 따위는 전혀 찾아볼 수가 없다. 모든 교인들이 와글와글 미쳐 돌아간다. 이런 자들은 전혀 영적인 자들도 아니고 예언의 영도 갖지 못한 자들이다. 그들은 하나님께 불순종하는 자들이다. 하나님께서 어떻게 하라고 명령하셨다면, 우리는 그대로 따를 뿐, 구구한 변명이 필요 없다. 하나님께서 말씀하셨으면, 그것으로 끝이다. 하나님의 말씀에 불순종하는 이런 자들을 길러내고 이런 행동을 자행하는 교회는 그 어떤 교회를 막론하고 다 더러운 영을 섬기는 교회이다. 이런 자들은 하나님의 명령에 단순히 불순종할 뿐만 아니라 하나님의 면전에서 하나님의 말씀에 침을 뱉는 자들이다.

『그러므로 형제들아, 만일 내가 너희에게 가서 방언들로만 말하고 계시로나 지식으로나 예언으로나 교리로 말하지 아니한다면 너희에게 무슨 유익을 주겠느냐?』(6절) 바울은 방언을 말할 줄 알았다. 그는 히브리어뿐만 아니라 라틴어, 헬라어 말고도 그 외에 5,6개국어를 할 줄 알았다. 그러나 하나님께서 그에게 보여주신 계시를 한 마디도 사람들에게 제대로 전해 주지 않고, 자신이 진리에 대해 알고 있는 바를 가르쳐 주지 않으며, 장래 일에 대해서 예언도 하지 않고, 하나님의 말씀의 진리에 대해서 언급하지 않는다면, 제아무리 외국어들을 지껄여 보았자 무슨 도움이 되었겠는가? 그래서 그는 자신의 외국어 실력을 결코 자랑하지 않았다. 그는 언제나 다른 사람들이 알아들을 수 있는 말로 하나님의 계시와 말씀에 대한 지식과 장래에 있을 일들과 진리를 전해 주는 데에만 전념했다.

『피리나 하프같이 생명이 없는 것들일지라도 소리를 낼 때에 그 소리를 구별하지 아니하면 피리를 부는 것인지 하프를 타는 것인지 어떻게 알 수 있으리요?』(7절) 말은 다른 사람이 알아들으라고 하는 것이다. 그런데 다른 사람이 알아듣지도 못하고 무슨 뜻인지 구별도 못할 말을 아무리 지껄여 본들 무슨 소용이 있단 말인가?

자, 지금까지 방언에 대해서 14장의 일곱 절을 읽어 내려오는 동안 그래도 당신은 방언에 대해서 성경이 말씀하고 있는 바에 대해서 한 점의 의혹이라도 남아 있는가? 여기까지만 읽어도 오늘날 은사주의자들이 방언이란 것이 얼마나 비성경적이며 마귀가 쓰는 도구라는 것을 알고도 남음이 있지 않은가?

『뿐만 아니라 만일 나팔이 불확실한 소리를 내면 누가 전쟁 준비를 하겠느냐?』(8절). 적의 공격을 알리는 나팔소리나 진군나팔 소리가 불분명하게 들려온다면, 그 전쟁은 보나마나 결과가 뻔하다. 어떤 병사는 무슨 뜻인지 분명치 않은 나팔 소리를 듣고 그것이 혹시 진혼나팔 소리가 아닌가 착가하고 묵념을 올릴 것이고, 어떤 병사는 오락 시간인 줄 알고 그 소리에 맞추어 춤을 추어 댈 것이니 그 광경을 한번 상상해 보라. 군대는 모든 것을 알리는 신호로 정해진 나팔 소리가 있기 마련이다. 저녁에 취침 시간을 알리는 소리가 다르고, 아침에 기상을 알리는 소리가 다르며, 잠자다 벌떡 일어나 행군 준비를 갖추어야 하는 비상 나팔 소리가 또 다른 법이다. 이 정해진 곡조들이 분명하게 울려야만 그것이 무슨 신호인지를 병사들이 알고 그에 따라 일사불란하게 움직이게 된다. 나팔 소리만이 아니다. 군대는 모든 지시사항들이 구령으로 이루어진다. 구령 소리가 분명치 않으면 그 군대는 오합지졸이 되고 만다. "차렷! 앞으로 가!"하고 외쳤는데, 그 구령이 어찌나 불분명하게 들리는지 어떤 병사들은 그대로 서 있고, 어떤 병사들은 뒤로 돌아간다면, 그 군대는 군대도 아니다. 그래서 성경은 분명히 구별할 수 있는 소리를 내라고 명령한다. 모든 것을 분명하게 말이다.

『너희도 마찬가지라. 만일 너희가 방언으로 쉽게 알아들을 수 없는 말을 한다면 무슨 말을 하는지 어떻게 알 수 있겠느냐? 이는 너희가 허공에다 말하고 있는 것이라』(9절). 9절은 별다른 설명이 필요 없다.

『세상에 수많은 종류의 말이 있을지라도 뜻 없는 말은 하나도 없으니』(10절). 말은 무슨 뜻인가를 내포하고 있기 마련이다. 그러나 그 뜻을 구별할 수 없으면 그 말은 아무 의미가 없는 것이나 마찬가지다.

『그러므로 내가 그 말의 뜻을 알지 못하면 말하는 그 사람에게 나는 야만인이 되고, 말하는 그 사람도 나에게 야만인이 되리라. 너희도 마찬가지라. 너희가 영적인 은사들을 열망한 이상 교회를 세우는 데 풍성하기를 구하라』(11,12절). 서로 알아듣지 못하면 말하는 사람이나 듣는 사람이나 모두가 무지하기 짝없는 야만인이 된다. 알아듣지 못하는 방언을 하는 사람들은 그래서 야만인이다. 그래서 바울은 **『너희가 영적인 은사들을 열망한 이상 교회를 세우는 데 풍성하기를 구하라』**(12절)고 말한다. 방언보다는 교회를 세워주는 예언의 은사를 열망하라고 말하고 있는 것이다. 회중이 알아듣지 못하는 방언은 결코 교회를 세워 주지 못한다(4절). 세워 주기는커녕 혼란만 가져오고 온통 난장판으로 만들어 교회를 파괴할 뿐이다.

14:13 그러므로 알지 못하는 방언으로 말하는 사람은 통역할 수 있도록 기도해야 하리라.
14 만일 내가 알지 못하는 방언으로 기도하면 내 영은 기도하는 것이지만 나의 지각은 열매를 맺지 못하리라.
15 그러면 어찌하리요? 내가 영으로 기도하겠고 지각으로도 기도하겠으며 내가 영으로 찬양하겠고 지각으로도 찬양하리라.
16 그렇지 않고 만일 네가 영으로 축복하면 네가 말하는 것을 깨닫지 못한 채 자리에 앉아 있는 그 사람은 네가 무슨 말을 하는지 이해하지 못하는데 어떻게 너의 감사에 아멘 할 수 있으리요?

『그러므로 알지 못하는 방언으로 말하는 사람은 통역할 수 있도록 기도해야 하리라. 만일 내가 알지 못하는 방언으로 기도하면 내 영은 기도하는 것이지만 나의 지각은 열매를 맺지 못하리라』(13,14절). **『내 영』**이지 성령이 아니다. 은사주의자들은 "내 영"이 기도하기 때문에 내가 못 알아듣더라도 상관없다고 말한다. 그래서 그들은 거침없이 못 알아들을 방언으로 기도한다. 그들은 바로 다음 구절에 나오는 『**나의 지각은 열매를 맺지 못하리라.**』는 경고 따위는 아랑곳하지도 않는다. 성경 말씀을 제멋대로 왜곡하고 사사로이 해석하며 변개하기를 일삼는 자들은 또 성경 말씀을 삭제도 곧잘 한다. 그래서 그런 자들은 마음에 드는 구절만 갖다 쓰고 마음에 들지 않는 부분은 싹둑 잘라 버린다. 그런 자들은 하나님의 말씀을 하나님의 말씀으로 받아들이지 않고 자신들의 사욕을 채우기 위하여 이용만 하는 자들이다.

어째서 『**나의 지각은 열매를 맺지 못하리라.**』고 말씀하는가? 그 이유가 16절에 나온다. 『**네가 말하는 것을 깨닫지 못한 채 자리에 앉아 있는 그 사람은 네가 무슨 말을 하는지 이해하지 못하는데 어떻게 너의 감사에 아멘 할 수 있으리요?**』 17절도 그 이유를 설명한다. 『**다른 사람은 세움을 입지 못한 것이라.**』

배교자들이 변개한 성경들을 보면, 『**나의 지각은 열매를 맺지 못하리라.**』는 〈킹제임스성경〉의 구절을 "내 마음은 활발하게 움직이지 않으리라('my mind is inactive')."〈필립스 역본〉로 뜯어고쳐 놓았고, 『**내 영은 기도하는 것이지만**』을 "성령은 기도하는 것이지만"〈현대어 신약성경〉으로 엉터리로 변개해 놓았는가 하면, 〈한글개역성경〉은 또 "나의 마음은 열매를 맺히지 못하리라."로 뒤바꾸어 자기 마음이 깨닫지 못한다는 뜻으로 변개해 놓았다. 다시 말해서, 다른 사람들이나 교회를 세우지 못한다는 본래의 의미를 슬쩍 피해 가고 있는 것이다. 〈킹제임스성경〉의 단어 하나만이라도 변개하면 이처럼 건전한 교리를 상실하게 될 위험이 따른다.

『**만일 네가 영으로 축복하면**』(16절). 여기서도 『**영**』은 성령이 아니라 사람의 영을 말한다. 내가 지금 어떤 말을 입 밖에 낼 때, 나는 사람이니까 내 입도 사람의 입일 터인즉, 거기서 나오는 말도 사람의 말일 것이다. 그러나 그 사람 안에 성령이 거하시는 사람이라면, 그 사람의 입 밖으로 나오는 사람의 말 가운데는 자동적으로 성령님의 의도하심이 함께 담겨 나오게 될 것이다. 그래서 내가 사람의 영으로 축복 기도를 한다 해도, 하나님의 영이 그 축복 기도 가운데 함께 담겨 있게 된다. 그러나 내가 마귀의 영에게 인도되고 있다면, 내 입에서 나오는 기도 가운데는 당연히 마귀의 의도가 함께 묻어 나오기 때문에 내 입에서는 진리를 왜곡하는 마귀의 말과 마귀의 예언들이 튀어 나오게 된다. 사람이 하나님의 영이나 마귀의 영에 인도되지 않고 순전히 자기의 의견과 자각에 따라 어떤 말을 입 밖에 낸다면 그 말 가운데는 사람의 영이 함께 묻어 나오게 된다. 그러므로 사람이 무슨 말을 할 때에는, 그 말 속에는 반드시 세 영 가운데 한 영이 함께 묻어 나오게 되는 것이다. 한 영은 하나님의 영이시니 성령이요, 또 하나는 마귀의 영이니 더러운 영일 테고, 다른 하나는 사람의 영일 것이다. 사람의 언어는 이와 같이 세 가지 영들 가운데 어떤 하나가 반드시 함께 역사한다는 것을 알아 두어야 한다.

바울은 『**영으로 기도하겠고**』 다른 사람들도 듣고 이해할 수 있는 『**지각으로도 기도하겠으며**』라고 자신의 입장을 분명히 밝힌다(15절). 찬양도 "영으로" 하고 또 "지각으로도" 하겠다고 말한다. 이 말은 "영으로" 알지 못하는 방언으로 기도하더라도 동시에 "지각으로도" 알아듣고 이해할 수 있도록 기도하고 찬양하겠다는 것이다.

은사주의 허풍쟁이들은 주로 젊은 사람들을 겨냥하여 은사주의 퍼뜨리고 이것을 일종의 "청년 운동"으로 끌고 가려고 시도한다. 이러한 운동에 앞장서고 있는 캐서린 쿨만이라든가 데이브 윌커슨 같은 사람들이나 캘리포니아의 로고스 출판사나 가수 팻분 같은 사람들의 경력을 보면 그들의 의도가 분명하게 드러난다. 그들은 모두 한결같이 마약 문화에 연루되었던 자들이다. 그런 자들이 앞장서서 하나님의 자녀들인 젊은 그리스도인들에게 은사주의를 퍼뜨리며 접근하였던 것이다. 젊은이들은 감성적이고 감정이 넘친다. 그래서 감정에 호소하고 감정을 불러일으키는 은사주의 운동은 그들에게 쉽게 파고들 수가 있다. 앞에서도 언급한 바와 같이 인간의 감정 그 자체는 결코 나쁜 것이 아니다. 인간에게 감정을 넣어 주신 분은 하나님이시다. 사람이 하나님과 함께하며 행복한 감정을 느끼고, 넘치는 감정으로 하나님을 찬양하는 것은 참으로 좋은 일이다. 그러나 감정에 들뜬 나머지 자신도 모르는 사이에 신경체계의 통제력마저 마비되고 나면 인간의 지성이 완전히 압도되어 버리게 된다는 사실을 우리는 경계하지 않으면 안 된다. 인간의 신경체계를 마비시켜 버리는 것이 무엇인지 아는가? 그것은 다름 아닌 마약이다. 은사주의자들은 그리스도인들에게 마약을 나누어 주고 있는 것이다. 그들의 방언은 기막힌 마약 효과를 낸다. 이 마약에 한 번 취하게 되면 인간의 지각은 완전히 마비되어 진리의 말씀이고 생명의 말씀이고 다 팽개치게 된다. 그리고 환각 속에서 괴상한 "성령놀이"를 하게 만든다. 이것은 무당들이 마귀들과 접신하기 위하여 주문을 홍얼거리고 풍짝풍짝 춤추는 것과 조금도 다르지 않다. 은사주의자들의 방언은 더러운 영들의 세계로 진입하는 통로인 것이다. 은사주의자들은 한바탕 춤을 추어대고 방언을 지껄이면서 감정을 고조시킨다. 그러노라면 어느새 누군가가 다가와 그들을 사로잡고 마음대로 지배하게 된다. 그리고는 곧 환각세계로 데리고 들어가 거기서 더러운 영들과 만나 신나게 논다. 그들은 이러한 감정적 체험을 "영적 체험"이라는 말로 곧잘 위장한다. 은사주의 목사들은 사람들과 마귀들을 연결해 주는 무당들이다. 우리가 인간의 감성에만 매달리는 은사주의에 대해서 그토록 경계하는 까닭이 바로 여기에 있다. 당신이 구원하시는 하나님의 능력의 손을 굳게 잡고 있다면, 당신은 그러한 감성적인 체험에 쉽사리 휘말려 들지 않을 것이며, 은사주의자들이 흔히 말하는 "성령체험" 따위에 미혹 당하지 않을 것이다.

14:17 너는 감사를 잘했으나 다른 사람은 세움을 입지 못한 것이라.

18 내가 너희 모두보다 더 많은 방언들을 말하므로 하나님께 감사하노라.

19 그러나 교회 안에서는 일만 마디의 알지 못하는 방언으로 말하기보다는 차라리 나의 지각으로 다섯 마디 말을 하여 나의 말로 다른 사람들을 가르칠 수 있기를 원하노라.

20 형제들아, 깨닫는 데에는 어린아이가 되지 말고 악에는 어린아이가 되더
라도 깨닫는 데에는 어른이 되라.
21 율법에 기록되기를 "주가 말하노라. 내가 이 백성에게 다른 방언들과 다른
입술들을 가진 사람들을 통해 말할 것이지만 그들은 그 모든 것으로도
내게 듣지 않을 것이라."고 하였느니라.
22 그러므로 방언들은 믿는 사람들을 위한 것이 아니라 믿지 않는 사람들을
위한 표적이지만 예언은 믿지 않는 사람들을 위한 것이 아니고 믿는 사람
들을 위한 것이라.
23 그러므로 만일 온 교회가 한 자리에 함께 모여 모두 방언들로 말을 하게
되면 배우지 못한 사람들이나 믿지 않는 사람들이 들어와서 너희가 미쳤
다고 말하지 아니하겠느냐?

『**너는 감사를 잘했으나 다른 사람은 세움을 입지 못한 것이라**』(17절). 혼자만 알고 남들이 알아듣지 못하는 어떤 외국어로 감사 기도를 드렸다고 치자. 자기만은 알아듣는 말이니 자신만은 감사를 했지만 다른 사람들은 조금도 그 기도가 무슨 말인지 못 알아듣는다. 그래서 다른 사람들에게는 조금도 영적인 도움을 주지 못한다. 그러므로 만약 회중 앞에서 대표 기도를 하는 사람이 외국어로 기도했다고 하면, 그것은 대표 기도로서의 몫을 전혀 하지 못한 것이다. 그런 기도는 자기만 생각했지 다른 사람들은 완전히 무시해 버린 기도다. 그러므로 『**다른 사람은 세움을 입지 못한**』 것이 될 수밖에 없다.

『**내가 너희 모두보다 더 많은 방언들을 말하므로 하나님께 감사하노라**』(18절). 고린도에는 일부 유대인들이 살고 있었다. 사도행전 18:1-8을 보라. 아테네를 떠나 고린도로 온 바울은 거기서 유대인들을 만났고, 『**안식일마다 회당에서 변론하며 유대인들과 헬라인들을 설득**』시킨(행 18:4) 것을 볼 수 있다. 그들은 여전히 율법 아래에 있는 사람들이었고 여전히 표적을 구하던 사람들이었다. 바울은 이들에게 『**예수가 그리스도이심을 증거**』하였다(행 18:5). 거기에는 헬라인들도 있었다. 바울은 유대인들뿐만 아니라 헬라인들에게도 『**영 안에서 매임을 받아**』(행 18:5) 설득하고 열심히 그리스도를 증거하였다. 그리하여 바울은 표적을 구하는 유대인들에게는 표적으로서의 방언의 은사를 사용하였고, 헬라인들에게는 헬라어를 사용하여 증거하였을 것이라고 충분히 짐작할 수 있다. 바울은 다른 누구보다도 많은 외국어를 할 줄 알았다. 그가 히브리어, 헬라어, 라틴어 외에도 서너 가지 외국어들을 할 줄 알았다는 것은 의심의 여지가 없다. 그는 자신의 그러한 외국어 실력을 통하여 그 나라 사람들에게 복음을 전파하는 은사로 활용할 수 있었을 것이다. 그럼에도 불구하고 그는 그것을 무슨 대단한 은사인 것처럼 자랑하지 않았다. 그리고 자신의 외국어 실력을 꼭 필요한 때 외에는 활용하지 않았고, 남용하는 일이 없었다. 다음의 19절을 보면 그것을 확실히 알 수 있다. 다음 구절은 참으로 위대한 말씀이다. 이 한 구절만으로도 철없이 함부로 방언을 지껄이는 사람들의 입을 틀어막을 수 있다. 우리가 성경을 대할 때, "큰" 말씀들에만 눈을 크게 뜰 것이 아니라 때로는 사소한 듯 보이는 말씀들에 대해서도 귀를 크게 열지 않으면 안 된다.

『**그러나 교회 안에서는 일만 마디의 알지 못하는 방언으로 말하기보다는 차라리 나의 지각으로 다섯 마디 말을 하여 나의 말로 다른 사람들을 가르칠 수 있기를 원하노라**』(19절). 당신은 이 말씀을 앞에 놓고서도 계속 방언을 고집할 수 있겠는가? 그리스도의 몸 된 교회 안에서 다른 사람이 알아들을 수 있는 언어로 단 5분 동안만 하나님의 말씀을 전파한다 해도 이 땅의 모든 은사주의 교회 사람들이 알아들을 수 없는 방언으로 10년 동안 지껄여 댄 것보다 훨씬 많은 열매를 맺고 훨씬 든든하게 교회를 세우게 될 것이다. 이 말은 내 개인적인 의견이 아니다. 이것은 성령님께서 고린도전서 14:19을 통하여 당신에게 말씀하고 있는 것이다.

『**나의 지각**』으로 말한다는 것은 곧 『**나의 말로**』로 말한다는 뜻이다. 다른 사람들이 다 알아들을 수 있는 『**나의 말로**』 다른 사람들에게 하나님의 진리의 말씀을 가르치는 것이 『**일만 마디의 알지 못하는 방언으로**』말하는 것보다 훨씬 낫다고 성경은 말씀한다. 알아들을 수 있는 말 한 마디로 구원받지 못한 한 사람의 혼을 이겨 올 수는 있지만, 알아듣지 못하는 방언으로는 10년 동안 지껄여도 단 한 사람의 혼을 그리스도께로 인도하지 못한다.

『**형제들아, 깨닫는 데에는 어린아이가 되지 말고 악에는 어린아이가 되더라도 깨닫는 데에는 어른이 되라**』(20절). 그리스도인들이 말씀의 진리를 깨닫는 데에는 미숙하고 유치한 어린아이처럼 굴지 말고 어른처럼 성숙한 자세를 견지하라고 명령하고 있다. 방언에 집착하는 것은 성숙한 그리스도인의 자세가 아니라는 이야기다. 악을 행하는 데에는 어른처럼 능수능란한 것보다는 오히려 어린아이처럼 미숙할수록 좋다는 것은 두말할 필요도 없다. 성경 말씀의 진의를 있는 그대로 받아들이지 못하는 은사주의자들은 그래서 깨닫는 데에는 어린아이들이다. 그러나 말씀을 왜곡하고 변개하고 삭제하고 거부하는 악을 자행하는 데에는 어른처럼 자못 성숙한 자들이 또한 그들이다. 바로 그렇기 때문에 그들은 고린도전서 14:19과 같이 지극히 평이한 말씀도 깨닫지 못한다. 고린도 교회 내에도 말씀을 깨닫는 데에는 머리가 꽉 막혀 버린 어린아이 같으면서도 말도 안 되는 방언을 지껄이며 악을 행하는 데에는 어른처럼 행세하는 자들이 있었다. 그들은 바로 표적에만 매달려 있던 유대인들이었다. 다음 구절을 보라.

『**율법에 기록되기를 "주가 말하노라. 내가 이 백성에게 다른 방언들과 다른 입술들을 가진 사람들을 통해 말할 것이지만 그들은 그 모든 것으로도 내게 듣지 않을 것이라."고 하였느니라.**』(21절). 『**이 백성에게**』라고 말한다. 『**이 백성**』이 누구인가? 유대인들이다. 표적이 필요했던 사람들 말이다. 『**율법에 기록되기를**』 즉 구약에 머물러 있던 유대인들은 계속해서 표적을 구하였기에 방언의 표적을 보여주었다. 이것은 이사야 28:11의 『**이는 그가 더듬는 입술과 다른 언어로 이 백성에게 말씀하실 것임이라.**』는 예언이 성취된 결과였다. "더듬는 입술과 다른 언어"의 대상은 "이 백성" 즉, 유대인들이었던 것이다. 우리 그리스도인들에게는 표적으로서의 방언이 필요없다. 22절을 보라.

『**그러므로 방언들은 믿는 사람들을 위한 것이 아니라 믿지 않는 사람들을 위한 표적이지만 예언은 믿지 않는 사람들을 위한 것이 아니고 믿는 사람들을 위한 것이라**』(22절). 은사주의자들은 고린도전서 14장 전체에서 방언에 관하여 부정적으로 언급하고 있는 4,5,6,7,8,9,10,11,13,19,21,23,26,28,34,35,39절 등 모든 구절들을 왜곡하고 이리저리 둘러대면서 방언의 정당성을 증명하면서도, 21절, 22절에 관해서는 아예 없는 구절들인 양 전혀 신경을 쓰지 않는다. 두 인용 구절은 『**율법**』에서 가져온 것이다. 『**이 백성**』은 '유대인들'이지 그리스도인들이 아니다. 이 두 구절은 방언이 누구를 위한 것인지를 너무나도 분명하게 밝혀 주고 있고, 그것이 결코 그리스도인들을 위한 것이 아님을 확실하게 못 박고 있다.

『**믿지 않는 사람들**』이란 유대인들을 말한다. 사도행전 10:44-47에 보면, 베드로의 설교를 듣고 있던 유대인들이 이방인들에게도 『**성령의 선물**』(행 10:45)이 부어지는 것을 보고 놀라는 장면이 나온다. 그들은 이방인들이 "믿음으로 구원받는다"는 사실을 도무지 믿지 않던 자들이었다. 그래서 성령님께서는 유대인들이 보는 앞에서 이방인들에게 『**성령의 선물**』을 부어 주심으로써 표적을 보여 주신다. 그리고 나서야 유대인들은 『**이 사람들이 우리와 마찬가지로 성령을 받았으니**』(행 10:47)라는 베드로의 말에 수긍한다. 이처럼 유대인들은 표적을 보지 않고는 믿지 않는 사람들이다. 그들은 심지어 방언의 표적을 보고도 믿지 않을 경우가 많았다. 『**그들은 그 모든 것으로도 내게 듣지 않을 것이라.**』 그러므로 방언은 『**믿는 사람들**』 곧 그리스도인들을 위한 것이 아니라, 『**믿지 않는 사람들**』 곧 믿지 않는 유대인들을 위한 『**표적**』일 뿐이다. 그러나 이러한 모든 표적들은 사도들과 함께 사라졌다. 그것으로 끝나고 말았다. 병 고치는 은사를 행하던 표적도 사도들과 함께 사라졌고, 방언이라는 표적도 얼마간 지속되다가 사도들의 시대와 함께 사라지고 말았다. 교회사 전체를 통틀어서 하나님의 사역을 수행하던 위대한 사역자들이나 목사들, 또는 선교사들 쳐놓고 그 누구도 방언을 말하거나 방언에 대해 언급하거나 방언에 대해서 긍정적으로 말한 사람은 한 명도 없었다. 오랄 로버츠나 심바드나 캐서린 쿨만처럼 어떤 자들은 교회사를 고쳐 쓰기까지 했지만, 그럼에도 불구하고 그 어떤 교회사에도 그런 이야기는 발견되지 않는다. 사도 시대 후기에도, 니케아 공회 이전 시대에도, 그 이후 시대에도, 암흑시대 동안에도, 종교개혁 시대에도, 대부흥 시대에도, 제2차 대부흥 시대에도, 그 이후 지금까지 신실한 사역자들 중 그 누구도 스스로 방언을 하거나 방언에 대해서 좋게 말한 사람은 아무도 없었다. 빌리 선데이도, 무디도, 토레이도 방언에 대해서는 언급조차 하지 않았다. 그들은 성경 말씀을 잘 알고 있었고, 말씀에 순종했던 신실한 사람들이었기 때문이었다.

『**그러므로 만일 온 교회가 한 자리에 함께 모여 모두 방언들로 말을 하게 되면 배우지 못한 사람들이나 믿지 않는 사람들이 들어와서 너희가 미쳤다고 말하지 아니하겠느냐?**』(23절) 앞에서 말한 것처럼 방언은 유대인들을 위한 표적으로 주어졌던 은사였고, 교회에는 주어지지 않았던 은사였다. 그런데도 교회 안에서 계속 방언을 지껄여 댄다면, 오히려 방언에 대해 배우지 못한 자들이나 믿지 않는 유대인들이 이를 보고 구원받았다는 것이 곧 미쳤다는 것을 의미하는 것이라고 생각할 게 뻔하다. 우리들처럼 성경대로 믿는 사람들이라면, 그들이 미쳤다기보다는 더러운 영에게 이끌리고 있다는 것을 금세 알 수 있겠지만, 성경 말씀의 진리를 알지 못하는 사람들이 본다면, 그저 미친 사람들로 밖에는 생각되지 않을 것이다. 구원받지 못한 사람들이 미친 사람들로부터 복음을 듣고 그리스도를 영접하게 된다는 것은 상상조차 할 수 없는 일이다. 그들은 이런 미친 사람들을 보고 도망쳐 버릴 것이다. 구원받지 못한 죄인들을 오히려 도망쳐 버리게 만드는 방언을 지껄이는 자들의 입을 주님께서는 틀어막기를 원하신다. 비성경적인 방언을 지껄이는 은사주의자들은 주님의 구원 사역에 대한 방해꾼들이다. 그들은 성령과는 아무 관계도 없는 자들이다. 그들은 마귀들과 손잡고 있는 자들이다. 그들은 그리스도를 증거하고 복음을 전파하여 한 사람이라도 더 구원받게 하려고 애쓰는 사역자들이 아니라 오히려 구원받은 그리스도인들을 혼란스럽게 만드는 일에만 종사하는 자들이다. 실제로 은사주의를 표방하는 교회들을 보면, 그들은 한결같이 구령 활동에는 조금도 관심이 없다. 그들은 다른 교회에 다니는 그리스도인들을 빼내어 자기네 교회로 옮겨 오도록 미혹하는 일에만 관심이 있다. 그들이 하는 일이라고는 이것 말고는 아무것도 없다.

14:24 그러나 만일 모두 예언할 때 믿지 않는 사람이나 배우지 못한 사람이 들어오게 되면 그는 모든 사람에 의해 양심의 가책을 받고 모든 사람으로부터 판단을 받으리니

25 그러면 그의 마음의 은밀한 것들이 드러나게 되어 그가 얼굴을 땅에 대고 하나님께 경배하며 하나님께서 참으로 너희 가운데 계시다고 선언하리라.

26 형제들아, 그러면 어떻게 해야 하겠느냐? 너희가 함께 모일 때에 너희 각자에게 시도 있고 교리도 있으며 방언도 있고 계시도 있으며 통역도 있으니 모든 것을 세우기 위하여 하라.

27 누가 알지 못하는 방언으로 말하려면 두 사람이나 많아도 세 사람이 차례로 하고 한 사람은 통역하라.

28 그러나 만일 통역하는 자가 없거든 교회에서는 조용히 하고 자신과 하나님께만 말하라.

『그러나 만일 모두 예언할 때 믿지 않는 사람이나 배우지 못한 사람이 들어오게 되면 그는 모든 사람에 의해 양심의 가책을 받고 모든 사람으로부터 판단을 받으리니』(24절). 장래 일에 대해서 미리 진리를 말하는 예언은 교회에 주어진 은사이다. 그리스도인이 장래 일에 대해서 예언할 수 있는 최대의 내용은 죄인이 주 예수 그리스도를 믿고 영접하지 않으면 지옥으로 가게 된다는 것과 그리스도를 믿고 구원받으면 하늘나라에 가게 된다는 사실이 핵심을 이룬다. 이 세상에 죄인이 아닌 사람은 하나도 없다. 따라서 아직 구원받지 못하고 진리를 배우지 못한 사람들이라 할지라도 이러한 진리의 말을 듣고 양심에 찔림을 받아 예언의 내용을 받아들이고 그리스도를 영접하게 되는 것이다. 그들이 하나님의 말씀대로 선포되는 예언의 말을 듣고 자신이 죄인이라는 사실에 대해서 양심에 찔림을 받는 순간 그리스도인들은 그러한 상황을 판단하고 그들을 인도하여 그리스도를 영접할 수 있도록 도와주게 된다.

『**그러면 그의 마음의 은밀한 것들이 드러나게 되어 그가 얼굴을 땅에 대고** 하나**님께 경배하며** 하나님께서 **참으로 너희 가운데 계시다고 선언하리라**』(25절). 예언은 사람들의 양심에 찔림을 주고 그들을 구원으로 인도함으로써 교회를 세운다. 사도 바울이 예언의 은사를 열망하라고 촉구하고 있는 것은 바로 이 때문이다. "예언의 은사"라고 해서 사람의 상상에 따라 점쟁이처럼 아무것이나 장래 일에 대해서 함부로 지껄이라는 것이 아니라 말씀의 진리를 선포하라는 뜻이다.

『**형제들아, 그러면 어떻게 해야 하겠느냐? 너희가 함께 모일 때에 너희 각자에게 시도 있고 교리도 있으며 방언도 있고 계시도 있으며 통역도 있으니 모든 것을 세우기 위하여 하라**』(26절). 그리스도인들이 함께 모이면 찬송을 부르기도 하고, 성경 말씀의 교리도 듣고 배운다. 방언이 있다는 것은 하나님께서 당시 어떤 성도에게 외국어를 말할 수 있는 능력을 주셨다는 얘기이다. 계시가 있다는 것은 하나님께서 어떤 성도에게 성경에서 어떤 것을 계시해 주셨다는 뜻이다. 통역이 있다는 것은 문맥상 하나님께서 '말해지고 있는' 어떤 알지 못하는 방언의 '의미'를 누군가에게 알려주셨다는 얘기이다. 하나님께서는 당시 신약성경이 완성되기 전에 성경에서 분명하지 않은 개별적인 것들을 개별적인 그리스도인들에게 그렇게 보여주고 계셨다. 설사 지금 우리 시대에는 신약이 다 완성된 시대지만, 하나님께서는 아직도 여전히 누군가에게 어떤 특별한 계시를 주고 계시며, 또 그 사람에게

'성경 본문'의 '적절한 해석'을 여전히 보여주고 계신다고 나는 믿는다. 이처럼 함께 모인 회중들 가운데는 개별적으로 다양한 사람들이 있기 마련이다. 그러나 함께 모여 무슨 일을 하더라도 그것은 『**모든 것을 세우기 위하여**』 하는 것이어야만 한다고 성경은 명령한다.

『**누가 알지 못하는 방언으로 말하려면 두 사람이나 많아도 세 사람이 차례로 하고 한 사람은 통역하라**』(27절). 회중 가운데 외국어인 방언을 말하는 사람들이 있을 경우, 그들이 어떻게 할 것인지 그 규칙이 여기에 정해져 있다. 우선 『**누가**』라는 단어가 단순히 "아무나 어떤 사람이"가 아닌 점에 주목하라. 영어 〈킹제임스성경〉에서는 『**누가**』를 "어떤 남자가"("any man")라고 말하고 있다. 다시 말해서, "어떤 여자가" 아니라는 말이다. 그 다음에 또, 외국어라는 방언으로 말하게 하더라도 『**두 사람이나 많아도 세 사람**』 이내로 한정해야 한다고 말한다. 그것도 『**차례로**』 하게 하여야만 한다. 두세 사람이 결코 한꺼번에 나와서 말하게 해서는 안 된다는 것이 성경이 명령하고 있는 규칙이다. 그 다음 규칙은 반드시 외국어를 통역해야 된다는 점이다. 만약 통역이 없다면 앞에 나가 외국어로 말하게 해서는 안 된다. 그 이유는 자명하다. 교회를 세우지 못하기 때문이다. 통역이 없을 때는 어떻게 할 것인지에 대해서는 28절에서 언급하고 있다.

『**그러나 만일 통역하는 자가 없거든 교회에서는 조용히 하고 자신과 하나님께만 말하라**』(28절). 통역이 없으면 회중들 가운데서는 잠자코 있어야 한다. 그리고 자기 혼자서만 속으로 하나님께 기도하고 말해야 된다. 이처럼 방언에 대해서는 엄격한 규칙이 적용되었다. 방언을 하더라도 아무나 하는 것이 아니라 "남자"가 하도록 자격이 정해져 있고, 두세 사람이 넘지 않도록 수를 제한하고 있는가 하면, 그것도 차례로 한 사람씩 하도록 순서가 정해져 있고, 반드시 통역하지 않으면 안 되는 조건이 정해져 있는 것이다.

은사주의 교회에서는 흔히 외국어가 아닌 알아들을 수도 없는 엉터리 방언을 누가 지껄이고 나서 다른 사람이 일어나 그것을 통역한답시고 자기 멋대로 해석하는 광경을 흔히 보게 된다. 가령, 한 사람이 일어나 "션다이 샴블라 고물레 할리야 션다이 키칼라 호블로스 코카로 션다이 불루불루불루 랄라라라 션다이" 하고 방언을 말한다. 그리고 나면 다른 사람이 일어나 "이 도시에 머지않아 하나님의 진노가 임하리니 너희는 악을 행하지 말지니라!"하고 그럴듯하게 통역한다. 하지만, 그 알아듣지 못하는 방언 속에서는 분명히 "션다이"라는 말이 네 번 나왔었는데, 통역 가운데서는 이 네 마디의 같은 말이 같은 해석으로 반복되지는 않고 있는 것이다. 이런 엉터리 광경들은 얼마든지 우리가 흔히 보는 꼴불견들이다. 은사주의자들이 지껄이는 방언이나 통역이란 것이 모두가 이처럼 엉터리인 것이다. 오늘날 방언을 한다는 사람들 대부분이 실제로 방언하는 소리를 들어 보면, 똑같은 소리를 수없이 여러 번 반복하는 것이 보통이다. 이것은 그것이 언어가 아니라 "소리"이기 때문에 자기도 모르는 사이에 그렇게 되기가 십상인 자연스러운 현상이다. 방언을 처음 "연습"하기 전에 소위 방언을 받았다고 말하는 사람들이 실제로 방언하는 것을 들어 보면, "할렐루야, 라라라라라라 랄라라, 할렐루야, 알랄라."거나 이와 거의 비슷한 것이 보통이다. 이것을 다른 사람더러 통역하라고 하면, 선뜻 나서서 통역하는 사람이 그 방언 가운데서 동일한 소리들이 몇 번이나 지껄여졌는지 일일이 기억하기란 불가능하다. 그러므로 통역도 제멋대로 기분 내키는 대로 지껄여 버리기 일쑤다. 그뿐만이 아니다. 어떤 사람이 종이쪽지에 적힌 방언을 "연습"하고 나서 매번 같은 소리만 지껄여 대는데도 그것을 통역할 때 보면, 매번 이 사람 다르고, 저 사람 다른 것이 보통이다. 이런 장면을 보고 방언을 "배우지 못한 사람"은 이들이 미쳤다고 생각할 것이고, 구원받은 그리스도인들은 어리둥절하여 혼란만 일으킨다는 것은 말할 필요도 없다. 무슨 말을 하든지 어리둥절하고 혼란스럽고 이해하기 어렵게 만드는 것들은 그 모두가 마귀가 하는 짓들이다. 이런 짓은 모두 마귀의 앞잡이들이 본업으로 삼는 기만적인 행위들이다.

14:29 또 예언하는 사람은 둘이나 셋이서 말하고 다른 사람들은 판단하라.
30 그러나 곁에 앉아 있는 다른 사람에게 계시가 있거든 먼저 하던 사람은 잠잠히 하라.
31 너희는 모두 한 사람씩 예언할 수 있나니 모두 배우게 하고 모두 위로받게 하려 함이라.
32 예언하는 사람들의 영들은 예언하는 사람들에게 복종하나니
33 이는 성도들의 모든 교회에서와 같이 하나님은 혼란의 창시자가 아니라 화평의 창시자이심이라.

『**또 예언하는 사람은 둘이나 셋이서 말하고 다른 사람들은 판단하라**』(29절). 누가 예언을 할 때에는 듣는 사람들이 그것이 진리의 말씀에 입각한 것인지 주의해서 판단해 보아야 한다. 은사주의자들이 예언할 때 보면, 성경 말씀을 제쳐 두고 제멋대로 생각나는 대로 지껄이는 것을 흔히 볼 수 있다. 오순절파 은사주의 교회들이 개최하는 이른바 "성령집회"라는 데를 가보면, 대개 예언한다는 사람들이 외치는 소리가 거의 내용이 똑같다. "내가 너희를 사랑하노니, 내가 너희에게 복을 주리라!"가 대부분이다. 그러면 회중들은 "아멘! 할렐루야!" 하고 열광한다. 그러면 그날 저녁 헌금 주머니들은 터질 지경이 된다. 그들은 엉터리 예언을 성령의 이름으로 팔아먹고 있는 장사치들이다. 장사가 잘되게 하려면 하나님의 심판이라든지, 마지막 때라든가 그리스도의 재림 같은 "겁나는" 이야기는 극력 피해야 한다. 그들은 "축복"만을 "사랑"이라는 포장지에 예쁘게 싸서 나누어 주어야만 한다. 그렇지 않으면 장사를 망치기 때문이다.

미국에서 방언을 들고 나온 이른바 "성령운동"은 1900년 로스앤젤레스 시내의 아주사 거리 선교 운동을 일으켰던 "통합 교회"의 여자 목사에 의하여 시작되었다. 그러다가 1920년대를 거쳐 1930년대에 이르자 롱비치의 "순복음 성막교회"의 에이미 셈플 맥퍼슨이 이를 이어 받았고, 제2차 세계대전 이후에는 "순복음

실업인 친교회"가 결성되더니 그리스도인 사업가들이 거리 설교에 나서 전도지를 나눠 주는 운동을 벌였는데, "순복음 성막교회"가 거기에 끼어들어 사업가들의 돈주머니에 눈독을 들이게 되었으며 나중에는 모든 자유주의 교파의 교회들이 여기에 가담하게 되었다. "순복음 실업인 친교회"란 그리스도인 사업가들, 변호사들, 은행가들, 의사들, 기타 전문직에 종사하는 사람들 가운데 자유주의 신학을 옹호하는 자들이 결성한 단체로 처음에는 근본주의 교회들과는 관계가 없었다. 그러다가 이 단체는 장로교파와 감리교파들과 손을 잡고 활동을 확대함으로써 은사주의 "성령 부흥 운동"이 마치 전체 교파에 확산된 것처럼 행세를 하면서 끝끝내 자유주의자들과 현대주의자들에 대한 지원을 지속하면서 은사주의를 퍼뜨려 나갔다.

『**그러나 곁에 앉아 있는 다른 사람에게 계시가 있거든 먼저 하던 사람은 잠잠히 하라**』(30절). 누가 계시를 말할 때도 마찬가지로 규칙이 있다. 한 사람이 무슨 계시를 말할 때, 다른 사람도 덩달아 와글와글 떠들면 안 된다. 정말 성령으로 거듭난 사람이라면 그는 자신의 영을 통제할 줄 아는 사람이다. 32절을 보면 그것을 분명히 알 수 있다. 결론적으로 『**모든 일을 품위 있게 하고 또 질서 있게 하라.**』(40절)고 명령하고 있다. 『**계시가 있거든**』이란 말은 갑자기 환상 속에서 어느 특정한 사람에게 하나님의 음성이 들리는 것 같은 따위를 의미하는 것이 아니다. 계시가 있다는 말은 성경 말씀에 대해서 전할 말이 있다는 뜻이다. 아무리 성경 말씀을 전한다 해도 한 사람씩 일어나 말해야지, 여러 사람이 한꺼번에 떠들어댄다면 난장판이 되리라는 것은 말할 것도 없다.

『**너희는 모두 한 사람씩 예언할 수 있나니 모두 배우게 하고 모두 위로받게 하려 함이라**』(31절). 예언은 때로는 앞일을 말하기도 하고 때로는 복음을 전하기도 하며 때로는 말씀을 가르치고 모든 사람들에게 위로가 되는 소망을 전하기도 한다.

『**예언하는 사람들의 영들은 예언하는 사람들에게 복종하나니**』(32절). 이 구절은 꼭 외워 두어야 할 위대한 암송 구절의 하나다. 예언하는 사람의 영은 예언하는 사람 자신에게 복종하도록 되어 있다. 당신이 진정으로 구원받은 사람이라면, 당신은 당신의 영을 스스로 통제할 수 있는 사람이어야 한다는 말이다. 구원받은 그리스도인이 성령에 이끌려서 자기도 모르는 사이에 자신의 영이 마음대로 지껄이고 마음대로 예언을 내뱉는 일 따위는 결코 일어나지 않는다. 성령님께서는 구원받은 사람이 자신의 영을 통제할 수 있도록 도와주신다.

한번은 밥 존스 1세가 대학 캠퍼스 내에서 은사주의에 물든 세 젊은이와 이야기를 하고 있었다. "자네들은 분명 성령의 은사를 받았겠지? 안 그런가?" 하고 밥 존스 1세가 물었다. 세 청년들이 그렇다고 대답했다. 그래서 밥 존스 1세는 그들에게 어떤 은사들을 받았느냐고 물었다. "저는요, 신유의 은사를 받았습니다." "저는 방언의 은사를 받았지요." "저는 통역의 은사를 받았답니다." 하고 세 청년이 각기 대답했다. 그러자 밥 존스 1세가 말했다. "나도 은사를 받았지. 그런데, 내가 받은 은사는 영들을 분별하는 은사라네. 그래서 나는 자네들이 마귀 들렸다는 것을 훤히 알아볼 수가 있다네!" 하고 말했다. 그리고는 "그래서 나는 자네들 속에 들어 있는 마귀의 더러운 영들을 훤히 분별할 수 있다네!" 하고 버럭 소리를 질렀더니 세 청년들은 얼굴이 하얗게 질려 버리더라는 에피소드가 있다.

몇 년 전 우리 교회 회원 한 사람이 세인트 피터스버그에 다녀와서 하는 말이 "럭크만 형제님, 제가 캐서린 쿨만이 인도하는 집회에 갔다가 성령이 임하여 사람들이 뒤로 벌렁 벌렁 넘어지고 야단법석을 떠는 광경을 보았는데, 그것을 성령의 역사라고 믿지 않으려고 애썼지만, 어찌나 강력한 성령의 힘이 미쳤던지 저도 그만 뒤로 벌렁 넘어지고 말았답니다." 하는 것이었다. 그래서 나는 잠시 그녀를 응시하다가 그녀에게 물었다. "당신은 성령님께서 그리스도인에게 작용하여 뒤로 벌렁 넘어지게 한다는 말을 도대체 성경 어디에서 읽었죠?" 물론 그녀는 대답하지 못했다. 그리스도인이 마귀에게 사로잡히면 뒤로 벌렁 넘어지는 정도가 아니라 물에 뛰어들어 자살도 한다는 것을 알라. 현대인들은 원체 많은 시간을 TV 앞에서 보내기 때문에 그들의 머리는 꽉 막혀 버리고 다만 감정적으로 "느끼고, 느끼고, 느끼는" 일에만 익숙해져 버렸다. 그들은 도무지 자신의 생각이나 자신의 영을 스스로 통제할 능력을 상실하고 말았다. 그래서 자신의 영으로 무엇을 분별하고 지성적으로 판별하는 능력은 간곳이 없고 더러운 영이 인도하는 대로 수동적으로 즉각 즉각 반응을 나타내는 데에만 이골이 나버렸다. 그것을 그들은 성령의 역사라고 착각하는 것이다. 다시 말하거니와, 성령님께서는 당신으로 하여금 당신 자신의 영을 통제할 수 있도록 도우시는 분이지 당신의 영을 제멋대로 혼란스럽게 만드시는 분이 아니다.

『**이는 성도들의 모든 교회에서와 같이 하나님은 혼란의 창시자가 아니라 화평의 창시자이십이라**』(33절). 이제 알겠는가? 하나님께서는 혼란을 일으키시는 분이 아니다. 하나님께서는 화평을 이루시는 분이다. 그것도 『**모든 교회에서**』 다 마찬가지로 그렇게 하신다. 진짜 거듭난 성도들의 『**모든 교회**』들을 가보라. 얼마나 질서 있고 품위가 있고 화평한지 알 수 있을 것이다. 하나님께서는 혼란의 창시자가 아니시기 때문이다. 바울은 지금 이 말을 누구를 향하여 하고 있는 것 같은가? 그는 분명 『**성도들의 모든 교회**』를 향해서 이러한 경고를 하고 있는 것이 아닐 것이다.

14:34 너희의 여자들을 교회 안에서 조용히 하게 하라. 그들이 말하는 것이 허락되지 아니하였으니 율법에서도 말한 것과 같이 다만 복종할지니라.

35 그러나 만일 그들이 무엇을 배우고 싶어하면 집에서 자기 남편들에게 물을지니라. 이는 여자들이 교회 안에서 말하는 것은 수치임이니라.

36 하나님의 말씀이 너희에게서 나왔느냐? 아니면 너희에게만 이르렀느냐?

37 만일 누구든지 자기를 선지자나 영적인 사람으로 생각한다면, 내가 너희에게 쓰는 글들이 주의 명령들임을 인식해야 할 것이라.

38 그러나 누구든지 무지하다면, 무지하게 내버려 두라.

39 그러므로 형제들아, 예언하기를 열망하고 방언들로 말하는 것을 금하지 말라.

40 모든 일을 품위 있게 하고 또 질서 있게 하라.

『**너희의 여자들을 교회 안에서 조용히 하게 하라. 그들이 말하는 것이 허락되지 아니하였으니 율법에서도 말한 것과 같이 다만 복종할지니라**』(34절). 여자들은 교회 안에서 말도 하지 말고 입을 꾹 다물고 있으라는 말이 아니다. 전후 문맥상 여기서는 여자들이 방언을 못하게 하라는 경고다. 말씀을 증거하는 일이라면 여자들도 얼마든지 허용되어 있다. 여자들이 교회에서 찬양하는 것도 물론 허용되어 있다. 여자들도 주님께 기도하도록 허용되어 있다. 다만 방언을 하는 것은 허락되지 않았다. 『**율법에서도 말한 것과 같이**』란 창세기 3:16을 말하고 있는 것이다. 아닌 게 아니라 은사주의 교회에 가보면, 여자들이 방언을 나불대는 꼴이란 참 꼴불견이다. 그들은 부끄러운 줄도 모른다. 성경에서 금하고 있는 것을 무시하는 것도 부끄럽기 짝없는 일이지만, 남자들 앞에서 괴상한 소리를 내는 것 자체가 여간 수치스러운 일이 아니다. 그러나 그들은 부끄러움을 모른다. 더러운 영에게 지배받고 있기 때문이다.

사도행전 21:8-9에 보면, 빌립이라는 이름의 전도자에게 『**딸 넷이 있으니 이들은 예언하는 처녀들이더라.**』라는 말씀이 나온다. 이것을 보면 여자들도 예언할 수 있었고 또 실제로 예언을 했었다는 것을 알 수 있다. 그러나 그 여자들이 회중들이 모인 집회에서 공공연히 예언했다는 말은 아니다. 하물며 여자들이 교회의 회중들 앞에서 방언을 한다는 것은 상상도 못할 일이었다.

『**그러나 만일 그들이 무엇을 배우고 싶어하면 집에서 자기 남편들에게 물을지니라. 이는 여자들이 교회 안에서 말하는 것은 수치임이니라**』(35절). 비록 성경적인 관점에서 보지 않더라도 여자들이 지나치게 수다를 떠는 것은 수치스러운 일이다. 하물며 교회에서는 말할 것도 없다. 그들이 무엇을 배우고 싶어한다면 집에서 남편에게 물어 보라고 성경은 권면한다. 회중들이 모인 공중 집회에서 이 사람 저 사람을 붙잡고 무질서하게 묻고 돌아다니기보다는 집에서 남편에게 조용히 물어 보라는 것이다. 성경은 이처럼 교회에서 여자들의 정숙을 강조하고 있다. 여자들은 남편이 주관하도록 되어 있다. 창세기 3:16을 보라. 결혼하지 않은 여자라면 집에서 아버지에게 물어 보라. 아버지가 없으면 오빠에게 물어 보라. 오빠도 없다면 예배 후에 목사에게 물어 보라. 그것도 여의치 않다면 나이 먹은 부인네들에게 물어 보라. 진짜로 구원받은 나이 먹은 사람들은 젊은이들에게 말씀을 가르쳐 줄 자격을 갖춘 사람들이다. 이처럼 여자들이 품위 있게 배울 수 있는 방법들은 얼마든지 있다.

『**하나님의 말씀이 너희에게서 나왔느냐?**』(36절) 물론 아니다. 이상한 영에게 이끌려 제멋대로 지껄이는 자들은 마치 하나님의 말씀이 자신들에게서 나온 것처럼 말하기도 한다.

『**아니면 너희에게만 이르렀느냐?**』(36절) 역시 아니다. 예언의 은사를 받았다고 주장하는 은사주의자들은 환상 가운데서 하나님이 특별히 자기에게 계시하였다거나, 하나님의 음성이 들려와 어쩌구저쩌구 말했다고 곧잘 속인다. 그러나 그들의 말을 들어 보면, 어느 한 마디도 하나님의 말씀과는 상관없는 점쟁이 같은 말뿐임을 알 수 있다. 이처럼 제멋대로 더러운 영이 인도하는 대로 감정에 들떠 행동하는 자들에 대해 바울은 엄중히 경고하고 있다. 다음 절을 보라.

『**만일 누구든지 자기를 선지자나 영적인 사람으로 생각한다면 내가 너희에게 쓰는 글들이 주의 명령들임을 인식해야 할 것이라**』(37절). 자신이 충고하고 권면하는 내용들이 바울 자신이 개인적으로 말하고 있는 것이 아니라 모두 "하나님의 명령"을 전달하고 있다고 강조한다. 14장에서 바울이 고린도 교회를 향하여 전하고 있는 하나님의 명령을 요약하면, "알지 못하는 방언을 통역도 없이 하는 것은 아무도 세워 주지 못하므로 입을 다물게 하라."는 것이다. 방언에 대한 성경의 입장은 이처럼 분명하고 단호하며, 이것이 "하나님의 명령"임을 알라고 엄중하게 촉구하고 있다. "회중 가운데서 여자들이 방언을 하지 못하게 하라."는 그의 입장도 분명하다. "방언을 하더라도 두세 사람 이상은 하지 못하게 하라." 이것도 분명하다. "수천 마디의 알지 못하는 방언보다는 다섯 마디의 알아들을 수 있는 말이 더 가치가 있다." 이것도 분명하다. 그리고 이러한 모든 명령들이 하나님의 명령임을 인식하라는 것이다. 하나님께서 이러한 명령을 하고 계신 것은 그들이 하나님의 말씀에 의거하여 행동하고 있지 않기 때문이다. 하나님의 말씀에 근거하지 않고 행동하는 자들은 모두가 타락한 배교자들이다. 그리스도인들이 하나님의 말씀을 믿지 않고 하나님의 말씀에 순종하지 않는다면 믿지 않는 자들이 어떻게 하나님의 말씀을 믿고 복음을 받아들일 수가 있겠는가? 그리스도인이라면 무엇보다도 먼저 자신이 하나님의 말씀을 믿고 순종하는가부터 확인할 필요가 있다. 하나님의 말씀을 믿지 않는다면 하나님을 믿는다고 공언할 수가 없다. 배교자들은 하나님의 말씀을 믿지 않기 때문에 성경을 제멋대로 뜯어 고치고 왜곡하기를 일삼는다. 그래서 성경은 무슨 말을 하든지 "하라." "하지 말라."를 분명하고 확고하게 명령한다. 애매하고 모호한 구석이라고는 어느 한 곳도 없다. 하나님께서 "하라."고 명하시면 하고, "하지 말라."고 명하시면 하지 않는 것이 그리스도인들이다. 그저 그뿐, 그 이상도 그 이하도 아니다.

『**그러나 누구든지 무지하다면 무지하게 내버려 두라**』(38절). 〈개역성경〉에서는 이 구절을 "만일 누구든지 알지 못하면 그는 알지 못한 자니라."로 괴상하고도 모호하게 변개해 놓는 바람에 도무지 무슨 말인지 그 의미를 제대로 알지 못하게 만들어 버렸다. 알지 못하면 알지 못한 자라는 것이야 빤한 사실 아닌가? 말씀의 진리를 깨닫지 못하는 무지한 자가 배우려 하지 않는다면 게으르고 무책임하며 말씀을 거부하는 자이다. 단순히 무지한 사람이라면 그에게 가르쳐 주도록 우리는 최선을 다해야겠지만, 말씀을 아예 거부하는 자라면 "무지하게 내버려" 둘 수밖에 없다. 여기서 무지한 사람이란 37절에 연결하여 읽어 보면, 자신은 영적인 사람이고 선지자라고 생각하지만, 사실은 주님의 명령을 거부하는 자라는 뜻이다. 주님의 명령을 거부하는 자라면 상대할 필요도 없다. 이에 대하여 바울은 디도서 3:10-11에서 『**이단 종파에 속한 사람은 한두 번 훈계한 후에 거절하라. 네가 알거니와 그러한 자는 타락하고 죄를 지어 스스로 정죄받는 자니라.**』라고 말씀한다. 말씀을 거부하는 이단들에게 한 번은 훈계를 해야 된다. 그래도 말을 듣지 않으면 다시 한 번 더 훈계를 하라고 말한다. 그러나 그래도 말을 듣지 않으면 더 이상 시간을 낭비할 것 없이 상대도 하지 말라고 명하고 있다.

"이단"이란 구원받지 못한 사람일 수도 있지만, 실제로는 그리스도인이면서 말씀을 오용하고 왜곡하며 변개하는가 하면, 건전한 교리에 역행하고 진리를 공격하는 배교자들을 두고 하는 말이다. 이런 자들과는 단호하게 교제를 끊어야 한다. 로마서 16:17-18을 보라. 『**이제 형제들아, 내가 너희에게 권고하노니, 너희가 배운 교리에 역행하여 분열을 일으키고 공박하는 자들을 주의하고 그들에게서 떠나라. 그러한 자들은 우리 주 예수 그리스도를 섬기는 것이 아니라 자기들의 배를 섬기는 것이니, 정중한 말과 그럴듯한 언변으로 순진한 사람들의 마음을 미혹하느니라.**』 은사주의자들이 바로 그런 자들이다. 그러므로 우리는 은사주의자들을 멀리 할 수밖에 없다. 『**그들에게서 떠나라.**』 이것은 하나님의 명령이다. 성경대로 믿는 사람들은 그래서 고독한 사람들이다.

미국의 수많은 신학교에서는 매년 8천 명의 성경대로 믿지 않는 사역자들을 배출하고 있다. 성경대로 믿는 사람들은 이들과 교제를 나눌 수가 없다. 오리겐 성서침례학교, 스프링필드 성서침례대학, 밥 존스 대학, 테네시 템플 신학교 같은 신학교들은 모두가 성경을 공격하고 말씀을 변개하고 성경을 거부하는 자들이 우글거리는 학교들이다. 그들은 성경대로 믿는 우리의 교회와 말씀에 혼란만 가져다주는 자들이다. 그러므로 우리들은 그런 자들을 멀리할 수밖에 없다. 그 무지한 자들이 예배를 방해하고 혼란스럽게 하는 것을 내버려둘 수가 없기 때문이다. 내가 살고 있는 이 도시에 나와 교제를 나누는 목사들이 몇 명이나 된다고 생각하는가? 솔직히 말하거니와, 한 사람도 없다. 그들 대부분이 내가 믿고 있는 바를 믿고는 있지만, 그들은 자신들이 믿고 있는 바대로 가르치지는 않기 때문이다. 그들은 자신들이 믿고 있는 것에 대해서 확신이 서 있지 않기 때문에 자신들이 믿는다고 말을 하면서도 그대로 가르치기를 꺼려하거나 주저하고 포기해 버린다. 나는 그런 사람들과는 도저히 교제할 수가 없다. 나처럼 성경대로 믿는 사람들은 그래서 외로울 수밖에 없다. 성경대로 믿는 그리스도인이라면 성경대로 믿고 성경대로 믿는 대로 행하며 가르치고 복음을 전파하는 사람들과만 사귈 수밖에 없다. 이것이 성경이 명령하고 있는 바다. 성경대로 믿는 사람들이 하나님의 명령에 따라 살다 보면, 성경대로 믿지 않는 배교자들이 오히려 우리들을 멀리 한다. 그들은 성경대로 믿는 사람들 앞에서 주눅이 들어 버리기 때문이다.

『그러므로 형제들아, 예언하기를 열망하고 방언들로 말하는 것을 금하지 말라』(39절). 바울은 여기서 방언하기를 결코 열망하지 말라고 또 한 번 권면하고 있다. 그 대신 예언하기를 열망하라고 명령한다. 성경 말씀이 구원에 대해서, 미래에 대해서, 영원한 세상에 대해서 무엇이라고 말하고 있는지를 배우고 그것을 세상에 알려 주기를 열망하라는 것이다. 고린도 교회에는 일부 유대인 회원들이 섞여 있었다. 그들은 여전히 표적이 필요한 사람들이었고 따라서 방언을 전면 금지할 필요가 없었다. 그래서 바울은 구태여 방언을 금하지는 말되, 정해진 규칙에 따라 적절히 하도록 놓아두라고 권면한다. 무엇을 하든지 중요한 것은 그리스도인으로서의 품위와 교회의 질서를 유지하는 일이다. 그래서 그는 『**모든 일을 품위 있게 하고 또 질서 있게 하라.**』(40절)고 명령하고 있는 것이다. 품위 있고 질서 있는 교회가 아니라면, 그것은 성경적인 교회가 아니다. 그리스도인이 품위 있고 질서 있게 행동하지 않는다면, 그는 성경적인 그리스도인이 아니다. 그것은 하나님께서 혼란의 창시자가 아니시기 때문이다. 모든 일을 품위 있고 질서 있게 하지 못하는 교회요 그리스도인이라면, 그런 곳에서 그런 사람들이 하나님께 드리는 예배가 얼마나 무질서하고 불경건한 것일지 한번 짐작해 보라.

자, 지금까지 살펴본 바와 같이 본 장에서는 방언을 하더라도 그에 대한 엄격한 규칙을 제시하고 있다. 우리가 꼭 알아 두어야 할 규칙은 27절, 28절, 34절에 명시되어 있거니와, 그 내용을 종합하면, "많아도 세 사람 이상은 하지 말 것, 질서 있게 할 것, 반드시 통역할 것, 그리고 여자는 하지 말 것" 등이다. 그리고 22절에서 방언들은 믿는 사람을 위한 것이 아니라고 분명하게 선언하고 있다는 사실도 꼭 기억해 두어야 한다. 그리고 12장과 함께 14장에서는 최상의 은사가 예언임을 강조하고 있다는 사실 또한 기억해 두어야 할 것이다.

언젠가 나는 은사주의 목사 한 사람과 이야기할 기회가 있었다. 나는 그에게 물었다. "내가 받지 못한 것을 당신이 받은 것이 있다면, 그게 무엇인지요?" 그는 나의 이 질문에 정색을 하면서 대답했다. "오, 럭크만 형제님, 그게 무슨 말씀입니까? 당신이 받지 못한 것을 내가 받은 게 무어가 있겠습니까?" 그는 아주 예의가 바른 사람이었다. 그래서 나는 그에게 이렇게 말했다. "당신은 받지 못한 것을 나는 받은 게 한 가지 분명히 있답니다." 그러자 그는 눈을 크게 뜨고 내게 물었다. "네? 그게 무어죠?" 그래서 나는 또렷하게 대답해 주었다. "나는 방언의 은사 따위와는 상관없이 영원한 구원을 확실히 받아 놓았지요!" 이 말을 듣자 그의 얼굴빛은 납덩어리처럼 굳어 버리는 것이었다.

형제들이여! 진정으로 구원받은 그리스도인에게 주시는 하나님의 최상의 은사는 죄인이 예수 그리스도를 믿고 구원받아 영생을 누릴 수 있다는 것을 알려주는 예언의 은사라네! 성령님께서는 이것을 고린도전서 12장과 14장에서 분명하게 말씀하고 있다네!

고린도전서 15장

15:1 형제들아, 내가 너희에게 전한 복음을 이제 너희로 알게 하노니 이는 너희
가 받았고 그 안에 선 것이라.
2 만일 너희가 내가 전한 복음을 굳게 잡고 헛되이 믿지 아니하였다면 복음
을 통하여 너희도 구원받은 것이라.
3 내가 받은 것을 먼저 너희에게 전달하였나니 이는 성경대로 그리스도께서
우리의 죄들로 인하여 죽으시고
4 장사되셨다가 성경대로 셋째 날에 다시 살아나셔서
5 게바에게 보이시고 그후에 열두 *사도*에게와
6 그후에는 오백 명이 넘는 형제들에게 일시에 보이셨는데 그들 중 대부분은
지금도 살아 있으나 더러는 잠들었느니라.

『형제들아, 내가 너희에게 전한 복음을 이제 너희로 알게 하노니 이는 너희가 받았고 그 안에 선 것이라. 만일 너희가 내가 전한 복음을 굳게 잡고 헛되이 믿지 아니하였다면 복음을 통하여 너희도 구원받은 것이라』(1,2절). 『만일』 『복음을』

『**헛되이 믿지 아니하였다면**』 구원받은 것이요, 헛되이 믿었다면 구원받지 못한 것이다. 고린도 교회의 회중들 가운데는 올바로 믿어서 구원받은 사람들뿐만 아니라 헛되이 믿어서 구원받지 못한 사람들도 섞여 있었기 때문에 바울은 그 두 부류의 사람들 모두를 향하여 말하고 있는 것이다. 바울이 전해 준 복음을 굳게 잡지 못한 사람들은 헛되이 믿은 것이고, 따라서 구원도 받지 못한 사람들이었다. 그리스도의 몸된 교회였으나 고린도 교회 안에는 구원받지 못한 사람들도 섞여 있었음을 고린도전서 전체 내용으로 보아 알 수 있거니와, 고린도전서 2:6-8은 구원받은 그리스도인들을 겨냥하여 한 말이라면, 3:18,19,20은 구원받지 못한 사람들을 겨냥해서 한 말이다. 그리고 5:10 역시 구원받지 못한 사람들을 향하여 한 말이고, 10:20도 마찬가지다. 바울은 고린도 교회에 소속한 모든 사람들에게 복음을 전해 주었다. 그리고 그 복음을 받아들이고 믿었으며 굳게 잡아 성도가 되었다. 그러나 일부는 그가 전한 복음을 "굳게 잡지 않고" 즉, 마음으로 믿고 마음속에 깊이 새겨 두지 않은 사람들도 있었다. 이런 사람들은 구원을 받지 못한 사람들이라는 경고가 2절 가운데 내포되어 있다. 복음을 마음으로 믿고 마음속에 굳게 잡느냐 여부에 따라 올바르게 믿느냐 헛되이 믿느냐가 결정되고, 또 이에 따라 확실하게 구원받았느냐가 결정되는 것이다. 당신이 정말 확실하게 구원받은 사람이라면, 당신은 구원받기 위해서 어떻게 해야 하는가를 알고 있었던 사람이고, 또 무엇을 믿었던가를 마음속에 깊이 새겨 알고 있는 사람일 것이다. 이것은 "기억의 문제"인 것이다. 당신이 만약 구원은 받았다고 생각은 하는데, "언제," "어떻게" 구원받았는지를 분명히 기억하지 못한다면, 당신은 다시 한 번 곰곰히 생각해 보아야 한다. 먼저 기억을 더듬어 보되, "언제"였는지가 분명치 않고 "어떻게" 했던가가 확실치 않다면, 당신은 자신의 구원 자체를 재고해 보아야 한다. 당신이 정말로 구원받았다면, 당신은 언제, 무엇을, 어떻게 믿고 구원받았던가를 기억해 낼 수 있어야 한다. 그리고 그것을 마음에 새겨 두어야 한다. 물론 "무엇을 어떻게 믿었는가"는 구원에 대한 성경적인 조건에 합당한 것이었어야 한다. 『**네가 네 입으로 주 예수를 시인하고 또 하나님께서 그를 죽은 자들로부터 살리신 것**

을 네 마음에 믿으면 구원을 받으리라』(롬 10:9). 이것이 구원에 대한 성경적 조건이다. 당신이 진정으로 구원받은 사람이라면, 당신은 『**주 예수**』를 믿었고 『**주 예수**』가 당신의 구주임을 입으로 시인하였으며, 그분이 당신의 죄를 위해 죽었고, 하나님께서 그분을 다시 살리심으로써 부활하셨음을 당신은 믿었다. 그것도 머리로 믿은 것이 아니라 『**마음에**』 믿었다. 『**이는 사람이 마음으로 믿어 의에 이르고 입으로 고백하여 구원에 이르기 때문이라.**』(롬 10:10)고 성경은 말씀한다. 당신은 이것을 마음에 새겨 두고 있는가? 당신은 구원받기 위하여 주 예수 그리스도를 당신의 구주로 믿고 영접하였음을 확실히 기억하고 있는가? 당신은 구원받기 위하여 그리스도께서 당신의 죄를 위하여 죽으셨고 또 부활하셨음을 믿었으며, 그 믿음을 마음에 새겨 두고 있는가? 당신은 구원받기 위하여 당신의 그 믿음을 입으로 고백했음을 똑똑히 기억하고 있는가? 그렇다면 당신은 확실히 구원받은 사람이다. 그리스도의 몸인 교회의 회원들이라면 누구나 할 것 없이 이러한 사람들로 구성되어 있어야 한다.

『**내가 받은 것을 먼저 너희에게 전달하였나니 이는 성경대로 그리스도께서 우리의 죄들로 인하여 죽으시고 장사되셨다가 성경대로 셋째 날에 다시 살아나셔서**』(3,4절). 다시 반복하거니와, 당신은 확실히 구원을 받았는가? 만약 그렇다면, 무엇을 믿고 구원받았는가? 당신이 무엇을 믿었든 간에 당신이 정말로 구원받았다면, 당신은 바로 여기 3,4절에서 말씀하고 있는 내용을 믿었어야만 한다. 이것이 곧 구원으로 인도하는 복음이다. 이것이 곧 구원받을 수 있는 성경적인 구원의 조건인 것이다. 그리스도께서 당신의 죄들로 인하여 죽으시고 장사되었다가 다시 살아나셨음을 당신은 믿었는가? 그렇다면 당신은 구원받은 것이다. 만일 그렇지 않다면, 당신은 구원받지 못한 것이다. 당신이 이 복음을 받아들이고 믿었다면, 그것이 언제였던가를 기억할 수 있을 것이다. 그 기억이 분명치 않다면, 당신이 이것을 과연 믿었던가 하는 것도 확실치 않을 수가 있다. 잘 생각해 보라. 바울은 이 복음을 고린도 사람들에게 전해 주었던 것이다. 그런데 일부는 지금 이 복음을 기억조차 하지 못한다. 마음으로 믿고 마음에 새겨 두지 않았던 것이다. 바울은 그들에게 "이것을 믿어라. 저것을 입으로 고백하라. 또 이것을 믿어라." 하고 정확하게 복음을 전해 주었다. 그 모두가 "성경대로" 전해 주었던 것이다. 그러나 일부는 그것이 무엇이었던가를 기억조차 하지 못한다. 그들은 구원받지 못한 것이다.

『**이는 성경대로 그리스도께서 우리의 죄들로 인하여 죽으시고 장사되셨다가 성경대로 셋째 날에 다시 살아나셔서**』(3,4절). 이것이 복음이다. 바울은 이 복음을 전파했다. 바울이 전파한 이 복음을 믿은 사람들, 다시 말해서, 자의적으로 생각나는 것을 제멋대로 믿은 것이 아니라 바로 이 복음의 내용을 받아들이고 믿은 사람들만이 고린도 교회 내에서 구원받은 사람들이었다.

이 복음 가운데에는 다섯 가지 중요한 내용이 들어 있다. 물 침례는 복음의 내용과는 아무 상관도 없다. 그리스도께서 『**우리의 죄들로 인하여**』 죽으셨다. 이것이 복음의 내용 다섯 가지 중 첫 번째다. 『**성경대로**』 이것이 둘째 내용이다. 『**장사되셨다가**』 이것이 셋째 내용이다. 『**셋째 날에 다시 살아나셔서**』이것이 네 번째 내용이다. 그리고 또 한 번 『**성경대로**』 이것이 마지막 다섯 번째 내용이다. 구원의 복음은 이처럼 다섯 가지 요소로 되어 있다. "성경대로," "죽으심," "장사되심," "다시 살아나심," 그리고 또 "성경대로"라는 이 다섯 가지 사실이 복음을 구성하는 요소들이다. 우리의 죄들로 인하여 죽으셨다는 사실은 "성경에 기록된 그대로"의 사실이다. 다시 살아나신 것도 "성경에 기록된 그대로"의 사실이다. 구원받은 사람들은 성경에 기록된 사실들을 그대로 받아들이고 그대로 믿은 사람들이다. 성경에 기록된 대로 믿지 않는 사람들은 구원받을 수가 없다. 로마카톨릭은 성경에 기록된 그대로 도무지 믿으려 하지 않는다. 그들은 "영세 받아야" 구원받는 것으로 믿는다. 물 침례를 받아야만 구원받는다고 주장하는 캠벨주의자들도 마찬가지다. 복음의 내용 가운데 물 침례에 관한 이야기는 단 한 마디도 없는데도 그들은 도무지 성경대로 믿으려 하지 않는다. 그들은 성경이 제시하고 있는 복음의 구성 요소들을 무시해 버린다. 로마카톨릭은 히브리서 10:8-10의 말씀을 들은 척도 하지 않는다. 『**위에 말씀하시기를 희생제물과 예물과 번제들과 속죄제는 바라지도 아니하시고 기뻐하지도 아니하신다고 하셨으니, 이것들은 율법에 따라 드려진 것이라. 그때에 말씀하시기를 "오 하나님이여, 보소서, 주의 뜻을 행하려고 내가 왔나이다." 하셨으니 첫 번째 것을 폐하심은 두 번째 것을 세우려 하심이라. 그 뜻에 따라 한 번 예수 그리스도의 몸을 드리심으로 우리가 거룩하게 된 것이라**』(히 10:8-10). 그러나 로마카톨릭은 일요일 아침 미사 때마다 매번 예수 그리스도의 몸을 죽이고 또 죽이기를 그치지 않는다. 이런 짓은 "성경대로" 하는 짓이 결코 아니다. 그들은 "성경대로" 그리스도께서 "한 번 몸을 드리심으로" 우리가 의롭게 된 것을 부인한다.

복음을 전파한다는 사람들이 그리스도께서 우리의 죄를 위해 십자가에 달려 돌아가셨으니 이 사실을 믿고 그분을 구주로 영접하고 구원받으라고 모두들 외쳐대지만, "성경에 기록된 말씀에 따르면"이라는 말을 흔히 생략해 버리는 것이 보통이다. 이것은 온전한 복음 전파가 아니다. "성경에 따르면"("성경대로")이라는 말을 빼면, 복음을 듣는 사람들이 "성경의" 복음을 듣는 것이 아니라 "당신"의 말을 듣고 있는 것이다. 그것은 복음이 아니라 당신의 말이다. 당신의 말로 사람들을 감히 구원할 수 있다고 생각하지 말라. 오직 성경의 복음만이 죄인들을 구원 할 수 있음을 잊지 말라.

『**그리스도께서 우리의 죄들로 인하여 죽으시고**』라는 것은 그분이 나의 죄와 당신의 죄를 위해서 죽으셨다는 뜻이지만, 그 효력은 당신과 나에게 개별적으로 적용된다는 것을 잊지 말라. 당신의 죄를 위해 그분이 죽으셨다고 "내"가 믿는다면, 그 믿음은 "나의" 구원과는 상관이 없다. "나"의 죄를 위해서 그분이 죽으셨다고 "당신"이 믿는다면, 그 믿음은 "당신"의 구원과는 아무 상관이 없다. 당신은 "당신의 죄를 위해서" 그분이 죽으셨다고 믿을 때, 당신이 구원받는다. 나는 "나의 죄를 위해서" 그분이 죽으셨다고 내가 믿을 때, 내가 구원받는다. 이처럼 구원은 개별적인 믿음에 의해 개별적으로 이루어지는 것이지, 그분의 죽으심으로 인류 전체가 도매로 다 한꺼번에 구원받는 것은 결코 아니다. 따라서 복음을 『**성경대로**』

전하고 구원받지 못한 죄인들을 그리스도께로 인도하여 구원받게 하려면 그들이 개별적으로 복음을 받아들이고 개별적으로 주 예수 그리스도를 구주로 영접하도록 하지 않으면 그들을 구원으로 인도할 수가 없다. 오늘날 수많은 사역자들이 복음을 전파한다고 나서고 있지만, 주 예수 그리스도의 죽으심을 각 개인의 개별적인 구원과 관련시켜 전파하는 사람들은 의외로 많지 않다는 사실을 우리는 발견한다. 나는 캐서린 쿨만의 복음 전파도 들어 보았지만 한 번도 개인적인 구원으로 인도하는 것을 못 보았고, 오랄 로버츠 같은 사람은 28년 동안 떠들어댔고, 지미 스와거트 같은 사람은 5년 동안 그랬지만 나는 그들이 궁극적으로 개별적인 구원에 초점을 맞추는 것을 단 한 번도 보지 못했다. 그들은 복음의 "현대적" 해석에만 열을 올리지만, 현대적으로 각색된 복음은 이미 복음이 아니다. "머리를 굴려" 복음을 이렇게 저렇게 해석하여 "머리"로 믿는 것은 믿음이 아니라 종교다. 머리로는 결코 의롭게 되지 못한다. 로마서 6:17,18을 보라. 『**하나님께 감사드리는 것은 너희가 죄의 종이었으나 너희에게 전하여 준 교리의 본을 마음으로부터 순종하여 죄에서 해방되어 의의 종이 되었음이라.**』바울은 "마음으로부터" 순종하여 죄에서 해방되어 의의 종이 된 것을 하나님께 감사한다고 말한다. 복음의 교리는 마음으로부터 순종하는 것이지 이러쿵저러쿵 머리로 따질 것이 아니다. 머리로는 결코 구원받지 못한다.

『**게바에게 보이시고 그후에 열두 사도에게와 그후에는 오백 명이 넘는 형제들에게 일시에 보이셨는데 그들 중 대부분은 지금도 살아 있으나 더러는 잠들었느니라**』(5,6절). 게바란 시몬 베드로를 말한다. 베드로는 갈라디아서 2:9에서도 게바라고 불리고 있다. 돌을 아람어로 게바라고 부른다. 부활하신 주 예수 그리스도를 시몬 베드로가 보았고 열두 사도들이 모두 보았다. 그리고 오백 명이 넘는 사람들이 죽은 자들 가운데서 살아나신 그리스도를 보았다. 이들이 모두 부활하신 그리스도의 목격자들이고 증인들인 것이다. 이들 증인들의 증언이 성경에 기록되어 있고, 이렇게 문서로 기록되어 있는 증인이 그리스도의 부활에 대한 충분한 법률적 증거력을 갖고 있다는 것이 미합중국 대법원이 내린 결론이었다. 미 대법원이 성경의 증언기록이 갖는 법률적 증거 가치를 다음과 같은 요건들을 기준으로 평가한 끝에 이러한 결론에 도달하였다.

(1) 사도들의 정직성: 특별히 거짓말을 해야 될 어떤 동기가 부여되지 않는 한 사람은 진실을 말하도록 되어 있다고 추정하는 것이 법률의 일반적인 입장이다. 제자들은 거짓말을 해야될 아무런 이유가 없었다. 제자들이 처해 있던 현실적인 정황은 그들이 예수님의 부활을 주장한다는 것이 오히려 그들에게 불이익을 주는 상황이었다. 그들은 부활하신 예수님을 자신들이 목격하였다는 사실을 숨기는 편이 오히려 자신들의 신변안전에 도움이 되었다. 그럼에도 불구하고 그들은 위험을 무릅쓰고 이 사실을 숨기지 않았다. 제자들에게는 그 사실을 뒷받침할 만한 확실한 증거가 있었기 때문에 자신들이 본 대로 증거했던 것이다. 그들이 이 사실에 대한 확실한 증거가 없었다면 그들은 감히 목숨을 내놓으면서까지 이 사실에 대해 주장할 수가 없었으리라는 것이 그들의 정직성에 대한 법률적 해석인 것이다. 도대체 거짓말을 해야 될 만한 이유가 없었던 것이다. 바울은 고린도전서 15:30,31에서 이렇게 말한다.『**또 우리가 어찌하여 매시간 위험에 처해야 하겠느냐? 내가 그리스도 예수 우리 주 안에서 지니고 있는 너희의 자랑으로써 단언하노니 나는 매일 죽노라.**』예수 그리스도의 부활이 거짓이라면, 목숨을 내어 놓으면서까지 거짓 증언을 할 이유가 어디 있겠느냐는 것이다. 사도들이 위험을 무릎쓰고 그리스도의 부활을 증거할 수 있었던 것은 그것이 사실임을 확실히 알고 있었기 때문이며, 그 증거가 뚜렷했으며 그들이 그 증거를 확보하고 있었기 때문이었다.

(2) 증인들의 증언할 수 있는 능력: 증언할 수 있는 능력이란 증언자가 어떤 사실을 목격하고 그것을 정확하게 분별할 수 있는 능력뿐만 아니라 목격한 사실을 그대로 보존할 수 있는 기억력의 신뢰성을 소유하고 있음을 말한다. 우리들은 성경 어디를 보아도 사도들이 이러한 능력을 갖지 못한 저능한 사람들이라고 추

정할 만한 근거를 발견할 수가 없다. 그들이 이처럼 증거능력을 소유하지 못한 사람들이었다고 주장할 만한 반대 증거가 제시되지 않는 한, 제자들은 최소한 그 당시의 일반 사람들과 마찬가지로 하자가 없었던 사람들이라고 우리가 결론을 내려도 전혀 무리가 없다. "달리 증명되지 않는 한, 인간은 정직하고 건전한 마음을 지니고 있으며, 평범한 지성을 소유하고 있다."는 것이 일관된 법률적 추정이다.

(3) 증인의 숫자와 증언의 일치성: 십자가 처형 이후 다시 살아나신 그리스도를 목격한 사람들의 수가 500명이 넘었는데, 바울은 고린도전서 15장에서 다시 살아나신 그리스도를 목격했다고 증언할 수 있는 사람들이 아직도 대부분 살아남아 있다고 말한다. 다시 말해서, 의심스러우면 그들에게 찾아가 물어 보라는 것이다. 이처럼 증인들의 숫자가 많았음에도 불구하고 그 증언의 내용 또한 서로 일치했다는 것은 그리스도의 부활을 입증하고도 남는 충분한 증거력이 되는 것이다.

(4) 목격자들의 증언과 부수적인 상황의 일치성: 사람의 기지로 이야기를 발명해 낸다는 것은 불가능하다는 것이 법률적인 입장이다. 동일한 때에 동일한 장소에서 실제로 일어났던 사건과 증언 내용을 면밀히 비교해 보면, 그 증언의 내용이 진실인가 여부를 쉽게 알 수 있다. 거짓 증인은 이것저것 아무렇게나 늘어놓으며 상세한 내용의 이야기를 허겁지겁 꾸며대는 바람에 자신의 증언 가운데 앞뒤가 맞지 않는 모순을 드러낼 가능성이 아주 높은 법이다. 그러나 진짜 증인은 자기가 하는 증언의 내용 가운데 혹시 어떤 모순이라도 발견될까봐 걱정하는 법 없이 세부사항들까지 거침없이 이야기하기 마련이라는 것이 법률적인 시각이다. 다시 살아나신 그리스도에 대한 제자들의 증언은 조금도 모호하거나 우물쭈물함 없이, 거침없이 발언되고 있음을 성경에서 뚜렷이 알 수 있다.

미합중국 대법원은 이러한 법률적 기준들과 일반적인 법률적 시각에 입각하여 그리스도의 부활사건을 법률적으로 심리해 보았고, 제자들의 증언들이 모두 신뢰하고도 남는 것이라는 결론에 도달했던 것이다. 미연방 법원은 전 세계에서 가장 증거 제일주의를 내세우기로 유명하다. 이러한 법원측이 그리스도의 부활에 관한 성경의 기록들이 충분한 신빙성이 있음을 입증했던 것이다. 물론 미 대법원 측은 이러한 기준들 말고도 그 밖에 많은 법률적 요건들을 갖추고 이 문제를 심리했다. 그 가운데는 신약이라는 문서에 대한 서지학적 검증이나 문서 자체에 대한 내적 검증까지도 포함되었다. 이러한 검증에 필요한 법률적 심리를 마친 미 대법원 측이 내린 결론은 성경에 기록된 사실들이 신뢰할 수 있는 모든 법률적 요건을 갖추고 있는데 반하여, 이에 반대되는 그 어떤 증거도 발견되지 않았으므로 다시 살아나신 그리스도의 부활사건은 사실로 인정된다는 것이었다.

다시 살아나신 그리스도께서는 시몬 베드로에게 특별히 나타나셨는데, 그것은 베드로가 그 당시 제자로서의 자격을 상실한 상태에 있었기 때문이었다. 그는 신약적인 구원을 상실하지는 않았지만 제자로서의 자격은 상실하고 있었다. 그는 예수님을 부인한 바 있었기 때문이었다. 그래서 주님께서는 그러한 베드로에게 특별히 나타나 주심으로써 그에게 용기를 주고 격려하시고자 하셨다. 마가복음 16:7을 보라. 『**그리고 너희는 가서 주의 제자들과 베드로에게 '주께서 너희보다 먼저 갈릴리로 가시리니 주께서 너희에게 말씀하신 대로 그곳에서 너희가 주를 보리라.'고 말하라."고 하니**』라고 기록되어 있다. "제자들과 베드로"라고 말함으로써 베드로를 "제자들"과 분리해서 부르고 있음에 주목하라. 베드로는 제자들 속에 포함되어 있지 못했던 것이다. 그리스도께서는 그러한 베드로에게 특별히 나타나셔서 그에게 제자로서의 자격을 회복토록 하셨던 것이다. 요한복음 21장에 보면 예수님과 베드로의 인상적인 대화 장면이 기록되어 있다. 『**그리하여 그들이 식사를 끝마쳤을 때 예수께서 시몬 베드로에게 말씀하시기를 "요나의 아들 시몬아, 네가 이 사람들보다 나를 더 사랑하느냐?"고 하시니, 그가 주께 말씀드리기를 "주여, 그러하옵니다. 주께서는 내가 주를 사랑하는 줄 아시나이다."라고 하니, 주께서 말씀하시기를 "내 어린양들을 먹이라."고 하시니라. 주께서 그에게 두 번째**

로 다시 말씀하시기를 "요나의 아들 시몬아, 네가 나를 사랑하느냐?"고 하시니, 그가 주께 말씀드리기를 "주여, 그러하옵니다. 주께서는 내가 주를 사랑하는 줄 아시나이다."라고 하니, 주께서 그에게 말씀하시기를 "내 양들을 먹이라."고 하시니라』(요 21:15,16). 그리스도께서는 베드로에게 같은 질문을 또 한 번 더 던지시고, 베드로는 같은 대답을 반복한다. 이 장면에서 우리는 무엇을 발견하는가? 언제인가 밥 존스 1세는 이 장면에 빗대어 이렇게 이야기 한 적이 있었다. 예수님께서 베드로에게 "베드로야, 네가 나를 사랑하느냐?"고 물으니 베드로는 "네, 나는 주님을 사랑합니다." 하고 대답했다. 그러자 주님께서 "좋아. 그렇다면 어디, 네가 사는 집을 한 번 둘러볼까?"하고 말씀하셨다. 이에 베드로는 "좋아요. 마음대로 하세요."하고 동의했다. 그러자 예수님께서는 베드로가 사는 집 구석구석을 살펴보셨다. 거실이며, 이층 침실이며, 부엌이며, 창고며, 하다못해 차고까지 다 둘러보셨다. 그런 다음 베드로에게 물으셨다. "그런데, 베드로야, 지하실엔 뭐가 있지? 거기도 한 번 둘러보자꾸나." 하시는 것이었다. 그러자 베드로는 "좋아요. 맘대로 하세요. 하지만, 주님께서 지하실까지 꼭 보셔야만 합니까?"하고 동의하면서도 찜찜해 했다. "왜? 지하실은 안 되니?" "아뇨, 뭐 그런 건 아니지만..." "좋아. 열쇠 어디 있니?" 베드로가 주님께 지하실 열쇠를 내어 드렸다. 그러자 주님께서는 지하실에 내려가셨다가 30분이나 지난 뒤에 나오시는 것이었다. 베드로가 어딘지 켕기는 듯한 어조로 주님께 물었다. "뭐 언짢은 거라도 발견하셨습니까?" 그러자 주님은, "아니다. 그런대로 다 잘 정돈되어 있더구나. 난 그저 한 번 둘러보고 싶었을 뿐이란다."하고 대답하셨다. 밥 존스 1세가 이야기처럼 꾸며서 한 이 이야기 속에서 우리는 뭔가 깊은 의미를 느낄 수 있다. 누구든지 주님께서 갑자기 집에 찾아오셔서 지하실까지 살펴보겠노라고 말씀하신다면, 조금도 마음이 켕기지 않을 사람은 없을 것이다. 그리고 주님께서 지하실을 둘러보시면, 집 주인이 왜 마음이 켕겼던가를 짐작하고도 남을 것이다. 그러나 주님은 다른 말씀은 하지 않으시고 "내 양들을 먹이라."고만 당부하심으로써 베드로에게 제자로서의 자격을 회복시켜 주시고 격려해 주셨던 것이다. 예수님께서는 그 밖의 제자들에게 나타나

보이셨을 뿐만 아니라 그들과 식사도 함께하셨다(눅 24:43, 요 21:13).

15:7 그후에 야고보에게 보이셨고 그후에는 모든 사도에게
8 그리고 맨 마지막에는 달을 채우지 못하고 태어난 자 같은 나에게도 보이
셨느니라.
9 나는 사도들 가운데서 가장 작은 자요, 사도라 불리기도 적합지 못한 자니
이는 내가 하나님의 교회를 박해하였기 때문이라.
10 그러나 하나님의 은혜로 지금의 내가 되었고 또 내게 주신 그분의 은혜가
헛되지 아니하여 그들 모두보다 내가 더 많이 수고하였으나 그것은 내가
아니요, 나와 함께하신 하나님의 은혜로다.
11 그러므로 나나 그들이나 우리가 그렇게 전파하니 너희가 그렇게 믿었느니라.
12 이제 그리스도께서 죽은 자들로부터 살아나신 것이 전파되었는데도, 어찌하
여 너희 가운데 어떤 사람들은 죽은 자들의 부활이 없다고 말하느냐?
13 그러나 죽은 자들의 부활이 없다면 그리스도도 살아나지 못하셨으리라.

『**그후에 야고보에게 보이셨고 그후에는 모든 사도에게**』(7절) 여기서 야고보는 세베대의 아들 야고보가 아니라 예수님의 형제 야고보를 말한다. 세베대의 아들 야고보에게는 다시 살아나신 예수님께서 베드로에게처럼 특별히 나타나 보이시지 않으셨다. 그러나 자신의 동생이었던 야고보에게는 예수님께서 특별히 나타나 보여주셨다. 예수님의 형제 야고보는 주님을 영접하고 거듭났는데, 형제들 가운데서 거듭난 사람은 야고보가 유일한 사람이었다. 요한복음 7:5을 보라. 『**이는 주의 형제들까지도 주를 믿지 아니함이더라.**』고 말한다. 그러나 야고보만은 주를 믿고 구원을 받았다. 스코필드는 야고보가 주님의 사촌 형제였다고 주석하고 있지만, 나는 그렇게 생각하지 않는다. 야고보는 마리아가 낳은 주님의 육신적인 친동생이었다. 다른 형제들은 거듭나지 못했지만 야고보만은 거듭났기 때문에 예수님께서는 그에게 특별히 나타나 보여 주셨던 것이다. 그리고 야고보는 사도행전 15장에서 보듯이 예루살렘 공회의 지도자가 되는 자격을 얻게 되었다. 사도행전 12장을 보아도 이 야고보는 예루살렘 사도들의 우두머리였음을 알 수 있다.

『그리고 맨 마지막에는 달을 채우지 못하고 태어난 자 같은 나에게도 보이셨느니라』(8절). 죽은 자들 가운데서 다시 살아나신 그리스도께서는 마지막으로 바울에게 나타나셨다. 이 8절은 캠벨주의자들을 꼼짝 못하게 하는 구절이다. 바울은 주님을 만나 거듭났다. 언제 거듭났는가? 주님을 만나는 순간에 거듭났다. 그리고 그는 거듭난 후 사흘 뒤에야 물 침례를 받았다. 다시 말해서, 바울은 물 침례를 받고 거듭난 것이 아니라 거듭나고 나서 물 침례를 받았던 것이다. 따라서 물 침례는 새로 거듭나는 것과는 아무 상관이 없다는 것이 분명해진다. 사도행전 9장을 보면 바울은 주님을 만나고 나서 사흘 동안 눈이 멀어 있다가 다마스커스의 아나니아에게 안수를 받고 눈이 다시 떠졌고, 그 즉시 침례를 받는다.

『나는 사도들 가운데서 가장 작은 자요, 사도라 불리기도 적합지 못한 자니 이는 내가 하나님의 교회를 박해하였기 때문이라』(9절). 바울은 자신이 **『하나님의 교회』**를 박해하였기 때문에 사도라 불릴 자격도 없다고 고백한다. 바울은 갈라디아서 1:13에서도 **『나는 하나님의 교회를 몹시 박해하였으며』**라고 고백하고 있다. 여기서 그가 말하는 "하나님의 교회"라는 말은 매우 중요한 의미를 갖는데, 그것은 고린도전서 10:32절에서 보듯이 이 세상의 모든 사람들은 유대인과 이방인과 "하나님의 교회"라는 세 부류로 나누어지기 때문이다. 성경에 기록된 모든 말씀들은 유대인을 향한 것이거나 이방인을 향한 것이거나 아니면, "하나님의 교회"를 향한 것이다. 이 "하나님의 교회"에 속한 사람들은 캠벨주의자들이 결코 갖고 있지 못한 성경적 권위를 가진 사람들이다. 캠벨주의자들은 자신들의 교회를 「그리스도의 교회」라고 부른다. 성경에는 "그리스도의 교회"란 것이 없다. "하나님의 교회"가 있을 뿐이다. 성경을 왜곡하는 자들은 바울이 "그리스도의 몸"을 박해하였던 것은 아니었다고 말한다. 그들은 바울의 시대에는 "그리스도의 몸"이 존재하지 않았다고 주장하려는 것이다. 바울은 고린도전서 10:32에서 이 세상 사람들을 유대인, 이방인, 그리고 하나님의 교회의 세 부류로 분명하게 나누고 있지만, "몸"은 언급하고 있지 않는다는 것이다. 그러나 그리스도의 몸이 곧 교회요, 교회가 곧 그리스도의 몸이다. 그리스도의 몸 안에는 유대인도, 이방인도 없다. 교회는 그리스도인들로 구성되어 있을 뿐이기 때문이다. 유대인과 이방인들은 교회 밖에 있는 사람들이다. 따라서 바울이 여기서 말하고 있는 "하나님의 교회"란 곧 그리스도의 몸을 말한다. 바울은 이 하나님의 교회, 즉 그리스도의 몸을 박해하였다고 여기서 말하고 있다. 이 말은 교회가 사도행전 9장 이전에 이미 존재하였었다는 사실을 의미한다. 성경을 왜곡하는 자들은 이 사실을 모르고 있는 것이다.

『**그러나** 하나님의 **은혜로 지금의 내가 되었고, 또 내게 주신 그분의 은혜가 헛되지 아니하여 그들 모두보다 내가 더 많이 수고하였으나 그것은 내가 아니요, 나와 함께하신** 하나님의 **은혜로다**』(10절). 『**하나님의 은혜로 지금의 내가 되었고**』라고 바울은 말한다. 이 말은 꼭 기억해 두어야할 위대한 구절이다. 바울은 "지금의 내가" 되기 위하여 다른 사도들보다 훨씬 더 수고를 많이 해야 했다. 사도라 불릴 자격도 없던 자신이 사도가 되기 위해서는 그렇게 하지 않을 수가 없었고, 또 그렇게 함으로써 위대한 사도가 되는데 성공하였던 것이다. 그러나 그는 자신이 수고하게 된 것조차도 하나님의 은혜였다고 고백한다. 그는 결코 자신의 의를 내세우지 않는다.

『**그러므로 나나 그들이나 우리가 그렇게 전파하니 너희가 그렇게 믿었느니라. 이제 그리스도께서 죽은 자들로부터 살아나신 것이 전파되었는데도, 어찌하여 너희 가운데 어떤 사람들은 죽은 자들의 부활이 없다고 말하느냐?**』(11,12절) 바울은 다른 사도들과 마찬가지로 하나님의 은혜를 전파하였고, 그가 전파한 복음을 고린도 교회 사람들이 믿었다. 그러나 그들 가운데는 그리스도께서 죽은 자들로부터 살아나신 것이 전파되었는데도 죽은 사람들이 어떻게 다시 살아나겠느냐고 의심하고 부활을 믿지 않는 사람들이 있었다. 죽은 자들의 부활이 없다고 믿는 것은 곧 그리스도의 부활 역시 믿지 않는 것이다. **『그러나 죽은 자들의 부활이 없다면 그리스도도 살아나지 못하셨으리라』**(13절).

그리스도께서 죽은 자들 가운데서 다시 일으켜 세워지지 않으셨다면, 사도들이 전파한 복음들은 모두가 거짓말이 되고 우리들이 믿고 행하는 것들 가운데 몇 가지 중대한 사태가 벌어진다. 그리스도께서 다시 살아나신 것이 만약 사실이 아니라면, 첫 번째로 중대한 사태가 14절에서 언급하고 있는 것처럼 **『우리가 전파하는 것도 헛것이요, 너희의 믿음 또한 헛것』**이 되고 만다. 그리스도께서 죽은 자들로부터 다시 살아나지 않으셨다면 우리 그리스도인들이 지금 엉터리 복음을 전파하고 있는 셈이다. 그리고 우리들의 믿음이나 새로 구원받는 모든 사람들이 다 엉터리를 믿고 있는 셈이 된다. 만약 그리스도께서 죽은 자들 가운데서 다시 살아나신 것이 사실이 아니라면, 도대체 1,900년이 넘도록 수많은 사람들이 구원의 복음을 외치고 부활을 외치고 그리스도의 재림을 외치기를 끊임없이 계속할 수 있었겠는가? 새로운 세대들이 세상에 태어날 때마다 그들은 복음에 대하여, 구원에 대하여, 부활에 대하여, 재림에 대하여, 성경에 대하여, 계속해서 이야기를 들어올 수 있었겠는가? 누군가 분명히 살아 계시지 않는다면, 어떻게 이런 일이 가능하겠는가? 그것도 무려 2,000년 동안이나 말이다. 누군가 다시 살아나신 분이 분명히 계시기 때문에 이런 일이 가능하지 않겠는가? 그분이 부활하신 사실이 거짓말이라면, 그러한 거짓말이 어떻게 2,000년 가까이 쉬지 않고 전파되어 올 수 있었겠는가? 이것은 한 마디로 불가능한 일이다. 이것이 두 번째로 중대한 사실이다.

그리스도께서 죽은 자들 가운데서 다시 살아나신 것이 사실이 아니라면, 세 번째 중대한 문제가 15장에서 설명되고 있다.

『뿐만 아니라 우리는 하나님의 거짓 증인들로 밝혀지리니 이는 우리가 하나님께서 그리스도를 살리셨다고 증거하였기 때문이라. 만일 죽은 자들이 정녕 살아나지

아니한다면 그분께서 그리스도를 살리지 아니하셨으리라』(15절). 그리스도께서 부활하신 것이 사실이 아니라면, 바울은 거짓말쟁이였고, 모든 사도들이 거짓말쟁이들이었으며, 지금까지 복음을 전파한 모든 사람들이 거짓말쟁이였고, 물론 나도 거짓말쟁이다. 문제는 여기서 끝나지 않는다.

『**만일 그리스도께서 일으켜지지 못하셨다면 너희의 믿음도 헛되고 너희가 여전히 너희 죄들 가운데 있는 것이라**』(17절). 이것이야말로 실로 중대한 문제이다. 그리스도께서 죽은 자들 가운데서 다시 살아나시지 않았다면, 우리들 모두는 아직도 죄들 가운데 있고, 죄들은 아직도 우리의 일부로 남아 있으며 우리는 영적인 할례도 받지 못한 셈이 되고 만다. 그분이 다시 살아나시지 않았다면, 우리는 육신으로부터 벗어날 수가 없고, 우리의 혼은 육신에 꼭 붙잡힌 상태로 있어야만 한다. 그리고 육신이 저지르는 죄들이 모두 우리의 혼이 저지르는 죄들이 되어 버려서 그 죄들로 말미암아 우리는 모두 죽을 수밖에 없게 될 것이다. 그러고도 문제는 여기서 끝나지 않는다.

『**그렇다면 그리스도 안에서 잠든 사람들도 멸망한 것이라**』(18절). 지금까지 예수 그리스도를 구주로 영접하고 구원받고 죽은 모든 사람들이 그것으로 다 끝장이다. 그리스도인이었던 당신의 부모들, 당신의 아내나 남편, 당신의 형제자매들, 당신의 자녀들, 그들이 모두 죽음 가운데서 영원히 헤어나지 못하는 것이다. 그러니까, 세상을 먼저 떠난 사랑하는 그들을 우리가 다시 만난다는 것은 모두가 헛된 망상이 되고 만다. 그러고도 중대한 문제는 아직도 남아 있다.

『**만일 그리스도 안에서 우리가 바라는 것이 오직 이생뿐이라면 우리는 모든 사람 가운데서 가장 비참한 사람이라**』(19절). 그리스도께서 다시 살아나신 것이 사실이 아니라면, 그리스도인들이야말로 이 지구상에서 가장 비참한 사람들이다. 그리스도인들이 비록 구원을 받았다고는 하나 그리스도께서 부활하신 것이 만약 사실이 아니라면, 그리스도인들이 구원받았다는 사실을 확신하고 과연 평강 속에서 살아갈 수 있을 것 같은가? 만약 부활이 사실이 아닌 것으로 밝혀진다면, 구원이고 뭐고 우리의 삶은 송두리째 진공 상태처럼 공허해지고 말 것이다. 이 공허감 속에서 모든 그리스도인들은 칠흑 같은 절망감에 빠질 것이 뻔하다. 내가 그리스도인이 된 지 지난 28 년간의 삶을 되돌아볼 때(1977년 당시), 모든 것이 텅 비어서 그 허무함을 무엇으로도 채우지 못할 것이다. 그래서 그리스도인들은 세상에서 가장 불쌍한 사람으로 전락하고 말 것이다. 상상만 해도 앞이 캄캄하다. 이처럼 비참한 가운데 자신이 불쌍하다고 느낀다면, 그러고도 그리스도인이 구원의 확신을 유지할 수 있겠는가?

15:14 만일 그리스도께서 살아나지 못하셨다면 우리가 전파하는 것도 헛것이요, 너희의 믿음 또한 헛것이라.

15 뿐만 아니라 우리는 하나님의 거짓 증인들로 밝혀지리니 이는 우리가 하나님께서 그리스도를 살리셨다고 증거하였기 때문이라. 만일 죽은 자들이 정녕 살아나지 아니한다면, 그분께서 그리스도를 살리지 아니하셨으리라.

16 만일 죽은 자들이 살아나지 못한다면 그리스도께서도 일으켜지지 못하셨으리라.

17 만일 그리스도께서 일으켜지지 못하셨다면 너희의 믿음도 헛되고 너희가 여전히 너희 죄들 가운데 있는 것이라.

18 그렇다면 그리스도 안에서 잠든 사람들도 멸망한 것이라.

19 만일 그리스도 안에서 우리가 바라는 것이 오직 이생뿐이라면 우리는 모든 사람 가운데서 가장 비참한 사람이라.

20 그러나 이제 그리스도께서는 죽은 자들로부터 일어나셔서 잠들었던 자들의 첫 열매들이 되셨느니라.

『만일 그리스도께서 살아나지 못하셨다면 우리가 전파하는 것도 헛것이요, 너희의 믿음 또한 헛것이라』(14절). 죽은 자들이 다시 살아난다고 믿지 못한다면, 그리스도께서도 다시 살아나셨다는 것도 사실로 받아들일 수가 없다. 그런 상황에서 복음을 전파한다면, 그것은 헛소리를 지껄이는 것이요, 그 소리를 듣고 믿는 사람들도 헛것을 믿는 것이다. 역사적 사실이 거짓이라면, 그것을 믿는 믿음도 거짓일 수밖에 없다. 산을 움직일 만한 믿음 따위는 아예 존재할 수도 없게 된다. 예수 그리스도께서 당신의 죄를 위해 죽으셨다고 할지라도 그것을 믿고 구원받은 사람이 지옥에 갈지도 모른다. 아닌 게 아니라 그분이 다시 살아나시지 않았다면, 당신은 구원받았다 해도 지옥에 가게 될 것이다. 그러나 그분께서는 다시 살아나셨다! 이것은 역사적인 진실이다! 그분은 죽으셨고, 장사되었고, 또 죽은 자들로부터 다시 살아나셨다. 이것은 움직일 수 없는 역사적 사실이다.

『뿐만 아니라 우리는 하나님의 거짓 증인들로 밝혀지리니 이는 우리가 하나님께서 그리스도를 살리셨다고 증거하였기 때문이라. 만일 죽은 자들이 정녕 살아나지 아니한다면, 그분께서 그리스도를 살리지 아니하셨으리라. 만일 죽은 자들이 살아나지 못한다면 그리스도께서도 일으켜지지 못하셨으리라. 만일 그리스도께서 일으켜지지 못하셨다면 너희의 믿음도 헛되고 너희가 여전히 너희 죄들 가운데 있는 것이라』(15-17절). 죽은 사람들이 다시 살아난다는 것이 불가능한 일이라면 하나님께서도 그리스도를 다시 살리시지 않았을 것이다. 이 말은, 그리스도께서 다시 살아나신 것을 보면, 죽은 사람들도 부활할 수 있다는 것을 입증한다는 뜻이다. 그러므로 복음을 전파하는 사람들이나 그 복음을 받아들이고 믿는 모든 사람들이 헛된 짓을 하는 것이 아니며, 구원받은 모든 사람들은 죄에서 벗어나게 된 것이다. 우리들은 헛된 짓을 한 것이 아니라 무엇으로도 바꿀 수 없는 아주 보람 있는 일을 한 것이다.

『그렇다면 그리스도 안에서 잠든 사람들도 멸망한 것이라』(18절). 그리스도 안에서 죽은 사람들을 『**잠든 사람들**』이라고 말한다. 6절에서도 같은 말을 하고 있다. 잠든 사람은 반드시 깨어나게 되어 있다. 죽은 사람의 육신은 흙 속에 잠들어 있다. 혼은 몸에서 빠져나가 주님과 함께 있다. 그분이 다시 오실 때, 그리스도 안에서 죽은 자들의 몸은 모두 다시 살아나 분리되어 있던 혼과 다시 결합하게 될 것이다. 물론 이때 다시 살아나는 몸은 새로운 몸이다. 이에 대해서는 42절에서 54절에 걸쳐 언급되고 있다.

『**만일 그리스도 안에서 우리가 바라는 것이 오직 이생뿐이라면 우리는 모든 사람 가운데서 가장 비참한 사람이라**』(19절). 구원받은 결과가 기껏 이 세상의 삶으로 모든 것이 끝나 버린다면, 그리스도인들은 가장 비참한 사람들일 것이다. 왜냐하면, 그리스도인들은 이 세상 영화를 바라다보고 살고 있지 않기 때문이다. 그들은 세상을 버리고 세상의 모든 것을 희생하며 살아가는 사람들이다. 그런데 그 대가가 아무것도 없다면, 그리스도인들이야말로 비참한 삶을 사는 사람들이다. 그러나 우리 그리스도인들은 이생뿐만 아니라 앞으로 올 세상을 바라보며 거기에 모든 소망을 두고 살아가는 사람들이다. 그렇기 때문에 그리스도인들은 모든 사람들 가운데서 가장 복된 사람들이다.

『**그러나 이제 그리스도께서는 죽은 자들로부터 살아나셔서 잠들었던 자들의 첫 열매들이 되셨느니라**』(20절). 『**그러나**』라고 말씀한다! 이 구절이 "그러나"라는 접속사로 시작한다는 데에 하나님께 감사를 드리라! 그리스도께서는 죽은 자들 가운데서 다시 살아나셨다. 구약 시대 이후 오늘날까지 구원받고 세상을 떠나 잠들어 있는 모든 사람들 가운데서 주님께서는 제일 먼저 다시 살아나셨다! 그리스도 안에서 잠든 모든 사람들이 다시 잠에서 깨어날 것을 증명해 보여 주신 것이다. 잠에서 깨어날 뿐만 아니라 영원토록 다시는 죽지 않게 되리라는 것을 증명해 보여 주신 것이다. 과부의 아들도 다시 살아났었지만 결국 죽었고, 나사로도 다시 살아났었지만 다시 죽었으며, 성경에 보면 다시 살아난 사람들이 많지만, 그들은 결국 모두 죽었다. 그러나 이처럼 죽었다가 다시 살아났고 영원히 다시는 죽지 않게 된 사람은 예수 그리스도께서 맨 처음이셨다. 에녹은 죽음을 보지 않고 끌려 올라갔지만, 하늘로 끌려 올라간 엘리야는 이 땅에서 다시 죽게 되어 있고, 모세도 마찬가지다(계 11:7-10). 죽었다가 영원히 다시 살아난 최초의 사람은 예수 그리스도 한 분이셨다. 그래서 그분은 『**잠들었던 자들의 첫열매들**』이 되셨던 것이다.

15:21 사망이 사람으로 말미암은 것같이 죽은 자의 부활도 사람으로 말미암는도다.

22 이는 아담 안에서 모든 사람이 죽은 것같이 그리스도 안에서 모든 사람을 살게 하려 함이라.

23 그러나 각자 자기의 서열대로 되리니 그리스도가 첫열매들이요, 그 다음은 그리스도께서 오실 때 그분께 속한 사람들이라.

24 그후에는 끝이 오리니 주께서 모든 정사와 모든 권세와 능력을 폐하시고 그 왕국을 하나님, 곧 아버지께 바칠 때라.

『**사망이 사람으로 말미암은 것같이 죽은 자의 부활도 사람으로 말미암는도다. 이는 아담 안에서 모든 사람이 죽은 것같이 그리스도 안에서 모든 사람을 살게 하려 함이라**』(21,22절). 우리가 죽는 것은 아담이라는 사람의 후손이기 때문이다. 그러나 우리가 죽었다가 다시 살아날 수 있는 것도 사람으로 오신 예수 그리스도 덕분이다. 이 지구 상에 있는 모든 사람은 아담의 후손이기 때문에 아담이 물려준 죽음도 물려받았다. 그러나 예수 그리스도를 믿고 그분 안에 들어간 사람들은 죽으셨다가 다시 살아나신 후 영원토록 살아 계신 그분의 부활과 영생을 물려받는다. 아담의 후손으로 그대로 남아 있으면 죽음을 면할 수 없지만, 예수 그리스도를 영접하고 그 안에 들어가면 영생을 얻게 되는 것이다. 아담 안에 있느냐, 없느냐 여부는 우리가 선택할 수 있는 문제가 아니다. 다시 말해서, 우리가 죽느냐 사느냐 하는 문제는 우리가 선택할 수 있는 문제가 아니다. 그러나 그리스도 안에 있느냐 여부는 우리가 선택하기에 달렸다. 따라서 아담 안에서 죽는 것은 선택의 여지가 없지만, 그리스도 안에서 사는 것은 우리의 선택에 달렸다. 그리스도를 믿고 영생을 얻느냐, 믿지 않고 영생도 얻지 못하느냐 하는 것은 전적으로 우리의 선택에 달려 있다.

『**그러나 각자 자기의 서열대로 되리니 그리스도가 첫열매들이요, 그 다음은 그리스도께서 오실 때 그분께 속한 사람들이라**』(23절). 죽었다가 다시 살아나는 부활에도 서열이 있다. 이 서열은 밭에서 곡식이 익는 순서에 따라 거둬들이는 수확의 순서와 같다. 곡식이 익어 가는 밭에 나가 수확할 때, 농부는 익은 곡식부터 먼저 거둬들인다. 아직 열매가 영글지 않은 곡식은 좀 더 놓아 두었다가 나중에 거둬 들인다. 가령 토마토를 예로 들어 보자. 토마토 밭에 들어간 농부는 익은 열매부터 따게 된다. 덜 익은 토마토는 따지 않고 좀더 그대로 놓아두었다가 그것이 익는 순서에 따라 나중에 따게 된다. 이처럼 열매들은 한꺼번에 다 익는 것은 아니다. 곡식도 마찬가지로 익는 순서대로 수확하고, 수확이 다 끝난 다음 맨 나중에는 이삭줍기가 시작된다. 그리스도는 제일 먼저 익은 첫열매셨다. 그러므로 그리스도께서는 맨 처음 수확되어 부활하셨다. 그 다음 두 번째 거둬 들일 열매는 그분께서 오실 때에 그분께 속한 그리스도인들이 될 것이다. 그리고 세 번째는 24절에서 『**그후에는 끝이 오리니**』라고 말한다. 그 "끝"이란 주님께서 모든 정사와 권세를 폐하시고 난 다음 『**그 왕국을 하나님, 곧 아버지께, 바칠 때**』이다. 그런데 또 25절에서는 『**주께서 모든 원수를 자기 발 아래 두실 때까지 통치하셔야 하리니**』라고 말한다. 그러니까, 그 "끝"은 주님께서 통치를 "시작"하시는 시점이 된다. 주님께서 재림하시어 예루살렘의 다윗의 보좌에 앉아 왕국을 통치하기 시작하실 때는 첫 번째 부활은 이미 끝난 상태여야만 한다. 이 첫 번째 부활은 세 부분으로 되어 있다. 요한계시록 20장을 보라. 요한계시록 20장을 읽으면서 주목해야 될 점은 그리스도께서 오셔서 왕국을 통치하기 시작해서야 비로소 성경이 첫 번째 부활에 대해서 언급하고 있다는 사실이다. 요한계시록 20:4,5을 보라. 『**또 내가 보좌들을 보니, 그들이 그 위에 앉았는데 심판이 그들에게 주어졌더라. 또 예수에 대한 증거와 하나님의 말씀으로 인하여 목베임을 당한 사람들의 혼들도 보았는데, 그들은 그 짐승에게나 그 형상에게 경배하지 아니하였을 뿐만 아니라 그의 표를 그들의 이마 위에나 손에도 받지 아니하였더라. 그러므로 그들은 살아서 그리스도와 함께 천 년을 통치하더라. 그러나 죽은 자들 가운데서 그 나머지는 천 년이 끝날 때까지 다시 살지 못하리라. 이것이 첫 번째 부활이라.**』 여기서 언급하고 있는 『**첫 번째 부활**』은 모두 세 부분으로 되어 있는 부활이다. 신명기 16:16을 또 보라. 『**너희 중 모든 남자는 주 너의 하나님 앞에 일 년에 세 번씩, 즉 무교절과 칠칠절과 장막절에 그분께서 선정하실 곳에 나오되 그들은 빈손으로 주께 나오지 말지니라.**』 여기서 언급하는 무교절과 칠칠절 및 장막절의 세 절기는 "첫 번째 부활"의 세 부분을 모형으로 나타내는 예표들이다. 무교절은 첫열매들이 되신 그리스도의 부활을 예표하면서 또 구약 성도들의 휴거를 예표한다. 무교절, 즉 첫열매들이 되신 그리스도의 부활 50일 뒤에 있는 칠칠절(오순절)은 신약 성도들의 휴거를 예표한다. 그리고 그리스도께서 재림하시는 때인 9월과 10월 사이에 있는 장막절은 대환란을 거친 성도들의 휴거를 예표한다. 이처럼 "첫 번째 부활"에 해당하는 휴거에도 세 단계가 있는 것이다. 구약 성도들의 휴거가 첫 번째 휴거이고, 신약 성도들의 휴거가 두 번째, 그리고 환란 성도들의 휴거가 세 번째이다. 그리스도인들은 신약 성도들이다. 그러므로 그리스도인들은 칠칠절로 예표되고 있는 시점, 즉 대환란 직전에 휴거된다. 그리스도인들이 대환란을 거친다고 가르치는 신학교들은 하나님의 말씀을 기록된 그대로 받아들이지 않기 때문에 그렇게 가르치고 있는 것이며, 하나님의 말씀에 순종하지 않기 때문에 그렇게 주장하는 것이다.

마태복음 24:40-42을 보자. 『**그 때에 두 사람이 밭에 있는데, 한 사람은 데려가게 되고 한 사람은 남게 되리라. 두 여인이 맷돌을 갈고 있다가 한 사람은 데려가**

게 되고 한 사람은 남게 되리라.』 마태복음 앞부분을 읽어 보면 여기서 『**데려가게**』 되는 사람은 환란 성도들을 가리킨다는 것을 분명히 알 수 있다. 대환란 기간 동안 깨어 있으면서 『**끝까지 견디는 자**』(마 24:13)는 예수 그리스도께서 지상 재림하실 때 데려가게 된다. 이 때 휴거 되는 성도들은 대환란을 거친 성도들이다. 이 성도들은 이 시대의 그리스도인들이 아니다. 이 시대의 그리스도인들은 대환란 이전에 벌써 휴거되었다. 요한이 요한계시록 20장에서 보았던 사람들은 바로 그리스도의 지상 재림 때 휴거될 환란 성도들을 미리 보았던 것이다. 이 때 휴거되는 성도들은 곡식 중에서 맨 나중에 수확하게 될 곡식들이다. 절기로 예표되는 휴거 중 맨 마지막의 장막절에 해당하는 휴거인 것이다. 환란 성도들은 이삭줍기를 통하여 거둬들이게 된다. 요한계시록 11:12에 보면 또, 『**그들이 하늘로부터 나는 큰 음성을 들었는데, 그들에게 말하기를 "이리 올라오라." 하므로, 그들이 구름을 타고 하늘로 올라가니 그들의 원수들이 그들을 바라보더라.**』고 말한다. 이 때 휴거되는 두 사람은 모세와 엘리야지만, 이 역시 환란 끝에 있게 될 환란 성도들의 휴거를 말한다.(피터 S. 럭크만의 주석서 〈요한계시록〉 11장 참조)

이번에는 데살로니가전서 4:16,17을 보라. 『**주께서 호령과 천사장의 음성과 하나님의 나팔 소리와 함께 하늘로부터 친히 내려오시리니, 그러면 그리스도 안에서 죽은 자들이 먼저 일어나고 그리고 나서 살아남아 있는 우리도 공중에서 주와 만나기 위하여 그들과 함께 구름 속으로 끌려 올라가리니, 그리하여 우리가 영원히 주와 함께 있으리라.**』 대환란이 시작되기 직전에 예수 그리스도께서 공중 재림하실 때 끌려 올라가는 성도들은 그리스도 안에서 죽은 사람들과 살아남아 있던 그리스도인들, 즉 교회이다. 이들은 대환란을 거칠 필요 없이 그 전에 먼저 끌려 올라가 주님과 영원히 함께 있을 사람들이다. 이 성도들은 곡식으로 치면 두 번째로 영글어서 두 번째로 수확되는 곡식에 해당하고 절기로 예표되는 것 가운데 칠칠절에 해당하는 휴거이다.

자, 이번에는 마태복음 27:50-53을 보라. 『**예수께서 다시 큰 음성으로 소리지르신 후 숨을 거두시더라. 그런데, 보라, 성전의 휘장이 위에서 아래까지 둘로 찢**

어지고, 땅이 흔들리며 바위들이 갈라지고 무덤들이 열리며 잠들었던 많은 성도들의 몸이 일어났으며, 주께서 부활하신 후에 무덤에서 나와 거룩한 도성으로 들어가 많은 사람들에게 나타나더라.』고 말씀한다. 예수 그리스도께서 십자가에 달려 숨을 거두신 직후 땅이 흔들리고 바위들이 갈라지면서 무덤들이 열렸다. 그리고 그리스도께서 장사되고 부활하신 직후 열린 무덤에서 성도들의 몸이 일어났고 많은 사람들에게 부활한 모습을 보였다. 이 때 다시 살아난 성도들은 물론 구약 성도들이었다. 그러니까, 시간 순으로 보면 예수님의 부활 이후에 제일 먼저 부활하고 휴거되었던 성도들이었다. 제일 먼저 익은 곡식이었으므로 첫 단계로 거두어들인 열매들인 것이다. 절기로 예표되는 휴거 중 무교절에 해당한다. 이들 구약 성도들이 다시 살아나 휴거된 시점이 예수 그리스도의 부활이 있은 지 시간적으로 얼마나 지난 뒤였는지는 알 수 없으나, 나더러 짐작해 보라고 한다면, 그것은 첫째 부활이 있은 지 50일 뒤인 오순절 때였던 것 같다. 이것은 나의 추측일 뿐이다. 그 다음의 두 번째 휴거는 그리스도의 공중 재림 때 있게 될 것이고, 세 번째 휴거는 대환란이 끝난 후 지상 재림하실 때 있게 될 것이다. 이처럼 성경은 "첫째 부활"의 3단계를 명확하게 "서열대로" 구분하고 있다. 이렇게 분명하게 기록된 말씀들을 무시하거나 구분하지 못하는 무지한 자들은 이러한 진리를 알지 못한다.

성경에는 『**이리 올라오라.**』는 말씀이 세 번 나온다. 한 번은 요한계시록 4:1에 나오고 또 한 번은 요한계시록 11:12, 그리고 또 한 번은 잠언 25:7에 나온다. 이 역시 휴거의 세 부분을 나타낸다. 잠언 25:7에 나오는 『**이리 올라오라.**』는 말씀은 구약 성도들을 향한 것이고, 요한계시록 4:1의 휴거는 그리스도의 몸인 교회의 휴거를 말하며, 요한계시록 11:12의 휴거는 모세와 엘리야를 포함한 환란 성도들의 휴거를 나타낸다. 이처럼 성경은 휴거의 세 부분을 신명기에서는 무교절, 칠칠절, 장막절의 세 절기로 예표하고, "이리 올라오라."는 세 번에 걸친 명령으로 나타내고 있다. 이 얼마나 아름답고 완벽한 구성인가! 하나님의 말씀은 살아 있는 하나의 유기체처럼 꽉 짜여져 있어 도무지 빈틈이라곤 찾아볼 수가 없다. 지금 살펴본 바와 같이 신명기와 잠언, 마태복음과 요한계시록, 그리고 데살로니가전서와 고린도전서 등이 모두 한 묶음으로 엮어져 있으면서 질서 정연하게 휴거에 대해서 설명하고 있는 가운데 이 시대의 구원받은 그리스도인들은 대환란을 거치지 않고 휴거된다는 사실을 분명하게 밝히고 있다. 성경을 제대로 읽고 공부하면 이러한 사실들이 질서정연하게 엮어져 있음을 알 수 있게 된다. 그리스도의 몸인 이 시대의 교회가 환란을 거치게 된다고 왜곡해서 가르치고 있는 자들은 모두 성경을 읽지도 않고 무시하는 자들이다. 교회가 대환란을 거쳐야 한다면, 무엇 때문에 바울이 하늘로부터 오실 주님을 기다리라고 거듭거듭 우리들에게 말하고 있겠는가? 우리가 대환란을 거치도록 되어 있다면 무엇 하러 하늘로부터 오실 주님을 기다린단 말인가? 우리들은 대환란을 기다리고 있는 것이 아니라 우리 주 예수 그리스도를 기다리고 있는 사람들이다. 우리들은 그 때를 알리는 표적들을 기다리고 있는 것이 아니라 그분이 우리를 데리러 오실 때 하늘에서 들려올 나팔 소리를 기다리고 있는 것이다.

『**그러나 각자 자기의 서열대로 되리니 그리스도가 첫열매들이요, 그 다음은 그리스도께서 오실 때 그분께 속한 사람들이라**』(23절). 부활의 세 부분 중 『**그리스도가 첫열매들이요**』가 첫 부분이고, 『**그 다음은 그리스도께서 오실 때 그분께 속한 사람들**』이 두 번째, 그리고 『**그 후에는 끝이 오리니**』(24절)가 세 번째 부분이다. 문맥으로 보아 24절의 "그 후에는 끝이 오리니"는 24절 뒷부분의 문장과 연결되는 것이 아니라 23절의 "그러나 각자 자기의 서열대로 되리니"에 연결되어 "서열의 끝"을 말한다.

15:25 주께서 모든 원수를 자기 발 아래 두실 때까지 통치하셔야 하리니
26 멸망받게 될 마지막 원수는 사망이라.
27 만물을 그의 발 아래 복종시켰다고 하셨으니 만물이 그의 아래 복종하였다고 말씀하실 때 만물을 그의 아래 복종시켰던 그분은 제외된 것이 분명

하도다.

28 **만물이 그분께 복종할 때에 그때** 아들 **자신도 만물을 자기에게 복종케 하신 그분께 복종하시리니 이는** 하나님**께서 만물 안에서 모든 것이 되시려 하심이라.**

『주께서 모든 원수를 자기 발 아래 두실 때까지 통치하셔야 하리니 멸망받게 될 마지막 원수는 사망이라』(25,26절) 구약 성도들과 교회와 환란 성도들이 모두 휴거된 다음 그리스도의 천년왕국 통치가 시작되고 모든 원수를 주 예수 그리스도의 발 아래 두실 때까지 통치를 계속하시지만, "사망"은 마지막까지 원수로 남아 있다가 결국 백보좌 심판 후에 불못에 떨어져 완전 파멸을 맞게 될 것이다.

『만물을 그의 발 아래 복종시켰다고 하셨으니 만물이 그의 아래 복종하였다고 말씀하실 때 만물을 그의 아래 복종시켰던 그분은 제외된 것이 분명하도다. 만물이 그분께 복종할 때에 그때 아들 **자신도 만물을 자기에게 복종케 하신 그분께 복종하시리니, 이는** 하나님**께서 만물 안에서 모든 것이 되시려 하심이라』**(27,28절). 아들이신 주 예수 그리스도께서 먼저 만물을 자신의 발 아래 복종시킨 다음 아들이신 예수 그리스도께서도 아버지 하나님께 복종하시게 된다. 그리하여 만물은 하나님 안에 있게 되고 하나님은 모든 것이 되신다. 그리스도께서 만물을 복종시키시고 "사망"을 어딘가에 보낸 뒤에 아들이신 그 자신도 삼위일체이신 아버지 하나님으로 복귀하신다. 그러면 『**하나님께서 만물 안에서 모든 것**』이 되신다.

15:29 **만일 죽은 자들이 도무지 살아나지 못한다면 죽은 자들을 인하여 침례를 받는 사람들은 무슨 일을 하겠느냐? 어찌하여 그들이 죽은 자들을 인하여 침례를 받겠느냐?**

30 **또 우리가 어찌하여 매시간 위험에 처해야 하겠느냐?**

31 내가 그리스도 예수 우리 주 안에서 지니고 있는 너희의 자랑으로써 단언하
노니 나는 매일 죽노라.
32 내가 만일 사람들의 방식대로 에베소에서 짐승들과 싸웠다면 내게 무슨
유익이 있으리요? 만일 죽은 자들이 살아나지 못한다면 "우리도 먹고 마
시자. 내일이면 죽으리라."고 하였으리라.

『**만일 죽은 자들이 도무지 살아나지 못한다면 죽은 자들을 인하여 침례를 받는 사람들은 무슨 일을 하겠느냐? 어찌하여 그들이 죽은 자들을 인하여 침례를 받겠느냐?**』(29절) 이 구절은 몰몬교도들이 붙잡고 늘어지는 구절이다. 몰몬교에서는 이 구절을 "만일 죽은 자들이 도무지 일어나지 못한다면 죽은 형제들을 대리하여 침례를 받는 사람들은 무슨 일을 하겠느냐? 어찌하여 그들이 죽은 형제들을 대리하여 침례를 받겠느냐?"로 왜곡해서 읽고 비뚤어지게 풀이한다. 그러나 이 구절은 그렇게 말하지 않는다. 스코필드마저도 이 구절을 이런 식으로 잘못 주석하고 있다. 성경에서 "죽은 자들"이라고 말하면, 그것은 "죽은 자들"일 뿐이니 달리 읽고 달리 해석할 이유가 없다. "죽은 자들"을 죽은 형제들, 즉 구원받고 죽은 그리스도인들을 말한다고 왜곡해서 생각할 이유가 없다. "죽은 자들"을 "죽은 자들"로 읽지 못하는 사람들은 성경에 기록된 그대로 읽지도 못하는 자들이다. 고린도전서 15장에서 "죽은 자들"이 언급되는 구절들에서 이 "죽은 자들"이 누구를 말하는지 한 번 살펴보라. 12절 "죽은 자들", 13절 『**죽은 자들**』, 15절 『**죽은 자들**』, 16절 『**죽은 자들**』, 20절도 마찬가지로 『**죽은 자들**』일 뿐이다. 그 어디에도 이 "죽은 자들"이 과거에 "구원받고 죽은 형제들"이라는 언급은 없다. 이 "죽은 자들"은 구원받았건, 구원받지 못했건 문자 그대로 누구나 "죽은 자들"을 말한다. 따라서 이곳 29절에서도 "죽은 자들"은 죽은 자들 모두를 가리킨다. 그 어디에도 이 "죽은 자들"이 "구원받고 죽은 자들"이란 말은 없다. 그런데도 이것을 "구원받고도 침례받지 않고 죽은 형제들"로 그들은 해석하는데, 그렇게 둘러대는 이유는 속이 뻔하다. 그것은 물 침례를 받아야 구원받을 수 있다는 주장을 합리화시키려

는 속이 시커먼 의도 때문이다. 그들이 구원 받았건, 구원받지 못했건 죽은 자들은 모두 다시 일어나게 되어 있다. 침례를 받았건 안 받았건, 구원받고 죽은 사람들은 다시 일으켜져 "이리 올라오라."는 명령에 따라 하늘로 올라가고, 구원받지 못하고 죽은 자들은 다시 일으켜 세워진 후 백보좌 심판을 거쳐 불못에 던져지게 된다. 이것이 성경이 가르쳐 주고 있는 말씀의 내용이다. 어떤 사람들은 초대 교회 시대에는 죽은 자들을 위하여 부활을 전제로 침례를 대신 받는 관례가 있었다고 주장하는 사람들도 있지만, 터무니없는 억측이다.

당신이 구원받고 침례를 받을 때 목사는 당신에게 무엇이라고 선언하는가? 나는 침례식을 거행할 때 침례에 순종하는 사람이 예수 그리스도께서 그를 위해 죽으셨고 장사되셨다가 다시 살아나신 것을 확실히 믿는지를 확인하고 나서 그를 물속에 푹 잠그면서 이렇게 말한다. "이제 죽은 자로 인하여 침례를 행하노니 당신은 이제 죽었고 장사되었습니다." 그러고 나서 그를 물속에서 꺼내 일으키면서 "그리고 부활했습니다."라고 말한다. 이것이 성경대로 믿는 침례교회에서 성경대로 거행하는 침례식이다. 죽은 자가 다시 일으켜지지 않는다면 무엇 하러 그를 물속에 푹 담갔다가 다시 일으켜 세운단 말인가? 주 예수 그리스도께서 부활하지 않으셨다면, 우리의 부활도 없고, 우리가 부활하지 않는다면 침례식을 거행하는 것도 아무런 의미가 없다. 29절은 바로 이것을 말하고 있는 것이다.

『**또 우리가 어찌하여 매시간 위험에 처해야 하겠느냐? 내가 그리스도 예수 우리 주 안에서 지니고 있는 너희의 자랑으로써 단언하노니 나는 매일 죽노라.**』(30,31절) 만일 부활이 없다면, 그리고 예수 그리스도께서 부활하신 것이 사실이 아니라면, 무엇 때문에 우리가 위험을 무릅쓰고 또 시간과 돈과 건강을 희생하면서까지 그리스도의 부활을 증거하겠는가? 바울의 시대에 그리스도의 부활을 공공연히 증거하는 일은 목숨을 내어 놓는 위험천만한 상황이었다. 그래서 바울은 31절에서 『**나는 매일 죽노라.**』고 말한다. 목숨을 내어 놓고 그리스도의 부활을 증거했던 것이다.

여기서 우리는 "죽음"에 대해서 살펴볼 필요가 있다. "죽음"에는 교리적인 의미의 죽음과 실천적인 의미의 죽음이 있다. 로마서 6:1–6에서는 교리적인 죽음에 대해서 언급하고 있다. 『**그런즉 우리가 무슨 말을 하리요? 은혜가 넘치게 하려고 죄에 거하겠느냐? 결코 그럴 수 없느니라. 죄에게 죽은 우리가 어떻게 더 이상 그 가운데 살겠느냐?... 그러므로 우리가 죽음 안으로 침례를 받아 그와 함께 장사되었으니... 우리가 이것을 아나니, 곧 우리 옛 사람이 그와 함께 십자가에 처형된 것은 죄의 몸을 멸하여 더 이상 우리가 죄에게 종 노릇 하지 않게 하기 위함이니라**』(롬 6:1 2,4,6). 구원받은 그리스도인들은 이미 그리스도와 함께 십자가에 처형되어 죽은 사람들이다. 이것은 죽음을 교리적인 측면에서 본 것이다. 그리스도인들은 이미 죽은 사람들이기에 "매일" 죽을 필요가 없다. 그러나 그리스도인들도 아직 육신을 입고 있다. 구속을 기다리고 있는 육신은 아직 죄 가운데 있다. 따라서 그리스도인들은 이 죄의 육신을 시시각각으로 벗어야 한다. 이런 점에서 그리스도인들은 "매일" 죽어야만 한다. 이 죽음이 곧 그리스도인으로서 실천적인 의미에서의 죽음이다. 이것은 『**누구라도 나를 따라 오려거든 자기를 부인하고 날마다 자기 십자가를 지고 나를 따르라.**』(눅 9:23)는 주님의 명령을 실천하는 죽음이다. 바울은 "날마다 자기 십자가를 지고" 주님을 따르는 삶을 실천하였기에 "나는 매일 죽노라."고 말했던 것이다. 그리스도인으로서의 선한 삶을 실제적으로 적용하고 실천하면서 매일 육신을 죽이며 살아갔던 것이다. 그리스도인은 그리스도와 함께 십자가에 못박혀 죽었고, 그 혼은 죽은 육신 가운데 머물러 있으되 더 이상 육신에 밀착되어 있지 않고 육신에서 도려내어진 채 그 안에 머물러 있는 사람이다. 바울은 갈라디아서 2:20에서도 이렇게 말한다. 『**내가 그리스도와 함께 십자가에 못박혀 있으나, 그럼에도 나는 살아 있노라. 그러나 내가 사는 것이 아니요 그리스도께서 내 안에 사시는 것이라. 내가 이제 육신 안에서 사는 삶은 나를 사랑하시어 나를 위해 자신을 주신 하나님의 아들을 믿는 믿음으로 사는 것이라.**』 그리스도와 함께 못박혀 죽은 것은 육신과 혼을 분리해 내는 수술을 받은 것과 같다. 구원받기 전에는 사람의 혼이 육신에 밀착되어 떨어지지 않고 꼭 붙어 있었지만, 구원받는 순간 혼은 육신으로부터 도려내어져서 육신과 밀착되어 있는 부분이 한 곳도 없이 육신의 그릇 속에 담겨져 있게 된다. 이러한 일이 어떻게 이루어지는지 우리는 모른다. 이거야말로 진짜 기적 같은 수술이다. 이것은 마치 냉장고의 냉동실에서 물을 꽁꽁 얼어붙게 만든 사각 얼음틀과 같다. 처음 냉동실에서 사각 얼음틀을 꺼냈을 때 보면, 얼음들이 틀에 단단히 밀착되어 있어서 떨어지지 않는다. 그러나 얼음틀을 살짝 비틀면 얼음들이 틀에서 떨어져 나와 음료수 컵에 담을 수 있게 된다. 구원받은 사람의 혼도 이와 같이 육신이라는 틀에서 분리된 채 육신 속에 머물러 있지만 사실은 그 혼은 그리스도 안에 있게 된다. 그리고 그 혼 속에 있던 영은 그리스도와 연합하여 그리스도와 한 영이 되고, 그리스도 안으로 들어온 혼은 구원을 받는 것이다. 구원받은 사람이 옛날처럼 육신을 사랑하고 육신과 밀착되려고 한다면 그것은 구원받은 혼에 대하여 선전 포고를 하는 것과 같다. 육신은 항상 혼에게 싸움을 걸어 온다. 물론 혼과 육신 사이의 전쟁에서 육신이 승리를 거두고 혼으로부터 구원을 빼앗아갈 수는 없지만, 그래도 여전히 육신은 혼에게 항상 덤벼든다. 그러나 구원받은 사람의 육신은 이미 죽었다고 성경은 말한다. 이미 죽은 육신이기 때문에 싸움을 걸어 오더라도 상대할 필요가 없다는 것이다. 이미 죽은 육신을 아직도 살아 있다고 생각하고 싸움을 걸어 오는 육신의 도전에 응한다면 그리스도인으로서 승리의 삶을 살 수가 없다. 육신은 이미 죽었다고 간주하고 상대조차 하지 말아야 그리스도인은 승리할 수 있다. 당신은 승리의 삶을 살고 싶은가? 그렇다면, 당신의 육신은 이미 죽었음을 선언하고 그 죽은 육신을 상대조차 하지 말라. 그러면 당신은 그것으로 이미 승리를 거둔 것이다. 구원받은 사람이 이미 죽어 버린 육신에게 신경쓰는 것은 시간 낭비일 뿐이다. 죽은 육신을 위하여 시간을 낭비하는 것은 주님의 시간을 낭비하는 것이다.

『내가 만일 사람들의 방식대로 에베소에서 짐승들과 싸웠다면 내게 무슨 유익이 있으리요? 만일 죽은 자들이 살아나지 못한다면 "우리도 먹고 마시자. 내일이

면 죽으리라."고 하였으리라』(32절). 어떤 주석자들은 바울이 자신의 믿음 때문에 수없이 죽음의 위험에 봉착했고 심지어는 원형 경기장에 내던져진 채 사나운 맹수들의 밥이 될 뻔하기도 했다고 말한다. 그리고 그 증거로 이 32절의 "에베소에서 짐승들과 싸웠다면"이라는 구절을 내세운다. 그러나 나는 그렇게 생각하지 않는다. 이것은 아마도 그가 에베소에서 마귀들과 대적하였거나 아니면, "짐승 같은" 인간들과 대결하였음을 말하는 것이라고 나는 생각한다. 성경에는 개 같은 짐승에 비유되는 사람들이 나온다. 죽은 자들이 살아나지 못한다면, 자신이 무엇 때문에 박해를 무릅쓰고 마귀들이나 짐승 같은 사람들과 대결하여 싸우겠느냐고 바울은 말하고 있는 것이다. "우리도 먹고 마시자. 내일이면 죽으리라."는 사상이 곧 이교도들의 쾌락주의 사상이다. 홍수가 있기 직전 노아가 방주에 들어가던 날까지 세상 사람들은 먹고 마시며 장가가고 시집가는 일에만 몰두하고 있다가 모두 파멸을 당했다. 이교적인 쾌락주의는 개처럼 사는 삶을 말한다. 한 번 죽으면 다시 살아날 수 없고 모든 것이 끝장이라고 생각하는 사람들은 개처럼 사는 사람들이다.

15:33 미혹되지 말라. 악한 사귐은 좋은 행실을 부패시키느니라.

34 의에 대하여 깨어 있고 죄를 짓지 말라. 어떤 자들에게는 하나님의 지식이 없기에 내가 너희를 부끄럽게 하려고 이 말을 하노라.

35 그러나 어떤 사람들이 말하기를 "죽은 자들이 어떻게 일으켜지며 또 어떤 몸으로 오는가?"라고 하니

36 너 어리석은 자야, 네가 뿌린 씨가 죽지 않으면 살아나지 못하리라.

『**미혹되지 말라. 악한 사귐은 좋은 행실을 부패시키느니라**』(33절). 사람은 죽더라도 다시 살아난다. 구원받은 사람은 죽더라도 부활하여 영원한 생명을 누린다. 죽으면 끝장이라는 말에 속지 말라. 사람이 죽으면 다 끝장이라는 생각에서 타락이 시작된다. 죽으면 그만이라고 생각하면, 사람을 타락시키는 갖가지 유혹에 미혹당하게 되는 법이다.

『**악한 사귐은 좋은 행실을 부패시키느니라.**』 위대한 구절이다. 악한 자들과의 사귐이 당신을 타락시킨다. 『**현명한 사람과 동행하는 자는 지혜롭게 될 것이나, 어리석은 자들의 친구는 멸망하리라.**』(잠 13:20)고 성경은 가르친다. 악한 사람들 속에 끼어 있으면 그리스도인도 타락하게 된다. "좋은 행실"이란 단지 겸손함만을 의미하는 것이 아니라 모든 좋은 행실을 말한다. 특히 하나님의 말씀을 반영함으로써 그리스도의 향기를 내뿜고 그리스도를 증거하는 행실을 말한다. 34절에서 말하고 있는 것처럼 "하나님의 지식"이 없으면 하나님의 말씀을 반영할 수 없고, 말씀이 반영되지 않음으로써 증거할 수 없게 된다. 그리스도인은 악한 사람들과의 교제를 끊고 거기서 빠져 나와야 한다. 악한 사람들과 관계를 맺고 그들이 하는 일에 발을 들여놓고 있으면 당신 자신을 죽이게 된다.

여기서 『**악한 사귐**』이란 비단 구원받지 못한 사람들뿐만 아니라 구원받은 사람들 중에서도 하나님의 말씀에서 멀리 떨어져 있는 그리스도인들과의 교제까지 포함하고 있다. 나는 그래서 구원받은 이후 지난 28년 동안(1977년 당시) 어떤 방식으로든 하나님의 말씀으로부터 나를 끌어내고 기도하지 못하게 하고 진리의 말씀을 전파하는 일로부터 나를 끌어내어 방해하려는 모든 구원받은 그리스도인들과의 교제를 단호히 끊어 버렸다. 나는 그리스도인이 된 이후 지금까지 한발짝도 옛날로 되돌아가지 않았다. 나는 앞만 보고 달려 왔다. 이것은 결코 그렇게 쉬운 일은 아니다. 그리스도인이면서도 하나님의 말씀과 하나님의 길에서 떠나 있는 사람들은 수없이 많다. 그런데도 그들이 사랑스럽고 인정이 많고 신사답고 매력이 있고 훌륭하다는 이유만으로 그들과 교제를 끊지 못하는 바람에 결국 스스로를 타락시키고 스스로를 죽이고 마는 사람들을 나는 많이 보아 왔다. 나는 과거에 내가 살고 있는 이 도시에만도 200명이 넘는 친구들이 있었다. 나는 그들 집에도 놀러 다녔고 그들과 대화를 나누고 식사도 함께하며 그들의 자녀들과도 함께 놀고 하다못해 기르고 있는 강아지도 쓰다듬어 주면서 아주 가깝게 지냈다. 그러나 나는 그들 모두와 교제를 끊어 버렸고 지금은 그들의 집 대문 앞에도 얼씬거리지 않는다. 그들은 세상적으로 보면 좋은 사람들이었지만, 그리스도인으로서의 나의 길을 걸어가는 데에는 전혀 도움이 안 되는 사람들이었기 때문이다. 그래서 나는 지금 세상 친구들이 하나도 없다. 옛날에 사귀던 200명의 친구들 가운데 아직도 그리스도를 영접하지 않고 있는 사람이 열 명쯤이나 된다. 하나님의 말씀을 따르는 그리스도인들은 하나님의 말씀을 따르는 그리스도인들과 교제를 나누어야 한다. 유유상종이란 이것을 두고 하는 말이다. 당신과 종류가 다른 사람들과는 함께 있을 수가 없는 법이다. 마귀는 그리스도인들로 하여금 세상 친구들과 관계를 끊지 못하도록 끈질기게 역사한다. 그래서 그리스도인들은 많은 방해를 받고 세상과의 단절이 그만큼 힘들어진다. 그러나 힘들다고 그들과 계속 교제하는 것은 결국 마귀에게 굴복한 것이다. 마귀에게 굴복하면 그리스도인으로서의 삶은 엉망진창이 되기 마련이다. 어리석은 자들과 교제하다 보면 당신도 어느새 어리석은 사람이 되어 버리고, 현명한 사람과 사귀다 보면 당신도 어느새 현명한 사람으로 바뀌게 된다. 타락한 사람들 속에 섞여 있으면 당신도 모르는 사이에 타락하게 되는 법이다. 구원받지 못한 죄인들에게 복음을 전파하고 열심히 구령을 하는 그리스도인들과 교제하다 보면, 당신도 어느새 훌륭한 구령자로 변하게 된 자신을 발견하게 된다. 성경을 열심히 읽고 말씀을 늘 묵상하는 사람과 사귀다 보면, 당신도 어느새 그 사람처럼 하나님의 말씀을 늘 가까이 하고 살아가게 되는 법이다. 늘 기도하기를 게을리 하지 않는 사람과 항상 교제하다 보면, 당신도 항상 기도하는 사람으로 변해 있음을 알게 된다. 세상은 원래 그런 법이다. 이런 것을 두고 "끼리끼리" 모인다고 말한다. 당신이 그리스도인이라면 당신이 선한 교제를 나눌 수 있는 훌륭한 그리스도인들이 주변에 얼마든지 있을 것이다.

어떤 그리스도인들은 구원도 받지 못한 세상 친구들과 교분을 끊지 못하고 계속 어울려 다니면서, 이유를 언젠가는 그들에게 구원의 복음을 전하고 그들을 그리스도께로 인도하기 위해서라고 핑계를 댄다. 그러나 이것은 거짓말이거나, 아니면, 마귀의 속성을 몰라도 한참 모르고 하는 소리나. 당신이 정말 그리스도인이라면 마귀가 당신의 믿음을 허물어뜨리기 위하여 언제나 당신에게서 시선을 떼지 않고 기회를 노리고 있다는 사실을 알라. 마귀에게 『**미혹되지 말라.**』

『**의에 대하여 깨어 있고 죄를 짓지 말라. 어떤 자들에게는 하나님의 지식이 없기에 내가 너희를 부끄럽게 하려고 이 말을 하노라.**』(34절) 그리스도인이라고 자처하면서 하나님의 말씀에 대해서 지식이 없다면 구원받지 않는 자들이나 하나도 다를 바 없이 부끄러운 사람이다. 하나님의 말씀은 부활을 가르치고 있고, 죽은 자들이 다시 살아난다고 분명히 말씀하고 있음에도 불구하고 "죽은 자들의 부활이 없다."고 말한다면 그는 바보다. 자신이 바보라는 사실을 알면 누구나 부끄럽게 생각한다. 바울은 무지한 자들이 자신의 무지를 깨닫고 부끄러움을 느끼게 하려고 이런 말을 하고 있다고 공개적으로 언급한다.

『**그러나 어떤 사람들이 말하기를 "죽은 자들이 어떻게 일으켜지며 또 어떤 몸으로 오는가?"라고 하니 너 어리석은 자야, 네가 뿌린 씨가 죽지 않으면 살아나지 못하리라**』(35,36절). 하나님의 말씀은 죽은 자들이 부활한다고 말씀한다. 우리 주 예수 그리스도께서는 그 부활을 입증하셨다. 그런데도 이것을 믿지 않는 자들은 죽은 사람이 다시 살아난다면 어떤 육체를 입고 살아나겠느냐고 계속 의문을 갖고 부활을 믿으려 하지 않는다. 바울은 이런 사람들을 두고 『**어리석은 자**』라고 면박을 주고 있다. 농사짓는 농부들은 밭에 씨를 뿌리고 나면 그 씨가 죽어서 새로운 생명으로 다시 태어나는 것을 상식으로 알고 있다. 죽음은 다시 살아나기 위한 필수적인 과정인 것이다. 씨가 죽지 않으면 다시 살아나지 못한다. 농부들은 대학도 다니지 않았고 세상 지식이 별로 없는 "무식한" 사람들이지만, 이러한 진리를 다 알고 있다. 당신이 교육을 받고 "유식한" 사람이라면, 이러한 농부들 앞에서 부끄러워할 줄 알아야 한다.

15:37 또 네가 뿌리는 것은 앞으로 될 형체를 뿌리는 것이 아니라 밀이나 다른 씨앗의 알맹이일 뿐이나
38 하나님께서는 자기 뜻대로 씨앗에다 형체를 주시되 씨앗마다 그 고유한 형체를 주시느니라.
39 모든 육체가 다 같은 육체가 아니니 어떤 것은 사람의 육체요, 어떤 것은 짐승의 육체며, 어떤 것은 물고기의 육체요, 또 어떤 것은 새의 육체라.
40 또한 하늘에 속한 몸들도 있고 땅에 속한 몸들도 있으나 하늘에 속한 것들의 영광이 다르고 땅에 속한 것들의 영광도 다르니라.
41 하나는 해의 영광이요 또 하나는 달의 영광이며, 또 다른 하나는 별들의 영광이니 이는 영광에 있어서 한 별이 다른 별과 다르기 때문이라.

『**또 네가 뿌리는 것은 앞으로 될 형체를 뿌리는 것이 아니라 밀이나 다른 씨앗의 알맹이일 뿐이나 하나님께서는 자기 뜻대로 씨앗에다 형체를 주시되 씨앗마다 그 고유한 형체를 주시느니라**』(37,38절). 밭에 옥수수를 심건, 밀을 심건, 씨를 뿌리고 나서 몇 주 동안 기다리면 거기서 싹이 돋고 가지가 올라와 결국 새로운 열매를 맺는다. 심었던 그 씨앗은 땅 속에서 죽어 없어지고 그 대신 거기서 새싹이 돋고 가지가 벋고 잎들이 달리고 꽃이 피고 또 때가 되면 열매를 맺는다. 그 모습 전체를 보라. 당신은 밭에다 씨를 뿌렸다. 잎사귀를 뿌린 것도 아니요, 가지를 뿌린 것도 아니며, 꽃을 뿌린 것이 아니다. 그런데도 잎이 생기고 가지가 생기고 꽃이 생긴다. 새로운 형체가 생긴 것이다. 이것은 하나님만이 하실 수 있는 기적이다. 부활한 우리의 몸도 이와 같다. 우리의 죽은 몸은 땅 속에 묻혀 썩어버렸다. 그러나 거기서 싹이 나고 가지가 벋고 잎이 달리고 꽃이 핀다. 이것이 부활한 우리가 입게 될 새로운 몸인 것이다. 그러나 이 새로운 몸은 하나님께서 『**자기 뜻대로 씨앗에다 형체를**』 주시되 그 씨앗마다 갖고 있는 고유한 모습대로 주신다. 이것을 보고도 죽은 사람이 어떤 형체를 입고 다시 살아나겠느냐고 의심하는 사람은 참으로 바보가 아닐 수 없다. 부활을 믿지 않는 사람들은 부활 그 자체보다도 다시 살아난 사람이 어떤 육체를 입고 살아날 수 있는가를 믿지 않는 것이다. 그래서 바울은 이에 대하여 36절, 37절, 38절에서 명쾌하게 설명해 주고 있다.

현대의 도시 어린이들은 흙에다 무슨 씨앗을 심어 보는 경험을 한 번도 해보지 못한 채 일생을 살아가는 경우가 많다. 그들은 흙 속에 심은 씨앗에서 새 싹이 돋아 그것이 어떻게 자라고, 잎이 어떻게 나오며, 가지가 어떻게 벋으며, 또 어떻게 꽃이 피고 열매를 맺는지 그 신비롭고 아름다운 광경을 한 번도 관찰해 보지 않기 때문에 씨앗이 땅 속에서 죽어 어떻게 새 몸을 입게 되는지 모르고 살아간다. 나는 예닐곱 살쯤 된 소년 시절 뉴욕의 브로드웨이 거리를 중심으로 무려 53 블록을 걸어가 보았다. 그런데 그 53블록이나 되는 먼 거리 가운데 그 어느 곳에서도 푸른 잎이 돋고 있는 광경을 목격할 수가 없었다. 이런 환경에서 사는 사람들은 고린도 교회의 일부 사람들처럼 『**"죽은 자들이 어떻게 일으켜지며 또 어떤 몸으로 오는가?"**』(35절)라고 어리석은 의문을 품고 죽은 자의 부활을 믿기가 어려울 것이다. 그래서 도시 사람들 가운데에는 『**"우리도 먹고 마시자. 내일이면 죽으리라."**』(32절)고 말하며 흥청대는 사람들이 많은지도 모른다.

『**모든 육체가 다 같은 육체가 아니니 어떤 것은 사람의 육체요, 어떤 것은 짐승의 육체며, 어떤 것은 물고기의 육체요, 또 어떤 것은 새의 육체라**』(39절). 과거의 과학자들은 모든 육체가 어떤 공통적인 성분들이 모여서 구성되는 것으로 보았다. 그러나 성경은 모든 육체가 다 같은 육체가 아니라고 말한다. 그리고 서로 다른 그 육체들을 사람, 짐승, 물고기, 새의 네 가지로 나누고 있음에 주목하라. 이것은 창세기 1장에서 이미 그렇게 구분하여 창조되었기 때문이다. 물고기가 맨 처음 나타나고, 그 다음에 새, 그리고 나서 짐승이 만들어지고 맨 나중에 사람이 따로 따로 창조되었다.

『**또한 하늘에 속한 몸들도 있고 땅에 속한 몸들도 있으나 하늘에 속한 것들의 영광이 다르고 땅에 속한 것들의 영광도 다르니라**』(40절). 성경은 또 몸을 "하늘에 속한 몸"과 "땅에 속한 몸"으로 따로 구분하고 있다. 예를 들면, 천사들은 하늘에 속한 몸이다. 그룹들도 하늘에 속한 몸이다. 스랍들도 마찬가지고, 심지어 마귀도 하늘에 속한 몸이다. 그러나 지상에서 입고 있는 지금의 우리 몸은 땅에 속한 몸이다. 우리가 휴거될 때 입게 될 썩지 않을 새 몸은 하늘에 속한 몸이 될 것이다. 이 두 가지는 서로 같지가 않다. 하나는 다른 것보다 높은 곳에 속해 있다.

『**하나는 해의 영광이요 또 하나는 달의 영광이며, 또 다른 하나는 별들의 영광이니 이는 영광에 있어서 한 별이 다른 별과 다르기 때문이라**』(41절). 하늘에 속한 몸들도 그 영광이 또 다 다르다. 태양의 광채는 달의 광채보다 더 밝고, 또 어떤 별들은 그 광채가 태양보다도 더 밝고, 별들끼리도 서로 그 영광이 다 다르다. 이것은 부활하여 하늘에 속한 몸들이 서로 어떻게 다른지를 말하고 있는 하나의 예증이다. 몰몬교도들은 여기에서 비약하여 부활한 사람들이 하늘에서 누리게 될 영광에 무슨 성직계급의 차이가 있는 것처럼 설명하지만, 이것은 여기서도 언급하고 있듯이 해는 해의 광채를, 달은 달의 광채를, 그리고 별들은 별들의 광채를 서로 다르게 간직하리라는 것을 말하고 있을 뿐이다. 우리들 구원받은 그리스도인들은 그리스도인으로서의 영광된 몸을 입는다.

15:42 죽은 자들의 부활도 이와 같으니 썩을 것으로 심겨서 썩지 아니하는 것으로 일으켜지며
43 수치로 심겨서 영광된 것으로 일으켜지며 약한 것으로 심겨서 능력 있는 것으로 일으켜지며
44 육신의 타고난 몸으로 심겨서 영적인 몸으로 일으켜지느니라. 육신의 타고난 몸이 있고 또 영적인 몸이 있느니라.
45 따라서 이와 같이 기록되었으니 "첫 사람 아담은 살아 있는 혼이 되었느니라." 함과 같이 마지막 아담은 살려주는 영이 되었느니라.

『**죽은 자들의 부활도 이와 같으니 썩을 것으로 심겨서 썩지 아니하는 것으로 일으켜지며**』(42절). 이 땅에 살다가 죽으면 그 몸은 땅 속에서 썩어 버린다. 그러나 부활한 몸은 썩지 않는 몸이다. 우리가 다시 살아날 때 입게 될 몸은 영원토록 부패하거나 형체가 망가지는 그런 몸이 아니다. 예수 그리스도를 믿고 구원받으면 이처럼 엄청난 보상을 얻게 된다는 사실을 분명하게 깨달아 알고 있는 사람이 얼마나 될까? 대부분의 사람들은 구원받고 그리스도인이 된다는 것이 그저 하나의 종교적 신념으로만 이해하는 정도다. 어떤 자들은 실험실에 틀어 박혀서 인간이 죽지 않고 오래 살 수 있는 비법을 찾아내려고 별의별 것들을 다 연구하면서 실험관에 매달려 시간을 낭비하지만, 인간이 10년쯤 수명이 더 길어지거나 설사 100년쯤 더 오래 살게 되었다고 해서 얻는 것이 도대체 무엇이란 말인가? 사람들이 교육을 통해서 배우고 과학을 통해서 거두는 모든 혜택들을 다 합쳐도 그리스도 안에서 얻게 될 혜택에 비하면 정말이지 아무것도 아니다. 교육을 하나도 받지 않고 과학 발달로 인하여 얻은 것이 하나도 없을지라도, 내가 아는 것은 단지 예수 그리스도를 믿는다는 것과 그로 인하여 구원을 받았다는 것, 그리고 죽어서 지옥에 가지 않게 되었다는 사실뿐이지만, 이것만으로도 나는 더 바랄 것이 없다. 나는 다른 사람들이 알고 있는 것들을 하나도 모를지라도 그런 것은 조금도 걱정하지 않는다.

『**수치로 심겨서 영광된 것으로 일으켜지며 약한 것으로 심겨서 능력 있는 것으로 일으켜지며**』(43절). 이 땅에 사는 동안 우리의 육신은 죄로 물들어 있어 수치스럽기 짝없지만, 그것이 죽어 새로운 몸을 입고 다시 살아날 때는 영광 가운데 있게 되고, 이 땅에 사는 동안 우리의 육체는 세균 몇 마리에도 망가질 정도로 보잘 것이 없지만, 그것이 죽어 새 몸을 입게 될 때, 우리의 몸은 영원토록 죽지도 않고 질병에도 걸리지 않으며 칼에 찔려도 상처 하나 입지 않으며 우주 공간에서 1초에 15만 마일 이상을 날아갈 수도 있는 엄청난 초능력을 가진 몸이 될 것이다. 놀랍지 않은가? 나는 이것을 상상만 해도 가슴이 뛴다. 그리고 나를 이렇게 구원해 주신 그분의 은혜가 그저 감사할 따름이다.

『**육신의 타고난 몸으로 심겨서 영적인 몸으로 일으켜지느니라. 육신의 타고난 몸이 있고 또 영적인 몸이 있느니라**』(44절). 이 땅에 사는 동안 입고 있는 몸은 흙으로 만들어져 흙으로 돌아가는 몸이지만, 그것이 죽고 다시 살아날 때는 "영적인 몸"(spiritual body)으로 일으켜진다. 여기서 "영적인 몸"이라고 했지, "영의 몸"(spirit body)이라고 말하지 않는 점에 주목하라. "영적인 몸"이란 이 땅에서 입고 있는 자연의 "타고난 몸"에 대칭되는 몸이다. 우리는 지금 "타고난 몸"만 보고 있다. "영적인 몸"은 아직 보지 못한다. 영은 몸이 없다. 부활하신 예수님께서 제자들에게 나타나셨을 때 그들이 놀라고 무서워서 어떤 "영"을 보고 있는 것이나 아닌가 생각하자 주님은 이렇게 말씀하셨다. 『**나의 손과 나의 발을 보라. 바로 나니라. 나를 만져 보라. 영은 살과 뼈가 없지만 너희가 보는 바와 같이 나는 있느니라**』(눅 24:39). 그분은 분명 살과 뼈가 있는 몸을 입고 계셨다. 그러나 그 몸은 타고난 몸이 아니라 영적인 몸이었다. 영 그 자체가 아니었던 것이다. 영은 살과 뼈가 없다. 이처럼 몸에도 타고난 몸과 영적인 몸이 따로 있는 것이다.

『**따라서 이와 같이 기록되었으니 "첫 사람 아담은 살아 있는 혼이 되었느니라." 함과 같이 마지막 아담은 살려주는 영이 되었느니라**』(45절). 첫 사람 아담은 창세기 2장에서 보는 바와 같이 살아 있는 혼으로 만들어졌다. 그러나 마지막 아담, 곧 인간의 육체를 입고 오셨던 그리스도께서는 부활하심으로써 새 생명의 표본이 되셨고, 성령을 통하여 사람들에게 새 생명을 주어 살려 주는 영적 존재가 되셨다.

15:46 그러나 영적인 몸이 먼저가 아니요 타고난 몸이며, 그 다음이 영적인 몸이라.
47 첫째 사람은 땅에서 나서 흙으로 만들어졌으나 둘째 사람은 하늘에서 나

신 주시니라.

48 **무릇 흙으로 만들어진 사람은 흙으로 지음받은 것들과 같고 무릇 하늘에**
서 나신 분은 하늘에 있는 것들과 같으니
49 **우리가 흙으로 만들어진 자의 형상을 입은 것같이 하늘에 속한 분의 형상**
도 입으리라.
50 **그러나 형제들아, 이제 내가 이것을 말하노니 혈과 육은 하나님의 나라를**
상속받을 수 없으며, 썩을 것은 썩지 아니하는 것을 상속받을 수 없느니라.

『**그러나 영적인 몸이 먼저가 아니요 타고난 몸이며, 그 다음이 영적인 몸이라. 첫째 사람은 땅에서 나서 흙으로 만들어졌으나 둘째 사람은 하늘에서 나신 주시니라**』(46,47절). 영적인 몸은 이 땅에 태어날 때 타고난 몸이 죽고 난 다음에 부활 할 때 입게 될 새로운 몸이다. 타고난 몸을 입은 사람은 흙으로 만들어졌다. 흙으로 만들어진 몸은 흙으로 돌아간다. 그러나 둘째 사람, 즉 예수 그리스도는 "주님처럼" 생긴 사람이 아니라 『**하늘에서 나신 주**』바로 그분이셨다. 우리가 부활할 때 다시 살아난 사람은 『**하늘에서 나신 주**』 바로 그분과 같은 사람일 것이다.

『**무릇 흙으로 만들어진 사람은 흙으로 지음받은 것들과 같고 무릇 하늘에서 나신 분은 하늘에 있는 것들과 같으니 우리가 흙으로 만들어진 자의 형상을 입은 것같이 하늘에 속한 분의 형상도 입으리라**』(48,49절). 우리는 첫째 사람 아담에게서 자연의 타고난 몸을 물려받았다. 따라서 우리의 몸은 아담의 몸과 같다. 그러나 구원받은 우리가 부활한 몸은 주 예수 그리스도 자신의 부활하신 몸을 물려받게 될 것이다. "하늘에 속한 분"의 형상을 입는 것이다. 로마서 8:29에서 말씀하고 있는 것이 바로 이것이다. 『**그분께서는 미리 아신 자들을 자기 아들의 형상과 일치하게 하시려고 또한 예정하셨으니, 이는 그를 많은 형제 가운데서 첫태생이 되게 하려 하심이니라.**』 우리가 그리스도를 영접하고 구원받는 순간 우리의 운명은 하나님의 아들과 같은 존재가 되도록 결정된다. 그것이 하나님께서 우리를 위해 예정하신 일이다. 요한일서 3:1을 보라. 『**보라, 아버지께서 어떠한 사랑을 우리에게 주셔서 우리로 하나님의 아들들이라 불리게 하셨는가.**』 "하나님의 아들들" 이라고 했다고 해서 여자들이 걱정할 필요는 없다. 주 예수 그리스도를 믿고 구원받았다면 여자건 남자건 모두가 "하나님의 아들들"이라고 불리게 된다. 여자들이여, 그대들은 주 예수 그리스도를 구주로 영접하고 구원받았는가? 그렇다면 그대들은 『**하나님의 아들들**』이라 불린다네.

M. R. 디한 같은 몇몇 주석가들은 사람들의 몸들도 이 지상에서 각자가 다르듯이 하늘에 올라간 몸들도 각자가 다르다고 말한다. 부활한 몸들이 이 지상에서처럼 고유한 특징과 모습들을 그대로 간직할 것이기 때문에 하늘나라에 가서도 서로 누가 누군지 쉽게 구별하여 알 수 있게 된다고 설명하지만, 그런 말은 성경 어디에도 없다. 그들은 부활하여 하늘에 올라간 몸들이 다 똑같다면 누가 누군지 구별할 수 없게 될 것이지만, 그런 걱정을 할 필요가 없다고 말하면서 각자가 지상에서처럼 같은 모습과 특징을 나타내기 때문이라고 가르친다. 그래서 우리들은 하늘나라에서 사랑하는 가족들이나 친구들을 만나 서로가 서로를 알아보고 가족들과 재결합할 수 있다고 가르치고 사람들을 위로하려고 한다. 그러나 이런 말은 조금도 위로가 되지 않는다. 왜냐하면, 하늘에 속한 새 몸을 입고도 이 지상에서와 똑같은 감각능력에 의존해야 된다면, 그것은 별 것이 아니기 때문이다. 그러나 성경은 우리의 부활한 몸이 『**아들의 형상과 일치**』한다고 분명히 말씀한다(롬 8:29, 빌 3:21). 이것은 하나님께서 미리 예정해 놓으신 우리의 필연적인 운명이다. 그분의 형상과 일치하기 때문에 여자들도 "아들들"이라 불리게 된다. 구원받은 모든 사람들이 입게 될 영적인 몸은 33세의 남성이셨던 예수 그리스도와 같은 모습을 하고 있을 것이다. 남자는 더 이상 남자의 속성을 갖지 않을 것이며, 여자는 더 이상 여자의 속성을 갖지 않는다. 그저 33세의 남성의 모습을 가진 그리스도의 형상으로 일치하게 될 뿐이다. 그곳에서는 이 땅에서의 아버지, 어머니, 할미

니, 증조 할머니, 누나, 오빠, 동생이 따로 없다. 모두가 "아들들"이요, 한 형제들이다. 이것이야말로 초자연적인 현상이다. 그렇다고 서로가 서로를 몰라 볼 리가 없다. 왜냐하면 우리들은 모두 예수님의 지각능력을 갖고 있을 것이기 때문이다. 예수님의 지각능력을 갖고 있으면서도 누가 누군지 알아 볼 수 없다면 말도 되지 않는다. 그러므로 가족끼리 서로 알아볼 수 없을까봐 걱정할 필요가 전혀 없다. 우리들은 모두 초자연적인 존재들인 것이다. 가령, 이 땅에서 어린 자녀를 잃었다고 할 때, 우리가 그곳에서 그 자녀를 만나면, 그는 더 이상 어린 자녀의 모습 그대로가 아닐 것이다. 그는 예수 그리스도의 형상으로 성장해 있는 것이다. 그러나 그럼에도 불구하고 그가 이 땅에서 사별했던 자녀임을 곧 알아 볼 수 있게 된다. 우리의 초자연적인 지각 능력은 얼마든지 그것을 분별할 만한 능력이 있을 것이기 때문이다. 이 땅에서의 감각대로 표현한다면, 이러한 현상은 좀 충격적일 것이다. 이 땅에서 사별한 아내를 거기 가서 만났더니 그녀가 33세의 남성의 모습을 하고 있다면, 얼마나 충격적이겠는가? 하지만, 하늘에서의 일을 땅에서의 감정과 지각으로 생각할 필요는 없다. 그곳에서는 그곳에 맞는 감정과 지각으로 모든 것을 판단하게 될 것이다.

그분의 부활하신 몸은 영적인 몸이었다. 따라서 우리가 부활하여 입게 될 몸도 영적인 몸이 될 것이다. 그분의 부활하신 영적인 몸은 그러나 이 땅에 살아 계실 때의 모습과 같아서 알아 볼 수가 있었고, 손과 발에 못자국이 그대로 있었으며, 옆구리에 찔린 상처도 그대로 있었다. 부활하신 예수님께서 마리아에게 나타나셔서 "마리아야." 하고 부르시니 그녀는 주님을 금방 알아보고 "랍보니(선생님)!"하고 불렀다(요 20:16). 누가복음 24장에서 제자들이 예수님을 알아보지 못했던 것은 그분의 모습이 달라져서 그랬던 것이 아니라 그들의 눈이 "가려져서" 그랬던 것이고, 그들의 "눈이 열리자" 그들은 주님을 금세 알아보았다(눅 24:16,31). 부활하신 주님의 몸은 순간적으로 이 장소에서 저 장소로 옮겨 가셨고 금세 사라지기도 했다(눅 24:31). 그분의 몸은 사람들이 보는 가운데 "위로 들려올라" 가시기도 했다(행 1:9). 그분의 부활하신 몸은 문이 잠겨 있는데도 방 안으로 들어오실 수 있었다(요 20:19). 이것이 곧 "영적인 몸"이요, 영광스러운 몸이다. 이처럼 성경은 『**우리의 천한 몸을 그분의 영광스러운 몸같이 변모시키리라.**』(빌 3:21)고 말씀하고 있다. 우리가 부활하여 그분의 몸과 같은 영적인 몸을 입게 되면 또, 음식도 먹을 수는 있지만 음식을 꼭 먹을 필요가 없게 된다. 『**그들이 다시는 굶주리지 아니하고 다시는 목마르지도 아니할 것이며**』(계 7:16)라고 성경은 말씀하고 있기 때문이다. 그러나 사람들이 음식을 먹는 자리에 함께 참여하여 그들과 같이 음식을 먹을 수도 얼마든지 있다. 그렇다고 위장에서 소화시키고 세포에서 영양소를 흡수하고 하는 따위와 같은 생물학적인 과정을 거칠 필요는 없다. 부활하신 예수님께서도 제자들이 보는 앞에서 음식을 잡수셨다(눅 24:43). 이처럼 "영적인 몸"은 상상하기 어려울 만큼 초능력을 가진 몸이다. 구원의 능력은 영원한 생명뿐만 아니라 이처럼 믿기 어려울 만큼 초능력을 가진 몸을 입고 영원한 생명을 누리는 능력을 보장한다. 눈에 보이고 만져볼 수 있는 몸이면서 자연의 법칙을 초월하고 있는 영적인 몸인 것이다. 우리가 구원받는다는 것은 단지 지옥에 떨어지는 것을 면하는 정도가 아니라 이처럼 상상하기 어려울 만큼의 보상을 얻는 것이다.

『**그러나 형제들아, 이제 내가 이것을 말하노니 혈과 육은 하나님의 나라를 상속받을 수 없으며 썩을 것은 썩지 아니하는 것을 상속받을 수 없느니라**』(50절). 후천년주의자들이나 무천년주의자들은 인간의 손으로 이 땅에 천년왕국을 건설하려고 시도하는 성경적 이단자들이다. 이러한 발상은 이 50절에서 엉터리임이 드러난다. 이 구절은 『**혈과 육은 하나님의 나라를 상속받을 수 없으며**』라고 명백하게 선언하고 있기 때문이다. 이 땅에 살고 있는 인간은 누구나 혈과 육을 가지고 있다. 그렇다면, 이 지구상에 살고 있는 인간이 이 지구상에 천국을 가져온다는 것은 불가능하다. 그러므로 후천년주의자들과 무천년주의자들은 성경적으로 이단들이다. 우리는 누가복음 24:39에서 영광 가운데 있는 살과 뼈는 왕국으로 들어갈 수 있음을 보았다. 『**영은 살과 뼈가 없지만 너희가 보는 바와 같이 나는 있느니라.**』고 부활하신 예수님께서 말씀하셨음을 우리는 앞에서 살펴보았다. "혈과 육"이 결합된 상태에서는 왕국에 들어갈 수가 없다. 그러나 "살과 뼈"가 결합된 상태에서는 들어갈 수가 있다. 아담이 이브를 처음 보는 순간 『**이는 이제 내 뼈들 중의 뼈요, 내 살 중의 살이니**』(창 2:23)라고 말하면서 기뻐했지만, "혈"에 대해서는 전혀 언급하지 않았다는 점에 주목하라. 부활하신 예수님께서도 "나는 살과 뼈가 있다."고 말씀하셨지만 "혈"도 있다는 말씀은 결코 하지 않으셨음을 주목하라. 피는 하나님의 나라를 상속받을 수 없다. 혈과 육이 결합된 것도 하나님의 나라를 상속받을 수 없다. 피는 썩기 때문이다. 썩는 것은 무엇이나 하나님의 나라를 상속받지 못한다. 고린도전서 15:50에 나오는 사람들은 교회 시대의 성도들이다. 바울은 분명 『**형제들아**』라고 부르고 있다. 이 시대에 사는 사람들은 아무리 구원받았다고 해도 그 안에 피를 가진 상태로 천년왕국에 들어갈 수 있는 사람은 아무도 없다. 당신은 그리스도인이지만, 피를 다 없앤 다음에야 그 왕국에 들어갈 수가 있다. 혈과 육은 하나님의 나라를 상속받을 수가 없기 때문이다.

고린도전서 15:50에서 또 한 가지 유의해 두어야 할 것은 "상속받는 것"이 "은혜로 얻는 구원"처럼 그냥 얻는 것이 아니라 언제나 "노력하여 얻는 것"임을 알아야 한다. 갈라디아서 5:21을 보라. 『**시기와 살인과 술취함과 흥청거림과 또 그와 같은 것들이라. 내가 전에 말한 바와 같이 미리 말하노니 그런 짓들을 하는 자들은 하나님의 나라를 상속받지 못할 것이라.**』 또 에베소서 5:5을 보라. 『**너희가 이것을 알거니와 음행하는 자나 더러운 자나 욕심 많은 자, 곧 우상 숭배자는 누구든지 하나님과 그리스도의 왕국에서 상속받을 것이 없느니라.**』 그러므로 구원받은 사람이 피가 없는 상태가 되어 왕국에는 들어가더라도 그리스도인으로서 이러한 악한 행위들을 멀리하지 않은 사람들은 그 왕국에서 상속받을 것이 하나도 없게 된다. 구원은 행위로 받는 것이 아니라 믿음으로 말미암아 하나님의 은혜로 받는 것이다. 그러나 왕국에서의 상속은 구원받은 자가 어떤 행위를 했느냐에 의하여 결정된다는 것을 알 수 있다.

15:51 보라, 내가 너희에게 한 가지 신비를 말하노니 우리가 다 잠잘 것이 아니요 오히려 우리가 모두 변화될 것이니

52 마지막 나팔 소리에 눈깜짝하는 순간에 그러하리라. 나팔 소리가 나면 죽은 자들이 썩지 아니하는 몸으로 일으켜지며 우리도 변화되리라.

53 그리하여 이 썩을 몸이 반드시 썩지 아니할 몸을 입고 이 죽을 몸이 반드시 죽지 아니할 몸을 입으리라.

54 이 썩을 몸이 썩지 아니함을 입고 또 이 죽을 몸이 죽지 아니함을 입게 되면 그때 "사망이 승리 속에 삼킨 바 되었느니라."고 기록된 말씀이 이루어지리라.

55 오 사망아, 너의 쏘는 것이 어디 있느냐? 오 음부야, 너의 승리가 어디 있느냐?

『**보라, 내가 너희에게 한 가지 신비를 말하노니 우리가 다 잠잘 것이 아니요 오히려 우리가 모두 변화될 것이니**』(51절). 그리스도께서 공중 재림하실 때, 우리들 모든 그리스도인들이 다 죽어 있는 것은 아니다. 어떤 사람은 죽어 땅 속에 잠들어 있을 것이고 어떤 사람들은 살아 있을 것이다. 비록 살아 있는다 하더라도 그들의 몸은 썩는 몸에서 썩지 않는 몸으로 모두 변화되어 휴거될 것이다. 이러한 사실은 바울을 통하여 하나님의 계시가 전해지기 까지는 알지 못했던 신비였다. 대환란 직전의 휴거에 관련되는 모든 성경 말씀들은 전에는 알려지지 않았던 신비였다. 대환란 이후에 있게 될 휴거에 관련되는 말씀들은 신비가 아니었다. 왜냐하면, 대환란 이후의 휴거에 관한 사실들은 이미 구약에서 모두 알려졌던 사실들이었기 때문이다. 예를 몇 가지 들어 보자. 시편 50:4,5을 보라. 『**그가 위로부터 하늘들과 땅에까지 부르시리니 이는 그가 자기 백성을 판단하시려는 것이라. 내 성도들을 내게로 다 모으라. 그들은 희생제로 나와 언약을 맺은 자들이라.**』 이스라엘 사람들은 희생제를 불에 태워서 하나님께 제사를 드렸다. 그리고 하나님과 언약을 맺었던 백성들이다. 바로 그들을 하나님께서 부르시겠다는 것이다. 이사야

26:19-21을 보라. 『**주의 죽은 자들은 살아나리니 그들이 나의 죽은 몸과 함께 일어나리이다. 흙에 거하는 너희는 깨어서 노래하라. 주의 이슬은 수풀의 이슬 같으니 땅이 죽은 자들을 던져 버릴 것임이니이다. 내 백성아, 오라, 네 방들에 들어가서 네 문들을 닫고 그분노가 지나갈 때까지 잠깐 동안만 숨으라. 보라, 이는 주가 땅의 거민들을 그들의 죄악으로 인해 벌하시려고 그의 처소에서 나오심이니 땅도 피를 드러내고 그 살해당한 자들을 더 이상 가리지 않을 것임이라.**』 이 장면은 그리스도의 지상 재림 때를 말씀하고 있다. 대환란이 끝나고 그리스도께서 재림하실 때 환란 성도들이 휴거되는 장면을 그리고 있는 것이다. 따라서 대환란 이후의 휴거에 대해서는 바울이 이미 잘 알고 있었던 사실이었고, 조금도 신비가 아니었다. 그러나 대환란 직전에 있게 될 교회의 휴거는 구약에서 전혀 언급하지 않았던 새로운 계시였으며, 따라서 이것은 여태까지 감추어졌던 신비였다. 대환란이 시작되기 직전 주님의 공중 재림 때 그리스도 안에서 죽은 자들이 살아 일어나는 것도 신비이고, 살아남아 있는 성도들이 변모되어 하늘로 끌려올라 가는 것도 신비이다.

『**마지막 나팔 소리에 눈깜짝하는 순간에 그러하리라. 나팔 소리가 나면 죽은 자들이 썩지 아니하는 몸으로 일으켜지며 우리도 변화되리라**』(52절). 모든 일들이 눈깜짝하는 순간에 일어난다. 정말이지 놀라운 일이 아닐 수 없다. 이 눈깜짝하는 순간이 『**마지막 나팔 소리**』에 있게 된다. 이 나팔 소리는 요한계시록에 나오는 일곱 나팔과는 관련이 없다. 이 나팔 소리는 천사들의 나팔 소리가 아니다. 소위 대환란 이후 휴거설을 주장하는 자들은 그리스도인들도 다니엘서의 70주 동안 대환란을 거친 뒤에 일곱 나팔이 울리고, 그 일곱 나팔 중에서 마지막 나팔과 함께 휴거된다고 가르친다. 그러나 요한계시록에 나오는 "나팔"은 나팔이라는 악기를 나타내는 "trumpet"(트럼펫)이고, 여기 고린도전서 15장의 "나팔 소리"는 "trump," 즉 나팔이 내는 "소리"를 말한다. 요한계시록의 일곱 나팔은 천사들이 불도록 되어 있다. 그러나 여기서는 천사들이 부는 나팔이 아니다. 요한계시록

8:2을 보라. 『**그때 내가 보니, 일곱 천사가 하나님 앞에 섰고 그들이 일곱 나팔을 받더라.**』 다시 8:6을 보라. 『**그때 일곱 나팔을 가진 일곱 천사가 나팔을 불려고 준비하더라.**』 11:15을 또 보라. 『**그 후에 일곱째 천사가 나팔을 부니, 하늘에서 큰 음성들이 있어 말하기를...**』 일곱째 천사가 "나팔"(trumpet)이라는 악기를 받고 그 "나팔"이라는 악기를 "불려고" 준비하더니 마지막에는 그 "나팔"이라는 악기를 "부니"라고 말씀한다. 그러니까 요한계시록에서는 "마지막 나팔"이 곧 "마지막 나팔"이라는 악기이다. 그리고 이 마지막 나팔은 그리스도인들의 휴거가 끝난 다음에 천사들이 불고 있다. 그러므로 고린도전서 15장의 "마지막 나팔 소리"는 요한계시록에서 말하는 마지막 나팔과는 전혀 다른 것이다. 이 나팔 소리는 데살로니가전서 4:16-18에서 말씀하고 있는 "나팔 소리"를 말한다. 『**주께서 호령과 천사장의 음성과 하나님의 나팔 소리와 함께 하늘로부터 친히 내려오시리니 그러면 그리스도 안에서 죽은 자들이 먼저 일어나고 그리고 나서 살아남아 있는 우리도 공중에서 주와 만나기 위하여 그들과 함께 구름 속으로 끌려올라 가리니 그리하여 우리가 영원히 주와 함께 있으리라.**』 여기서 나팔 소리는 분명 천사들이 부는 나팔 소리가 아니다. 이 나팔 소리는 "하나님의 나팔 소리"라고 명백하게 말씀한다. 그리고 여기에는 천사들이 전혀 나오지 않는다. 여기에는 천사장이 나온다. 천사장은 일반 천사들과 다르다. 천사장은 천사장이다. 일곱 천사들이 아니라 하나의 천사장이다. "하나님의 나팔 소리"가 울리고 미카엘 천사장이 등장하는 것으로 보아 우리는 이 장면이 다니엘의 70째 주기 시작되는 시점이라는 것을 알 수 있다. 다니엘 12:1,2절은 이렇게 말씀한다. 『**그때에 미카엘이 일어서리니, 이는 네 백성의 자손을 위하여 일어서는 위대한 통치자라. 또 고난의 때가 있으리니, 그것은 민족이 생긴 이래로 그 때까지 결코 없었던 것이라... 땅의 흙 속에서 잠자는 많은 사람들이 일어날 것이며, 얼마는 영원한 생명을 얻겠고, 얼마는 수치와 영원한 모욕을 받으리라.**』

고린도전서 15:52에 나오는 "마지막 나팔 소리"를 요한계시록에 나오는 "마지막 나팔"과 혼동하면, 대환란 이후 휴거설을 주장하는 이단 교리가 고개를 들고 교회 시대의 그리스도인들도 대환란을 거치게 된다는 얼토당토 않는 주장을 내세우게 된다. 바로 그렇기 때문에 나는 지금 이 "마지막 나팔 소리"에 대해서 성경대로 여러분에게 소상하게 밝히고 있는 중이다. 그리스도인들이 대환란을 거치게 된다면, 우리 그리스도인들에게 무슨 소망이 있겠는가? 우리는 주님을 기다리는 사람들이다. 우리는 대환란을 기다리는 사람들이 아니다. 대환란 이후 휴거설을 주장하는 자들은 대환란 이전 휴거를 말하고 있는 고린도전서 15장의 "신비"를 알지 못한다. 그리스도인들이 대환란을 거쳐야 한다면 그들은 믿음으로 구원받는 체계가 아니라 믿음과 행위로 구원받는 체계에 놓이게 된다. 그리스도인들은 이미 구원받은 사람들이다. 이미 구원받은 사람들이 믿음과 행위로써 다시 구원을 받아야 한다는 것은 말도 되지 않는다. 구원받은 사람들에게는 이미 영원한 생명이 보장되어 있거늘, 대환란을 또 거쳐야 한다면, 그리고 믿음과 행위를 또 보여야 한다면, 이미 보장된 영생은 거짓말이란 말인가? 대환란을 거치는 동안 자칫하면 영생을 다시 놓칠 수도 있다는 교리는 전혀 성경 말씀의 진리와 상반되는 이단 교리이다.

『**마지막 나팔 소리에 눈깜짝하는 순간에**』 나팔 소리가 처음 울릴 때, 『**죽은 자들이 썩지 아니하는 몸으로 일으켜지며**』 두 번째 울리는 순간 살아남아 있는 우리들이 변화될 것으로 보인다. 이 사실은 데살로니가전서 4:16,17 말씀에서 더욱 분명하게 드러난다. 『**하나님의 나팔 소리와 함께... 그리스도 안에서 죽은 자들이 먼저 일어나고 그리고 나서 살아남아 있는 우리도...**』라고 말씀한다. 다시 말해서, 죽은 사람들이 일어나는 것과 살아남아 있는 우리가 그들과 함께 공중으로 끌려올라 가는 것은 동시적인 일이 아니라 순서대로 일어나는 일이다.

성경에는 정확하게 "휴거"(rapture)라는 단어가 나오지는 않지만, 이 단어는 "강제로 보다"는 뜻을 가진 라틴어의 "*rapto*"에서 파생된 단어로 "휴거"의 원래 뜻과 정확하게 일치한다. 우리가 공중으로 끌려올라 가는 것은 주님의 강제적인 힘에 의하여 일어나는 일이다. 주님께서는 자신의 것을 찾아 가시기 위하여 얼마든지 그러한 강권을 행하실 수 있는 분이시다. 이것은 마귀도 마찬가지다. 마귀 역시 자신의 것은 얼마든지 강권적으로 찾아갈 능력이 있다. 그는 이 세상 신이요, 이 세상 통치자이다. 따라서 그는 이 세상에 속한 것을 자신의 강권 하에 둘 능력을 소유한다. 그러나 그리스도인들은 이 세상에 속한 사람들이 아니라 주님께 속한 사람들이다.

『**그리하여 이 썩을 몸이 반드시 썩지 아니할 몸을 입고 이 죽을 몸이 반드시 죽지 아니할 몸을 입으리라**』(53절). 이 구절에서는 두 가지 부류의 사람들을 나누어 언급하고 있다. 첫째 부류는 이미 죽어 땅에 묻힌 사람들, 즉 그 몸이 땅 속에서 이미 썩어버린 사람들, 그리고 둘째 부류는 아직 살아 있으나 죽을 수밖에 없는 사람들이다. 이미 죽어 땅 속에서 몸이 썩어버린 사람들은 다시는 썩지 않을 새 몸을 입고 살아 일어난다. 그리고 살아 있으되 죽을 수밖에 없는 몸을 입고 있는 사람들은 죽지 않는 새 몸으로 갈아 입고 영원히 살아 있게 된다.

『**이 썩을 몸이 썩지 아니함을 입고 또 이 죽을 몸이 죽지 아니함을 입게 되면 그때 "사망이 승리 속에 삼킨 바 되었느니라."고 기록된 말씀이 이루어지리라**』(54절). 첫째 부류에 속한 사람들, 즉 이미 죽어 그 몸이 땅 속에서 썩어버린 사람들이 썩지 않을 새 몸을 입고, 둘째 부류에 속한 사람들, 즉 살아 있지만 죽을 수밖에 없는 사람들이 죽지 않는 몸을 입게 되면, 이 두 부류에 속한 모든 구원받은 자들은 "사망"과는 관계가 없는 사람들이 된다. 그리하여 『**그가 승리 안으로 사망을 삼키실 것이요, 또 주 하나님께서 모든 얼굴에서 눈물을 닦아 주시며**』(사 25:8)라는 말씀이 성취될 것이다.

『**오 사망아, 너의 쏘는 것이 어디 있느냐? 오 음부야, 너의 승리가 어디 있느냐?**』(55절) 살아 있으나 죽을 수밖에 없는 몸을 입고 있는 둘째 부류에 속하는 그리스도인들이 죽지 않을 새 몸으로 갈아입으니 『**오 사망아, 너의 쏘는 것이 어**

디 있느냐?』고 당당히 외칠 수 있다. "사망"은 그 앞에서 위력을 잃고 고개를 떨구고 만다. 그리고 이미 죽어 무덤에 들어가 있는 첫째 부류에 속하는 사람들도 썩지 않을 새 몸으로 갈아입고 살아 일어나니 『**오 음부야, 너의 승리가 어디 있느냐?**』고 당당히 외칠 수가 있다. 무덤 속에 가두어 두고 승리했다고 생각한 "사망"은 결국 무참하게 패배하고 만다. 이 얼마나 굉장한 일인가! 고린도전서 15:52-55에 이르는 구절들은 참으로 놀라운 구절이다! 지금 예수 그리스도께서 재림하신다면, 우리들 그리스도인들은 "사망이 쏘는 아픔"을 전혀 맛보지 않고 영원히 살게 된다. "눈깜짝하는 순간에" 우리의 몸이 죽지 않는 몸으로 변화되기 때문이다. 그리스도 안에서 죽어 땅 속에 묻혀 썩은 사람들도 순식간에 썩지 않을 몸을 입고 살아나는 것이다. 이 사실은 구약에서 이미 예언되었고 예수님께서 그것을 직접 확인해 주시기도 했다.

요한복음 11:22-27을 보라. 『**그러나 나는 지금이라도 주님께서 무엇이든지** 하나님께 **구하시면** 하나님**께서 주님께 주실 줄 아나이다." 라고 하니** 예수께서 **그녀에게 말씀하시기를 "너의 오라비가 다시 살아나리라."고 하시더라. 마르다가 주께 말씀드리기를 "마지막 날에 부활로 그가 다시 살아날 줄을 내가 아나이다."라고 하니** 예수께서 **그녀에게 말씀하시기를 "나는 부활이요, 생명이니 나를 믿는 자는 죽어도 살 것이며 또 살아서 나를 믿는 자는 누구나 영원히 죽지 아니하리라. 네가 이것을 믿느냐?"고 하시니 그녀가** 주께 **말씀드리기를 "예, 주여, 나는** 주께서 **세상에 오실 그리스도, 곧** 하나님의 아들**이심을 믿나이다."라고 하더라.**』 이 얼마나 아름답고 생생한 말씀인가! 나는 세상을 떠난 그리스도인들의 장례식을 치를 때마다 이 말씀을 머리에 떠올린다. 그들이 묻혀 있는 무덤들을 바라다 볼 때마다 이 말씀을 기억하고 위안을 얻는다. 그리고 무덤을 향하여 나는 혼자 중얼거린다. "너는 이 사람의 몸을 제대로 간수하지도 못한다. 어림도 없지. 너는 아무것도 아니다!" 하고 말이다. 사람들은 세상을 떠난 사람들의 무덤에 푸른 잔디를 입히고 꽃을 심기도 하며 비석을 세우고 가꾸지만, 그것들을 걷어내고 땅을 파보면 썩은 흙과 시체가 있을 뿐이다. 인간은 자신의 몸을 끝까지 유지하지 못한다. 아무리 아름답게 꾸민 무덤도 사람의 몸을 그대로 보존할 능력은 없다. 아무리 선한 사람이라 할지라도 무덤은 그의 몸을 썩어버리게 만들 뿐이다. 그러나 마르다는 죽은 오라비의 몸이 무덤 속에서 썩어버린다 해도 "마지막 날에" 다시 살아날 것을 알고 있었다. 마르다는 주님을 섬기기에 바빴지만 성경을 읽고 기도드리는 데에 많은 시간을 소비하였음이 분명하다. 그리하여 오늘날의 수많은 기독교 지도자들이나 목사들보다도 성경적 진리를 훨씬 더 많이 알고 있었음에 틀림이 없다. 설사 지금 죽어 무덤에 들어간다고 할지라도 『**나는 부활이요, 생명이니 나를 믿는 자는 죽어도 살 것이며**』(요 11:25)라고 주님은 말씀하신다. 부활하게 될 첫째 부류에 속하는 사람들을 일컫는다. 『**또 살아서 나를 믿는 자는 누구나 영원히 죽지 아니하리라.**』(요 11:26)고 말씀하신다. 주님이 다시 오실 때 살아남아 있는 사람들은 죽음 자체를 맛보지 않은 채 영원히 살아 있게 된다는 말씀이다. 다시 말해서, 지금의 교회 시대 성도들의 휴거를 가리킨다. 이처럼 "나를 믿는 자"는 죽음을 이긴 사람들이라고 주님께서는 확실하게 말씀하신다. 주 예수 그리스도를 믿는 사람들에게는 "사망"이 맥을 못 추는 것이다. 오늘날 목사들이나 수많은 그리스도인들이 요한복음 11장을 읽으면서 구약 성도들의 부활과 신약 교회 시대 그리스도인들의 휴거를 구별하지 못한 채, 그냥 읽고 지나쳐 버린다. 그들은 성경 말씀을 있는 그대로 믿지 않으려고만 한다. 이러한 그들에게 주님께서는 말씀하신다. 『**네가 이것을 믿느냐?**』(요 11:26)

솔로몬의 노래 2:8,9을 보자. 『**내 사랑하는 이의 목소리로다! 보라, 그가 산들 위로 뛰며, 작은 산들 위로 가볍게 뛰며 오는도다. 나의 사랑하는 이는 노루나 어린 사슴 같나니, 보라, 그가 우리의 벽 뒤에 서서 창문으로 들여다보며 창살을 통해 몸을 내보이는도다.**』 이 구절은 교회 시대 성도들의 휴거를 묘사하고 있다. 『**내 사랑하는 이의 목소리로다!**』라고 외치고 있다. 이것은 고린도전서 15:52의 "나팔 소리"요, 데살로니가전서 4:16에서 말하는 주님의 "호령" 소리를 듣고 외치는 말이다. 성경은 하늘에 창이 있다고 말씀한다. 창세기 7:11에 보면 "하늘의 창"

에 대해 언급하고 있고, 열왕기하 7:2,19에서 이것을 재확인하고 있다. 그리고 우주는 창살 모양의 틀로 짜여 있는데, 그 창살이 정확하게 어떻게 생겼는지는 알 수 없지만, 창살 사이로 들락날락 할 수 있도록 만들어져 있는 듯하다.

솔로몬의 노래 2:10-13을 계속해서 읽어 보라. 『**나의 사랑하는 이가 내게 일러 말하기를 "나의 사랑, 나의 어여쁜 자야, 일어나 떠나자. 보라, 겨울도 지나고 비도 그쳐 사라졌으며, 땅에는 꽃들이 피고 새들이 노래하는 때가 왔도다. 산비둘기의 소리가 우리의 땅에서 들리는도다. 무화과나무는 푸른 무화과들을 내고 포도 넝쿨은 부드러운 포도로 좋은 향기를 내는도다. 나의 사랑, 나의 어여쁜 자야, 일어나 떠나자." 하였도다.**』 "나의 사랑, 나의 어여쁜 자"가 누구인가? 예수 그리스도의 신부인 교회이다. 주님께서 다시 오실 때, 그분은 신부를 향하여 "일어나 떠나자."고 말씀하신다. "겨울도 지나고 비도 그쳐 사라졌으며" 봄이 찾아와 3,4월이 되었다. "무화과나무는 푸른 무화과들을 내고"에서 무화과나무는 무엇을 말하는가? 유대인들이다. 유대인들은 더 이상 열매 맺지 못하는 시든 나무가 아니다. 이제 그들의 때가 온 것이다.

이번에는 욥기 37장을 보자. 『**이것으로 내 심장도 떨리고 그 자리에서 벗어났도다. 그분의 음성과 그분의 입에서 나오는 소리를 주의해서 들으라. 그분은 온 하늘 아래에 그 음성을 내보내시며 그의 번개를 땅 끝까지 보내시는도다. 그후에 음성을 울려 퍼져 나가게 하시며 그는 위엄의 소리로 천둥같이 내시며 그의 음성이 들리면 그들을 붙들고 계시지 아니하시리라**』(욥 37:1-4). 데살로니가전서에서의 주님의 "호령"이 솔로몬의 노래에서는 "내 사랑하는 이의 목소리"로 묘사되고, 욥기에서는 "위엄의 소리로 천둥같이" 내시는 음성으로 묘사되고 있다. 이 음성이 들리는 순간 모든 구원받은 그리스도인들은 순식간에 하늘로 끌려올라 가게 된다. 그분이 "그들을 붙들고 계시지 아니"하시고 낚아채 끌어올려 가시기 때문이다. 우리들은 그때를 기다리며 "그분의 입에서 나오는 소리를 주의해서" 들으려고 귀를 기울이며 살아가고 있다.

요한복음 12장을 또 보자. 『**이제 내 혼이 괴로우니 내가 무슨 말을 하리요? 아버지시여, 이 시간으로부터 나를 구해 주소서. 그러나 이 일을 위하여 내가 이 시간까지 왔사옵니다.** 아버지시여, **아버지의 이름을 영화롭게 하옵소서."라고 하니, 그때 하늘에서 음성이 나기를 "내가 그 이름을 영화롭게 하였고 또다시 영화롭게 하리라."고 하시더라. 그때 곁에 서서 그 음성을 들은 무리가 말하기를, "천둥 소리였다."고 하고, 또 어떤 사람들은 "천사가 그에게 말한 것이라."고도 하더라.** 예수께서 **대답하여 말씀하시기를 "이 음성은 나 때문에 난 것이 아니라 너희를 위하여 난 것이라**』(요 12:27-30). 주님께서 자신의 신부인 교회를 데리러 다시 오실 때, 하늘에서 들리는 음성이 "호령" 소리요, "내 사랑하는 이의 목소리"이며, 그것은 "천둥 소리"같이 들리고, "빰빠라 바! 빰빠라 바!"하는 나팔 소리이기도 하다. 이 소리는 이 땅에 살아남아 있는 모든 구원받은 그리스도인들, 즉 주님의 몸인 교회를 데려가시기 위해 내는 음성이다. 그리고 이 음성에 대해 언급하고 있는 구절들 모두가 대환란 이전 휴거를 뒷받침하고 있다. 그러나 구약에서는 이 휴거 사실이 신비 속에 감추어져 있었으며 오묘한 표현으로 감추어져 있었다. 일부 유대인들은 오늘날까지도 솔로몬의 노래를 성경으로 간주하지도 않는가 하면, 교리적으로 무의미하고 그 기록 자체가 의심스럽다고 생각하고 정경에 포함시키지 않는다. 그러나 바울은 구약에서 감추어져 있던 이 신비의 계시를 주님께로부터 받았으며, 그것을 훤히 밝혀주고 있는 것이다. 그리고 그 천둥 소리 같은 호령이 지금 당장이라도 갑자기 들려올지도 모른다고 말한다. 이러한 현상은 구원받지 못한 이 세상 사람들이 듣기에는 마치 원자탄보다도 위력이 훨씬 더 큰 폭음소리와 함께 코발트탄이 번갯불처럼 폭발하여 온 세상을 뒤흔들어 놓는 것같이 들리게 된다. 이 폭발음은 북쪽 하늘에서 들려 올 것이다. "꽈광!"하는 폭발음이 들려 오는 순간 그것이 낮이었건, 밤이었건, 지구상에 살고 있는 모든 사람들이 북쪽 하늘의 북극성을 쳐다보게 될 것이다. 그러나 어디서 들려오는지도 모를 천둥 소리가 지축을 흔들며 "꽈과광!" 하고 울려 퍼질 때, 도시의 건물 유리창들이 모두 박살이 나고 구원받지 못하고 세상에 남아 있는 사람들은 원자탄이 투하된 도시에 살고 있는 사람들 같은 처지가 될 것이다. 이러한 폭음 속에서 모든 그리스도인들은 하늘에서 들려오는 나팔 소리를 듣는다. 그리고 "이리로 올라오라!"는 주님의 음성을 듣는 순간 눈깜짝할 사이에 모두 하늘로 끌려올라 가 버린다. 모든 그리스도인들은 하늘에서 나팔 소리가 들려오는 순간 순식간에 입고 있던 옷이나 양말, 구두 따위를 훌떡 벗어 던지고 몸에 섞여 있던 피를 다 그 자리에 쏟아내고 번갯불처럼 재빠르게 공중으로 사라져 버린다.

그리스도인들은 또 각자 자신의 이름을 부르는 소리를 듣는다. 요한복음 10:3에서 『**그는 자기 자신의 양들의 이름을 불러서 이끌어 내느니라.**』고 말씀한다. 오순절파 은사주의자들은 이 구절을 제대로 이해하지 못한다. 주님께서는 "이리 올라오라!"고 부르실 때, 개개인의 이름을 부르시며 불러내신다. 주님께서는 나에게 "피터 럭크만, 이리 올라오라!"고 부르실 것이다. 아마도 이렇게 나를 부르시면서 "이제 네가 그 땅에 남아 있을 필요가 없단다!"하고 말씀하실는지도 모른다. 그 말씀을 듣는 순간 나는 섬광처럼 빠르게 하늘로 날아오르게 될 것이다. 하나님께서 『**빛이 있으라.**』(창 1:3)고 명령하시자 순식간에 온 세상에 빛이 비쳤듯이 그처럼 재빠르게 나는 빛의 속도로 공중으로 날아 올라가는 것이다. 그것도 순식간에 새 몸으로 갈아입고 말이다. 공중으로 날아오르는 새 몸은 영광스러운 살과 뼈로만 된 몸일 것이다. 그렇게 광속으로 하늘을 날아오르면서 나는 밥 존스 시니어라든가, 던랩이라든가, 제미 스크라우라든가, 도널드 레스터븐 같은 목사들을 지나치면서 서로 "어이, 여보게들!"하면서 소리치며 인사를 나누고 손을 흔들 것이다. 『**그들과 함께 구름 속으로 끌려올라 가리니, 그리하여 우리가 영원히 주와 함께 있으리라.**』(살전 4:17)고 성경은 말씀한다. 우리들 가운데는 사랑하는 가족들과 사별하고 그들을 땅에 묻은 사람들도 있지만, 우리들은 언젠가 공중에서 주님을 만나게 될 때, 그들도 다시 만나게 될 것이다. "우리는 만나겠네, 언젠가 만나겠네, 사랑하는 사람들, 공중에서 만나겠네. 나는 그대를 만나겠네, 하늘의 본향에서 그대 만나 인사하겠네."하는 어렸을 적에 불렀던 노래가 그대로 실현되는 것이다. "하늘에서 들리겠네, 호령 소리 들리겠네, 우리 모두 올라가면 주의 아들

대장되시고, 하늘에서 서로 만나 우리들은 즐겁게 인사하겠네."하는 어렸을 적 불렀던 노래도 그대로 실현되는 것이다.

이처럼 우리가 끌려올라 가고 난 다음, 이 땅은 "꽝!"하는 폭음과 함께 순식간에 아수라장이 되지만, 도대체 무슨 영문인지 몰라 아우성치면서 강대국들의 대통령들 간에 서로 긴급직통 전화로 무슨 일인지 알아보느라고 야단법석을 떨고, 시가지에는 경찰차들과 소방차들이 요란하게 사이렌을 울리며 이리저리 달리며, 군대는 도대체 미사일이 떨어진 곳이 어느 지점인지 알아보느라고 "낙하지점 확인하라. 낙하지점 확인하라!" 하면서 우왕좌왕하는 사령부와 부대들 사이의 비상전화가 불꽃이 튈 것이며, 또한 모든 사람들이 문자 그대로 미쳐 날뛸 것이다. 구원받지 못한 남편이 깜짝 놀라 잠을 깨보니 옆에 누웠던 그리스도인 아내는 간 곳이 없고 침대 시트 위에는 아내가 벗어 놓고 간 잠옷들과 쏟아 놓고 간 피로 온통 흥건히 젖어 있을 것이다. 교회 건물은 문이 닫혀 있는 채, 그 안에 있던 성도들은 한 사람도 남아 있지 않고 텅 비어 있을 것이다. 성경에서 언급하고 있는 모든 상황들을 종합하면 그 때 이 지상에는 이러한 광경이 벌어질 것이다.

『오 사망아, 너의 쏘는 것이 어디 있느냐? 오 음부야, 너의 승리가 어디 있느냐?』(55절) 구원받은 그리스도인들은 죽음을 맛보지 않는다. 그러므로 그리스도인들에게는 사망의 쏘는 것이 위력을 발휘할 수 없다. 그리고 그리스도 안에서 이미 죽은 사람들이라 할지라도 무덤이 그들을 끝끝내 붙잡아 둘 수 없으니 음부의 승리가 있을 수 없다. 이것이 바로 구원의 완성이다. 우리들은 그리스도와 같이 된다. 이것은 구약에서 알려지지 않았던 신비였다. 그러나 이 신비는 바울을 통하여 벗겨졌고 우리들에게 밝혀졌다. 구원받은 그리스도인들은 죄 없는 몸, 완전한 몸, 33세의 남성의 몸, 썩지 않는 몸으로 변화된다고 고린도전서 15장은 말씀한다.

15:56 사망의 쏘는 것은 죄요, 죄의 능력은 율법이라.
57 그러나 우리 주 예수 그리스도를 통하여 우리에게 승리를 주시는 하나님께
감사하노니
58 그러므로 나의 사랑하는 형제들아, 견고하라, 흔들리지 말라, 항상 주의
일을 넘치게 하라. 이는 너희의 수고가 주 안에서 헛되지 아니한 줄을 너
희가 앎이니라.

『**사망의 쏘는 것은 죄요, 죄의 능력은 율법이라**』(56절). 벌은 침으로 쏘고 나면 상대방을 죽이고 자신도 죽는다. 죄가 우리를 쏘고 나면 우리도 죽지만 죄도 죽는 것은 마찬가지다. 그래서 우리의 죄는 우리가 죽어야만 피장파장이 된다. 죄는 죽음을 요구할 능력을 갖는다. 이 능력이 바로 율법의 능력이다. 율법은 우리의 죄에 대하여 목숨을 내놓으라고 요구할 권리를 가지며, 우리는 죄가 있는 한, 그 요구에 굴복하여 죽을 수밖에 없다. 그러나 주 예수 그리스도께서 우리의 죄를 자신이 대신 짊어지셨다. 그분께서 오셔서 율법의 요구를 대신 들어 주셨고 우리들의 죄값을 모두 지불하셨다. 다시 말해서, 우리의 죄로 인하여 우리들 자신이 쏘일 것을 그분께서 사망의 침에 대신 쏘이시고 죽으신 것이다. 그래서 우리의 죄는 그분의 죽으심으로써 피장파장이 되어 소멸되었다. 죄가 소멸되었으므로 우리는 죽지 않아도 괜찮게 된 것이다. 사망의 쏘는 침도 소멸되었다. 『**오 사망아, 너의 쏘는 것이 어디 있느냐?**』 더 이상 없다. 바울은 그래서 지금 의기양양하게 외치고 있는 것이다. 『**오 사망아, 너의 쏘는 것이 어디 있느냐? 오 음부야, 너의 승리가 어디 있느냐?**』 그런데도 사망의 벌은 아직도 윙윙거리면서 믿는 자들을 위협하기도 한다. 구원의 확신이 없는 사람들은 그래서 여전히 죽음을 두려워한다. 하지만, 두려워할 필요가 없다. 그리스도께서 이미 그 사망의 벌에 쏘여서 죽으셨기 때문에 그 벌 또한 더 이상 위력을 발휘하지 못한다.

『**그러나 우리 주 예수 그리스도를 통하여 우리에게 승리를 주시는 하나님께 감**

사하노니,』(57절). 주 예수 그리스도를 통하여 사망은 참패를 당했고 그 대신 오히려 우리가 승리를 거두게 되었다. 이렇게 해주신 하나님께 어찌 아니 감사하겠는가!

『**그러므로 나의 사랑하는 형제들아, 견고하라, 흔들리지 말라, 항상 주의 일을 넘치게 하라. 이는 너희의 수고가 주 안에서 헛되지 아니한 줄을 너희가 앎이니라**』(58절). 그리스도인이라면 외우고 반드시 마음속에 새겨 두어야 할 위대한 구절이다. 『**견고하라, 흔들리지 말라.**』는 충고는 모든 그리스도인들의 좌우명이 되어야 한다. 죽을 수밖에 없었던 이 세상에서의 생명은 이미 끝나 버렸고 우리의 죄는 더 이상 우리를 건드릴 수가 없게 되었으니, 우리가 영원한 생명을 소유하게 되었다는 사실을 확신하고 있다면 절대로 흔들려서는 안 된다. 그리고 "때로는 주의 일을 넘치게 하라."가 아니라 『**항상 주의 일을 넘치게 하라.**』고 명령하고 있다. "항상" 말이다. 그리고 우리들이 주님을 위해서, 주 안에서 주님의 일을 한다면 무슨 일을 하든지 결코 헛되지 않으리라는 것을 우리는 알고 있다. 그렇지 않은가? 당신은 이것을 놓고 한 번 깊이 생각해 보라. 당신은 이것을 알고 있는가? 이것을 알고 있기에 "항상" 주의 일을 하고 있는가? 당신은 하나님의 말씀을 전파하고 죄인들을 그리스도께로 인도하고 있는가? 그리고 그 일 하나하나가 모두 헛되지 않는다는 것을 알고 있는가? 당신이 얼마나 부지런히 하나님의 말씀을 전파하고 얼마나 많은 사람들을 그리스도께로 인도하여 구령하였는지 모르지만, 스스로 한 번 생각해 보라. 우리 교회는 작년에 600명을 구령하였다. 작년에 열었던 집회에서는 사흘 동안에 120명을 구령하기도 했다. 집회를 열 때마다 구원받지 못하고 돌아가는 사람들은 한 사람도 없었다. 여러분은 어떤가? 이 문제를 놓고 많은 생각을 해볼 필요가 있지 않은가? 이 시대의 사역자들과 교회들은 구원받지 못한 죄인들을 그리스도께로 인도하는 데에 소홀하고 그 방법이나 자세가 사탄적이다. 복음을 들고 밖으로 뛰쳐나가 길거리 모퉁이에서 말씀을 전파하고 죄인들에게 예수 그리스도를 영접하도록 외치기보다는 "일꾼들"이 교회에 들어 앉아 소위 "새 신자들"이 제 발로 교회에 찾아오기만을 기다리다가 그들이 오면, 마치 호텔 숙박부처럼 교회 등록 카드나 내밀고 거기에 주소, 성명과 전화번호나 기재하게 한 뒤 교회 회원으로 등록시켜 놓고는 그 사람의 혼이야 구원받건 말건 주일 예배 출석 인원수나 늘리는 데 혈안이 되어 있는 것이 대부분의 교회들 아닌가? 이것은 결코 『**주의 일을 넘치게 하라.**』는 명령에 따르는 자세가 아니다. 밖으로 뛰쳐나가라. 밖으로 뛰쳐나가 죄인들을 향해 외치라. 밖으로 뛰쳐나가 구원받지 못한 죄인들에게 주 예수 그리스도를 영접토록 적극적으로 도전하라. 얼마나 성과를 올리느냐는 문제가 아니다. 세상은 그러한 당신을 비웃고 방해하기도 하겠지만, 다만 견고하고 흔들리지 않은 채 죄인들을 그리스도께로 인도하는 일만을 넘치게 하라. 자기 교회 출석자 수를 늘리는 것이 문제가 아니다. 다만 믿음으로 죄인들을 그리스도께로 인도하여 그들이 구원받게 하는 것이 시급하다. 죄인들을 주님께로 인도하는 일, 이처럼 견고하고 흔들림 없이 복음을 전파하는 것, 이것이 곧 주님의 일을 넘치게 하는 것이요, 주님께서는 당신이 그렇게 하기를 원하신다. 그리고 이러한 수고는 결코 헛되지 않는다고 성경은 말씀한다. 우리가 어떤 한 가지 일을 넘치게 할 때, 우리는 다른 일도 함께 넘치게 할 수가 없다. 만약 사역자들이 시골에 작은 지역 교회를 세우고 사역을 시작하였으면, 교회에 틀어박혀 있지만 말라. 내가 만일 시골 동네에 교회를 하나 세웠다면 나는 먼저 동네방네 다니며 설교하고 복음을 전파하며 사람들에게 그리스도를 영접하도록 외치고, 전화번호부를 뒤져가며 가가호호 전화를 걸고 전화로라도 복음을 전파하고, 좀 멀리 떨어져 있는 동네라면 다른 돈을 아껴서라도 우표 값만은 아끼지 않고 집집마다 전도지를 우송하겠다. 이렇게 해서 한 이십 년쯤 지나고 나면 각 분야별로 일꾼들을 세워서 더욱더 구령활동에 열심을 내는 한편, 교회 식구들을 보살피고 해외에서 수고하는 선교사들이 굶어 죽지 않도록 열심히 돕게 될 것이다. 이렇게 하지 않고 교회에만 틀어박혀 있는 것은 주님의 일을 넘치게 하는 것이 아니다. 주님의 일을 하는 데에는 교회에서 예배드리고 회원들에게 침례나 주는 것 이상으로 훨씬 더 할 일이 많다. 주님의 일은 항상 넘치게 해야 된다. 당신이 주님의 일을 진행하는 이 같은 모든 수고들은 결코 헛되지 않을 것이다. 나는 일주일에 적어도 한 번은 해외 선교사들이나 형제들의 지역 교회들에 전화를 걸고 그들의 사역을 알아보고 격려해 주고 기도해 준다. 그리고 그들에게 빠짐없이 녹음 테이프를 보내주고 그 결과가 어떤지 일일이 점검해 본다. 나는 이런 일들로 하루에 열두 시간 이상을 눈코 뜰 새 없이 일한다. 예수 그리스도를 통하여 우리에게 승리를 주시는 하나님께 감사하는 마음이 진정으로 있다면, 모든 그리스도인들은 이런 일들을 자연스럽게 실천할 수 있게 된다.

고린도전서 16장

16:1 이제 성도들을 위한 모금에 관해서는 내가 갈라디아 교회들에게 명한 것같
이 너희도 그렇게 행하라.
2 매주 첫날에 너희 각자가 하나님께서 번성케 하신 대로 따로 저축하여 두어
서 내가 갈 때에는 모금하는 일이 없게 하라.
3 그리고 내가 도착하면 너희가 서신을 통하여 승인한 사람 편에다 너희의
위로금을 예루살렘에 보내리라.
4 만일 나도 가는 것이 적합하면 그들이 나와 함께 가리라.
5 이제 내가 마케도니아를 지나갈 때에 너희에게로 가리니 이는 내가 마케도
니아를 지나갈 것이기 때문이라.
6 그때는 아마 내가 너희와 함께 머무르거나 아니면 겨울까지도 나리니 그후
에 너희가 나의 가고자 하는 곳으로 나를 보내 주게 하려 함이니라.

『**이제 성도들을 위한 모금에 관해서는 내가 갈라디아 교회들에게 명한 것같이 너희도 그렇게 행하라**』(1절). 지금까지 휴거라든가, 휴거되는 성도들이 입게 될 새 몸이라든가 하는 등에 대해서 언급하던 바울이 이번에는 화제를 바꾸어 현실적인 문제들에 대해서 언급한다. 그는 거룩하고 경건한 믿음과 교리들에 대한 지식만을 다루는 선에서 그치지 않고 성도들의 모금 문제 같은 교회 운영 상의 실제적인 현실적인 문제들까지도 결코 등한히 하지 않았음을 알 수 있다. 바울은 모금에 관하여 갈라디아 교회들에게 명한 대로 하도록 지시하고 있는데, 갈라디아서 2:10에서 『**다만 그들이 바라는 것은 우리가 가난한 사람들을 기억해야 된다는 것이니 이것은 또한 내가 부지런히 행한 바라.**』고 언급함으로써 모금의 중요한 목적 가운데 하나가 가난한 성도들을 돕는 데에 있었음을 분명히 천명하고 있고, 자신도 예루살렘 교회의 가난한 성도들을 위하여 힘 닿는 데까지 경제적인 도움을 주고 있었음을 밝히고 있다.

『**매주 첫날에 너희 각자가** 하나님**께서 번성케 하신 대로 따로 저축하여 두어서 내가 갈 때에는 모금하는 일이 없게 하라**』(2절). 주님의 사역을 실행하고 가난한 사람들을 돕기 위하여 성도들로부터 모금(헌금)을 할 경우 "매주 첫날에" 즉, 주일에 하되, "하나님께서 번성케 하신 대로" 하도록 당부하고 있다. 이에 대해서는 고린도후서 8장에서 마케도니아 교회들이 어떻게 하였는지 더 상세히 그 사례를 소개하고 있다. 『**큰 환난의 시련 가운데서도 그들의 기쁨이 넘치고 그들이 심한 궁핍에도 풍부한 연보를 넘치게 하였느니라. 내가 증거하노니 그들은 자기들의 능력에 따라 하였고 또 능력 이상으로 자원하여 하였으며 우리가 은혜를 받을 것과 성도들을 섬기는 일에 동참할 것을 많은 애원으로 우리에게 간청하였느니라. 그들이 이것을 행하였으니 우리가 바라던 대로가 아니라** 하나님**의 뜻에 따라 먼저 자신들을 주께 드리고 그 다음에 우리에게 이 은혜를 주었느니라**』(고후 8:2-5). 바울이 강조하고 있는 것은 그들이 "하나님의 뜻에 따라 먼저 자신들을 주께 드리고 그 다음에" 모금하였고 모든 것을 기쁜 마음으로 자원하여 하였으며, 능력에 따라 하였다는 사실이다. 사람의 뜻에 따라 한 것이 아니라 『**하나님의 뜻에 따라**』 하였고, 강제적으로나 마지 못해 한 것이 아니라 『**자원하여 하였으며**』 재물이 넘쳐서 한 것이 아니라 『**심한 궁핍에도**』 하였고, 보잘 것 없이 낸 것이 아니라 『**넘치게**』하였고, 『**능력에 따라 하였고 또 능력 이상으로**』 하였으되, 그것도 『**큰 환난의 시련 가운데서도**』 넘치는 기쁨으로 헌금하였음을 바울은 분명히 『**증거**』하고 있다. 모금과 관련하여 중요한 점은 고린도전서 16:2에서도 말씀하듯이 『**하나님께서 번성케 하신 대로**』 하는 모금에 동참하는 일이다. 십일조의 기원은 아브라함이 하나님께서 은혜로 그에게 베풀어 주신 데 대하여 십일조를 드렸던 데서 시작되었거니와 우리도 먼저 하나님께서 나를 위하여 어떻게 번성케 하셨나를 곰곰히 생각해 보고 그에 따라 십일조를 드리되, 이것은 최소한의 헌금이다. 구원받은 그리스도인들이라면 유대인들이 했던 것보다는 더 "넘치게" 연보를 할 수 있지 않으면 안 된다. 우선 무엇보다도 자신의 시간을 가능한 한 많이 하나님께 드릴 수 있지 않으면 안 된다. 바울은 고린도후서 9:6-8에서 『**그러나 내가 이것을 말하노니, 적게 심는 자는 적게 거두고, 넉넉하게 심는 자는 넉넉하게 거둔다는 것이라. 각 사람은 미리 마음속에 정한 대로 할 것이요, 인색함이나 억지로는 하지 말아야 하리니 이는 하나님께서는 기쁨으로 드리는 자를 사랑하심이니라. 하나님께서는 너희에게 모든 은혜를 넘치게 하실 수 있나니 모든 것을 언제나 너희가 필요한 대로 가질 수 있게 하심으로 모든 선한 일에 넘치게 하시려는 것이라.**』고 가르치고 있다. 무엇보다도 중요한 것은 "기쁨으로 드리되, 하나님께서 번성케 하신 대로" 하는 것, 이것이 신약이 헌금에 동참하는 자세에 대하여 우리에게 가르치고 있는 교훈의 핵심이다.

『하나님**께서는 너희에게 모든 은혜를 넘치게 하실 수 있나니 모든 것을 언제나 너희가 필요한 대로 가질 수 있게 하심으로 모든 선한 일에 넘치게 하시려는 것이라.**』(고후 9:8)는 말씀은 로마서 8:28의 『**우리가 알거니와 하나님을 사랑하는 자, 곧 그분의 목적에 따라 부르심을 받은 자들에게는 모든 일이 합력하여 선을 이루느니라.**』는 말씀과 함께 그리스도인들을 위한 가장 위대한 약속의 말씀 가운데 하나이다. 이것은 하나님의 약속이다. 하나님께서는 당신에게 모든 은혜를 넘치게 하실 수 있다고 말씀하신다. 당신은 하나님의 은혜를 넘치게 받고 싶지 않은가?

『**모든 것을 언제나**』 당신이 『**필요한 대로**』 가질 수 있도록 하시고 『**모든 선한 일에 넘치게 하시려는 것**』이 그분의 뜻이라고 성경은 분명하게 말씀한다. 이보다 더 바랄 게 있겠는가? 실로 엄청난 하나님의 약속이 아닌가? 우리의 하나님께서는 얼마나 관대하신 분인가! 당신이 인색함이나 억지로 하지 않고 기쁨으로 드릴 때, 하나님께서는 이 엄청난 은혜로 당신에게 보답하시겠다고 약속하신다. 문제는 당신이 하나님의 이러한 약속을 신뢰하느냐에 달렸다. 당신이 하나님께로부터 받는 보답을 생각한다면, 돈인들 아깝겠는가마는 당신이 하나님께 드릴 수 있는 것은 비단 돈만은 아니다. 당신은 가능한 한 많은 시간을 하나님을 위하여 사용할 수 있어야 한다. 바울이 고린도 교회 사람들에게 『**먼저 자신들을 주께 드리고 그 다음에 우리에게 이 은혜를**』 준 마케도니아 교회들을 칭찬과 함께 소개하고 있음을 주목하라(고후 8:5).

바울은 고린도 교회의 형제들이 이러한 마음으로 헌금을 모금하되 『**하나님께서 번성케 하신 대로 따로 저축하여**』 미리 준비해 둠으로써 자기가 방문할 때에야 모금한다든가, 예루살렘에 보낼 돈을 따로 떼어 놓는다든가 하는 따위로 법석을 떠는 일이 없기를 당부하고 있다.

『**그리고 내가 도착하면 너희가 서신을 통하여 승인한 사람 편에다 너희의 위로금을 예루살렘에 보내리라**』(3절). 신약 교회의 헌금은 두 가지 목적으로 쓰여진다. 그 하나는 가난한 성도들을 돕는 일이다. 이것은 로마서 15:26에서도 언급하고 있고, 사도행전 11:29에서도 언급하고 있다. 『**이는 마케도니아와 아카야 사람들이 예루살렘에 있는 가난한 성도들을 위하여 기쁨으로 얼마를 기부하였음이니라**』(롬 15:26). 『**그때에 제자들은 각자 능력에 따라 유대에 사는 형제들에게 구호금을 보내기로 결정하고 이를 실행하여 그들이 모은 것을 바나바와 사울의 손을 통해 장로들에게 보내더라**』(행 11:29,30).

헌금의 또 다른 목적은 교회 사역자들을 돕는 데에 있다. 고린도후서 9장에서 이것을 언급하고 있다. 그렇기 때문에 교회는 성도들이 낸 헌금을 단 한 푼이라도 헛되게 사용할 수가 없다. 그것은 성도들이 하나님께 드린 주님의 돈이기 때문이다. 비싼 돈을 들여 사치스러운 오르간을 교회에 들여 놓는다든지 교회를 사치스럽게 치장하기 위해서 함부로 돈을 낭비해서는 결코 안 된다. 하나님께서는 최고급을 원하시는 분이 아니다. 그분은 언제나 최고급보다 "최선의 것"을 원하신다. 교회를 최고급으로 치장하고 최고급 가구를 들여 놓고 최고급 오르간을 설치해야만 최선의 것을 하나님께 드릴 수 있는 것은 결코 아니잖는가? 주님께서는 최선의 것을 받으시기에 합당하신 분이다. 성도들이 낸 헌금을 함부로 사용하지 않는다고 해서 마땅히 써야 할 곳에 쓰지 않고 구두쇠 노릇하는 것도 하나님께서 원하시는 일이 아니다. 나에게 있어서는 교회에서 걷힌 헌금을 선교지역을 돕는 일에 사용하는 것이 최우선 순위로 되어 있다. 우리 교회에서 성도들이 내는 헌금 중 적어도 15~25%는 여러 곳에 있는 형제 교회들이나 선교지역으로 보내지는데, 나는 최선을 다해서 이런 일을 열심히 하면서 아주 수지맞는 "크리스천 룰렛 게임"을 하고 있는 기분이다. 왜냐하면, 하나님께서 아주 "수지맞게" 보답해 주시는 것을 늘 체험하기 때문이다. 우리 교회가 돕고 있는 여러 곳의 선교 지역 교회들을 가보고 우리 교회와 비교해 보라. 우리 교회가 그들의 교회보다 어느 것 하나 더 고급이거나 더 잘 꾸며져 있다거나 하지 않음을 알게 될 것이다. 그들 교회들도 우리 교회와 크기도 비슷하고, 주차장 시설도 비슷하며, 여름철에는 우리 교회와 마찬가지로 견딜 수 있을 만큼 서늘하게 냉방시설이 되어 있고, 겨울철에는 그런대로 견딜 만큼 따뜻하게 할 만한 난방시설들을 다 갖추고 있다. 그리고 무엇보다 중요한 점은 이들 형제 교회들이 우리와 똑같이 진리를 전파하고 똑같은 영적 권위를 갖고 있으며 하나님께로부터 똑같이 인정받고 있는 교회들이라는 점이다. 이것이 바로 하나님께서 우리에게 보답해 주시는 풍성한 결과인 것이다. 성도들이 헌금한 돈은 하나님의 돈이기 때문에 한 푼이라도 하나님의 말씀을 전파하는데 이외의 일에 쓰여서는 안 된다. 그 돈들은 모두 복음을 전파하는 곳으로 곧장 보내져야만 한다.

『만일 나도 가는 것이 적합하면 그들이 나와 함께 가리라』(4절). 고린도 교회의 성도들이 모금한 돈을 예루살렘 교회를 돕는 데 쓰도록 그곳으로 보낼 때, 만약의 의혹을 받는 일이 없도록 하기 위해 필요하다면 자신도 그들과 함께 가겠다고 말한다. 교회의 헌금에 대해서 바울이 얼마나 세심하게 주의했는가를 엿볼 수 있다. 돈이 관련된 일에는 자칫하면 의혹이 따르기 쉬운 법이다.

『이제 내가 마게도니아를 지나갈 때에 너희에게로 가리니 이는 내가 마게도니아를 지나갈 것이기 때문이라. 그때는 아마 내가 너희와 함께 머무르거나 아니면 겨울까지도 나리니 그후에 너희가 나의 가고자 하는 곳으로 나를 보내 주게 하려 함이니라』(4-6절). 바울은 문제가 많은 고린도 교회를 바로잡기 위해 잠시 방문하는 정도가 아니라 겨울까지 나면서 그곳 성도들과 함께 지내기를 바랐고, 봄이 오면 다른 지역으로 떠날 계획을 세우고 있었다.

16:7 지금은 그곳을 지나면서 너희 보기를 원치 아니하나 주께서 허락하시면 얼마 동안 너희와 함께 머물기를 원하노라.

8 그러나 내가 오순절까지는 에베소에 머무를 것이라.

9 이는 내게 크고도 효과적인 문이 열렸으며 또 대적하는 자들도 많기 때문이라.

10 이제 디모데가 가거든 그가 두려움이 없이 너희와 함께 지낼 수 있도록 보살피라. 그도 나처럼 주의 일에 수고함이라.

11 그러므로 아무도 그를 업신여기지 말고 평안히 보내어 내게로 오게 하라. 내가 형제들과 함께 그를 기다리고 있겠노라.

12 우리 형제 아폴로에 관해서는 내가 형제들과 함께 너희에게 가라고 그에게 많이 권유하였으되 지금은 전혀 갈 의사가 없으나 기회가 오면 갈 것이라.

『지금은 그곳을 지나면서 너희 보기를 원치 아니하나 주께서 허락하시면 얼마 동안 너희와 함께 머물기를 원하노라. 그러나 내가 오순절까지는 에베소에 머무를 것이라』(7,8절). 이 장면은 사도행전 18장, 19장, 그리고 20:16을 참조하기 바란다.

『이는 내게 크고도 효과적인 문이 열렸으며 또 대적하는 자들도 많기 때문이라』(9절). 이 구절에서 **『대적하는 자들도 많기 때문』**이라는 언급은 사도행전 19:9의 **『그러나 어떤 사람들은 완고하여 믿지 아니하고 무리 앞에서 그 도를 비방하니 그가 그들로부터 떠나서 제자들을 분리시켜 날마다 투란노 학교에서 토론하니라.』**는 기록에서 엿볼 수 있는 상황을 말하는 듯하다. 신약에서 "문"이란 항상 말씀을 선포하고 예배를 드릴 수 있는 기회들을 영적으로 가리킨다. 요한계시록 3:7에서 이 "문"에 대하여 **『거룩하신 분, 진실하신 분, 다윗의 열쇠를 가지신 분, 열면 아무도 닫을 수 없고 또 닫으면 아무도 열 수 없는 분』**께서 관장하시는 그러한 문으로 묘사되고 있다. 말씀을 선포할 수 있는 기회를 여시는 분은 주님이시다. 그분께서 그 기회를 여는 열쇠를 갖고 계신다. 모든 사역자들이 말씀을 선포하고 복음을 전파하는 일은 그분께서 이 문을 열어 주셔야만 가능하다. 이에 대해서 밥 존스는 이렇게 말한 적이 있다. "그대가 이 문을 열어 달라고 주님께 요청한다. 그리고 주님께서 그 문을 열어 주셔야만 그대는 그 문으로 들어 갈 수 있다. 만약 그분께서 문을 열어 주시지 않으면 그대는 들어 갈 수가 없다. 또 문을 열어 주시더라도 그대가 원하는 때에 반드시 정확하게 맞추어서 열어 주시는 것도 아니다. 어떤 때는 문을 열어 달라고 몇 년 동안 기도한 뒤에라야 문을 열어 주시기도 한다. 그대는 그때까지 기다려야 한다. 그분께서 문을 열어 주시지 않는다고 그대 자신이 임의대로 문을 여는 것은 주님의 뜻에 반하는 일이다. 그분께서 문을 열어 주시더라도 그분께서는 그 문 안으로 어서 들어가라고 그대의 엉덩이를 차놓지는 않으신다. 그분께서는 그저 문을 열어 놓으실 뿐 그대가 서둘러 들어가든지 말든지 그대에게 맡기신다. 그러나 그분께서 한 번 문을 여시면 아무도 그 문을 닫지 못한다." 실로 지혜가 넘치는 말이 아닐 수 없다. 밥 존스는 이렇게 지혜가 넘치는 사람이었기에 나는 그를 무척 존경한다. 문이 일단 열리고 나면 말할 수 없이 많은 역경들이 시작된다. 당신은 그 문으로 들어가 그 많은 시련들을 과연 감당해 낼 수 있을는지 곰곰이 생각해 보아야 한다. 겁먹으라는 얘기가 아니다. 당신이 그 문으로 들어가 하나님의 일을 그르치는 일이 혹시 있게 되지나 않을까에 대하여 옷깃을 여미라는 뜻이다. 문이 열렸으면 당신은 그 문으로 들어가지 않으면 안 된다.

『**내게 크고도 효과적인 문이 열렸으며**』(9절). 바울에게 복음을 효과적으로 전파할 수 있는 큰 기회가 주님에 의해 열렸던 것이다. 그리고 그 문으로 별의별 사람들이 다 들어 왔을 것이고 그들 중에는 말썽을 일으키는 사람들도 있었을 것이다. 그 가운데에는 "대적하는 자들도" 많았다고 바울은 말한다. 바울은 주님께서 마련해 주신 기회를 활용하여 하나님의 말씀을 전파할 뿐만 아니라 교회 안으로 들어온 그릇된 생각을 가진 사람들로부터 성도들을 지키는 일을 결코 소홀히 할 수 없어 고린도를 지나면서도 지금은 그곳에 들를 짬이 없었다.

『**이제 디모데가 가거든 그가 두려움이 없이 너희와 함께 지낼 수 있도록 보살피라. 그도 나처럼 주의 일에 수고함이라. 그러므로 아무도 그를 업신여기지 말고 평안히 보내어 내게로 오게 하라. 내가 형제들과 함께 그를 기다리고 있겠노라**』(10,11절). 바울은 디모데를 고린도 교회에 추천하고 있다. 이 당시 디모데는 아마도 열여섯 살이나 열일곱, 열여덟 살 정도밖에 안 된 앳된 젊은이였을 것이다. 나이가 어렸기에 사람들이 깔볼 수도 있었을 것이다. 그러나 바울은 디모데를 『**나처럼 주의 일에 수고**』하는 청년이라고 강력하게 추천하면서 그를 업신여기지 말고 함께 평안히 지낸 후 자신에게 다시 보내도록 당부하고 있다.

『**우리 형제 아폴로에 관해서는 내가 형제들과 함께 너희에게 가라고 그에게 많**

이 권유하였으되 지금은 전혀 갈 의사가 없으나 기회가 오면 갈 것이라』(12절). 아폴로라는 이름을 가진 알렉산드리아 태생의 유대인에 대해서는 사도행전 18:24-28에서 상세하게 소개하고 있다. 그는 『**성경으로 예수가 그리스도이심을 공개적으로 증거함으로, 유대인들을 강력하게 논박**』(행 18:28)하였던 인물이다.

16:13 깨어 있으라. 믿음 안에 굳게 서라. 남자답게 처신하라. 강건하라.
14 너희의 모든 일을 사랑으로 행하라.
15 형제들아, 내가 너희에게 권고하노니 (너희도 알다시피 스테파나의 집안
은 아카야에서의 첫열매들인데 성도들을 섬기려고 헌신하였느니라.)
16 그러므로 너희도 그런 사람들에게 복종하고 또 우리와 함께 일하고 수고
하는 모든 사람에게도 복종하라.
17 내가 스테파나와 포투나토와 아카이코가 오는 것을 기뻐하노니 그들이 너
희의 부족한 것을 보충하였음이라.

『**깨어 있으라. 믿음 안에 굳게 서라. 남자답게 처신하라. 강건하라. 너희의 모든 일을 사랑으로 행하라**』(13,14절). 깨어 있고, 믿음 안에 굳게 서며, 남자답게 처신하고, 강건하되, 그러면서도 『**모든 일을 사랑으로**』 행하지 않으면 자칫 균형을 잃을 우려가 있다. 강건하되 그렇다고 무례하거나 불친절해서는 안 된다. 남자답되 감사할 줄 아는 상냥함을 잃어서도 안 된다. 믿음 안에 굳게 서서 강건한 삶을 살되, 다른 사람을 증오해서는 절대로 안 된다. 그리스도인들은 진리 안에서 진리를 증거할 때, 언제나 사랑 가운데 있지 않으면 안 된다. 근본주의자들은 진리에 관하여 곧잘 입을 놀리면서도 실제로는 사랑이 없다. 반면에 자유주의자들은 사랑에 대해 곧잘 지껄이지만 그들에게는 진리가 없다. 사랑을 말하면서 진리가 없는 것보다야 사랑이 없더라도 진리를 말하는 쪽이 더 좋은 일이다. 그러나 이 두 가지가 항상 균형을 이루고 있는 것이 가장 이상적이라는 것은 두말할 필요가 없을 것이다.

『**형제들아, 내가 너희에게 권고하노니 (너희도 알다시피 스테파나의 집안은 아카야에서의 첫열매들인데 성도들을 섬기려고 헌신하였느니라)**』(15절). 스테파나 집안 식구들은 아카야에서 맨 처음으로 거듭나고 구원받은 사람들이었다. 고린도 전서 1:16에서 바울은 『**내가 스테파나의 가족에게도 침례를 주었으나 그 외에는 어느 누구에게도 침례를 주었는지 알지 못하노라.**』고 언급하고 있다. "스테파나의 집안은 아카야에서의 첫열매들"이라고 바울이 언급하고 있는 것은 아카야에 구원받지 못한 자들이 우글거리고 있었음을 뜻한다. 구원받은 스테파나의 가족들은 성도들을 헌신적으로 섬기고 돕는 사역자들이었다. 교회는 이런 사역자들로 인하여 더욱 풍성한 열매를 맺을 수가 있다. 이런 사역자들이 있어야 교회는 주님의 일들을 많이 감당해 낼 수 있게 된다. 이런 사람들은 믿음에 뿌리박고 있기에 이처럼 헌신할 수가 있는 것이다. 그리고 이러한 믿음은 성경을 통한 하나님의 말씀 위에 견고하게 토대하고 있는 데서 나온다.

말씀에 토대하고 있지 않으면 목사가 교회에서 행하는 그 어떤 일들도 권위를 갖지 못하는 법이다. 아무리 그럴듯한 설교를 하더라도 성경에 근거하고 있지 않은 설교는 영적 권위를 갖지 못한다. 교회의 모든 영적 권위는 성경의 능력으로부터 나온다. 성경은 능력의 책이다. 성경의 능력에 의지하지 않으면 성도들의 마음에 변화를 가져오게 할 능력을 결핍하게 된다. 교회의 성도들에게 성경의 능력을 공급해 주기 위해서 모든 시간을 씀으로써 그들이 구원받지 못한 사람들의 혼을 그리스도께로 이겨오는 일에 능력을 발휘하도록 하고, 그 결과로 교회의 질적 향상을 이룩할 수 있는 목회자가 곧 위대한 목사다. 이런 일을 게을리 하는 목사는 교회 회원들을 섬기는 목사가 아니다. 교회의 목사는 성도들에게 "나를 사랑하십니까?" 하고 묻고, 그들이 "네, 목사님을 사랑합니다." 하고 대답할 때, "그렇다면, 혼들을 이겨 오십시오." 하고 자신 있게 권면할 수 있는 사람이어야 한다. 주님께서도 베드로에게 이렇게 하셨다. 『**시몬아, 네가 나를 사랑하느냐?**』 『**주여, 그러하옵니다. 주께서는 내가 주를 사랑하는 줄 아시나이다.**』 그러자 주님께서는 베드로에게 『**내 양들을 먹이라.**』고 명하셨나(요 21:16).

교회의 회중들을 이끄는 목회자는 두 가지 일을 하는 사람이다. 그 하나는 자기 자신이 먼저 자신을 부인하고 십자가를 지는 일이고, 또 다른 하나는 회중들로 하여금 자신을 부인하고 십자가를 지도록 하며, 어떻게 하는 것이 십자가를 지는 일인가를 가르치는 일이다. 이 두 가지 일을 다 하지 못하면 목사는 영적 권위를 상실하게 되고 따라서 목사 자리에서 물러나야 한다. 그러나 구원받은 그리스도인들은 하늘나라에 갈 때까지 자신을 위하여 자신의 십자가를 지는 일 외에도 할 일이 또 있다. 그것은 자신의 십자가뿐만 아니라 주님의 십자가를 또 져야 하는 일이다. 다시 말해서, 자신을 위하여 십자가를 질 뿐만 아니라 주님을 위하여 또 십자가를 져야만 하는 것이다. 이것이 영적인 삶을 사는 그리스도인들이다. 교회의 회중들이 이러한 영적 삶을 살아가도록 목사가 인도한다면 그 교회는 여하한 일을 하더라도 육신적인 교회로 전락하는 일은 결코 없을 것이다.

이러한 교회의 회원들은 자연스럽게 육신적인 세상과는 성별된 삶을 살아가게 되는 법이다. 목사가 교회 회원들에게 술 마시지 말라, 담배 피지 말라, 춤추러 다니지 말라, 여자가 남자 옷을 입지 말고 남자는 여자 옷을 입지 말라, 짧은 치마를 입지 말라, 사치스러운 보석으로 치장하고 다니지 말라, 짙은 화장도 하지 말라, 여자들은 바지를 입지 말라, 이것도 하지 말라, 저것도 하지 말라, 이래서도 안 되고 저래서도 안 된다, 하는 따위의 잔소리만 늘어놓을 필요가 없다. 구원받은 그리스도인들이 해야 될 일은 자신을 죽이고 그리스도의 십자가를 지는 일이 첫째요, 그 다음에 언제나 세상과 성별되는 일이다. 설교는 “이래라, 그러지 말라.”를 외치는 일에서 시작되는 것이 아니다. 목사는 무슨 일을 하든지 맨 먼저 자신이 그리스도인으로서 예수 그리스도와의 올바른 개인적인 관계에서 출발하지 않으면 안 된다. 목사는 언제나 이 문제를 심각하게 다루고 있어야 하며, 자신과 예수 그리스도의 관계가 바르게 유지되고 있는가를 항상 살피지 않으면 안 된다. 이것이 사역자가 일을 시작하는 출발점이다. 그리고 나서 교회 회원들의 잘못된 일을 바로잡는 일에 나서야 한다.

목사가 먼저 깨어 있어야 하는 것이다. 목사가 깨어 있는 가운데 영적인 설교를 통하여 회중들이 깨어 있도록 가르쳐야 한다. 그리하여 교회 회원들 가운데 누구 한 사람이라도 죄를 자백하지 않는 사람이나 누구 한 사람이라도 불만이 있고 불평하는 하는 사람이나, 누구 한 사람이라도 분쟁을 일으키는 사람이나, 출석하는 사람들 가운데 누구 한 사람이라도 구원의 확신이 없는 사람이 있는가를 살피고 모두가 주님의 몸 된 교회의 회원으로 바르게 서 있도록 하루 24시간 동안 보살피고, 기도하고, 가르치고, 인도하지 않으면 안 된다. 그 외에 목사가 신경쓰고 시간을 소비할 일이 없다. 많은 문제들을 안고 있는 지역 교회를 보면 목사가 이런 일에 게을리 했기 때문에 문제를 안게 된 경우가 많다. 왜 수많은 사람들이 아직도 그리스도께로 나오기를 주저하는지 아는가? 교회 회원들이 구원받지 못한 사람들에게 모범을 보여주지 못하기 때문이다. 교회 회원들이 어째서 하루에 30분도 기도하는 데 할애하지 못하는지 아는가? 그들이 진정으로 주님을 사랑하지 않기 때문이다. 그들이 일 년에 여섯 달 동안 성경을 한 번도 읽지 않는 까닭이 어디 있는지 아는가? 그것은 목사가 일 년에 여섯 달 동안 성도들을 사랑으로 보살피지 않기 때문이다. 목사가 진정한 그리스도인으로서 주님을 항상 사랑하고 언제나 주님의 일을 성실히 수행하고 있다면, 교회의 모든 문제들은 저절로 말끔히 해소되게 되어 있다.

『**그러므로 너희도 그런 사람들에게 복종하고 또 우리와 함께 일하고 수고하는 모든 사람에게도 복종하라**』(16절). 성도들을 헌신적으로 섬기는 사역자들에게 성도들이 복종하는 것은 당연한 일이다. 그들은 자신의 일을 돌아보지 않고 오직 성도들을 위하여 일하는 가운데 주님의 사역을 수행하는 사람들이기 때문이다. 이런 사역자들에게 복종하지 않는 사람은 주님께 복종하지 않는 사람이다.

『**내가 스테파나와 포투나토와 아카이코가 오는 것을 기뻐하노니 그들이 너희의 부족한 것을 보충하였음이라**』(17절). 스테파나와 포투나토와 아카이코 같은 사람들이 헌신적으로 일함으로써 고린도 교회의 부족한 점들이 보완되고 있었다고 바울은 말한다. 이처럼 몇 사람이 헌신적으로 주님의 일을 감당함으로써 교회 전체가 설사 부족한 점이 있더라도 그것을 메울 수가 있다. 보충한다는 것은 부족한 사람들을 부족한 대로 그대로 내버려 둔다는 것이 아니라 부족한 점을 고쳐 나가도록 하는 데에 크게 기여한다는 뜻이다. 부족한 사람들이 개선해 나가는 데에는 헌신적으로 일하는 사람들이 아니면 불가능하다. 왜냐하면, 부족한 사람들은 헌신적으로 일하는 사람의 도움과 권면이 아니면 들은 척도 하지 않기 때문이다.

16:18 그들이 나와 너희의 영을 새롭게 하였으니 그러므로 너희도 그런 사람들을 인정하라.

19 아시아에 있는 교회들이 너희에게 문안하느니라. 아퀼라와 프리스킬라가 그들의 집에 있는 교회와 더불어 주 안에서 진심으로 너희에게 문안하느니라.

20 모든 형제가 너희에게 문안하니 너희는 거룩한 입맞춤으로 서로 문안하라.

『**그들이 나와 너희의 영을 새롭게 하였으니 그러므로 너희도 그런 사람들을 인정하라**』(18절). 헌신적으로 일하는 그들이 다른 사람들의 부족한 점을 어떻게 보충하였는지 여기서 분명해진다. 그들은 부족한 사람들의 『**영을 새롭게**』 해주었던 것이다. 그러한 헌신적인 노력을 기울이는 사람들의 수고를 인정하지 않는다면, 그 교회는 죽은 교회이다. 믿음이 부족하거나 믿음에서 떠나 사는 경향이 있는 교회 회원들에게 영을 새롭게 회복토록 해주는 것 말고 더 중요한 일이 어디 있겠는가? 이처럼 중요한 몫을 감당하고 있는 영적 지도자들을 교회 회원들이 인정하고 존중하는 것은 당연한 일이다.

『**아시아에 있는 교회들이 너희에게 문안하느니라. 아퀼라와 프리스킬라가 그들의 집에 있는 교회와 더불어 주 안에서 진심으로 너희에게 문안하느니라**』(19절).

"아시아에 있는 교회들"이지 "아시아의 교회"라는 간판을 달고 있는 교회들이 아니다. 로마서 16:16에 보면 『**그리스도의 교회들이 너희에게 문안하느니라.**』고 바울이 말하거니와, 이것은 그리스도의 몸인 지역 교회들을 가리킨다. 어떤 사람들은 자기네 교회에 "그리스도의 교회"라는 간판을 걸기도 한다. 교회라면 모두가 그리스도의 몸이다.

『**그들의 집에 있는 교회**』라고 바울은 말한다. 구원받아 그리스도의 몸의 지체들이 된 사람들이 그들의 집에 모여 집회를 가졌음을 알 수 있다. 여기서 교회란 어떤 집회장소나 건물을 말하는 것이 아니라 그리스도의 몸의 지체들이 된 그리스도인들을 일컫는다.

『**모든 형제가 너희에게 문안하니 너희는 거룩한 입맞춤으로 서로 문안하라**』(20절). 터키나 그리스 사람들같이 소아시아 지역에 사는 사람들이 인사할 때 남자가 남자의 뺨에 키스를 하고, 여자가 여자의 뺨에 키스하는 것은 그 당시의 관습이었다. 요즈음 은사주의 교회에 가보면 남녀 회원들이 서로 끌어 안고 기도하고 남녀가 서로 손잡고 노래하는 광경들도 눈에 띄지만, 나는 이것을 좋게 생각하지 않는다. 나는 성도들끼리 악수하는 것도 별로 대단하게 생각지 않는다. 악수는 정치인들이 즐겨 하는 무의미한 제스처일 뿐이다. 서로가 진심으로 인사를 나누는 데에는 악수 말고도 얼마든지 좋은 방법이 있다.

로마카톨릭 교회에서 사용하는 성경이나 리빙 바이블에서는 『**거룩한 입맞춤**』을 "평화의 입맞춤"이라고 부른다. 그럴듯하게 들릴는지 모르지만 여기에는 다시 오실 주님을 맞이할 준비를 갖추지 않겠다는 가증스러운 의도가 숨겨져 있다. 이런 자들은 모두가 "평화의 아비"로 가장한 적그리스도를 예표하는 압살롬의 후예들이다. 사무엘하 18:18에서 압살롬이 자신을 위하여 한 기둥을 세웠음을 볼 수 있는데, "평화의 입맞춤"을 하는 자들은 자신들을 위하여 기둥을 세우는 자들이지만, 결국은 압살롬처럼 기다란 머리카락이 상수리나무에 걸려 그 몸이 나무에 걸려 매달려야만 할 자들이다.

16:21 나 바울은 친필로 문안하노라.

22 누구든지 주 예수 그리스도를 사랑하지 아니하면 그는 우리 주께서 오실 때 저주를 받을지어다.

23 우리 주 예수 그리스도의 은혜가 너희와 함께 있을지어다.

24 나의 사랑이 그리스도 예수 안에서 너희 모두와 함께 있을지어다. 아멘.

『**누구든지 주 예수 그리스도를 사랑하지 아니하면 그는 우리 주께서 오실 때 저주를 받을지어다**』(22절). 이 구절에서 "저주"란 헬라어의 "아나데마"(Anathema)로서 교회가 내리는 저주를 일컫는데, 우상 신을 섬기는 사당에 세워 두는 물건을 말하는 데서 유래된 것이다. 〈한글킹제임스성경〉에 『**우리 주께서 오실 때**』로 번역된 "마란아다"(Maranatha)는 시리아어(아람어)로서 "주께서 오셨다." 또는 "주께서 오시리라."는 뜻을 갖는다. 주 예수 그리스도를 사랑하지 않는 자들은 주님께서 오실 때 저주를 받을 것이다.

『**우리 주 예수 그리스도의 은혜가 너희와 함께 있을지어다. 나의 사랑이 그리스도 예수 안에서 너희 모두와 함께 있을지어다. 아멘**』(23,24절). 『**예수 그리스도의 은혜가 너희와 함께 있을지어다.**』라는 축복의 인사말은 고린도전후서뿐만 아니라 에베소서나 빌립보서, 디모데전후서 등 바울의 모든 서신 말미에 반드시 등장한다. 그는 성령의 감동을 받아 각 교회들에 편지를 쓰고 있었기에 그가 기록하는 모든 글 가운데에 영적인 권위가 담겨 있다. 그리스도의 은혜가 모든 성도들과 함께 있기를 기원하는 절대적인 영적 권위가 바울에게는 있었던 것이다.

피터 럭크만의 주석서

고린도전서

1999년 8월 20일 초판1쇄
2021년 4월 23일 재판2쇄
지은이 피터 S. 럭크만
옮긴이 편 집 부
펴낸이 이 송 오
펴낸곳 말씀보존학회

서울시 강서우체국 사서함 제90호
전화 (02) 2665-3743 / 팩스 (02) 2665-3302
인터넷 / www.biblemaster.co.kr
출판등록 1988. 12. 12. 제16-223호

값 25,000 원